Reforma Trabalhista de 2017:

Reforma Trabalhista de 2017:

Análise dos Aspectos Processuais e da Conflituosidade em Geral, na Perspectiva do Devido Processo Legal e do Acesso à Justiça

Jasiel Ivo

LACIER

LACIER
Lacier Livraria e Editora
www.livrarialacier.com.br

Rua Doutor Quirino, 808 – Centro
CEP 13015-081 – Campinas, SP – Brasil

Janeiro, 2023

Diretor: *Lacier José de Rezende*
Diretor assistente: *Eduardo Soares Aureliano*
Projeto de capa: *Fabio Giglio*
Adaptação imagem da capa: *Beatriz Ivo*
Projeto gráfico e editoração eletrônica: *Peter Fritz Strotbek – The Best Page*

Ficha Catalográfica

Dados Internacionais de Catalogação na Publicação (CIP)
(Câmara Brasileira do Livro, SP, Brasil)

I96r Ivo, Jasiel.

Reforma trabalhista de 2017 : análise dos aspectos processuais e da conflituosidade em geral, na perspectiva do devido processo legal e do acesso à justiça / Jasiel Ivo. — 1. ed. — Campinas : Lacier Editora, 2022.

486 p. ; 17x24 cm.

ISBN 978-65-88805-44-2

1. Direito do trabalho — Brasil. 2. Reforma trabalhista — Brasil. 3. Brasil. [Lei n. 13.467, de 13 de julho de 2017]. I. Título.

CDU 347.9:331

Índices para catálogo sistemático:

1. Reforma trabalhista — Brasil

Angela Schmidt da Rosa – Bibliotecária – CRB-14/1171

Em memória das mais de 600 mil vítimas da Covid-19
no Brasil e das mais de 5 milhões no mundo.

À Esther,
que trouxe alegria, a todos encantando com sua inteligência.

Aos meus pais,
Floriano e Amália, que me possibilitaram o milagre da vida.

Às minhas filhas,
Gabriela e Beatriz, com quem aprendi o que é amor incondicional.

Agradecimentos

Voltar à sala de aula na condição de aluno é sempre a renovação do "coração de estudante", novas amizades, novos conhecimentos, preocupações, temores, descobertas e a cada etapa vencida a sensação do dever cumprido, sempre renovada pela necessidade das inesgotáveis inquietações.

Trabalho de pesquisa concluído, tese entregue, é hora de agradecer.

Agradeço aos meus irmãos Gabriel, Samir, Júnia e Eli, pelo cuidado e preocupação, e às minhas filhas Gabriela e Beatriz.

Bia, desde antes da publicação do edital do PPGD da UNICAP, já incentivava e cobrava a ideia do doutorado. Acompanhou de perto o processo de seleção, ajudou na bibliografia e torceu pelo resultado. Com ela comentei entusiasmado a excelência e a qualidade do curso, discuti os conteúdos das aulas e o alto nível dos professores; cada disciplina cursada, as monografias, os seminários e as apresentações, as provas de línguas estrangeiras, as publicações de artigos científicos em revistas "qualis da Capes", até chegar à banca de qualificação, entrega e depósito final da tese, culminando com a sessão de defesa pública. Durante esse tempo houve uma inversão de papéis: era o pai orgulhoso, mostrando seus resultados escolares à filha atenta e preocupada.

Agradeço à Marja pelo amor, pelo carinho e pela compreensão diante da inevitável ausência para dedicação às atividades do curso.

Agradeço ao amigo Sidney Wanderley, pela cuidadosa revisão, suavizando o texto e depurando os excessos.

Agradeço à amiga Julienne Diniz, por sua cuidadosa revisão das regras da ABNT.

O caminho foi longo, cheio de exigências, prazos e dificuldades, porém imprescindível para chegar com o espírito leve, repleto de alegria e felicidade, além de uma boa dose de orgulho acadêmico e indisfarçável vaidade intelectual.

Assim, agradeço à Faculdade de Direito de Alagoas — FDA, da Universidade Federal de Alagoas — UFAL, ao Tribunal Regional do Trabalho — TRT da 19ª Região e à Escola Judicial do TRT da 19ª Região, que institucionalmente tornaram possível a realização do Curso de Doutorado até a conclusão da pesquisa.

Agradeço ao Professor Doutor Sergio Torres de Teixeira, que além de docente exigente e orientador seguro, fruto de sua experiência de mais de três décadas de magistério superior, é um amigo afetuoso.

Agradeço ao Professor Doutor Raymundo Juliano Feitosa, por sua indispensável presença em minha vida acadêmica, desde o Mestrado em Direito na Universidade Federal de Pernambuco.

Agradeço ao meu irmão, Professor Doutor Gabriel Ivo, com quem compartilhei discussões sobre temas tormentosos, cujas contribuições foram acolhidas. Sou grato pela colaboração em tirar minhas dúvidas, ensinando com paciência, assim como no Mestrado na UFPE, como agora do Doutorado da UNICAP, emprestando livros e recomendando leituras, com ascendência intelectual de professor e cuidado de irmão mais velho.

Agradeço ao Professor Doutor Beclaute Oliveira Silva, pelo incentivo e atenção, amigo sempre presente em minha vida.

Agradeço ao amigo Humberto Cunha Vassalo, que, com seu cuidado, atenção e paciência, contribuiu decisivamente na conclusão da parte empírica desta pesquisa.

Agradeço especialmente à Juíza do Trabalho do TRT da 6ª Região, Dra. Roberta Vance Harrop, que leu e revisou todos os artigos submetidos às revistas científicas qualificadas pela Capes, cujas sugestões foram incorporadas aos textos publicados.

Agradeço aos professores e professoras do Programa de Pós-Graduação em Direito da Universidade Católica de Pernambuco, bem como a todos os servidores e servidoras da Secretaria do PPGD UNICAP.

Agradeço também aos operários anônimos que trabalharam durante a reforma das salas de aula e auditórios da unidade, bem como a todos e todas que diligentemente mantiveram agradáveis e limpos os ambientes da UNICAP.

Agradeço aos colegas de curso, não só pelas ricas discussões acadêmicas, mas sobretudo pela alegre convivência, em especial os momentos vividos no "Café com quê?".

Por fim, agradeço a Minerva Katrina Ivo, que durante todas as atividades esteve ao meu lado, sempre me acompanhando a pouca distância dos meus passos em casa e durante todas as leituras, escrita de artigos e da tese, tornando mais ameno o período da pandemia da Covid-19.

Sumário

Lista de Abreviaturas e Siglas

ADC .... Ação Declaratória de Constitucionalidade

ADI .... Ação Direta de Inconstitucionalidade

ADPF.............. Arguição de Descumprimento de Preceito Fundamental

AIRR................ Agravo de Instrumento em Recurso de Revista

AMB .... Associação dos Magistrados do Brasil

ANAMATRA.. Associação Nacional dos Magistrados da Justiça do Trabalho

art. .... artigo

CC .... Conflito de Competência

CDC .... Código de Defesa do Consumidor

CCQ................ Círculos de controle de qualidade

CEJUSC........... Centros Judiciários de Solução de Conflitos e Cidadania

CF/88 .... Constituição da República Federativa do Brasil, de 05 de outubro de 1988

CLT .... Consolidação das Leis do Trabalho

CPC .... Código de Processo Civil

EC .... Emenda Constitucional

ED .... Embargos de Declaração

EUA .... Estados Unidos da América

IBGE............... Instituto Brasileiro de Geografia e Estatística

IDPJ .... Incidente de Desconsideração da Personalidade Jurídica

IN .... Instrução Normativa

MDB .... Movimento Democrático Brasileiro

MP .... Medida Provisória

MI .... Mandado de Injunção

OAB .... Ordem dos Advogados do Brasil

OIT .... Organização Internacional do Trabalho

PDT .... Partido Democrático Trabalhista
p....................... Página
PL.................... Projeto de Lei
PNAD............. Pesquisa Nacional por Amostra de Domicílios
PV .... Partido Verde
REDE .... Partido Rede Sustentabilidade
RE .... Recurso Extraordinário
REsp................ Recurso Especial
ROPS .... Recurso Ordinário em Procedimento Sumaríssimo
RR .... Recurso de Revista
TST .... Tribunal Superior do Trabalho
STF .... Supremo Tribunal Federal
STJ .... Superior Tribunal de Justiça
TRT .... Tribunal Regional do Trabalho
ss...................... seguintes
§ .... parágrafo
§§ .... parágrafos

"Que século, meu Deus! — exclamaram os ratos.
E começaram a roer o edifício."

Carlos Drummond de Andrade — *Edifício Esplendor*

Apresentação

A chamada "Reforma Trabalhista", materializada por meio da Lei n. 13.467, de 2017, provocou um *tsunami* de efeitos cujas repercussões são sentidas ainda hoje no âmbito das relações laborais individuais e coletivas no Brasil, e, com igual intensidade, na seara processual diante dos tribunais do trabalho do país.

Muitas críticas, alguns elogios, jamais indiferença. Os acadêmicos e profissionais do direito que atuam no campo trabalhista se dividiram em ferrenhos defensores das alterações promovidas e, do outro lado, censores das modificações materializadas. Passos concretos para a modernização da legislação trabalhista, para uns. Mudanças mutiladoras do Direito do Trabalho clássico e do modelo processual eficiente até então existentes, para outros. Difícil mesmo é encontrar posições intermediárias, com posições mais moderadas.

No âmbito acadêmico, mesmo sendo repetida a mesma tendência divisionista, o ideal científico vem prevalecendo. Foram publicadas nos últimos anos dezenas de obras de excelente qualidade técnica examinando as mudanças promovidas na legislação trabalhista consolidada, descrevendo as inovações no ordenamento jurídico laboral ao tratar dos incontáveis institutos criados ou modificados pelo legislador de 2017.

Havia uma carência, no entanto, de uma obra analisando os efeitos da Reforma Trabalhista sobre o sistema processual brasileiro. Tal falha deixa de existir com a publicação do livro intitulado **Reforma trabalhista de 2017: análise dos aspectos processuais e da conflituosidade em geral, na perspectiva do devido processo legal e do acesso à justiça**, de autoria do juiz do trabalho e professor da Universidade Federal de Alagoas, Jasiel Ivo.

A obra é fruto da tese de doutoramento em direito brilhantemente defendida pelo autor no Curso de Doutorado em Direito do Programa de Pós-Graduação em Direito da Universidade Católica de Pernambuco (PPGD/UNICAP), diante de uma banca examinadora verdadeiramente "estrelada", composta pelos professores doutores Gabriela Neves Delgado (UnB), Guilherme Guimarães Feliciano (USP), Beclaute Oliveira Silva (UFAL), Glauco Salomão Leite (UNICAP) e Alexandre Freire Pimentel (UNICAP). Tive a honra de atuar como orientador do Jasiel Ivo durante o seu desafio de doutoramento, experiência na qual posso assegurar que aprendi muito mais de que orientei.

Antes de falar da obra, algumas palavras sobre o autor.

Durante o período no qual tive o privilégio de atuar (ao menos formalmente) como seu orientador entre 2019 e 2022, pude conhecer de perto essa fantástica figura. Pude, inclusive, desenvolver com o Jasiel **múltiplos trabalhos envolvendo artigos escritos em coautoria e publicados em grandes revistas do Brasil e do exterior. Uma verdadeira regalia acadêmica!**

O Jasiel Ivo é um ser iluminado. Toda vez que ingressava em uma sala de aula como aluno do curso de doutorado em direito, mesmo com larga experiência pessoal como docente universitário, se preocupava em se apresentar e agir como um jovem e curioso acadêmico, com a humildade típica dos grandes juristas que quanto mais estudam, sabem que precisam estudar ainda mais. Um amigo para seus colegas, um assistente para os professores do curso e verdadeiro *gentleman* para todas e todos.

Um acadêmico de capacidade técnica imensurável e de bagagem intelectual ímpar. A sua luz nasce não apenas daquilo que é exposto nas letras de seus textos, mas, especificamente, da sua análise peculiar acerca de tudo que é examinado de forma exauriente e aferido de modo absoluto, demonstrando uma habilidade ímpar e uma aptidão inigualável em dissecar o tema do seu estudo por perspectivas antes inexploradas, apontando novos itinerários diante de problemas cujos caminhos antes haviam se esgotados ... simplesmente visualizando aquilo que outros já tinham contemplado, mas sem efetivamente compreender em toda a sua plenitude.

Muitos são os juristas que nos últimos anos vem ganhando destaque no cenário acadêmico nacional. A habilidade natural do Jasiel Ivo ao examinar qualquer dos institutos da ciência processual, entretanto, é absolutamente sem paralelo.

Com a real aptidão de ver, compreender e examinar de forma crítica aspectos que, usualmente, escapam ao alcance do acadêmico comum, o insigne magistrado e professor alagoano consegue dialogar e fascinar com uma facilidade que realmente impressiona.

Uma prosa cativante e bem compreendida pelos privilegiados destinatários de suas palavras.

Natural de Maceió do belo Estado de Alagoas, filho de Floriano Ivo Júnior e de Amália Donília Bomfim Ivo, pai de Gabriela Ivo de Beatriz Ivo, o Jasiel Ivo iniciou sua carreira docente em 1989, tendo sido aprovado em concurso público de provas e títulos para entrar no quadro de professores efetivos da Faculdade de Direito da Universidade Federal de Alagoas em 1988, instituição na qual atualmente ocupa o cargo de Professor Associado I. Adorado pelos seus alunos, tem se tornado um mestre querido de várias gerações de profissionais do direito em terras alagoanas.

Inquieto como todo grande acadêmico, optou para assumir paralelamente um segundo sacerdócio, o de juiz do trabalho. O Jasiel Ivo ingressou na magistratura do trabalho por meio de concurso público em 1995, fazendo sua carreira no destacado Tribunal Regional do Trabalho da 19ª Região, na qual foi por mais de dez anos juiz titular da 9ª Vara de Maceió e atualmente ocupa o cargo de juiz titular da Vara do Trabalho de Penedo, sendo reconhecido por todos como um magistrado de referência.

O Jasiel realmente é um diamante de inestimável valor não apenas para Alagoas, mas toda a região do Nordeste. E como a generosidade é natural para esse acadêmico de escola, agora ele está presenteando a todos com uma joia literária rara.

O livro de sua autoria ora lançado, **Reforma trabalhista de 2017: análise dos aspectos processuais e da conflituosidade em geral, na perspectiva do devido processo legal e do acesso à justiça**, é uma autêntica obra-prima. Dividida em duas partes, a 1ª de capítulo único, a obra inicia com uma análise dos primórdios do trabalho à contemporaneidade, conduzindo o leitor a um prazeroso passeio pela história do trabalho no mundo civilizado.

É na 2ª parte, entretanto, que encontramos a riqueza maior do fruto produzido pelo agora doutor em direito Jasiel Ivo.

Um capítulo dedicado ao estudo das múltiplas dimensões de acesso à justiça, com a sua análise enquanto direito fundamental e a aferição dos seus principais obstáculos, sem esquecer uma revisitação às famosas "ondas renovatórias" do Garth e Cappelletti. Outro capítulo destinado a um voo panorâmico mais intenso sobre as manifestações do devido processo legal, desde a sua origem e evolução histórica até as distinções entre *procedural due process* e *substantive due process*, para concluir com a sua morfologia completa enquanto direito fundamental.

Em seguida, o autor apresenta um capítulo dirigido a análise crítica das novas diretrizes para o direito processual do trabalho, examinando o modo de ser do processo laboral e seus princípios orientadores para então abordar as novas manifestações do trabalho sob demanda e iniciar um profundo mergulho no oceano de mudanças promovidas pela Lei n. 13.467, de 2015, dissecando temas como a imposição de barreiras normativas para inibir o acesso do trabalhador à Justiça do Trabalho, bem como a promoção de uma expansão punitivista, culminando com uma exposição quantitativa envolvendo a comparação de dados estatísticos das reformas dos anos 2000 (Procedimento sumaríssimo) e 2017 (reforma trabalhista). Um texto de qualidade científica inigualável, merecedor de uma leitura cuidadosa do seu leitor para visualizar as dimensões dos efeitos gerados pelo legislador de 2017. Verdadeiramente imperdível.

Por fim, o autor dedica um último capítulo ao exame da posição do Supremo Tribunal Federal diante das modificações provocadas pela Reforma Trabalhista sobre o modelo processual laboral, enfatizando a judicialização de múltiplos tópicos e os julgamentos envolvendo os obstáculos ao acesso à justiça, encerrando com um olhar crítico naquilo que o Jasiel, de forma franca e aberta, denomina de "apoucamento" e "amesquinhamento" da Justiça do Trabalho. Na realidade, nesta parte da obra o autor não se restringe apenas a expor as mazelas identificadas na sua pesquisa, mas faz uma ardorosa defesa da Justiça do Trabalho diante da sua relevância social.

Os capítulos são sucedidos por uma Conclusão, na qual são expostas as principais constatações extraídas da investigação operada pelo autor. Uma forma adequada de concluir esse livro maravilhoso envolvendo uma temática tão crucial para a sociedade contemporânea.

Sem sombra de dúvida, uma obra jurídica de inigualável valor e que, certamente, será apontada como marco histórico na evolução da doutrina processual pátria.

Aguardo, com absoluta franqueza, que as lições desenvolvidas pelo autor possam colaborar, especialmente perante os integrantes da advocacia e da magistratura do trabalho, para uma melhor compreensão dos impactos provocados pelo legislador de 2017.

Apresento, agora, minhas congratulações pessoais ao meu caro amigo e colega Jasiel, à editora e a sociedade brasileira pela publicação desta obra tão rica em conteúdo quanto inovadora na visão crítica proporcionada aos seus leitores.

Recife, 22 de outubro de 2022.

Sergio Torres Teixeira
Doutor em Direito.
Professor Adjunto IV da UNICAP.
e Professor Associado IV da FDR/UFPE.
Desembargador do Tribunal Regional do Trabalho da 6ª Região.
Membro da Academia Brasileira de Direito do Trabalho.

Prefácio

Há, na vida e na arte, honras que envaidecem e honras que edificam. É incomum que ambos os predicados se acumulem em torno de um mesmo evento; mas isso ocasionalmente acontece. E *aconteceu*, para o meu gáudio, no corrente caso. Fui convidado por JASIEL IVO para redigir o prefácio deste importante contributo à doutrina juslaboral brasileira: *"**Reforma trabalhista de 2017:** análise dos aspectos processuais e da conflituosidade em geral, na perspectiva do devido processo legal e do acesso à justiça"*. Faço-o agora, sob ambas as honras.

O autor, juiz do Trabalho na 19ª Região e professor titular da Universidade Federal de Alagoas, que é mestre e agora também doutor em Direito (respectivamente pela Universidade Federal de Pernambuco e pela Universidade Católica de Pernambuco), apresenta ao grande público este valioso estudo que, antes de mais, pretende repulsar uma série de falsos lugares comuns relativos aos supostos efeitos positivos da Reforma Trabalhista na economia processual e, em especial, na questão do acesso ao Poder Judiciário trabalhista. Não custa lembrar que, nos autos da ADI n. 5.766/DF — objeto da seção 5.3 desta tese —, o Ministro Luís Roberto Barroso, relator originário da ação, chega a afirmar textualmente que as restrições econômicas então impostas ao acesso à Justiça do Trabalho justificavam-se para desestimular aventuras judiciárias supostamente recorrentes nos tribunais regionais do trabalho. É certo que, felizmente, a tese perfilhada por Barroso soçobrou durante os debates plenários; era, com todas as vênias, tão equivocada quanto os seus alegados pressupostos. Bem se vê, todavia, que a cantilena decerto deitou raízes na mais alta corte do país, ainda que setorialmente; e apenas isso já bastaria para justificar estudos acadêmicos mais atentos ao problema.

É o que JASIEL IVO promove, com excelência, neste tomo. Em pesquisa de fôlego, redescobre criticamente o surgimento do Direito do Trabalho e a organização da Justiça do Trabalho no Brasil, traça paralelos interessantes com a nossa atual sociedade tecnológica (inclusive em relação aos trabalhadores por aplicativos digitais, já bem adiante, na seção 4.3); e, no que mais importa, examina com profundidade as garantias constitucionais do pleno acesso à justiça (com seus obstáculos e suas "ondas renovatórias", na melhor acepção cappellettiana) e do devido processo legal (nas suas dimensões material e procedimental, inclusive a partir da seminal obra de JOHN V. ORTH(1)), para finalmente concluir, entre outros desfechos, o seguinte:

---

(1) ORTH, John V. *Due process of law:* a brief history. Lawrence: University Press of Kansas, 2003. V. também, do mesmo autor, ORTH, John V. Taking from A and giving to B: Substantive due process and the case of the shifting paradigm. *Constitutional Commentary*, v. 14, n. 522, p. 337-345, 1997. Disponível em: <https://scholarship.law.umn.edu/concomm/522>. Acesso em: 25 nov. 2022.

(a) a expansão punitivista **já conhecida de outras paragens dogmáticas tem sentado praça no processo do trabalho**;

(b) a Reforma Trabalhista não apenas agrediu o pleno acesso à justiça — que é, a um tempo, princípio-garantia do processo judicial (na perspectiva objetiva) e direito subjetivo público do cidadão (na perspectiva subjetiva), tal qual demonstrado alhures[(2)] —, como também golpeou as normas-princípios da informalidade e da simplicidade, historicamente assentadas no arcabouço legislativo, jurisprudencial e doutrinal que funda o processo laboral;

(c) o encarecimento do processo trabalhista, associado à natureza tributária das custas judiciais — aspecto ignorado no novel § 2º do art. 844 da CLT[(3)] — e ao "apoucamento gradual" (hermenêutico) dos lindes do art. 114 da CRFB, engendra inconstitucionalidades materiais e formais que minam as funções históricas e a própria existência autônoma da Justiça do Trabalho;

(d) enfim, nessa precisa ordem de ideias, é razoável afirmar, com IVO, que

> [a] Reforma Trabalhista introduzida pela Lei n. 13.467, de 13 de julho de 2017, passou a exigir rigores excessivos para postular em juízo, além de impor a cobrança de custas processuais e honorários advocatícios e periciais na hipótese de sucumbência do trabalhador, ainda que beneficiário da justiça gratuita — **um verdadeiro acosso legal**, deixando o trabalhador acuado e impedido de exercer seu direito subjetivo público de ação, num óbice intransponível de acesso à justiça. (seção 4.11 – grifo nosso)

Não posso discordar.

Em seus manuscritos de 1844, contrapondo HEGEL, K. MARX[(4)] pontuou que a essência humana não está na sua "consciência-de-si", mas na sua própria *natureza*: "o ser humano é, de imediato, *ser natural* [...], com forças naturais, vivo, efetivo, sensível"; e, portanto, um *ser sofrente e passional,* que nem sempre agirá com a racionalidade dos mercados. Daí porque, nas ilações abstracionistas das análises econômicas, joga-se com o *nada*: "[u]m ser não objetivo é uma *inessência*", um ser apenas imaginado, alijado de toda a sua historicidade. Essas lições — seja você, nobre leitor, marxista ou não (mesmo porque este seu interlocutor, que logo abaixo se subscreve, não o é — não poderiam ser mais atuais e necessárias. Na melhor das hipóteses, a Reforma Trabalhista terá mirado, com boa vontade, o ser abstrato das conjecturas econômicas. Mas, com isso, relegou ao mais cruel desamparo o ser real, objetivo; e com funestos resultados que já se revelam, inclusive no campo estatístico.

---

(2) FELICIANO, Guilherme Guimarães. *Por um processo realmente efetivo:* inflexões do *"due process of law"* na tutela processual de direitos humanos fundamentais. São Paulo: LTr, 2016. Capítulo 4.

(3) Que, todavia, foi considerado constitucional pelo Excelso Pretório, por maioria, os autos da predita ADI n. 5.766/DF.

(4) MARX, Karl. *Manuscritos econômico-filosóficos de 1844*. Trad. Tomás da Costa. Petrópolis: Vozes, 2022. p. 166-171.

As linhas seguintes melhor lho dirão.

Boa leitura!

Campinas, verão de 2022.

Guilherme Guimarães Feliciano
Professor Associado I do Departamento de Direito do Trabalho e da Seguridade Social da Faculdade de Direito da Universidade de São Paulo. Titular da Cadeira n. 53 da Academia Brasileira de Direito do Trabalho. Doutor e Livre-Docente pela Faculdade de Direito da Universidade de São Paulo. Doutor pela Faculdade de Direito da Universidade de Lisboa. Pós-Doutor pelo *"Ius Gentium Conimbrigae"*/Centro de Direitos Humanos (Faculdade de Direito da Universidade de Coimbra). Presidente da Associação Nacional dos Magistrados da Justiça do Trabalho (2017/2019). Juiz Titular da 1ª Vara do Trabalho de Taubaté/SP.

Introdução

O livro que o leitor tem mãos foi desenvolvido entre 2019 e até meados de 2022, no Curso de Doutorado em Direito, PPGD da Universidade Católica de Pernambuco — UNICAP, área de concentração "Direito, processo e cidadania", na linha de pesquisa "Processo, hermenêutica e efetividade dos direitos sociais", tendo como título "Reforma trabalhista de 2017: análise quantitativa e qualitativa dos aspectos processuais e da conflituosidade em geral", e, sendo em meados de 2022, revisada para publicação como obra científico-literária.

O advento da amplamente denominada de Reforma Trabalhista de 2017 modificou cerca de cem artigos da CLT — Consolidação das Leis do Trabalho, causando profundos reflexos não apenas no Direito material como também no Direito Processual do Trabalho. O objeto do presente estudo é a reforma trabalhista de 2017, introduzida no ordenamento jurídico brasileiro pela Lei n. 13.467, de 13 de julho de 2017. A presente pesquisa tem como finalidade enfrentar pontos específicos da reforma em seus aspectos processuais, trazendo modificações relevantes para o Direito processual do trabalho, ocupando-se especificamente da exigência de que o pedido formulado desde a inicial seja certo, determinado e com indicação do seu valor. Serão abordadas a cobrança de honorários advocatícios e honorários periciais sucumbenciais e a cobrança de custas processuais em caso de arquivamento do processo, mesmo nas hipóteses em que a parte esteja sob o regime dos benefícios da gratuidade de justiça.

Esses pontos têm sido objeto de intensa discussão acadêmica e também do ponto de vista pragmático, sendo amplamente debatidos nas vias judiciais. Cumpre destacar a decisão do Supremo Tribunal Federal — STF, na Ação Direta de Inconstitucionalidade (ADI) n. 5.766/DF, ajuizada pelo Procurador-Geral da República, julgada em 20.10.2021. Aguarda-se a decisão do STF na Ação Direta de Inconstitucionalidade (ADI) n. 6.002-DF, ajuizada pelo Conselho Federal da Ordem dos Advogados do Brasil.

Menciona-se ainda a litigância de má-fé, inclusive quando permite as mesmas consequências à testemunha mendaz, e o procedimento de jurisdição voluntária para a homologação de acordo extrajudicial, mas sem grandes interferências ou preocupações no objeto do estudo.

Têm-se assim alcançados os objetivos da pesquisa, na medida em que busca estudar e compreender as mudanças introduzidas no processo do trabalho pela Lei n. 13.467, de 2017. O texto visa esclarecer e demonstrar os efeitos da nova legislação na queda substancial no número de ações ajuizadas perante a Justiça do Trabalho a partir de janeiro de 2018 e até dezembro de 2021, bem como que a reforma agride garantias constitucionais fundamentais, por meio de caminho teórico e método adequado até os resultados a que se pretende alcançar.

A relevância do tema, bem como sua viabilidade sustentam-se na medida em que a reforma trabalhista de 2017 é tida como ponto de inflexão tanto no direito material quanto no direito processual do trabalho. Esta abrangência exige estudo criterioso. No livro que ora se apresenta, delimitou-se o objeto às mudanças introduzidas no direito processual, mais precisamente quanto ao maior rigor formal da petição inicial, §§ 1º e 3º do art. 840, no tocante ao benefício da justiça gratuita; § 3º, do art. 790, quanto a honorários periciais e honorários advocatícios em caso de sucumbência, arts. 790-B e 791-A; e no que concerne ao procedimento de jurisdição voluntária para a homologação de acordo extrajudicial, arts. 855-B a 855-E, todos da Consolidação das Leis do Trabalho — CLT.

O objetivo aqui é analisar aspectos processuais da Lei n. 13.467, de 2017, conhecida como lei da reforma trabalhista, detendo-se especificamente na redação do § 1º do art. 840 da Consolidação das Leis do Trabalho — CLT. Este passou a exigir como requisito que a petição inicial no direito processual do trabalho seja oferecida formulando-se pedido certo, determinado e com indicação de seu valor desde logo. Caso os pedidos não atendam ao disposto no § 1º, o § 3º do mesmo dispositivo consolidado, acrescentado pela lei reformadora, determina que sejam julgados extintos sem resolução de mérito. A reforma também passou a impor a cobrança de custas processuais para ajuizar nova ação em caso de arquivamento de processo decorrente da ausência do reclamante à audiência; honorários advocatícios e periciais na hipótese de sucumbência do trabalhador, ainda que beneficiário da justiça gratuita; e o procedimento de jurisdição voluntária para a homologação de acordo extrajudicial, acrescentando à Consolidação das Leis do Trabalho os arts. 855-B ao 855-E.

Quanto às hipóteses levantadas, a área de preocupação da presente obra é verificar se, no âmbito do processo do trabalho, as modificações da Lei n. 13.467, de 2017:

a) têm potencial de ampliar ou é capaz de inviabilizar, impedir ou dificultar a garantia da universalidade de acesso à Justiça;

b) violam ou não o devido processo legal nos aspectos substancial e processual;

c) são a principal causa da diminuição substancial no número de ações trabalhistas ajuizadas em todo o Brasil a partir de 11 de novembro de 2017, quando a lei passou a viger.

Numericamente, foi identificado que o número de processos ajuizados na Justiça do Trabalho caiu substancialmente após a entrada em vigor da Lei n. 13.467, de 2017 (11 de novembro de 2017), mais precisamente a partir de janeiro de 2018, já que fenômeno estatístico semelhante não se verificou após a lei do procedimento sumaríssimo de 2000, apesar das semelhantes modificações legais de exigências postulatórias no processo do trabalho.

São respondidas, ao final, as seguintes perguntas:

— O que causou essa importante mudança nos números de ajuizamento de ações perante a Justiça do Trabalho a partir de janeiro de 2018?

— As relações de trabalho tornaram-se menos conflituosas após a reforma trabalhista de 2017?

Como respostas possíveis ao problema proposto, inicialmente formuladas como hipóteses provisórias, tem-se que a Lei n. 13.467, de 13 de julho de 2017, que entrou em vigor em 11 de novembro de 2017,[(1)] introduziu mudanças significativas no Direito Processual do Trabalho, alterando a redação do § 1º do art. 840 da Consolidação das Leis do Trabalho — CLT, passando a exigir maiores rigores formais na postulação perante a Justiça do Trabalho, determinando que a petição inicial formule pedido certo, determinado e com indicação de seu valor.

A reforma de 2017 também encareceu os custos do processo trabalhista, já que passou a cobrar custas judiciais de processo arquivado por ausência do reclamante à audiência, como "condição para a propositura de nova demanda",[(2)] mesmo na hipótese de o autor ser beneficiário da justiça gratuita, consoante previsto no § 3º, do art. 790 da Consolidação das Leis do Trabalho — CLT. Acresça-se a isto a previsão de condenação em honorários advocatícios e periciais sucumbenciais, ainda que a parte esteja gozando dos benefícios da gratuidade de justiça, sendo estas as causas da importante queda no número de ajuizamento de ações perante a Justiça do Trabalho a partir de janeiro de 2018.

Exigência semelhante foi estabelecida pela Lei n. 9.957, de 2000, que incluiu o procedimento sumaríssimo no âmbito do processo do trabalho, acrescentando o art. 852-A à Consolidação das Leis do Trabalho — CLT e determinando que nos dissídios individuais cujo valor não exceda a quarenta vezes o salário mínimo vigente na data do ajuizamento da reclamação, o pedido deverá ser certo ou determinado e indicará o valor correspondente.

Ambas as leis — a do procedimento sumaríssimo do ano de 2000 e a lei da reforma trabalhista do ano de 2017 — estabeleceram mudanças nos requisitos da petição inicial no processo do trabalho, mas apenas a partir de janeiro de 2018 constata-se uma expressiva queda no número de novas ações ajuizadas na Justiça do Trabalho em todo o Brasil. Desde então, os trabalhadores estão deixando de pleitear em juízo seus direitos.

---

(1) BRASIL. Congresso Nacional. *Lei Complementar n. 95, de 26 de fevereiro de 1998*. Dispõe sobre a elaboração, a redação, a alteração e a consolidação das leis, conforme parágrafo único do art. 59 da CF 1988. Disponível em: <https://www2.camara.leg.br/legin/fed/leicom/1998/leicomplementar-95-26-fevereiro-1998-363948-normaatualizada-pl.html>. Acesso em: 10 jul. 2022. "A contagem do prazo para entrada em vigor das leis que estabeleçam período de vacância far-se-á com a inclusão da data da publicação e do último dia do prazo, entrando em vigor no dia subsequente à sua consumação integral" (§ 1º, do art. 8º da Lei Complementar n. 95, de 1998, incluído pela Lei Complementar n. 107, de 26.4.2001).

(2) BRASIL. Congresso Nacional. *Lei n. 13.467, de 2017*. Disponível em: <https://www2.camara.leg.br/legin/fed/lei/2017/lei-13467-13-julho-2017-785204-norma-pl.html>. Acesso em: 10 jul. 2022. "CLT, Art. 844 – O não comparecimento do reclamante à audiência importa o arquivamento da reclamação, e o não comparecimento do reclamado importa revelia, além de confissão quanto à matéria de fato. (...) § 2º Na hipótese de ausência do reclamante, este será condenado ao pagamento das custas calculadas na forma do art. 789 desta Consolidação, ainda que beneficiário da justiça gratuita, salvo se comprovar, no prazo de quinze dias, que a ausência ocorreu por motivo legalmente justificável. § 3º O pagamento das custas a que se refere o § 2º é condição para a propositura de nova demanda". Parágrafos acrescentados ao art. 844 da CLT pela lei da reforma trabalhista.

Outra mudança expressa na lei diz respeito à litigância de má-fé,[3] prevendo a condenação de ofício ou a requerimento da parte contrária, em "multa superior a 1% e inferior a 10% do valor corrigido da causa e indenizar a parte contrária pelos prejuízos que esta sofreu e arcar com os honorários advocatícios e com todas as despesas que efetuou".[4]

A inclusão do art. 793-D à CLT pela Lei da reforma trabalhista de 2017 é de pouca influência na presente pesquisa, uma vez que diante da até então existente omissão da Consolidação das Leis do Trabalho — CLT, sempre foram aplicadas subsidiariamente as disposições referentes ao tema encontradas nos arts. 16 a 18 do Código de Processo Civil de 1973[5] e nos arts. 79 a 81 do atual CPC (de 2015),[6] respondendo por perdas e danos aquele que pleiteia de má-fé.

A novidade trazida pela Lei n. 13.467, de 2017, é encontrada no art. 793-D, acrescentado à Consolidação das Leis do Trabalho — CLT, que diz respeito à possibilidade de aplicação da multa prevista no art. 793-C da CLT, da litigância de má-fé "à testemunha que intencionalmente alterar a verdade dos fatos ou omitir fatos essenciais ao julgamento da causa", sendo certo que o parágrafo único deste dispositivo autoriza a execução da multa nos mesmos autos da ação trabalhista.

Já que a conflituosidade entre capital e trabalho não diminuiu na sociedade brasileira,[7] tampouco estão sendo adotados nesse cenário os métodos preventivos e os meios consensuais de resolução de conflitos.[8] A primeira resposta provisória é que as modificações introduzidas pela lei n. 13.467, de 2017, conhecida como lei da reforma trabalhista, estariam causando essa importante redução no número de reclamações ajuizadas na Justiça do Trabalho.

(3) BRASIL. Congresso Nacional. *Lei n. 13.467, de 2017*. Disponível em: <https://www2.camara.leg.br/legin/fed/lei/2017/lei-13467-13-julho-2017-785204-norma-pl.html>. Acesso em: 11 jul. 2022. "CLT Art. 793-C. De ofício ou a requerimento, o juízo condenará o litigante de má-fé a pagar multa, que deverá ser superior a 1% (um por cento) e inferior a 10% (dez por cento) do valor corrigido da causa, a indenizar a parte contrária pelos prejuízos que esta sofreu e a arcar com os honorários advocatícios e com todas as despesas que efetuou. § 1º Quando forem dois ou mais os litigantes de má-fé, o juízo condenará cada um na proporção de seu respectivo interesse na causa ou solidariamente aqueles que se coligaram para lesar a parte contrária. § 2º Quando o valor da causa for irrisório ou inestimável, a multa poderá ser fixada em até duas vezes o limite máximo dos benefícios do Regime Geral de Previdência Social. § 3º O valor da indenização será fixado pelo juízo ou, caso não seja possível mensurá-lo, liquidado por arbitramento ou pelo procedimento comum, nos próprios autos".

(4) BRASIL. Congresso Nacional. *Lei n. 13.467 de 13 de julho de 2017*. Disponível em: <https://www2.camara.leg.br/legin/fed/lei/2017/lei-13467-13-julho-2017-785204-norma-pl.html>. Acesso em: 11 jul. 2022.

(5) BRASIL. Congresso Nacional. *Lei n. 5.869, de 11 de janeiro de 1973*. Código de Processo Civil revogado. Disponível em: <https://www2.camara.leg.br/legin/fed/lei/1970-1979/lei-5869-11-janeiro-1973-357991-publicacaooriginal-1-pl.html>. Acesso em: 11 jul. 2022.

(6) BRASIL. Congresso Nacional. *Lei n. 13.105, de 16 de março de 2015*. Código de Processo Civil. Disponível em: <https://www2.camara.leg.br/legin/fed/lei/2015/lei-13105-16-marco-2015-780273-publicacaooriginal-146341-pl.html>. Acesso em: 11 jul. 2022.

(7) TEIXEIRA, Sergio Torres. Evolução do modelo processual trabalhista e a busca pelo pleno acesso do jurisdicionado à justiça. In: PESSOA, Amaro Clementino; TEIXEIRA, Sergio Torres; ESTEVES, Juliana Teixeira (Coords.). *Processo do Trabalho & evolução do direito:* estudos em homenagem ao professor José Soares Filho. Curitiba: Juruá, 2013. p. 145-161.

(8) WATANABE, Kazuo. *Acesso à ordem jurídica justa* (conceito atualizado de acesso à justiça) — processos coletivos e outros estudos. Minas Gerais: Editora Del Rey, 2019.

O segundo motivo diz respeito ao encarecimento do processo trabalhista com a cobrança de custas judiciais decorrentes de arquivamento de processo em razão da ausência do reclamante à audiência, para que possa ajuizar nova ação trabalhista, de honorários advocatícios e periciais sucumbenciais, ainda que a parte seja beneficiária da gratuidade de justiça.

Tudo isso pode ser considerado como fator de desencorajamento ao ajuizamento de ações trabalhistas por conta do risco e também impacta negativamente no número de processos ajuizados na Justiça do Trabalho a partir de janeiro de 2018.

Diante da indagação se essas modificações processuais introduzidas em 2017 violam o devido processo legal substancial, deve-se inicialmente compreender o que justificou o surgimento do ramo da ciência do Direito denominado Direito do Trabalho, e qual seria a finalidade do Direito Processual do Trabalho.

Na busca da confirmação ou não das hipóteses levantadas, de modo a deixar evidente o traço constitucional como sua principal característica, dentro do campo da fundamentação teórica, trabalhando a compreensão do devido processo legal em suas dimensões — no sentido material (*substantive due process*) e no processual (*procedural due process*), examinam-se também os reflexos da reforma quanto ao acesso à Justiça, numa abordagem à luz da Constituição Federal de 1988 e também visando compreender o Direito como sistema, dentro da moldura do Estado Democrático de Direito. Consiste em análise dogmática que objetiva entender e explicar o fenômeno da queda importante no número de ajuizamento de ações trabalhistas após a edição da Lei n. 13.467, de 2017, verificando como a legislação foi utilizada para barrar o acesso à justiça, tratando-se de lei arbitrária, no dizer de San Tiago Dantas.[(9)]

Tais mudanças parecem violar a garantia do devido processo legal, tanto no sentido material (*substantive due process*) quanto no processual (*procedural due process*), porquanto restringem o acesso ao Judiciário pela via da legislação infraconstitucional, com o claro objetivo de impor óbices, obstáculos que dificultam a garantia de universalidade de acesso à Justiça, intimidando o cidadão quanto ao exercício desse direito por meio do encarecimento do processo, bem como desfigurando o processo do trabalho, que é fortemente influenciado pelo princípio da simplificação procedimental.

Outra mudança paradigmática introduzida pela Lei n. 13.467, de 2017, no processo do trabalho, está relacionada ao processo de homologação de acordo extrajudicial previsto no art. 855-B da Consolidação das Leis do Trabalho — CLT, sendo certo que as partes não podem ser representadas por advogado comum.

É possível que o Poder Legislativo tenha imposto claro e intencional óbice ao exame de lesão ou ameaça a direito pelo Poder Judiciário, deixando o cidadão trabalhador impedido de provocar a jurisdição, uma vez que a relação de trabalho é assimétrica, essencialmente desigual em sua formação quanto aos sujeitos e em sua estrutura quanto à execução do contrato,

---

(9) DANTAS, F. C. de San Tiago. Igualdade perante a lei e *due process of law*. Contribuição ao estudo da limitação constitucional do Poder Legislativo. *Revista Jurídica Virtual*, Brasília, vol. 3, n. 32, jan. 2002. Disponível em: <https://revistajuridica.presidencia.gov.br/index.php/saj/article/viewFile/892/878>. Acesso em: 30 jun. 2022.

detendo a empresa os poderes de organização e de direção, conservando em torno de si os documentos formais e probatórios capazes de atender à exigência da lei, o que pode violar a garantia constitucional do devido processo legal.

Ademais, parece possível demonstrar um verdadeiro acosso legal, deixando o trabalhador acuado e impedido de exercer seu direito subjetivo público de ação, tratando-se de óbices intransponíveis de acesso à justiça.

Como demonstração da adequação da metodologia ao enfrentamento do problema proposto, são utilizados dados estatísticos, com gráficos e planilhas. Efetua-se análise empírica pelo método quantitativo, por simples inferência, a fim de identificar temporalmente a queda no número de ações trabalhistas ajuizadas após o período da *vacatio legis*, a partir de 11 de novembro de 2017 (um sábado), considerando o recesso natalino do art. 62, inciso I, da Lei n. 5.010, de 30 de maio de 1996, sendo feriados os dias 20 de dezembro a 6 de janeiro, além da suspensão do curso de prazo processual nos dias compreendidos entre 20 de dezembro e 20 de janeiro, inclusive, período conhecido no ambiente forense como férias dos advogados e advogadas, consoante previsão do art. 220 do Código de Processo Civil de 2015.

Tudo isso reflete nas estatísticas a partir de janeiro de 2018 e até dezembro de 2021, no âmbito do Tribunal Regional do Trabalho — TRT da 19ª Região, Alagoas,[(10)] e dos 24 Tribunais Regionais do Trabalho existentes no Brasil, somados nacionalmente pelo Tribunal Superior do Trabalho — TST. Os dados estatísticos foram recolhidos, consolidados e trabalhados por inferência simples, comparando-se os dados da reforma da lei do procedimento sumaríssimo em 2000 com a reforma trabalhista de 2017, fazendo menção às possíveis variáveis, como a evolução da taxa de desemprego no Brasil nos períodos analisados e durante a pandemia da Covid-19 em 2020.[(11)] Com tratamento estatístico adequado para o período, restou assim delimitado o trabalho ora apresentado, tanto espacial quanto temporalmente.

Dentro do método qualitativo, mais precisamente do hermenêutico-analítico, faz-se análise dogmática com o objetivo de compreender as mudanças introduzidas no Direito Processual do Trabalho e se tais mudanças tiveram o objetivo deliberado de impor obstáculos ao acesso ao Judiciário, uma abordagem analítica do tema, valendo-se do método dedutivo, examinando situações gerais e, em seguida, particulares, a partir da Constituição Federal de 1988, verificando como a legislação impacta o acesso à Justiça. Utiliza-se, para tanto, o método dedutivo por meio de análise da bibliografia, jurisprudência e documentos legislativos.

A presente obra perpassa duas grandes áreas do Direito: o constitucional e o processual. A partir destes ramos, com atenção especial ao direito processual do trabalho, é feito o estudo do acesso à justiça e do devido processo legal na reforma trabalhista brasileira de 2017.

---

(10) A pesquisa escolheu os dados estatísticos do TRT XIX, Alagoas, por ser a região do autor.

(11) "Desemprego sobe para 12,9% em maio e país tem tombo recorde no número de ocupados, tendo o Brasil perdido 7,8 milhões de postos de trabalho no trimestre de maio a junho de 2020 comparado com o trimestre de janeiro a março de 2020." Portal de notícias *G1*. Disponível em: <https://g1.globo.com/economia/noticia/2020/06/30/desemprego-sobe-para-129percent-em-maio.ghtml>. Acesso em: 30 jun. 2020.

Na organização dos capítulos, o livro está estruturado em duas partes, sendo a primeira um capítulo inteiramente introdutório, denominado "Dos primórdios do trabalho à contemporaneidade: breve passeio pela história do trabalho humano", no qual se faz um inventário do trabalho humano ao longo da história, uma espécie de viagem percorrendo os mais significativos estágios: o surgimento do Direito do Trabalho, do Direito Processual do Trabalho, a organização e o funcionamento da Justiça do Trabalho no Brasil, avanços e recuos, até chegar à reforma trabalhista de 2017, com a edição da Lei n. 13.467, de 13 de julho de 2017.

Ainda no primeiro capítulo são analisadas as inovações tecnológicas atuais, a influência da tecnologia da informação e da comunicação, que corroem os postos de trabalho. Trata-se, na verdade, de um modelo econômico que precariza ainda mais as relações de trabalho, reconfigurando o próprio trabalho, desaguando na atual conjuntura da economia do compartilhamento — *sharing economy* — e no trabalho sob demanda, onde se discutem os contornos da subordinação jurídica na relação de trabalho e os novos ambientes e modelos empresariais, com a fiscalização e gestão do trabalho por intermédio de algoritmos.

Esta primeira parte do texto é importante por considerar que não faz sentido estudar o direito se o objetivo não for compreender a conduta humana, entender o direito especialmente no ambiente e contexto em que vem se dando a reforma trabalhista no Brasil, introduzida no ordenamento jurídico por meio da Lei n. 13.467, de 13 de julho de 2017, que entrou em vigor em 11 de novembro de 2017, promovendo intensas mudanças tanto no Direito material, quanto no Direito Processual do Trabalho.

A segunda seção está dividida em mais quatro capítulos, onde são estudados o acesso à justiça, com a identificação dos principais obstáculos a serem enfrentados, as ondas renovatórias do acesso à justiça e os novos enfoques que a ele devem ser dados, passando à compreensão do devido processo legal, em suas dimensões procedimental e substantiva, nos planos vertical e horizontal, culminando com o enlace entre o acesso à justiça e o direito ao devido processo legal, na perspectiva dos direitos fundamentais.

Analisa-se a lei reformadora no que modificou a redação do § 1º do art. 840 da Consolidação das Leis do Trabalho — CLT, passando a exigir como requisito que a petição inicial no direito processual do trabalho seja oferecida formulando-se pedido certo, determinado e com indicação de seu valor desde logo e, caso os pedidos não atendam ao disposto no § 1º, o § 3º do mesmo dispositivo consolidado, acrescentado pela mesma lei, determina que sejam julgados extintos sem resolução de mérito.

A reforma também modificou a metodologia na cobrança de custas judiciais em caso de arquivamento do processo por ausência do reclamante, bem como passou a impor a cobrança de honorários advocatícios e periciais na hipótese de sucumbência do trabalhador, ainda que beneficiário da justiça gratuita. Investiga-se se houve violação ao acesso à Justiça e ao devido processo legal substancial, uma vez que os temas geraram questionamentos de várias ordens, tanto do ponto de vista acadêmico, suscitando o problema e levantando as hipóteses, quanto pragmático, pois mesmo decorridos quatro anos da vigência da lei, ainda se encontram pendentes de julgamento várias ações no Supremo Tribunal Federal — STF, por intermédio do controle concentrado de constitucionalidade, além do consistente questionamento em sede de controle difuso, perante a Justiça do Trabalho, o que inevitavelmente chegará ao STF por meio da recorribilidade extraordinária.

Por fim, no capítulo conclusivo são feitas as considerações finais e a sustentação da tese, que é o produto final da obra.

1ª Parte

Lá vem o acendedor de lampiões da rua!
Este mesmo que vem infatigavelmente,
Parodiar o sol e associar-se à lua
Quando a sombra da noite enegrece o poente!
Um, dois, três lampiões, acende e continua
Outros mais a acender imperturbavelmente,
À medida que a noite aos poucos se acentua
E a palidez da lua apenas se pressente.
Triste ironia atroz que o senso humano irrita: —
Ele que doira a noite e ilumina a cidade,
Talvez não tenha luz na choupana em que habita.
Tanta gente também nos outros insinua
Crenças, religiões, amor, felicidade,
Como este acendedor de lampiões da rua!

Jorge de Lima. *O acendedor de lampiões.*

Capítulo 1

Dos Primórdios do Trabalho à Contemporaneidade: Breve Passeio pela História do Trabalho Humano no Mundo Civilizado

1.1. Direito e processo

Múltiplos são os eventos da vida e as inter-relações que os homens estabelecem entre si, na complexa organização do tecido social, onde amizades são cultivadas, famílias são formadas, empresas são constituídas, negócios e serviços são realizados, bens são produzidos com o labor humano, circulam e são consumidos, dentre tantos e incontáveis outros. São relações várias, de diversas espécies; algumas delas passam a ser objeto de regulação jurídica pelo Estado, que ordena a convivência em sociedade, impondo "limites à ação de cada um de seus membros",(12) e o faz por intermédio do direito, que regula a conduta humana e estabelece relações jurídicas.

Neste primeiro capítulo faz-se um breve inventário do trabalho humano ao longo da história e no âmbito da sociedade ocidental, uma espécie de viagem percorrendo seus mais significativos estágios e ocorrências, as idas e vindas, os avanços e retrocessos, "fluxos e refluxos da proteção da pessoa humana trabalhadora e do trabalho no Brasil",(13) até o desembarque nos dias atuais, de desemprego estrutural, quando a tecnologia não apenas transforma, mas também erode postos de trabalho. Lança-se o olhar especialmente ao ambiente e contexto em que vem se dando a reforma trabalhista no direito brasileiro.

Muito embora a obra seja uma análise quantitativa e qualitativa dos aspectos processuais da reforma trabalhista de 2017, nem por isso prescinde do exame das relações de trabalho, numa tentativa de encontrar uma visão integrada do processo com o direito material do trabalho, como subsistemas jurídicos harmônicos e sincrônicos, porém sem menoscabar a autonomia do direito processual, conquistada desde o século XIX.

---

(12) REALE, Miguel. *Lições preliminares de direito*. 15. ed. São Paulo: Saraiva, 1987. p. 1-2.

(13) DELGADO, Mauricio Godinho; DELGADO, Gabriela Neves. A proteção e a inclusão da pessoa humana trabalhadora e do trabalho no Brasil República: fluxos e refluxos. *Revista Jurídica Unicuritiba*, vol. 04, n. 57, Curitiba, 2019. p. 538-583. Disponível em: <http://revista.unicuritiba.edu.br/index.php/RevJur/article/download/3792/371372148>. Acesso em: 20 mar. 2022.

Cândido Rangel Dinamarco, ao prefaciar a obra "Direito e processo", de José Roberto dos Santos Bedaque, disse que o autor:

> Utiliza a ideia para a sua vitoriosa tentativa de projetar uma visão integrada e interativa do processo e do direito material numa unidade funcional e harmônica, apta a explicar os institutos e fenômenos daquele, em face da utilidade que possam ter para a efetivação dos valores residentes neste.(14)

Essa perspectiva parece relevante, porque não faz sentido estudar o direito se o objetivo não for na perspectiva de compreendê-lo como regulador da conduta humana e ordenador da sociedade. Tanto é assim que no dizer de Hans Kelsen:

> Para alcançar uma definição do Direito, é aconselhável primeiramente partir do uso da linguagem, quer dizer, determinar o significado que tem a palavra *Recht* (Direito) na língua alemã e as suas equivalentes nas outras línguas (*law*, *droit*, *diritto*, etc).(15)

É necessário, portanto, partir do uso que se dá à palavra direito em qualquer língua e verificar a correspondência com o mesmo fenômeno social, conferindo a ela sempre o mesmo significado:

> Com efeito, quando confrontamos uns com os outros objetos que, em diferentes povos e diferentes épocas são designados como 'Direito', resulta logo que todos eles se apresentam como ordens de conduta humana. Uma 'ordem' é um sistema de normas cuja unidade é constituída pelo fato de todas elas terem o mesmo fundamento de validade.(16)

Em suma:

> As normas de uma ordem jurídica regulam a conduta humana. É certo que, aparentemente, isto só se aplica às ordens sociais dos povos civilizados, pois nas sociedades primitivas também o comportamento dos animais, das plantas e mesmo das coisas mortas é regulado da mesma maneira que o dos homens.(17)

O trabalho humano, como fenômeno que ocupa centralidade na estrutura, organização e funcionamento da sociedade, elemento que desenvolve a civilização e mantém os

---

(14) DINAMARCO, Cândido Rangel. Prefácio. In: BEDAQUE, José Roberto dos Santos. *Direito e processo:* influência do direito material sobre o processo. 2. ed. São Paulo: Malheiros, 2001. p. 5-6.

(15) KELSEN, Hans. *Teoria pura do direito*. Tradução: João Baptista Machado. 8. ed. São Paulo: WMF Martins Fontes, 2009. p. 33.

(16) *Idem*.

(17) *Idem*.

sistemas econômicos, também constitui meio de realização pessoal e conquista da felicidade, não apenas de onde se tira o sustento e a sobrevivência. É regulado pelo direito, que também estabelece formas de prevenção e de solução dos conflitos decorrentes dessas relações e condutas humanas, dos homens em face de outros homens,[(18)] dos homens com as empresas e com o Estado, mas sempre "lá está a conduta humana"[(19)].

> Por mais complexos que os sistemas se mostrem, haja vista os valores incessantes e mutáveis das relações humanas, mas lá no fundo nos deparamos, sempre, com a conduta humana, objeto da regulação.[(20)]

João Maurício Adeodato sustenta haver dois níveis de fontes do direito, encontrando-se a conduta no primeiro, advertindo, contudo, que "o ordenamento jurídico também se compõe de fontes sobre fontes, fontes que intentam tratar conflitos entre fontes e não conflitos de condutas".[(21)] Logo em seguida, complementa:

> Claro que mediatamente também essas têm por objeto a conduta humana, mas diretamente dirigem-se a fontes, é como um segundo nível, daí serem aqui chamadas de metarregras.[(22)]

No livro "Filosofia e retórica na Faculdade de Direito do Recife: debates em torno da obra de João Maurício Adeodato", organizado por Pedro Parini, que se lançou recentemente, escreveu Paulo de Barros Carvalho que "o direito é visto como um fato comunicacional e daí a relevância da retórica para compreender a construção da realidade jurídica".[(23)]

Nunca é demasiado relembrar a origem do vocábulo trabalho e do verbo trabalhar, que vêm da palavra tripálio, oriunda do latim *tripalium* e *tripaliare*, decorrentes de um instrumento de tortura feito de "três paus" (*tri palus*), usado na agricultura e também como instrumento de castigo, punição, tortura.

Hannah Arendt, em "A condição humana", no capítulo III, sobre "Labor", no subtítulo "O labor do nosso corpo e o trabalho de nossas mãos", faz instigante distinção entre labor e trabalho em diversas línguas, destacando que no "latim *laborare* e *facere* ou *fabricari* têm a

(18) IVO, Gabriel. *Norma jurídica:* produção e controle. São Paulo: Noeses, 2006. XXXI-XXXVI.

(19) IVO, Gabriel. O direito e sua linguagem. *Instituto Brasileiro de Estudos Tributários — IBET*. 10 nov. 2015. XII Congresso, p. 523-555. Disponível em: <https://www.ibet.com.br/o-direito-e-a-sua-linguagem-por-gabriel-ivo/>. Acesso em: 27 mar. 2019.

(20) *Ibidem*, p. 523.

(21) ADEODATO, João Maurício Leitão. A construção retórica do ordenamento jurídico — três confusões sobre ética e direito. *Revista Eletrônica do Curso de Direito — PUC Minas Serro*, n. 3 (2011), Anais do I Congresso de Filosofia do Direito. 31.8 a 4.9.2010, p. 103-114. Disponível em: <http://periodicos.pucminas.br/index.php/DireitoSerro/article/view/1990>. Acesso em: 7 out. 2021.

(22) *Ibidem*, p. 107.

(23) CARVALHO, Paulo de Barros. Retórica e a construção da realidade. In: PARINI, Pedro (Org.). *Filosofia e retórica na Faculdade de Direito do Recife:* debates em torno da obra de João Maurício Adeodato. Recife: Cepe, 2021. p. 389.

mesma raiz etimológica" e que "em todos os casos, só os equivalentes" da locução "labor" têm conotação de dor e atribulação, finalizando que "o francês *travailler* substituiu outra palavra mais antiga, *labourer*, e vem de *tripalium*, que era uma espécie de tortura.(24)

Aliás, pela tradição judaica, no livro do Gênesis, após o pecado original do homem, a consequência pela transgressão ao mandamento divino de não comer do fruto da árvore proibida ou do fruto do bem e do mal foi justamente a sanção "com o suor do teu rosto comerás o teu pão". (25) Se bem analisada a questão, vê-se a metáfora de um positivismo estrito, que diante de infringência a uma prescrição normativa proibitiva, teve como consequência a incidência da norma por simples subsunção, irradiando seus efeitos e considerando que trabalhar seria punição, castigo decorrente de ato ilícito.

Claro que essa é uma perspectiva sinistra e nem sempre o trabalho é castigo, pois é no trabalho que o *homo faber* encontra a sua primeira identificação humana, passando de usuário de ferramentas a ser, ele próprio, produto e objeto tecnológico.(26)

E, conquanto seja o homem compelido ao trabalho por suas necessidades e carências, também das suas mãos e da sua inteligência extrai a alegria não só do sustento próprio e da família, como também é meio de realização pessoal, capaz de construir a alegria de fazer aquilo que gosta e sabe, mesmo na simplicidade de alguns ofícios ou na sofisticação de tantas outras profissões e atividades.

Se é verdade que o ser humano existe não em função do trabalho, não é menos verdade que é por meio do trabalho que alcança as condições para sobreviver, que obtém pelo trabalho os meios para se manter vivo.

1.2. Entre o novo e o velho, o antigo e o moderno

Entre o novo e o velho, o antigo e o moderno, este item faz-se necessário para situar os direitos trabalhistas desde o seu surgimento até os tempos atuais e compreender a crise contemporânea do direito do trabalho e também do direito processual do trabalho, na medida em que o presente texto tem a intenção de servir à reflexão, não apenas contribuindo com o debate acadêmico, mas também procurando dar aderência ao que será aqui analisado aos fatos corriqueiros da vida, a fim de auxiliar na adequada compreensão da escolha do tema em tela, trazendo o direito para mais próximo da vida e das pessoas que a ele estão submetidas.

(24) ARENDT, Hannah. *A condição humana*. 7. ed. Rio de Janeiro: Forense Universitária, 1995. p. 90.

(25) Gênesis. Primeiro livro de Moisés, cap. 3, verso 19. *Bíblia Sagrada*. Tradução: João Ferreira de Almeida. São Paulo: Sociedade Bíblica do Brasil, 2017. p. 5.

(26) Sobre o pensamento de Hannah Arendt, *vide*: SOUZA, Vinícius Silva de. O *homo faber* segundo Hannah Arendt. Dissertação de Mestrado em Filosofia. Universidade de Brasília, 2013. Repositório Institucional da UnB — Instituto de Ciências Humanas. Programa de Pós-Graduação em Filosofia. Disponível em: <https://repositorio.unb.br/handle/10482/14051>. Acesso em: 11 mar. 2020. OLIVEIRA, Jelson Roberto de. O *homo faber*, de usuário de ferramentas a objeto tecnológico. *Revista Educação e Filosofia*, v. 30, n. 59, p. 331-351, jan./jun. 2016. Disponível em: <http://www.seer.ufu.br/index.php/EducacaoFilosofia/article/view/26952/19911>. Acesso em: 13 mar. 2020. LUZ, Lara Emanuele da. *O diagnóstico arendtiano da modernidade e a dissolução do* homo faber *no* animal laborans. Dissertação de Mestrado em Filosofia. Universidade Federal de Santa Catarina – Centro de Filosofia e Ciências Humanas, Programa de Pós-Graduação em Filosofia, Florianópolis, 2018. Repositório UFSC. Disponível em: <https://repositorio.ufsc.br/handle/123456789/189949>. Acesso em: 15 mar. 2020.

As linhas que seguem são uma tentativa de demonstrar que as mudanças no direito material e processual do trabalho fazem parte do novo modelo que se pretende implantar nas relações de trabalho, cujas consequências já vêm sendo experimentadas. É como se fosse uma tarefa de Hermes (hermenêutica), partilhada com o deus romano Janus, com os olhos entre o passado e o futuro.

Analisa-se, portanto, o problema da reconfiguração do trabalho, a influência das tecnologias da informação e da comunicação e investiga-se a transformação do trabalho operada pelos meios telemáticos e informatizados — plataformas digitais —, sobretudo os que utilizam *smartphones* associados a algum tipo de transporte, bem como na indústria 4.0.[27] Tem-se por base a prática retribuitória de baixo valor, configurando desmedida exploração do trabalho humano.

O objetivo é contribuir com a discussão, partindo da terminologia utilizada para essas denominadas novas formas de trabalho, como colaborador, empreendedor, parceiro. Aponta-se a conclusão de que no plano da realidade fática o que ocorre é a mera transformação dos métodos de execução do trabalho. Para tanto, faz-se detida reflexão sobre os contornos jurídicos da subordinação no Direito do Trabalho no Brasil em tempos de tecnologias disruptivas.

As considerações aqui realizadas têm como referência de início o marco temporal formal da reforma trabalhista de 2017 e as novas modalidades de contratos de trabalho, sem descuidar da análise da evolução do trabalho ao longo do tempo e da história.

No atual estado da arte, não pode ser tida como antiquada a pesquisa científica sobre formas de solução e prevenção de conflitos nas relações de trabalho que ressalta o princípio da proteção ao trabalho e o papel reservado ao Estado, pois o direito deve ser compreendido como um sistema, a compor um todo coerente e unitário.

Nessa tarefa de revolver o passado para compreender o presente, compreender e interpretar a construção que se pretende nova e muito moderna, ao ponto de reivindicar não só a obsolescência do Direito do Trabalho e Processual do Trabalho, mas de qualquer forma de regulação que, por isso mesmo, não haveria controle adequado para regência, prevenção e solução de conflitos havidos nessas relações de trabalho, nos novos modelos empresariais, na nova economia baseada no conceito de multidão, e não mais no contrato de trabalho individual típico, envolvendo empregado e empregador. Predominam hoje os arranjos da economia do compartilhamento, mais dinâmica e flexível, por intermédio de plataformas digitais ou novos meios tecnológicos, trabalho sob demanda.

---

(27) O termo "Indústria 4.0" ou Fábrica Inteligente — *Smart Manufacturing*, foi cunhado na Alemanha em 2011 na Feira de Hannover (Hannover Messe é a maior feira mundial de tecnologia industrial) e serve para "descrever como isso irá revolucionar a organização de cadeias globais de valor. Ao permitir 'fábricas inteligentes', a quarta revolução industrial cria um mundo onde os sistemas físicos e virtuais de fabricação cooperam de forma global e flexível. Isso permite a total despersonalização de produtos e a criação de novos modelos operacionais". Trata-se de um projeto de modernização e aperfeiçoamento das indústrias, empregando alta tecnologia aos processos de produção industrial. SCHWAB, Klaus. *A quarta revolução industrial*. Tradução: Daniel Moreira Miranda. São Paulo: Edipro, 2016. p. 16.

O risco compensa o esforço quase arqueológico, uma vez que as conclusões a que se pretende chegar nestes prolegômenos justificam relembrar e resgatar tão importante e significativo vetor desses ramos da Ciência do Direito — denominados Direito do Trabalho e Direito Processual do Trabalho —, resultando numa construção normativa e sóciocultural marcada fortemente pela noção de cidadania, pelo respeito à dignidade da pessoa humana e pelo reconhecimento do valor social do trabalho.

Indispensável relembrar, ainda que numa narrativa linear e breve, as tribos, os grupos nômades e os gregários, seu modo de vida e de sobrevivência, a passagem da promiscuidade, onde o parentesco só se podia contar pela linha feminina, para a monogamia, as refregas, a apropriação dos despojos e as primeiras formas de escravização dos derrotados.(28)

A divisão natural do trabalho humano livre e solidário no sistema de trocas ou escambo passa a conhecer a escravidão, a formação de rebanhos, até ser possível afirmar: "esta terra é minha, esta mulher é minha e os filhos dela nascidos são meus", surgindo então a família, a propriedade privada e o Estado, como garantidor do novo *status*.(29)

Curioso destacar que a palavra família tem sua origem etimológica em *famulus*, do latim, "que significa o conjunto das propriedades de alguém, incluindo escravos e parentes".(30) Fâmulos, portanto, são os criados, os que servem.

O feudalismo tinha suas bases na propriedade e no trabalho servil, sendo a propriedade privada a origem e o fundamento de todas as desigualdades sociais e morais entre os homens.(31) Apesar de o servo ostentar condição jurídica mais favorável que o escravo, já que possuía as ferramentas de trabalho e também as herdava, as duas situações eram gravosas, ainda que em uma o homem fosse objeto da relação jurídica, considerado *res*, coisa, e na outra já tivesse traços de sujeito de direito. Escravidão e servidão foram seguidas das corporações de artes e ofícios, com sua estrutura hierarquizada em pirâmide, encontrando-se na base os aprendizes, na fase intermediária os companheiros e no vértice o mestre, proprietário da corporação e explorador do trabalho dos demais.

Todos esses são registros de fenômenos históricos, sociais e que se desenvolvem na esfera econômica,(32) no caminho da humanidade pela libertação da opressão do trabalho, cujo ápice foi a Revolução Francesa de 1789, com seus postulados de liberdade, igualdade e

---

(28) "Nos combates que se travava contra seus semelhantes, pertendentes a outras tribos e grupos, terminada a refrega, acabava de matar os adversários que tinham ficado feridos, ou para devorá-los ou para se libertar dos incômodos que ainda poderiam provocar. Depois compenetrou-se de que, em vez de liquidar os prisioneiros, era mais útil escravizá-los para gozar de seu trabalho". SÜSSEKIND, Arnaldo; MARANHÃO, Délio; VIANNA, Segadas. *Instituições de Direito do Trabalho*. Vol. I. 12. ed. São Paulo: 1992. p. 27.

(29) ENGELS, Friedrich. *A origem da família, da propriedade privada e do Estado*. Tradução: Leandro Konder. 9. ed. Rio de Janeiro: Civilização Brasileira, 1984.

(30) *WIKCIONÁRIO. Status*. Disponível em: <https://pt.wiktionary.org/wiki/fam%C3%ADlia>. Acesso em: 10 jul. 2021.

(31) ROUSSEAU, Jean-Jacques. *Discurso sobre a origem das desigualdades entre os homens*. Tradução: Lourdes Santos Machado. Porto Alegre: Victor Civita, 1973. p. 207-326.

(32) IVO, Jasiel. *Relações de Trabalho com o Estado e aplicação de princípios constitucionais*. 1. ed. (2001), 3. tir. Curitiba: Juruá, 2003. p. 27-30.

fraternidade, promessas não cumpridas desde a primeira Revolução Industrial (1760-1840), decorrente do aprimoramento da máquina a vapor, utilizada na intensificação da produção que atendia à demanda crescente oriunda da abertura de novos mercados, impulsionada pelas ferrovias.

Destaca-se que a grande mudança do século XVIII foi impulsionada pelos melhoramentos implementados por James Watt na já existente máquina térmica que explorava a pressão do vapor, obtendo energia por meio do calor, fazendo mover mais ágil e rapidamente as máquinas e desenvolvendo a produção fabril, ampliando mercados, transformando a sociedade com a substituição do trabalho artesanal e campesino pelo trabalho assalariado.

Durante a Revolução Industrial a partir da segunda metade do século XVIII, prevalecia o liberalismo econômico, fruto da Revolução de 1789, em que predominava o *laissez faire* e a cúmplice omissão estatal, justificada pela impossibilidade de intervenção nas relações de trabalho.

O liberalismo foi capaz de gerar narrativas dramáticas, como a encontrada na Inglaterra no final do século XVIII, quando *Sir* Robert Peel, visando baratear os custos de sua Cotton Mills, passou a admitir crianças como aprendizes, em substituição à mão de obra adulta masculina. Eram mais de 20 mil crianças pobres e órfãs,(33) que trabalhavam 14 horas por dia em troca de alimentação precária e abrigo, sem as mínimas condições de higiene, tanto que um surto de gripe matou quase todas elas.

A história registra que no alvor do século XIX, Robert Owen, proprietário de uma fábrica têxtil no norte da Inglaterra, convenceu *Sir* Peel a apresentar ao Parlamento britânico o que veio a ser a primeira lei trabalhista — *The 1802 Health and Morals of Apprendices Act*, estabelecendo limites às condições e ao ambiente de trabalho, destacando-se a limitação da jornada das crianças a 12 horas por dia. Mas esta não se pode considerar propriamente uma lei protetiva do trabalho, pois na verdade visava estabelecer igualdade de tratamento entre as empresas em busca da competitividade.(34)

Fruto da Revolução Francesa, a Declaração dos Direitos do Homem e do Cidadão, aprovada em 1789, é seguida da Constituição francesa de 1791, que incorpora a Declaração, impondo limites ao poder real e proclamando que todos os homens nascem livres e iguais.

Numa sociedade em que a escravidão era assegurada como direito de propriedade, sendo as demais formas de trabalho reguladas juridicamente como prestação de um serviço a outrem ou a realização de uma obra para outrem, que no Direito Romano eram conhecidas como *locatio conductio operarum* e *locatio conductio operis*,(35) a luta pela proibição do tráfico de escravos e abolição da escravidão durou mais de quarenta anos, envolvendo debates de

(33) COLOMBO FILHO, Cássio. Tutela de urgência no novo CPC e a atuação *ex officio* do juiz do trabalho. *Revista Eletrônica do Tribunal Regional do Trabalho da 9ª Região*, vol. 4, n. 44. Curitiba: set. 2015, p. 168-181. Disponível em: <https://juslaboris.tst.jus.br/bitstream/handle/20.500.12178/89498/2015_colombo_filho_cassio_tutela_urgencia.pdf?sequence=1&isAllowed=y>. Acesso em: 20 mar. 2020.

(34) *Idem*.

(35) CRETELLA JÚNIOR, José. *Curso de Direito Romano*. 12. ed. Rio de Janeiro: Forense, 1989. p. 275-279.

opinião pública, pressão social e discussões parlamentares, até que a partir do final do século XVIII diversos países iniciaram o processo da proibição da escravidão, tornando-a ilegal.

Surgiram então as primeiras leis de libertação dos escravos, sendo de mencionar que Portugal proibiu a importação de escravos negros e indianos das colônias para a metrópole em 1761, abolindo definitivamente a escravidão em 1854. Em 1792, a Dinamarca aboliu a escravidão, seguida da França, em 1794, juntamente com sua então colônia Haiti (1794). Em 1802 a escravidão na França foi restaurada por Napoleão Bonaparte, sendo abolida em definitivo em 1848, bem como em todas as suas colônias.

A Inglaterra levou vinte anos de discussão política, social e econômica até proibir o tráfico de escravos em 1807, levando mais 26 anos para abolir definitivamente a escravidão, como lembra a professora da Universidade de Santiago de Compostela, Francisca Siqueira, no estudo que fez comparando o abolicionismo britânico e francês para melhor compreender essa parte da história luso-brasileira.(36)

Nos Estados Unidos da América, a causa da abolição foi discutida de 1801 a 1815. Mesmo assim, a Justiça foi levada a decidir o histórico caso *Dred Scott v A. Sanford*, que teve início em 1846, envolvendo o *Missouri Compromise Act,* de 1820, decisão considerada por muitos a mais desastrada da Suprema Corte norte-americana, sendo a provável causa da guerra civil de 1861-1865.

John Hart Ely menciona que o caso mais famoso — ou infame — decidido pela Suprema Corte foi *Dred Scott vs Sandford*.(37)

Como lembra João Gualberto Garcez Ramos:

> A tensão racial cresceu e, com a eleição de Abraham Lincoln para a presidência dos EUA, os estados-membros do sul declararam a secessão e o país mergulhou em uma guerra fratricida.(38)

Para Maria Rosynete Oliveira Lima, citando John E. Nowak, Ronald D. Rotunda e Martin Kriele:

> Os fundamentos da sentença demonstravam "uma predisposição da Suprema Corte dos Estados Unidos em adotar o *substantive due process*", mas foram vistos pelos Líderes do Norte como uma "tentativa do Judiciário de proteger o

(36) SIQUEIRA, Francisca Pereira. Abolicionismo inglês e francês (1787-1833) em perspectiva. *Revista de História Comparada*, UFRJ, Rio de Janeiro, v. 12, n. 2, 2018, p. 35-64. Disponível em: <https://revistas.ufrj.br/index.php/RevistaHistoriaComparada/article/view/17689>. Acesso em: 10 jul. 2021.

(37) ELY, John Hart. *Democracia e desconfiança.* Uma teoria do controle judicial de constitucionalidade. Tradução: Juliana Lemos. São Paulo: WMF Martins Fontes, 2010. p. 21.

(38) RAMOS, João Gualberto Garcez. Evolução histórica do princípio do devido processo legal. *Revista da Universidade Federal do Paraná*, 2007. Disponível em: <https://revistas.ufpr.br/direito/article/download/14975/10027>. Acesso em: 9 ago. 2021.

regime de escravidão, desencadeando uma reação violenta", materializada na Guerra Civil que perdurou até o ano de 1865, quando veio, à lume, a Décima Terceira Emenda à Constituição, abolindo formalmente a escravidão, sem representar, todavia, a igualdade dos negros".(39)

A abolição da escravidão nos Estados Unidos da América somente foi definitivamente consumada com a 13ª Emenda da Constituição, em 1865.

A Holanda aboliu a escravidão em 1821, chegando o movimento à América Central e do Sul em 1823, com o Chile, depois a Bolívia, em 1826, o México, em 1829, Paraguai e Uruguai em 1842, Argentina em 1853, para mencionar os mais conhecidos.

No Brasil, a escravidão teve início por volta de 1530, juntamente com a colonização do país, subjugando os índios ao trabalho de extração do pau-brasil. Ainda no período do Brasil colonial, em 1532, Martim Affonso de Souza, nomeado por Dom João III o capitão mor da esquadra e das terras coloniais, trouxe as primeiras mudas de cana-de-açúcar, logo expandindo as áreas cultivadas com os canaviais e proliferando os engenhos de açúcar, passando a ser utilizada intensamente a mão de obra do negro africano escravizado. Isso durou do século XVI ao XIX, até ser provada a Lei do Ventre Livre em 1871, sendo declarada extinta a escravidão no Brasil em 13 de maio de 1888,(40) pela Lei Áurea, que assegurou o trabalho livre a todos, sendo dos últimos países a tomar essa providência, mas não sem antes indenizar os proprietários dos escravos.(41)

Diante do clima hostil aos trabalhadores e da gravidade das condições de trabalho, precárias e perigosas, em meio ao caos surgem as greves e a revolta dos trabalhadores. Daí a relevância do "Manifesto comunista" de Karl Marx e Friedrich Engels,(42) de 1848, e da doutrina social da Igreja católica com a encíclica *Rerum novarum*,(43) do Papa Leão XIII, de 15.5.1891, que diante da agudização do modelo de gestão da mão de obra, fazendo surgir a questão social, evidenciando a contradição do capitalismo emergente capaz de gerar riqueza e miséria aos mesmo tempo e a demandar solução urgente.

Nos albores do século XX, após a Primeira Guerra Mundial, em 1919 é criada a OIT — Organização Internacional do Trabalho, sendo aprovado o Tratado de Versalhes, que pode ser considerado como a data de nascimento do Direito do Trabalho.

---

(39) LIMA, Maria Rosynete Oliveira. *Devido Processo Legal*. Porto Alegre: Sergio Antonio Fabris, 1999. p. 75.

(40) RAMOS, João Gualberto Garcez. Evolução histórica do princípio do devido processo legal. *Revista da Universidade Federal do Paraná*, 2007. Disponível em: <https://revistas.ufpr.br/direito/article/download/14975/10027>. Acesso em: 9 ago. 2021.

(41) LIRA, Fernando José. *Formação da riqueza e da pobreza de Alagoas*. Maceió: Editora da Universidade Federal de Alagoas — EDUFAL, 2007. p. 42.

(42) MARX, Karl; ENGELS, Friedrich. *Manifesto do Partido Comunista*. Impresso na URSS: Edições Progresso, 1987.

(43) Carta encíclica *Rerum novarum*, do Sumo Pontífice Papa Leão XIII a todos os nossos veneráveis irmãos, os patriarcas, primazes, arcebispos e bispos do orbe católico, em graça e comunhão com a sé apostólica sobre a condição dos operários. Disponível em: <https://www.vatican.va/content/leo-xiii/pt/encyclicals/documents/hf_l-xiii_enc_15051891_rerum-novarum.html>. Acesso em: 10 jul. 2021.

Nos séculos XVIII e XIX, a classe operária oferecia seus braços nas praças e alguns eram escolhidos por certas habilidades ou por seu vigor físico. Os trabalhadores eram quase reificados e tidos como verdadeira mercadoria, ficando à espera de serem chamados para um trabalho.

Intimidações e ameaças eram comuns, pois do lado de fora das fábricas havia o exército de reserva à espera de um posto de trabalho. Até mesmo açoites e castigos físicos eram infligidos e multas poderiam ser aplicadas.

O sofrimento era tamanho, inicialmente na Inglaterra e depois passando à França e toda a Europa, que só restaram às massas operárias respostas à altura, como o ludismo e o cartismo, sendo esta uma forma mais organizada e pacífica, não mais invadindo fábricas, quebrando máquinas e destruindo equipamentos como naquela, até perceberem que sua força estava no próprio trabalho. Começaram então a fazer as greves na mesma praça onde ofereciam seus braços, passando o local a ser chamado *Place de Grève*, em Paris, à beira do rio Sena. A solução adotada pelo capitalismo nascente foi aterradora: substituiu a mão de obra masculina adulta por mulheres e crianças, à época chamada meia-força, que pareciam mais dóceis às regras impostas no trabalho.

O início do século XX foi marcado pela Primeira Grande Guerra (1914-1918) e pela Revolução Russa (1917), quando a fome e a miséria predominavam no mundo. Nas indústrias, tantas eram as agruras e castigos sofridos pelos trabalhadores, que o Estado que apenas replicava o *pacta sunt servanda* teve de ceder e mudar.

No passado não havia direitos trabalhistas e prevaleciam as máximas do liberalismo de então de que o que é contratual é justo, os pactos devem ser cumpridos e que o trabalhador é livre para aceitar ou não as condições do contrato, não tendo direito à limitação de jornada, a férias. Quando adoecia ou sofria o infortúnio de um acidente, ficava sem rendimento para prover a subsistência, pois não possuía previdência. Quando morria de fadiga do trabalho, o que não era incomum, deixava a família desamparada e sem nenhuma proteção social, condição dramática eternizada por Émile Zola.[(44)]

Aquela forma de trabalho e produção da riqueza havia transformado a sociedade, demandando um outro olhar, cuja matriz é o tratado de paz da I Guerra Mundial, com referência direta à criação da Organização Internacional do Trabalho — OIT, por intermédio do tratado de Versalhes, de 1919, um importante legado da humanidade que abriu espaço para o surgimento da disciplina jurídica Direito do Trabalho, definindo as balizas do direito nascente e que se espalhou pelo mundo civilizado.

Rudolf von Ihering compreende que o direito é conquista de uma luta árdua. Para não esquecer sua metáfora, afirma-se que o Direito do Trabalho é resultado de uma luta justa, parido com dores violentas[(45)]; daí a forte ligação entre ele e o homem, uma edificação dos

(44) ZOLA, Émile. *Germinal*. Trad. Francisco Bittencourt. Coleção os imortais da literatura universal. v. 36. 1. ed. Rio de Janeiro: Abril Cultural, 1972.

(45) IHERING, Rudolf von. *A luta pelo Direito*. Tradução: Pietro Nassetti. São Paulo: Martin Claret, 2003. p. 34.

fenômenos sociais de intensa repercussão normatizados positivamente pelo Direito. Mas o Direito do Trabalho também é construção histórica, para mencionar a escola de Friedrich Carl von Savigny.[(46)]

Segundo Nina Ranieri:

> O pressuposto teórico da Escola Histórica do Direito residia na ideia de que as forças internas à sociedade, e não o arbítrio do legislador, eram as principais fontes do direito. Savigny nomeou esse conjunto de forças — integrado por costumes, crenças, opiniões e a própria jurisprudência — de 'espírito do povo' (*Volksgeist*), fator que governa o desenvolvimento 'orgânico' do direito na história.[(47)]

O pós-Guerra também deixou, como atuação estatal, a mediação dos conflitos entre capital e trabalho. A luta dos trabalhadores do mundo todo impôs um acerto de contas no pós-Guerra, erigindo o consenso do Estado Social e, como ele, o Direito do Trabalho, estatuto jurídico capaz de prevenir e resolver conflitos de interesses individuais e coletivos entre trabalhadores e tomadores de seus serviços.

Ressaltam Wagner D. Giglio e Claudia Giglio Veltri Corrêa que "o processo trabalhista nasceu antes de existir um direito material do trabalho", já que o Estado determinou a conciliação espontânea, por meio de negociação entre as partes ou seus representantes. A tentativa de conciliação obrigatória, que não produziu resultados, e a mediação obrigatória, com um mediador, na verdade, representavam os interesses do Estado à pronta composição do conflito.[(48)]

O Direito do Trabalho e Processual do Trabalho, desde o seu surgimento, são orientados e estruturados, cada qual em um corpo lógico e racional de uma legislação e princípios que visam, sobretudo, proteger o trabalhador e as trabalhadoras contra a exploração desmedida, impondo limites de idade para o trabalho, tempo de jornada, períodos de descanso, remuneração capaz de atender a necessidades básicas do trabalhador e de sua família, proteção social diante da perda temporária da capacidade de trabalho ou mesmo de infortúnio, proteção do tempo de serviço.

E por que tudo isso? A resposta é que o trabalhador só tem como meio de sobrevivência a força do seu trabalho, ou seja, ainda não surgiu expressão mais adequada: pela sobrevivência, homens e mulheres alienam seu trabalho, vendem sua inteligência, sua força, seu tempo, sua vida e, por isso, devem ser recompensados, o quanto possível, em justa medida.

---

(46) LARENZ, Karl. *Metodologia da Ciência do Direito*. 5. ed. Lisboa: Fundação Calouste Gulbenkian, 2009. p. 9-19.

(47) RANIERI, Nina. *Teoria do Estado:* do Estado de Direito ao Estado Democrático de Direito. 2. ed. Barueri: Manole, 2019. p. 6.

(48) GIGLIO, Wagner D.; CORRÊA, Claudia Giglio Veltri Corrêa. *Direito Processual do Trabalho*. 16. ed. São Paulo: Saraiva, 2007. p 2.

1.3. Surgimento do Direito do Trabalho e organização da Justiça do Trabalho no Brasil

Até o início da segunda metade do século XX, o Brasil era um país de economia tipicamente agrária, de tradição agropastoril; o processo de industrialização teve início tardiamente.[49] A grande transformação começou após a II Guerra Mundial, com a criação da Companhia Siderúrgica Nacional — CSN (1941), da Fábrica Nacional de Motores — FNM (1942) e da Petrobras — Petróleo Brasileiro S.A. (1953), empresas controladas pelo Estado, na chamada era de Getúlio Vargas, que já havia criado o Ministério do Trabalho em 1930, culminando com a Consolidação das Leis do Trabalho — CLT em 1943,[50] com a intervenção direta do Estado não só na economia como também nos meios de produção.

Com o objetivo de demonstrar com registros históricos a afirmação de Wagner Giglio, de que o processo surgiu antes mesmo do direito material do trabalho,[51] a experiência brasileira evidencia que nas bases da Justiça do Trabalho sempre houve a participação representativa leiga, cujo objetivo era melhor compreender o conflito e encontrar uma solução adequada e participativa. Cabe mencionar os Conselhos Permanentes de Conciliação e Arbitragem, que muito embora criados pela Lei n. 1.637, de 5 de novembro de 1907, não chegaram a ser implantados, mas já possuíam a ideia da composição mista paritária voltada procedimentalmente à solução do conflito.

Francisco Jorge Neto e Jouberto de Quadros Cavalcante[52] referem que em São Paulo, por meio da Lei n. 1.229-A, de 27 de dezembro de 1911, foi criado o Patronato Agrícola, vinculado à Secretaria Estadual de Agricultura, com o objetivo de resolver conflitos entre operários e seus patrões. Ademais, em 1922 foram criados em São Paulo os Tribunais Rurais pela Lei n. 1.869, de 10 de outubro, compostos pelo juiz de direito da comarca e dois outros membros, sendo um representante do locador do serviço (trabalhador) e o outro representante do locatário (fazendeiro), como informa Sergio Pinto Martins.[53]

Em 1923 foi criado o Conselho Nacional do Trabalho, por intermédio do Decreto n. 16.027, de 30 de abril de 1923, vinculado ao Ministério da Agricultura, Indústria e Comércio, que em 1930 foi separado para ser criado o Ministério do Trabalho, quando assumiu

(49) A partir do cultivo do algodão no século XIX as manufaturas têxteis iniciam um processo de industrialização; menciona-se também como experiência brasileira de industrialização os engenhos de cana-de- açúcar dos séculos XVI ao XVIII.

(50) NASCIMENTO, Amauri Mascaro; FERRARI, Irany; MARTINS FILHO, Ives Gandra. *História do Trabalho, do Direito do Trabalho e da Justiça do Trabalho*. Homenagem a Armando Casimiro Costa. 3. ed. São Paulo: LTr, 2011.

(51) GIGLIO, Wagner D.; CORRÊA, Claudia Giglio Veltri Corrêa. *Direito Processual do Trabalho*. 16. ed. São Paulo: Saraiva, 2007. p. 2.

(52) JORGE NETO, Francisco Ferreira; CAVALCANTE, Jouberto de Quadros Pessoa. *Direito Processual do Trabalho*. 5. ed. São Paulo: 2012. p.14-15. No mesmo sentido: LIMA, Alcides de Mendonça. *Processo Civil no Processo Trabalhista*. São Paulo: LTr, 1984.

(53) MARTINS, Sergio Pinto. *Direito Processual do Trabalho*. 36. ed. São Paulo: Atlas, 2015. p. 12-13.

a Presidência da República Getúlio Vargas, que no ano seguinte, 1931, também criou o Departamento Nacional do Trabalho.[54]

As Comissões Mistas de Conciliação e as Juntas de Conciliação e Julgamento foram criadas por intermédio do Decreto n. 21.396, de 12 de maio de 1932. Mais tarde, passariam a integrar a Justiça do Trabalho, que recebeu este nome em 1934, porém estruturada como órgão administrativo integrante do Poder Executivo,[55] situada no título da ordem econômica e social, conforme art. 122, parágrafo único, da Constituição Federal de 1934. Tinha o objetivo de dirimir questões entre empregadores e empregados, regidos pela legislação social; o *caput* do artigo foi mantido na Constituição outorgada em 10 de dezembro de 1937.

Por meio do Decreto-lei n. 1.237, de 02 de maio de 1939, a Justiça do Trabalho foi organizada, composta pelos seguintes órgãos: Juntas de Conciliação e Julgamento, Conselhos Regionais do Trabalho e Conselho Nacional do Trabalho; este administrava a Justiça do Trabalho e também era o seu tribunal superior.

Com o Decreto-lei n. 6.596, de 12 de dezembro de 1940, foi aprovado o regulamento da Justiça do Trabalho e, em 1941, por intermédio do Decreto-lei n. 3.229, de 30 de abril, a Justiça do Trabalho foi mais uma vez organizada e manteve a estrutura,[56] inclusive conservando o poder avocatório do Ministro do Trabalho.

Por intermédio do Decreto-lei n. 5.452, em 1º de maio de 1943 foi aprovada a Consolidação das Leis do Trabalho — CLT, mas a Justiça do Trabalho somente passou a integrar o Poder Judiciário por intermédio da previsão da Constituição Federal de 1946, nos arts. 122 e 123, seguida da integração definitiva, por intermédio do Decreto-lei n. 9.797, de 9 de setembro de 1946. Foram criados o Tribunal Superior do Trabalho, os Tribunais Regionais do Trabalho, e mantida a denominação na primeira instância de Juntas de Conciliação e Julgamento.

A partir de então, os presidentes das Juntas passaram a ter ingresso na Justiça do Trabalho mediante aprovação e classificação em concurso público, sendo organizada a carreira de Juiz do Trabalho, com as garantias inerentes à magistratura.

Em síntese, os oito Conselhos Regionais foram transformados nos Tribunais Regionais do Trabalho e o Conselho Nacional do Trabalho foi transformado no Tribunal Superior do Trabalho (art. 2º do Decreto-lei n. 9.797, de 9 de setembro de 1946).

Eis as origens e os fundamentos do Direito do Trabalho, do Direito Processual do Trabalho e a organização da Justiça do Trabalho no Brasil, cujas referências históricas são importantes para demonstrar que desde a sua origem, sempre admitiu a postulação leiga e a solução participativa das categorias econômica e profissional, com ênfase na conciliação.

---

(54) NASCIMENTO, Amauri Mascaro; FERRARI, Irany; SILVA FILHO, Ives Gandra Martins (Orgas.). *História do Direito do Trabalho e da Justiça do Trabalho*. Homenagem a Armando Cassimiro Costa. 3. ed. São Paulo: LTr, 2011. p. 163.

(55) NASCIMENTO, Amauri Mascaro. *Curso de Direito Processual do Trabalho*. 24. ed. São Paulo: Saraiva, 2009. p. 47-56.

(56) Eram oito Conselhos Regionais, instalados no Rio de Janeiro, então Distrito Federal, São Paulo, Belo Horizonte, Porto Alegre, Salvador, Recife, Fortaleza e Belém do Pará; e 36 Juntas de Conciliação e Julgamento, entre todas as capitais e outras cidades, sendo cada Junta composta de um presidente e dois vogais.

As Juntas de Conciliação e Julgamento[57] são hoje denominadas Varas do Trabalho em razão da Emenda Constitucional n. 24, de 9 de dezembro de 1999, que extinguiu a representação classista no âmbito de toda a Justiça de Trabalho e estabeleceu que nas Varas do Trabalho a jurisdição é exercida monocraticamente por um juiz singular. Veio a Lei n. 8.432, de 11 de junho de 1992, e criou várias unidades judiciárias no âmbito dos 18 Tribunais Regionais do Trabalho então existentes.

O Tribunal Superior do Trabalho — TST tem sede em Brasília, com competência recursal e originária. Além disso, encontram-se instalados e funcionando hoje no Brasil 24 Tribunais Regionais do Trabalho, e 1.587 Varas do Trabalho distribuídas pelo território nacional,[58] com capilaridade capaz de atender a todas as localidades, nos critérios relevantes estabelecidos em lei.[59]

Foi nesse ambiente do chamado chão de fábrica que o Direito do Trabalho floresceu, valorizando a atuação do sindicato como importante mediador do diálogo para prevenção e solução dos conflitos coletivos e individuais de trabalho. O Direito do Trabalho, portanto, é resultado da necessidade de proteger os trabalhadores da exploração do modelo capitalista de produção de bens de consumo e prestação de serviços, seja qual for o setor da economia: primário, secundário ou o terciário, sendo o Direito Processual do Trabalho o seu instrumento de realização, meio pelo qual efetivamente se materializa.

Por ser o objetivo do direito regular a conduta humana,[60] disso não escapa o Direito do Trabalho, servindo justamente para impor limites à exploração do trabalho humano. Não por acaso, seu surgimento histórico como estatuto jurídico e a sua edificação como ramo do direito ocorrem com o Tratado de Versalhes, de 1919, o acordo de paz da Sociedade das Nações que marca o fim da I Guerra Mundial.

Este breve relato tem por finalidade lembrar que o Direito Processual do Trabalho, enquanto ramo da ciência processual, não escapa de seu objetivo: aplicar e realizar o Direito Material do Trabalho,[61] cujo princípio vetor ainda é a proteção do trabalhador.

---

(57) A referência a Junta de Conciliação e Julgamento deve ser, hoje, compreendida como Vara do Trabalho, de acordo com a Emenda Constitucional n. 24, de 9 de dezembro de 1999, que modificou a redação do art. 116 da Constituição Federal. No mais, segue a metodologia de apurar os dados estatísticos levando em conta os últimos três anos.

(58) BRASIL. *Tribunal Superior do Trabalho — TST*. Coordenação de estatística. Dados de janeiro de 2020. Disponível em: <http://www.tst.jus.br/web/estatistica/vt/varas-existentes>. Acesso em: 29 set. 2021.

(59) A Lei n. 6.947, de 17 de setembro de 1981, estabelece normas para criação e funcionamento de Juntas de Conciliação e Julgamento, hoje Varas do Trabalho, critérios complementados pela Resolução n. 63 do Conselho Superior da Justiça do Trabalho.

(60) KELSEN, Hans. *Teoria pura do Direito*. 8. ed. São Paulo: WMF Martins Fontes, 2009. p. 33.

(61) COLOMBO FILHO, Cássio. Tutela de urgência no novo CPC e a atuação *ex officio* do juiz do trabalho. *JusLaboris*, set. 2015. Disponível em: <https://juslaboris.tst.jus.br/bitstream/handle/20.500.12178/89498/2015_colombo_filho_cassio_tutela_urgencia.pdf?sequence=1&isAllowed=y>. Acesso em: 20 mar. 2020.

1.4. Trabalho e tecnologia

No início do século XX surgem os primeiros postulados de aplicação de métodos à produção ou de administração científica de empresas, com Frederick Taylor, publicando em 1903 o livro "Administração de oficinas", seguido da obra "Princípios de Administração Científica, de 1911, influenciando fortemente o modelo norte-americano de produção conhecido como fordismo/taylorismo, cuja imagem é a linha de montagem, com o trabalhador integrando a engrenagem da indústria.

Esse expansionismo decorreu da exigência da abertura de novos mercados, trazendo métodos organizados de gestão empresarial e maximização da produção, otimizando e racionalizando o trabalho, mas tendo por base o controle e a rigorosa subordinação do empregado clássico, submetido ao poder de direção, fiscalização e até punitivo do empregador, sendo o trabalhador também uma máquina e parte integrante da engrenagem da indústria.

Se antes a presença do capataz no local de trabalho intimidava com advertências, ameaças e podia até infligir castigos físicos, Taylor sugeria incentivos pecuniários para aumentar a produtividade e "combater a vadiagem no trabalho".(62)

Após a Segunda Grande Guerra Mundial foi desenvolvido o sistema de produção industrial de mercadoria do modelo japonês, o toyotismo, deixando sua marca a partir do final dos anos de 1940 e indo até meados da década dos anos de 1970. Quase simultaneamente desenvolve-se o modelo de produção sueco chamado volvismo (1960); ambos possuem como característica a redução dos custos de produção e nova cultura organizacional.

Tais modelos marcaram a segunda metade do século passado, com a descentralização da produção e uma forma flexibilizada de realização do trabalho, destacando a alegada autonomia do trabalhador. Cresce a terceirização, a princípio das atividades-meio, o que justifica a necessidade de a empresa concentrar-se prioritariamente em suas atividades-fim. Hoje é amplamente utilizada em praticamente todos os setores.

No Japão, nos anos 1960-1970, foi implantada a prática empresarial denominada de CCQ – Círculos de Controle de Qualidade, formados por pequenos grupos de empregados que voluntariamente se unem para conduzir as atividades de qualidade dentro da área de trabalho.(63) Os CCQs visam intensificar o ritmo de trabalho e eliminar postos de trabalho de gerentes de área, diminuindo custos.(64)

---

(62) TAYLOR, Frederick. *Princípios de Administração Científica*. Tradução: Arlindo Vieira Ramos. 8. ed. São Paulo: Atlas, 1989. p. 35.

(63) PEREIRA, Heitor José. *Novos modelos de gestão:* análise e algumas práticas em empresas brasileiras. Tese de Doutorado em Administração de Empresas da Escola de São Paulo. Fundação Getúlio Vargas. 1995, p. 53-81. Disponível em: <https://bibliotecadigital.fgv.br/dspace/handle/10438/4577>. Acesso em: 7 maio 2021.

(64) GUIMARÃES, Magali Costa. Controle no trabalho: uma reflexão sobre antigas e novas formas de controle e suas consequências sobre os trabalhadores. *Revista de Gestão USP*, São Paulo, v. 13, n. 1, p. 1-10, jan./ma. 2006. Disponível em: <https://www.revistas.usp.br/rege/article/download/36546/39267/43083>. Acesso em: 1º jun. 2021.

Ricardo Tenório Cavalcante destaca que esse "modo de organização é baseado no trabalho em equipe, com várias funções para cada empregado, obliterando aquela identificação homem/máquina típica do fordismo". Com os CCQs aliados a outros mecanismos, como o *just in time*, "o ritmo da produção passa a ser ainda mais acelerado".(65)

Seja qual for o método, o objetivo sempre é o controle da mão de obra e do trabalhador.

É lugar-comum mencionar o retorno do Estado liberal após o que teria sido o fracasso do socialismo, localizado geograficamente nos países do Leste Europeu, associando-o aos eventos históricos relacionados à queda do Muro de Berlim, que não apenas separou física e politicamente a Alemanha de 1961 a 1989, como também dividiu o mundo que seguia os termos da Guerra Fria. Seu término se deu com o fim do socialismo do Leste Europeu e da antiga União Soviética, combinado com o triunfo das políticas econômicas de Margaret Thatcher, no Reino Unido (1979-1990), e de Ronald Reagan, nos Estados Unidos (1981-1989), selando o fim do Estado Social e até da história, para alguns.(66)

Conforme Mauro Cappelletti:

> A sagacidade, a experiência histórico-comparativa forneceram a resposta: o modo mais seguro é aquele, cumpre ressaltar, não o que efetua o aumento dos deveres do legislativo e administrativo, que significaria renegar a evolução da sociedade e do Estado moderno, posto que é uma falsa utopia aquela do "Estado mínimo", pregado por outros como Robert Nozik e Friedrich von Hayek, praticado, mais por palavras que de fato, das políticas conservadoras como Ronald Reagan e Margareth Tatcher.(67)

A retomada do liberalismo econômico iniciada nos anos 1990 minou o *Welfare State* e vem desgastando as suas bases: o Direito Previdenciário e o Direito do Trabalho — os principais alvos, como demonstra Nestor de Buen Lozano.(68)

Costuma-se demarcar o fim do século XX e início do século XXI com o fato histórico do ataque às torres gêmeas do World Trade Center, em Nova Iorque, na manhã de 11 de setembro de 2001, quando os governos passaram a vigiar ainda mais cada passo da população, todos sendo observados diuturnamente. Um mundo onde a privacidade é perdida em prol da segurança.

---

(65) CAVALCANTE, Ricardo Tenório. *Jurisdição, Direitos Sociais e Proteção do Trabalhador.* A efetividade do direito material e processual do trabalho desde a teoria dos princípios. Porto Alegre: Livraria do Advogado Editora, 2008. p. 34.

(66) FUKUYAMA, Francis. *O fim da história e o último homem.* Rio de Janeiro: Rocco, 1992.

(67) CAPPELLETTI, Mauro. Constitucionalismo moderno e o papel do poder judiciário na sociedade contemporânea. *Revista de Processo*, vol. 60, 1990, p. 110-117, out./dez. 1990.

(68) BUEN, Nestor de. *El estado de malestar.* México: Editorial Porruá, 1997.

Mas a vigilância ultrapassou em muito os limites da segurança, tornando-se uma expressão do modelo econômico, como demonstra Shosana Zuboff,[(69)] que alcança cidadãos, consumidores, pacientes, trabalhadores e qualquer outro segmento da sociedade. Tudo se transforma em dados que alimentam o *Big data*; este se destina não só a estimular o consumo, mas também prever doenças muito antes de qualquer manifestação de sintomatologia, favorecendo empresas, seguradoras de planos de saúde, e até mesmo induzindo o trabalhador a adotar comportamento e ritmo de produção tais quais a empresa espera dele.

É uma transformação disruptiva não só na constituição de uma nova forma de capitalismo, mas também "uma nova racionalidade de controle, de coesão e de vigilância social a partir do uso de algoritmos por governos que promovem a solidificação e o aprimoramento de um tecnopoder", como mencionam Alexandre Freire Pimentel, Jose Luis Bolzan de Morais e Paloma Mendes Saldanha.[(70)]

Até mesmo escolhas supostamente democráticas têm sido resultado de sugestão e indução de algoritmos sofisticados, que estimulam o ressentimento com o *establishment* político e financeiro, fazendo surgir um populismo combinado com o mundo digital, como demonstra Giuliano Da Empoli em seu livro "Os engenheiros do caos".[(71)]

Yuval Noah Harari destaca que a inteligência artificial não se destina apenas a tornar mais rápidas as máquinas e o acesso à informação, advertindo para a possiblidade futura e plausível de criação de castas biológicas, abrindo-se "um fosso entre habilidades de ricos e pobres," que "será quase impossível de fechá-lo"[(72)]:

> Se os ricos utilizarem suas competências superiores para enriquecer ainda mais, e se dinheiro a mais pode comprar para eles os corpos e cérebros incrementados, com o tempo a brecha vai só aumentar. Em 2100, o 1% mais rico poderia possuir não apenas a maior parte da riqueza do mundo, mas também a maior parte da beleza, da criatividade e da saúde.[(73)]

E o que se pode esperar? Harari sugere que:

> O futuro das massas dependerá então da boa vontade de uma pequena elite. Talvez haja boa vontade durante umas poucas décadas. Mas em tempos de crise — como uma catástrofe climática — seria muito mais tentador e fácil descartar as pessoas supérfluas.[(74)]

---

(69) ZUBOFF, Shoshana. *A era do capitalismo de vigilância:* a luta por um futuro humano na nova fronteira do poder. Tradução: George Schlesinger. Rio de Janeiro: Intrínseca, 2020. p. 401-422.

(70) PIMENTEL, Alexandre Freire; MORAIS, Jose Luis Bolzan de; SALDANHA, Paloma Mendes Saldanha. Estado de Direito e Tecnopoder. *Justiça do Direito*, v. 35, n. 3, p. 06-43, set./dez. 2021. Disponível em: <http://seer.upf.br/index.php/rjd/article/view/13241/114116289>. Acesso em: 19 abr. 2022.

(71) EMPOLI, Giuliano Da. *Os engenheiros do caos*. Tradução Arnaldo Bloch. 1. ed.; 3. reimp. São Paulo: Vestígio, 2020.

(72) HARARI, Yuval Noah. *21 lições para o século 21*. Tradução: Paulo Geiger. São Paulo: Cia. das Letras, 2018. p. 104-105.

(73) *Ibidem*, p. 105.

(74) *Idem*.

A ideia nem é tão nova assim, pois Viviane Forrester previu futuro semelhante desde a década de 1990,(75) diante da perspectiva ainda seminal da pesquisa de modificação genética com a possibilidade de aplicação em embriões humanos, criando uma geração geneticamente selecionada.(76)

A indústria 4.0 ou a quarta revolução industrial já é realidade no Brasil e no mundo. Para a compreensão do fenômeno — no que aqui interessa —, menciona-se a combinação de tecnologias avançadas, como a internet das coisas, inteligência artificial, robótica avançada e computação em nuvem, fazendo com que computadores e máquinas sejam cada vez mais inteligentes, permitindo a comunicação entre elas para a escolha de soluções e tomada de decisões, fruto do aprendizado decorrente do acúmulo de informações capaz de reproduzir comportamentos e emular pensamentos humanos.

Isso tudo vem impactando, transformando e causando profundas mudanças nos modelos de negócios das empresas e na oferta de trabalho, cada vez mais escassa, até mesmo no campo, aonde a agricultura vem sendo rapidamente transformada, desde o plantio até a colheita, acelerando mudanças de formato e lógica e como destaca Klaus Schwab, inclusive com edição biológica, apenas limitada por questões jurídicas.(77)

Parece que a humanidade está mais uma vez diante de um admirável mundo novo,(78) no qual as novas tecnologias dominam todas as relações da vida, nem sequer existindo aquela massa operária da revolução industrial do final do século XVIII. Nem por isso o trabalho deixou de ser atividade fundamental na constituição das relações sociais, conservando a sua centralidade.

Na primeira parte do livro aqui referido de Harari, há um tópico cujo título é por demais sugestivo e instigante: "Trabalho. Quando você crescer, talvez não tenha um emprego".(79) Demonstra como a combinação da inteligência artificial com computadores sofisticados é capaz de se apropriar das duas principais habilidades humanas — a física e a cognitiva —, desenvolvendo máquinas inteligentes que substituem o trabalho humano e destroem incontáveis postos de trabalho.

Com a ampliação das inovações tecnológicas e o desaparecimento do emprego em várias profissões, até então aparentemente consolidadas, a inteligência artificial associada ao *Big-data* tem devastado o mundo do trabalho. Os índices de desemprego que crescem em todos os países são a comprovação dessa afirmação.

---

(75) FORRESTER, Viviane. *O horror econômico*. Tradução: Álvaro Lorencini. São Paulo: Editora da Universidade Estadual Paulista, 1997.

(76) IVO, Jasiel. O genoma humano e direito ao trabalho. *Revista LTr*, ano 65, jul. 2001. São Paulo, LTr, 2001, p. 775-781.

(77) SCHWAB, Klaus. *A quarta revolução industrial*. Tradução: Daniel Moreira. São Paulo: Edipro, 2016. p. 29-32.

(78) HUXLEY, Aldous. *Admirável mundo novo*. Tradução: Felisberto Albuquerque. São Paulo: Abril Cultural, 1981.

(79) HARARI, Yuval Noah. *21 lições para o século 21*. Tradução: Paulo Geiger. São Paulo: Cia. das Letras, 2018. p. 40-46.

De fato, a ameaça do desemprego em massa, decorrente do desenvolvimento tecnológico que previu Jeremy Rifkin,[80] é uma realidade, mas não se pode afirmar que ocorrerá o fim do trabalho humano, nem da centralidade que ele ocupa na sociedade, como observa Ricardo Antunes.[81]

Há novas fontes de energia, como a solar e a eólica, que aproveitam recursos naturais inesgotáveis, as chamadas fontes limpas, porque prescindem de combustível fóssil (óleo, gás, carvão) ou de construções de hidrelétricas, cujas represas inundam grandes áreas e florestas, interferindo no ecossistema, ou mesmo das centrais termoelétricas, sejam usinas de queimar bagaço de cana já moída para a fabricação de açúcar e álcool ou outra matéria combustível qualquer, como madeira, urânio ou até mesmo o gás natural. Tudo é novo e o normal da vida é a permanente mudança.

Esclarecem Luci Praun e Ricardo Antunes:

> Apesar de as alterações da legislação trabalhistas brasileira convergirem com um movimento similar realizado em outros países, o que se busca não é a homogeneidade das formas de trabalho em escala global, mas sua diversificação por meio de dispositivos hiperflexibilizadores. O 'segredo', portanto, é a heterogeneidade, são as variadas formas de flexibilização convenientemente utilizadas, que roubam o tempo do trabalhador dentro e fora das empresas, impondo-lhes ritmo, produtividade e intensidade do trabalho constantemente acentuados.
>
> (...)
>
> Associa-se a esse cenário, de alterações qualitativas nas relações de trabalho, uma nova onda de alterações tecnológicas, sintetizada na expressão *Indústria 4.0.*[82]

Os símbolos visíveis e palpáveis da modernidade são os celulares, computadores, *tablets*, *smatphones*, drones, equipamentos sofisticados de exames por imagens para diagnósticos médicos, veículos autônomos e tantos outros que situam o tempo presente no que se tinha como o futuro da ficção científica, sem falar nas viagens ao espaço feitas pelos homens mais ricos do mundo, Jeff Bezos e Richard Branson, além da mais complexa missão orbital Inspiration 4, da SpaceX, de Elon Musk, todas supostamente com fins de exploração turística futura, mais parecendo a corrida à Lua nos anos de 1960, numa disputa acirrada entre os EUA e a Rússia, então União Soviética, durante a Guerra Fria, para definir quem assumiria a dianteira da tecnologia e, portanto, a hegemonia da narrativa do poder econômico mundial.

---

(80) RIFKIN, Jeremy. *O fim dos empregos:* o contínuo crescimento do desemprego em todo o mundo. São Paulo: M. Books do Brasil, 2004.

(81) ANTUNES, Ricardo. *Adeus ao trabalho?* Ensaio sobre as metamorfoses e a centralidade do mundo do trabalho. São Paulo: Cortez, 2015.

(82) PRAUN, Luci; ANTUNES, Ricardo. A demolição dos direitos do trabalho na era do capitalismo informacional--digital. In: ANTUNES, Ricardo (Org.). *Uberização, trabalho e indústria 4.0*. 1. ed. São Paulo: Boitempo, 2020. p. 179-192.

A metáfora das atuais viagens espaciais tem conotação de filme de ficção científica: os extremamente ricos escaparão, deixando todos os demais para trás, os 4 bilhões de pobres.[(83)] Estes receberão como herança um planeta inabitável devido à degradação ecológica e à destruição completa do meio ambiente.

Esse mundo moderno e complexo ainda conserva traços das velhas formas de trabalho, dando às vezes a sensação de que tudo não passa de um museu de grandes novidades.[(84)]

É o caso da extração de minério para a composição das placas inteligentes, componentes, como *chip*, *display*, bateria de lítio, ou o uso do silício, elemento abundante e utilizado nos condutores, que de tão importante deu o nome ao lugar nos EUA onde mais se concentra e desenvolve essa tecnologia no mundo — o Vale do Silício, na Califórnia —, acompanhado muito de perto pela China no seu "Zhongguancun", em Pequim.[(85)]

Essas minas estão sendo exploradas em condições degradantes de trabalho humano, como demonstra Ricardo Antunes:

> E as minas de carvão mineral na China e em tantos outros países, especialmente do Sul, mostram que o ponto de partida do trabalho digital se encontra no duro ofício realizado pelos mineiros. Da extração até sua ebulição, assim caminha o trabalho no inferno mineral.[(86)]

Levado pela curiosidade de saber de onde vêm os computadores, *laptops* e telefones móveis e quem os produz, Christian Fuchs investiga desde a extração de minerais na África, onde os trabalhadores são submetidos a condições análogas à escravidão, até a fabricação e montagem das tecnologias da informação e comunicação na China.

O pesquisador estuda as cadeias globais de valor e os modos de produção; sustenta existir uma nova divisão internacional do trabalho digital (DITD), que vai desde os mineiros da China, da África e outros países, extraindo matéria-prima indispensável à fabricação de computadores (*desktops* e *notebooks*) e *smartphones*, desenvolvimento de *softwares* na Índia e sua engenharia nas empresas como Google, trabalhos de serviço em *call centers*, até a alimentação de dados via internet.[(87)] De fato, existe organização e governança do trabalho em toda a cadeia do trabalho digital, em âmbito global.

---

(83) HARARI, Yuval Noah. *21 lições para o século 21*. Tradução: Paulo Geiger. São Paulo: Cia. das Letras, 2018, p. 104.

(84) Trecho da música *"O tempo não para"*, de Cazuza.

(85) LEE, Kai-Fu. *Inteligência artificial:* como os robôs estão mudando o mundo, a forma como amamos, nos relacionamos, trabalhamos e vivemos. Tradução: Marcelo Barbão. Rio de Janeiro: Globo Livros, 2019. p. 14-16.

(86) ANTUNES, Ricardo. *O privilégio da servidão:* o novo proletariado de serviços na era digital. 2. ed. São Paulo: Boitempo, 2020. p. 21-24.

(87) FUCHS, Christian. Teoria e análise do trabalho digital: das cadeias globais de valor aos modos de produção. Tradução: Rodrigo Moreno Marques. *Revista Trabalho & Educação*, v. 27, n. 3, 2018. Disponível em: <https://periodicos.ufmg.br/index.php/trabedu/article/view/9856/6913>. Acesso em: 9 fev. 2020.

Nas plataformas digitais de serviços de transporte de passageiros, o trabalhador fica à espera de um chamado, de uma convocação do aplicativo e aceita o preço imposto pela empresa pelo seu trabalho. Além da precificação unilateral, a escolha ainda é dos mais hábeis e mais resistentes, dado que se apura por intermédio da pontuação que o cliente faz após a conclusão do serviço, alimentando a base de dados do algoritmo pela quantidade de tarefas executadas, satisfação do cliente, tempo e rota.

Como acentua Cathy O'Neil, que estudou profundamente os critérios de avaliação de desempenho de escolas públicas e os resultados de professores, "os algoritmos são poderosa ferramenta de modificação de comportamento", e qualquer semelhança entre "a vara e a cenoura" não terá sido mera coincidência.(88)

Onde está o moderno? É a isso que se chama futuro do trabalho?

Trata-se mesmo de uma nova modalidade de trabalho ou revive-se a história da exploração do trabalho humano, extraindo dele o máximo possível para a apropriação de valor, acumulação de riqueza e capital?

Mais uma vez, uma minoria subjuga a maioria, realçando o contraste flagrante e violento do supermundo dos ricos e do inframundo dos pobres,(89) sempre com a intensificação do trabalho e a acumulação da riqueza, repetindo-se o discurso da liberdade para aceitar ou não as condições do contrato, que não é mais de trabalho; isso isenta a empresa por plataforma digital de qualquer obrigação, pois até os instrumentos e insumos para a execução do trabalho, manutenção, combustível, tudo fica a cargo do trabalhador.

Permitirá a história o retorno ao passado de exploração e crueldades, quando a minoria tinha tudo e a maioria nada tinha, a não ser a força do seu trabalho para alienar e extrair a sobrevivência, ao tempo em que propicia a vida luxuosa dos exploradores do trabalho humano?

Se assim o for, no dizer de Karl Marx tão repetido desde o século XIX, citando Hegel, "os fatos e personagens de grande importância na história do mundo ocorrem, por assim dizer, duas vezes, a primeira como tragédia e se repete como farsa", referindo-se ao golpe de estado dado por Napoleão III, em 2 de dezembro de 1851, no livro "O 18 de brumário de Luís Bonaparte".(90)

É comum qualquer manual da disciplina principiar suas lições discutindo a chamada posição enciclopédica do Direito do Trabalho, se seria um ramo de direito público, com grande intervenção estatal em sua regulação, dotada de normas cogentes, de direito privado, com mais influência de normas dispositivas, sobre as quais se pode transigir sem grandes tormentas, avultando a liberdade e a autonomia da vontade dos sujeitos; ou se seria mesmo um

---

(88) O'NEIL, Cathy. *Algoritmos de destruição em massa:* como o *Big Data* aumenta a desigualdade e ameaça a democracia. Tradução: Rafael Abraham. Santo André, SP: Editora Rua do Sabão, 2020. p. 17.

(89) SÜSSEKIND, Arnaldo; MARANHÃO, Délio; VIANNA, Segadas. *Instituições de Direito do Trabalho*. v. 1, 12. ed. São Paulo: 1992. p. 35.

(90) MARX, Karl. *O 18 de Brumário de Luís Bonaparte*. Edição Ridendo Castigat Mores. Versão *e-Book*, 2002. p. 6. Disponível em: <https://files.cercomp.ufg.br/weby/up/4/o/brumario.pdf>. Acesso em: 10 set. 2021.

terceiro gênero, denominado Direito Social, como sustentou Georges Gurvith e defendeu Cesarino Júnior (1970) durante toda a vida e sem arredar um milímetro em sua convicção, ainda que reconhecesse o pleonasmo da expressão,[91] já que todo direito ordena e regula a sociedade.

Óbvio que a discussão taxonômica já não merece mais tanta atenção, uma vez que essas divisões e classificações de ramos do Direito ficam cada vez mais imbricadas umas com as outras, inexistindo separações estanques ou isolamentos absolutos. O Direito do Trabalho segue essa tendência e possui em seu corpo e estruturação normativa, regras de direito público, assim como regras de direito privado, prevalecendo umas ou outras casuisticamente.

As modernas tecnologias de informação e comunicação, largamente utilizadas como novos modelos de negócios, trouxeram não apenas para o âmbito do Direito do Trabalho, mas também do Direito Constitucional, a discussão sobre a autonomia do trabalho executado por meios telemáticos e se as normas constitucionais e trabalhistas alcançam tais relações contratuais.

Dizendo de outro modo, as empresas que se valem dessas tecnologias afirmam que os serviços prestados por esses trabalhadores e trabalhadoras não se submetem à proteção trabalhista, nem há cobertura social justamente porque o traço principal da contratação seria a liberdade e a autonomia individual da vontade, tratando-se de típica relação de direito privado, não podendo o Estado interferir.

Falhando o argumento da autonomia e da liberdade, entra em cena a ameaça de que "qualquer trabalho, sejam quais forem as condições, ainda é melhor do que o trabalho nenhum". E pior, já paira no ar algo muito mais drástico, que no dizer de Harari é a irrelevância ou a desnecessidade do trabalho humano para a economia, sendo esta luta muito mais difícil do que combater a exploração.[92]

1.5. Traços da reforma no direito material

O advento da Lei n. 13.467, de 13 de julho de 2017, amplamente denominada de Reforma Trabalhista, modificou cerca de cem artigos da CLT — Consolidação das Leis do Trabalho, causando profundos reflexos não apenas no Direito Material como também no Direito Processual do Trabalho.

Os argumentos propalados pelos defensores da mudança eram a urgência e a necessidade da reforma para modernizar as relações trabalhistas,[93] atualizando um estatuto normativo datado de 1943, ainda da época de Getúlio Vargas, visando superar o modelo industrial e adequar a lei à realidade hodierna, onde prevalece o comércio varejista e o terceiro setor, a saber, dos serviços, sobretudo das pequenas e médias empresas.

---

(91) CATHARINO, José Martins. *Compêndio de Direito do Trabalho*. v. 1. 3. ed. São Paulo: Saraiva, 1982. p. 37-38.

(92) HARARI, Yuval Noah. *21 lições para o século 21*. Tradução: Paulo Geiger. São Paulo: Cia. das Letras, 2020. p. 15, 28, 58-63 e 101.

(93) CASALI, Emerson (Coord.). *101 propostas para modernização trabalhista*. Confederação Nacional da Indústria. Brasília: CNI, 2012. p. 21. Disponível em: <http://www.portaldaindustria.com.br/publicacoes/2013/2/101-propostas-para-modernizacao-trabalhista/>. Acesso em: 18 ago. 2021.

Alega-se, ademais, que a reforma, simplificando essas relações, será capaz de gerar novos empregos e postos de trabalho, reativando a economia do País e propiciando uma melhor circulação da riqueza.

O presente tópico é uma breve análise dos reflexos da reforma no acesso ao Judiciário, numa abordagem à luz da Constituição Federal de 1988, visando compreender o Direito como sistema.

A Lei n. 13.467, de 13 de julho de 2017, é resultado de um processo legislativo em que a maioria parlamentar, valendo-se de ambiente político flagrantemente desfavorável aos trabalhadores, com o país recém-saído de um processo de *impeachment* da Presidente da República Dilma Rousseff, do Partido dos Trabalhadores, fato consumado em 31 de agosto de 2016, assumindo definitivamente a Presidência da República Michel Temer, do MDB, este apresentou projeto de lei n. 6.787, de 2016, que alterava pouco mais de dez artigos da CLT, afinados com o programa "Uma ponte para o futuro".(94) Este, chegando ao parlamento, agigantou-se e modificou a Consolidação das Leis das Trabalho em mais de cem artigos, conforme relatório da comissão especial destinada a proferir parecer ao projeto do Poder Executivo, firmado pelo relator, então deputado federal Rogério Marinho, precarizando ainda mais as relações de trabalho, com a criação do contrato de prestação de trabalho intermitente(95) e a ampliação ilimitada da contratação de mão de obra terceirizada, prevista em lei própria(96) que modificou a Lei n. 6.019, de 1974, que dispõe sobre o trabalho temporário nas empresas urbanas.

Para Mauricio Godinho Delgado e Gabriela Neves Delgado, a partir de 2016 deu-se início ao período de refluxo nas garantias jurídicas de proteção e inclusão da pessoa humana trabalhadora no Brasil República, rebaixando "substancialmente o patamar civilizatório mínimo justrabalhista até então vigente no País".(97)

De certo modo, teletrabalho não é novidade decorrente da reforma trabalhista de 2017, pois a Consolidação das Leis do Trabalho — CLT já tratava do trabalho realizado fora do ambiente da empresa, na redação original do art. 6º, quando mencionava não haver distinção "entre o trabalho realizado no estabelecimento do empregador e o executado no domicílio do empregado, desde que esteja caracterizada a relação de emprego".

Na redação atual do texto normativo do *caput* do art. 6º da CLT, dada pela Lei n. 12.551, de 2011,(98) consta a proibição de distinção "entre o trabalho realizado no estabelecimento

---

(94) Uma ponte para o futuro. *Fundação Ulysses Guimarães*. MDB. Disponível em: <https://www.fundacaoulysses.org.br/wp-content/uploads/2016/11/UMA-PONTE-PARA-O-FUTURO.pdf>. Acesso em: 18 ago. 2021.

(95) De acordo com a nova redação dada ao art. 443 da CLT, pela Lei n. 13.467, de 2017.

(96) BRASIL. *Lei n. 13.429, de 31 de março de 2017*. Disponível em: <http://www.planalto.gov.br/ccivil_03/_ato2015-2018/2017/lei/l13429.htm>. Acesso em: 18 ago. 2021.

(97) DELGADO, Mauricio Godinho; DELGADO, Gabriela Neves. A proteção e a inclusão da pessoa humana trabalhadora e do trabalho no Brasil República: fluxos e refluxos. *Revista Jurídica Unicuritiba*, vol. 04, n.. 57, Curitiba, 2019, p. 538-583. Disponível em: <http://revista.unicuritiba.edu.br/index.php/RevJur/article/download/3792/371372148>. Acesso em: 20 mar. 2022.

(98) BRASIL. *Decreto-lei n. 5.452, 1º de maio de 1943*. Consolidação das Leis do Trabalho — CLT. Disponível em: <http://www.planalto.gov.br/ccivil_03/Decreto-lei/del5452.htm>. Acesso em: 20 mar. 2021. Art. 6º. Não se distingue entre

do empregador, o executado no domicílio do empregado e o realizado a distância, desde que estejam caracterizados os pressupostos da relação de emprego".

De acordo com a Lei n. 13.467, de 2017, realmente foram ampliadas as hipóteses de local de execução do "trabalho à distância", expressão que substitui a anterior "trabalho a domicílio".(99)

O teletrabalho é aquele cuja prestação de serviço ocorre preponderantemente fora das dependências do empregador, com utilização de tecnologias de informação e de comunicação e que, por sua natureza, não pode ser considerado trabalho externo.

As modificações introduzidas nos arts. 62, inciso I, e a inclusão dos arts. 75-A a 75-E da CLT, pela Lei n. 13.467, de 2017, foram inspiradas no Código do Trabalho Português; ocorre que o legislador pátrio negligenciou algumas proteções previstas no modelo lusitano.(100)

Talvez propositalmente, o legislador brasileiro tenha deixado para o contrato escrito as disposições sobre a responsabilidade pela aquisição ou fornecimento dos equipamentos tecnológicos e a infraestrutura necessária e adequada à prestação do trabalho remoto, bem como o reembolso de despesas arcadas pelo empregado, conforme disposições, consoante art. 75-D da CLT, acrescentado pela Lei n. 13.467, de 2017.

Portanto, para a execução do serviço remoto não se faz a mais mínima referência sobre quem seria o responsável pelos meios telemáticos de execução do trabalho.

O teletrabalho não é serviço externo e também difere do *home office* em razão da localização geográfica da prestação do serviço, que não tem de ser necessariamente em casa; basta que seja executado fora da empresa, preponderantemente.

Alega-se que o trabalhador faz seu próprio horário de trabalho, sem controle de jornada do empregador, tendo ainda a vantagem de economizar tempo de deslocamento e evitar riscos de acidentes. Todavia, o trabalho prestado fora do ambiente da empresa gera a sensação de isolamento e causa privação de convivência social, além de inibir, de não permitir que se estabeleçam laços sociais e de solidariedade, sendo potencialmente capaz de causar transtornos de ansiedade, sem falar na eliminação da possibilidade de coesão social.(101)

Pretende-se voltar ao assunto mais adiante, quando será abordada alteração anterior na redação do art. 6º da CLT, por intermédio da Lei n. 12.551, de 2011, que ao modificar a

---

o trabalho realizado no estabelecimento do empregador, o executado no domicílio do empregado e o realizado a distância, desde que estejam caracterizados os pressupostos da relação de emprego.

(99) *Idem.*

(100) MELO, Geraldo Magela. O teletrabalho na nova CLT. *Revista Associação Nacional dos Magistrados da Justiça do Trabalho — Anamatra*, 28 jul. 2017. Disponível em: <https://www.anamatra.org.br/artigos/25552-o-teletrabalho-na-nova-clt>. Acesso em: 1º set. 2021.

(101) CHAVES, Helena Lúcia Augusto; GEHLEN, Vitória Régia Fernandes. Estado, políticas sociais e direito sociais: descompasso do tempo atual. *Revista Serviço Social & Sociedade*, n. 135, p. 290-307, São Paulo, maio/go. 2019. Disponível em: <http://www.scielo.br/scielo.php?script=sci_arttext&pid=S0101-66282019000200290>. Acesso em: 1º set. 2021.

redação do *caput* do dispositivo e nele incluir o parágrafo único, deixou claro não haver distinção "entre trabalho realizado no estabelecimento do empregador, o executado no domicílio do empregado e o realizado a distância, desde que presentes os pressupostos da relação de emprego", sendo igualmente certo que "os meios telemáticos e informatizados de comando, controle e supervisão se equiparam, para fins de subordinação jurídica, aos meios pessoais e diretos de comando, controle e supervisão de trabalho",(102) prescrição normativa solenemente ignorada por decisões recentes do Tribunal Superior do Trabalho — TST, a seguir mencionadas.

O fato é que, literalmente, vive-se a previsão de Alvin Toffler em seu livro "A terceira onda", da cabana eletrônica — a sociedade centrada no lar:

> Excetuando as nossas encorajadoras unidades de trabalho menores, o se permitir uma descentralização e desurbanização da produção e também se alterar o caráter atual do trabalho, o novo sistema de produção poderia deslocar literalmente milhões de empregos para fora das fábricas e escritórios, para os quais a Segunda Onda os mudou, e restituí-los ao lugar de onde vieram originalmente: a casa. Se isto tivesse de acontecer, toda a instituição que conhecemos, da família à escola e à companhia, seria transformada.(103)

Apesar de não ser novidade, esta modalidade de trabalho vem sendo amplamente utilizada pelas empresas em tempos de pandemia (Covid-19), mas não se deve esquecer que a reforma excluiu o teletrabalho do regime de controle de jornada e, portanto, fora do pagamento de horas extraordinárias, noturnas, intervalos trabalhados, conforme inciso III, do art. 62 da CLT, acrescentado pela Lei n. 13.467, de 2017.

Com o objetivo de reduzir o desemprego e a informalidade, e a fim de atender ao aumento de demanda em determinados períodos das empresas ligadas ao ramo de hotéis, pousadas, bares e restaurantes, a Lei n. 13.467, de 2017, acrescentou ao *caput* do art. 443 da CLT, o contrato de trabalho intermitente, como modalidade de contrato individual de trabalho, que deve sempre ser concluído por escrito, consoante art. 452-A da CLT.(104)

Excluídos os aeronautas, regidos que são por lei própria, nos termos do § 3º do art. 443 da CLT, "considera-se como intermitente o contrato de trabalho no qual a prestação de serviços, com subordinação, não é contínua, ocorrendo com alternância de períodos de prestação de

---

(102) BRASIL. *Consolidação das Leis do Trabalho — CLT*. Art. 6º Não se distingue entre o trabalho realizado no estabelecimento do empregador, o executado no domicílio do empregado e o realizado a distância, desde que estejam caracterizados os pressupostos da relação de emprego. Disponível em: <http://www.planalto.gov.br/ccivil_03/Decreto-lei/del5452.htm>. Acesso em: 1º set. 2021.

(103) TOFLLER, Alvin. *A terceira onda*. Tradução: João Távora. Rio de Janeiro: Editora Record, 1999. p. 199.

(104) BRASIL. *Consolidação das Leis do Trabalho — CLT*. "O contrato individual de trabalho poderá ser acordado tácita ou expressamente, verbalmente ou por escrito, por prazo determinado ou indeterminado, ou para prestação de trabalho intermitente." Disponível em: <http://www.planalto.gov.br/ccivil_03/Decreto-lei/del5452.htm>. Acesso em: 1º set. 2021.

serviços e de inatividade, determinados em horas, dias ou meses, independentemente do tipo de atividade do empregado e do empregador".[105]

Como a lei não delimitou tempo mínimo de contratação nem quais os ramos de atividade econômica estariam autorizados a utilizá-lo, o trabalho intermitente vem sendo largamente aplicado nos mais diversos ramos da economia e pode ser considerado como o mais corrosivo em relação à proteção do trabalho.[106] Nele predomina a informalidade e a precarização, apesar de a lei assegurar que o valor da hora de trabalho a ser pago não pode ser inferior ao salário mínimo ou deve corresponder ao valor pago aos demais empregados.

É certo que no contrato de trabalho intermitente, cuja subordinação não é contínua e ocorre com alternância de períodos de prestação de serviços e de inatividade, pode até haver recusa do trabalho, conforme previsto na Lei n. 13.467, que alterou o art. 443 da CLT (art. 452-A, § 3º, da CLT), mas legalmente não se confunde com o trabalho autônomo.

A constitucionalidade do trabalho intermitente encontra-se com julgamento em curso no Supremo Tribunal Federal — STF, por intermédio das ADIs ns. 5.829/DF, 5.826/DF e 6.154/DF, já com os votos do relator, Ministro Edson Fachin, pela inconstitucionalidade parcial e dois votos pela constitucionalidade dos dispositivos impugnados da lei da reforma trabalhista de 2017, de Alexandre de Moraes e Nunes Marques, tendo a Ministra Rosa Weber pedido vistas antecipadamente em sessão virtual do Plenário por videoconferência ocorrida em 3.12.2020. O processo foi devolvido em 18.12.2020, voltando à pauta em 24.11.2021, porém sem julgamento até a presente data.[107]

A bem da verdade, o trabalho intermitente como modalidade de trabalho eventual é conhecido como *zero hour contract* e, conforme dito anteriormente, sua característica é a remuneração abaixo do valor, pois é pago apenas o tempo trabalhado. Já o chamado tempo morto, em que se fica à disposição do empresário aguardando ordens, não entra no cálculo remuneratório.

Como bem esclarece Ricardo Antunes, "submetidos a essas modalidades de trabalho, com contratos 'zerados', 'uberizados', 'pejotizados, 'intermitentes', 'flexíveis', os trabalhadores ainda são obrigados a cumprir 'metas', impostas frequentemente por práticas de assédio capazes de gerar adoecimentos, depressões e suicídios".[108]

---

(105) BRASIL. *Consolidação das Leis do Trabalho — CLT*. Disponível em: <http://www.planalto.gov.br/ccivil_03/Decreto-lei/del5452.htm>. Acesso em: 1º set. 2021.

(106) ANTUNES, Ricardo. Trabalho digital, 'indústria 4.0' e uberização do trabalho. In: CARELLI, Rodrigo de Lacerda; CAVALCANTI, Tiago Muniz; FONSECA, Vanessa Patriota da (Orgs.). *Futuro do Trabalho:* os efeitos da revolução digital na sociedade. Brasília: ESMPU, 2020b. p. 347-356.

(107) BRASIL. Supremo Tribunal Federal — STF. *Ação Direta de Inconstitucionalidade n. 5.826*. Processo principal. Apensados: ADIs ns. 6.154 e 5.829. Relator Ministro Edson Fachin. Disponível em: <https://portal.stf.jus.br/processos/detalhe.asp?incidente=5317595>. Acesso em: 1º set. 2021.

(108) ANTUNES, Ricardo. *O privilégio da servidão:* o novo proletariado de serviços na era digital. 2. ed. São Paulo: Boitempo, 2020. p. 37.

Leandro Fernandez e Rodolfo Pamplona Filho fazem o necessário esclarecimento terminológico, advertindo sobre o equívoco do uso de expressões como "trabalhador intermitente" ou "empregado intermitente", pois "a intermitência não se refere à pessoa, mas à prestação de serviços, ao trabalho". Preferem o uso de locuções como "contrato de trabalho intermitente", "regime de trabalho intermitente e "trabalho/empregado em contrato de trabalho intermitente".(109)

Os autores sustentam que "a subordinação jurídica assume conformação peculiar no contrato de trabalho intermitente" (...), "de acordo com o art. 452-A, §§ 2º e 3º, da Consolidação das Leis do Trabalho — CLT o empregado pode recursar o chamado feito pelo patrão, sem, com isso, haver descaracterização da subordinação".(110)

Encerrando esta primeira parte, os assuntos abordados neste capítulo de abertura devem ser vistos como necessários à demonstração de que as relações de trabalho não são estáticas e seguem a dinâmica da economia e da sociedade. Como essas relações são reguladas pelo Direito, como produto cultural, nem sempre estão seguras na ancoragem dos códigos e das leis.

Este capítulo introdutório, portanto, é uma tentativa de situar as atuais relações de trabalho e sua nova morfologia, suscitando mais perguntas e indagações do que dando respostas ao problema do trabalho humano diante das novas tecnologias, mas nem de longe com pretensão de esgotar o tema. Trata-se de mais uma opinião entre tantas outras contribuições dadas ao debate, reconhecendo que o Direito assume poderes semelhantes aos de Janus bifronte, devendo olhar para o futuro, mas sem ignorar o passado.

A principal contribuição é chamar a atenção da comunidade acadêmica, científica e dos aplicadores do direito sobre as profundas mudanças ocorridas no mundo do trabalho e como tem sido intensificada a exploração do trabalho humano, justamente para confrontar as deduções dogmáticas que pretendem confirmar, no plano do direito material, a inevitabilidade da nova morfologia do trabalho centrada em meios de tecnologias disruptivas, cuja narrativa escamoteia a exploração do trabalho e a acumulação da riqueza, numa visão prospectiva. Resta tirar preocupantes lições e conclusões decorrentes da mudança de paradigma.

Para Ulrich Becker, o mundo caminha para um capitalismo sem trabalho — e isso em todas as sociedades pós-industriais do Mundo:

> Três mitos protegem o debate público contra a compreensão dessa situação. Em primeiro lugar, de qualquer maneira, tudo é excessivamente complicado — como reza o mito da imperscrutabilidade. Em segundo, o surto de crescimento iminente no setor de prestação de serviços haverá de salvar a sociedade fundada

(109) FERNANDEZ, Leandro; PAMPLONA FILHO, Rodolfo. *Trabalho intermitente*. Coleção Direito do Trabalho. Curitiba: Juruá, 2020. p. 14.

(110) *Ibidem*, p. 83.

> no trabalho — como reza o mito da prestação de serviços. E, em terceiro lugar, só precisamos baixar drasticamente os custos salariais para que o problema do desemprego se desmanche no ar — como reza o mito dos custos.(111)

Explica o autor, em outro escrito, que "o centro do significado da sociedade do trabalho, nomeadamente o trabalho, não é eliminado pela racionalização; ele dissolve, perde a substância que lhe dá sentido".(112)

E ainda:

> Há muito tempo, já não está mais em pauta a redistribuição do trabalho, mas a redistribuição do desemprego — também de forma camuflada nas novas formas mistas de desemprego e de emprego, pois essas formas mistas são tidas oficialmente como "emprego (de jornada inteira)" (trabalho por tempo limitado, trabalho mal remunerado [*geríngfügige Arbeit*], trabalho em jornada parcial, etc). Isso vale também para os EUA e para a Grã-Bretanha, os assim chamados paraísos empregatícios/ocupacionais, onde aquelas pessoas que vivem na zona cinzenta entre o trabalho e o não trabalho e precisam frequentemente contentar-se com salários de fome já são maioria há muito tempo.(113)

Antônio Rodrigues de Freitas Júnior sustenta:

> Estou entre os que partilham a convicção moral de que relações, econômicas e jurídicas, que exibem coessencial assimetria, como as de trabalho, assim como as de consumo e mesmo aquelas comerciais como a de franquia, por exemplo, não podem ser legadas à própria sorte. Eis quando o direito é chamado à sua missão mais nobre: fixar limites ao poder do mais forte, do mais rico, do mais poderoso, sem asfixiar a autonomia da vontade nem a atividade econômica.(114)

Assim como não se pode defender um ludismo da era digital, também não é certo divinizar a tecnologia ao ponto de desprezar o ser humano, muito menos demonizá-la, negando seus benefícios.

---

(111) BECK, Ulrich. Capitalismo sem trabalho. *Ensaios FEE*, Porto Alegre, v. 18, n. 1, p. 41-55, 1997. Disponível em: <https://revistas.dee.spgg.rs.gov.br/index.php/ensaios/article/view/1882/2255>. Acesso em: 8 mar. 2022.

(112) BECKER, Ulrich. *Liberdade ou capitalismo*. Tradução: Luiz Antônio Oliveira de Araújo. São Paulo: Editora Unesp, 2003. p. 160.

(113) BECK, Ulrich. Capitalismo sem trabalho. *Ensaios FEE*, Porto Alegre, v. 18, n. 1, p. 41-55, 1997. Disponível em: <https://revistas.dee.spgg.rs.gov.br/index.php/ensaios/article/view/1882/2255>. Acesso em: 8 mar. 2022.

(114) FREITAS JÚNIOR, Antonio Rodrigues de. *On demand:* trabalho sob demanda em plataformas digitais. Belo Horizonte: Arraes Editores, 2020. p. 3.

Como diz Lucas Bazzara, em seu "Corazón de Máquina":

> Não há forma de vida humana que seja produzida ou reproduzida à margem da tecnologia e, desde os primórdios da humanidade o homem é um ser técnico. (Tradução livre)[(115)]

Como disse certa vez José Carlos Barbosa Moreira, citando o escritor inglês Gilbert Keith Chesterton, "a única lei da história é o imprevisto".[(116)] Com razão o grande processualista carioca, que sempre manteve o compromisso de estudar o direito e apontar soluções sem ignorar as consequências na vida prática, e, ainda assim, sem jamais se permitir qualquer concessão à falta de rigor científico.

Sobre os impactos das tecnologias digitais surgidas a partir das inovações do Vale do Silício, no Estado da Califórnia, nos EUA, Éric Sadin relembra que a razão moderna se constituiu sobre o princípio da evidência cartesiana, de que está dotado *a priori* cada indivíduo, e que essa consciência plena das coisas condiciona a autonomia da ação humana e o compromisso da responsabilidade, que é seu corolário.

A extrema sofisticação da ciência computacional, com pretensões de inaugurar uma nova e definitiva quadra da história, a história da humanidade livre de seus erros, e que delega aos algoritmos a tarefa de melhor organizar a marcha do mundo, é o "paradoxo que pretende que essa razão cartesiana seja hoje marginalizada pelo advento de uma 'razão digital siliconiana' que, no entanto, contribuiu para fecundá-la". (Tradução livre)[(117)]

Para Sadin, "houve uma transferência maliciosa e massiva de poder da razão humana para sistemas encarregados de iluminar fragmentos cada vez maiores de nossa existência com suas luzes".[(118)]

Éric Sadin considera-se um autor que "lança alertas",

> não por divulgar factos condenáveis que permanecem mascarados e que, pela sua gravidade, exigiriam a necessidade de serem revelados, mas por fazer um esforço para identificar e reunir os múltiplos sinais dispersos e convergentes

---

(115) BAZZARRA, Lucas. Corazón de Máquina. Técnica y cultura, de la huerta al algoritmo. *AVATARES de la comunicación y la cultura*, n. 15, jun. 2018. REDIB — Red Iberoamericana de Innovación y Conocimiento Cinetífico. *No hay forma de vida humana que se produzca o reproduzca al margen de la técnica, y ya desde los albores de la humanidad el hombre es un ser técnico.*

(116) MOREIRA, José Carlos Barbosa. O futuro da Justiça: alguns mitos. *RDC*, n. 6, jul./ago. 2000, p. 30-44. Temas de Direito Processual: oitava série. Rio de Janeiro: Forense, 2004. p. 1-14.

(117) SADIN, Éric. *La silicolonización del mundo*. La irresistible expasión del liberalismo digital. Tradução para o espanhol: Margaita Martiínez. Ciudad Autónoma de Buenos Aires: Caja Negra, 2021. p. 121. *La paradoja pretende que esta razón cartesiana se encuentre hoy marginada por el advenimiento de una "razón digital siliconiana" que sin embargo ha contribuido a fecundar. Se ha producido un malicioso y massivo "traspasso de poder" desde la razón humana hacia sistemas encargados de iluminar con sus "luces" fragmentos cada vez más amplios de nuestras existências.*

(118) *Idem*.

que testemunham um retrocesso imperceptível de certas aquisições democráticas, bem como das ofensas infligidas à dignidade humana.(119)

Pois bem, diante da perplexidade causada pelas profundas e rápidas transformações e inovações tecnológicas, impondo intensas modificações na sociedade e no modo de produção, quando a forma, o ritmo e os métodos de controle são invisíveis e opacos os critérios de organização e gestão do trabalho, cujos modelos matemáticos espraiam-se em todos segmentos da vida,(120) ditando como devemos trabalhar, o que queremos, do que necessitamos, quem somos(121) ou quem gostaríamos de ser, quando se discute este tema a preocupação não deveria ser apenas com os trabalhadores e seus direitos, que vão se esvaindo a cada medida legislativa ou decisão judicial, mas sim com a própria democracia, com os governos que nos regem, com a própria civilização, pois a falta de transparência no uso de dados pessoais e sensíveis, acúmulo, tratamento e uso dessas informações pelo *Big Data* combinado com a inteligência artificial e seus modelos algorítmicos, tanto pelo poder econômico quanto pelos governos — ou melhor: por ambas as esferas, tanto a privada quanto a pública em colaboração —, já estão alcançando não só a última fronteira da cidadania, como também o mais íntimo refúgio da subjetividade humana.

Como no poema de Jorge de Lima, colocado na epígrafe deste capítulo, com a chegada da energia elétrica transmitida por condutores, alternadores, isolantes, cabos, fios e lâmpadas elétricas iluminando a cidade e também utilizada na produção de bens na indústria, o acendedor de lampiões da rua teve sua profissão extinta, ele que era tão esperado e indispensável para iluminar as noites escuras.

A exemplo do acendedor de lampiões de rua, apesar do desaparecimento de algumas profissões, ao longo dos tempos inúmeros outros postos de trabalho foram criados, novos mercados surgiram, inaugurando outras novas profissões na divisão do trabalho.

Com a ampliação das inovações tecnológicas e o desaparecimento de vários postos de trabalho e profissões até então aparentemente consolidados, a inteligência artificial associada ao *Big Data*, assim como o acendedor de lampiões da rua, de Jorge de Lima, talvez este capítulo tenha sido uma tentativa de dar algumas respostas ao problema suscitado da transformação do trabalho, mas longe de pretender esgotar o tema e insinuar nos outros crenças, irritando o senso humano. A reflexão acadêmica é a luz que chega à choupana, "um, dois, três lampiões, acende e continua outros mais a acender imperturbavelmente".

Este é o objetivo: lançar luzes nessa discussão tão atual e relevante, como foi esclarecido e justificado no início, numa tentativa de aproximar o direito substancial do trabalho, com

---

(119) *Ibidem*, p. 45 *De ahora en adelante, me considero en parte como un "autor que lanza alertas", no por divulgar hechos reprensibles que permanecen enmascarados y que convocarían, por su gravedad, la necesidad de ser revelados, sino por esforzarme en identificar y reunir los múltiples signos dispersos y convergentes que dan testimonio de un retroceso imperceptibile de ciertas adquisiciones democráticas tanto como de las ofensas infligidas a la dignidade humana.*

(120) O'NEIL, Cathy. *Algoritmos de destruição em massa:* como o *Big Data* aumenta a desigualdade e ameaça a democracia. Tradução: Rafael Abraham. São Paulo: Editora Rua do Sabão, 2020.

(121) SCHWAB, Klaus. *A quarta revolução industrial.* Tradução: Daniel Moreira. São Paulo: Edipro, 2016. p. 13.

seus problemas atuais, os sujeitos e as complexas relações atuais, para melhor compreender um direito processual do trabalho que se defende menos formal, mais adequado às necessidades do direito material, como sintetizou José Roberto dos Santos Bedaque:

> A possibilidade de a tutela jurisdicional atuar como efetivo fator de pacificação social depende fundamentalmente da perfeita compreensão a respeito das inúmeras situações da vida sobre que o provimento surtirá efeito. Somente assim poderá o processualista prever tutelas adequadas ao escopo da função jurisdicional.(122)

No próximo capítulo será estudado o acesso à justiça como garantia fundamental, perpassando os obstáculos que devem ser enfrentados, as ondas renovatórias do acesso à justiça estudadas por Mauro Cappelletti e Bryan Garth, um novo enfoque e meios adequados de prevenção e solução de conflitos.

---

(122) BEDAQUE, José Roberto dos Santos. *Direito e processo:* influência do direito material sobre o processo. 2. ed. São Paulo: Malheiros, 2001. p. 20.

2ª Parte

Capítulo 2
Acesso à Justiça

2.1. Contextualizando

O tema do acesso à justiça vem sendo estudado desde a divulgação da pesquisa realizada por Mauro Cappelletti, James Gordley e Earl Johnson Jr., cujo projeto resultou na obra "Toward Equal Justice: A Comparative Study of Legal Aid in Modern Societies", publicado em 1975, conhecido como "Projeto Florença",(123) "considerado um marco epistemológico no estudo comparativo dos modelos jurídicos assistenciais".(124)

Tratar sobre acesso à Justiça passa, obrigatoriamente, pela leitura e compreensão de Mauro Cappelletti e Bryant Garth, que principiam sua obra clássica da literatura jurídica reconhecendo ser de difícil definição a expressão acesso à Justiça. Mas essa dificuldade de definir o que vem a ser tal expressão não impede de determinar suas duas finalidades básicas no sistema jurídico:

> A expressão acesso à Justiça é reconhecidamente de difícil definição, mas serve para determinar duas finalidades básicas do sistema jurídico – o sistema pelo qual as pessoas podem reivindicar seus direitos e/ou resolver seus litígios sob os auspícios do Estado. Primeiro o sistema deve ser igualmente acessível a todos; segundo, ele deve produzir resultados que sejam individual e socialmente justos.[(125)]

Neste capítulo, o acesso à justiça é estudado não apenas em seu aspecto formal, como direito de ingressar em juízo, mas também, e sobretudo, em perspectiva mais ampla, como direito a uma ordem jurídica justa, como prefere Kazuo Watanabe.[(126)] Não só o direito de

---

(123) CAPPELLETTI, Mauro; GARTH, Bryant. *Acesso à Justiça*. Tradução: Ellen Gracie Northfleet. Porto Alegre: Sergio Antonio Fabris Editor, 1988. p. 7-8.

(124) PATERSON, Alan; GARTH, Bryant; ALVES, Cleber Francisco; ESTEVES, Diogo; JOHNSON JR., Earl. *Descortinando o* Global Access to Justice Project. Disponível em: <https://sistemas.rj.def.br/publico/sarova.ashx/Portal/sarova/imagem-dpge/public/arquivos/artigojota.pdf>. Acesso em: 8 mar. 2022.

(125) CAPPELLETTI, Mauro; GARTH, Bryant. *Acesso à Justiça*. Tradução: Ellen Gracie Northfleet. Porto Alegre: Sergio Antonio Fabris Editor, 1988. p. 8.

(126) WATANABE, Kazuo. Acesso à Justiça e sociedade moderna. In: GRINOVER, Ada Pellegrini; DINAMARCO, Cândido Rangel; WATANABE, Kazuo (Coords.). *Participação e Processo*. São Paulo: Revista dos Tribunais, 1988. p. 135. O mesmo artigo é encontrado em WATANABE, Kazuo. *Acesso à ordem jurídica justa* (conceito atualizado de acesso à justiça): processos coletivos e outros estudos. Belo Horizonte: Del Rey Editora, 2019. p. 3-17.

instaurar um processo ou de contestação uma ação, pois estes são direitos decorrentes do acesso à justiça.

Não se trata apenas de ter acesso ao Judiciário, mas sim do direito fundamental de livre acesso, da inafastabilidade ou universalidade de jurisdição, na perspectiva do direito processual e levando em consideração a supremacia da Constituição e dos direitos fundamentais, a resultar na efetividade dos direitos sociais.[127]

Outro ponto que merece realce é que a jurisdição, ou a função jurisdicional, deve ser vista na concepção estruturante do Estado Democrático de Direito, atividade-dever do Estado, função una e indivisível, conceito unívoco, não existindo jurisdições ou jurisdição civil, trabalhista e penal. Cindi-la é equívoco que deve ser fortemente evitado. Sendo a jurisdição provocada pelo direito de ação da parte interessada, é o local onde se realiza o processo, mediante a garantia do modelo do devido processo constitucional,[128] pelo que este primeiro capítulo guarda íntimas afinidades com o capítulo terceiro desta pesquisa, que trata do devido processo legal.

Essa perspectiva da função jurisdicional sob o ângulo do Estado Democrático de Direito, conforme definido na Constituição Federal de 1988, *caput* do art. 1º e incisos, considera a soberania, a cidadania, a dignidade da pessoa humana, os valores sociais do trabalho e da livre-iniciativa,[129] tratando-se de princípios fundantes da república, que servem como verdadeira bússola a guiar a compreensão do acesso à justiça e do devido processo legal, colocando a Constituição sempre em posição de supremacia, como aliás faz o Código de Processo Civil em seu art. 1º.[130]

Para Hans Kelsen:

> A ordem jurídica não é um sistema de normas jurídicas ordenadas no mesmo plano, situadas umas ao lado das outras, mas é uma construção escalonada de diferentes camadas ou níveis de normas jurídicas. A sua unidade é produto da conexão de dependência que resulta do fato de a validade de uma norma, que foi produzida de acordo com outra norma, se apoiar sobre essa outra norma, cuja produção, por sua vez, é determinada por outra; e assim por diante, até abicar finalmente na norma fundamental — pressuposta. A norma fundamental —

---

(127) FERNANDES, Dandara Cordeiro de Oliveira. Os direitos de ação e acesso à justiça como meios de efetivação dos direitos sociais. In: ROSÁRIO, José Orlando Ribeiro *et al.* (Orgs.). *Acesso à justiça:* aspectos constitucionais e sociais. 1. ed. SalvadorBA: Editora Motres, 2018. p. 79-109.

(128) DIAS, Ronaldo Brêtas de Carvalho. *Processo constitucional e estado democrático de direito*. 4. ed. Belo Horizonte: Editora Del Rey, 2018. p. 37-38 e 49-51.

(129) BRASIL. *Constituição da República Federativa, de 5 de outubro de 1988*. Disponível em: <http://www.planalto.gov.br/ccivil_03/constituicao/constituicao.htm>. Acesso em: 3 jul. 2021

(130) BRASIL. Código de Processo Civil. *Lei n. 13.105, de 16 de março de 2015*. Disponível em: <http://www.planalto.gov.br/ccivil_03/_ato2015-2018/2015/lei/l13105.htm>. Acesso em: 3 jul. 2021.

hipotética, nestes termos — é, portanto, o fundamento de validade último que constitui a unidade desta interconexão criadora".[131]

A supremacia da Constituição também foi desenvolvida por Konrad Hesse. Está consolidada na proposição de sua força normativa, dela devendo ser extraída a máxima efetividade possível.

> A interpretação constitucional está submetida ao princípio da ótima concretização da norma.[132]

Para José Afonso da Silva significa que

> a Constituição se coloca no vértice do sistema jurídico do país, a que confere validade, e que todos os poderes estatais são legítimos na medida em que ela os reconheça e na proporção por ela distribuídos. É, enfim, a lei suprema do Estado, pois é nela que se encontram a própria estruturação deste e a organização de seus órgãos; é nela que se acham as normas fundamentais do Estado, e só nisso se notará sua superioridade em relação às demais normas jurídicas.[133]

Esse primeiro e importante marco teórico-dogmático, qual seja o da supremacia da Constituição, como dizem Luiz Guilherme Marinoni, Sérgio Cruz Arenhart e Daniel Mitidiero:

> Já se deixou claro que a lei, no Estado contemporâneo, tem a sua substância condicionada aos princípios constitucionais de justiça e aos direitos fundamentais. Compreender a lei a partir dos direitos fundamentais significa inverter a lógica da ideia de que esses direitos dependem da lei, pois hoje são as leis que têm a sua validade circunscrita aos direitos fundamentais, além de só admitirem interpretações que a eles estejam adequadas.[134]

Afinal, de que adiantaria manter um estatuto de direito material vigente, com direitos definidos em detalhes e ajustados na perspectiva da previsão normativa e situações fáticas claras se, uma vez violado, a lei dificulta o acesso ao Judiciário?

---

(131) KELSEN, Hans. *Teoria pura do direito*. Tradução: João Baptista Machado. 8. ed. São Paulo: WMF Martins Fontes, 2009. p. 247.

(132) HESSE, Konrad. *A força normativa da Constituição*. Tradução: Gilmar Ferreira Mendes. Porto Alegre: Sergio Antonio Fabris Editor, 1991. p. 22.

(133) SILVA, José Afonso. *Curso de Direito Constitucional*. 6. ed. São Paulo: Revista dos Tribunais, 1990. p. 44-45.

(134) MARINONI, Luiz Guilherme; ARENHART, Sérgio Cruz; MITIDIERO, Daniel. *Curso de Processo Civil:* teoria geral do processo. v. 1. 4. ed. São Paulo: Thomson Reuters Brasil/Revista dos Tribunais, 2019. p. 130.

Flávio Quinaud Pedron ultrapassa a perspectiva quantitativa para encontrar em seu aspecto qualitativo a importante diferença que resguarda seu conceito como autonomia dos sujeitos de direitos, como menciona, destacando que nessa segunda perspectiva o acesso à justiça assume contornos materiais, passando o Estado a desempenhar papel de destaque na efetivação de direitos fundamentais conquistados durante o Estado social e assumindo o Judiciário esse papel,(135) sendo sua função não permitir que a lei exclua ou dificulte a apreciação do Judiciário de lesão ou ameaça a direito, consoante a Constituição Federal de 1988, art. 5º, XXXV.(136)

Até porque o Brasil é um país de extrema desigualdade social e econômica, que separa as classes sociais em mundos absolutamente distintos; é até hoje uma luta árdua empreender ações afirmativas e políticas públicas de combate à exclusão social e erradicação da pobreza, assim compreendida como privação, relativa à "marginalização de determinados indivíduos ou segmentos sociais em relação aos benefícios gerados pelo desenvolvimento", como pensou Maria Tereza Aina Sadek:

> O acesso à justiça se constitui na porta de entrada para participação nos bens e serviços de uma sociedade" e "quaisquer iniciativas que tenham por meta combater a exclusão estarão fadadas ao fracasso se não levarem em conta garantias e direitos individuais e coletivos. Pois, não há possibilidade real de inclusão se, de fato, não houver condições efetivas de acesso à justiça. Sem o direito de recorrer à justiça, todos os demais direitos são letras mortas, garantias idealizadas e sem possibilidade de concretização.(137)

No "Projeto Florença", fica evidente que nos países desenvolvidos as ondas reformatórias do processo foram identificadas em sequência quase cronológica, sem que a onda posterior substituísse a anterior. Muito ao contrário, as ondas vão se consolidando e tornando a justiça cada vez mais acessível.(138)

O acesso à justiça no Brasil não se mostra tão evidente e sincrônico quanto as ondas renovatórias,(139) tendo o país despertado mais firmemente para o estudo e alcance da garantia somente após a Constituição Federal de 1988.

---

(135) PEDRON, Flávio Quinaud. Reflexões sobre o "acesso à justiça" qualitativo no novo Código de Processo Civil Brasileiro. In: DIDIER, Jr., Fredie; NUNES, Dierle; FREIRE, Alexandre (Coords.). *Normas fundamentais*. Coleção grandes temas do novo CPC. v. 8. Salvador: JusPodivm, 2019. p. 17-36.

(136) BRASIL. *Constituição Federal de 1988*. Disponível em: <http://www.planalto.gov.br/ccivil_03/constituicao/constituicao.htm>. Acesso em: 3 jul. 2021.

(137) SADEK, Maria Tereza Aina. Acesso à Justiça: porta de entrada para a inclusão social. In: LIVIANU, R. (Coord.). Justiça, cidadania e democracia [*online*]. Rio de Janeiro: Centro Edelstein de Pesquisa Social, 2009. p. 170-180. Disponível em: <http://books.scielo.org/id/ff2x7/pdf/livianu-9788579820137-15.pdf>. Acesso em: 20 jul. 2021.

(138) Para maiores informações sobre a continuidade da pesquisa, *vide* o *site*: *Acesso à justiça*. Uma nova pesquisa global. Disponível em: <https://globalaccesstojustice.com/global-access-to-justice/?lang=pt-br#research-in-progress>. Acesso em: 11 out. 2021.0

(139) NUNES, Dierle; TEIXEIRA, Ludmila. *Acesso à Justiça democrático*. 1. ed. Brasília: 2013. p. 44-55.

Mauro Cappelletti e Briant Garth fazem referência à Lei n. 4.717, de 29 de junho de 1965, que regula a ação popular no Brasil:

> Acrescente-se o Brasil que permite o uso de ações populares para reprimir a conduta da administração pública ou das instituições financeiras com recursos públicos que causem danos a bens e direitos der valor econômico, artístico, estético, histórico ou turístico.[140]

De fato, a "acção popular" estava prevista na Constituição Imperial do Brasil, de 25 de março de 1824,[141] no art. 157, sendo suprimida pela Constituição da República, de 24 de fevereiro de 1891, como resgata Rosmar Rodrigues de Alencar.[142]

Fabiana Spengler e Gabriel Bedin demonstram que, muito embora constasse das Ordenações Filipinas desde o início do século XVII disposição que compelia o Juiz a escolher advogado para patrocinar interesse de pessoa pobre, cláusula inspirada na igualdade material, "a legislação carecia de dispositivos hábeis a garantir o pleno exercício do direito de acesso à justiça, situação que se perpetuou durante os séculos XVI a XVIII". Destacam que durante o século XIX, após a proclamação da independência em 7 de setembro de 1822, Dom Pedro I outorgou a Constituição de 1824,[143] que era fortemente centralizadora na pessoa do Imperador, a quem atribuía poderes absolutistas. Ainda assim, estabelecia nos arts. 151 e 179, XII, um "Poder Judicial independente", assegurando que "nenhuma autoridade poderia avocar as causas pendentes, sustá-las ou fazer reviver os processos findos". Entrementes, o Poder Moderador podia suspender magistrados, perdoar penas impostas aos réus condenados por sentença e também conceder anistia, revelando que a independência não passava de uma singela intenção.[144]

Após a proclamação da república, em 15 de novembro de 1889, foi promulgada a Constituição dos Estados Unidos do Brasil (de 24 de fevereiro 1891),[145] adaptando o texto constitucional brasileiro ao sistema norte-americano, adotando a tripartição dos poderes entre o Poder Legislativo, Executivo e o Judiciário, imprimindo independência entre eles. Apesar de inegáveis avanços, como o *habeas corpus*, a Constituição de 1891 foi silente em respeito ao acesso à Justiça, merecendo transcrição Fabiana Spengler e Gabriel Bedin:

---

(140) CAPPELLETTI, Mauro; GARTH, Bryant. *Acesso à Justiça*. Tradução: Ellen Gracie Northfleet. Porto Alegre: Sergio Antonio Fabris Editor, 1988. p. 56.

(141) NOGUEIRA, Octaciano. *Constituições Brasileiras*. vol. I, 1824. 3. ed. Brasília: 2012.

(142) ALENCAR, Rosmar Antonni Rodrigues Cavalcanti de. *Ação popular:* legitimação. Maceió: Edições Catavento, 2001. p. 23.

(143) BRASIL. *Constituição Política do Império do Brazil, de 25 de março de 1824*. Disponível em: <http://www.planalto.gov.br/ccivil_03/constituicao/constituicao24.htm>. Acesso em: 3 set. 2021.

(144) SPENGLER, Fabiana Marion; BEDIN, Gabriel de Lima. O direito de acesso à justiça e as constituições brasileiras: aspectos históricos. *Revista de Direitos Fundamentais e Democracia*, Curitiba, v. 14, n. 14, p. 135-146, jul./dez. 2013. Disponível em: <https://revistaeletronicardfd.unibrasil.com.br/index.php/rdfd/article/viewFile/512/373>.

(145) BRASIL. *Constituição da República dos Estados Unidos do Brasil, de 24 de fevereiro 1891*. Disponível em: <http://www.planalto.gov.br/ccivil_03/constituicao/constituicao91.htm>. Acesso em: 20 jul. 2021.

> Com efeito, apesar de possuir aspirações democráticas, a Constituição de 1891 silenciou no que se refere ao direito de acesso à justiça. Além disso, sem embargo de garantir independência ao Poder Judiciário, é importante destacar que o Brasil da época acabara de extinguir o regime escravocrata, ou seja, parcela significativa da população se tratava de analfabetos, pobres e sem nenhuma noção acerca dos seus direitos. Assim, mesmo existindo um Poder Judiciário independente não se poderia verificar o pleno exercício do direito de acesso à justiça no período, porquanto a população não gozava de condições de usufruí-lo. (146)
>
> A Constituição de 1934, da denominada segunda república, inspirada no constitucionalismo europeu do pós-guerra de 1914-1918, previu a proteção social do trabalhador no art. 121, já mencionando a legislação do trabalho, colimando a melhoria das condições de trabalho e inaugurando no país o constitucionalismo social.(147) No escólio de Fabiana Spengler e Gabriel Bedin, apreende-se que houve nítido avanço do direito de acesso à justiça na Constituição de 1934, notadamente no que se refere à ação popular, ao mandado de segurança, além da criação da Justiça do Trabalho e da Justiça Eleitoral, merecendo amplo destaque a assistência judiciária gratuita.(148)

Já a Carta Constitucional outorgada em 1937, durante o Estado Novo, segundo Spengler e Bedin, "não merece maiores destaques no que se refere ao direito de acesso à justiça, haja vista que representou um grande retrocesso ao suprimir as conquistas referentes à ação popular e à assistência judiciária gratuita previstas na Constituição de 1934".(149)

Foi a Constituição Federal de 1946 que pela primeira vez tratou expressamente do acesso à justiça, dispondo no § 4º do art. 141 que a lei não poderia excluir da apreciação do Poder Judiciário qualquer lesão de direito individual, e no § 35 do mesmo artigo, estabeleceu que "o Poder Público, na forma que a lei estabelecer, concederá assistência judiciária aos necessitados".(150)

Em 1º de maio de 1943 foi aprovada a Consolidação das Leis do Trabalho — CLT,(151) diploma legal de merecida referência no contexto deste capítulo porque revela clara preocupação

---

(146) SPENGLER, Fabiana Marion; BEDIN, Gabriel de Lima. O direito de acesso à justiça e as constituições brasileiras: aspectos históricos. *Revista de Direitos Fundamentais e Democracia*, Curitiba, v. 14, n. 14, p. 135-146, jul./dez. 2013.

(147) BRASIL. *Constituição da República dos Estados Unidos do Brasil, de 18 de julho de 1934*. Disponível em: <http://www.planalto.gov.br/ccivil_03/constituicao/constituicao34.htm>. Acesso em: 20 jul. 2021.

(148) SPENGLER, Fabiana Marion; BEDIN, Gabriel de Lima. O direito de acesso à justiça e as constituições brasileiras: aspectos históricos. *Revista de Direitos Fundamentais e Democracia*, Curitiba, v. 14, n. 14, p. 135-146, jul./dez. 2013.

(149) *Idem*.

(150) BRASIL. *Constituição dos Estados Unidos do Brasil, de 18 de setembro de 1946*. Disponível em: <http://www.planalto.gov.br/ccivil_03/constituicao/constituicao46.htm>. Acesso em: 3 jul. 2021.

(151) BRASIL. Consolidação das Leis do Trabalho — CLT. *Decreto-lei n. 5.452, de 1º de maio de 1943*. Disponível em: <http://www.planalto.gov.br/ccivil_03/Decreto-lei/del5452.htm>. Acesso em: 3 jul. 2021.

com a coletividade, valorizando a atuação dos sindicatos como representantes de grupos e coletividades, dando-lhes legitimidade para celebrar convenções e acordos coletivos de trabalho, bem como para atuar em ação coletiva, superando o individualismo predominante daquele momento histórico.

A regulamentação da justiça gratuita veio por meio da Lei n. 1.060, de 5 de fevereiro der 1950.[152]

A Constituição Federal de 1967, durante o autoritarismo do regime militar, com texto editado pela Emenda Constitucional n. 1, de 17 de outubro de 1969, manteve formalmente as cláusulas como direitos e garantias individuais, conforme previsto no art. 153, § 32 ("Será concedida assistência judiciária aos necessitados, na forma da lei"), no § 4º ("A lei não poderá excluir da apreciação do Poder Judiciário qualquer lesão de direito individual"), além do § 12 ("Ninguém será prêso senão em flagrante delito ou por ordem escrita de autoridade competente. A lei disporá sôbre a prestação de fiança. A prisão ou detenção de qualquer pessoa será imediatamente comunicada ao juiz competente, que a relaxará, se não fôr legal").[153]

Todavia, o Ato Institucional n. 5, de 13 de dezembro de 1968,[154] no art. 11 estabeleceu explicitamente que estavam excluídos de qualquer apreciação judicial todos os atos praticados de acordo com o AI-5 e seus atos complementares, bem como os respectivos efeitos.

Nelson Nery Junior lembra que no art. 181 da CF de 1967, com a redação da EC n. 1, de 1969, o AI-5 foi constitucionalizado, excluindo da apreciação do Poder Judiciário todos os atos praticados pelo comando da revolução de 31.3.1964, reafirmada a vigência do AI-5, no art. 182.[155]

A garantia constitucional vem sendo mais destacada no Brasil desde a promulgação da Constituição Federal de 1988,[156] que no inciso XXXV do art. 5º positivou pela primeira vez no direito constitucional brasileiro, como lembra Sérgio Luís Wetzel de Mattos,[157] e assegura que "a lei não excluirá da apreciação do Poder Judiciário lesão ou ameaça a direito".

A Convenção Americana sobre Direitos Humanos, Pacto de São José da Costa Rica, de 1969, da qual o Brasil é signatário, foi promulgada no País em 1992. Possui *status* de norma supralegal, posicionando-se no ordenamento jurídico brasileiro hierarquicamente abaixo da

---

(152) BRASIL. Lei de assistência judiciária. *Lei n. 1.060, de 05 de fevereiro de 1950.* Disponível em: <http://www.planalto.gov.br/ccivil_03/leis/l1060.htm>. Acesso em: 3 jul. 2021.

(153) BRASIL. *Constituição Federal de 1967*, com redação dada pela Emenda Constitucional n. 1, de 17 de outubro de 1969. Disponível em: <http://www.planalto.gov.br/ccivil_03/constituicao/emendas/emc_anterior1988/emc01-69.htm>. Acesso em: 3 jul. 2021.

(154) BRASIL. *Ato Institucional n. 5, de 13 de dezembro de 1968.* Disponível em: <http://www.planalto.gov.br/ccivil_03/ait/ait-05-68.htm>. Acesso em: 3 jul. 2021.

(155) NERY JUNIOR, Nelson. *Princípios do Processo Civil na Constituição Federal.* 10. ed. São Paulo: Revista dos Tribunais, 2010. p. 174-176.

(156) BRASIL. *Constituição da República Federativa, de 5 de outubro de 1988.* Disponível em: <http://www.planalto.gov.br/ccivil_03/constituicao/constituicao.htm>. Acesso em: 3 jul. 2021.

(157) MATTOS, Sérgio Luís Wetzel de. *Devido processo legal e proteção de direitos.* Porto Alegre: Livraria do Advogado Editora, 2009. p. 91.

Constituição e acima nas normas infraconstitucionais,[158] porquanto anterior à Emenda Constitucional n. 45, que incluiu o § 3º no art. 5º da Constituição Federal de 1988, exigindo o mesmo quórum das emendas constitucionais para sua aprovação dos tratados e convenções internacionais sobre direitos humanos, assegurando no art. 8º o direito de acesso à justiça nos seguintes termos:

> Toda pessoa tem direito a ser ouvida, com as devidas garantias e dentro de um prazo razoável, por um juiz ou tribunal competente, independente e imparcial, estabelecido anteriormente por lei, na apuração de qualquer acusação penal formulada contra ela, ou para que se determinem seus direitos ou obrigações de natureza civil, trabalhista, fiscal ou de qualquer outra natureza.[159]

Eliane Botelho Junqueira[160] refaz o caminho dos estudos acadêmicos sobre o acesso à Justiça no Brasil e demonstra que, em primeiro lugar:

> Não se pode falar de uma produção sistemática na área direito e sociedade, ou seja, de uma linha de investigação sobre temas e instituições jurídicas antes dos anos 1990.[161]

A professora chama a atenção para o fato de que essa pesquisa estava localizada não na área das ciências sociais, "mas sim entre bacharéis de direito sociologicamente orientados". Sustenta que a sociologia do direito no Brasil surge, coincidentemente ou não, com as primeiras pesquisas sobre acesso à justiça, destacando que essas pesquisas estavam localizadas no Departamento de Ciências Políticas da Fundação Joaquim Nabuco, em Recife.[162]

Diz ainda Eliane Junqueira que em seu desenvolvimento inicial os pesquisadores não estavam preocupados com a necessidade de investigar o acesso à justiça como expansão de direitos típicos do Estado do bem-estar social e formas de assegurar seu cumprimento, e que nem sequer fazem qualquer referência ao *Florence Project*. Deduz que essa ausência no Brasil não pode ser atribuída à falta de interesse de pesquisadores brasileiros em relação ao tema, já estudado na segunda metade dos anos 1970, apesar da participação de alguns países da América Latina no Projeto Florença, como Chile, Colômbia, México e Uruguai.

---

(158) BRASIL. Supremo Tribunal Federal — STF. *Recurso Extraordinário – RE n. 466.343*. Recte: Banco Bradesco S.A.; Recdo: Luciano Cardoso Santos e rel. Ministro Cezar Peluso. Disponível em: <http://portal.stf.jus.br/processos/detalhe.asp?incidente=2343529>. Acesso em: 1º ago. 2021.

(159) BRASIL. *Decreto n. 678, de 06 de novembro de 1992*. Promulga a Convenção Americana sobre Direitos Humanos (Pacto de São José da Costa Rica), 22 de novembro de 1969. Disponível em: <https://www2.camara.leg.br/legin/fed/decret/1992/decreto-678-6-novembro-1992-449028-publicacaooriginal-1-pe.html>. Acesso em: 3 ago. 2021.

(160) JUNQUEIRA, Eliane Botelho. Acesso à justiça: um olhar retrospectivo. *Revista Estudos Históricos*, v. 9, n. 18. Justiça e cidadania, 1996, p. 389-402. Disponível em: <http://bibliotecadigital.fgv.br/ojs/index.php/reh/article/view/2025>. Acesso em: 20 abr. 2021.

(161) *Idem*.

(162) *Idem*.

Esclarece Eliane Junqueira:

> Os motivos do despertar do interesse brasileiro no início dos anos 1980 para esta temática, portanto, devem ser procurados não neste movimento internacional de ampliação do acesso à Justiça, mas sim internamente, no processo político social da abertura política e, em particular, na emergência do movimento social que então se inicia.(163)

Junqueira conclui que "o caso brasileiro não acompanha o processo analisado por Cappelletti e Garth a partir da metáfora das três 'ondas' do '*access-to-justice movement*':

> Ainda que durante os anos 1980 o Brasil, tanto em termos de produção acadêmica como em termos de mudanças jurídicas, também participe da discussão sobre direitos coletivos e sobre a informalização das agências de resolução de conflitos, aqui estas discussões são provocadas não pela crise do Estado do bem-estar social, como acontecia então nos países centrais, mas sim pela exclusão da grande maioria da população de direitos sociais básicos, entre os quais o direito à moradia e à saúde".(164)

O acesso à Justiça no sistema jurídico brasileiro, portanto, não decorre da exigência das promessas do Estado do bem-estar social, como se deu nos países centrais, mas está intimamente ligado à assistência jurídica, traduzindo-se em expressão do Estado democrático de direito, consoante o *caput* do art. 1º da Constituição Federal de 1988, capaz de comportar a reivindicação de direitos e/ou solução de "litígios sob os auspícios do Estado", como destacam Cappelletti e Garth.(165)

Esse arcabouço legislativo vem demonstrar que todos têm direito a uma ordem jurídica justa, como defendeu, já em 1988, Kazuo Watanabe, escrevendo sobre o acesso à justiça e sociedade moderna, advertindo que o estudo do problema não pode ser acanhado, reduzido aos limites do acesso aos órgãos judiciais, sustentando que o cidadão tem direito a uma ordem jurídica justa, e nisso deve-se compreender o acesso à justiça:

> Assim concebida a Justiça, como instituição com plena adequação às reais necessidades do País e em condições de realização da ordem jurídica justa, o acesso a ela deve ser possibilitado a todos e os obstáculos que surjam, de natureza econômica, social ou cultural, devem ser devidamente removidos. Justiça gratuita, assistência judiciária, informação e orientação, são alguns dos serviços que se prestam, desde que convenientemente organizados, à remoção desses obstáculos.

(163) *Idem.*

(164) *Idem.*

(165) CAPPELLETTI, Mauro; GARTH, Bryant. *Acesso à Justiça.* Tradução: Ellen Gracie Northfleet. Porto Alegre: Sergio Antonio Fabris Editor, 1988. p. 8.

> Todos os obstáculos à efetiva realização do direito devem ser corretamente enfrentados, seja em sede de Ciência Política e de Direito Constitucional, na concepção de novas e inovadoras estruturas do Estado e de organização mais adequada do Judiciário, como também na área da Ciência Processual, para a reformulação de institutos e categorias processuais e concepção de novas alternativas e novas técnicas de solução de conflitos.(166)

Destaca o autor que na sociedade moderna, com sua complexidade, o direito de acesso à Justiça é o direito de acesso à ordem jurídica justa, devendo ser assegurado por intermédio de "uma Justiça adequadamente organizada" e também com os "instrumentos processuais aptos à realização do direito".(167) Pontua que essa melhor organização da Justiça "somente poderá ser alcançada com uma pesquisa interdisciplinar permanente sobre os conflitos, suas causas e seus modos de solução e acomodação, a organização judiciária, sua estrutura, seu funcionamento, seu aparelhamento, e sua modernização, a adequação dos instrumentos processuais, e outros aspectos de relevância".(168)

Portanto, deixa-se assentado desde já que o acesso à justiça como se encontra positivado no inciso XXXV do art. 5º da Constituição Federal de 1988, não se trata de mero direito de ação, como é identificado algumas vezes. O acesso à justiça, como diz o professor José Cichocki Neto, em seu livro Limitações ao acesso à justiça,(169) citado por Eduardo Rodrigues dos Santos, "constitui um direito fundamental do homem e, ao mesmo tempo, uma garantia à realização efetiva dos demais direitos". (170)

A pesquisa sobre o acesso à justiça prossegue em franco desenvolvimento no mundo, podendo ser vista e acompanhada, inclusive, no *site* Acesso à justiça: uma nova pesquisa global. (171)

2.2. O acesso à justiça como garantia fundamental

Não se sabe exatamente a partir de qual momento na história surgiu a garantia de acesso à justiça. Mesmo sem esquecer a advertência de Luciano Oliveira: "não fale do Código

---

(166) WATANABE, Kazuo. Acesso à Justiça e sociedade moderna. In: GRINOVER, Ada Pellegrini; DINAMARCO, Cândido Rangel; WATANABE, Kazuo (Coords). *Participação e Processo*. São Paulo: Revista dos Tribunais, 1988. p. 135. O mesmo artigo é encontrado em WATANABE, Kazuo. *Acesso à ordem jurídica justa* (conceito atualizado de acesso à justiça): processos coletivos e outros estudos. Belo Horizonte: Del Rey Editora, 2019. p. 3-17.

(167) *Ibidem*, p. 134.

(168) *Idem*.

(169) CICHOCKI NETO, José. *Limitações ao acesso à justiça*. Curitiba: Juruá, 1999.

(170) SANTOS, Eduardo Rodrigues dos. Do devido processo legal ao acesso à justiça: uma análise à luz do modelo constitucional do processo. *Publica direito*. Disponível em: <http://www.publicadireito.com.br/artigos/?cod=3f4bd-1f117b18afa>. Acesso em: 10 out. 2021.

(171) Para maiores informações sobre a continuidade da pesquisa, *vide* o *site*: *Acesso à justiça*. Uma nova pesquisa global. Disponível em: <https://globalaccesstojustice.com/global-access-to-justice/?lang=pt-br#research-in-progress>. Acesso em: 11 out. 2021.

de Hamurabi",[172] menciona-se que na primeira dinastia babilônica, no século XVIII a.C., na Mesopotâmia, o Código do Rei da Suméria Hamurábi, baseado na lei de talião, mencionava o "dente por dente, olho por olho". Para que a pena fosse cumprida, a vítima deveria ser ouvida e acusar o agressor perante o soberano, que julgaria a causa e decidiria a querela (art. 5º).[173]

Guilherme Guimarães Feliciano faz um meticuloso apanhado histórico e menciona os "*direitos cuneiformes*, aqueles nascidos nas civilizações que habitaram a Ásia Menor do IV ao I milênio a.C., inclusive (em especial, a Suméria, a Acádia, a Babilônia e a Assíria)", mas admite que a "civilização cuneiforme, não engendrou salvaguardas processuais".[174]

Fabiana Marion Spengler e Gabriel de Lima Bedin estudam os aspectos históricos do direito de acesso à justiça, compreendendo sua evolução e referindo suas inúmeras transformações desde a forma na época antiga, medieval, moderna e contemporânea, com *status* de direito fundamental.[175]

O acesso à justiça passou a ser mais bem estudado conforme a pesquisa empírica chamada Projeto Florença, conduzida por Mauro Cappelletti, cujos resultados foram publicados entre 1974 e 1975, em quatro volumes, identificando os obstáculos para a efetividade da justiça e levando à análise cronológica das três ondas renovatórias do acesso à justiça identificadas nos países do Ocidente, sendo o primeiro enfoque a assistência judiciária àqueles que não possuem recursos financeiros para dar cobro às despesas do processo.

Quando Mauro Cappelletti e Bryant Garth descrevem a evolução do conceito teórico de acesso à justiça, também não afirmam com precisão seu surgimento, mencionando que o acesso à justiça poderia ser um direito natural que, sendo assim, prescindia de uma ação do Estado para sua proteção. No sentido dos estados liberais dos séculos XVIII e XIX, o "direito ao acesso a proteção judicial significava essencialmente o direito formal do indivíduo agravado de propor ou contestar uma ação".[176]

---

(172) OLIVEIRA, Luciano. Não fale do Código de Hamurábi! A pesquisa sócio-jurídica na pós-graduação em Direito. *Academia.edu*. Disponível em: <https://edisciplinas.usp.br/pluginfile.php/4213608/mod_resource/content/1/OLIVEIRA%2C%20Hamurabi.pdf>. Acesso em: 10 out. 2021.

(173) Já no prólogo lê-se: "Chamaram-me a mim, Hamurabi, o excelso príncipe, o adorador dos deuses, para implantar justiça na terra, para destruir os maus e o mal, para prevenir a opressão do fraco pelo forte, para iluminar o mundo e propiciar o bem-estar do povo". Código de Hamurábi: Código de Manu, excertos: (livros oitavo e nono): Lei das XII Tábuas. Supervisão editorial Jair Lot Vieira. Bauru: Edipro, 1994.

(174) FELICIANO, Guilherme Guimarães. *Por um processo realmente efetivo:* tutela processual de direitos humanos fundamentais e inflexões do *"Due process of law"*. São Paulo: LTr, 2016. p. 93-150.

(175) SPENGLER, Fabiana Marion; BEDIN, Gabriel de Lima. O direito de acesso à justiça como concretização dos direitos humanos: garantias no âmbito nacional e internacional. *Acesso à justiça, direitos humanos & mediação*, p. 91-109. [recurso eletrônico]. Organização de Fabiana Marion Spengler e Gilmar Antonio Bedin. Curitiba: Multideia, 2013. Disponível em: <https://bibliodigital.unijui.edu.br:8443/xmlui/bitstream/handle/123456789/1771/Acesso%20a%20Justi%C3%A7a%20Direitos%20Humanos%20%20Media%C3%A7%C3%A3o.pdf?sequence=1>. Acesso em: 20 out. 2021.

(176) *Ibidem*, p. 8-9.

Sustentando a nota de fundamentalidade do acesso à justiça, Gustavo Ferreira Santos ressalta que:

> O termo "acesso à justiça" foi definitivamente incorporado ao cabedal de conceitos que os juristas manipulam após a publicação, em 1979, de resultados de um grande estudo coordenador por Mauro Cappelletti, no chamado Projeto Florença. Os trabalhos tornaram-se referência no mundo inteiro.(177)

Sem dúvida, a modernidade inaugura um novo sujeito de direito quando proclama que "todos nascem livres e iguais". E porque nem sempre parece claro, acentua-se desde logo que a compreensão que se tem de acesso à justiça não é restrita ao acesso ao Poder Judiciário.

O acesso à justiça é indispensável ao Estado Democrático de Direito, consoante o *caput* do art. 1º e o inciso XXXV do art. 5º da Constituição Federal de 1988, uma vez que fortalece a cidadania e realiza a dignidade da pessoa humana, nos termos dos incisos II e III do art. 1º da Constituição Federal de 1988.

O acesso à justiça deve ser estudado sob vários ângulos e áreas do conhecimento, envolvendo a forma como a sociedade se organiza e funciona, como lida com o dissenso, ao mesmo tempo em é um direito que dá fundamento ao Estado democrático de direito, visando assegurar a igualdade, num ambiente em que todos estão submetidos ao império da lei e em que qualquer lesão ou ameaça a direito pode merecer provocação que demande resposta do poder público, visando assegurá-lo.

Sem a garantia do acesso à justiça, a ordem jurídica fica comprometida e nenhum outro direito se realiza, tornando vazio o Estado de direito, sendo, portanto, o mais básico dos direitos humanos.(178)(179)

J. J. Gomes Canotilho e Vital Moreira, quando lecionam sobre o princípio do Estado de Direito e o princípio democrático, afirmam:

> Existe uma íntima e expressa ligação constitucional entre estes dois princípios. Explicitamente do que a Constituição fala é em *Estado de direito democrático* e não apenas em Estado de direito. Do mesmo modo, agora implicitamente, quando se fala em princípio democrático, do que se trata é de um *Estado democrático de direito*.
>
> O Estado de direito só o é verdadeiramente enquanto democraticamente legitimado (pela sua formação e pelo seu conteúdo). O Estado democrático só o é genuinamente no direito e não na prepotência.(180)

---

(177) SANTOS, Gustavo Ferreira. Acesso à justiça como direito fundamental e a igualdade em face dos direitos sociais. In: GOMES NETO, José Mário Wanderley (Coord.). *Dimensões de acesso à justiça*. Salvador: JusPodivm, 2008. p. 80.

(178) SPENGLER, Fabiana Marion; BEDIN, Gabriel de Lima. O direito de acesso à justiça e as constituições brasileiras: aspectos históricos. *Revista de Direitos Fundamentais e Democracia*, Curitiba, v. 14, n. 14, p. 135-146, jul./dez. 2013.

(179) CAPPELLETTI, Mauro; GARTH, Bryant. *Acesso à Justiça*. Tradução: Ellen Gracie Northfleet. Porto Alegre: Sergio Antonio Fabris Editor, 1988. p. 12.

(180) GOMES CANOTILHO, J. J.; MOREIRA, Vital. *Fundamentos da Constituição*. Coimbra: Coimbra Editora, 1991. p. 85.

Portanto o acesso à justiça é visto como a implementação de direitos fundamentais, enxergado não apenas no plano formal de poder ajuizar ou contestar uma ação em juízo. É mais amplo, pois tem o potencial de tornar efetivos os direitos conquistados no plano material, que de nada valem se não houver meios de garanti-los.

O acesso à justiça e seu papel constitucional como garantia a uma ordem jurídica justa são vistos conceitualmente e em termos gerais, procurando identificar os pontos de estrangulamento e apontar sugestões de enfrentamento do problema, visando assegurar os direitos protegidos.

Por isso, o acesso à justiça é inclusivo[(181)] e realiza o princípio da igualdade de todos perante a lei, no momento em que garante os meios para que todos, e não apenas uma camada da população, tenham direito de acesso a uma ordem jurídica justa.

De toda forma, não se perde de vista a litigiosidade, tanto em seu aspecto quantitativo como qualitativo, levando à explosão de demandas judiciais, numa sociedade marcadamente desigual.

Por outro lado, são analisados os obstáculos ao acesso à justiça, como formalismos, excesso de recursos e dificuldades geográficas. Conclui-se com a identificação de demandas de menor complexidade e os meios adequados de solução e prevenção de conflitos. Para tanto, adota-se uma hermenêutica à luz do constitucionalismo contemporâneo, partindo do Estado democrático de direito e enxergando o processo como meio de resolução dos conflitos e pacificação social.

Assim colocada a questão, não é possível compreender o acesso à justiça a não ser pelo vértice da dignidade da pessoa humana como princípio fundamental, essencial ao fato de existir como sujeito de direito no ordenamento jurídico, em certo tempo e dado espaço.

Na dimensão de direito humano fundamental, conforme será melhor tratado no capítulo terceiro, sobre o devido processo legal, a garantia individual que limitou o poder da monarquia foi a Magna Carta de 1215,[(182)] imposta pelos bispos e barões feudais ingleses ao Rei João Sem Terra, estabelecendo que:

> Nenhum homem livre será preso, aprisionado ou privado de uma propriedade, ou tornado fora--da-lei, ou exilado, ou de maneira alguma destruído, nem agiremos contra ele ou mandaremos alguém contra ele, a não ser por julgamento legal dos seus pares, ou pela lei da terra.[(183)]

---

(181) Dierle Nunes e Ludmila Teixeira dizem que esses termos que associam o acesso à justiça a inclusão social, solidariedade, efetividade, eficiência, criatividade, essa "constelação de significados", tornou-se senso comum acadêmico. NUNES, Dierle; TEIXEIRA, Ludmila. *Acesso à justiça democrático*. Brasília: Gazeta Jurídica, 2013. p. 2.

(182) No capítulo 3 faz-se referência ao edito feudal alemão de Conrad II, de 28 de maio de 1037, tido como a origem da Magna Carta. DÓRIA, Antônio Roberto Sampaio. *Direito Constitucional Tributário e "Due process of law": ensaio sobre o controle judicial da razoabilidade das leis*. 2. ed. Rio de Janeiro: Forense, 1986. p. 11.

(183) No capítulo terceiro, sobre o devido processo legal, baseado nas afirmações de William Stubbs *apud* Ruitemberg Nunes Pereira, as expressões utilizadas na Carta Inglesa de 1215 foram simplesmente copiadas do Decreto Feudal Alemão de Conrado II, datado de 28 de maio de 1037. PEREIRA, Ruitemberg Nunes. *O princípio do devido processo legal substantivo*. Rio de Janeiro/São Paulo/Recife: Renovar, 2005. p. 18-27.

Escrita originalmente em latim, provavelmente com o objetivo de não tornar popular as suas cláusulas, menos ainda visava proteger os direitos individuais dos cidadãos,[184] a Magna Charta Libertarum foi anulada pelo Papa Inocêncio III em 24 de agosto de 1215.[185]

> Com o hábito de os soberanos britânicos confirmarem a Grande Carta ao ascender ao trono, a expressão *per legem terrae* vai se repetindo e incorporando ao sistema jurídico inglês.[186]

Nesse processo de evolução, no século XVIII, com a Revolução Americana, de 1776 (Declaração de Direitos de Virgínia),[187] da Revolução Francesa, de 1789, ainda que de aspecto bastante individualista, os direitos do homem e do cidadão foram proclamados com alcance universal.[188] Fruto da Revolução Francesa, a Declaração dos Direitos do Homem e do Cidadão, aprovada em 1789,[189] seguida da Constituição francesa de 1791,[190] inspirada na liberdade e na igualdade dos direitos, incorpora a Declaração, impondo limites ao poder real, complementada pela 2ª etapa da revolução francesa, resultando na Constituição de 1793,[191] até chegar à Declaração Universal dos Direitos Humanos, proclamada pela Assembleia Geral das Nações Unidas, em Paris, em 10 de dezembro de 1948.[192]

Para o surgimento dos direitos sociais deve-se mencionar o momento da Revolução Mexicana, que resultou na Constituição de 1917, proclamando os direitos dos trabalhadores, e a Revolução Russa, de 1917, que levou à declaração dos direitos do povo, dos trabalhadores e dos explorados em 1918.

Para Maurício Mota, com a Constituição da República de Weimar inaugura-se a fase do paradigma constitucional do Estado Social de Direito:

> A ordem liberal é posta em xeque com o surgimento de ideias socialistas, comunistas e anarquistas, que a um só tempo, animam os movimentos coletivos de

(184) DÓRIA, Antônio Roberto Sampaio. *Direito Constitucional Tributário e o* "due process of law"*:* ensaio sobre o controle judicial da razoabilidade das leis. 2. ed. Rio de Janeiro: Forense, 1986. p. 10.

(185) PEREIRA, Ruitemberg Nunes. *O princípio do devido processo legal substantivo.* Rio de Janeiro/São Paulo/Recife: Renovar, 2005. p. 52.

(186) DÓRIA, Antônio Roberto Sampaio. *Direito Constitucional Tributário e o* "due process of law"*:* ensaio sobre o controle judicial da razoabilidade das leis. 2. ed. Rio de Janeiro: Forense, 1986. p. 11-12.

(187) Também as dez primeiras emendas à Constituição dos Estados Unidos da América, de 15 de dezembro de 1791, limitando os poderes do governo e protegendo os direitos dos cidadãos e as liberdades.

(188) HERKENHOFF, João Batista; PAIXÃO, Antônio Côrtes da. Garantias dos direitos humanos no sistema jurídico brasileiro. *Revista de Informação Legislativa*, Brasília, v. 45, n. 180, out./dez. 2008, p. 215-241. Disponível em: <https://www2.senado.leg.br/bdsf/handle/id/176572>. Acesso em: 18 jul. 2021.

(189) Declaração dos Direitos do Homem e do Cidadão, aprovada em 1789. Disponível em: <https://www.fd.unl.pt/docentes_docs/ma/mla_MA_19926.pdf>. Acesso em: 18 maio 2021.

(190) *Constituição Francesa de 1791*. Disponível em: <https://www.fafich.ufmg.br/~luarnaut/const91.pdf>. Acesso em: 18 jul. 2021.

(191) *Constituição Francesa de 1793*. Disponível em: <http://www.diputados.gob.mx/biblioteca/bibdig/const_mex/const_fra.pdf>. Acesso em: 18 jul. 2021.

(192) *Declaração Universal dos Direitos Humanos*. Disponível em: <https://www.unicef.org/brazil/declaracao-universal-dos-direitos-humanos>. Acesso em: 18 jul. 2021.

massa cada vez mais significativos e neles reforça com a luta pelos direitos coletivos e sociais. Com o desenvolvimento do movimento democrático e o surgimento de um capitalismo monopolista, o aumento das demandas sociais e políticas, além da Primeira Guerra Mundial, abrolha-se a crise da sociedade liberal, possibilitando o surgimento de uma nova fase do constitucionalismo — agora social — com alicerce na Constituição da República de Weimar, e em razão disso, inaugura-se o paradigma constitucional do Estado Social de Direito ou *Welfare State*.(193)

A Constituição alemã de Weimar, de 1919, é importante marco dos direitos humanos e como diz Paulo Bonavides: "a fama e o prestígio da novidade introdutória ficara com os republicanos de Weimar e sua efêmera Carta de 1919, tão efêmera e instável quanto a nossa de 1934".(194)

Até chegar à afirmação de que: "Todos os homens nascem livres e iguais em dignidade e direito", como proclama a Declaração Universal de Direitos Humanos, aprovada pela Assembleia Geral das Nações Unidas, em 10 de dezembro de 1948, foram séculos de desenvolvimento e várias contribuições, da religião, da filosofia e da ciência, como menciona Fábio Konder Comparato:

> É o reconhecimento universal de que, em razão dessa radical igualdade, ninguém — nenhum indivíduo, gênero, etnia, classe social, grupo religioso ou nação — pode afirmar-se superior aos demais(195).

A declaração de que ninguém seria conduzido nem perderia seus bens sem o devido processo, escrita originalmente em latim e sem repercussão imediata entre os homens livres, irradiou para outros grupos até chegar ao caráter de universalidade dos direitos dos homens e dos cidadãos, bem como o reconhecimento dos direitos econômicos do século XX, a demarcar o Estado social.

O acesso à justiça também é reconhecido pela Declaração Universal dos Direitos Humanos de 1948, que em seu art. 8º estabelece:

> Todo ser humano tem direito a receber dos tribunais nacionais competentes remédio efetivo para os atos que violem os direitos fundamentais que lhe sejam reconhecidos pela constituição ou pela lei.(196)

(193) MOTA, Maurício. O paradigma contemporâneo do Estado Democrático de Direito: pós positivismo e judicialização da política. *Empório do Direito*, 12 abr. 2017. Disponível em: <https://emporiododireito.com.br/leitura/o-paradigma-contemporaneo-do-estado-democratico-de-direito-pos-positivismo-e-judicializacao-da-politica-por-mauricio-mota>. Acesso em: 20 mar. 2022.

(194) BONAVIDES, Paulo. *Do Estado liberal ao Estado social*. 7. ed., 2. tir. São Paulo: Malheiros, 2004. p. 7-8.

(195) COMPARATO, Fábio Konder. *A afirmação histórica dos direitos humanos*. 2. ed. São Paulo: Saraiva, 2001. p.1.

(196) *Declaração Universal dos Direitos Humanos*. Disponível em: <https://www.unicef.org/brazil/declaracao-universal-dos-direitos-humanos>. Acesso em: 18 jul. 2021.

Portanto, o direito de ação pode ser visto como corolário do acesso à justiça, e o direito processual como sendo instrumental e diretamente ligado ao direito material que visa realizar. Mas esta afirmação não reduz o processo ao instrumental publicista nem aos escopos sociais, econômicos e políticos. A compreensão aqui é de interdependência, na qual os dois planos dependem um do outro, mas preservam sua autonomia.

No dizer de Lourival Vilanova, são relações jurídicas reciprocamente vinculadas:

> Norma primária (oriunda de normas civis, comerciais, administrativas) e norma secundária (oriunda de norma de direito processual objetivo) compõem a bimembridade da norma jurídica: a primária sem a secundária desjuridiciza-se; a secundária sem a primária reduz-se a instrumento, meio, sem fim material, a adjetivo sem o suporte do substantivo.(197)

Muito embora a obra de Lourival Vilanova tenha sido escrita nos anos de 1980, antes, portanto, do atual Código de Processo Civil, deve-se compreender que:

> Realmente, ainda que a teoria processual moderna tenha a segunda relação, a relação processual, como autônoma, abstrata, não é ela desligada da relação substantiva. Tanto que entre as condições da ação requer-se que o sujeito ativo deduza regularmente sua pretensão de direito material, fundamente o pedido de tutela jurisdicional. A relação processual é instrumentalmente conexa com a relação material.(198)

Como diz Beclaute Oliveira Silva: "a norma material sem o processo se transforma num conselho; a norma processual sem a norma de direito material perde completamente seu sentido".(199)

Dandara Fernandes destaca:

> Foi com a transição do Estado Liberal para o Social, pelas novas redações das Constituições do século XX, que o direito de ação — que resguardaria o acesso à jurisdição — passou a ser pensado sob uma perspectiva de acesso à justiça, perdendo a característica de instituto indiferente à realidade social. Viu-se que, para solucionar o problema da efetividade do direito de ação, era imprescindível o próprio acesso à justiça.(200)

---

(197) VILANOVA, Lourival. *Causalidade e relação no direito*. 2. ed. São Paulo: Saraiva, 1989. p. 124.

(198) *Ibidem*, p. 128.

(199) SILVA, Beclaute Oliveira. Seminário *"Questões Atuais de Hermenêutica Processual"*. Palestra "Fundamentação da Decisão Judicial". Universidade Católica de Pernambuco — PPGD/UNICAP, 23 ago. 2019.

(200) FERNANDES, Dandara Cordeiro de Oliveira. Os direitos de ação e de acesso à justiça como meios de efetivação dos direitos sociais. In: ROSÁRIO, José Orlando Ribeiro; CONSANI, Cristina Foroni Consani; XAVIER, Yanko Marcius de Alencar; CASTRO, Celso Luiz Braga de (Orgs.). *Acesso à justiça:* aspectos constitucionais e sociais. Salvador: Editora Motres, 2018. p. 79-109.

É bastante comum classificar os direitos humanos por gerações ou dimensões, sendo possível encontrar uma ou outra diferença entre elas. Por isso, repete-se aqui a célebre frase do administrativista argentino Agustin Gordillo, baseado em Genaro R. Carrió, de que "não há classificações certas ou erradas, mas classificações mais úteis ou menos úteis".(201)(202)

Os direitos humanos de primeira geração estão relacionados às revoluções liberais do século XVIII, fazendo nascer os direitos de liberdade, os direitos civis e políticos e protegendo o indivíduo contra interferências indevidas do Estado.

Os direitos humanos de segunda geração são os direitos de igualdade, como os direitos econômicos, sociais e culturais, numa dimensão coletiva, reclamando comportamento propositivo do Estado, sobretudo com políticas públicas que atendam às demandas de saúde, educação e previdência.

Os de primeira geração refletem a ideologia da individualidade do Estado liberal, que assegura formalmente o direito de pleitear em juízo um direito ou mesmo a reparação, mas sob as expensas da parte, caso disponha de recursos financeiros para isso, tratando-se de mera declaração de poder ajuizar ou contestar uma ação em juízo.

Os direitos de segunda geração refletem a ideia de coletividade que marca o Estado social. São as liberdades positivas, com a mudança da representação dos interesses difusos, todo esse esforço normativo e providências estatais para homenagear os Direitos de Cidadania, consagrados mais remotamente na Declaração Universal dos Direitos do Homem e do Cidadão, os Direitos Humanos de 1789.

Os direitos humanos de terceira geração são os direitos da comunidade, destinados a toda a humanidade, assim considerados os interesses e direitos difusos e coletivos, inspirados na promessa da fraternidade ou solidariedade.

Como bem resumiram João Batista Herkenhoff e Antonio Carlos da Paixão, baseados nas dimensões internacionais dos direitos humanos de Karel Vasak:

> Surgiram os chamados 'direitos humanos da terceira geração', os direitos da solidariedade: direito ao desenvolvimento, direito a um ambiente sadio e ecologicamente equilibrado, direito à paz, direito de propriedade sobre o patrimônio comum da humanidade.(203)

---

(201) *Apud* SANTI, Eurico Marcos Diniz. *Tributo e classificação das espécies no sistema tributário brasileiro.* Disponível em: <http://www.fiscosoft.com.br/main_artigos_index.php?PID=267444&printpage=>. Acesso em: 18 jul. 2021.

(202) Gilmar Antonio Bedin, por exemplo, classifica os direitos do homem em três gerações, sendo a primeira dos direitos civis, a segunda dos direitos políticos e a terceira dos direitos econômicos e sociais, identificando no século XVIII os direitos negativos, com a limitação do poder do Estado e a reserva do indivíduo e no século XIX como o deslocamento dos direitos civis – negativos – para os direitos positivos – direitos políticos, como direito de participar do Estado. BEDIN, Gilmar Antonio. Direitos humanos e desenvolvimento: algumas reflexões sobre a constituição do direito ao desenvolvimento. *Revista Desenvolvimento em questão*, Editora Unijuí, ano 1, n. 1 jan./jun. 2003, p. 123-149.

(203) HERKENHOFF, João Batista; PAIXÃO, Antônio Côrtes da. Garantias dos direitos humanos no sistema jurídico brasileiro. *Revista de Informação Legislativa*, Brasília, v. 45, n. 180, out./dez. 2008, p. 215-241. Disponível em: <https://www2.senado.leg.br/bdsf/handle/id/176572>. Acesso em: 7 maio 2019.

Norberto Bobbio sustenta que "direitos do homem, democracia e paz são três momentos necessários do mesmo desenvolvimento histórico", defendendo "que os direitos do homem, por mais fundamentais que sejam, são direitos históricos, ou seja, nascidos em certas circunstâncias, caracterizadas por lutas em defesa de novas liberdades contra velhos poderes, e nascidos de modo gradual, não todos de uma vez e nem de uma vez por todas".[204] E esclarece:

> Ao lado dos direitos sociais, que foram chamados de direitos de segunda geração, emergiram hoje os chamados direitos de terceira geração, que constituem uma categoria, para dizer a verdade, ainda excessivamente heterogênea e vaga, o que nos impede de compreender do que efetivamente se trata. O mais importante deles é o reivindicado pelos movimentos ecológicos: o direito de viver num ambiente não poluído.[205]

A Constituição Federal do Brasil de 1988, em seu art. 225, em sintonia com os movimentos ecológicos mundiais, cria a categoria dos direitos difusos e coletivos, como direitos que não são públicos nem privados, mas das coletividades, que precisam ser tutelados preventivamente como forma de proteção das presentes e futuras gerações.

Em trabalho inserido entre os pioneiros sobre a temática, Péricles Prade anota:

> Nos interesses coletivos o talhe incide sobre o homem socialmente engajado, não considerado como indivíduo isolado, mas, sim, como membro de comunidades menores ou grupos que perfilam entre o indivíduo e o Estado.[206]

Hoje, já são considerados também os direitos de quarta geração ou dimensão, aqueles referentes à cidadania, os decorrentes da globalização, como o direito à democracia, à informação, ao pluralismo,[207] à diversidade e também os de proteção à vida diante dos avanços da ciência, da pesquisa biológica ou bioética que é capaz de manipular o patrimônio genético de cada indivíduo, como menciona Norberto Bobbio.[208]

Paulo Bonavides defende que a paz é axioma da democracia e sustenta a existência do direito à paz universal como sendo a quinta geração de direitos fundamentais, um supremo direito da humanidade.[209]

---

(204) BOBBIO, Norberto. *A era dos direitos*. Tradução: Carlos Nelson Coutinho. Rio de Janeiro: Elsevier, 2004. p. 1 e 5.

(205) *Ibidem*, p. 5.

(206) PRADE, Péricles. *Conceito de interesses difusos*. 2. ed. São Paulo: Revista dos Tribunais, 1987. p. 38.

(207) BONAVIDES. Paulo. *Curso de Direito Constitucional*. 6. ed. São Paulo: Malheiros, 1996. p. 525.

(208) BOBBIO, Norberto. *A era dos direitos*. Tradução: Carlos Nelson Coutinho. Rio de Janeiro: Elsevier, 2004. p. 5-9.

(209) BONAVIDES. Paulo. O direito à paz. *Folha de S. Paulo*. Opinião, 3 dez. 2006. Disponível em: <https://www1.folha.uol.com.br/fsp/opiniao/fz0312200609.htm>. Acesso em: 7 maio 2019.

George Marmelstein Lima esclarece que muitos, por equívoco, atribuem a Norberto Bobbio a autoria da doutrina das gerações de direitos fundamentais. Critica Karel Vasak e sua teoria das gerações (ou dimensões) dos direitos fundamentais, que "contribui para a atribuição de baixa carga de normatividade e, consequentemente, de efetividade dos direitos sociais e econômicos, tidos como de segunda geração e, portanto, sem prioridade de implementação".(210)

> A expressão "geração de direitos" tem sofrido várias críticas da doutrina nacional e estrangeira, pois o uso do termo "geração" pode dar a falsa impressão da substituição gradativa de uma geração por outra, o que é um erro, já que, por exemplo, os direitos de liberdade não desaparecem ou não deveriam desaparecer quando surgem os direitos sociais e assim por diante. Na verdade, todo o Estado Democrático de Direito é alicerçado nos direitos de primeira geração, de modo que seria inconcebível que eles cedessem lugar aos direitos de segunda geração. O processo é de acumulação e não de sucessão.(211)

Para Marmelstein:

> Essa indivisibilidade dos direitos fundamentais exige que seja abominada a ideia de que os direitos sociais são direitos de segunda categoria, como se houvesse hierarquia entre as diversas gerações de direitos fundamentais, e que a violação de um direito social não fosse tão grave quanto a violação de um direito civil ou político.(212)

O autor também afirma que é necessário "que se afaste a equivocada dicotomia de que os direitos de liberdade são direitos negativos, não onerosos, e que os direitos sociais são direitos a prestações, onerosos";(213) e conclui que

> Na verdade, somente pelo contexto histórico faz sentido distinguir os direitos civis e políticos dos direitos sociais, econômicos e culturais. Do ponto de vista estrutural e funcional, todos esses direitos se equivalem e se completam, numa relação de interdependência".(214)

---

(210) LIMA, George Marmelstein. Críticas à teoria das gerações (ou mesmo dimensões) dos direitos fundamentais. *Revista Jus Navigandi*, ISSN 1518-4862, Teresina, ano 8, n. 173, 26 dez. 2003. Disponível em: <https://jus.com.br/artigos/4666>. Acesso em: 29 jan. 2022.

(211) LIMA, George Marmelstein. *Curso de Direitos Fundamentais*. 2. ed. São Paulo: Atlas, 2009. p. 56-57.

(212) *Ibidem*, p. 60.

(213) *Idem*. Críticas à teoria das gerações (ou mesmo dimensões) dos direitos fundamentais. *Revista Jus Navigandi*, ISSN 1518-4862, Teresina, ano 8, n. 173, 26 dez. 2003. Disponível em: <https://jus.com.br/artigos/4666>. Acesso em: 29 jan. 2022.

(214) *Idem*.

No mesmo sentido é a crítica de Norton Maldonado Dias.[215][216]

> Além dos direitos, liberdades e garantias mencionados, "a cidadania, para sua efetivação plena, demanda múltiplas incursões sobre o conceito de garantia e dos princípios constitucionais do processo",[217] sendo o Princípio do Devido Processo Legal vetor interpretativo da realidade fática e normativa. Dele decorrem outros, como o da isonomia, o postulado do juiz e promotor naturais, o da inafastabilidade do controle jurisdicional — direito de ação —, o do contraditório e ampla defesa, o da impossibilidade de utilização em juízo de prova obtida por meio ilícito, o do duplo grau de jurisdição, o da publicidade dos atos processuais, o da motivação das decisões e do procedimento regular.[218]

Sendo os direitos sociais incluídos entre os fundamentais, sua proteção exige plenitude. Para José Alfredo de Oliveira Baracho, "esse acesso efetivo à justiça, como instrumento garantidor da plenitude da soberania, é um direito social básico".[219]

Não seria demais relembrar que o assunto aqui estudado versa sobre "direitos essenciais do ser humano inerentes à vida, à liberdade, à dignidade, à igualdade, à segurança, ao valor e à natureza da própria condição humana",[220] os chamados direitos humanos.

No dizer de Ingo Wolfgang Sarlet:

> Por derradeiro, é preciso esclarecer que do ponto de vista de sua condição de direitos fundamentais no sentido ora sustentado, não existe diferença entre direitos e garantias, pois embora o termo garantias assuma uma feição de caráter mais instrumental e assecuratório dos direitos, como é o caso, de modo especial, das garantias processuais materiais (devido processo legal, contraditório) e das assim chamadas ações constitucionais, em verdade se trata de direitos-garantia, pois ao fim e ao cabo de direitos fundamentais. Apenas para ilustrar, existe um

(215) DIAS, Norton Maldonado. Da solução da crise das dimensões de direitos fundamentais e do pensamento de Karel Vasak pela teoria dos princípios. *Revista Acadêmica da Faculdade de Direito do Recife*, vol. 88, n. 2, jul./dez. 2016, p. 102-119.

(216) *Idem*. Crítica ao pensamento de Karel Vasak e Norberto BOBBIO sobre o desenvolvimento dos direitos humanos em relação a tratados e convenções internacionais. *Scielo, Revista Colombiana de Derecho Internacional*. n. 31. Bogotá, jul./dec. 2017. Disponível em: <http://www.scielo.org.co/scielo.php?script=sci_arttext&pid=S1692-81562017000200059>. Acesso em: 30 jan. 2022.

(217) BARACHO, José Alfredo de Oliveira. *Teoria Geral da Cidadania* — A plenitude da cidadania e as garantias constitucionais e processuais. São Paulo: Saraiva, 1995. p. 09.

(218) NERY JUNIOR, Nelson. *Princípios do Processo Civil na Constituição Federal*. 10. ed. São Paulo: Revista dos Tribunais, 2010. p. 79.

(219) BARACHO, José Alfredo de Oliveira. *Teoria Geral da Cidadania* — A plenitude da cidadania e as garantias constitucionais e processuais. São Paulo: Saraiva, 1995. p. 25.

(220) DIAS, Ronaldo Brêtas de Carvalho. *Processo constitucional e estado democrático de direito*. 4. ed. Belo Horizonte: Editora Del Rey, 2018. p. 83-87.

> direito subjetivo e fundamental a, preenchidos os pressupostos, impetrar um mandado de segurança ou injunção (que, por sua vez, são consagrados por normas imediatamente aplicáveis e integram as "cláusulas pétreas" da CF), assim como existe um direito fundamental ao contraditório e à ampla defesa, e assim por diante. Mas também isso, até mesmo por já ser de amplo conhecimento, não poderá aqui ser aprofundado.[(221)]

Assim, parecem úteis os esclarecimentos feitos no âmbito da doutrina diferenciando, para melhor compreensão, o que são direitos humanos e direitos fundamentais, sendo certo encontrar quem os chame de direitos do homem e de liberdades públicas. Os primeiros, inseridos na expressão direitos humanos, compreendendo os direitos do homem, surgidos na França, com a Declaração de Direitos do Homem e do Cidadão de 1789, servem de modelo aos encartados na Declaração de Direitos de 1948, estão previstos em normas internacionais, pactos, acordos, convenções, tratados internacionais. Já os direitos fundamentais são positivados no ordenamento jurídico, com matriz constitucional, normalmente em documento que funda o Estado Democrático de Direito, bastante frequentes nas Constituições dos estados contemporâneos, como destaca Ronaldo Brêtas de Carvalho Dias:

> Esse apontado bloco compacto de salvaguarda das pessoas e suas liberdades deve ser considerado apanágio do Estado Democrático de Direito.[(222)]

Encerrando este tópico, destaca-se que, na verdade, "o princípio jurídico-processual do Acesso à Justiça, positivado em nossa atual Carta Maior, o qual, literalmente, garante que 'a lei não excluirá da apreciação do Poder Judiciário lesão ou ameaça a direito', não se restringe ao direito de peticionar ou reivindicar um direito frente ao Estado-juiz", podendo ainda ser identificado da leitura sistemática das garantias processuais estabelecidas pela Constituição, como acentua Eduardo Rodrigues dos Santos:

> Partindo-se de uma perspectiva democrática e pós-positivista do direito processual, pode-se afirmar que a garantia do "Acesso à Justiça" abarca um conteúdo amplo e complexo de direitos e garantias fundamentais individuais e coletivas, estando diretamente ligada à noção de democracia e igualdade, bem como de justiça, que visa efetivar os direitos dos cidadãos através da ação jurisdicional, ou melhor, do processo (constitucionalmente estabelecido).[(223)]

---

(221) SARLET, Ingo Wolfgang. Conceito de direitos e garantias fundamentais. *Enciclopédia Jurídica da PUCSP* — PUC — Pontifícia Universidade Católica. Edição n. 1, abr. 2017. Disponível em: <https://enciclopediajuridica.pucsp.br/verbete/67/edicao-1/conceito-de-direitos-e-garantias-fundamentais>. Acesso em: 29 jan. 2022.

(222) DIAS, Ronaldo Brêtas de Carvalho. *Processo constitucional e estado democrático de direito*. 4. ed. Belo Horizonte: Editora Del Rey, 2018. p. 87.

(223) SANTOS, Eduardo Rodrigues dos. Do devido processo legal ao acesso à justiça: uma análise à luz do modelo constitucional do processo. *Publica direito*. Disponível em: <http://www.publicadireito.com.br/artigos/?cod=3f4bd1f117b18afa>. Acesso em: 29 jan. 2022.

Ao tratar sobre o princípio da inafastabilidade do controle jurisdicional (princípio do direito de ação), Nelson Nery Junior sustenta que, "embora o destinatário principal desta norma seja o legislador, o comando constitucional atinge a todos indistintamente, vale dizer, não pode o legislador e ninguém mais impedir que o jurisdicionado vá a juízo deduzir pretensão".(224)

O paradigma do Estado Democrático de Direito possui a indelével característica da limitação e do controle do poder, vazada na separação dos poderes (funções do Estado), capaz de prevenir arbitrariedades e abusos, vinculando o poder e sua atuação ao Direito, "como meio mais eficaz para evitar um uso arbitrário das faculdades que as leis outorgam aos poderes públicos".(225)

No Estado Democrático de Direito, a cidadania assume papel de destaque, que pode ser evidenciado através do direito fundamental de acesso à justiça, com as garantias do contraditório e da ampla defesa, com a participação efetiva do cidadão no processo, com o direito de interferir e colaborar para a formação da decisão judicial, com seus argumentos e provas produzidas, o que pode ser verificado através da fundamentação das decisão judicial e do escrutínio recursal.

2.3. Os principais obstáculos a serem enfrentados

Obviamente que o acesso à Justiça deve ser encarado não apenas em seu aspecto formal, de poder ingressar em juízo ou ter o direito de contestar uma ação. Isto é importante e faz parte do conteúdo do tema, que é mais amplo e deve ser considerado em várias dimensões, na busca de identificar os obstáculos a ele colocados, sejam sociais, econômicos ou geográficos, e realizar o propósito de eliminá-los, com vista a alcançar a efetividade.

Os obstáculos que dificultam o acesso à justiça podem ser enfrentados e removidos por meio de uma concepção de novas estruturas e de organização mais adequada ao Poder Judiciário, técnicas com maior participação da comunidade na administração da justiça, tudo isso levando a uma maior aderência da Justiça à realidade social, uma vez que:

> A população tem direito à justiça prestada por juízes inseridos na realidade social, comprometidos com o objetivo de realização da ordem jurídica justa, e não à justiça praticada por juízes sem qualquer aderência à vida.(226)

---

(224) NERY JUNIOR, Nelson. *Princípios do Processo Civil na Constituição Federal.* 10. ed. São Paulo: Revista dos Tribunais, 2010. p. 174.

(225) MOTA, Maurício. O paradigma contemporâneo do Estado Democrático de Direito: pós positivismo e judicialização da política. *Empório do Direito*, 12 abr. 2017. Disponível em: <https://emporiododireito.com.br/leitura/o-paradigma-contemporaneo-do-estado-democratico-de-direito-pos-positivismo-e-judicializacao-da-politica-por-mauricio-mota>. Acesso em: 29 jan. 2022.

(226) WATANABE, Kazuo. Acesso à Justiça e sociedade moderna. In: GRINOVER, Ada Pellegrini; DINAMARCO, Cândido Rangel; WATANABE, Kazuo (Coords.). *Participação e Processo.* São Paulo: Revista dos Tribunais, 1988. p. 134. O mesmo trabalho é encontrado em WATANABE, Kazuo. *Acesso à ordem jurídica justa* (conceito atualizado de acesso à justiça)*:* processos coletivos e outros estudos. Belo Horizonte: Del Rey Editora, 2019. p. 3-17.

Várias são as barreiras ao acesso à justiça identificadas por Cappelletti e Garth,(227) sendo as principais as concernentes a aspectos econômicos, como as dificuldades decorrentes da pobreza; o custo de ingressar em juízo, ou seja, as despesas com o processo, envolvendo custas judiciais, honorários periciais e advocatícios, principalmente; o uso de linguagem rebuscada, que distancia as pessoas e é capaz de intimidar o outro, com a pretensão de demonstrar superioridade social e até certa proximidade com o julgador em razão da relação comunicacional mais facilitada; o tempo, em relação à demora até o resultado útil do processo, com procedimentos complicados e morosos, além do excesso de formalismo, ritos e procedimentos complicados. Por fim, a suntuosidade dos ambientes, que provoca intimidação para adentrar nos tribunais, e a representação dos interesses difusos, como identifica Maria Tereza Aina Sadek,(228) reportando-se à primeira onda renovatória, tornando-se necessário esclarecer o cidadão sobre seus direitos e formas de assegurá-los.

No estudo das ondas renovatórias do acesso à justiça, Cappelletti e Garth afirmam expressamente que o acesso à justiça é um direito social básico nas sociedades modernas, apesar da vagueza encontrada na expressão efetividade. Para que a efetividade do processo ocorra é indispensável a "igualdade de armas".(229) Cabe ressaltar que "a demora na prestação jurisdicional também onera economicamente o processo",(230) como diz Humberto Dalla Bernardina de Pinho, com o agravante de perpetuar os conflitos sociais.

Merece transcrição a consideração de Cappelletti e Garth sobre o tempo:

> Em muitos países, as partes que buscam uma solução judicial precisam esperar dois ou três anos, ou mais, por uma decisão exequível. Os efeitos dessa delonga, especialmente se considerados os índices de inflação, podem ser devastadores. Ela aumenta os custos para as partes e pressiona os economicamente fracos a abandonar suas causas, ou a aceitar acordos por valores muito inferiores àqueles a que teriam direito.(231)

Carlos Alberto Alvaro de Oliveira, escrevendo sobre o processo civil na perspectiva

---

(227) CAPPELLETTI, Mauro; GARTH, Bryant. *Acesso à Justiça*. Tradução: Ellen Gracie Northfleet. Porto Alegre: Sergio Antonio Fabris Editor, 1988. p. 15-29.

(228) SADEK, Maria Tereza Aina. Acesso à Justiça: um direito e seus obstáculos. *Revista da Universidade de São Paulo — USP*, São Paulo, n. 101, p. 55-66, mar./abr./maio 2014. Disponível em: <https://www.revistas.usp.br/revusp/article/view/87814/90736>. Acesso em: 29 jan. 2022.

(229) CAPPELLETTI, Mauro; GARTH, Bryant. *Acesso à Justiça*. Tradução: Ellen Gracie Northfleet. Porto Alegre: Sergio Antonio Fabris Editor, 1988. p. 15.

(230) PINHO, Humberto Dalla Bernardina de. Acesso à justiça e o necessário redimensionamento da intervenção judicial na resolução dos conflitos da contemporaneidade. *Revista EMERJ*, Rio de Janeiro, vol. 21, n. 3, tomo 1, p. 241-271, setembro-dezembro, 2019. Disponível em: <https://www.emerj.tjrj.jus.br/revistaemerj_online/edicoes/revista_v21_n3/tomo1/revista_v21_n3_tomo1_241.pdf>. Acesso em: 29 jan. 2022.

(231) CAPPELLETTI, Mauro; GARTH, Bryant. *Acesso à Justiça*. Tradução: Ellen Gracie Northfleet. Porto Alegre: Sergio Antonio Fabris Editor, 1988. p. 20.

dos direitos fundamentais, destaca que:

> Também o fator tempo veio a ganhar papel de destaque nesse quadro, ainda mais com a massificação das demandas levadas ao Judiciário e a consequente mudança de perfil dos usuários do sistema, a exigir uma solução mais ou menos premente do litígio. Daí a intensificação da tutela cautelar e antecipatória, da chamada jurisdição de urgência, em uma palavra, cujo substrato constitucional se mostra inegável. Também decorre desse imperativo a necessidade de se estabelecerem mecanismos de uma duração razoável do processo e, mais do que isso, da efetiva satisfação do direito reconhecido judicialmente, sem maiores delongas.[(232)]

Vê-se, portanto, que o tempo pressiona os economicamente fracos, que acabam aceitando qualquer solução, o que fica mais evidente quando se trata de litigante eventual diante de litigante habitual.

O tempo é resultado dos gargalos do processo, constituindo-se em mais um ponto de estrangulamento das situações processuais que dificultam o funcionamento normal do sistema. A morosidade é resultado da recorribilidade abusiva e das dificuldades reais na execução das decisões, ou na expressão do Conselho Nacional de Justiça, a taxa de congestionamento, quase cultural no Brasil, que tenta resolver o problema com medidas legais apenas paliativas.

De acordo com José Carlos Barbosa Moreira:

> Se uma Justiça lenta demais é decerto uma Justiça má, daí não se segue que uma Justiça muito rápida seja necessariamente uma Justiça boa. O que todos devemos querer é que a prestação jurisdicional venha a ser melhor do que é. Se para torná-la melhor é preciso acelerá-la, muito bem: não, contudo, a qualquer preço.[(233)]

Sem dúvida, a morosidade é um mal, mas nem sempre a celeridade é garantia de decisão justa. Todavia, assim como o processo tem sua porta de entrada, há de existir também a porta de saída em tempo razoável, como destaca Maria Tereza Aina Sadek:

> Nesse sentido, o direito de acesso à justiça só se efetiva quando a porta de entrada permite que se vislumbre e se alcance a porta de saída em um período de tempo razoável.[(234)]

---

(232) OLIVEIRA, Carlos Alberto de. O processo civil na perspectiva dos direitos fundamentais. *Academia Brasileira de Direito Processual Civil.*

(233) BARBOSA MOREIRA. O futuro da justiça: alguns mitos. In: *Temas de Direito Processual:* Oitava série. Rio de Janeiro: Forense, 2004. p. 1-14.

(234) SADEK, Maria Tereza Aina. Acesso à justiça: um direito e seus obstáculos. *Revista da Universidade de São Paulo — USP*, n. 101 (2014). Dossiê Justiça Brasileira. Disponível em: <https://www.revistas.usp.br/revusp/article/view/87814>. Acesso em: 2 maio 2019.

Outra questão importante a ser considerada está relacionada a aspectos econômicos. Os obstáculos dessa natureza, segundo Mauro Cappelletti e Briyant Garth, são barreiras poderosas ao acesso à justiça, lembrando que:

> Afastar a 'pobreza no sentido legal' — a incapacidade que muitas pessoas têm de utilizar plenamente a justiça e suas instituições — não era preocupação do Estado. A justiça, como outros bens; no sistema do *laissez faire* só podia ser obtida por aqueles que pudessem enfrentar seus custos; aqueles que não pudessem fazê-lo eram considerados os únicos responsáveis por sua sorte. O acesso formal, mas não efetivo à justiça, correspondia à igualdade, apenas formal, mas não efetiva.(235)

Os aspectos geográficos são igualmente relevantes, merecendo considerar o tema das cidades e da mobilidade urbana, tão relevante quanto a condição econômica e social das pessoas, uma vez que a pobreza trabalhadora está geograficamente localizada em bairros periféricos, comunidades e até nas chamadas cidades dormitório.

O aspecto geográfico merece ser considerado quando da análise em busca de facilidade de acesso à justiça, por ser uma das barreiras identificadas.

A Lei n. 6.947, de 19 de setembro de 1981, que revogou a Lei n. 5.630, de 2 de dezembro de 1970, estabelece os critérios de população formalmente ativa (empregados) e da quantidade de processos ajuizados, prevendo a criação de novas unidades judiciárias do trabalho na localidade que conte com mais 24 mil trabalhadores empregados ou que, nos últimos três anos, tenha constatado em média 240 reclamações por ano, e ainda na localidade onde já exista Vara do Trabalho, quando a unidade atingir mais de 1.500 processos por ano, nos últimos três anos.(236)

É certo que a Resolução n. 63, de 28 de maio de 2010, do Conselho Superior da Justiça do Trabalho — CSJT, alterada pela Resolução CSJT n. 160, de 27 de novembro de 2015, modificou um pouco os critérios, passando a estabelecer no art. 9º que a criação de Vara do Trabalho em localidade que ainda não disponha de Unidade da Justiça do Trabalho fica condicionada à existência, na base territorial prevista para a sua jurisdição, de mais de 24 mi trabalhadores ou ao ajuizamento de pelo menos seiscentas reclamações trabalhistas por ano, apuradas nos últimos três anos.(237)

Entretanto, a Resolução 63 encontra-se revogada pela Resolução CSJT n. 296, de 25 de junho de 2021, do Conselho Superior da Justiça do Trabalho, que em seu art. 35 prescreve

---

(235) CAPPELLETTI, Mauro; GARTH, Bryant. *Acesso à Justiça*. Tradução: Ellen Gracie Northfleet. Porto Alegre: Sergio Antonio Fabris Editor, 1988. p. 9.

(236) BRASIL. *Lei n. 6.947, de 17 de setembro de 1981*. Estabelece normas para criação e funcionamento de Varas do Trabalho. Disponível em: <http://www.planalto.gov.br/ccivil_03/leis/l6947.htm>. Acesso em: 29 jan. 2022.

(237) BRASIL. Conselho Superior da justiça do Trabalho — CSJT. *Resolução CSJT n. 160, de 27 de novembro de 2015*. Disponível em: <https://juslaboris.tst.jus.br/bitstream/handle/20.500.12178/75480/2015_res0160_csjt.pdf?sequence=1&isAllowed=y>. Acesso em: 29 jan. 2022.

que: "A criação de Vara do Trabalho em localidade que ainda não conte com unidade da Justiça do Trabalho condiciona-se ao atendimento das disposições desta Resolução e à apresentação de proposta ao Conselho Superior da Justiça do Trabalho",[238] mediante proposta de anteprojeto de lei encaminhado por cada Tribunal Regional do Trabalho ao CSJT, a cada dois anos.[239]

Decerto neste aspecto a Justiça do Trabalho desfruta de posição até certo ponto confortável, uma vez que se encontra presente não apenas em todas as capitais e nas maiores cidades do país, como também em diversas cidades do interior dos Estados, no Distrito Federal, inclusive com 24 Tribunais Regionais do Trabalho, evidenciando sua boa capilaridade e proximidade ao jurisdicionado, seja o cidadão trabalhador, seja a empresa ou empregador.

A competência das Varas do Trabalho segue o critério de divisão em comarcas, na maioria das vezes juntando territorialmente vários municípios, sendo, no particular, de fácil acesso e aderência[240] à população em confiabilidade. Sem muito esforço de criatividade ou imaginação, observa-se que na estruturação física e na mobilidade urbana, as pessoas nas cidades brasileiras moram de acordo com a classe social à qual pertencem, concentrando-se a maior parte da população em bairros das periferias e comunidades, reproduzindo em escala inversa de maquetes de arquitetura a casa-grande e a senzala, como descreve Gilberto Freire,[241] onde cada um ocupa seu espaço na cidade.

A questão burocrática envolve litigantes habituais e litigantes eventuais.[242] Os primeiros estão devidamente acostumados ao ambiente da justiça, suas formalidades e ritos; os segundos, não raras vezes, militam no processo de sua vida.

As barreiras institucionais e tantos outros obstáculos não são isolados e podem ser combinados entre si, formando um conjunto que deve ser enfrentado e superado.

2.4. As ondas renovatórias do acesso à justiça

Mauro Cappelletti e Bryant Garth[243] mencionam o despertar de movimentos e interesses em torno do acesso efetivo à Justiça, destacando três posições básicas, denominadas de ondas renovatórias:

---

(238) BRASIL. Conselho Superior da Justiça do Trabalho — CSJT. *Resolução CSJT n. 296, de 25 de junho de 2021.* Disponível em: <https://juslaboris.tst.jus.br/bitstream/handle/20.500.12178/189332/2021_res0296_csjt_rep01.pdf?sequence=5&isAllowed=y>. Acesso em: 29 jan. 2022.

(239) Os critérios sobre criação de unidades judiciárias na Justiça do Trabalho voltarão a ser mencionados no capítulo 4, item 4.3.

(240) WATANABE, Kazuo. Acesso à Justiça e sociedade moderna. In: GRINOVER, Ada Pellegrini; DINAMARCO, Cândido Rangel; WATANABE, Kazuo (Coords.). *Participação e Processo.* São Paulo: Revista dos Tribunais, 1988. p. 134. O mesmo trabalho é encontrado em WATANABE, Kazuo. *Acesso à ordem jurídica justa* (conceito atualizado de acesso à justiça)*:* processos coletivos e outros estudos. Belo Horizonte: Del Rey Editora, 2019. p. 3-17.

(241) FREYRE, Gilberto. *Casa Grande e Senzala* — formação da família brasileira sob o regime da economia patriarcal. 48. ed. Disponível em: <https://cdn.culturagenial.com/arquivos/casa-grande-e-senzala.pdf>. Acesso em: 20 jun. 2019.

(242) CAPPELLETTI, Mauro; GARTH, Bryant. *Acesso à Justiça.* Tradução: Ellen Gracie Northfleet. Porto Alegre: Sergio Antonio Fabris Editor, 1988. p. 25-26.

(243) *Ibidem*, p. 31.

> — a primeira onda desse movimento novo — foi a assistência judiciária; a segunda dizia respeito a reformas tendentes a proporcionar representação jurídica para os interesses difusos, especialmente nas áreas de proteção ambiental e do consumidor; e o terceiro — mais recente — é o que nos propomos a chamar simplesmente de enfoque de acesso à justiça, porque inclui os posicionamentos anteriores, mas vai muito mais além deles, representando, dessa forma, uma tentativa de atacar as barreiras do acesso de modo mais articulado e compreensivo.[244]

E quando se fala em acesso à Justiça não está a referir-se apenas a um direito fundamental, cada vez mais reconhecido, mas também ao ponto central da moderna processualística,[245] tratando-se, segundo Dierle Nunes e Ludmila Teixeira, de verdadeiro método de pensamento.[246]

E por isso Cappelletti e Garth afirmam que:

> O "acesso" não é apenas um direito social fundamental, crescentemente reconhecido; ele é, também, necessariamente, o ponto central da moderna processualística. Seu estudo pressupõe um alargamento e aprofundamento dos objetivos e métodos da moderna ciência jurídica.[247]

José Mário Wanderley Gomes Neto, em seu livro "O Acesso à Justiça em Mauro Cappelletti, análise teórica desta concepção como 'movimento' de transformação das estruturas do processo civil brasileiro", descreve essas ondas ou cada momento a que se refere Cappelletti, assim resumidas: 1ª onda — garantia de assistência jurídica aos pobres, 2ª onda — representação dos direitos difusos e coletivos (supraindividuais, grupos, categoriais, coletividade) e a 3ª onda — informalização de procedimentos de resolução de conflitos.[248]

Apenas a título de registro histórico, atribui-se a Constantino a primeira lei que assegurou o patrocínio gratuito aos necessitados e que, depois, foi incorporada ao Código de Justiniano, conforme referência de Paulo Cezar Pinheiro Carneiro.[249]

---

(244) *Idem.*

(245) *Ibidem*, p. 13.

(246) NUNES, Dierle; TEIXEIRA, Ludmila. *Acesso à Justiça democrático*. 1. ed. Brasília: 2013. p. 150-169.

(247) CAPPELLETTI, Mauro; GARTH, Bryant. *Acesso à Justiça*. Tradução: Ellen Gracie Northfleet. Porto Alegre: Sergio Antonio Fabris Editor, 1988. p. 13.

(248) GOMES NETO, José Mário Wanderley. *O Acesso à Justiça em Mauro Cappelletti*, análise teórica desta concepção como "movimento" de transformação das estruturas do processo civil brasileiro. Porto Alegre: Sergio Antonio Fabris Editor, 2005. p. 61-98.

(249) CARNEIRO, Paulo Cezar Pinheiro. *Acesso à justiça:* juizados especiais cíveis e ação civil pública. Rio de Janeiro: Forense, 2000. *Apud* BEDIN, Gabriel de Lima; SPENGLER, Fabiana Marion. O direito de acesso à justiça como concretização dos direitos humanos: garantias no âmbito nacional e internacional. *Acesso à justiça, direitos humanos & mediação*, p. 91-109. [recurso eletrônico]. In: SPENGLER, Fabiana Marion; BEDIN, Gilmar Antonio(Orgs.) Curitiba: Multideia, 2013. Disponível em: <https://bibliodigital.unijui.edu.br:8443/xmlui/bitstream/handle/123456789/1771/Acesso%20a%20Justi%C3%A7a%20Direitos%20Humanos%20%20Media%C3%A7%C3%A3o.pdf?sequence=1>. Acesso em: 29 jan. 2022.

Discorrendo sobre a experiência do Sistema Judicare, publicado em 1978, após cinco anos de pesquisa que presidiu em países como Áustria, Inglaterra, Holanda, França e Alemanha Ocidental, Mauro Cappelletti esclarece tratar-se de "um sistema através do qual a assistência judiciária é estabelecida como um direito para todas as pessoas que se enquadrem nos termos da lei".[250] Admite, entretanto, que:

> Sem dúvida, em sociedades em que ricos e pobres vivem separados, pode haver barreiras tanto geográficas quanto culturais entre os pobres e o advogado. Ademais, é evidente que a representação através de profissionais particulares não enfrenta as desvantagens de uma pessoa pobre frente a litigantes organizacionais. Mais importante, o *judicare* trata os pobres como indivíduos, negligenciando sua situação como classe.[251]

A pobreza, que muito embora nem sempre seja critério de aferição de acesso à justiça, não passou despercebida quando do estudo do Projeto Florença, cujos resultados foram publicados entre 1974 e 1975, por se tratar de importante parcela da população.

Preocupados com os obstáculos enfrentados pela população carente e as dificuldades de acesso à justiça, Cappelletti e Garth destacaram os primeiros esforços para incrementar esse direito nos países ocidentais, proporcionando serviços jurídicos para os pobres. Destacam que "a consciência social que despertou, especialmente no curso da década de 1960, colocou a assistência judiciária no topo da agenda das reformas judiciárias",[252] sendo deflagrada uma verdadeira "guerra contra a pobreza" nos serviços jurídicos.[253]

Não se pode negar que o processo deveria ser mais barato, reduzindo os custos com despesas processuais e honorários advocatícios, sendo dever dos Estados proporcionar serviços jurídicos para os pobres mediante a criação da assistência judiciária como a primeira onda,[254] que se manifesta nas leis de assistência judiciária gratuita e na criação das defensorias públicas.

Não faria sentido algum a Constituição Federal de 1988 assegurar, no art. 5º, inciso XXXV, a garantia de universalidade de acesso, proclamando, repita-se, que a "lei não excluirá da apreciação do Poder Judiciário lesão ou ameaça a direito", se ao mesmo tempo permitisse que o desprovido de recursos financeiros restasse alijado desse direito fundamental.

Como acentuam Cappelletti e Garth:

> De fato, o direito ao acesso efetivo tem sido progressivamente reconhecido como sendo de importância capital entre os novos direitos individuais e sociais,

---

(250) CAPPELLETTI, Mauro; GARTH, Bryant. *Acesso à Justiça*. Tradução: Ellen Gracie Northfleet. Porto Alegre: Sergio Antonio Fabris Editor, 1988. p. 35.

(251) *Ibidem*, p 38-39.

(252) *Ibidem*, p. 33.

(253) *Ibidem*, p. 39.

(254) *Ibidem*, p. 31-49.

uma vez que a titularidade de direitos é destituída de sentido, na ausência de mecanismos para a sua efetiva reinvindicação. O acesso à justiça pode, portanto, ser encarado como o requisito fundamental — o mais básico dos direitos humanos — de um sistema jurídico moderno e igualitário que pretenda garantir, e não apenas proclamar os direitos de todos.(255)

O sistema jurídico não deve apenas proclamar os direitos de todos, mas também assegurar meios que garantam seu efetivo cumprimento, como destaca Mauro Cappelletti no artigo "O acesso à justiça e a função do jurista em nossa época":

> Os problemas principais do movimento reformador tem sido os seguintes:
>
> a) o obstáculo econômico, pelo qual muitas pessoas não estão em condições de ter acesso às cortes de justiça por causa de sua pobreza, aonde seus direitos correm o risco de serem puramente aparentes;
>
> b) o obstáculo organizador, através do qual certos direitos ou interesses "coletivos" ou "difusos" não são tutelados de maneira eficaz se não se operar uma radical transformação de regras e instituições tradicionais de direito processual, transformações essas que possam ter uma coordenação, uma "organização" daqueles direitos ou interesses;
>
> c) finalmente, obstáculo propriamente processual, através do qual certos tipos tradicionais de procedimento são inadequados aos seus deveres de tutela.(256)

Para compor a garantia e torná-la efetiva, a Constituição de 1988 prevê no mesmo art. 5º, inciso LXXIV, o dever do Estado de prestar "assistência jurídica integral e gratuita aos que comprovarem insuficiência de recurso".

Por ser integral e gratuita, compreende-se o alcance da assistência jurídica desde a dispensa de cobrança de despesas processuais, como custas, emolumentos, traslados, publicações editalícias, honorários periciais e advocatícios, quando ingressa em juízo com uma ação, como também na dimensão extraprocessual, com o direito de informação e orientação jurídica, devendo o Estado também prestar gratuitamente serviços de consultoria jurídica a quem deles necessitar.

Daí a norma do art. 24, inciso XIII, da Constituição Federal de 1988, atribuindo à União, aos Estados e ao Distrito Federal competência concorrente para legislar sobre assistência jurídica e Defensoria pública. Cabe à União organizar e manter sua Defensoria Pública e a dos Territórios (art. 21, XIII e art. 48, inciso IX), e igual dever é atribuído aos Estados, matéria que deve ser objeto de lei complementar, nos termos art. 61, § 1º, *"d"*, da CF/1988.

---

(255) *Ibidem*, p. 11-12.

(256) CAPPELLETTI, Mauro. O acesso à justiça e a função do jurista em nossa época. *Revista de Processo*, vol. 61/1991, p. 144-160, jan./mar. 1991.

Luiz Guilherme Marinoni, Sergio Cruz Arenhart e Daniel Mitidiero tratam do direito de defesa e acesso à justiça, destacando:

> Isso porque a questão do acesso à justiça se originou da necessidade de integrar as liberdades clássicas, inclusive as de natureza processual, com os direitos sociais. O direito de acesso à jurisdição — visto como direito do autor e do réu — é um direito à utilização de uma prestação estatal imprescindível para a efetiva participação do cidadão na vida social e assim não pode ser visto como um direito formal e abstrato — ou como um simples direito de propor a ação e de apresentar defesa —, indiferente aos obstáculos sociais que possam inviabilizar o seu efetivo exercício.(257)

No Brasil, ainda que falte muito a ser feito, pode-se visualizar claramente a evolução das defensorias públicas, uma vez que a Constituição Federal de 1934, no capítulo destinado aos direitos e garantias individuais, art. 113, n. 32, estabelecia que "A União e os Estados concederão aos necessitados assistência judiciária, criando, para esse efeito, órgãos especiais assegurando, a isenção de emolumentos, custas, taxas e selos".(258) Tal dispositivo fez-se presente em todas as Constituições seguintes, exceto na de 1937, em razão do regime ditatorial do chamado Estado Novo, de Getúlio Vargas.

José Carlos Barbosa Moreira lembra que, muito embora omissa a Constituição de 1937, o Código de Processo Civil de 1939, dos arts. 68 ao 79 disciplinou o benefício da justiça gratuita,(259) assegurando que a parte que não estivesse em condições pagar as custas do processo, sem prejuízo do sustento próprio ou da família, gozaria do benefício, nos termos do art. 68, compreendendo as seguintes isenções: "das taxas judiciárias e dos selos; dos emolumentos e custas devidas aos juízes, órgãos do Ministério Público e serventuários da justiça; das despesas com publicação em jornal encarregado de divulgação dos atos oficiais; das indenizações devidas a testemunhas e dos honorários de advogado e perito", consoante incisos de I a V do art. 68 do CPC de 1939.(260)

O Estado do Rio de Janeiro foi precursor na criação da assistência jurídica prestada como serviço público, experiência esta que não chegou a ser mencionada na pesquisa de Mauro Cappelletti, em razão do sistema político à época vigente, como lembra Franklyn Roger Alves Silva.(261) Menciona a justificativa de Mauro Cappelletti, James Gordley e Earl

(257) MARINONI, Luiz Guilherme; ARENHART, Sérgio Cruz; MITIDIERO, Daniel. *Curso de Processo Civil:* teoria geral do processo. v 1, 4. ed. São Paulo: Thomson Reuters Brasil/Revista dos Tribunais, 2019. p. 383-384.

(258) BRASIL. *Constituição da República dos Estados Unidos do Brasil* (16 de julho de 1934). Disponível em: <http://www.planalto.gov.br/ccivil_03/constituicao/constituicao34.htm>. Acesso em: 29 jan. 2022.

(259) MOREIRA, José Carlos Barbosa. O direito à assistência jurídica: evolução no ordenamento brasileiro de nosso tempo. *Revista de processo — Repro*, v. 67, jul./set. 1992, p. 124-134.

(260) BRASIL. Código de Processo Civil de 1939. *Decreto-lei n. 1.608, de 18 de setembro de 1939.* Disponível em: <https://www2.camara.leg.br/legin/fed/declei/1930-1939/Decreto-lei-1608-18-setembro-1939-411638-publicacaooriginal-1-pe.html>. Acesso em: 29 jan. 2022.

(261) SILVA, Franklyn Roger Alves. Ondas renovatórias do acesso à Justiça e as "tábuas de maré" do sistema jurídico.

Johnson, no livro "Toward equal justice: a comparative study of legal aid in modern societies".(262)

O jurista norte-americano Peter Messitte, que estudou a assistência judiciária no Brasil, anota que o princípio por aqui teve boa recepção e as leis que tratam do assunto possuem alcance extenso e aceitação amplamente favorável:

> Assim, é criticada a assistência judiciária no Brasil, não pelos seus ideais — que são amplos e tradicionais e, portanto, louváveis — mas por sua prática que não traz um serviço bastante amplo a uma clientela bastante ampla. De um levantamento dos advogados militantes em assistência judiciária no Brasil, surgem duas explicações do *status quo*: 1) Há falta de advogados para estender mais serviços a um maior número de pessoas, e 2) Há ineficiência em muitos programas, o que impede tal expansão. Essas duas explicações, como é evidente, são parcialmente contraditórias.(263)

A Constituição Federal de 1988 foi além da assistência judiciária, prescrevendo no inciso LXXIV do art. 5º que "o Estado prestará assistência jurídica integral e gratuita aos que comprovarem insuficiência de recursos".(264)

Ao usar a Constituição a expressão assistência jurídica, a mudança que traz não é apenas sintática ou terminológica. Semanticamente, assistência jurídica é mais ampla do que assistência judiciária. Na assistência judiciária, a preocupação é com o ajuizamento de processo judicial, enquanto a assistência jurídica envolve informação, orientação extraprocessual e não apenas ingressar em juízo com um processo. O direito de todos à assistência jurídica é expressão do Estado democrático construído pela Constituição Federal de 1988, tratando-se de direito fundamental. Tanto é assim que o Código de Processo Civil de 2015 prescreve no art. 185:

> A Defensoria Pública exercerá a orientação jurídica, a promoção dos direitos humanos e a defesa dos direitos individuais e coletivos dos necessitados, em todos os graus, de forma integral e gratuita.(265)

Revista Consultor Jurídico — CONJUR, 25 de junho de 2019. Disponível em: <https://www.conjur.com.br/2019-jun-25/tribuna-defensoria-ondas-renovatorias-acesso-justica-tabuas-mare>. Acesso em: 29 jan. 2022.

(262) CAPPELLETTI, Mauro; JOHNSON, Earl, Jr.; GORDLEY, James. *Toward equal justice:* a comparative study of legal aid in modern societies. Milano: Giuffrè, 1975. p. 649.

(263) MESSITTE, Peter. Assistência judiciária no Brasil: uma pequena história. *Revista da Faculdade de Direito da Universidade Federal de Minas Gerais*, n. 7 (1967). Disponível em: <https://www.direito.ufmg.br/revista/index.php/revista/article/view/707>. Acesso em: 29 jan. 2022.

(264) BRASIL. *Constituição da República Federativa, de 5 de outubro de 1988*. Disponível em: <http://www.planalto.gov.br/ccivil_03/constituicao/constituicao.htm>. Acesso em: 3 jul. 2022.

(265) BRASIL. Código de Processo Civil. *Lei n. 13.105, de 16 de março de 2015*. Disponível em: <http://www.planalto.gov.br/ccivil_03/_ato2015-2018/2015/lei/l13105.htm>. Acesso em: 3 jul. 2022.

Na origem, as Defensorias Públicas de alguns Estados eram órgãos do Poder Executivo e antecedem a Constituição Federal de 1988, que na redação original do art. 134 estabelecia que "a Defensoria Pública é instituição essencial à função jurisdicional do Estado, incumbindo-lhe a orientação jurídica a e a defesa, em todos os graus, dos necessitados, na forma do art. 5º, LXXIV". Previa no parágrafo único que uma lei complementar organizaria a Defensoria Pública da União e do Distrito Federal e dos Territórios, prescrevendo normas gerais para sua organização nos Estados.

A Emenda Constitucional 45, de 2004, trouxe a primeira modificação, assegurando autonomia funcional, administrativa e a iniciativa da proposta orçamentária, bem como autonomia financeira, para as Defensorias Públicas Estaduais, o que foi estendido às Defensorias da União e do Distrito Federal conforme a Emenda Constitucional n. 74, 6 de agosto de 2013.

Já a Emenda Constitucional n. 80, de 14 de junho de 2014, trouxe importantes modificações, estabelecendo no *caput* do art. 134 da Constituição Federal de 1988 que, além de ser essencial à função jurisdicional do Estado, à Defensoria Pública incumbe, "como expressão e instrumento do regime democrático, fundamentalmente, a orientação jurídica, a promoção dos direitos humanos e a defesa, em todos os graus, judicial e extrajudicial, dos direitos individuais e coletivos, de forma integral e gratuita, aos necessitados, na forma do inciso LXXIV do art. 5º desta Constituição".

Decisão importante do Supremo Tribunal Federal — STF foi a de 7.5.2015 na Ação Direta de Inconstitucionalidade — ADI n. 3.943, que reconheceu a legitimidade ativa da Defensoria Pública para ajuizar ação civil pública, declarando constitucional o inciso II do art. 5º da Lei n. 7.347, de 24 de julho de 1985, alterado pela Lei n 11.448, de 2017.(266)

No mesmo sentido foi a decisão de 4.11.2015 do STF no Recurso Extraordinário n. 733.433-MG, como repercussão geral, apreciando o Tema n. 607 e fixando a tese de que "a Defensoria Pública tem legitimidade para a propositura da ação civil pública em ordem a promover a tutela judicial de direitos difusos e coletivos de que sejam titulares, em tese, pessoas necessitadas".(267)

Também na Reclamação n. 22.614, em decisão monocrática da Ministra Rosa Weber, de 18.9.2018, foi assegurada à Defensoria Pública da União, e em razão do princípio da simetria às demais Defensorias, a legitimidade para defender direitos coletivos em sede de Ação civil pública, tratando-se de legitimidade concorrente com o Ministério Público.(268)

A autonomia administrativa, financeira e iniciativa de proposta orçamentária das Defensorias Públicas foram questionadas perante o Supremo Tribunal Federal — STF, na

---

(266) Supremo Tribunal Federal — STF. *Ação Direta de Inconstitucionalidade — ADI n. 3943*. Disponível em: <http://portal.stf.jus.br/processos/detalhe.asp?incidente=2548440>. Acesso em: 14 jul. 2021.

(267) Supremo Tribunal Federal — STF. *Recurso Extraordinário n. 733.433/MG*. Disponível em: <http://portal.stf.jus.br/processos/detalhe.asp?incidente=4362356>. Acesso em: 14 jul. 2021.

(268) BRASIL. Supremo Tribunal Federal — STF. *Reclamação n. 22.614*. Disponível em: <http://portal.stf.jus.br/processos/detalhe.asp?incidente=4896182>. Acesso em: 14 jul. 2021.

Ação Direta de Inconstitucionalidade — ADI n. 5.296, ajuizada pela Presidente da República Dilma Rousseff, alegando vício de iniciativa, esta que foi do Parlamento, ao propor alteração referente a servidores públicos da União ou ao seu regime jurídico. O STF julgou improcedente a ação em 3.11.2020, afirmando não haver vício de iniciativa nem afronta ao princípio constitucional da separação dos poderes, conforme voto da Relatora, Ministra Rosa Weber.(269)

No âmbito do Direito Processual do Trabalho, a assistência judiciária aos necessitados, ou simplesmente a gratuidade de justiça, costuma ser mencionada pela doutrina, fazendo-se distinção entre assistência judiciária gratuita, que seria gênero, do qual a justiça gratuita seria espécie, uma vez que na primeira a parte tem assegurado o direito a um advogado do Estado, bem como à isenção de todas as despesas e taxas processuais, enquanto a segunda assegura o direito à gratuidade de taxas judiciárias, custas, emolumentos, honorários de perito, despesas com editais, mas sem direito a advogado do Estado, ficando isenta de pagar as despesas do processo, como destaca Mauro Schiavi.(270)

Na verdade, como já ressaltado, a Constituição Federal de 1988 inovou ao utilizar a expressão assistência jurídica, que é mais ampla do que assistência judiciária.

De acordo com a Lei Complementar n. 80, de 12 de janeiro de 1994,(271) que serve como lei geral das defensorias públicas, inclusive as estaduais, o art. 3º-A, incisos I a IV, todos incluídos pela Lei Complementar n. 132, de 2009,(272) são objetivos da Defensoria Pública a primazia da dignidade da pessoa humana e a redução das desigualdades sociais, a afirmação do Estado Democrático de Direito, a prevalência dos direitos humanos e a garantia dos princípios constitucionais da ampla defesa e do contraditório, prevendo a lei expressamente a atuação da Defensoria Pública da União na Justiça do Trabalho, consoante o art. 14 da Lei Complementar n. 80, de 1994 ("A Defensoria Pública da União atuará nos Estados, no Distrito Federal e nos Territórios, junto às Justiças Federal, do Trabalho, Eleitoral, Militar, Tribunais Superiores e instâncias administrativas da União"). Apesar da expressa legitimação para atuar na Justiça do Trabalho, não tem havido qualquer iniciativa de monta, salvo em alguns casos envolvendo o combate ao trabalho análogo à condição de escravidão, em sede de ação civil pública.

A justificativa da não atuação da Defensoria Pública da União perante a Justiça do Trabalho é a ausência de estrutura e número de pessoal; e que permanece no texto da

---

(269) Supremo Tribunal Federal — STF. *Ação Direta de Inconstitucionalidade — ADI n. 5.296.* Disponível em: <http://portal.stf.jus.br/processos/downloadPeca.asp?id=15345079616&ext=.pdf>. Acesso em: 14 jul. 2021.

(270) SCHIAVI, Mauro. *A reforma trabalhista e o processo do trabalho:* aspectos processuais da Lei n. 13.467/17. São Paulo: LTr, 2017. p. 79-80.

(271) BRASIL. *Lei Complementar n. 80, de 12 de janeiro de 1994.* Disponível em: <http://www.planalto.gov.br/ccivil_03/leis/lcp/lcp80.htm>. Acesso em: 14 jul. 2021.

(272) BRASIL. *Lei Complementar n. 132, de 7 de outubro de 2009.* Disponível em: <http://www.planalto.gov.br/ccivil_03/leis/lcp/lcp132.htm>. Acesso em: 14 jul. 2021.

Consolidação das Leis do Trabalho — CLT o *jus postulandi*, ou a chamada postulação leiga, nos termos dos arts. 791 e 839, alínea *"a"*.(273)

O argumento de que o *jus postulandi* no processo trabalhista impede a atuação da Defensoria Pública da União na Justiça do Trabalho não vinga. Nos Juizados Especiais Federais existe a mesma previsão, sem prejuízo dessa atuação.

Apesar de expressa previsão legal de atuação da Defensoria Pública da União na Justiça do Trabalho, o órgão tem atuação discreta na defesa dos interesses dos necessitados, restrita a caso raro e isolado de combate ao trabalho assemelhado à condição de escravo, conforme mencionado, sob o inaceitável argumento de que o princípio do *jus postulandi* da parte, ou seja, a postulação leiga prevista nos arts. 791 e 839, *"a"*, da CLT, inibe sua representação.

Todavia, o tão falado e decantado *jus postulandi*, antes mesmo da reforma de 2017, já havia sido limitado pelo Tribunal Superior do Trabalho, conforme a Súmula n. 425.(274)

Nada justifica, portanto, a manutenção dessa ausência de atuação da Defensoria Pública da União na Justiça do Trabalho, sendo rechaçados os argumentos do *jus postulandi* das partes e ausência de estrutura, deficiência de pessoal e corpo funcional adequado.

Ainda que se alegue a previsão de representação por intermédio de sindicato, nos termos do art. 791, § 1º, da CLT, com a concessão e prestação de assistência judiciária pela entidade sindical, conforme regulado pela Lei n. 5.584, de 26 de junho de 1970.(275) Esta, no art. 18, prescreve que a assistência judiciária será prestada ao trabalhador, ainda que não seja associado do respectivo Sindicato, o que não tem sido bastante, pois o Brasil mergulhou profundamente na terceirização da mão de obra, ficando uma expressiva quantidade de trabalhadores sem vínculo algum de identificação enquanto categoria profissional e, por isso mesmo, sem vínculo de representação sindical.

O Processo Judicial Eletrônico — PJe, conquanto tenha trazido inegáveis vantagens de agilidade, encurtando o tempo do processo, por outro lado exclui a possibilidade do *jus postulandi*, dificuldade que seria solucionada com uma atuação mais efetiva da Defensoria Pública da União na Justiça do Trabalho em ações individuais.

---

(273) BRASIL. Consolidação das Leis do Trabalho — CLT. *Decreto-lei n. 5.452, de 1º de maio de 1943*. Disponível em: <http://www.planalto.gov.br/ccivil_03/Decreto-lei/del5452.htm>. Acesso em: 15 jul. 2021. Art. 791 – Os empregados e os empregadores poderão reclamar pessoalmente perante a Justiça do Trabalho e acompanhar as suas reclamações até o final". (...) Art. 839 – A reclamação poderá ser apresentada: a) pelos empregados e empregadores, pessoalmente, ou por seus representantes, e pelos sindicatos de classe.

(274) BRASIL. Tribunal Superior do Trabalho. *Súmula n. 425 do TST*. Disponível em: <https://www3.tst.jus.br/jurisprudencia/Sumulas_com_indice/Sumulas_Ind_401_450.html#SUM-425>. Acesso em: 15 jul. 2021. *JUS POSTULANDI* NA JUSTIÇA DO TRABALHO. ALCANCE. Res. n. 165/2010, *DEJT* divulgado em 30.4.2010 e 3 e 4.5.2010. O *jus postulandi* das partes, estabelecido no art. 791 da CLT, limita-se às Varas do Trabalho e aos Tribunais Regionais do Trabalho, não alcançando a ação rescisória, a ação cautelar, o mandado de segurança e os recursos de competência do Tribunal Superior do Trabalho.

(275) BRASIL. *Lei n. 5.584, 26 de junho de 1970.* Dispõe sobre normas de direito processual do trabalho, altera a CLT, disciplina a concessão e prestação de assistência judiciária na Justiça do trabalho. Disponível em: <http://www.planalto.gov.br/ccivil_03/leis/l5584.htm>. Acesso em: 15 jul. 2021.

A realidade é que a parte, mesmo aquela carente de recursos econômicos, contrata advogado privado, sendo comum o profissional firmar o chamado contrato de risco ou contrato com cláusula *quota litis*, previsto no art. 50 do Código de ética e disciplina da OAB(276). Se vencedora na causa, pagará os honorários advocatícios mediante retenção, quando receber. Se perdedora, nada pagará.

Neste ponto chama atenção a majoração dos honorários profissionais dos advogados na Justiça do Trabalho, deixando para trás de há muito os tradicionais 20% (vinte por cento), encontrando-se hoje em patamares mais elevados de honorários convencionais, deduzidos daquilo que o trabalhador reclamante venha a receber.

É certo que não se pode exigir de profissionais liberais a advocacia *pro bono*, que trabalhem por puro diletantismo ou como "dever honorífico", como prefere José Carlos Barbosa Moreira,(277) mas diante dos altos valores cobrados de honorários advocatícios, é urgente que a Defensoria Pública da União atue na Justiça do Trabalho na defesa dos interesses de pessoas necessitadas ou, quem sabe, seja criada a Defensoria Pública do Trabalho.

Ainda que o art. 186, § 3º, do Código de Processo Civil admita a legitimidade dos escritórios de prática jurídica das faculdades de Direito, reconhecidas por lei como entidades de prestação de assistência jurídica, esta experiência não tem sido adotada no âmbito da Justiça do Trabalho, talvez em razão de aspectos geográficos, já que esse tipo de serviço costuma ser prestado pelos escritórios modelo de assistência jurídica em Varas chamadas universitárias, mediante convênio com o respectivo Tribunal de Justiça de cada Estado.

A Defensoria Pública da União — DPU apoia medidas de combate ao trabalho escravo e isso é louvável, possuindo até grupo de trabalho especificamente destinado a esse fim, mas aqui sua atuação adentra na do Ministério Público do Trabalho, que já tem uma atuação firme e efetiva nesse campo, realizando operações de resgate com o apoio da Polícia Federal e da Polícia Rodoviária Federal, em vários Estados do Brasil.

A defesa de direitos individuais homogêneos, resultante do resgate de trabalhadores reduzidos à condição análoga à escravidão, merece destaque especialmente quando a DPU atua em conjunto nos grupos de trabalho de combate ao trabalho escravo, mas a necessidade que deve ser absorvida pela DPU é a defesa do trabalhador no plano individual para escapar da cobrança de honorários advocatícios, normalmente deduzidos dos créditos trabalhistas, facilitando a acesso à justiça com a eliminação desta barreira econômica ao trabalhador necessitado.

Experiência rica é encontrada na parceria institucional entre a Faculdade de Direito da Universidade de Brasília — UnB, a Defensoria Pública da União — DPU e a Escola

---

(276) Conselho Federal da Ordem dos Advogados do Brasil - CFOAB. *Resolução n. 02, de 2015. DOU*, 04.11.2015, S. 1, p. 77). Código de Ética e Disciplina da Ordem dos Advogados do Brasil — OAB. Disponível em: <https://www.oab-al.org.br/app/uploads/2021/06/CODIGO-DE-ETICA-CED.pdf>. Acesso em: 15 jul. 2021.

(277) MOREIRA, José Carlos Barbosa. O direito à assistência jurídica: evolução no ordenamento brasileiro de nosso tempo. *Revista de processo — Repro*, v. 67, set. 1992, p. 124-134.CIA%20JURIDICA.pdf>. Acesso em: 15 jul. 2021.

Judicial (EJud-10) do Tribunal Regional do Trabalho — TRT da 10ª Região, sediado em Brasília. O Núcleo de Práticas Jurídicas (Nupaj), coordenado por Gabriela Neves Delgado, dá atendimento jurídico a trabalhadores domésticos nas dependências do Fórum da Justiça do Trabalho em Brasília desde 2017.[278]

Conforme Mauro Cappelletti e Bryant Garth, o segundo grande movimento, ou segunda onda, no esforço de melhorar o acesso à justiça enfrentou o problema da interesses difusos, assim chamados os interesses coletivos ou grupais diversos daqueles dos pobres",[279] detendo-se os autores na preocupação específica da representação jurídica para os interesses difusos.

Para Alexandre Freire Pimentel e Dimitri de Lima Vasconcelos:

> Essa etapa já foi alcançada mediante a atribuição de legitimação extraordinária a determinados entes representativos de grupos ou de coletividades, para agirem em nome próprio na defesa de direitos pertencentes a coletividades. Porém, a evolução dos direitos coletivos, como percebeu Flávio Mafra, exigiu não apenas a instituição de meios processuais de representatividade de determinadas corporações por certos indivíduos, mas, igualmente, a regulamentação da representatividade de determinadas classes de pessoas, mesmo que não estejam unidas por uma relação jurídica-base.[280]

Aqui passam a merecer atenção a defesa coletiva dos interesses ou direitos difusos, assim considerados os transindividuais, aqueles que não pertencem a um único sujeito, classificados como sendo "de natureza indivisível, de que sejam titulares pessoas indeterminadas e ligadas por circunstâncias de fato"; os interesses ou direitos coletivos, assim entendidos aqueles que alcançam grupos de pessoas ou a coletividade, os "de natureza indivisível, de que seja titular grupo, categoria ou classe de pessoas ligadas entre si ou com parte contrária por relação jurídica base", e os interesses ou direitos individuais homogêneos, assim entendidos os decorrentes de origem comum", aqui adotada praticamente a literalidade do art. 81 do Código de Defesa do Consumidor,[281] sendo de mencionar também a preocupação com a criança e o adolescente.[282]

Antes mesmo do Código de Defesa do Consumidor, a Consolidação das Leis do Trabalho — CLT, em 1943, deu tratamento adequado aos conflitos da coletividade, sendo o

(278) DPU, UnB e TRT 10 inauguram núcleo de atendimento a trabalhadores domésticos. *Jusbrasil.* Disponível em: <https://dpu.jusbrasil.com.br/noticias/454269341/dpu-unb-e-trt-10-inauguram-nucleo-de-atendimento-a-trabalhadores-domesticos>. Acesso em: 18 mar. 2022.

(279) CAPPELLETTI, Mauro; GARTH, Bryant. *Acesso à Justiça.* Porto Alegre: Sergio Antonio Fabris Editor, 1988. p. 49.

(280) PIMENTEL, Alexandre Freire; VASCONCELOS, Dimitri de Lima. Direitos coletivos em perspectiva histórica: análise dos critérios taxonômicos a partir dos planos processual e material. *Revista dos Tribunais — RTNE*, v. 4, n. 1, 2014.

(281) BRASIL. *Lei n. 8.078, de 11 de setembro de 1990.* Código de Defesa do Consumidor. Disponível em: <http://www.planalto.gov.br/ccivil_03/LEIS/L8078.htm>. Acesso em: 17 jul. 2021.

(282) BRASIL. *Lei n. 8.069, de 13 de julho de 1990.* Estatuto da criança e do adolescente. Disponível em: <http://www.planalto.gov.br/ccivil_03/leis/l8069.htm>. Acesso em: 17 jul. 2021.

primeiro diploma legal brasileiro a procurar superar o individualismo de então, privilegiando a solução conciliada, além de organizar os sindicatos como entes legitimados para celebrar convenções ou acordos coletivos de trabalho, atribuindo-lhes a prerrogativa de ajuizar ação de natureza coletiva.

O Brasil vem envidando esforços para proteger e viabilizar a representação dos interesses difusos, a exemplo da Lei n. 6.938, de 31 de agosto de 1981,(283) que dispõe sobre a política nacional do meio ambiente e atribui ao Ministério Público a legitimidade para propor ação de responsabilidade civil e criminal por danos causados ao meio ambiente; a Lei n. 7.347, de 24 de julho de 1985,(284) que disciplina ação civil pública, atribuindo ao Ministério Público a iniciativa da ação, assim como reformar procedimentos, de modo a tornar o acesso à Justiça mais fácil; ou a simplificação de ritos nos Juizados Especiais Cíveis, a que se refere a Lei n. 9.099, de 26 de setembro de 1995;(285) a criação dos Juizados Especiais Cíveis e Criminais no âmbito da Justiça Federal, por meio da Lei n. 10.259, de 12 de julho de 2001.(286) Aliás, a lei que criou originalmente os juizados especiais de pequenas causas(287) é de 1984, que foi revogada pela Lei n. 9.099, de 1995.

O tema está conectado com a Defensoria Pública da União, do Distrito Federal e Defensoria Pública dos Estados, com o Ministério Público Federal, Ministério Público do Trabalho e Ministério Público dos Estados, e associações.

A Constituição Federal do Brasil de 1988 homenageia os direitos e garantias fundamentais no Título II, capítulo I, disciplinando os direitos e deveres individuais e coletivos, os direitos sociais, dos arts. 5º ao 10, um extenso rol de deveres, direitos e garantias. Merece destaque a aplicação imediata dos direitos e garantias fundamentais, estabelecida no § 1º do art. 5º, prescindindo de qualquer iniciativa legislativa para a sua efetivação.

Todas essas providências normativas evidenciam a relevância dos Direitos de Cidadania, consagrados mais remotamente na Declaração Universal dos Direitos do Homem e do Cidadão, os Direitos Humanos de 1789 e o *Bill of Rights* norte-americano de 1791.(288)

No âmbito do direito material e processual do trabalho, a experiência com o direito coletivo é bastante antiga, sendo disciplinado desde a década de 1930, na redação original do art. 61, "*c*", da Constituição Federal de 1937, bem como em 1943, na Consolidação das Leis do Trabalho — CLT, arts. 611 e seguintes.

---

(283) BRASIL. *Lei n. 6.938, de 31 de agosto de 1981*. Dispõe sobre a política nacional do meio ambiente. Disponível em: <http://www.planalto.gov.br/ccivil_03/leis/l6938.htm>. Acesso em: 28 jul. 2021.

(284) BRASIL. *Lei n. 7.347, de 24 de julho de1985*. Disciplina ação civil pública. Disponível em: <http://www.planalto.gov.br/ccivil_03/leis/l7347orig.htm>. Acesso em: 22 jul. 2021.

(285) BRASIL. *Lei n. 9.099, de 26 de setembro de 1995*. Juizados Especiais Cíveis e Criminais. Disponível em: <http://www.planalto.gov.br/ccivil_03/leis/L9099.htm>. Acesso em: 22 jul. 2021.

(286) BRASIL. *Lei n. 10.259, de 12 de julho de 2001*. Juizados Especiais Cíveis e Criminais no âmbito da Justiça Federal. Disponível em: <http://www.planalto.gov.br/ccivil_03/leis/leis_2001/l10259.htm>. Acesso em: 28 jul. 2021.

(287) BRASIL. *Lei n. 7.244, de 07 de novembro de 1984*. Revogada pela Lei n. 9.099, de 1984. Disponível em: <http://www.planalto.gov.br/ccivil_03/leis/1980-1988/l7244.htm>. Acesso em: 28 jul. 2021.

(288) CASTRO, Carlos Roberto Siqueira. *O devido processo legal e os princípios da razoabilidade e da proporcionalidade*. 5. ed. Rio de Janeiro: Forense, 2010. p. 22-23.

A Constituição Federal de 1988 no inciso III do art. 8º assegura a liberdade de associação profissional ou sindical.[(289)]

Não só a ideia do contrato coletivo de trabalho, como efetivamente a negociação coletiva, o dissídio coletivo de natureza econômica ou jurídica, todos esses temas já eram tratados na CLT mesmo antes do Código de Defesa do Consumidor, aqui utilizado como parâmetro da tutela dos interesses difusos e coletivos.

Todavia, não se pode deixar de mencionar que o dissídio coletivo sofreu um significativo abalo com a Emenda Constitucional n. 45, de 2004, que passou a franquear às partes dissídio coletivo de natureza econômica, desde que seja de comum acordo, o que na prática inviabilizou o instrumento, pois aquela categoria que se recusa a negociar dificilmente fará acordo para que a Justiça do Trabalho resolva o dissídio coletivo de natureza econômica.

No dizer de Pedro Paulo Teixeira Manus:

> É no inciso XXXV do art. 5º da norma maior brasileira que se encontra o alicerce da nova jurisdição coletiva preventiva, que tem importante ligação com outros dispositivos constitucionais, como o art. 225, que criou a nova categoria dos direitos difusos e coletivos, como direitos que não são públicos nem privados, mas das coletividades, que precisam ser tutelados preventivamente como forma de proteção das presentes e futuras gerações.
>
> No tocante à jurisdição coletiva destaca-se na área trabalhista a tutela do meio ambiente do trabalho e de outros interesses difusos e coletivos pelo Ministério Público do Trabalho e por outros legitimados coletivos, como estabelece o § 1º do art. 129 da Constituição Federal.[(290)]

Mauro Cappelletti e Bryant Garth passam a tratar da terceira onda renovatória do processo abordando o acesso à representação em juízo. Destacam que os programas de assistência judiciária estão dando resultados, isto porque a representação dos interesses difusos não apenas dos pobres, mas também dos consumidores, dos ativistas de proteção ao meio ambiente, chamados "preservacionistas e do público em geral, na reivindicação agressiva de seus novos direitos sociais",[(291)] evidenciam o momento em que se toma mais consciência de seus direitos.

---

(289) BRASIL. *Constituição da República Federativa, de 5 de outubro de 1988.* Disponível em: <http://www.planalto.gov.br/ccivil_03/constituicao/constituicao.htm>. Acesso em: 22 jul. 2021. Art. 8º É livre a associação profissional ou sindical, observado o seguinte: III – ao sindicato cabe a defesa dos direitos e interesses coletivos ou individuais da categoria, inclusive em questões judiciais ou administrativas.

(290) MANUS, Pedro Paulo Teixeira. Princípio do devido processo legal e preclusão no processo do trabalho. *Consultor Jurídico — CONJUR*, 18 set. 2020. Disponível em: <https://www.conjur.com.br/2019-jan-25/reflexoes-trabalhistas-principio-devido-processo-legal-processo-trabalho>. Acesso em: 20 set. 2020.

(291) MAURO CAPPELLETTI e BRYANT GARTH. *Acesso à Justiça.* Porto Alegre: Sergio Antonio Fabris Editor, 1988. p. 67-73.

Os autores deixam claro que há uma concepção mais ampla do acesso à justiça, em um novo enfoque que vai mais além e centra a "atenção no conjunto geral de instituições e mecanismos, pessoas e procedimentos utilizados para processar e mesmo prevenir disputas nas sociedades modernas".(292) Ademais, quanto à necessidade de "criação de alternativas, utilizando procedimentos mais simples e/ou julgadores informais. Os reformadores estão utilizando, cada vez mais, o juízo arbitral, a conciliação e os incentivos econômicos para a solução de litígios fora dos tribunais".(293)

Deve-se a Kim Economides a referência à quarta onda de acesso à justiça,(294) agora preocupado com a formação jurídica e acadêmica nas Faculdades de Direito, quando problematiza com a seguinte indagação: "Mas estas reformas da 'terceira onda' promovem o 'acesso à justiça' ou acesso à paz?"(295) Dando continuidade à metáfora das ondas do Projeto Florença, do qual participou como pesquisador junto com Mauro Cappelletti, o autor "expõe as dimensões ética e política da administração da justiça e, assim, indica importantes e novos desafios tanto para a responsabilidade profissional como para o ensino jurídico".(296)

> Um trabalho que desenvolvi mais recentemente sobre o acesso à justiça, volta a investigação, pode-se dizer, para dentro, deixando o campo da oferta dos serviços jurídicos para concentrar-se no campo da ética legal. Esta nova perspectiva analítica derivado do fato de que considero que a essência do problema não está mais limitada ao acesso dos cidadãos à justiça, mas que inclui também o acesso dos próprios advogados à justiça. De fato, em minha opinião, o acesso dos cidadãos à justiça é inútil sem o acesso dos operadores do direito à justiça.(297)

O pesquisador enfatiza o papel das faculdades de direito, destacando que "a responsabilidade pela promoção e ampliação do acesso à educação jurídica, à lei e à justiça pode vir a ser mais um projeto de colaboração dos cursos de direito com o governo e os organismos profissionais", (298) devendo:

> "equipar os futuros advogados para atenderem às necessidades legais do público, não apenas inculcando conhecimento, em termos do ensino do método e do ofício legais, mas comunicando algo do valor e do potencial da lei em termos de seu poder de transformar as relações sociais e melhorar a condição humana".(299)

---

(292) *Ibidem*, p. 67-68.

(293) *Ibidem*, p. 81.

(294) ECONOMIDES, Kim. Lendo as ondas do "Movimento de Acesso à Justiça": epistemologia versus metodologia? In: PANDOLFI, Dulce Chaves; CARVALHO, José Murilo de; CARNEIRO, Leandro Piquet; GRYNSZPAN, Mario (Orgs.). *Cidadania, justiça e violência*. Rio de Janeiro: Fundação Getúlio Vargas, 1999. p. 61-76.

(295) *Ibidem*, p. 71.

(296) *Ibidem*, p. 72.

(297) *Ibidem*, p. 62.

(298) *Ibidem*, p. 76.

(299) *Idem*.

Kim Economides também estuda o acesso à justiça a partir de uma perspectiva espacial, antropológica e não metropolitana, observando a tensão centro-periferia. Questiona os pressupostos da teoria do direito, educação e prática legais vistos sob a perspectiva das comunidades de 3R: rurais, remotas e regionais. Afirma que tribunais e parlamentos centrais não levam em conta a existência de necessidades peculiares em comunidades não urbanas.

Na visão do autor, há uma representação excessiva dos interesses dos que residem nas cidades, enquanto os que vivem além dos seus limites experimentam algum tipo de discriminação ou mesmo a exclusão. Em sua visão, haveria um império urbano do direito, com pontos cegos na teoria, na educação e na prática jurídicas.[300]

Adriana Goulart de Sena Orsini e Anelice Teixeira Costa demonstram "a necessidade de transição do paradigma de formação adversarial para o cooperativo, como caminho necessário para a efetivação do acesso à justiça no Brasil". [301] Isso deve ser feito por meio da educação jurídica transmitida nas faculdades de direito.

A quinta onda de acesso à justiça está relacionada ao acesso tecnológico material à justiça. Caio Augusto Souza Lara trabalhou o tema em sua tese de doutorado com o título "O acesso tecnológico à justiça: por um uso contra-hegemônico do *big data* e dos algoritmos",[302] pela via dos direitos, inclusive abordando a predição em violações trabalhistas.

> A inserção cada vez mais forte de sistemas automatizados nos espaços de atuação do Direito traduz uma necessidade de adequação dessas tecnologias aos princípios basilares dos sistemas de justiça. Nesse sentido, contemplando a perspectiva do acesso à jurisdição, já existem mecanismos incorporados por dados e algoritmos computacionais passíveis de auxiliar na satisfação dos interesses dos sujeitos de um litígio, de modo convergente à garantia do devido processo legal, como ocorre com o PJe.
>
> (...)
>
> Nessa toada, contemplando o acesso à justiça pela via dos direitos, é necessário reconhecer as interseções entre o acesso à justiça e a tecnologia, como Lara (2019) fez, ao mapear a quinta onda renovatória. Este afluxo se origina a partir da coleta de dados permissiva à descoberta de padrões correlatos que auxiliam na tomada de decisões no ambiente virtual, por intermédio das tecnologias de

---

(300) ECONOMIDES, Kim. On liberating law from the tyranny of the city. In: FERRAZ, Leslie Shérida (Coord.). *Repensando o acesso à Justiça no Brasil:* estudos internacionais. Vol. 2 – Institutos inovadores. Aracaju: Evocati e Ipea — Instituto de Pesquisa Econômica Aplicada, 2016. p. 151-170.

(301) ORSINI, Adriana Goulart de Sena; COSTA, Anelice Teixeira. Educação para o acesso à justiça: a transformação dos paradigmas de solução de conflitos. *Revista da Faculdade de Direito da Universidade Federal de Minas Gerais — UFMG*, Belo Horizonte, n. 69, p. 23-43, jul./dez. 2016. Disponível em: <https://revista.direito.ufmg.br/index.php/revista/article/view/1779>. Acesso em: 20 mar. 2022.

(302) LARA, Caio Augusto Souza. *O acesso tecnológico à justiça:* por um uso contra-hegemônico do *big data* e dos algoritmos. Tese de Doutorado em Direito defendida perante o PPGD da Universidade Federal de Minas Gerais – UFMG. Belo Horizonte, 2019.

big data, o que só pode ser freado mediante o uso contra-hegemônico dos algoritmos, na busca de efetivação dos direitos, especialmente os direitos sociais. Desta forma, na contemporaneidade, o paradigma da tecnologia, passa a tomar contornos de intrínseco a todo o campo de discussão do acesso à justiça.(303)

Disso é exemplo o Projeto da Plataforma Sinapses, do Conselho Nacional de Justiça — CNJ.(304) Também a Portaria n. 271, de 4 de dezembro de 2020, do CNJ, que regulamenta o uso de Inteligência Artificial no âmbito do Poder Judiciário,(305) o juízo 100% digital,(306) a Justiça 4.0, que aplica a inovação e a tecnologia no âmbito do processo e do Poder Judiciário, com soluções disruptivas. Tem como objetivo tornar a justiça inovadora, com mais eficiência e mais inteligência, mais colaborativa, integrada e transparente.(307)

No atual estado da arte, o processo civil brasileiro está em plena fase de desjudicialização, incentivando os meios autocompositivos e também retirando do Poder Judiciário algumas matérias, visando diminuir a carga de trabalho e desafogar a Justiça como um todo.

São exemplos disso: i) a criação da política judiciária nacional de tratamento adequado dos conflitos de interesses no âmbito do Poder Judiciário, consoante Resolução n. 125, de 29 de dezembro de 2010, do Conselho Nacional de Justiça — CNJ; ii) o processo de inventário e partilha extrajudicial, se todos forem capazes e concordes, o que poderá ser feito por escritura pública; iii) a hipótese de separação consensual e divórcio consensual por via administrativa, nos termos da Lei n. 11.441, de 4 de janeiro de 2007, que alterou o Código de Processo Civil de 1973 — hoje, essas matérias encontram-se dispostas nos arts. 610, 611 e seguintes do Código de Processo Civil de 2015, bem como divórcio consensual, separação consensual e extinção consensual de união estável, sendo todos capazes, poderão ser realizados por escritura pública, nos termos do art. 733, observadas a demais formalidades do CPC de 2015; iv) recepção pelos Oficiais do Registro Civil das pessoas naturais, de indicações de supostos pais de pessoas que já se acharem registradas sem paternidade estabelecidas e reconhecimento espontâneo de filhos perante os referidos registradores.

---

(303) MONTEIRO, Wilson de Freitas. O acesso à justiça pela via dos direitos e a aplicação de mecanismos incorporados por dados e algoritmos computacionais no Poder Judiciário. In: LARA, Caio Augusto Souza; FLORES FILHO, Edgar Gastón Jacobs; SILVA, Lucas Jerônimo Ribeiro da. *Acesso à justiça e tecnologias do processo judicial.* XI Congresso RECAJ-UFMG: desafios, travessias e potencialidades para o direito e o acesso a justiça face aos algoritmos, ao *Big Data* e à inteligência artificial, p. 91-97. Disponível em: <https://www.conpedi.org.br/wp-content/uploads/2020/12/Livro-1-Acesso.pdf>. Acesso em: 20 mar. 2022.

(304) ARAÚJO, Valter Shuenquener de; GOMES, Marcus Livio (Coords.). CANEN, Doris (Org.). *Inteligência artificial e aplicabilidade prática no Direito.* Conselho Nacional de Justiça — CNJ. Disponível em: <https://www.cnj.jus.br/wp-content/uploads/2022/04/inteligencia-artificial-e-a-aplicabilidade-pratica-web-2022-03-11.pdf>. Acesso em: 20 abr. 2022.

(305) BRASIL. Conselho Nacional de Justiça — CNJ. *Portaria n. 271, de 4 de dezembro de 2020,* do CNJ, que regulamenta o uso de Inteligência Artificial no âmbito do Poder Judiciário. Disponível em: <https://atos.cnj.jus.br/files/original213010202012095fd141e2d012c.pdf>. Acesso em: 20 abr. 2022.

(306) BRASIL. Conselho Nacional de Justiça — CNJ. *Juízo 100% Digital.* Disponível em: <https://www.cnj.jus.br/juizo-100-digital-esta-em-todo-o-judiciario-de-mt-a-partir-desta-segunda-2-5/>. Acesso em: 20 abr. 2022.

(307) BRASIL. Conselho Nacional de Justiça — CNJ. *Justiça 4.0.* Disponível em: <https://www.cnj.jus.br/tecnologia-da-informacao-e-comunicacao/justica-4-0/>. Acesso em: 20 abr. 2022.

Depois das primeiras pesquisas sérias realizadas por Luiz Werneck Viana e mesmo após a implantação da política de gestão judicial por metas nacionais estabelecida pelo Conselho Nacional de Justiça — CNJ, em 2009, visando reduzir o estoque de processos e a denominada taxa de congestionamento, ainda assim, em 2014 tramitavam nos 90 Tribunais brasileiros 99,7 milhões de processos, sendo 70,8 milhões de acervo e 28,9 milhões de processos novos. A previsão era de que em 2015 o Brasil atingiria mais de 100 milhões de processos, tornando-se comum dizer que havia um processo para cada dois brasileiros; considerando que em cada processo atuam pelo menos duas partes, toda a população brasileira estaria litigando em juízo.(308)

De acordo com o Relatório Justiça em números 2018, o Poder Judiciário finalizou o ano de 2017 com 80,1 milhões de processos em tramitação;(309) o relatório de 2019 demonstra que ao final do ano de 2018 estavam em tramitação no Poder Judiciário 78,7 milhões de processos.(310) E o relatório de 2020 demonstra que o Poder Judiciário finalizou o ano de 2019 com 77,1 milhões de processos em tramitação, somados os que aguardavam alguma solução definitiva e os que estavam suspensos, sobrestados ou em arquivo provisório e aguardavam situação jurídica futura.(311)

É necessário mencionar que nesses quase 100 milhões de processos estão presentes os litigantes habituais: sistema financeiro, crédito, telefonia e Estado, configurando uma verdadeira litigância abusiva.

Isso tem levado à desjudicialização de muitas matérias, sendo incentivados os meios consensuais, novo paradigma dialógico de solução de conflitos, como a mediação e a conciliação até mesmo em matéria de direito público, uma mudança de paradigma,(312) abrandando o conceito até então rígido da indisponibilidade dos interesses, sendo exemplo a Lei n. 13.140, de 26 de junho de 2015,(313) bem como o Código de Processo Civil — CPC nos arts. 174 e 175.(314)

---

(308) CARDOSO, Maurício. Brasil atinge a marca de 100 milhões de processos em tramitação na Justiça. *Consultor Jurídico*, 15 set. 2015. Disponível em: <https://www.conjur.com.br/2015-set-15/brasil-atinge-marca-100-milhoes-processos-tramitacao>. Acesso em: 4 abr. 2022.

(309) BRASIL. Conselho Nacional de Justiça CNJ. *Relatório Justiça em números 2018, p. 73.*

(310) BRASIL. Conselho Nacional de Justiça CNJ. *Relatório Justiça em números 2019, p. 79.*

(311) BRASIL. Conselho Nacional de Justiça CNJ. *Relatório Justiça em números 2020, p. 93.*

(312) VIANA, Emilio de Medeiros; VIANA, Iasna Chaves. Conciliação, mediação e a fazenda pública: mudança de paradigma e entraves por superar. *Revista de formas consensuais de solução conflitos*. v. 2, n. 2 (2016). Disponível em: <https://www.indexlaw.org/index.php/revistasolucoesconflitos/article/view/1568/2029>. Acesso em: 4 abr. 2022.

(313) BRASIL. *Lei n. 13.140, de 26 de junho de 2015*. Dispõe sobre a mediação entre particulares como meio de solução de controvérsias e sobre a autocomposição de conflitos no âmbito da administração pública. Disponível em: <http://www.planalto.gov.br/ccivil_03/_ato2015-2018/2015/lei/l13140.htm>. Acesso em: 4 abr. 2022.

(314) BRASIL. *Lei n. 13.105, de 16 de março de 2015*. Código de Processo Civil — CPC. Disponível em: <http://www.planalto.gov.br/ccivil_03/_ato2015-2018/2015/lei/l13105.htm>. Acesso em: 4 abr. 2022. Art. 174. A União, os Estados, o Distrito Federal e os Municípios criarão câmaras de mediação e conciliação, com atribuições relacionadas à solução consensual de conflitos no âmbito administrativo, tais como: I – dirimir conflitos envolvendo órgãos e entidades da

Sempre mencionando o argumento de maior agilidade e menor custo, o Código de Processo Civil de 2015 disciplina as atividades dos conciliadores e mediadores judiciais, "informadas pelos princípios da independência, da imparcialidade, da autonomia da vontade, da confidencialidade, da oralidade, da informalidade e da decisão informada", consoante arts. 165 a 175, determinando que os Tribunais criem centros judiciários de solução consensual de conflitos — CEJUSCs, admitindo, inclusive, as câmaras privadas de conciliação e mediação, todos devidamente inscritos em cadastro nacional em cadastro de Tribunal de Justiça ou em Tribunal Regional Federal.

Ponto de mudança relevante no CPC é a obrigatoriedade da audiência de conciliação ou de mediação, conforme *caput* do art. 334. O não comparecimento do autor ou do réu é considerado ato atentatório à dignidade da justiça, com imposição de multa, conforme o § 8º do mesmo artigo.

Kazuo Watanabe já apontava os, à época chamados de meios alternativos de solução de conflitos, como a mediação, a conciliação, a arbitragem, por meio de estruturas organizadas e fiscalizadas ou acompanhadas pelo Estado, mas não necessariamente integrantes do Poder Judiciário, admitindo que nem todo e qualquer tipo de conflito pode assim ser revolvido, mas alguns, mencionando especificamente "conflitos que envolvem pessoas em contato permanente, como nas relações jurídicas continuativas (*v.g.*, relações de vizinhança, de família, de locação), para os quais a mediação e a conciliação são adequadas, pois não somente solucionam os conflitos como têm a virtude de pacificar os conflitantes" e também "consumidor, condomínio — em relação aos quais uma Justiça mais ágil, leve 'deformalizada', 'delegalizada' e desprofissionalizada pode prestar um serviço mais adequado do que a Justiça concebida em termos tradicionais".(315)

Analisa-se agora o acesso à justiça sob o enfoque dos meios adequados de prevenção e solução de conflitos.(316)

A garantia constitucional do acesso à Justiça e como vem se dando essa prestação enquanto serviço público, partindo da premissa da complexidade da sociedade atual e suas

---

administração pública; II – avaliar a admissibilidade dos pedidos de resolução de conflitos, por meio de conciliação, no âmbito da administração pública; III – promover, quando couber, a celebração de termo de ajustamento de conduta. Art. 175. As disposições desta Seção não excluem outras formas de conciliação e mediação extrajudiciais vinculadas a órgãos institucionais ou realizadas por intermédio de profissionais independentes, que poderão ser regulamentadas por lei específica. Parágrafo único. Os dispositivos desta Seção aplicam-se, no que couber, às câmaras privadas de conciliação e mediação.

(315) WATANABE, Kazuo. Acesso à Justiça e sociedade moderna. In: GRINOVER, Ada Pellegrini; Dinamarco, Cândido Rangel; WATANABE Kazuo (Orgs.). *Participação e Processo*. São Paulo: Revista dos Tribunais, 1988. p. 132-134.

(316) O tema deste tópico foi objeto de importante parte da pesquisa, merecendo a publicação de artigo tratando do acesso à justiça, cidadania e de como os meios consensuais de solução e prevenção de conflitos podem restaurar os laços comunitários, escrito em conjunto com o orientador, Prof. Dr. Sergio Torres Teixeira. *Vide*: IVO, Jasiel; TEIXEIRA, Sergio Torres. Acesso à justiça e cidadania: de como os meios consensuais de solução e prevenção de conflitos podem fortalecer a cidadania e restaurar os laços comunitários. *Revista da Faculdade de Direito de Universidade Federal de Goiás*, v. 45, n. 2 (2021). Disponível em: <https://www.revistas.ufg.br/revfd/article/view/68261/38065>. Acesso em: 4 abr. 2022.

múltiplas relações jurídicas, anseios, desejos e reivindicações, num ambiente de permanentes conflitos sociais, políticos e econômicos, que leva à inevitável judicialização das relações sociais e à crise do Poder Judiciário.

Diante da promessa da universalidade de acesso à jurisdição e das inegáveis dificuldades do Poder Judiciário de concretizar tal garantia a todos, não só em razão da disfuncionalidade do sistema, como também devido à inadequação de alguns procedimentos adotados, encontra-se no centro do debate acadêmico e, ainda, no pragmatismo profissional, a discussão sobre os meios consensuais de prevenção e solução de conflitos, também denominado de sistema multiportas.(317)

O atual Código de Processo Civil estabelece que o Estado promoverá, sempre que possível, a solução consensual dos conflitos, e que a conciliação, a mediação e outros métodos devem sempre ser estimulados.(318) Cabe lembrar que recentemente foi introduzida na Consolidação das Leis do Trabalho a homologação judicial de acordo extrajudicial (arts. 652, "*f*", 855-B a 855-E, acrescentados pela Lei n. 13.467, de 2017,(319) o que demonstra a grande importância que o tema assume e seu debate desperta.

O quadro é o de uma sociedade conflituosa, animada pela cultura da litigiosidade, como acentuam Luiz Werneck Vianna *et all*,(320) enquanto o Estado tem dado sinais de esgotamento do meio adjudicatório de solução de conflitos via decisão do Poder Judiciário.

O objetivo, portanto, é analisar e compreender o paradoxo da judicialização da vida, a politização e a crise do Poder Judiciário. O tema investigado adquire relevância ao revelar que o resultado da adversidade é o oferecimento dos meios adequados de resolução de conflitos, até mesmo de modo preventivo, superando a tradicional forma da demanda resolvida via sentença judicial e demonstrando que os meios adequados também realizam e tornam efetivo o acesso à justiça.

Parece inegável que o Poder Judiciário não consegue dar cobro às demandas sociais por justiça e, ao mesmo tempo, *contrario sensu*, assume protagonismo na cena política ou em matéria de alta tensão que não consegue o consenso na arena adequada — o Parlamento —, sendo por isso acusado de se imiscuir indevidamente em assuntos alheios às suas atribuições constitucionais, sobremodo em diretrizes e políticas públicas.

---

(317) O modelo "Multi-door Courthouse" foi apresentado inicialmente pelo Prof. Frank Ernest Arnold Sander, da Universidade de Harvard, em abril de 1976, na Conferência Pound, convocada pelo Presidente da Suprema Corte dos Estados Unidos, Waren Burger, para discutir os problemas na Administração da Justiça Americana. Disponível em: <https://sistemasjudiciales.org/revista/revista-n-22/o-sistema-de-multiplas-portas/>. Acesso em: 4 abr. 2022.

(318) BRASIL. *Lei n. 13.105 de 16 de março de 2015*. Código de Processo Civil — CPC. Disponível em: <http://www.planalto.gov.br/ccivil_03/_ato2015-2018/2015/lei/l13105.htm>. Acesso em: 4 abr. 2022.

(319) BRASIL. *Lei n. 13.467, de 13 de julho de 2017*. Lei da reforma trabalhista. Disponível em: <http://www.planalto.gov.br/ccivil_03/_ato2015-2018/2017/lei/l13467.htm>. Acesso em: 4 abr. 2022.

(320) VIANNA, Luiz Werneck; CARVALHO, Maria Alice Rezende de; MELO, Manuel Palacios Cunha; BURGOS, Marcelo Baumann. *A Judicialização da Política e das Relações Sociais no Brasil*. 2. ed. Rio de Janeiro: Editora Revan, 2014.

Qualquer pessoa do povo, quando indagada sobre o que pensa da atuação do Poder Judiciário, seja qual for o interesse ou a motivação, decerto responderá de modo bastante negativo, resposta recheada de queixas e insatisfações,(321) acentuando a morosidade, o elevado custo, as injustiças, os erros judiciais e até a imprevisibilidade e inadequação das decisões,(322) a depender, neste último caso, do grau maior de sofisticação argumentativa.

Óbvio que o redarguinte possui carradas de razão, pois de há muito são apontados os obstáculos de acesso à Justiça, como o excesso de ritos e formalidades, os procedimentos complicados, algumas vezes até a suntuosidade dos equipamentos, a linguagem rebuscada e hermética de juízes e advogados,(323) as distâncias geográficas entre a população e as unidades judiciárias, os elevados custos do processo e a escassez de recursos financeiros (hipossuficiência econômica da população), lentidão dos processos e até o temor de sofrer represálias, tudo isso afastando o cidadão do Poder Judiciário.(324)

Os argumentos ainda são os mesmos, como a permanente crítica à atuação dos juízes e a lentidão da justiça, a inadequação ou algumas vezes até as precárias condições de sua estrutura física, sendo infindável a busca pela ampliação e construção de novas e mais modernas instalações, pelo aprimoramento de meios de seleção e contratação de pessoal, as seguidas modificações na legislação processual, além da necessidade de estruturação de serviços que facilitem o acesso e a informação.

Sobrecarregado, o Poder Judiciário acaba por frustrar expectativas, causando o indisfarçável sentimento de inoperosidade e a insatisfação da população com sua estrutura e funcionamento, o que demanda estudo adequado e esforço para solução, algo que exige uma pesquisa interdisciplinar permanente, como defende Watanabe.(325)

Outro aspecto que merece reflexão é a emergência de novas formas de sociabilidade, inegavelmente mais complexas e intrincadas, que não mais permitem "[...] falar de regulação social, de regulação jurídica, de produção normativa, produção do direito, de tomada de decisão política [...] sem levar em consideração a fragmentação da soberania e a segmentação do poder, que caracterizam as sociedades contemporâneas", como destacou Andre-Jean Arnaud *apud* Renata Ovenhausen Albernaz e Ariston Azevêdo.(326)

---

(321) TEIXEIRA, Sérgio Torres. Acesso à Justiça e crise do modelo processual brasileiro contemporâneo: superando os obstáculos à efetividade do processo trabalhista. In: GOMES NETO, José Mário Wanderley (Coord.). *Dimensões do acesso à justiça*. Salvador: JusPodivm, 2008. p. 235-252.

(322) WATANABE, Kazuo. *Acesso à ordem jurídica justa* (conceito atualizado de acesso à justiça) — processos coletivos e outros estudos. Belo Horizonte: Editora Del Rey, 2019. p. 81.

(323) SADEK, Maria Tereza Aina. Acesso à justiça: um direito e seus obstáculos. *Revista da Universidade de São Paulo — USP*, n. 101, 2014. Dossiê Justiça Brasileira. Disponível em: <https://www.revistas.usp.br/revusp/article/view/87814>. Acesso em: 4 abr. 2022.

(324) CAPPELLETTI, Mauro; GARTH, Bryant. *Acesso à Justiça*. Tradução: Ellen Gracie Northfleet. Porto Alegre: Sergio Antonio Fabris Editor, 1988, reimp. 2015. p. 15-29.

(325) WATANABE, Kazuo. Acesso à justiça e sociedade moderna. In: GRINOVER, Ada Pellegrini; DINAMARCO, Cândido Rangel; WATANABE, Kazuo (Orgs.). *Participação e processo*. São Paulo: Revista dos Tribunais, 1988. p. 128-135.

(326) ALBERNAZ, Renata Ovenhausen; AZEVÊDO, Ariston. A pluralidade do social e o pluralismo jurídico: a discussão acerca da atual emergência de novas unidades sociais geradoras de juridicidade. *Revista Direito, Estado e Sociedade*, n. 26, 2005, p. 97-98. Disponível em: <https://www.researchgate.net/publication/274747047_A_pluralidade_

Nesse ambiente de crescente complexidade social, cujos novos papéis repercutem na conformação de novas relações, avulta a incapacidade do Estado de dar respostas satisfatórias e em tempo razoável, o que faz com que surjam as instâncias de caráter privado de tratamento de conflitos, multiplicando os centros de poder, como demonstra Fabiana Marion Spengler.(327) O Estado se esforça para manter o controle e a gestão dos conflitos, receando perder terreno com o fomento dessas instâncias particulares, atraindo para si a gestão dos meios consensuais, outrora chamados alternativos.

Junges Ionathan e Rosane Teresinha Carvalho Porto demonstram que com a adoção, desenvolvimento e aprimoramento dos meios consensuais de solução e prevenção de conflitos ocorreu uma verdadeira reconfiguração não apenas no tratamento e gerenciamento do processo, mas também do próprio Poder Judiciário, dos serviços e no sistema de justiça, bem como no conceito de acesso à justiça, mais precisamente no paradigma da modernidade e da sociedade complexa, com novas formas e técnicas de resolução de conflitos.(328)

É inegável, portanto, que o Judiciário está no epicentro dos principais debates nas últimas décadas, seja em razão de seu ativismo, seja em decorrência de suas sucessivas crises, ora assumindo aspecto político, já que uma das críticas está relacionada à atuação dos juízes, que se imiscuem em diretrizes e políticas públicas, ora em sua estrutura física, com ampliação e construção de novas e mais modernas instalações, seleção e contratação de pessoal, estruturação de serviços que facilitem o acesso e a informação, além das seguidas reformas processuais, que "se movem a um ritmo puramente impressionístico", como destaca José Carlos Barbosa Moreira.(329)

Parece evidente que diante da conformação das novas relações sociais, mais se acentua a crise do Poder Judiciário, restando claro que por mais que labore e se modernize, como ocorreu com a implantação do processo judicial eletrônico (PJe)(330), construa novas unidades judiciárias e aumente o número de pessoal e serviços, não conseguirá dar cobro à pletora de feitos.

A discussão é mais ampla e envolve a compreensão das profundas transformações ocorridas na sociedade, que vão desde a pressão por novos direitos exercida por grupos organizados, até a imposição de regras mais flexíveis pelo mercado — "agentes da economia e da

do_social_e_o_pluralismo_juridico_a_discussao_acerca_da_atual_emergencia_de_novas_unidades_sociais_geradoras_de_juridicidade>. Acesso em: 4 abr. 2022.

(327) SPENGLER, Fabiana Marion. A crise do Estado e a crise da jurisdição: (in)eficiência face à conflituosidade social. *Revista Brasileira de Direito, IMED*, v. 7, n. 1, jan./jun. 2011, p. 7-38. Disponível em: <https://seer.imed.edu.br/index.php/revistadedireito/article/view/255>. Acesso em: 4 abr. 2022.

(328) JUNGES, Ionathan; PORTO, Rosane Teresinha Carvalho. O paradigma moderno e a re(configuração) do sistema de justiça a partir dos mecanismos alternativos de justiça. *Revista Scientia Iuris*, v. 25, n. 2, 2021. Disponível em: <https://www.uel.br/revistas/uel/index.php/iuris/article/view/42676/30017>. Acesso em: 5 abr. 2022.

(329) BARBOSA MOREIRA. O futuro da justiça: alguns mitos. In: *Temas de Direito Processual:* Oitava série. Rio de Janeiro: Forense, 2004. p. 1-14.

(330) BRASIL. *Lei n. 11.419, de 19 de dezembro de 2006*. Dispõe sobre a informatização do processo judicial. Disponível em: <http://www.planalto.gov.br/ccivil_03/_ato2004-2006/2006/lei/l11419.htm>. Acesso em: 6 maio 2022.

política globalizada", como destacam Renata Ovenhausen Albernaz e Ariston Azevêdo.[331] Some-se a isto o fato de o Poder Legislativo não conseguir dar respostas satisfatórias diante de tantas e variadas demandas, evidenciando sua gradual perda de poder para o Executivo e Judiciário, como adverte João Maurício Adeodato,[332] assumindo este um protagonismo que desloca o espaço da divergência, do dissenso e formação do consenso.

A integração dos mercados e a globalização econômica, que no dizer de José Eduardo Faria, fizeram com que a política fosse substituída, como instância máxima de regulação social, pelo mercado, deixando vulneráveis as decisões governamentais e esvaziando "a ideia de justiça social via política tributária, convertendo os cortes de gastos sociais do Estado em instrumento disfarçado de redução de direitos",[333] aumentam a litigiosidade e a pressão sobre o Judiciário.

A norma elaborada pelo Poder Legislativo, com aquelas clássicas características da universalidade, abstração, cada vez mais vem demandando um novo formato diante da dinâmica e das novas exigências da sociedade, bem como das profundas mudanças operadas, sobretudo, nos mercados, impondo novos paradigmas, como tem sustentado José Eduardo Faria.[334]

A judicialização da política e da economia é fenômeno complexo, que envolve diferentes fatores. São essas questões políticas e econômicas que fazem surgir a judicialização, "socializando as expectativas dos atores de interpretação da ordem jurídica e calibram os padrões vigentes de legitimidade na vida política".[335]

Entre a judicialização excessiva e o ativismo judicial, a legislação atribui ao Poder Judiciário um papel seletivo e escolhe o que vai ser decidido por adjudicação do Estado e o que vai para os meios consensuais de resolução de conflitos.

Fabiana Spengler constatou que "é possível perceber a retração e o descompasso entre a função jurisdicional do Estado e a complexidade conflituosa atual".[336] Inegavelmente, o

---

(331) ALBERNAZ, Renata Ovenhausen; AZEVÊDO Ariston. A pluralidade do social e o pluralismo jurídico: a discussão acerca da atual emergência de novas unidades geradoras de juridicidade. Direito, *Estado e Sociedade*, v. 9, n. 26, p. 97-124, jan./jun. 2005.

(332) ADEODATO, João Maurício Leitão. A retórica constitucional e os problemas dos limites interpretativos e éticos do ativismo jurisdicional no Brasil. *Revista da Faculdade Mineira de Direito*, v. 20, n. 40, 2017, p. 118-142. Disponível em: <http://periodicos.pucminas.br/index.php/Direito/article/view/17980>. Acesso em: 6 maio 2022.

(333) FARIA, José Eduardo. O sistema brasileiro de justiça: experiência recente e futuros desafios. São Paulo: *Scielo Brasil. Estudos avançados*, vol. 18, n. 51, maio/ago. 2004. Disponível em: <https://www.scielo.br/j/ea/a/7SxL3ZVmwbGPNsgbRRM3FmQ/?lang=pt>. Acesso em: 10 maio 2022.

(334) *Idem. Direito e globalização econômica:* implicações e perspectivas. 1. ed. São Paulo: Malheiros, 2015. p. 5-13 e 127-160.

(335) *Idem*. O sistema brasileiro de justiça: experiência recente e futuros desafios. São Paulo: *Scielo Brasil. Estudos avançados*, vol. 18, n. 51. maio/ago. 2004. Disponível em: <https://www.scielo.br/j/ea/a/7SxL3ZVmwbGPNsgbRRM3FmQ/?lang=pt>. Acesso em: 6 jul. 2022, p. 104.

(336) SPENGLER, Fabiana Marion. A crise do Estado e a crise da jurisdição: (in)eficiência face à conflituosidade social. *Revista Brasileira de Direito, IMED*, v. 7, n. 1, jan./jun. 2011. Disponível em: <https://seer.imed.edu.br/index.php/revistadedireito/article/view/255>. Acesso em: 6 jul.2022.

monopólio estatal da jurisdição vem demonstrando sinais de esgotamento há muito tempo, resultando na perda desse espaço da atuação judicial/estatal como mediadora, fazendo surgir, "numa mesma sociedade, o convívio de um espaço jurídico oficial e outro não oficial, cuja importância é reconhecida pelos hipossuficientes que não têm possibilidade de acesso ao direito estatal".[337]

Mauro Cappelletti chama a atenção para o fato de que:

> O movimento do acesso à Justiça, no entanto, prende seguramente a mobilidade da crítica realística do formalismo e do dogmatismo jurídico, com a sua absurda pretensão de uma 'pureza' que nada tem a ver com a realidade, se propõe objetivos dos mais diferenciados e mais fiéis à complexidade da sociedade humana. O aspecto normativo do direito não é renegado, mas é visto como um dos elementos, e não menos o mais importante, posto que primeiramente são as pessoas (com todas as suas peculiaridades culturais, econômicas, sociais), as instituições, os processos, pessoas, instituições e processos através dos quais o direito vive, se forma, desenvolve e se impõe.[338]

No plano das relações de trabalho, a alta litigiosidade vem sendo discutida de há muito, inclusive sendo acentuada a postulação de risco e sem muito compromisso com a verdade dos fatos, passando a ser defendida em razão disso a chamada postulação responsável.

O argumento realmente não é novo e serviu de justificativa para que fossem adotadas providências legais para desafogar a Justiça do Trabalho no início dos anos 2000, com a Lei n. 9.957, de 12 de janeiro de 2000, que acrescentou à Consolidação das Leis do Trabalho — CLT os arts. 852-A a 852-I, criando o rito sumaríssimo.

No mesmo dia e também com o mesmo objetivo de desafogar a Justiça do Trabalho, a Lei n. 9.958, de 12 de janeiro de 2000, a Consolidação das Leis do Trabalho — CLT, passou por importante modificação, sendo introduzidas as comissões de conciliação prévia, conforme arts. 625-A a 625-H, estabelecendo que as empresas e sindicatos poderiam instituir tais comissões, de composição paritária, com representantes dos empregados e dos empregadores e atribuição de tentar conciliar os conflitos individuais do trabalho, prevendo estabilidade temporária dos representantes dos empregados, titulares e suplentes, até um ano após o final do mandato, salvo se cometessem falta grave.

As comissões passaram a ter caráter prévio indispensável para o ajuizamento da reclamação trabalhista, conforme interpretação que se deu ao art. 625-D da CLT.[339]

---

(337) *Idem.*

(338) CAPPELLETTI, Mauro. O acesso à justiça e a função do jurista em nossa época. *Revista de Processo*, vol. 61, 1991, p. 144-160, jan./mar. 1991.

(339) BRASIL. *Consolidação das Leis do Trabalho — CLT.* Disponível em: <http://www.planalto.gov.br/ccivil_03/Decreto-lei/del5452.htm>. Acesso em: 12 jun. 2022. Art. 625-D. Qualquer demanda de natureza trabalhista será submetida à Comissão de Conciliação Prévia se, na localidade da prestação de serviços, houver sido instituída a Comissão no âmbito da empresa ou do sindicato da categoria.

Diante da inegável utilização das comissões de conciliação prévia apenas com o propósito de obter eficácia liberatória das verbas trabalhistas, impedindo a análise da ação pela Justiça do Trabalho, o Supremo Tribunal Federal — STF julgou em 1º.08.2018, por unanimidade, procedentes duas Ações Diretas de Inconstitucionalidade, a de n. 2.139/DF e a de n. 2.160/DF, ajuizadas por diversos partidos políticos e pela Confederação Nacional dos Trabalhadores no Comércio, conforme consolidadas na ementa da primeira ADI.(340)

Hoje, o momento histórico é outro, estando a ocorrer uma inflexão tanto no direito material quanto no processual do trabalho, a começar pela desjudicialização das relações de trabalho, com a curiosa figura do trabalhador hipersuficiente, assim considerado aquele que percebe remuneração superior a duas vezes o limite máximo estabelecido para os benefícios do Regime Geral da Previdências Social, sendo prevista a possibilidade da pactuação de cláusula compromissória de arbitragem, bem como a quitação anual das obrigações trabalhistas perante o sindicato da categoria, conforme arts. 507-A e 507-B da Consolidação das Leis do Trabalho — CLT, acrescentados pela Lei n. 13.467, de 2017.

Menciona-se também o procedimento de jurisdição voluntária para a homologação de acordo extrajudicial. Em certa medida andou bem a reforma trabalhista de 2017 ao demonstrar preocupação quando passou a disciplinar o processo de jurisdição voluntária para homologação de acordo extrajudicial, acrescentando à Consolidação das Leis do Trabalho os arts. 855-B ao 855-E.

Por óbvio, a mudança gera certa desconfiança, já que retira parcela do poder da Justiça do Trabalho de participar das tratativas, uma vez que consta no *caput* do art. 855-B que "o processo de homologação de acordo extrajudicial terá início por petição conjunta, sendo obrigatória a representação das partes por advogados", que não podem ser comuns, facultando-se ao trabalhador a assistência pelo advogado do sindicato de sua categoria.

Várias medidas têm sido implementadas, seguindo as ondas renovatórias de Mauro Cappelletti e Bryant Garth, visando a superação dos obstáculos de acesso à Justiça,(341) como a assistência judiciária gratuita, a criação, estruturação e funcionamento das defensorias públicas, o Código de Defesa do Consumidor para conflitos individuais e de massa, todas matérias com assento constitucional, além da criação de novas categorias de direitos

---

(340) Ação Direta de Inconstitucionalidade. §§ 1º A 4º DO ART. 625-D DA CONSOLIDAÇÃO DAS LEIS DO TRABALHO — CLT, ACRESCIDO PELA LEI N. 9.958, DE 12.01.2000. COMISSÃO DE CONCILIAÇÃO PRÉVIA — CCP. SUPOSTA OBRIGATORIEDADE DE ANTECEDENTE SUBMISSÃO DO PLEITO TRABALHISTA À COMISSÃO PARA POSTERIOR AJUIZAMENTO DE RECLAMAÇÃO TRABALHISTA. INTERPRETAÇÃO PELA QUAL SE PERMITE A SUBMISSÃO FACULTATIVAMENTE. GARANTIA DO ACESSO À JUSTIÇA. INC. XXXV DO ART. 5º DA CONSTITUIÇÃO DA REPÚBLICA. AÇÃO JULGADA PARCIALMENTE PROCEDENTE PARA DAR INTERPRETAÇÃO CONFORME A CONSTITUIÇÃO AOS §§ 1º A 4º DO ART. 652-D DA CONSOLIDAÇÃO DAS LEIS DO TRABALHO — CLT. BRASIL. Supremo Tribunal Federal — STF. *Ação Direita de Inconstitucionalidade n. 2.139/DF*, julgada procedente em parte, por unanimidade do plenário, em 1º.08.2018. Disponível em: <https://redir.stf.jus.br/paginadorpub/paginador.jsp?docTP=TP&docID=749177939>. Acesso em: 12 jun. 2022. *Ação Direita de Inconstitucionalidade n. 2.160/DF*, julgada procedente em parte, por unanimidade do plenário, em 1º.08.2018. Disponível em: <http://portal.stf.jus.br/processos/detalhe.asp?incidente=1809852>. Acesso em: 12 jun. 2022.

(341) CAPPELLETTI, Mauro; GARTH, Bryant. *Acesso à Justiça*. Tradução: Ellen Gracie Northfleet. Porto Alegre: Sergio Antonio Fabris Editor, 1988, reimp. 2015. p. 31-73.

e sujeitos jurídicos legitimados, como são os direitos coletivos, individuais homogêneos e os difusos, cujas demandas sociais provocam a explosão de litigiosidade, como esclarecem José Luis Bolzan de Morais e Fabiana Marion Spengler,(342) daí Cappelletti e Garth mencionarem expressamente "a criação de alternativas, utilizando procedimentos mais simples e/ou julgadores informais", discorrendo sobre juízo arbitral, conciliação, destacando os benefícios de cada um destes métodos.(343)

O Brasil, apesar de sua enorme desigualdade social e da péssima distribuição de renda, com economia típica de um país periférico, curiosamente é um país que praticamente convida o cidadão a demandar em juízo.

Sobre a cultura da litigiosidade, menciona-se o exemplo da campanha associativa "Juiz do Trabalho: ele está sempre ao seu lado", veiculada em *outdoors* espalhados em todas as maiores cidades. Claro que a iniciativa é bem-intencionada e visa coibir abusos de empresas que nem sempre respeitam os direitos dos trabalhadores, gerando constante dissenso, servindo a campanha como uma forma de esclarecimento e informação a empregados e empregadores sobre direitos trabalhistas.

Não se pode negar, todavia, que isso consiste num convite ao litígio, sendo muito difícil pensar em meios consensuais de resolução de conflitos e seus benefícios diante de uma cultura do demandismo tão arraigada e até incentivada institucionalmente, sem falar na opção metodológica do ensino do Direito nas faculdades, sempre do ponto de vista adversarial, onde supostamente vence o mais arguto.

Apesar dos índices de produtividade dos magistrados brasileiros apurados pelo Conselho Nacional de Justiça — CNJ, uma vez confirmada a curva de redução no estoque de processos, com o total de 77,1 milhões de processos em tramitação, com redução de aproximadamente 1,5 milhão de processos pendentes de solução, o número de processos baixados em 2019 foi 35,4 milhões de casos. Em comparação com 2018, o número de casos solucionados aumentou em 11,6%;(344) a taxa de congestionamento ainda é considerada muito alta, na ordem de 54% no segundo grau e de 74% no primeiro grau de jurisdição.(345) A porta de entrada da Justiça parece larga, porém a de saída é estreita, como lembra Sadek.(346)

(342) MORAIS, José Luis Bolzan de; SPENGLER, Fabiana Marion. *Mediação e arbitragem*. Alternativas à jurisdição. Porto Alegre: Livraria do Advogado, 2019. p. 77.

(343) CAPPELLETTI, Mauro; GARTH, Bryant. *Acesso à Justiça*. Tradução: Ellen Gracie Northfleet. Porto Alegre: Sergio Antonio Fabris Editor, 1988, reimp. 2015. p. 81-90.

(344) BRASIL. Conselho Nacional de Justiça — CNJ. *Justiça em números 2020*. Disponível em: <https://www.cnj.jus.br/wp-content/uploads/2020/08/WEB_V2_SUMARIO_EXECUTIVO_CNJ_JN2020.pdf>. Acesso em: 30 nov. 2021.

(345) BRASIL. Conselho Nacional de Justiça — CNJ. *Programa de Priorização do Primeiro Grau de Jurisdição. Taxa de congestionamento 1º e 2º Graus*. Disponível em: <https://www.cnj.jus.br/programas-e-acoes/priorizacao-do-1o-grau/dados-estatisticos-priorizacao/taxa-congestionamento-priorizacao/>. Acesso em: 30 nov. 2021.

(346) SADEK, Maria Tereza Aina. Acesso à justiça: um direito e seus obstáculos. *Revista da Universidade de São Paulo — USP*, n. 101, 2014. Dossiê Justiça Brasileira. Disponível em: <https://www.revistas.usp.br/revusp/article/view/87814>. Acesso em: 30 nov. 2021.

José Luis Bolzan de Morais e Fabiana Marion Spengler asseveram que a "ausência de um poder organizado, é geradora de intranquilidades comprometedoras do convívio social, afinal, nesses conflitos tratados mediante a defesa privada, não há como saber-se quem realmente detinha a razão ou quem fora mais forte, mais astuto, no desenrolar da lide".(347)

A jurisdição e suas crises, conforme Fabiana Marion Spengler, são

> [...] criadas e fomentadas, nascidas de um deliberado processo de enfraquecimento do Estado, a crise se transporta para todas as suas instituições, pois o Direito que reconhecemos e aplicamos posto pelo Estado, assim o é porque seus textos são escritos pelo Legislativo, mas também porque as suas normas são aplicadas pelo Judiciário.(348)

Numa visão realista, nem todas as promessas da modernidade são factíveis e com isso se demonstra que a crise não é apenas do Judiciário, gerando um mal-estar permanente ou, sendo otimista, um incômodo cíclico com o Direito, suas normas, quem as elabora, a quem se destinam, a quais interesses atendem, quem e de que forma as aplica aos casos concretos.

Uma dessas promessas é a proteção social, típica do Estado de promoção social, que organiza a economia, resumido na expressão Estado do bem-estar social — *Welfare State* —, ficando a proteção social cada vez mais ameaçada(349) diante da crise econômica e do avanço do Estado liberal, causando tensão permanente entre classes e nas relações sociais, capaz de desestabilizar a democracia.

Por isso é preferível usar a expressão neoliberalismo, porque diferente do Estado liberal dos séculos XVII e XVIII, com a Revolução Gloriosa de 1688 na Inglaterra e as Revoluções Americana de 1776 e Francesa de 1789, somadas à Revolução Industrial e à urbanização das cidades, tal modelo agressivo levou a humanidade a fome, doenças, revoltas, guerras e toda sorte de sofrimento, até que Otto von Bismark, em 1880, na Alemanha, praticamente inaugurou o Estado social, síntese do liberalismo econômico e do socialismo.

Paulo Bonavides acentua as quatro gerações ou dimensões dos direitos humanos fundamentais, anotando sempre que é no Estado social que se positivam, com as Constituições progressistas e libertárias:

> O Estado social representa efetivamente uma transformação superestrutural por que passou o antigo Estado liberal. Seus matizes são riquíssimos e diversos.

(347) MORAIS, José Luis Bolzan de; SPENGLER, Fabiana Marion. *Mediação e arbitragem:* alternativa à jurisdição. 4. ed. Porto Alegre: Livraria do Advogado, 2019. p. 58.

(348) SPENGLER, Fabiana Marion. A crise do Estado e a crise da jurisdição: (in)eficiência face à conflituosidade social. *Revista Brasileira de Direito, IMED*, v. 7, n. 1, jan./jun. 2011, p. 10. Disponível em: <https://seer.imed.edu.br/index.php/revistadedireito/article/view/255>. Acesso em: 30 nov. 2021.

(349) TEIXEIRA, Sergio Torres; ALENCAR, Amanda Montenegro; IVO, Jasiel. Dignidad humana y derechos sociales en la pandemia: obligaciones prestacionales del Estado y prohibición de la protección insuficiente. *Opinión Jurídica* – Revista Científica – Universidade de Medellin, vol. 20. num. 43, 2021. Edición especial, p. 95-112.

> Mas algo, no Ocidente, o distingue, desde as bases, do Estado proletário, que o socialismo marxista intenta implantar: é que ele conserva sua adesão à ordem capitalista, princípio cardeal a que não renuncia.(350)

Para Gustavo Ferreira Santos:

> Além de ter sido a época de ouro das constituições liberais, o século XIX foi um período político extremamente conturbado, com a eclosão de movimentos reivindicatórios radicais, que denunciavam e exigiam soluções para as mazelas da sociedade industrial. As vítimas da industrialização e da urbanização eram cada vez mais numerosas e organizadas. Aos poucos, o Estado foi forçado a reconhecer que a questão social deveria receber resposta sua.(351)

Não se está afirmando com isso, obviamente, que não há conflito no Estado do bem-estar social, mas o relato serve para situar no tempo e na história a construção das promessas e a criação de mecanismos para sua reivindicação e efetividade.

Assim como o Estado absolutista, primeira expressão do Estado moderno, em que o soberano enfeixava em torno de si poderes ilimitados, advindos da autoridade divina, "a partir dos ideais da Revolução Francesa (Liberdade, igualdade e fraternidade), da Independência Americana, da Separação dos Poderes, do império das leis e da busca pela liberdade dos indivíduos", Estado de conteúdo mínimo, de não intervenção e "que tinha como objetivo conter os abusos do soberano e desenvolver a autonomia privada burguesa",(352) encontrou termo com a chegada do Estado liberal, quando "o Direito privado radicalizou a emancipação do indivíduo, fruto da modernidade (...), observou-se, também, a esfera do egoísmo, da propriedade privada absoluta, na proteção dos grandes capitalistas e na exploração do homem pelo homem", (353) em razão das misérias causadas pelos lucros extremos, o Estado liberal deu lugar ao Estado social, que intervém nas relações econômicas e promete o bem-estar ao cidadão.

O *Welfare State* abranda a dicotomia público/privado e as desigualdades, como sustenta Nina Beatriz Stocco Ranieri:

> O desenvolvimento do "*Welfare State*" atenuou a dicotomia público/privado, na medida em que a vontade política encontrou mecanismos institucionais

---

(350) BONAVIDES, Paulo. *Do Estado liberal ao Estado social.* 7. ed., 2. tir. São Paulo: Malheiros, 2004 p. 184.

(351) SANTOS, Gustavo Ferreira. Acesso à justiça como direito fundamental e a igualdade em face dos direitos sociais. In: GOMES NETO, José Mário Wanderley (Coord.). *Dimensões de acesso à justiça*Salvador: JusPodivm, 2008. p.75-85.

(352) BARBOSA, Oriana Piske de A.; SARACHO, Antonio Benites. Estado Democrático de Direito – Superação do Estado Liberal e do Estado Social. *Revista TJDFT — Tribunal de Justiça do Distrito Federal e dos Territórios.* 2018. Disponível em: <https://www.tjdft.jus.br/institucional/imprensa/campanhas-e-produtos/artigos-discursos-e-entrevistas/artigos/2018/estado-democratico-de-direito-superacao-do-estado-liberal-e-do-estado-social-juiza-oriana-piske>. Acesso em: 10 abr. 2022.

(353) *Idem.*

> de manifestação (partidos, sindicatos, Parlamento), e que o Estado passou a interferir nas relações sociais para o fim de abrandar desigualdades, mediante subvenções públicas. A consequência imediata da aproximação das esferas pública e privada foi o aumento das solicitações dirigidas às instituições políticas, o que a médio prazo deu causa à paralisia do aparelho estatal.(354)

Nos dias atuais, como síntese do Estado liberal e do Estado social, na "perspectiva de que o público e o privado são esferas complementares e fundamentais uma à outra para a conformação e aperfeiçoamento do regime democrático",(355) dá-se a superação de ambos para surgir o Estado Democrático de Direito, no qual se verifica a consolidação da cidadania universal e efetiva.

Para Nina Beatriz Ranieri, o Estado constitucional do século XXI, internacional e constitucional de direito, cuja "gênese coincide com o final da Guerra Fria, assinalado pela queda dos regimes socialistas alemão e soviético, (...) caracteriza-se por ser, simultaneamente, democrático, internacional e constitucional de Direito".(356)

> Os fatos que lhe deram causa são conhecidos. Aos acontecimentos econômicos e políticos que seguiram à queda do Muro de Berlim, ao colapso da URSS e à destruição do sistema internacional estabelecido após a Segunda Guerra Mundial (em decorrência da substituição da ordem bipolar, marcada pelo equilíbrio de forças entre Estados Unidos e seus aliados e a URSS, pela hegemonia americana), somaram-se os processos de descentralização do poder do Estado e de sua internacionalização.(357)

Para Nina Ranieri:

> "O Estado Democrático de Direito é a modalidade do Estado constitucional e internacional de direito que, com o objetivo de promover e assegurar a mais ampla proteção dos direitos fundamentais, tem na dignidade humana o seu elemento nuclear e na soberania popular, na democracia e na justiça social seus fundamentos".(358)

---

(354) RANIERI, Nina Beatriz. Do Estado Liberal ao Estado Contemporâneo: Notas sobre os processos de exaustão dos modelos políticos e da ordem jurídica. *Revista de Direito Constitucional e Internacional*, n 36, ano 9, jul./set. 2001, p. 142.

(355) BARBOSA, Oriana Piske de A.; SARACHO, Antonio Benites. Estado Democrático de Direito – Superação do Estado Liberal e do Estado Social. *Revista TJDFT — Tribunal de Justiça do Distrito Federal e dos Territórios*. 2018. Disponível em: <https://www.tjdft.jus.br/institucional/imprensa/campanhas-e-produtos/artigos-discursos-e-entrevistas/artigos/2018/estado-democratico-de-direito-superacao-do-estado-liberal-e-do-estado-social-juiza-oriana-piske>. Acesso em: 10 abr. 2022.

(356) RANIERI, Nina. *Teoria do Estado:* do Estado de Direito ao Estado Democrático de Direito. 2. ed. Barueri: Manole, 2019. p. 48-49.

(357) *Idem*.

(358) *Ibidem*, p. 332.

No paradigma do Estado Democrático de Direito, Oriana Piske Barbosa e Antonio Benites Saracho destacam o protagonismo da temática cidadania, "representada como um processo, com direito de efetiva participação do cidadão na conformação das decisões públicas":(359)

> Ressalte-se que, para ser considerado Estado Democrático de Direito, é fundamental que o mesmo tenha uma estrutura política concebida sob a tripartição dos poderes e consagre os direitos e as garantias constitucionais. O princípio da separação de poderes constitui-se na máxima garantia de preservação da Constituição democrática, liberal, pluralista e humanista.(360)

Enfim, para os autores, "no paradigma do Estado Democrático de Direito surge uma pluralidade de esforços no sentido de resgatar a força integradora do Direito, enfraquecida nos modelos do Estado Liberal e do Estado Social" e "a visão de que o público e o privado são, na verdade, esferas complementares e essenciais uma à outra para configuração do regime democrático, sob a égide dos direitos de cidadania".(361)

Nina Beatriz Ranieri afirma que o momento é de busca de um novo equilíbrio entre o público e o privado, como forma de garantir os direitos humanos:

> A incorporação de estruturas do direito privado ao direito público, ou melhor, a conjugação de ambos para melhor servir o cidadão e revitalizar o modelo de Estado a partir de alterações na ordem jurídica deve ser vista, pois, como meio de realização do Estado cooperativo que, mantendo os princípios do Estado social, cumpre a missão primordial de garantir os direitos humanos que, afinal, é o que legitima o poder do Estado.(362)

Mas as crises são de toda ordem: políticas, sociais, econômicas, ambientais, avultando a econômica, que está na base e é causa dos conflitos sociais e de classes.

Há também a crise do Estado, que delega ao Poder Judiciário a missão de aplicar o direito, convertendo-o no "guardador das promessas", como menciona Antoine Garapon.(363)

---

(359) BARBOSA, Oriana Piske de A.; SARACHO, Antonio Benites. Estado Democrático de Direito – Superação do Estado Liberal e do Estado Social. *Revista TJDFT — Tribunal de Justiça do Distrito Federal e dos Territórios*. 2018. Disponível em: <https://www.tjdft.jus.br/institucional/imprensa/campanhas-e-produtos/artigos-discursos-e-entrevistas/artigos/2018/estado-democratico-de-direito-superacao-do-estado-liberal-e-do-estado-social-juiza-oriana-piske>. Acesso em: 10 abr. 2022.

(360) *Idem*.

(361) *Idem*.

(362) RANIERI, Nina Beatriz. Do Estado Liberal ao Estado Contemporâneo: Notas sobre os processos de exaustão dos modelos políticos e da ordem jurídica. *Revista de Direito Constitucional e Internacional*, n. 36, ano 9, jul./set. 2001. p. 160.

(363) GARAPON, Antoine. *O guardador de promessas:* justiça e democracia. Tradução: Francisco Aragão. Lisboa: Instituto Piaget, 1996.

O acesso à Justiça não se limita ao ingresso em juízo – acessibilidade ao Poder Judiciário. É garantia constitucional mais ampla, tratando-se de direito fundamental de efetivação de direitos conforme uma ordem jurídica justa, com o devido processo legal.

Paula Roberta Corrêa dos Santos Arruda, tratando sobre "Mediação como Instituto Prévio ao Poder Judiciário: a busca pela efetividade do acesso à Justiça", refere as ondas que dão corpo ao princípio de acesso ao Poder Judiciário, reconhecendo a influência teórica de Cappelletti no sistema jurídico brasileiro.(364)

Discorrendo sobre acesso à justiça, Antônio Carlos de Araújo Cintra, Ada Pellegrini Grinover e Cândido Rangel Dinamarco resumem da seguinte forma as três ondas renovatórias do acesso à justiça: melhoria da assistência judiciária aos necessitados, tutela de interesses supraindividuais e mudanças no modo de ser do processo, privilegiando a simplificação e a racionalização de procedimentos, "com juízes e tribunais conscientizados dos valores humanos contidos nas garantias constitucionais do contraditório e do devido processo legal e necessidade de tratar o processo, sempre, como autêntico meio de acesso à ordem jurídica justa"... "um processo sem óbices econômicos e sociais ao pleno acesso à justiça".(365)

Analisando esses meios consensuais, a arbitragem é mais uma das estratégias de tratamento de controvérsias, diga-se de passagem, que remonta ao processo civil romano, sendo hoje o árbitro moderno considerado figura análoga ao juiz privado romano — *iudex*, e o compromisso arbitral a *litis contestatio*, sendo conhecida no Brasil desde a colonização portuguesa, como demonstram José Luis Bolzan de Morais e Fabiana Marion Spengler.(366) É disciplinada pela Lei n. 9.307, de 1996, alterada pela Lei n. 13.129, de 2015, tendo havido desde 1996 uma enorme aproximação com a jurisdição estatal, fazendo a lei questão de pontuar no art. 18 que "o árbitro é juiz de fato e de direito, e a sentença que proferir não fica sujeita a recurso ou a homologação do Poder Judiciário", ressalvada, obviamente, a hipótese de homologação da sentença arbitral estrangeira pelo Superior Tribunal de Justiça — STJ (art. 35 da lei de arbitragem).(367)

Antes mesmo da EC n. 45, de 2004, que atribuiu ao STJ a competência para homologação de sentenças estrangeiras, o Supremo Tribunal Federal — STF decidiu no processo de homologação de sentença estrangeira – SE n. 5.206-7, julgado em 12.12.2001, a alegação incidental de inconstitucionalidade da lei de arbitragem, que dificultaria o acesso à Justiça, violando em algumas partes o inciso XXXV do art. 5º da CF 88. A Suprema Corte, por

(364) ARRUDA, Paula Roberta Corrêa dos Santos. A Mediação como Instituto Prévio ao Poder Judiciário: a Busca pela Efetividade do Acesso à Justiça. *Revista CEJ*, Brasília, Ano XVIII, n. 64, set./dez. 2014, p. 32-45.

(365) CINTRA, Antônio Carlos de Araújo; GRINOVER, Ada Pellegrini; DINAMARCO, Cândido Rangel. *Teoria Geral do Processo*. 15. ed. São Paulo: Malheiros, 1999. p. 43 e 44.

(366) MORAIS, José Luis Bolzan de; SPENGLER, Fabiana Marion. *Mediação e arbitragem*. Alternativas à jurisdição. Porto Alegre: Livraria do Advogado, 2019. p. 205.

(367) BRASIL. *Lei n. 9.307, de 23 de setembro de 1996*. Lei da arbitragem. Disponível em: <http://www.planalto.gov.br/ccivil_03/leis/l9307.htm>. Acesso em: 10 abr. 2022.

maioria, declarado que são constitucionais os mecanismos da lei de arbitragem, tratando-se de *leading case* sobre a matéria e pacificando definitivamente a controvérsia.[368]

A Lei n. 13.467, de 2017, conhecida como Lei da reforma trabalhista, inovou no ordenamento jurídico e passou a prever no art. 507-A da CLT a hipótese de cláusula compromissória no contrato de trabalho individual, servindo a arbitragem como meio de solução de conflitos havidos entre empresas e empregado cuja remuneração seja superior a duas vezes o limite máximo estabelecido para os benefícios do Regime Geral da Previdência Social, hoje em R$ 7.507,49[369], totalizando R$ 15.014,98.

De toda sorte, apesar da maior difusão e de a doutrina buscar desmistificar e até tornar tal instituto popular, parece que a arbitragem ainda é um meio economicamente custoso no Brasil e não muito utilizado, apesar de algumas vantagens, como a escolha do árbitro pelas partes, confidencialidade, irrecorribilidade da decisão e outras.[370]

Quanto à mediação, negociação e conciliação, existem sutis diferenças, que não são meramente conceituais.

No estudo da matéria foram cunhadas algumas expressões que se tornaram muito difundidas, como "espiral negativa ou positiva do conflito", "*rapport*", como sendo o momento do estabelecimento da relação de confiança e definição da estratégia de atuação,[371] "cultura da paz", como considerou o CNJ, na Resolução n. 125, de 2010, "ruído no diálogo" e outras, que de modo algum devem ser desprezadas, mas que de tão utilizadas serão aqui evitadas o quanto possível.

A conciliação é o método consensual de solução de conflito que ocorre com a participação de um terceiro interveniente, um intermediador neutro, isento e imparcial, podendo se dar em juízo ou fora dele. Na conciliação, o interlocutor não apenas atua facilitando o diálogo entre os sujeitos envolvidos na disputa, mas também auxilia na formação e na construção da solução, pondo fim à demanda ou mesmo evitando a sua instauração. Na consecução deste objetivo, o conciliador exerce persuasão, orientando direta e ativamente, até com argumentos pessoais, sobre a conveniência da solução proposta.

A experiência mais consolidada de conciliação em juízo no Brasil é a da Justiça do Trabalho, que até hoje mantém índices importantes de solução de processos resolvidos mediante tal método, prescrevendo a CLT desde 1943, em seu art. 764 e § 1º, que "os dissídios individuais e coletivos submetidos à Justiça do Trabalho serão sempre sujeitos à conciliação"

---

(368) BRASIL. Supremo Tribunal Federal — STF. *Homologação de Sentença Estrangeira n. 5.206-7*. Reino da Espanha. Julgamento 03.05.2001. Disponível em: <https://redir.stf.jus.br/paginadorpub/paginador.jsp?docTP=AC&docID=345889>. Acesso em: 10 abr. 2022.

(369) BRASIL. Ministério da Economia – Secretaria Especial de Previdência e Trabalho. *Portaria Interministerial MTP/ME n. 26, de 10 de janeiro de 2023*. Disponível em: <https://www.gov.br/trabalho-e-previdencia/pt-br/assuntos/previdencia-no-servico-publico/legislacao-dos-rpps/portarias/SEI_30818500_Portaria_Interministerial_26.pdf>. Acesso em: 11 jan. 2023.

(370) BARRAL, Welber Oliveira. *A arbitragem e seus mitos*. Florianópolis: Editora OAB/SC, 2000.

(371) AZEVEDO, André Gomma (Org.) *Manual de mediação*. Brasília: Ministério da Justiça, 2012. p. 147.

e que "juízes e tribunais do trabalho empregarão sempre os seus bons ofícios e persuasão no sentido de uma solução conciliatória dos conflitos".(372)

Em março de 2016, a Emenda n. 02 alterou a Resolução n. 125/2010 do CNJ,(373) levando o Conselho Superior da Justiça do Trabalho a editar a Resolução n. 252, de 22 de novembro de 2019, sobre a política pública judiciária nacional de tratamento adequado das disputas de interesses no âmbito da Justiça do Trabalho.(374)

Com a criação dos Juizados Especiais, por meio da Lei n. 9.099, de 1995, bem como nos Juizados Especiais Federais, criados posteriormente pela Lei n. 10.259, de 2001, a conciliação passou a ser fortemente utilizada nas causas de menor complexidade, tendo o CPC de 2015 determinado a realização de audiência de conciliação e mediação previamente à instrução do feito, sendo de destacar a criação pelos tribunais de órgãos especializados para esse fim, como os CEJUSCs — "centros judiciários de solução consensual de conflitos, responsáveis pela realização de sessões e audiências de conciliação e mediação e pelo desenvolvimento de programas destinados a auxiliar, orientar e estimular a autocomposição", nos termos do art. 165 do CPC.(375)

Normalmente é feita distinção entre os meios autocompositivos e os heterocompositivos, levando-se sempre em conta a participação ou não de um terceiro. Nos métodos autocompositivos, os próprios envolvidos no conflito constroem consensualmente a solução para a controvérsia enfrentada, sem envolvimento de um terceiro.(376)

A negociação é um método consensual em que os sujeitos envolvidos resolvem a pendência por si mesmos, mediante entendimentos e tratativas, até chegarem a uma solução satisfatória por intermédio desse meio autônomo, já que interagem diretamente. Chiesi Filho destaca que a negociação apresenta benefícios quando utilizada como primeira etapa no uso dos meios autocompositivos, quando ainda existe um canal de diálogo direto, podendo se dar com ou sem o auxílio de advogados.(377)

Na mediação, as partes são autoras da própria solução e o terceiro interveniente, igualmente neutro, isento e imparcial, conquanto não sugestione, favorece o diálogo entre as partes, expressão aqui utilizada como sinônimo dos sujeitos envolvidos no conflito. A solução aqui encontrada busca um ponto de equilíbrio, já que o mediador facilita a comunicação, reduzindo o desgaste emocional e os custos financeiros do conflito.

---

(372) BRASIL. *Decreto-lei n. 5.452, de 1º de maio de 1943*. Consolidação das Leis do Trabalho — CLT. Disponível em: <http://www.planalto.gov.br/ccivil_03/Decreto-lei/del5452.htm>. Acesso em: 10 abr. 2022.

(373) BRASIL. Conselho Nacional de Justiça — CNJ. *Resolução n. 125, de 29 de novembro de 2010*. Disponível em: <https://atos.cnj.jus.br/atos/detalhar/156>. Acesso em: 10 abr. 2022.

(374) BRASIL. Conselho Superior da Justiça do Trabalho — CSJT. *Resolução n. 252, de 22 de novembro de 2019*. Disponível em: <https://juslaboris.tst.jus.br/handle/20.500.12178/165536>. Acesso em: 10 abr. 2022.

(375) BRASIL. *Lei n. 13.105, de 16 de março de 2015*. Código de Processo Civil. Disponível em: <http://www.planalto.gov.br/ccivil_03/_ato2015-2018/2015/lei/l13105.htm>. Acesso em: 10 abr. 2022.

(376) CHIESI FILHO, Humberto. *Um novo paradigma de acesso à Justiça*. Autocomposição como método de solução de controvérsias e caracterização do interesse processual. Belo Horizonte: D'Plácido, 2021. p. 40.

(377) *Idem*, p. 41.

A mediação pode ser determinada pelo Poder Judiciário; a lei ainda estabelece que o mediador será designado pela Justiça. Além disso, para ser mediador judicial, exige-se curso de formação específica (arts. 4º, 11 a 13 da Lei da mediação, n. 13.140, de 2015),[378] criando e mantendo o CNJ um cadastro nacional de mediadores, conforme art. 6º, IX, da Resolução n. 125, de 2010, cuja remuneração é fixada pelos tribunais e custeada pelas partes. Também o instrumento de transação firmado por conciliadores e mediadores credenciados pelos tribunais e referendado pelo Ministério Público, Defensoria Pública e/ou pelos advogados dos transatores é considerado título executivo extrajudicial, conforme inciso IV do art. 784 do CPC.[379]

Na mesma toada, pode-se trazer como exemplo a possibilidade de conciliação e mediação por intermédio das serventias extrajudiciais, mediante cobrança de emolumentos e demais despesas pelos notários e registradores, sem falar na política judiciária nacional de tratamento adequado de conflitos de interesses no âmbito do Poder Judiciário, prevista na resolução n. 125/2010 do CNJ, alterada em 2016, e, por fim, a criação de câmaras de prevenção e resolução administrativa de conflitos no âmbito da Administração Pública, nos termos do art. 32 da Lei n. 13.140, de 2015.

Parece inegável que o Estado mantém o controle da aplicação da lei e traz para o Judiciário os meios adequados ou consensuais de solução de conflitos. Isto pode ser demonstrado positivamente por meio da previsão contida na Lei n. 9.307, de 23 de setembro de 1996,[380] relativa à concessão de medida cautelar ou de urgência pelo Poder Judiciário antes de instituída a arbitragem (art. 22-A); uma vez esta instituída, caberá ao árbitro manter, modificar ou revogar a tutela provisória do Poder Judiciário (art. 22-B); outro exemplo é a carta arbitral, um tipo de carta precatória do juízo arbitral para o Judiciário em razão da capilaridade e da presença de unidades judiciárias em diversos locais não acessíveis ao árbitro por circunstâncias físicas e em razão das distâncias geográficas (art. 22-C); a impugnação no juízo competente, consoante o art. 33 da lei de arbitragem, mediante pedido de declaração de nulidade da sentença arbitral (art. 33) e a própria sentença arbitral, que constitui título executivo judicial, nos termos do inciso VII do art. 515 do Código de Processo Civil.

Consoante previsão do § 3º, do art. 3º do CPC, "a conciliação, a mediação e outros métodos de solução consensual de conflitos deverão ser estimulados por juízes, advogados, defensores públicos e membros do Ministério Público, inclusive no curso do processo judicial", [381] além de vários outros dispositivos e normas legais.

---

(378) BRASIL. *Lei n. 13.140, de 26 de junho de 2015*. Lei da mediação entre particulares como meio de solução de controvérsia e sobre a autocomposição de conflitos no âmbito da administração pública. Disponível em: <http://www.planalto.gov.br/ccivil_03/_ato2015-2018/2015/lei/l13140.htm>. Acesso em: 10 abr. 2022.

(379) BRASIL. *Lei n. 13.105, de 16 de março de 2015*. Código de Processo Civil. Disponível em: <http://www.planalto.gov.br/ccivil_03/_ato2015-2018/2015/lei/l13105.htm>. Acesso em: 10 abr. 2022.

(380) BRASIL. *Lei n. 9.307, de 23 de setembro de 1996*. Lei da arbitragem. Disponível em: <http://www.planalto.gov.br/ccivil_03/leis/l9307.htm>. Acesso em: 10 abr. 2022.

(381) BRASIL. *Lei n. 13.105, de 16 de março de 2015*. Código de Processo Civil. Disponível em: <http://www.planalto.gov.br/ccivil_03/_ato2015-2018/2015/lei/l13105.htm>. Acesso em: 10 abr. 2022.

Portanto, os meios consensuais não se constituem em negativa de jurisdição.

A proposição aqui aceita é a de que o acesso à justiça, previsto e assegurado na Constituição Federal de 1988 e replicado no Código de Processo Civil de 2015, supera o paradigma original, não ficando circunscrito ao aspecto tradicional da provocação da jurisdição estatal mediante o exercício do direito de ação, constituindo uma relação jurídica processual que conduz a uma decisão adjudicada, onde uma parte submete à outra o seu interesse por meio da sentença, em ambiente adversarial de perde-e-ganha ou de jogo de soma zero, já que o participante que ganha também sofre perdas equivalentes.

Uma coisa deve ficar clara: os meios consensuais de resolução e prevenção de conflitos não podem ser considerados um sistema de justiça para cidadãos de segunda classe, como adverte Alexandre Gustavo Melo Franco Bahia, ao prefaciar a obra Acesso à justiça democrático, de Dierle Nunes e Ludmila Teixeira:

> No Brasil, no entanto, como mostram os autores, esquece-se da finalidade maior e se fixa apenas na consequência, o que leva a que, se o que está em jogo é apenas diminuir-se o número de causas, quaisquer medidas podem ser utilizadas, mesmo que vulnerem direitos fundamentais. (...)
>
> Por aqui, acabam-se criando "justiça de 1ª classe para cidadãos de 1ª classe", isto é, aqueles que podem arcar com todos os custos que envolvem um processo judicial de rito ordinário (completo) e sistemas, judiciais ou não, para 'cidadãos de 2ª categoria', que terão de se contentar com uma "justiça menor".(382)

Que as soluções encontradas para resolver os problemas da pletora de feitos que abarrota o Judiciário trabalhista não se transformem em mitos, como destacou o professor José Carlos Barbosa Moreira, com fórmulas mágicas do tipo "a lei resolve tudo" ou com a importação de modelos estrangeiros.(383)

A doutrina processual costuma mencionar que a escassez dos bens, que não são disponíveis a todos, é o principal motivo dos conflitos na sociedade. Além disso, o Estado enfrenta crises que são criadas pelo próprio sistema, que delas se nutre, com repercussão na sociedade, que tem consciência de seus direitos, hoje fortemente influenciada pelo mercado e pelo consumo, o que acirra as disputas.

Não é exagero algum afirmar que a litigância faz parte da estrutura da sociedade, como destaca Sérgio Torres Teixeira:

> A visão do mito do sistema normativo autossuficiente, capaz por si só de evitar conflitos, consegue apenas alienar o homem, frustrado com a realidade de conflitos que caracterizam a vida social desde os primórdios da humanidade.

---

(382) BAHIA, Alexandre Gustavo Melo Franco. Prefácio. In: NUNES, Dierle; TEIXEIRA, Ludmila. *Acesso à justiça democrático.* Brasília: Gazeta Jurídica, 2013. p. V – XV.

(383) BARBOSA MOREIRA. O futuro da justiça: alguns mitos. In: *Temas de Direito Processual:* Oitava série. Rio de Janeiro: Forense, 2004. p. 1-14.

> Acreditar cegamente na perfeição de um modelo jurídico é, certamente, o primeiro passo em direção ao fracasso.(384)

Cabe ao cidadão aceitar, apropriar-se e efetivamente construir e consolidar comunitariamente os meios consensuais de solução de conflitos, seja por intermédio da mediação, conciliação ou negociação, seja escolhendo representantes legítimos de seu próprio meio de convivência, com legitimidade e credibilidade para que organizem e coordenem esses espaços, cujos passos iniciais devem ser amparados pelo Estado, como se encontra hoje, procurando "obter um equilíbrio, embora instável, entre estruturação e ação: os homens e as mulheres não são mais produtos da história do que são seus produtores", como demonstra Boaventura de Sousa Santos, inspirado em Marx.(385)

Tudo isso sem prejuízo de que, num futuro próximo, o cidadão possa verdadeiramente se autodeterminar, em espaço de alteridade e pluralismo jurídico. Frise-se, ainda, que esses novos ambientes surgidos não implicam, necessariamente, a perda da centralidade do direito positivo, como esclarece Boaventura de Sousa Santos;(386) apenas revelam a possibilidade de se construir um direito mais participativo, em razão de seus aspectos consensuais e menos formais de resolutividade de conflitos, segundo José Luis Bolzan de Morais e Fabiana Marion Spengler.(387)

Sobre pluralidade de ordens jurídicas, partindo dos estudos de Boaventura de Sousa Santos, Antônio Carlos Wolkmer sustenta que:

> Sendo assim, há de se designar o pluralismo jurídico como a multiplicidade de práticas jurídicas existentes num mesmo espaço sociopolítico, interagidas por conflitos ou consensos, podendo ser ou não oficiais e tendo sua razão de ser nas necessidades existenciais, materiais e culturais.(388)

Essa necessidade de revisão do direito e sua aplicação, mais especificamente no que diz respeito à solução de conflitos, tradicionalmente atrelada ao paradigma adversarial e não participativo, "marcado por decisões impositivas e não compartilhadas", faz despontar no cenário um novo paradigma que é capaz de fortalecer a democracia, baseado na escuta mútua,

---

(384) TEIXEIRA, Sergio Torres. Evolução do modelo processual trabalhista e a busca pelo pleno acesso do jurisdicionado à justiça. In: PESSOA, Amaro Clementino; TEIXEIRA, Sergio Torres; ESTEVES, Juliana Teixeira (Coords.). *Processo do Trabalho & evolução do direito:* estudos em homenagem ao professor José Soares Filho. Curitiba: Juruá, 2013. p. 145-161.

(385) SANTOS, Boaventura de Sousa. *Pela mão de Alice*. O social e o político na pós-modernidade. 14. ed. São Paulo: Cortez, 2013. p. 57-58.

(386) *Idem. Para uma revolução democrática da justiça*. 3. ed. São Paulo: Cortez, 2011. p. 77-81.

(387) MORAIS, José Luis Bolzan de; SPENGLER, Fabiana Marion. *Mediação e arbitragem*. Alternativas à jurisdição. Porto Alegre: Livraria do Advogado, 2019. p. 105-128.

(388) WOLKMER, Carlos Antônio. *Pluralismo Jurídico*. Fundamentos de uma nova cultura no Direito. São Paulo: Alfa Ômega, 2001. p. 218-219.

na consensualidade, responsabilização e empoderamento, acentuando o exercício da cidadania, como demonstram Adriana Goulart de Sena Orsini e Nathane Fernandes da Silva.[389]

Ante a crise do Poder Judiciário, com a excessiva judicialização da política e da sociedade, o Estado oferece os meios consensuais de resolução de conflito que, se bem utilizados, podem favorecer o empoderamento das comunidades, no ambiente dialógico de escuta que amplia a cidadania. Num pluralismo jurídico surge a jurisconstrução, de acordo com Fabiana Marion Spengler e José Luis Bolzan de Morais.[390]

Os mesmos autores anotam na obra "Mediação e arbitragem":

> Neste raciocínio, importante deixar para trás aquela visão de que um sistema só é eficiente quando para cada conflito há uma intervenção jurisdicional e passa-se à construção da ideia de que um sistema de tratamento de conflitos é eficiente quando conta com instituições e procedimentos que procuram prevenir e resolver controvérsias a partir das necessidades e dos interesses das partes.[391]

Resta saber se, ao lado da gestão estatal do conflito, do controle que o Estado exerce sobre os meios consensuais de prevenção e solução de desentendimentos, será possível a participação ativa da sociedade ao ponto de permitir o deslocamento do centro de produção de normas.

Sendo correta a hipótese da conveniência dos meios consensuais de resolução e prevenção de conflitos, parece igualmente certa a inevitabilidade do deslocamento do eixo convencional da jurisdição estatal para uma arena mais localizada no âmbito das relações privadas, ao menos para certos tipos de conflitos. Seria uma mescla de justiça estatal que abre espaço interno de relação com uma justiça particular.

Espera-se que os meios consensuais como mediação, conciliação e negociação, neste momento, sejam os mais adequados para a solução de algumas modalidades de conflitos que podem ser submetidos a apreciação e solução fora da Justiça formal, da solução adjudicada pelo Judiciário.

Destaca-se que a mediação, com suas características e vantagens, é o método capaz de preservar os vínculos relacionais, permitindo a ampla e livre atuação dos sujeitos envolvidos ou partes, estimulando a escuta do outro. A solução assim construída não esgarça os laços nem a convivência social entre aqueles da mesma "vizinhança", o que auxilia na pacificação

---

(389) ORSINI, Adriana Goulart de Sena; SILVA, Nathane Fernandes da. Mediação para a democracia: Cidadania, Participação e Empoderamento no Âmbito da Resolução de Conflitos. *Publica Direito*. Disponível em: <http://www.publicadireito.com.br/artigos/?cod=3006a068501fbf78>. Acesso em: 10 abr. 2022.

(390) SPENGLER, Fabiana Marion; MORAIS, José Luis Bolzan de. O conflito, o monopólio estatal de seu tratamento e a construção de uma resposta consensuada: a "jurisconstrução". *Sequência — Estudos Jurídicos e Políticos*. Publicação do Curso de Pós-Graduação em Direito da UFSC. v. 28, n. 55, ano 2007, p. 303-326, 2007. Disponível em: <https://periodicos.ufsc.br/index.php/sequencia/article/view/15059>. Acesso em: 10 abr. 2022.

(391) MORAIS, José Luis Bolzan de; SPENGLER, Fabiana Marion. *Mediação e arbitragem*. Alternativas à Jurisdição. 4. ed. Porto Alegre: Livraria do Advogado, 2019. p. 106.

da sociedade e pode diminuir a violência na comunidade,(392) revelando-se um forte meio de acesso à cidadania.

Como destaca Mauro Cappelletti, na experiência do *jus mercatorium*, os mercadores sabiam que era do seu interesse obter uma justiça de grande eficácia e salvaguardar a continuidade das relações de comunidade, preservando os laços entre os indivíduos ou grupos:

> Neste relato de permanente e inevitável vizinhança, a solução contenciosa da controvérsia poderia levar a exasperação dos contrastes e das paixões; uma "justiça conciliativa" ou coexistencial pode ser mais eficaz; essa pode levar a uma reaproximação das posições, a solução nas quais não há necessariamente um perdedor e um vencedor, mas antes há uma recíproca compreensão, uma modificação bilateral (ou multilateral) dos comportamentos. À procura desta alternativa de suas potencialidades, mas também dos seus limites, tem representado um aspecto fundamental daquilo que chamamos de "terceira onda" (*"thethird wavel"*) no movimento do acesso à justiça.(393)

O uso dos meios consensuais de resolução e prevenção de conflitos deve ser estimulado, desde que permitam ao cidadão empoderamento, pois possuem potência para reforçar a cidadania e fortalecer a democracia por intermédio do exercício participativo da comunidade.

Nessa perspectiva, associações de bairros, centros comunitários, associações de moradores, sindicatos, igrejas, agremiações religiosas, centros sociais de convivência, os atualmente denominados coletivos, grupos políticos, profissionais, as entidades efetivamente representativas e populares assumem a pertença, atraindo para si, com legitimidade e credibilidade, a solução consensual desses conflitos, sendo concretizada a vivência em sentido amplo e real de um pluralismo jurídico comunitário e participativo.(394)

A conclusão é que, a par de tudo isso, mantém-se o amplo acesso à jurisdição constitucional pelos constitucionalmente legitimados, desaguando na judicialização da política e na politização do Poder Judiciário, enquanto a mediação desponta como eficaz exercício de cidadania, pois diante da crise do monopólio da jurisdição estatal e do Poder Judiciário, com o reconhecimento da fadiga das estruturas oficiais e institucionais, da incapacidade da Justiça de dar cobro às demandas de uma sociedade cada vez mais complexa e conflituosa, na atual quadra da história ocorre um importante momento e ponto de inflexão do direito brasileiro. São oferecidos os meios de solução consensual de conflitos, e isso não constitui negativa de

(392) POSSATO, Fábio Antunes; MAILLART, Adriana Silva. Os meios autocompositivos de solução de conflitos e as comunidades de baixa renda: um enfoque sobre a efetividade na busca pela pacificação social e a prevenção da violência. *Prisma Jurídico*, São Paulo, v. 12, n. 2, p. 447-478, jul./dez. 2013.

(393) CAPPELLETTI, Mauro. O acesso à justiça e a função do jurista em nossa época. *Revista de Processo*, vol. 61, 1991, p. 144-160, jan./mar. 1991.

(394) WOLKMER, Carlos Antônio. *Pluralismo Jurídico*. Fundamentos de uma nova cultura no Direito. São Paulo: Alfa Ômega, 2001. p. 218-219.

jurisdição, ou oferta de uma justiça de menor importância, inferiorizada. Ao revés, mostra-se como uma mudança paradigmática que pode servir ao fortalecimento da cidadania e da democracia.

A garantia do amplo acesso à jurisdição, constante da Constituição Federal de 1988, foi e é importantíssima na construção da democracia, assegurando direitos fundamentais ao cidadão, sobretudo no momento histórico da saída do país do regime militar, livrando-se do chamado entulho autoritário, sendo este o mais básico dos Direitos Humanos, como sustentam Morais e Spengler.(395)

Nunca é demais evidenciar que o enunciado do acesso à justiça, vazado na Constituição Federal de 1988, no art. 5º, inciso XXXV: "a lei não excluirá da apreciação do Poder Judiciário lesão ou ameaça a direito".(396) Menciona-se clara e expressamente o acesso como sendo ao Poder Judiciário. Esta locução compreende espectro mais amplo do que a solução adjudicatória dos conflitos perante um juízo estatal, devendo ser conceitualmente nele inseridos os meios consensuais de prevenção e solução de conflitos e interesses.

---

(395) MORAIS, José Luis Bolzan de; SPENGLER, Fabiana Marion. *Mediação e arbitragem*. Alternativas à Jurisdição. 4. ed. Porto Alegre: Livraria do Advogado, 2019. p. 29-37.

(396) BRASIL. *Constituição da República Federativa, de 5 de outubro de 1988*. Disponível em: <http://www.planalto.gov.br/ccivil_03/constituicao/constituicao.htm>. Acesso em: 1º dez. 2021.

Capítulo 3

O Devido Processo Legal

3.1. Devido processo legal — Origens e evolução

O devido processo legal é dos mais vetustos e ao mesmo tempo dos mais prestigiados institutos jurídicos, diacronicamente, transcorrendo séculos desde seu surgimento; até os dias de hoje conserva sua centralidade na ciência jurídica e nos ordenamentos jurídicos modernos. É postulado fulcral no Estado de Direito, evoluindo desde os primórdios do direito germânico, passando ao direito inglês e ao norte-americano, adquirindo *status* universal de garantia das liberdades fundamentais, como acentua Carlos Roberto Siqueira Castro:

> Ao despontar na Idade Média através da Magna Carta conquistada pelos barões feudais saxônicos junto ao Rei João Sem Terra, no limiar do século XIII, e embora inicialmente concebido como simples limitação às ações reais, estava esse instituto fadado a tornar-se a suprema garantia das liberdades fundamentais do indivíduo e da coletividade em face do Poder Público.(397)

O devido processo legal evidencia a própria evolução do direito constitucional, e, hodiernamente, compreende não apenas o sentido processual, procedimental, mas também a dimensão substantiva. Trata-se de cláusula de limitação do poder estatal e defesa do cidadão, sendo hoje admitido até mesmo contra o abuso de poder particular, no âmbito das relações privadas.

A ausência de definição ou conceituação do devido processo legal não se deve apenas a uma dificuldade natural. Na verdade, talvez seja intencional essa omissão, já que não se pode limitar no tempo e em determinado lugar por algum povo tão importante conquista do direito. Não é possível aprisioná-lo em palavras breves e precisas, pois é fruto de uma intensa construção histórica e cultural, contínua e inacabada da própria humanidade ao longo do tempo, a cada momento político e em cada sociedade.

A cláusula do *due process of law* é nuclear para o direito moderno, devendo ser vista da mais alta posição no ordenamento jurídico, pois dela decorrem vários direitos, garantias e princípios constitucionais, como o processo justo, a ampla defesa e os recursos a ela inerentes, a faculdade de produzir provas capazes de influenciar a decisão, a garantia de que ninguém

---

(397) CASTRO, Carlos Roberto Siqueira. *O devido processo legal e os princípios da razoabilidade e da proporcionalidade*. 5. ed. Rio de Janeiro: Forense, 2010. p. 5.

será privado de sua liberdade e de seus bens sem a rigorosa observação do devido processo legal e a adequada fundamentação da decisão judicial, sendo, pois, pressuposto do Estado de Direito.

O devido processo legal estudado neste capítulo envolve sua compreensão como princípio constitucional inafastável não apenas do processo judicial, em seus aspectos formais e substantivos. Assim como o Judiciário, o Parlamento, quando atua no processo constitucional legislativo, deve pautar esta atividade pelo devido processo legal também em sua dimensão substantiva.

Antônio Roberto Sampaio Dória, em seu livro "Direito Constitucional Tributário e o *due process of law*", um ensaio sobre o controle judicial da razoabilidade das leis, refaz o percurso histórico até chegar à Magna Carta, outorgada pelo Rei João Sem Terra, incapaz de resistir à pressão dos senhores dos feudos, em 1215, "estatuto fundamental do direito inglês e de outros povos que nela hauriram os princípios básicos de sua estruturação política e jurídica". Ressalta o autor, todavia, que, muito embora seja "fator condicionante do ulterior desenvolvimento do regime constitucional inglês", fora concebida por seus redatores "como um complexo limitador apenas da ação real e jamais do Parlamento", muito menos teve por objetivo proteger direitos individuais do cidadão.(398)

A Grande Carta, como destaca Antônio Roberto Sampaio Dória — no que interessa para a presente pesquisa, a saber, o conteúdo de seu capítulo 39 — foi assim escrita em língua original:

> Nenhum homem livre será levado e/ou aprisionado ou privado de sua propriedade ou tornado fora da lei (banido), ou exilado, ou de maneira alguma destruído, nem agiremos contra ele ou mandaremos alguém contra ele, a não ser por julgamento legal dos seus pares ou pela lei da terra. (Tradução livre)(399)

Carlos Roberto Siqueira Castro, na obra clássica "O devido processo legal e os princípios da razoabilidade e da proporcionalidade", em busca de encontrar a origem do devido processo legal e sua evolução, menciona o conhecido fato histórico envolvendo os barões feudais saxônicos e o rei João Sem Terra, numa disputa entre a nobreza inglesa e a Coroa, culminando com a Magna Carta de 1215, seguindo tempos afora da Idade Média até ser erigido "no postulado maior da organização social e política dos povos cultos na era moderna".(400)

---

(398) DÓRIA, Antônio Roberto Sampaio. *Direito Constitucional Tributário e o* "due process of law"*:* ensaio sobre o controle judicial da razoabilidade das leis. 2. ed. Rio de Janeiro: Forense, 1986. p. 10.

(399) *Idem*, p. 11. *Nullus liber homo capiatur, vel imprisonetur aut disseisietur de libero tenemento suo vel libertatibus, vel liberis consuetudinibus suis, aut utlagetur, aut exuletur, aut aliquo modo destruatur, nec super eum ibimus, nec super eum mittemus, nisi per legale judicium parium suorum, vel per legem terrae.*

(400) CASTRO, Carlos Roberto Siqueira. *O devido processo legal e os princípios da razoabilidade e da proporcionalidade.* 5. ed. Rio de Janeiro: Forense, 2010. p. 5.

Conhecida inicialmente como *law of the land* e escrita originalmente em latim,(401) como lembra Arturo Hoyos, "*el idioma oficial y de los medios cultivados e intelectuales de Inglaterra*",(402) a Magna Carta de Liberdades (*Magna Charta Libertarum*), decerto com o objetivo de não se tornar conhecida e acessível a todos pelo limite da língua, assim permaneceu por mais de duzentos anos, sem que a população pudesse invocá-la.(403) Logo a locução sucedeu como equivalente à expressão do *due process of law*.

Registre-se que numa lei editada pelo Parlamento inglês em 1354, foi substituída a locução latina *per legem terrae* por *due process of law*, sendo esta a primeira vez que a carta foi publicada em língua inglesa, segundo Arturo Hoyos:

> É ,no entanto, em 1354, quando a Magna Carta é emitida sob o rei Eduardo III, que o referido documento aparece pela primeira vez na língua inglesa e, portanto, no cap. 29, ao invés da expressão *per legem terrae*, aparece a expressão em inglês *due process of law*, que foi traduzida para nossa língua mais comumente como devido processo legal ou simplesmente devido processo legal.
>
> Mais tarde, também na Inglaterra, a cláusula do devido processo legal aparece consagrada na Petição de Direito de 1627, elaborada pelas ideias do ilustre jurista Edward Coke, e no *Habeas Corpus Act* de 1640. (Tradução livre)(404)

Para o professor da Universidade Federal do Paraná, João Gualberto Garcez Ramos:

> O uso da expressão 'devido processo legal' (*due process of the law*), ocorre pela primeira vez em 1354, quando o rei Eduardo III, seguindo a velha tradição, confirma as leis da terra e, entre elas, a Magna Carta das Liberdades. O texto de

(401) Como esclarece Paulo Fernando Silveira, citando Anne Pallister: "Em sua origem, um documento limitado relativamente a certos específicos direitos feudais, a Magna Carta gradualmente, passou a ser reverenciada como fonte de um vasto conglomerado de direitos e liberdades antigas, os quais foram considerados como o nascimento do direito do povo inglês. SILVEIRA, Paulo Fernando. *Devido processo legal*. 3. ed. Belo Horizonte: Editora Del Rey, 2001. p. 17.

(402) HOYO, Arturos. La garantia constitucional del debido proceso legal (art. 32 de la Constitución política). *Revista de Processo*, vol. 47, ano 1987, p. 43-91, jul./set. 1987.

(403) CASTRO, Carlos Roberto Siqueira. *O devido processo legal e os princípios da razoabilidade e da proporcionalidade*. 5. ed. Rio de Janeiro: Forense, 2010. p. 6-7, especialmente a nota 3, citando Celso Albuquerque Melo, Crítica do direito e do estado. Graal, 1984. p. 145.

(404) HOYO, Arturos. La garantia constitucional del debido proceso legal (art. 32 de la Constitución política). *Revista de Processo*, vol. 47, ano 1987, p. 43-91, jul./set. 1987. *Es, sin embargo, en 1354, cuando la Magna Carta es expedida bajo el Rey Eduardo III, que dicho documento aparece por primera vez en el idioma inglés y así, em el Cap. 29, en lugar de la expresión per legem terrae, aparece la expresión inglesa due process of law, la cual ha sido traducida a nuestro idioma más comúnmente como el debido proceso legal o simplemente el debido proceso. Posteriormente, también en Inglaterra, la cláusula del due process of law aparece consagrada en el petition of Right de 1627, preparada por las ideas del distinguido jurista Edward Coke, y el Habeas Corpus Act de 1640.*

> Eduardo III dispõe que "que nenhum homem de qualquer estado ou condição que ele seja, possa ser posto fora da terra ou da posse, ou molestado, ou aprisionado, ou deserdado, ou condenado à morte, sem ser antes levado a responder a um devido processo legal".
>
> Com o tempo, o poder de fazer leis do país passou do soberano ao Parlamento. E o dever de respeitá-las — que já atingia o povo — passou cada vez mais a afetar o soberano.(405)

Mas a origem da cláusula do *due process of law*, tantas vezes mencionada como sendo a Magna Carta inglesa do Rei João Sem Terra, de 1215, na verdade encontra marco histórico e temporal mais remoto, como sustenta Ruitemberg Nunes Pereira, baseado nos estudos de Van Caenegem, Maitland e William Stubbs. Sustenta que "havia ligações entre a Germânia, os povos normandos e a Inglaterra", fator decisivo para a transplantação de muitas normas feudais alemãs para o território britânico".(406)

Para o autor, a conquista normanda da Inglaterra, a invasão do Reino ocorrida no século XI por um exército normando, bretão e francês, liderado pelo Duque Guilherme II da Normandia, desencadeou um verdadeiro cataclismo, não apenas por inaugurar uma nova dinastia, mas também porque a presença dos normandos em terras inglesas a partir da batalha de Hastings, em 1066, foi responsável por "um evento histórico de cardeal importância na evolução do Direito Inglês".(407)

Gualberto Ramos detalha a estratégia do rei normando, sagrado rei Guilherme I, de fazer juramento e confirmar as leis de Eduardo, que além de amalgamar as tradições sem rupturas jurídicas, fazendo crer tratar-se da continuidade de um reinado saxão, inaugura o dever de obediência não apenas às suas leis como também às dos antecessores, as leis da terra:

> Após ter derrotado o rei Haroldo II na batalha de Hastings, em 1066, e conquistado a ilha da Inglaterra, o conquistador Guilherme deveria ser coroado rei. Percebeu que a população inglesa tinha verdadeira adoração por um antigo monarca saxão, Eduardo, dito 'o Confessor', misto de rei e pastor, que foi, afinal, canonizado pela Igreja Católica menos de cem anos depois de sua morte.
>
> O conquistador foi sagrado Guilherme I em uma cerimônia solene em que confirmou as leis de Eduardo, o Confessor. Ao jurar as leis de Eduardo, o rei normando Guilherme I obteve diversos efeitos, alguns dos quais ele próprio

(405) RAMOS, João Gualberto Garcez. Evolução histórica do princípio do devido processo legal. *Revista da Universidade Federal do Paraná*, 2007. Disponível em: <https://revistas.ufpr.br/direito/article/download/14975/10027>. Acesso em: 9 ago. 2021.

(406) PEREIRA, Ruitemberg Nunes. *O princípio do devido processo legal substantivo.* Rio de Janeiro/São Paulo/Recife: Renovar, 2005. p. 27.

(407) *Ibidem*, p. 18-57.

> talvez não tenha percebido. O primeiro efeito foi declarar-se a si próprio um continuador do rei saxão. Com isso, não salientou tanto sua imagem de conquistador, mas construiu uma imagem de reverente continuador da tradição jurídica posta. Outro efeito foi o de, pela primeira vez, construir um conceito que se tornaria essencial para o Direito.
>
> Trata-se do dever do governante de não respeitar apenas as suas leis, mas também a dos seus antecessores. As leis editadas pelos monarcas anteriores se tornam, com sua morte, leis da terra (*Legem Terrae*).[(408)]

Ruitemberg Nunes Pereira diz que Stubbs, com acerto, chega a afirmar que "as expressões germânicas medievais foram simplesmente *copiadas* pelo texto inglês, tido pela doutrina como o berço histórico ou positivação formal primeira de vários e importantes institutos jurídicos, como a cláusula do devido processo legal (*due process of law; law of the land*)",[(409)] e conclui:

> Nesse contexto histórico, lançam-se as verdadeiras bases para o que, poucas décadas depois, seria conhecido como o devido processo legal (*due process of law*).[(410)]

Ainda segundo Ruitemberg Nunes Pereira, estas são "as bases de conexão entre o direito feudal germânico da Alta Idade Média com os rudimentos constitucionais do direito britânico", devendo a tese de Stubbs prevalecer para se reconhecer que "as origens da Magna Carta, reprodutora expressa dos princípios do *Law of the land* e do *Judgment of his peers*, encontram-se no Decreto Feudal Alemão de Conrado II, datado de 28 de maio de 1037",[(411)] mencionando pela primeira vez que:

> Nenhum homem será privado de um feudo sob o domínio do Imperador ou de um senhor feudal, senão pelas leis do Império e pelo julgamento dos seus pares, expressões que foram simplesmente copiadas na Carta Inglesa de 1215.[(412)]
>
> Nesse sentido, a limitação originária do *due process of law* à Magna Carta inglesa de 1215 ignora a evolução histórica do instituto num sentido mais amplo, com sensível repercussão na compreensão do princípio constitucional em comento, sobretudo se houvermos em conta sua faceta substantiva. A demonstração histórica, portanto, se põe de maneira a reconhecer a origem germânica não

---

(408) RAMOS, João Gualberto Garcez. Evolução histórica do princípio do devido processo legal. *Revista da Universidade Federal do Paraná*, 2007. Disponível em: <https://revistas.ufpr.br/direito/article/download/14975/10027>. Acesso em: 9 ago. 2021.

(409) PEREIRA, Ruitemberg Nunes. *O princípio do devido processo legal substantivo*. Rio de Janeiro/São Paulo/Recife: Renovar, 2005. p. 22-23.

(410) *Ibidem*, p. 22.

(411) *Ibidem*, p. 18-57.

(412) *Ibidem*, p. 20.

apenas do devido processo substantivo (na feição atual do Direito Constitucional Brasileiro, ligada ao princípio constitucional da proporcionalidade, nos termos da exposição que se fará) como também do próprio devido processo legal procedimental.(413)

No mesmo sentido, Beclaute Oliveira Silva, em seu livro "A garantia fundamental à motivação da decisão judicial", escorado nas lições de Ruitemberg Nunes Pereira,(414) relembra que o princípio do devido processo legal é de matriz germânica.(415)

Antônio Manoel Bandeira Cardoso refere que a Magna Carta de 1215, imposta pelos barões ingleses ao Rei João Sem Terra, é semelhante ou inspirada em outra do ano 1100, de Henrique II.(416)

Outra não é a conclusão de Maria Rosynete Oliveira Lima, aludindo à Carta de 1215 da Inglaterra, quando afirma que "curiosamente, o Capítulo 39 não era totalmente uma novidade. William Stubbs relata que o *judicium parium* era o fundamento de toda a Lei alemã, tendo a expressão provavelmente sido copiada das Leis dos Reis Francos e dos Cézares Saxões".(417)

Paulo Fernando Silveira afirma:

> Em 1066, os normandos, provenientes da França, invadiram a Inglaterra, tendo à frente das tropas, constituídas de 5 mil cavaleiros e 6 mil soldados, o Duque William da Normandia, denominado "O Conquistador", e puseram abaixo o reinado dos saxões, que findou com Harold, Conde de Essex.(418)

Fazendo referência à formação do *common law* do direito inglês e sem mencionar expressamente a origem da *law of the land*, René David observa:

> A conquista normanda de 1066 constitui, na realidade, um acontecimento capital na história do direito inglês, porque traz para a Inglaterra, com uma ocupação estrangeira, um poder forte, centralizado, rico duma experiência administrativa posta à prova no ducado da Normandia. Com a conquista pelos normandos, a época tribal desaparece; o feudalismo instala-se na Inglaterra.(419)

(413) *Ibidem*, p. 53.

(414) PEREIRA, Ruitemberg Nunes. *O princípio do devido processo legal substantivo*. Rio de Janeiro/São Paulo/Recife: Renovar, 2005.

(415) SILVA, Beclaute Oliveira. *A Garantia Fundamental à Motivação da Decisão Judicial*. Salvador: JusPodivm, 2007. p. 111.

(416) CARDOSO. Antônio Manoel Bandeira. A Magna Carta — conceituação e antecedentes. *Revista de Informação Legislativa*, ano 23, n. 91, jul./set. 1986, p. 135-40.

(417) LIMA, Maria Rosynete Oliveira. *Devido Processo Legal*. Porto Alegre: Sergio Antonio Fabris Editor, 1999. p. 33.

(418) SILVEIRA, Paulo Fernando. *Devido Processo Legal*. 3. ed. Belo Horizonte: 2001. p. 15-16.

(419) DAVID, René. *Os grandes sistemas do direito contemporâneo*. Direito comparado. 2. ed. Lisboa: Ed. Meridiano. 1978. p. 332-333.

Sampaio Dória esclarece que a "origem imediata desse dispositivo da Magna Carta é o edito de Conrad II, de 1037, onde se garantia o respeito a certos direitos de propriedade", mas que não é errôneo considerar 1215 como o ano em que os fundamentos do *due process* foram lançados.(420)

O que importa, seja a origem germânica, seja genuinamente inglesa, é que a partir de então, os soberanos britânicos adotaram o hábito de confirmar a Grande Carta ao ascender ao trono e a expressão *per legem terrea* vai se repetindo e incorporando ao sistema jurídico inglês, sendo certo que em 1354, durante o reinado de Eduardo III, por obra de algum desconhecido "e em virtude de motivos ignorados, a frase *per legem terrea* é substituída pela expressão *due process of law* em uma lei do Parlamento e, novamente, numa petição a este, pelo Conde de Arundell, para que se anulasse o *bill of attainder* proferido contra seu pai.(421)

Em síntese feita por Nelson Nery Junior, tem-se que:

> O primeiro ordenamento que teria feito menção a esse princípio foi a *Magna Charta* de João Sem Terra, no ano de 1215, quando se referiu à *'law of the land'* (art. 39), sem, ainda, ter mencionado expressamente a locução *devido processo legal*.
>
> O termo hoje consagrado, *"due process of law"*, foi utilizado somente em lei inglesa de 1354, baixada no reinado de Eduardo III, denominada *"Statute os Westminster of the Liberties of London"*, por meio de um legislador desconhecido (*some unkknown draftsman*).(422)

Como conclui Guilherme Guimarães Feliciano, "a Idade Média não trouxe grandes avanços à técnica processualística, a não ser pela clausulação de seu maior arquétipo contemporâneo: o devido processo legal", sendo mesmo fundamental "para a ideia de processo como dimensão das liberdades públicas".(423)

Séculos se passaram até ser reafirmado o princípio "em 1628, na famosa *Petition of Rights* formulada sob a inspiração de Lord Coke e endereçada a Carlos I, que fizera prender, arbitrariamente, cinco membros da nobreza, por se recusarem a subscrever empréstimo compulsório ilegalmente lançado", iniciando profícuo debate no Parlamento, na Câmara dos

(420) DÓRIA, Antônio Roberto Sampaio. *Direito Constitucional Tributário e o "due process of law": ensaio sobre o* controle judicial da razoabilidade das leis. 2. ed. Rio de Janeiro: Forense: 1986. p. 11.

(421) *Ibidem*, p. 11-12.

(422) NERY JUNIOR, Nelson. *Princípios do Processo Civil na Constituição Federal.* 10. ed. São Paulo: Revista dos Tribunais, 2010. p. 80.

(423) FELICIANO, Guilherme Guimarães. *Por um processo realmente efetivo:* tutela processual de direitos humanos fundamentais e inflexões do *"Due process of law"*. São Paulo: LTr, 2016. p. 201.

Comuns, elevando o conteúdo do Capítulo 39 da Magna Carta à mais simples e de maior alcance das cláusulas constitucionais.(424)(425)

Esclarece Sampaio Dória:

> Com o evolver dos tempos, e o refinamento das instituições políticas e jurídicas da Inglaterra, o conceito do adequado processo legal foi-se enriquecendo, ganhando novas dimensões e significados. Assim, da exigência primitiva de um processo formalizado, o princípio passou a compreender também, por obra dos chanceleres reais, o requisito da prévia citação para a demanda e da oportunidade de defesa. Emoldurada na concisa fórmula do *notice and hearing* e inspirada em cânones do direito natural, a garantia torna-se, a bem dizer, a própria *aphoristic expression of the soul of due process*".(426)

Mas como lembra Eduardo Henrique de Oliveira Yoshikawa, ao assumir o trono inglês Jaime II, em 1685, da dinastia Stuart, sendo a Inglaterra um reino protestante, editou em 1688 leis que favoreciam a sua religião, como a dispensa dos católicos de juramento de fidelidade à igreja anglicana, imprescindível para assumir cargos públicos, além de permitir livremente o culto da fé católica.

A constante tensão entre a Coroa e o Parlamento, causada pela defesa de Jaime II da liberdade de religião, levou à reação da igreja anglicana e da nobreza inglesa, que fizeram aliança com a Holanda para invadir a Inglaterra, o que levou Jaime II a fugir para a França, tomando o Parlamento sua fuga como renúncia ao trono e passando a Coroa Inglesa ao protestante Guilherme de Orange, príncipe holandês, Guilherme III na Inglaterra, desde que o monarca assinasse o "Ato Declaratório dos Direitos e das Liberdades do Súditos e da Sucessão da Coroa", posteriormente transformado em lei (*Bill of Rights*), pelo qual o rei se comprometia a, entre outras coisas, não suspender as leis nem arrecadar impostos sem sanção parlamentar", além da previsão de solicitar ao Parlamento autorização para manter o exército armado em tempo de paz, reconhecer o direito dos súditos protestantes ao uso de armas e "respeitar a liberdade de expressão do Parlamento",(427) convocado periodicamente:

---

(424) DÓRIA, Antônio Roberto Sampaio. *Direito Constitucional Tributário e o* "due process of law": ensaio sobre o controle judicial da razoabilidade das leis. 2. ed. Rio de Janeiro: Forense: 1986. p. 12-13.

(425) "COKE, por sua vez, foi um dos responsáveis pela criação de uma 'mentalidade legalista' (da qual a crença em uma 'constituição antiga' era um dos símbolos) ou 'constitucionalismo aristocrático', que se tornaria, no futuro, uma das bases intelectuais da Revolução Inglesa. (...) Realmente, COKE teve, sem sombra de dúvida, um papel de destaque na luta contra o abuso das prerrogativas da Coroa, tanto pelos cargos que ocupou, quanto pela defesa da existência de limites jurídicos ao poder real em suas obras, as quais, por isso mesmo, foram durante muito tempo censuradas e publicadas apenas após a sua morte, por ordem do Longo Parlamento". YOSHIKAWA, Eduardo Henrique de Oliveira. *Origem e evolução do devido processo legal substantivo.* O controle da razoabilidade das leis do século XVII ao XXI. São Paulo: Editora Letras Jurídicas, 2007. p. 59-60.

(426) DÓRIA, Antônio Roberto Sampaio. *Direito Constitucional Tributário e o* "due process of law": ensaio sobre o controle judicial da razoabilidade das leis. 2. ed. Rio de Janeiro: Forense: 1986. p. 13.

(427) YOSHIKAWA, Eduardo Henrique de Oliveira. *Origem e evolução do devido processo legal substantivo:* o controle da razoabilidade das leis do século XVII ao XXI. São Paulo: Editora Letras Jurídicas, 2007. p. 133-135.

> A ideia da supremacia do Parlamento (e consequentemente da lei) surge na Inglaterra por volta de 1640 e se torna dominante apenas no século XVIII, após a consolidação da Revolução Gloriosa.
>
> Consequentemente, no início do século XVII uma lei aprovada pelo Parlamento não poderia limitar o poder do Rei, privando-o, por exemplo, de alguns dos direitos e faculdades integrantes da chamada prerrogativa real, pois isso seria contrário ao *common law*.(428)
>
> (...)
>
> Diante dessas reivindicações do Parlamento, aceitas pelos novos monarcas, não há dúvida de que a Revolução Gloriosa foi uma verdadeira revolução.(429)

Por outro lado, os primeiros ingleses que embarcaram no *Mayflower*,(430) em 1620, e chegaram à América, fugindo da intolerância religiosa ou conduzidos pelo sonho da fortuna, e os demais colonizadores do Novo Mundo, levaram às colônias britânicas a experiência da garantia do adequado processo legal ao ordenamento jurídico que se esboçava no início do Século XVII,(431) como acentua Paulo Fernando Silveira:

> A cláusula do devido processo legal, não obstante tenha se originado, há quase oito séculos, nos reinados de Henrique I e Henrique II, somente foi positivada na Magna Carta de 1215 e, depois transplantada para a Constituição americana de 1787, através da Emenda V (1791).(432)

O *due process of law* ou *law of the land*, a garantia dos direitos fundamentais à vida, liberdade e propriedade dos súditos da coroa inglesa, ainda que alcançando apenas alguns homens livres, foi se alargando durante os séculos e tomando outras dimensões, ganhando novos significados, ultrapassando a ideia de garantia de apenas um processo ordenado e adaptado à natureza do caso.

Maria Rosynete Oliveira Lima destaca que as treze colônias inglesas na América do Norte foram receptoras imediatas do *due process of law*, "as grandes responsáveis pela expansão e longevidade da cláusula",(433) que hoje constitui a mais importante do ordenamento constitucional dos Estados Unidos, destacando, contudo, que:

---

(428) *Ibidem*, p. 121-123.

(429) *Ibidem*, p. 135.

(430) O navio Mayflower é citado por FERREIRA, Marcelo Ramos Peregrino, no artigo Anotações sobre o devido processo legal: da Magna Carta à Constituição de 1988, publicado na *Revista do Instituto de Direito Brasileiro — RIDB*, ano 2 (2013), n. 14. Disponível em: <https://www.cidp.pt/revistas/ridb/2013/14/2013_14_16789_16823.pdf>. Acesso em: 9 ago. 2021.

(431) DÓRIA, Antônio Roberto Sampaio. *Direito Constitucional Tributário e o "due process of law": ensaio sobre o controle judicial da razoabilidade das leis*. 2. ed. Rio de Janeiro: Forense: 1986. p. 14.

(432) SILVEIRA, Paulo Fernando. *Devido Processo Legal*. 3. ed. Belo Horizonte: 2001. p. 417.

(433) LIMA, Maria Rosynete Oliveira. *Devido Processo Legal*. Porto Alegre: Sergio Antonio Fabris Editor, 1999. p. 69.

A consagração constitucional da cláusula em estudo não teve assento no texto da Constituição norte-americana de 1787, mas passou a integrá-la por meio do bloco de emendas de 1791, conhecido como *Bill of Rights*, especialmente pela Quinta Emenda, e mais tarde, no ano de 1868, por meio da Décima Quarta Emenda.(434)

Sampaio Dória descreve a "transplantação" e a consolidação da garantia no Direito americano, desde o período colonial, no século XVII, ainda que inicialmente não prevista expressamente na Carta Fundamental do povo inglês em solo americano.(435) Tal fenômeno teve início na Declaração de Liberdades da colônia situada na baía de Massachusetts, em 1641; depois houve a adoção do princípio nas leis de Nova York e Nova Jersey e na Declaração dos Direitos da colônia de Virgínia. É interessante observar que o *due process* não consta expressamente na Declaração de Independência dos Estados Unidos, de 4 de julho de 1776, mas a garantia está implicitamente resguardada pela nação recém-criada.(436)

Com a Convenção de Filadélfia, em 1787, da qual emerge a Federação e a Constituição dos Estados Unidos da América, surge a necessidade de se estabelecer limites aos poderes da União e, ao mesmo tempo, garantir proteção à esfera dos direitos individuais, até mesmo como forma de obter maior adesão à Constituição.

James Madison, como descreve Carlos Roberto Siqueira Castro, "defendera a inclusão da *Declaração de Direitos* no texto original da Constituição, mas fora vencido em tal propósito pelo Constituinte Roger Sherman", (437) o que levou Madison a escrever, em 1789, a próprio punho,(438) as dez primeiras emendas, que foram aprovadas em conjunto conhecido como *Bill of Rights*, em 1791. A Quinta Emenda consagrou a garantia contra o abuso de autoridade estatal, o julgamento por júri, o direito de permanecer calado e não fazer prova contra si, o direito de ser julgado apenas uma vez pelo mesmo fato (*non bis in idem*), o direito a justa indenização em caso de desapropriação de bens, e que ninguém será privado de sua vida, liberdade ou propriedade sem o devido processo legal:

> Nenhuma pessoa será levada a responder por um crime capital, ou de outro modo infamante, a não ser por declaração sob juramento ou acusação formal de um júri de instrução, exceto em casos surgidos nas forças terrestres ou navais, ou na milícia, quando em serviço em tempo guerra ou de perigo público; da

(434) *Idem.*

(435) "A Declaração de Independência dos Estados Unidos não agasalha explicitamente a norma". DÓRIA, Antônio Roberto Sampaio. *Direito Constitucional Tributário e o* "due process of law"*:* ensaio sobre o controle judicial da razoabilidade das leis. 2. ed. Rio de Janeiro: Forense, 1986. p. 15.

(436) *Op. cit.*, p. 15.

(437) CASTRO, Carlos Roberto Siqueira. *O devido processo legal e os princípios da razoabilidade e da proporcionalidade.* 5. ed. Rio de Janeiro: Forense, 2010. p. 22-23.

(438) DÓRIA, Antônio Roberto Sampaio. *Direito Constitucional Tributário e o* "due process of law". 2. ed. Rio de Janeiro: Forense, 1986. p. 16.

> mesma forma, nenhuma pessoa estará sujeita, pelo mesmo crime, a correr por duas vezes perigo de vida; nem será obrigada, em nenhum caso criminal, a depor contra si mesma, nem será privada da vida, liberdade ou propriedade, sem o devido processo legal; nem a propriedade privada será desapropriada para uso público, sem justa compensação.(439)

Sérgio Luís Wetzel de Mattos deixa claro que "A *Bill of Rights* é a Declaração de Direitos da Constituição norte-americana, compondo-se das dez primeiras emendas que em 1791 foram propostas pelo Congresso e ratificadas pelos legislativos estaduais".(440)

Como destaca Guilherme Guimarães Feliciano em sua tese de doutoramento perante a Faculdade de Direito da Universidade de Lisboa – FDUL, o "*due process of law*" tardou meio século para se despregar do texto constitucional e conquistar algum protagonismo no universo de valores do Judiciário norte-americano".(441)

> Com efeito, conquanto a "*due process clause*" estivesse presente na Constituição norte-americana desde 1791, ganhou relevo na jurisprudência da *U.S. Supreme Court* somente no ano de 1856, com o caso ***Murray's Lessee v. Hoboken Land Improvement Co.*** Nele, a Suprema Corte reconheceu que a existência de um processo administrativo sumário com mandado de sequestro para a satisfação de créditos do Tesouro Nacional, conforme ato do Congresso norte-americano passado em 15.05.1820, não violava a cláusula do devido processo legal, mesmo porque "*by the common law of England and the laws of many of the colonies before the Revolution, and of States before the formation of the federal Constitution, a summary process existed for the recovery os the debts due to the Government*". (Destaques no original).(442)

Mas chegou.

Em 1857, a decisão no julgamento do caso *Dred Scott versus John F. A. Sandford*, tida como a pior da Suprema Corte dos Estados Unidos da América, afirmou que as pessoas de ascendência africana, trazidas para o país e mantidas como escravas, ou seus dependentes, ainda que escravos ou não, não estavam protegidas pelas garantias da Constituição dos EUA e que jamais poderiam se tornar cidadãos americanos — uma manifestação oficial de racismo declarado, como descreve com detalhes João Ozório de Melo:

(439) Quinta Emenda à Constituição dos Estados Unidos. Tradução colhida. In: CASTRO, Carlos Roberto Siqueira. *O devido processo legal e os princípios da razoabilidade e da proporcionalidade*. 5. ed. Rio de Janeiro: Forense, 2010. p. 24.

(440) MATTOS, Sérgio Luís Wetzel de. *Devido processo legal e proteção de direitos*. Porto Alegre: Livraria do Advogado, 2009. p. 50.

(441) FELICIANO, Guilherme Guimarães. *Por um processo realmente efetivo:* tutela processual de direitos humanos fundamentais e inflexões do "*Due process of law*". São Paulo: LTr, 2016. p. 243.

(442) *Idem*.

> A Suprema Corte foi bem além da questão que lhe foi colocada sobre o direito de Dred Scott à liberdade. Decidiu, por 7 votos a 2, que pessoa negra alguma poderia vir a ser, a qualquer tempo, cidadã dos Estados Unidos. Mesmo os negros que já viviam em estados do Norte — que haviam abolido a escravatura — poderiam ser cidadãos. E que os negros "afro-americanos", que nasceram nos Estados Unidos, não poderiam reclamar liberdade ou cidadania americana. Por não ser cidadão, Dred Scott sequer poderia mover uma ação nos tribunais federais do país".[443]

Maria Rosynete Oliveira Lima destaca que a decisão da Suprema Corte, lastreada na Quinta Emenda, julgou inconstitucional o *Missouri Compromiss Act*, de 1820, entendendo violar os direitos dos senhores de escravos, sem o devido processo legal, sendo "considerada uma intromissão arbitrária do Tribunal nos poderes do Congresso, além de exacerbar o problema da escravidão no país e favorecer o desprestígio do Tribunal".[444]

A Décima quarta Emenda, proclamada em 28 de julho de 1868 e incorporada ao Estatuto básico dos Estados Unidos, assegurou os direitos de cidadania, igualdade entre as pessoas e também reafirmou o devido processo legal, ficando assim revogada a decisão da Suprema Corte no caso Dred Scott *versus* Sandford. Ressalta Siqueira Castro que a emenda visou "coibir essa situação discriminatória, e também para estender a todas as pessoas nascidas nos Estados Unidos a plenitude dos direitos de cidadania".[445]

Como bem esclarece Sérgio Luís Wetzel de Mattos, em sua tese de doutorado que mereceu *suma cum laude* da Universidade Federal do Rio Grande do Sul — UFRGS, com tradução livre do original:

> Na 5ª e na 14ª Emendas à Constituição dos Estados Unidos da América, de 1791 e de 1868, respectivamente, encontram-se os dispositivos do *due process of law*:
>
> Emenda V. Nenhuma pessoa será (...) privada da vida, da liberdade ou da propriedade, sem o devido processo legal (...).
>
> Emenda XIV. Seção 1. (...) nenhum Estado privará qualquer pessoa da vida, da liberdade ou da propriedade, sem o devido processo legal (...).
>
> A 5ª Emenda é vinculativa para o governo federal. A 14ª Emenda, para os governos estaduais. Nas duas emendas constitucionais, o significado de *due process of law* é idêntico[446].

---

(443) MELO, João Ozorio de. Pivô da mudança: EUA celebram escravo que buscou liberdade na Justiça. *Revista Consultor Jurídico*, 23 maio 2013. Disponível em: <https://www.conjur.com.br/2013-mai-23/americanos-celebram-escravo-buscou-liberdade-justica>. Acesso em: 9 ago. 2021.

(444) LIMA, Maria Rosynete Oliveira. *Devido processo legal*. Porto Alegre: Sergio Antonio Fabris Editor, 1999. p. 73-74.

(445) CASTRO, Carlos Roberto Siqueira. *O devido processo legal e os princípios da razoabilidade e da proporcionalidade*. 5. ed. Rio de Janeiro: Forense, 2010. p. 24-25.

(446) MATTOS, Sérgio Luís Wetzel de. *Devido processo legal e proteção de direitos*. Porto Alegre: Livraria do Advogado, 2009. p.29.

O princípio do devido processo legal, ao lado do princípio da isonomia (*equal protection of the law*), "tornou-se o principal instrumento de argumentação de que lançaram mão a doutrina e a jurisprudência no vibrante processo de transformação do Direito Constitucional nos Estados Unidos da América".[(447)]

No dizer de Sampaio Dória, "completa-se, destarte, em rápidos traços, o ciclo legislativo da cláusula *due process of law*, na primeira república da América".[(448)]

Estabelecidos os marcos históricos, cumpre agora reconhecer que o devido processo legal se opõe ao arbítrio e serve como evidente limite ao poder público em face do indivíduo, tratando-se de verdadeira garantia contra qualquer forma de tirania.

Atribui-se à professora Lêda Boechat Rodrigues a primeira referência expressa ao devido processo legal no Brasil, na obra A Corte Suprema e o Direito Constitucional Americano, publicada em 1958,[(449)] como noticia João Gualberto Garcez Ramos, que também argumenta que o princípio sempre esteve presente, ainda que indiretamente, no ordenamento jurídico brasileiro, desde a Constituição do Império, de 1824. Esta "trazia um aspecto substancial do princípio", observado mais claramente no processo penal; "a Constituição brasileira de 1988 apenas o enfatizou em nosso ordenamento jurídico".[(450)]

A clássica obra de Antônio Roberto Sampaio Dória, com o título "Direito Constitucional Tributário e o *due process of law*", um ensaio sobre o controle judicial da razoabilidade das leis, várias vezes aqui mencionada, foi publicada em 1986. Constitui uma referência indispensável para o estudo da matéria debatida.[(451)]

Gualberto Ramos sustenta que a visão de um "processo legítimo, justo e equilibrado" corresponde ao que escreviam os processualistas antigos, mencionando como exemplos a obra clássica Apontamentos sobre o Processo Criminal brasileiro, de 1857, de José Antônio Pimenta Bueno,[(452)] assim como entre os praxistas, referindo-se ao livro Praxe brasileira, de Joaquim Ignácio Ramalho, de 1869, e do "praxista tardio" senador do Império, Vicente Alves de Paula Pessoa, no livro Código de Processo Criminal, de 1880, até chegar à Antônio Luiz

---

(447) CASTRO, Carlos Roberto Siqueira. *O devido processo legal e os princípios da razoabilidade e da proporcionalidade*. 5. ed. Rio de Janeiro: Forense, 2010. p. 25-26.

(448) DÓRIA, Antônio Roberto Sampaio. *Direito Constitucional Tributário e o* "due process of law": ensaio sobre o controle judicial da razoabilidade das leis. 2. ed. Rio de Janeiro: Forense: 1986. p. 17.

(449) RODRIGUES, Lêda Boechat. *A Corte Suprema e o Direito Constitucional americano*. Rio de Janeiro: Forense, 1958.

(450) RAMOS, João Gualberto Garcez. Evolução histórica do princípio do devido processo legal. *Revista da Universidade Federal do Paraná*, 2007. Disponível em: <https://revistas.ufpr.br/direito/article/view/14975>. Acesso em: 9 ago. 2021.

(451) DÓRIA, Antônio Roberto Sampaio. *Direito Constitucional Tributário e o* "due process of law": ensaio sobre o controle judicial da razoabilidade das leis. 2. ed. Rio de Janeiro: Forense, 1986. p. 10.

(452) "José Antônio Pimenta Bueno apresenta-se-nos como o viandante de longa jornada, vencida a duras penas, passo a passo, em ascensão constante, que o levou de amanuense do Tesouro Provincial à dignidade de Marquês de São Vicente e Grande Império". SALGADO, J. A. Cesar. José Antônio Pimenta Bueno — Bandeirante do Direito Brasileiro. Discurso proferido na sessão solene de instalação da Academia Paulista de Direito, na Faculdade de Direito da Universidade de São Paulo, no dia 11 de agosto de 1972. *Revista Justitia*. Disponível em: <http://www.revistajustitia.com.br/revistas/7bzzd2.pdf>. Acesso em: 9 ago. 2021.

da Câmara Leal, com seus Comentários ao Código de Processo Penal brasileiro, de 1942, esclarecendo que:

> Todas essas passagens se referem, com maior ou menor grau de penetração, ao Devido Processo Legal, enquanto garantidor de formas processuais. Essa visão, portanto, não se constitui em novidade alguma no Brasil.(453)

No mesmo sentido, Maria Rosynete Oliveira Lima, quando sustenta que foi "no campo dos interesses contidos na liberdade que o devido processo legal começou a vingar no sistema jurídico brasileiro". Registra a autora como manifestação mais contundente sobre os "princípios do contraditório e da ampla defesa, já no início do século",(454) passagem do "Ministro do Supremo Tribunal Federal João Barbalho, ao comentar sobre a garantia de 'plena defesa' contida no § 16 do art. 72 da Constituição de 1891", para quem:

> Com a plena defesa são incompatíveis e, portanto, inteiramente inadmissíveis, os processos secretos, inquisitoriais, as devassas, a queixa ou o depoimento de inimigo capital, o julgamento de crimes inafiançáveis na ausência do acusado, ou tendo-se dado à produção de testemunha de acusação sem ao acusado permitir reinquiri-las, a incomunicabilidade depois da denúncia, o juramento do réu, o interrogatório dele sob coação de qualquer natureza, por perguntas sugestivas ou capciosas, e em geral todo procedimento que de qualquer maneira embarace a defesa.
>
> Felizmente, nossa legislação ordinária sobre a matéria realiza o propósito da Constituição, cercando de precisas garantias o exercício desse inaferível direito dos acusados — para ela *"res sacra réus"*.(455)

Paulo Fernando Silveira, em seu livro Devido processo legal, também faz um levantamento histórico do princípio no Brasil. Após discorrer sobre a Constituição imperial de 1824, sustenta que a Constituição de 1891, que veio a lume logo após a proclamação da República, teve como fonte de inspiração a Constituição americana de 1787, instituindo no Brasil o federalismo, apesar da indisfarçável aversão do governo federal à descentralização democrática do poder:

> Não há registro histórico de que, ao tempo da Constituição imperial outorgada por D. Pedro I, em 1824, haja o direito brasileiro tomado conhecimento do instituto do devido processo legal, se não vaga, nebulosa e imprecisamente na área criminal procedimental.

---

(453) RAMOS, João Gualberto Garcez. Evolução histórica do princípio do devido processo legal. *Revista da Universidade Federal do Paraná,* 2007. Disponível em: <https://revistas.ufpr.br/direito/article/download/14975/10027>. Acesso em: 9 ago. 2021.

(454) LIMA, Maria Rosynete Oliveira. *Devido Processo Legal.* Porto Alegre: Sergio Antonio Fabris Editor, 1999. p. 193.

(455) *Idem.*

> Desde seu descobrimento, portanto durante mais de trezentos anos, vigoraram no Brasil as Ordenações Afonsinas (1446), Manuelinas (1521) e Filipinas (1603). Elas regeram as leis civis até a edição do Código Comercial de 1850 e do Código Civil de 1917. Até a proclamação da República, processualmente, as causas comerciais eram regradas pelo Regulamento n. 737, de 1850, e as cíveis, pelas ordenações e leis complementares consolidadas por *Ribas*. Na esfera criminal, também vigoravam as Ordenações Filipinas, já que as anteriores não tiveram aplicação prática no Brasil, com a vigência por mais de duzentos anos, ou seja, de 1603 até a entrada em vigor do primeiro Código Criminal Imperial em 1830. Igualmente, essas ordenações comandaram o processo penal, até o advento do primeiro Código Processual Criminal, de 1832.
>
> Sob o comando da Carta Política de 1824 — que, com ligeiras alterações, perdurou até a proclamação da República, em 1889 —, o Imperador, encarnando o Poder Moderador, era a chave de toda a organização política, com poderes absolutos, inclusive o de demitir juízes (art. 98, § 7º). Não havendo Poder Judiciário independente, não há como falar em garantias de direitos individuais ou, especificamente, da observância do princípio do devido processo legal, que sequer era expressamente mencionado.
>
> (...)
>
> Da Lei Fundamental de 1891 constou, também, uma declaração de direitos, entre os quais não figurou expressamente o devido processo legal, não obstante, no campo criminal houvesse menção à plena defesa com os recursos e meios essenciais a ela, bem como a cláusula proibitiva da prisão sem prévia formação de culpa (art. 72).[456]

No sistema constitucional brasileiro, o princípio do devido processo legal foi introduzido durante os trabalhos da constituinte, por proposição do Deputado Vivaldo Barbosa, conforme Emenda Aditiva n. E24488-4,[457] de iniciativa e formulação de Carlos Roberto Siqueira Castro, então assessor da Assembleia Nacional Constituinte, a convite de seu presidente, Deputado Ulysses Guimarães, e do relator da Comissão de Sistematização, Senador Afonso Arinos de Melo Franco.[458] O resultado foi a positivação do art. 5º, inciso LIV, da Constituição Federal de 1988, "ninguém será privado da liberdade ou de seus bens sem o devido processo legal".[459]

---

(456) SILVEIRA, Paulo Fernando. *Devido Processo Legal.* 3. ed. Belo Horizonte: Del Rey, 2001. p. 31-33.

(457) PEREIRA, Sebastião Tavares. *Devido processo substantivo* (*substantive Due Process*). Florianópolis: Conceito Editorial, 2008. p. 17-18.

(458) CASTRO, Carlos Roberto Siqueira. *O devido processo legal e os princípios da razoabilidade e da proporcionalidade.* 5. ed. Rio de Janeiro: Forense, 2010. XI-XVII.

(459) BRASIL. *Constituição da República Federativa, de 5 de outubro de 1988.* Disponível em: <http://www.planalto.gov.br/ccivil_03/constituicao/constituicao.htm>. Acesso em: 10 set. 2021.

Discorrendo sobre as interpretações encontráveis sobre o devido processo legal inserido no art. 5º, inciso LIV, da Carta Constitucional em vigor, Maria Rosynete Oliveira Lima adverte que uma delas "conduz ao equívoco de pensar que a cláusula se refere exclusivamente ao processo judicial"; destaca que "a norma constitucional, entretanto, não traz nenhuma limitação funcional":

> Ela é dirigida ao Poder Público como um todo, cujas autoridades, tanto do Poder Judiciário, quanto do Executivo e Legislativo, podem limitar os direitos tutelados pela cláusula. Foi esta, inclusive, uma das preocupações dos colonos ingleses da América do Norte ao inserir a cláusula nas Constituições estaduais e na Constituição dos Estados Unidos da América. Em outras palavras, submeter o Estado, como titular do poder, à garantia do devido processo legal, significa proteger o cidadão contra o seu arbítrio.(460)

Por fim, como oportunamente demonstra Pedro Paulo Teixeira Manus, não se deve esquecer de que não há princípio cujo valor seja absoluto:

> É necessário, contudo, conjugar o respeito ao princípio do devido processo legal com os demais princípios e regras que informam o processo, a fim de se equilibrar a condição de ambos os litigantes no processo.
>
> Não se olvide que não há princípio cujo valor seja absoluto, pois a conjugação das diversas normas processuais demonstra a necessidade de harmonização das regras principiológicas, o que as leva, por sua vez, a submissão a outras regras que tornam o processo justo e harmônico.(461)

Numa abordagem clara e à luz das decisões da Suprema Corte americana, escorado nos estudos de John V. Orth, "Due Process of Law: A Brief History", Guilherme Guimarães Feliciano divide em três fases a evolução do devido processo no século XX: a primeira, na qual prevalece a visão procedimentalista, vai de 1856 a 1900; a segunda, conhecida como fase do *economic substantive due process*, que compreende os anos de 1900 a 1936, "já ligada a uma formulação substantiva da *due process clause*. Ou, na expressão de Jonh Orth, ligada ao paradigma do *no taking from A and giving to B without due process of law*". Esta segunda fase, nas palavras do autor, "vinculou a dimensão material da *due process clause* à tutela dos direitos subjetivos de conteúdo eminentemente econômico, em especial os relacionados à propriedade, ao comércio e à liberdade contratual; na terceira fase o *due process* é instrumento

(460) LIMA, Maria Rosynete Oliveira. *Devido Processo Legal*. Porto Alegre: Sergio Antonio Fabris Editor, 1999. p. 215-216.

(461) MANUS, Pedro Paulo Teixeira. Princípio do devido processo legal e preclusão no processo do trabalho. *Revista Consultor Jurídico*, 18 set. 2020. Disponível em: <https://www.conjur.com.br/2020-set-18/reflexoes-trabalhistas-devido-processo-legal-preclusao-processo-trabalho>. Acesso em: 20 set. 2021.

de concretização dos direitos fundamentais, sendo este o atual modelo hermenêutico dominante na jurisprudência da *U.S. Supreme Court*.(462)

3.2. Uma breve história do devido processo legal, segundo John V. Orth

John V. Orth, em "Due Process of Law: A Brief History",(463) citando Sir Thomas Littleton, em seu *Treatise on Tenures* (1481), coloca a questão do devido processo legal processual baseado no "*no making a man a judge in his own case*", ainda na tradição inglesa, como pontua Guilherme Guimarães Feliciano.(464)

No caso 1, mencionado por Jonh V. Orth, é colocada a seguinte questão: um homem alega que em sua propriedade o costume é o de que ele, como Senhor, pode apreender o gado que vague por suas terras e retê-lo até que o dono do gado pague uma multa no valor que ele (o proprietário das terras), estipule como reparação do prejuízo causado pelas reses. Para o autor, é fácil compreender a existência desse tipo de costume num período histórico de instituições nacionais fracas e em que a propriedade era uma unidade autônoma. A sorte do criador do gado estaria ao talante do Senhor das terras.

Mais de um século depois, a situação foi novamente relatada no caso do Dr. Thomas Bonham, que, em 1610 foi processado pelo Royal College of Physicians (RCP) de Londres, entidade equivalente ao Conselho Regional de Medicina no Brasil, por praticar medicina em Londres sem licença. Como permitido pelo estatuto (Royal Charter) do RCP, o Dr. Bonham foi julgado no tribunal desta entidade e condenado à prisão e ao pagamento de uma pena de multa. Metade do valor da multa seria revertida ao próprio RCP. Como não havia possibilidade de interpor uma apelação (como a conhecemos hoje), o Dr. Bonham questionou judicialmente a determinação de prisão. Sir Edward Coke, à época o presidente da Court of Common Pleas (Tribunal de Apelações Comuns), preparou um sumário da decisão da Corte, que considerou a prisão ilegal. Com efeito, no estatuto do RCP havia permissão para prisão por erro médico, o que não havia sido alegado no caso *Bonham*.

Apesar de a multa não ter sido incluída na ação, Coke afirmou que os médicos não poderiam ser, a um só tempo, juízes, ministros e partes; juízes para julgar, ministros, para ordenar o comparecimento de alguém perante si e partes, para ficar com metade do produto do confisco. Finalizou seus comentários com a máxima latina "*aliquis non debet esse judex in propria causa, imo iniquum est aliquem suae rei esse judicem*" (porque ninguém deve ser juiz em sua própria causa, pois é injusto para alguém ser o juiz de seus próprios negócios).

Segundo Orth, Coke seguiu generalizando o caso específico de *Bonham*, dizendo que "Aparecem em nossos livros vários casos em que o *common law* controla os atos do parlamento, e às vezes os considera totalmente nulos; porque um ato do parlamento é contrário

(462) FELICIANO, Guilherme Guimarães. *Por um processo realmente efetivo:* tutela processual de direitos humanos fundamentais e inflexões do "*Due process of law*". São Paulo: LTr, 2016. p. 243-258.

(463) ORTH, John V. *Due Process of Law:* A Brief History. Lawrence: University Press of Kansas, 2003.

(464) FELICIANO, Guilherme Guimarães. *Por um processo realmente efetivo:* tutela processual de direitos humanos fundamentais e inflexões do "*Due process of law*". São Paulo: LTr, 2016. p. 244.

ao *common law* e ao senso comum, ou é repugnante, ou impossível de ser cumprido, o *common law* o controlará, e o considerara inválido". (Tradução livre)[(465)]

Nos EUA coloniais, a ideia foi posta de maneira sucinta: "um ato contrário a Constituição é nulo" (a Constituição, aqui, era um conjunto de leis importantes e práticas tradicionais). Com a independência, o presidente da Suprema Corte, John Marshall, usou quase as mesmas palavras: "Uma lei repugnante à Constituição é nula", referindo-se à recente Constituição dos Estados Unidos. Este foi o embrião do controle de constitucionalidade.

Retornando ao caso *Bonham*, embora semelhantes ao ponto de merecerem decisão semelhante, também havia diferenças significativas entre ele e o caso relatado por Littleton. Neste, a descrição foi de um caso em que o *common law* estava testando um costume que pretendia ter força de lei; a conclusão de Coke foi a de que costumes irrazoáveis não eram lei. No caso Bonham, o questionamento se referiu a um estatuto societário e a leis elaboradas pelo Parlamento, que concederam a possibilidade a uma entidade para impor uma penalidade pecuniária e ficar com parte do que fora recolhido. Além disso, a parte referida por Coke não era um indivíduo defendendo sua propriedade, mas uma entidade cuja finalidade era a de impor disciplina profissional. A lei, neste caso, não era resultado do costume, mas fora solenemente adotada pelos maiores poderes políticos do Estado.

Poderia o *common law* invalidar um ato do Parlamento? Segundo Coke, sim. Ele pretendia limitar os poderes do Rei. Seu posicionamento ocorreu num período da história da Inglaterra em que o poder no *common law* era quase totalmente exercido pelo Rei, que também escolhia os juízes dos tribunais. Todavia, na época, Coke permaneceu solitário, sem apoio de seus pares, e a única instituição que poderia fazer frente à Coroa era o Parlamento.

Prossegue Orth asseverando que Sir William Blackstone, na metade do século XVIII, no primeiro volume de seu livro "Comentários às Leis da Inglaterra" (*Commentaries on the Laws of England*), de 1765, afirmou que "os atos do parlamento impossíveis de serem realizados não possuíam validade". (Tradução livre)[(466)] Acrescentou que "se o parlamento editar uma lei irrazoável, não conheço um Poder que possa controlá-lo".[(467)] Usou como exemplo o próprio caso *Bonham*, mencionado por Coke: pode uma lei fazer de um homem um juiz na sua própria causa? Disse concordar com Coke no tocante ao caráter indesejável da prática. Contudo, entendeu ser esta "uma característica da vida no estado natural, um dos males a serem remediados pelo governo civil". (Tradução livre)[(468)]

---

(465) ORTH, John V. *Due Process of Law:* A Brief History. University Press of Kansas, 2003. p. 20. *Generalizing from the specifics in Dr. Bonham's Case, Coke added a few words that have echoed down the centuries, resounding more loudly in fact in America than in England: 'And it appears in our books, that in many cases, the common law will controul Acts of Parliament, and sometimes adjudge them to be utterly void; form when an Act of Parliament isn against common right and reason, or repugnant, or impossible to be performed, the common law will controul it, and adjuge such Act to be void.*

(466) *Ibidem*, p. 25-26. *Acts of parliament that are impossible to be performed are of no validity.*

(467) *Idem*, p. 26. *If the parliament will positively enact a thing to be done which is unreasonable, I know of no power that can control it.*

(468) *Idem*, p. 26. *one of the evils civil government was intended to remedy.*

Quanto à possibilidade de o Poder Judiciário ser capaz de invalidar tal ato do Parlamento, Blackstone afirmou que o ato que dá poder a um homem para julgar causas em que ele é parte deve ser interpretado de maneira a evitar que isto ocorra, porque é irrazoável que qualquer homem possa decidir sobre sua própria lide. Ao final, Blackstone afirmou que nenhum tribunal inglês poderia declarar nulo um ato do Parlamento.

Poder, e não processo, era o cerne da questão. Costume e ato do parlamento deveriam ter abordagens diferentes. Assim, para Blackstone, o costume estava obviamente dentro do âmbito de atuação dos juízes do *common law*; eles próprios determinavam se o costume havia produzido uma regra com força de lei. Mas, se aplicada aos atos do Parlamento, a "*judicial review*" ou "revisão judicial".[(469)] Para Blackstone, portanto, o Parlamento tudo podia, inclusive fazer de um homem um juiz na sua própria causa.

A defesa de Coke não era somente do direito de Bonham a um julgamento justo, mas também a da supremacia da lei sobre os poderes. Embora sua contribuição tenha sido minimizada como uma tentativa frustrada de estabelecer a "revisão judicial", ele, na verdade, tentou dar conteúdo à restrição feita pela lei ao poder. Ou seja, ele pretendia dar substância ao devido processo. Para ele, havia coisas que o poder supremo no Estado, mesmo o Rei, não poderia fazer legalmente, independentemente do quanto tentasse. Limitando como o rei poderia proceder, também limitava o que ele poderia fazer. Se ele houvesse procedido de acordo com as leis em vigor, então não poderia agir de forma arbitrária, desproporcional ou sem consulta. O rei — e também o parlamento — deveriam obedecer "a Deus e à Lei".

O exemplo utilizado por Coke consistia no horror processual que seria fazer de um homem juiz em sua própria causa. O *common law*, achava ele, certamente invalidaria uma lei tão contrária ao senso comum e à razoabilidade. Antes disso, ele já havia mencionado o horror substantivo que representaria o caso de tirar de A e dar a B, isto porque o direito de propriedade dos ingleses, segundo Coke, era protegido pela razão artificial e pelo julgamento da lei. Entretanto, na época, o Parlamento, já antecipando os avanços do Poder Executivo, assegurou sua independência judicial.

Os tribunais ingleses não analisariam leis oriundas do Parlamento de acordo com sua razoabilidade — conceito este cada vez mais nebuloso. De toda sorte, o Parlamento pertencia à classe proprietária, e, portanto, dificilmente agiria contra o direito de propriedade. Contudo, a supremacia do parlamento – relutantemente reconhecida por Blackstone em 1760 — foi a responsável por dar origem a uma nova guerra, a da Independência dos EUA, que fez surgir uma nova nação e um novo e vigoroso ramo da tradição do *common law*.

Foi nessa nova nação que o devido processo legal passou a ser assegurado pela Constituição Federal e pelas Constituições estaduais. E, indagando-se se um homem poderia ser juiz em sua própria causa, pode-se observar que nos primórdios da vida nos Estados Unidos da América, havia a prática de remunerar os magistrados nos estados com o valor das multas

(469) Essa expressão que hoje é utilizada para designar o controle de constitucionalidade colocaria o Poder Judiciário acima do Legislativo, o que subverteria todo o governo.

por eles arrecadadas. Apenas em 1928, tal prática foi rechaçada, em julgamento proferido pelo presidente da Suprema Corte, William Howard Taft, que declarou ser este costume uma violação do devido processo legal.

O juiz em seu próprio caso revelava um problema óbvio de caráter processual, ou de "devido processo legal processual". A esta altura, contudo, já havia outra questão envolvendo o devido processo legal: o "problema A-para-B", que ficou conhecido pela curiosa expressão "devido processo legal substantivo".(470)

No caso 2, do ambíguo paradigma "tirando de 'A' e dando a 'B'", Orth trata da primeira opinião registrada da Suprema Corte norte-americana que menciona o antigo problema de fazer de um homem juiz em sua própria causa, *Calder v. Bull*, quando o Juiz Samuel Chase também enumerou outras situações que ele reputava igualmente notórias, entre elas, "uma lei que retira a propriedade de 'A' e a entrega a 'B'". A fala de Chase aludia à possibilidade de um ato legislativo contrário aos grandes princípios-chaves da sociedade ser considerado válido. Antes de ser relegada ao lixeiro das máximas emboloradas quase um século e meio mais tarde, o paradigma A-para-B causaria uma grande expansão do poder judicial e precipitaria uma grande crise constitucional. Chase começou, contudo, com casos mais simples.

Em primeiro lugar, uma lei que punisse um cidadão por uma ação inocente, a qual, quando realizada, não violara qualquer lei (*ex post facto* — a lei após o fato). Pensadores radicais, influenciados pelas ideias iluministas, afirmavam que o *common law* parecia ser uma coleção de leis criadas após o fato. A raiz deste problema estava no fato (ainda não inteiramente reconhecido) da destruição do consenso medieval a respeito da existência e conteúdo do direito natural.

Edward Coke e Thomas Littleton invocaram a razão como o teste soberano da legalidade, presumindo que os juízes, mestres da 'razão artificial' da lei, saberiam o que a razão legal exigia, ou ao menos o que ela proibiria.

No século XVIII, a razão começou lentamente a se modificar. As noções de certo e errado já não eram tão claras para a maioria das pessoas. Decisões judiciais no *common law* poderiam ser surpreendentes e, principalmente, baseadas em leis editadas depois do fato. O problema da origem do *common law* nunca foi solucionado, mas simplesmente ignorado, porque o *common law*, nesta época, já era tão antigo que a maioria dos casos poderia ser considerada como tendo ocorrido antes do fato. Nos raros casos que ainda não haviam sido abordados, o direito natural ainda governava, mesmo que de uma maneira atenuada.

A injustiça da aplicação retroativa da lei era óbvia, tanto que constava da Constituição dos EUA. O caso comentado pelo juiz Chase aludia à primeira interpretação da Suprema Corte quanto à retroatividade da lei: esta seria inaplicável a todas as leis ou somente àquelas que impunham punições (leis criminais)? A Corte decidiu que a irretroatividade da lei seria aplicável somente às leis criminais (que aplicavam punições).

---

(470) *Ibidem*, p. 32.

A segunda situação apontada pelo juiz Chase se referia às leis que destruíam ou mutilavam os contratos privados entre cidadãos (interferência estatal em negócios particulares, sobretudo na esfera comercial). Antes do século XVIII, o contrato não ocupava lugar proeminente no *common law*, que era historicamente centrado na propriedade. O avanço do comércio na Inglaterra, especialmente do comércio internacional, precipitou o desenvolvimento do direito contratual. Nos EUA, a experiência com a especulação de terras, depreciação de moeda, moratória na dívida do governo e resgate legislativo de devedores insolventes impôs a necessidade de proteção dos contratos privados. Na Constituição americana consta a previsão de que nenhum estado deverá impor óbice a contratos privados.

Chase também mencionou em sua fala a lei que faz de um homem juiz em sua própria causa. Não havia na Constituição menção alguma a um juiz imparcial. Assim, qualquer questionamento que surgisse relativo à imparcialidade do juiz era respondido com uma referência à exigência contida nas Constituições federal e estaduais de que ninguém poderia ser privado da sua vida, liberdade e bens sem o devido processo legal.

Outra questão mencionada por Chase foi a de uma lei que retira a propriedade de "A" e a entrega a "B". Inicialmente, a palavra-chave era "propriedade". Entretanto, com o passar do tempo, e sobretudo diante da possibilidade de prática de tal ato pelo Estado (desapropriação), o ponto central passou a ser "retirar" a propriedade, algo que jamais poderia ser feito sem o devido processo legal. Neste sentido, a cláusula do devido processo legal servia para proteger o indivíduo da intervenção estatal arbitrária. Posteriormente, o foco desta máxima deixou de ser a propriedade e passou a ser a liberdade de celebrar contratos ou o direito à privacidade.

O Juiz James Iredell, opositor de Chase, negou que os juízes pudessem ser guiados por uma regra tão incerta e asseverou que "as ideias de justiça natural não são reguladas por um paradigma estabelecido: os homens mais capazes e mais puros já divergiram sobre o assunto". Para Iredell, a existência de uma Constituição escrita implicava uma abordagem judicial para as decisões de ordem constitucional, a começar do próprio texto, que deveria conter paradigmas estabelecidos, e não "princípios primordiais", por maiores que fossem.

O triunfo do pensamento de Iredell ocorreu apenas na forma; no conteúdo, os tribunais permaneceram expandindo suas decisões de maneira a revisar os atos dos outros poderes do governo.

O diálogo entre Chase e Iredell em 1798 pareceu assumir ares de controle de constitucionalidade. Entretanto, apenas em 1803, houve abordagem direta desta questão, no caso *Marbury v. Madison*. Enquanto Edward Coke, no passado, declarara inválido um ato do Parlamento contrário ao direito e à razão, Marshall ecoou o pensamento de Iredell e substituiu o apelo à razão pelo apelo à Constituição: "uma lei repugnante à Constituição é inválida". Na América, os tribunais determinariam a validade de toda a legislação. Na Inglaterra — a terra natal do *common law* —, as cortes não tinham poder para invalidar leis.

Uma das maneiras de o problema A-para-B se materializar foi imaginado pelo Juiz Joseph Story, em *Wilkinson v. Leland*. Neste caso, o estado de Rhode Island havia aprovado uma lei que supostamente confirmaria o direito de propriedade de Wilkinson a um certo pedaço de terra no estado. A terra em questão havia pertencido a um cidadão de New Hampshire que morrera e cujo inventariante a tinha vendido mediante a autorização concedida por um tribunal de NH. A Suprema Corte considerou o negócio jurídico válido sem examinar a legislação de Rhode Island. Portanto, não apreciou a constitucionalidade da legislação.

O Juiz Story examinou essa questão, afirmando que "desconhecemos um caso em que um ato legislativo para transferir a propriedade de A para B sem o consentimento daquele tenha sido reputado como exercício constitucional do poder legislativo em qualquer Estado da União". Isso trouxe ao debate a questão da separação dos poderes: poderia uma lei reverter uma decisão judicial?

O caso *Wilkinson* indicou que a legislação não poderia de forma constitucional transferir a propriedade de A para B. Esta era tarefa dos tribunais. O exercício de atribuições inerentes a um poder por outro poder poderia ser descrito como uma violação processual. Assim como um homem não poderia ser juiz na sua própria causa, alguém que não era juiz não poderia proferir decisões judiciais.

Com o evoluir do tempo, passou-se a entender que por trás da expressão "tirar de A e transferir para B" havia outro significado, de caráter redistributivo, substantivo. A partir do final do século XIX, a legislação regulatória começou a ameaçar interesses individuais. O paradigma "A-para-B" servia tanto para responder a violações processuais quanto a violações de ordem material. Assim, este paradigma se tornou a semente da nova categoria do devido processo legal: o devido processo legal substantivo.

No capítulo 4 do livro, em continuação ao caso 2, "tirando de a e entregando a b: devido processo legal substantivo econômico", segue Orth mencionando o Juiz William E. Werner, em *Ives v. South Buffalo Railway Company*, 1911:

> Se é autorizado impor a um empregador que não se omitiu no cumprimento da lei e não cometeu qualquer ilícito, uma responsabilidade baseada apenas num ato arbitrário do legislador, afirmando que sua atividade econômica é intrinsecamente perigosa, é igualmente autorizado impor-lhe o pagamento de uma taxa especial para o custeio de hospitais e outras instituições de caridade, com lastro na teoria de que tais entidades destinam-se, primordialmente, ao tratamento de doenças causadas, sobretudo, por aquela atividade econômica. No final das contas, isto nada mais é do que 'tirar de A e entregar a B', e isto não pode ser feito sob nossa Constituição. (Tradução livre)[471]

(471) *Ibidem*, p. 51. *If is competent to impose upon an employer, who has omitted no legal duty and has committed no wrong, a liability based solely upon a legislative fiat that his business is inherently dangerous, it is equally competent to fix upon him a special tax for the support os hospitals and other charitable institutions, upon the theory that they are devoted largely to the alleviation of ills primarily due to his bussiness. In its final and simple analysis that is taking the property of A and giving it to B, and that cannot be done under our Constitutions.*

O trecho da decisão acima transcrito foi o fundamento principal para a invalidação da Lei de Compensação dos Trabalhadores, editada pelo estado de Nova Iorque. À época, os tribunais aplicavam a máxima "não há responsabilidade sem culpa".

Esse caso diferia dos anteriores citados como paradigmas da máxima "tirar de A e entregar a B" porque o caso Ives envolveu setores inteiros da sociedade (os empregadores que deveriam contribuir para o fundo de compensação dos trabalhadores) e os empregados (que deveriam se recuperar de acidentes ocorridos durante o emprego). A legislação nova-iorquina foi incluída no modelo "A-para-B" em razão do fato de o sistema de compensação poder ser visto como uma maneira de distribuir dinheiro, tirando do empregador e dando ao empregado.

A legislação referente ao salário mínimo, ainda que estabelecido para empregados vulneráveis, não tinha melhor sorte. Em 1923, no caso *Adkins v. Children's Hospital*, a Suprema Corte invalidou uma lei estadual que fixava salário mínimo para as mulheres do Distrito de Columbia porque tirava de A para dar a B. A esta altura, o paradigma até então simples, havia atingido proporções mais sofisticadas: a legislação, segundo a Corte, equivalia a "uma cobrança compulsória do empregador para o suporte de uma pessoa parcialmente indigente, para cuja condição ele em nada contribuiu e, portanto, transfere para seus ombros, de forma arbitrária, uma carga que, se pertence a alguém, é à sociedade como um todo. (261 US 557-58)". (Tradução livre)[472]

Embora o paradigma A-para-B com seu foco transacional tivesse dado conteúdo econômico ao devido processo legal, este conteúdo havia mudado de uma ênfase na transferência implícita em "tirar" e "dar" para enfatizar apenas o "tirar".

Nem todas as leis, contudo, poderiam caber facilmente no paradigma A-para-B. Algumas simplesmente proibiam certas práticas. Em 1927, Charles Evans Hughes, que logo seria presidente da Suprema Corte, ministrou uma série de palestras na Universidade de Columbia, em que fez esta conexão de uma maneira quase paródica. Depois de mencionar a óbvia afirmação de que "ninguém discute que a legislatura pode tirar a propriedade de A e entregá-la a B", acrescentou um exemplo que indicava o estado das leis à época "ou editar uma lei dispondo que ninguém com menos de 1,80m possa vender mantimentos". Tornar ilegais merceeiros (donos de mercearias, quitandas) baixos, para Hughes, era tão ruim quanto tirar de A e entregar a B. Embora a proibição operasse em favor dos mais altos, Hughes não a entendia como uma simples transferência de um grupo para outro; caso contrário, ele não teria tido motivo para inseri-la no paradigma A-para-B (já que quase toda lei transfere algo de A para B). A questão havia sido generalizada para se referir a ação governamental arbitrária, tirando algo de valor sem ganho público correspondente.

(472) *Idem*, p. 65-66. *Minimum wage legislation, even for vulnerable employees, fared no better. In 1923 in Adkins v. Children's Hospital , the U.S. Supreme Court invalidated a federal statute setting minimum wages for momen in the District of Columbia because it took from A and gave to B. By then the simple paradigm had achieved a more sophisticated statement: the legislation, the Court said, amounts to "a compulsory exaction from the employer for the support of a partially indigent person, for whose condition there rests upon him no peculiar responsability, and therefore, in effect, arbitrarily shifts to his shoulders a burden which, if it belongs to anyubody, belongs to society as a whole".*

Cinquenta anos antes de Hughes, em 1897, em *Allenger v. Louisiana*, decidira-se pela primeira vez que privar uma pessoa de sua liberdade de contratar constituía uma violação do devido processo legal. Uma lei estadual que proibia empresas não registradas para fazer negócios no estado de fornecer seguro marítimo a propriedades situadas no estado da Louisiana.

Os contratos de seguro, contudo, são ínfimos em número quando comparados aos contratos de emprego, e foi com relação a estes que o devido processo legal teve seu maior e mais controverso desenvolvimento. O mais famoso caso envolvendo o devido processo legal substantivo já decidido pela Suprema Corte foi o caso *Lochner v. New York*, em 1905. A legislação estadual havia estabelecido um número máximo de horas de trabalho para os padeiros (10 horas diárias e 60 semanais), o que foi invalidado pelo Tribunal. O caso Lochner deu seu nome a um período na história do devido processo legal (1890-1930) durante o qual os tribunais examinaram minuciosamente a legislação regulatória, sobretudo a trabalhista, verificando sua concordância com o poder geral do estado de promover saúde pública, segurança, ou bem-estar social (o que era conhecido pelos advogados como poder de polícia).

De acordo com a Corte, a questão central do caso Lochner consistia em saber se:

> É exercício justo, razoável e apropriado do poder de polícia do Estado, ou é uma interferência irrazoável, desnecessária e arbitrária na liberdade do indivíduo de celebrar contratos de trabalho que lhe pareçam apropriados e necessários para sustentar a si mesmo e a sua família? (Tradução livre)[(473)]

Em outras palavras: poderia o Estado fazer sua vontade substituir a de um trabalhador adulto? Colocando-se a questão desta maneira, a Corte invalidou a "Lei das Padarias" ("*Bakeshop Act*") sob o fundamento de que esta legislação não se relacionava a qualquer das finalidades sociais nas quais o poder de polícia estatal poderia ser regularmente exercido. Por esta razão, era uma violação ao devido processo legal.

Frise-se que não estava claro o que estava sendo tirado no caso Lochner, nem de quem. Adam Smith havia tentado convencer a Corte de que o trabalho era uma espécie de propriedade, mas este uso ainda não era comum. De toda sorte, era óbvio que algo havia sido tirado: se não a propriedade no trabalho, a "liberdade pessoal" ou o direito de contratar relativo ao trabalho, tanto com relação ao empregador, que o comprava, quanto em relação ao empregado, que o vendia. No final do século XIX, o contrato (a forma legal de organização da vida econômica) havia se tornado tão importante quanto a propriedade (o direito legal de usufruir ganhos econômicos passados ou presentes).

A liberdade contratual aplicada a contratos de trabalho tem nítidas consequências. O trabalho é um ingrediente essencial à produção econômica. Entretanto, a recém-descoberta liberdade era ainda maior do que pareceu num primeiro momento. O contrato individual

---

(473) *Idem*, p. 60-61. *"Is this a fair, reasonable and approriate exercise of the police power of the State, or is it an unreasonable, unnecessary and arbitrary interference with the right of the individual to his personal liberty or to enter into those contracts in relation to labor which may seem to him appriate or necessary for the support of himself and his family?"*

de trabalho — e não a legislação — seria o local apropriado para a definição das horas de trabalho.

Os trabalhadores norte-americanos passaram a perceber os obstáculos à resolução legislativa de seus problemas (a colcha de retalhos dos governos federal e estaduais e o demorado e imprevisível processo de controle de constitucionalidade). Assim, passaram a atuar de maneira mais eficaz por meio de sindicatos. Em várias indústrias, particularmente onde era exigida mão de obra mais qualificada, os sindicatos tiveram significativo êxito. Todavia, os empregadores contra-atacaram inserindo uma cláusula no contrato de trabalho de não adesão do empregador às organizações laborais (o que ficou conhecido como "*yellow dog contract*", da expressão "*yellow dog*", usada à época para se referir a algo desprezível). Os trabalhadores, então, novamente passaram a usar seu poder político para conseguir a edição de leis que proibissem a celebração de tais contratos. Todavia, ao final, os tribunais federais invalidaram a cláusula de não adesão e as leis que a proibiam por infringirem a liberdade de contratar e consequentemente serem contrárias ao devido processo legal.(474)

À medida que a ênfase passou para "retirar de A", "entregar a B" tornou-se apenas um vestígio do paradigma, que deixou de ter conteúdo exclusivamente processual para se tornar um postulado substancial. Em alguns casos, a propriedade simplesmente não poderia ser retirada, não importa por quem ou para quê. Da mesma forma ocorria com o contrato (a liberdade de contratar). No fim da década de 1930, o devido processo legal substantivo econômico e outras doutrinas legais restringindo a regulação econômica haviam adquirido extrema importância.

O Presidente Franklin Roosevelt, precisamente em 1937, incitou o Congresso norte-americano a realizar uma reforma na Suprema Corte, cuja finalidade última era conseguir a maioria para apoiar o programa econômico do governo. Por meio desta reforma, o Presidente era autorizado a nomear mais um magistrado para cada componente da Corte que contasse com mais de setenta anos de idade (até o máximo de 15). O confronto entre o Poder Executivo e a Suprema Corte vinha sendo construído há algum tempo, tendo as tensões aumentado com a invalidação de vários itens do programa econômico de Roosevelt entre 1934 e 1936.

Embora a reforma de Roosevelt não tenha sido aprovada, parte dos juízes da Suprema Corte passou a apoiar o programa econômico do governo, abandonando o devido processo legal substantivo e passando a afirmar que a Constituição não mencionava explicitamente a liberdade de contratar. A mudança na jurisprudência da Corte ficou conhecida como "*the switch in time that saved nine*".(475)

---

(474) *Idem*, p. 66. *In many industries, especially where skilled labor was involved, unions made significant progress. Employers in some industries countered by invoking the newly potent power of contract, requering their workers to agree as a condition of employment that they would not join a labor organization, an agreement that acquired the colorful name "yellow dog contract". Workers struck back, using their political power to secure legislation, federal as well as state, prohibiting such contracts, but federal courts invalidated both types of statutes as infringements of freedon of contract and therefore violations of the due process clause.*

(475) *Ibidem*, p. 69.

Em 1938, no caso *United States v. Carolene Products Co.*, a Corte analisou a constitucionalidade da legislação federal que proibia o transporte interestadual de composto lácteo (*"filled milk"* — leite acrescido de gordura/óleo que não seja dele próprio). Durante a era Lochner, a pergunta era se a lei parecia aos juízes justa, razoável e apropriada, ou uma interferência irrazoável, desnecessária e arbitrária na liberdade de contratar. Contudo, a partir do caso Carolene, a Suprema Corte atribuiu ao Legislativo a análise da razoabilidade — já que a existência de fatos dando suporte ao julgamento do legislador era de ser presumida. Desta forma, o ônus da prova foi transferido daqueles que apoiavam a legislação para aqueles que se opunham a ela. A presunção de constitucionalidade seria aplicável a toda a legislação regulatória que afetasse transações comerciais comuns.(476)

Com a presunção de constitucionalidade das leis regulatórias comuns, a Suprema Corte viu sua carga de trabalho reduzir consideravelmente. Assim, a proteção judicial de propriedade e contratos, quando envolvidos em transações comerciais, foi reduzida, ao passo que o escrutínio judicial foi dirigido a outros direitos constitucionais. Surgiu então a doutrina das "liberdades preferidas" — denunciada pelos críticos como sendo de "padrão duplo" —: a noção de que alguns direitos devem ter maior proteção judicial do que outros, apesar de sua equivalência textual na constituição, quando esta se refere a "vida, liberdade e propriedade".

Vale mencionar uma nota de rodapé na decisão do caso Carolene, que indicou para proteção os processos políticos da democracia representativa e os direitos de certas minorias que poderiam não conseguir perdurar. Eis o teor:

> Parece haver um âmbito mais reduzido de operação na presunção de constitucionalidade quando a legislação parece estar dentro de uma proibição específica da Constituição, como as que constam das dez primeiras emendas, quando se juntam à 14ª.
>
> É desnecessário ponderar, agora, se a legislação que restringe aqueles processos políticos que, por sua vez, podem trazer a revogação da legislação indesejada, deve ser submetida a um maior escrutínio judicial sob a proibição da 14ª emenda do que os demais tipos de legislação.
>
> Nem precisamos fazer indagações semelhantes quanto à revisão de legislação dirigida a minorias religiosas, nacionais ou raciais: se o preconceito contra minorias discretas e insulares pode ser uma condição especial, que tende seriamente a cercear o funcionamento daqueles processos políticos destinados a proteger as minorias, e que podem precisar de uma análise judicial mais detida. (Tradução livre)(477)

---

(476) *Idem*, p. 70. *During the Lochner era the question would have been whether the statute appeared to the judges to be "fair, reasonable and appropriate" or an "unreasonable, unnecessary and arbitrary interference" with freedon of contract, but in Carolene Products the Court announced a new standard. Henceforth it would defer to the legislature on the question of reasonableness — "the existence of facts supporting thelegislative judgment is to be presumed" — thereby shifting the burden of those opposing it. The new presumption of constitutionality would apply to all "regulatory legislation affecting ordinary commercial transactions.*

(477) *Ibidem*, p. 72. *There may be narrower scope for operation of the presumption of constitutionality when legislation appears on its face to be within a specific prohibition of the Constitution, such as those of the first ten amendments, wich are deemed equaly specific when held to be embraced within the Fourteenth. (...)*

It is unnecessary to consider now whether legislation wich restrict those political processes which can ordinarily be expected to bring about repeal of undesirable legislations, is to be subjected to more exacting judicial scrutiny under the general prohibitions of the Fouteenth Amendment than are most other types of legislation. Nor need we enquire whether similar considerations enter into the review of statutes directed at particular religious ... or national ... or racial minorities: whether

Desta pequena semente brotou muito da história constitucional da segunda metade do século XX, particularmente o ramo judicial do movimento dos direitos civis. Enquanto isso, o devido processo substantivo econômico estava morto.

No caso 3, tirando de A: devido processo substantivo não econômico, o paradigma A-para-B havia sido irremediavelmente ligado ao devido processo legal substantivo nos casos de regulação econômica.

A partir da decisão do caso Carolene, portanto, deixou de ser uma referência tão importante no direito constitucional federal norte-americano, uma vez que a decisão da Suprema Corte, neste caso, fora de presunção geral em favor da constitucionalidade da legislação regulatória de transações comerciais comuns. O conceito de devido processo legal substantivo que o paradigma A-para-B havia ajudado a surgir, contudo, não estava morto.

O antigo exemplo do dono de mercearia com altura inferior a 1,80m, fornecido pelo Juiz Hughes, trata, principalmente, do aspecto de "retirada", já que a legislação retiraria de alguns comerciantes mais baixos a oportunidade de participar deste ramo de atividade. De um lado, o caso ilustra a interferência governamental no mercado; de outro, demonstra a perda da liberdade individual — no aspecto comercial neste caso, mas passível de ser expandida para outras esferas da vida. "Retirar" e "entregar" são ações, neste contexto, com inegável caráter de redistribuição, remodelando os indícios de poder ou riqueza. "Retirar" é uma simples subtração. Estas ações podem ser dirigidas a situações de caráter não econômico, transformando-se em proibição de legislação arbitrária em assuntos sociais. O paradigma "retirar" permaneceu vivo para utilização numa nova classe de ações alusivas a violações de privacidade.

O paradigma A-para-B havia direcionado os juristas a uma série de violações ao devido processo legal: primeiro, à usurpação do papel do Poder Judiciário pelo Legislativo quanto à determinação do título de propriedade de imóvel (separação de poderes); depois, à interferência com o contrato e o arbítrio individual a ele intimamente ligado (liberdade de contratar); e finalmente, a restrições da liberdade em geral. Essa nova ênfase combinou com a atenção aos direitos civis anunciada na nota de rodapé do caso Carolene para conferir substância adicional ao devido processo legal, já que a liberdade passou a ser definida em outros termos que não o econômico.

Entretanto, por trinta anos depois do caso Carolene, o devido processo legal substantivo pareceu estar morto. Num caso de 1963, a Suprema Corte declarou válida legislação estadual que limitava a advogados a possibilidade de ter um negócio de cobrança (*Ferguson v Sherpa*, 1963):

> Nós nos recusamos enfaticamente a voltar ao tempo em que os tribunais usavam a cláusula do devido processo legal para invalidar leis estaduais, regulatória de atividade econômica e

prejudice against discrete and insular minorities may be a special conditions, which tends seriously to curtail the operation of those political processes ordinarily to be relied upon to protect minorities, and wich may call for a correspondingly more searching judicial inquiry.

condições industriais somente porque podem ser tolas, imprevidentes ou fora de harmonia com determinada escola de pensamento. (Tradução livre)[(478)]

Mesmo em casos de conteúdo não econômico — com relação aos quais não se aplicava a presunção de constitucionalidade da legislação ordinária — como o *Griswold v Connecticut*, em que foi invalidada lei estadual proibindo controle de natalidade artificial, foram invocadas diversas emendas constitucionais, mas não a seção da 5ª, relativa ao devido processo legal (neste caso, a Corte invalidou a lei porque ela invadia "zonas de privacidade" reconhecidas na *Bill of Rights* e aplicada aos estados pela 14ª emenda: o direito de associação previsto na 1ª emenda; a proibição de aquartelamento de soldados em lares privados, sem consentimento e em tempos de paz, prevista na 3ª emenda; a proteção contra buscas e apreensões a que alude a 4ª emenda; a proibição de autoincriminação a que se refere a 5ª emenda; e a existência de outros direitos não expressamente previstos, de acordo com a 9ª emenda). O devido processo legal previsto na 14ª emenda serviu apenas como o veículo pelo qual partes da *Bill of Rights* eram também aplicáveis aos estados.

De toda sorte, o caso *Griswold* inaugurou uma nova era do devido processo legal substantivo, como ficou claro em *Roe vs Wade* (1973), em cuja decisão restou estabelecido que uma lei restritiva demais no tocante ao aborto violava o direito de uma mulher à privacidade, descrita como um aspecto da liberdade. Para ser constitucional, a lei teria de promover um interesse governamental legítimo da forma menos invasiva possível. Em outras palavras, teria de ser "justa, razoável e apropriada" — a fórmula aplicada no caso *Lochner*, menos o conteúdo econômico.

"Uma lei penal relativa ao aborto, como a atual legislação do Texas, que exclui do crime apenas o aborto como procedimento para salvar a vida da gestante, sem atentar para o estágio da gestação e sem reconhecer outros interesses envolvidos, viola a cláusula do devido processo legal da 14ª emenda", disse a Corte ao analisar o caso.[(479)] A cláusula do devido processo legal passou a ser a fonte da restrição e não meramente o canal por onde partes da *Bill of Rights* eram aplicadas aos estados.

Tanto o caso do controle de natalidade quanto o do aborto envolviam uma invasão de privacidade, o que poderia ter sido chamado, no passado, de uma "retirada" de liberdade e, portanto, uma violação do devido processo legal. A liberdade havia se tornado "o direito de ser deixado em paz".[(480)]

A proteção da propriedade, em todas as suas formas, havia levado à proteção do contrato, que poderia ser descrita como "propriedade em movimento",[(481)] (a liberdade protegia o elemento dinâmico, daí a liberdade de contratar). A proteção ao contrato, por sua vez, chamou

(478) *Idem*, p. 76. *We emphatically refuse to go back to the time when courts used the Due Process Clause 'to strike down state laws, regulatory of business and industrial conditions, because they may be unwise, improvident, or out of harmony with a particular school of thought.*

(479) *Ibidem*, p. 78.

(480) *Ibidem*, p. 80.

(481) *Ibidem*, p. 81.

a atenção para a primazia da vontade individual, portanto, a interferência com intenção ou expectativa, com o tempo, veio a ser tida tão flagrante quanto a interferência com a propriedade e, a não ser que fosse justificada por um forte interesse governamental, tão inadmissível quanto ela. Os direitos passaram a ser entendidos como expectativas que as pessoas tinham, tanto quanto (ou mais) coisas que a elas eram devidas.

O devido processo legal substantivo não é apenas uma restrição ao poder legislativo; a ação do Poder Executivo também se submete às amarras do devido processo legal.

Da mesma maneira que o aspecto processual precede o substantivo, a limitação ao Poder Executivo foi anterior à do Legislativo; e da mesma forma que as salvaguardas processuais do devido processo tornaram-se proibições substantivas contra legislação arbitrária, as salvaguardas processuais contra a tirania do Executivo se tornaram restrições substantivas contra ação arbitrária do Poder Executivo.

A substância da ação do Executivo deve se conformar ao parâmetro judicial do devido processo; de outro modo, a tirania poderia ser constitucional se todas as formalidades devidas fossem observadas. Ainda que o devido processo legal processual seja observado, a ação do Poder Executivo pode mostrar-se tão desproporcional aos fins governamentais que o devido processo legal pode ser violado sob outro aspecto.

3.3. Devido processo legal em sentido processual (*procedural due process*)

O devido processo legal, cuja origem é o *per legem terrea* ou *law of the land*, do direito inglês, nasce mesmo no sentido processual — *procedural due process* — de feições marcadamente processuais, procedimentais, de processo ordenado, surgindo inicialmente como garantia de julgamento pela lei da terra para os integrantes da nobreza e do clero inglês, sem qual ninguém perderia a vida, a liberdade ou a propriedade, que depois teve acrescido o requisito da prévia citação para a demanda.

Como lembra Sampaio Dória, ainda assim, Carlos I, no século XVII, prendeu cinco nobres que se recusaram a pagar imposto de um empréstimo compulsório tido por ilegal, e o fez conforme simples ordens, suscitando o debate protagonizado por sir Edward Coke, na Câmara dos Comuns, na *Petition of the Rights* de 1628, destacando que no famoso capítulo 39 da Magna Carta, "se inseria também a garantia de que ninguém poderia ser preso sem a evidência de uma justa causa".[482]

Desde sua origem, seja como *law of the land* ou como *due process of law*, a cláusula esteve ligada ao sentido de garantia processual e, ao longo dos séculos, foi ganhando corpo e consolidando seu conjunto de significados de proteção contra o arbítrio, colocando-se como

(482) DÓRIA, Antônio Roberto Sampaio. *Direito Constitucional Tributário e o "due process of law"*: ensaio sobre o controle judicial da razoabilidade das leis. 2. ed. Rio de Janeiro: Forense, 1986. p. 12-14.

barreira de proteção à vida, à liberdade e à propriedade, como acentua Antônio Roberto Sampaio Dória:

> Mas afinal, que significava *due process of law* ou sua equivalente *law of the land*, sinonímia que até hoje se mantém? Certas garantias processuais que, alargadas no decorrer dos séculos, impedissem a interferência do arbítrio na supressão de direitos fundamentais à vida, liberdade e propriedade da coroa inglesa.(483)

Fredie Didier Jr., em seu Curso de Direito Processual Civil, volume 1, ao tratar das normas fundamentais do processo civil, evidencia que os arts. 1º a 12 cuidam do direito processual fundamental,(484) sendo normas materialmente fundamentais aquelas que estruturam o modelo do processo civil brasileiro. Em seguida, discorre sobre o Princípio do devido processo legal, lembrando sua noção como cláusula de proteção contra a tirania e que remonta ao Édito de Conrado II (Decreto Feudal Alemão de 1037 d.C.).(485)

Como legado histórico que deita raízes em tempos medievos, segue respeitado e prestigiado até hoje pelos povos modernos, pelo que o desenvolvimento do instituto jurídico do devido processo legal não é visto apenas em sentido genérico, de garantia processual (*procedural due process*), devido processo legal formal ou procedimental, como encontrado da Constituição Federal brasileira de 1988,(486) senão como o direito ao contraditório, ampla defesa, juiz natural, motivação das decisões, publicidade dos atos, razoável duração, igualdade de tratamento, vedação de provas obtidas por meio ilícito. Estas são garantias formais, suficientes para gerar "decisões jurídicas substancialmente devidas".(487)

É nítido o caráter processual da norma em sua primeira acepção, o devido processo legal, ou *per legem terrae*, evidenciando a preocupação com o procedimento ordenado, inicialmente um processo formalizado, com julgamento por seus pares, ao depois agregando o requisito de prévia citação, como observa Sampaio Dória.(488)

No sistema constitucional brasileiro, o princípio do devido processo legal, estampado no art. 5º, inciso LIV, da Constituição Federal de 1988, assegura que "ninguém será privado da liberdade ou de seus bens sem o devido processo legal", compreende o direito ao contraditório, à ampla defesa, aos meios e recursos a ela inerentes (art. 5º, inciso LV), à igualdade

---

(483) *Ibidem*, p. 12.

(484) Art. 1º O processo civil será ordenado, disciplinado e interpretado conforme os valores e as normas fundamentais estabelecidas na Constituição da República Federativa do Brasil, observando-se as disposições deste Código. BRASIL. Código de Processo Civil — CPC de 2015. *Lei n. 13.105, de 16 de março de 2015*. Disponível em: <http://www.planalto.gov.br/ccivil_03/_ato2015-2018/2015/lei/l13105.htm>. Acesso em: 7 ago. 2021.

(485) DIDIER Jr, Fredie. *Curso de Direito Processual Civil*. Vol. 1. Salvador: JusPodivm, 2007. p. 85-97.

(486) BRASIL. *Constituição da República Federativa, de 5 de outubro de 1988*. Disponível em: <http://www.planalto.gov.br/ccivil_03/constituicao/constituicao.htm>. Acesso em: 7 ago. 2021.

(487) DIDIER JR., Fredie. *Curso de Direito Processual Civil*. Vol. 1. Salvador: JusPodivm, 2007. p. 93.

(488) DÓRIA, Antônio Roberto Sampaio. *Direito Constitucional Tributário e o "due process of law"*: ensaio sobre o controle judicial da razoabilidade das leis. 2. ed. Rio de Janeiro: Forense, 1986. p. 13.

entre as partes, ao juiz natural (art. 5º, inciso XXXVII – "não haverá juízo ou tribunal de exceção" e inciso LIII – "ninguém será processado nem sentenciado senão pela autoridade competente"), à vedação de provas obtidas por meio ilícito (art. 5º, inciso LVI), à razoável duração do processo (art. 5º, inciso LXXVIII), ao direito a uma decisão fundamentada — motivação das decisões — e à qual se dê publicidade (art. 93, inciso IX e art. 5º, inciso 60), para que seja conhecida e avaliada não só pelos sujeitos que participam do processo, assegurando a recorribilidade e o controle, mas em sentido mais amplo, o controle por toda a sociedade, democraticamente, do exercício do poder.(489)(490)

Beclaute Oliveira Silva, em sua dissertação de mestrado, assim se expressa:

> No contexto do devido processo legal adjetivo ou processual a fundamentação garante a imparcialidade da decisão (sentença) judicial, (...), o respeito ao princípio da legalidade, (...) a imparcialidade, a efetividade do contraditório e o seu correlato ampla defesa — ambos com intuito de influenciar de forma legítima na decisão a ser tomada pelo julgador.(491)

Apenas a título de curiosidade, uma vez que não é esse o objeto da pesquisa, o devido processo legal pode ainda ser estudado e compreendido como direito fundamental nas perspectivas de sua eficácia vertical e eficácia horizontal, como bem demonstra Ney Maranhão.(492) Na perspectiva vertical, a eficácia do *due process of law* é vista como garantia que protege contra o arbítrio do poder público; já na perspectiva de sua eficácia horizontal, o

---

(489) Para Michele Taruffo, a exigência de fundamentação da decisão compreende a distinção entre a "função *endoprocessual* da motivação, conexa ao problema da impugnação" e a "função *extraprocessual* da motivação, que pode ser compreendida somente no contexto das garantias fundamentais da administração da justiça, típicas do Estado democrático moderno. Essa segunda função é estreitamente conexa com o conceito democrático do exercício de poder, segundo o qual quem exercita um poder deve justificar o modo pelo qual o faz, submetendo-se, portanto, a um *controle externo difuso* das razões pelas quais o exercitou daquele determinado modo. Nesse sentido, o dever de motivação constitucionalmente garantido assume um *valor político fundamental*: é o instrumento por meio do qual a sociedade se coloca em condições de conhecer e analisar as razões pelas quais o poder jurisdicional é exercitado, de modo determinado, no caso concreto". (grifos constantes do original). TARUFFO, Michele. *A motivação da sentença civil*. Tradução: Daniel Mitidiero, Rafael Abreu, Vitor de Paula Ramos. 1. ed. São Paulo: Marcial Pons, 2015. p. 20-21.

(490) BRASIL. Supremo Tribunal Federal — STF. *Recurso Extraordinário – RE n. 157.902/SP*. Relator Ministro Marco Aurélio. *DJ* 25.09.1998, p. 20. Disponível em: <http://portal.stf.jus.br/processos/detalhe.asp?incidente=1576679>. Acesso em: 10 ago. 2021. "Ementa: Recurso Extraordinário. ATOS ADMINISTRATIVOS. DEVIDO PROCESSO LEGAL. PUBLICIDADE DOS ATOS DA ADMINISTRAÇÃO. Os atos administrativos devem ser tornados Públicos através de publicação no Diário Oficial, só cabendo a citação ficta, quando o interessado está em lugar certo e não sabido. Há inconstitucionalidade de artigo da lei, com base no Devido Processo Legal. No caso em tela, a discussão é a necessária publicidade dos atos da Administração. Esta publicidade é princípio corolário do Devido Processo Legal, que exige da Administração Pública a transparência de seus atos".

(491) SILVA, Beclaute Oliveira. *A Garantia Fundamental à Motivação da Decisão Judicial*. Salvador: JusPodivm, 2007. p. 113.

(492) MARANHÃO, Ney. Eficácia horizontal do devido processo laboral. Reflexões sobre o direito fundamental a um procedimento trabalhista justo como fator de controle do poder privado empregatício. *Revista Jus Navigandi*, ISSN 1518-4862, Teresina, ano 19, n. 3965, 10 maio 2014. Disponível em: <https://jus.com.br/artigos/28301>. Acesso em: 31 ago. 2021.

devido processo legal resguarda as relações entre particulares e coíbe a tirania nas relações privadas.

Na primeira, o *due process of law* é garantia fundamental nas relações envolvendo o cidadão e a limitação do poder do Estado, como tem sido analisado aqui. Na segunda, o devido processo legal é visto em sentido horizontal, no plano das relações privadas.

Ronaldo Brêtas de Carvalho Dias discorre mais detidamente sobre a verticalização e a horizontalização dos direitos fundamentais. Cita Gilmar Ferreira Mendes, Virgílio Afonso da Silva, Álvaro Ricardo de Souza Cruz e Leonardo Martins, entre outros autores nacionais e estrangeiros.(493)

O Brasil tem acolhido esta importante faceta do devido processo, como se percebe do julgado do Recurso Extraordinário n. 201.819, envolvendo músico e compositor Arthur Rodrigues Villarinho, que fora excluído da União Brasileira de Compositores — UBC,(494) uma entidade privada, causando-lhe prejuízo em relação a seus direitos autorias. O recurso foi julgado em 11.10.2005, sendo relatora a Ministra Ellen Gracie, que restou vencida em razão do voto divergente de Gilmar Ferreira Mendes, Ministro redator do acórdão, cuja tese acolhida pela maioria da Corte foi a da inafastabilidade dos direitos fundamentais mesmo nas relações privadas, no caso a associação e seus associados, sendo indispensável para exclusão de sócio de seu quadro social "a garantia da ampla defesa, do contraditório, ou do devido processo constitucional legal".(495)

José Afonso da Silva assim discorre sobre as garantias constitucionais:

> O princípio do *devido processo legal* entra agora no Direito Constitucional positivo como um enunciado que vem da Magna Carta inglesa: *ninguém será privado da liberdade ou de seus bens sem o devido processo legal* (art. 5º., LIV). Combinado com o direito de acesso à Justiça (art. 5º., XXXV) e o contraditório e a plenitude da defesa (art. 5º., LV), fecha-se o ciclo das garantias processuais.(496)

3.4. Devido processo legal em sentido material ou substancial (*substantive due process*)

Conforme demonstrado, o devido processo legal evolui desde a Magna Carta do Rei João Terra, na Inglaterra, em 1215, no sentido claro de impor limites ao poder, submetendo o

(493) DIAS, Ronaldo Brêtas de Carvalho. *Processo constitucional e Estado democrático de direito*. 4. ed. Belo Horizonte: Editora Del Rey, 2018. p 45-49.

(494) "A União Brasileira de Compositores — UBC, é uma associação sem fins lucrativos, dirigida por autores, que tem por objetivo principal a defesa e a promoção dos interesses dos titulares de direitos autorais de música e a distribuição de rendimentos gerados pela utilização das mesmas como desenvolvimento cultural". Sítio oficial da UBC. Disponível em: <http://www.ubc.org.br/ubc/quem_somos>. Acesso em: 30 ago. 2021.

(495) BRASIL. Supremo Tribunal Federal — STF. 2ª Turma. *Recurso Extraordinário RE n. 201.819/RJ*. Relatora: Ministra Ellen Gracie, julgamento em 11 de outubro de 2005. Disponível em: <http://portal.stf.jus.br/processos/detalhe.asp?incidente=1641534>. Acesso em: 30 ago. 2021.

(496) SILVA, José Afonso. *Curso de Direito Constitucional*. 6. ed. São Paulo: Revista dos Tribunais, 1990. p. 372-373.

governo pela primeira vez à obediência da lei. É transplantado para as 13 colônias britânicas na América do Norte e floresce como instituto que ocupa centralidade no direito estadunidense; segue evoluindo e alcançando novas dimensões, sempre na perspectiva de categoria aberta à expansão protetiva contra o arbítrio governamental.

De garantia formalmente processual de um procedimento ordenado (*ordely proceedings*)[(497)] — *procedural due process* —, com direito a ser julgado por juízo competente, com direito a citação prévia, a defesa ampla, ao contraditório, a produzir provas capazes de interferir na decisão, que deve ser justa, fundamentada e devidamente publicada, assegurada a via recursal para controle da decisão, o devido processo legal ganha a dimensão substantiva, cuja marca indelével é a garantia de que não serão elaboradas leis que violem os direitos fundamentais conquistados, de que o cidadão tem direito à vida, à liberdade e a desfrutar dos seus bens, somente sofrendo alguma restrição mediante o devido processo legal.

Como lembra Luis Roberto Barroso, "o princípio da razoabilidade tem sua origem e desenvolvimento ligados à garantia do devido processo legal, instituto ancestral do direito anglo-saxão", cuja "matriz remonta à cláusula *law of the land*, inscrita na *Magna Charta*, de 1215, documento que é reconhecido como um dos grandes antecedentes do constitucionalismo".[(498)]

A garantia do devido processo legal possui, também, a dimensão substancial (*substantive due processo f law*), que exige razoabilidade e proporcionalidade quanto à produção das normas jurídicas, assim compreendido em seu sentido material, que se resume na máxima da proibição do Estado de legislar abusivamente.

Esta segunda dimensão da teoria do devido processo legal — *substantive due process* — é marcadamente construída em solo dos Estados Unidos da América.

Para Guilherme Guimarães Feliciano:

> Sob a indisfarçável inspiração da *Magna Charta Libertatum*, os Estados Unidos da América positivaram, em sua primeira e única constituição, a garantia do devido processo legal. Tal garantia assumiria, nas décadas subsequentes, feições muito próprias, tributárias do próprio dinamismo socioeconômico que marcou a sociedade norte-americana entre os séculos XVIII e XX. Mas se já podia perceber, desde os primeiros movimentos federalistas, que a recepção da cláusula do *"due process"* ligava-se sobretudo à sua dimensão substantiva.[(499)]

---

(497) DÓRIA, Antônio Roberto Sampaio. *Direito Constitucional Tributário e o "due process of law":* ensaio sobre o controle judicial da razoabilidade das leis. 2. ed. Rio de Janeiro: Forense, 1986. p. 13.

(498) BARROSO, Luís Roberto. *Interpretação e Aplicação da Constituição:* fundamentos de uma dogmática constitucional transformadora. São Paulo: Saraiva, 1996. p. 198.

(499) FELICIANO, Guilherme Guimarães. *Por um processo realmente efetivo:* tutela processual de direitos humanos fundamentais e inflexões do *"Due process of law"*. São Paulo: LTr, 2016. p. 229.

Sebastião Tavares Pereira, em pesquisa que fez sobre o devido processo legal, menciona em nota de rodapé, que consta no "*The Oxford guide to United States Supreme Court decision*", p. 352, que:

> O devido processo legal substantivo "refere-se na Quinta e na Décima Quarta Emendas à doutrina que exige que os juízes examinem se o direito negado ou a obrigação criada é razoável, em vez de se foi imposto de uma forma procedimentalmente apropriada. A doutrina dá aos juízes amplos poderes para adaptar o direito constitucional às mudanças nas circunstâncias sociais".[(500)] (Tradução livre)

Conscientemente evita-se qualquer conceituação ou definição do conteúdo substantivo do *due process*, como leciona Sampaio Dória, transcrevendo voto do Justice Frankfurter, no caso *Anti-Facist Committee v. McGrath*, 341 US 123, 95 L. Ed 817 (1951, julgado pela Suprema Corte dos Estados Unidos da América em 1908:

> *Due process* não pode ser aprisionado dentro dos traiçoeiros lindes de uma fórmula... *Due process* é produto da história, da razão, do fluxo das decisões passadas e da inabalável confiança na força da fé democrática que professamos. Due process não é instrumento mecânico. Não é um padrão. É um processo. É um delicado processo de adaptação que inevitavelmente envolve o exercício de julgamento por aqueles a quem a Constituição confiou os desdobramentos desse processo.[(501)]

Com propósitos unicamente pedagógicos, Sérgio Luís Wetzel de Mattos sustenta que:

> De modo geral, pode-se conceituar *substantive due process* como o princípio de garantia da liberdade em geral contra as arbitrariedades do Estado. Menos genericamente, o substantive due process é disposição constitucional aberta (*open--ended constitutional provision*), que proíbe que se prejudiquem certos direitos, sobretudo os direitos fundamentais, a não ser por razão especialmente irresistível,

(500) PEREIRA, Sebastião Tavares. Devido processo substantivo. *Revista Eletrônica Direito e Política*, Itajaí, v.2, n. 3, 3º quadrimestre de 2007. *Substantive due process "refers in the Fifth and the Fourteenth Amendments to the doctrine that requires the justices to examine whether the right being denied or the obligation being created is reasonable rather than whether it has been imposed in a procedurally appropriate way. The doctrine gives the justices broad powers to adapt constitutional law to changing social circumstances".*

(501) DÓRIA, Antônio Roberto Sampaio. **D***ireito Constitucional Tributário e o* "due process of law"*:* ensaio sobre o controle judicial da razoabilidade das leis. 2. ed. Rio de Janeiro: Forense, 1986, p. 33. A mesma transcrição é encontrada em CASTRO, Carlos Roberto Siqueira. *O devido processo legal e os princípios da razoabilidade e da proporcionalidade.* 5. ed. Rio de Janeiro: Forense, 2010. p. 45.

> isto é, que exige uma justificativa suficiente, sem a qual ninguém pode ser privado da vida, da liberdade ou da propriedade.(502)

De fato, são séculos de história e desenvolvimento desse importante instituto jurídico, que surgiu originariamente como garantia para evitar o arbítrio do poder absoluto, compromisso exigido ao monarca, hoje garantia sem a qual não existe mais nenhuma outra. Quando ocorre a violação de um direito ou se sofre ameaça de lesão de um interesse, para coibir a tirania e estremar o exercício do poder estatal sobre o cidadão, para evitar que o mais forte sobrepuje o mais fraco e para que não se faça justiça pelas próprias mãos, o devido processo legal é reafirmado e sempre revigorado com novas possibilidades.

Merecem transcrição as palavras do professor Sampaio Dória sobre a constante evolução do devido processo legal:

> Que o desdobrar judiciário desse processo tenha recebido o endosso da consciência nacional, evidencia-o o fato de que, decorrido mais de século de constante aplicação do princípio, ainda não se lhe haja estancado a fonte constitucional.(503)

Ao discorrer sobre a ideia de Constituição viva, *mutatis mutandis*, assim compreendida aquela que resulta da interpretação que não permanece aprisionada à literalidade do texto original, "*cual es la de estar 'sujetos por la mano muerta del pasado*", Roberto Gargarella, mencionando o juiz norte-americano Félix Frankfurter, afirma:

> É uma concepção inadmissivelmente estreita de direito constitucional (...) reduzir seu conteúdo às palavras da Constituição, deixando de levar em conta as glosas que a vida escreveu sobre elas. (Tradução livre(504)(

Para Eduardo Henrique de Oliveira Yoshikawa,(505) o caso *Bonham*, julgado pela Court of Common Pleas, especialmente o voto vencido de *Sir* Edward Coke, membro do tribunal de Common Pleas, na Inglaterra de 1610, nada mais é do que o controle da validade das leis pelos juízes ingleses.

> Para compreender o caso *Bonham*, todavia, não basta esclarecer o que foi afirmado pela decisão (*i.e.*, a lei contrária ao direito e à razão é nula), da mesma

---

(502) MATTOS, Sérgio Luís Wetzel de. *Devido processo legal e proteção de direitos*. Porto Alegre: Livraria do Advogado, 2009. p.31-32.

(503) DÓRIA, Antônio Roberto Sampaio. *Direito Constitucional Tributário e o "due process of law"*: ensaio sobre o controle judicial da razoabilidade das leis. 2. ed. Rio de Janeiro: Forense, 1986. p. 34.

(504) GARGARELLA, Roberto. *Teoria y critica del derecho constitucional*. 2. reimp. Buenos Aires: Abeledo Perrot, 2010. v. 1, Cap. VII – La dificultosa tarea de la interpretación constitucional, p. 124-127. *Es uma Concepción inadmisiblemente estrecha del derecho constitucional (...) la se confinar su contenido a las palavras de la Constitución, dejando de tomar en cuenta las glosas que la vida ha escrito acerca de ellas.*

(505) YOSHIKAWA, Eduardo Henrique de Oliveira. *Origem e evolução do devido processo legal substantivo:* o controle da razoabilidade das leis do século XVII ao XXI. São Paulo: Editora Letras Jurídicas, 2007. p. 87-125.

forma que não é suficiente identificar o significado da expressão 'devido processo legal' para entender o propósito e as consequências da garantia constitucional.(506)

Para Yoshikama, aqui reside a criação do controle da razoabilidade das leis,(507) lembrando que *Sir* Edward Coke foi nomeado Juiz Presidente do *Court of Commn Pleas*, em 1606, sendo depois juiz do *King's Bench*.(508)

No mesmo sentido, Raymundo Juliano Feitosa e José Guilherme de Melo sustentam que o voto de *Sir* Edward Coke, no caso *Bonham*, "propôs as linhas fundamentais do atual modelo jurisdicional de controle de constitucionalidade", o *judicial review*. (509)

Como menciona Eduardo Yoshikawa:

> Pelas próprias circunstâncias do nascimento e evolução do *judicial review*, é compreensível que, apesar de bastante conhecida dos *Founding Fathers* a figura de COKE e a decisão por ele proferida no caso Bonham, não tenha a Suprema Corte dos Estados Unidos, até a segunda metade do século XIX declarado a inconstitucionalidade de uma lei aprovada pelo Congresso ou pelas Assembleias Legislativas Estaduais sob o fundamento de falta de razoabilidade.
>
> A partir do caso *Marbury*, por obra do *Chief Justice* MARSHALL e, depois dele, do *Justice* STORY, a Suprema Corte afirmou a sua competência para julgar, originariamente ou em grau de recurso, quaisquer causas envolvendo a aplicação da Constituição e das leis nos Estados Unidos, tornando-se alvo de intensas críticas (inclusive tendo a sua autoridade desafiada por Tribunais Estaduais).(510)

O assunto ora versado guarda relação com a história do surgimento do controle judicial das leis nos Estados Unidos, o *judicial review*, normalmente associado ao caso *Marbury v. Madison*, e a menção ao *chief justice* John Marshall, julgado pela Suprema Corte norte-americana em 1803.

Para Leda Boechat Rodrigues:

> É deste período a maior contribuição americana ao direito constitucional: o princípio da supremacia do Judiciário ou do poder jurisdicional de controle de

(506) *Ibidem*, p. 94.

(507) *Ibidem*, p. 159-171.

(508) *Ibidem*, p. 31-32.

(509) FEITOSA, Raymundo Juliano Rego; MELO, José Guilherme Amorim de. Dr. Bonham *case* e o controle de constitucionalidade. *Publica direito*, 2016. Disponível em: <http://publicadireito.com.br/artigos/?cod=6475c86edecfca8f>. Acesso em: 7 ago. 2021.

(510) YOSHIKAWA, Eduardo Henrique de Oliveira. *Origem e evolução do devido processo legal substantivo:* o controle da razoabilidade das leis dos séculos XVII ao XXI. São Paulo: Editora Letras Jurídicas, 2007. p. 173-174.

> constitucionalidade das leis. Coube a MARSHALL firmá-lo de maneira duradoura no famoso caso Marbury *v.* Madison, objeto de copiosa bibliografia.[(511)]

Marcelo Casseb Continentino, no trabalho "História do *judicial review*: o mito de *Marbury*", desconstrói a narrativa de Marshall "como se fosse um oráculo com o poder de ver o futuro e assim decidir"; sustenta que "a prática do *judicial review* não pode ser atribuída à ação exclusiva de uma única pessoa". Continentino evidencia a existência de "importantes precedentes a *Marbury*, que lhe criaram um ambiente institucional favorável".[(512)]

O fato é que, a partir da afirmação histórica da Corte Suprema de sua competência para julgar causas envolvendo a aplicação da Constituição e das leis dos EUA, as reações logo se seguiram.

No mencionado estudo, Leda Boechat Rodrigues anota que:

> Após a decisão do caso Cohens *v.* Vrginia (1821) generalizaram-se e tornaram-se mais persistentes as principais objeções à Corte Suprema e à ampla interpretação dada à Constituição por MARSHALL e STORY. Concretizaram-se, então, as tentaivas de restringir-lhe o poder. A 12 de dezembro de 1821, propunha o Senador JOHNSON, de Kentucky, emenda à Constituição, ao fito de substituir-se o Senado à Corte Suprema em todos os casos constitucionais. Desaprovado esse projeto, em 1824 propôs o Deputado ROBERT P. LETCHER, também de Kentucky, fosse a Corte Suprema proibida de invalidar qualquer disposição de lei ou Constituição estadual, salvo pela maioria de cinco votos em sete, devendo cada juiz justificar separada e distintamente a sua opinião.[(513)]

A autora estuda o primeiro período da Corte Suprema dos EUA até 1835, destacando o *Chief Justice* John Marshall e a centralização do poder; o segundo período, que vai de 1835 até 1895, com a formação das teorias constitucionais do *"laissez faire"*; o terceiro período, de 1895 até 1937, com o chamado "Governo dos Juízes"; o quarto período a partir de 1937 como da "constituição dos poderes"; até chegar ao *"Due process of law"*, demonstrando como a cláusula até 1895 foi praticamente entendida em sentido estrito, sendo a única exceção o caso *Dred Scott*, julgado em 1857.

> Dando à cláusula de *due process*, da 5ª emenda Constitucional, o significado de proteção de direitos substantivos, declarou a Corte, pela segunda vez em

---

(511) RODRIGUES, Lêda Boechat. *A Corte Suprema e o Direito Constitucional americano*. Rio de Janeiro: Forense, 1958. p. 35.

(512) CONTINENTINO, Marcelo Casseb. História do *judicial review*: o mito de Marbury. *Revista de Informação Legislativa: RIL*, v. 53, n. 209, p. 115-132, jan./mar. 2016. Disponível em: <https://www12.senado.leg.br/ril/edicoes/53/209/ril_v53_n209_p115>. Acesso em: 7 ago. 2021.

(513) RODRIGUES, Lêda Boechat. *A Corte Suprema e o Direito Constitucional americano*. Rio de Janeiro: Forense, 1958. p. 33.

sua história, a inconstitucionalidade de uma lei do Congresso: a seção 8ª do *Missouri Compromise Act*, de 1850, que proibira a escravidão nos territórios.(514)

Pode-se dizer, portanto, que o caso *Dred Scott v. Sandfor*, em 1857, apesar das trágicas consequências que causou, revelando toda a carga de preconceito racial vertida numa decisão judicial da Suprema Corte dos Estados Unidos, julgando inconstitucional o *Missouri Compromiss Act*, de 1820, que violaria os direitos dos senhores proprietários de escravos sem o devido processo legal, acabou por criar a dimensão do devido processo legal substantivo, expandindo o conceito para alcançar a própria atividade legislativa.

Por entender que a lei — *Missouri Compromise Act*, de 1820 — era inconstitucional porque privava os donos de escravos de suas propriedades de modo irrazoável, violando o direito de propriedade, a Suprema Corte Americana concluiu em 1857 que nenhuma pessoa descendente de escravo jamais foi cidadão americano, negando a Dred Scott a condição de homem livre e cidadão. Esta decisão é tida como a primeira a adotar a tese do devido processo legal em sentido substantivo, a dimensão material do *due process*.

Alguns doutrinadores recusam a possibilidade da evolução da cláusula do *due process of law* para o *substantive due process*, por transformar os juízes em legisladores, não sendo possível ao Poder Judiciário rever o mérito da legislação, a dimensão substantiva.

John Hart Ely, tido como dos mais influentes procedimentalistas da democracia constitucional, sustenta:

> É a esta cláusula que a Corte costuma recorrer para "apoiar" suas investidas esporádicas no campo do controle substantivo da ação legislativa. As frequentes de cisões declarando a nulidade de inúmeros tipos de disposição para o trabalhador durante o primeiro terço do século XX citavam a Cláusula do Devido Processo Legal como fundamento da autoridade da Corte no exercício do controle de constitucionalidade. Essas decisões costumam ser classificadas sob a categoria maior do caso *Lochner vs New York*, uma das primeiras, e hoje emdia são universalmente reconhecidas como constitucionalmente impróprias.(515)

No célebre exemplo mencionado por Ely — o caso *Lochner vs. New York* — em 1905 (*Justice* Peckman), a Corte considerou inconstitucional uma lei do Estado de Nova Iorque que proibia a jornada de trabalho de padeiros acima de 60 horas semanais ou 10 horas por dia. Na decisão, a Corte firmou o entendimento de que a lei interferia na liberdade de contratar e violava o direito de liberdade, não havendo nenhum fundamento razoável para o Estado interferir na liberdade e, determinar quantas horas se podia trabalhar.(516)

---

(514) *Ibidem*, p. 92.

(515) ELY, John Hart. *Democracia e desconfiança*. Tradução: Juliana Lemos. São Paulo: WMF Martins Fontes, 2010. p. 20.

(516) DEL CLARO, Roberto. A Suprema Corte Americana e o devido processo legal em sentido material. *Âmbito Jurídico*, 1º jun. 2018. Disponível em: <https://ambitojuridico.com.br/cadernos/direito-constitucional/a-suprema-corte-americana-e-o-devido-processo-legal-em-sentido-material/>. Acesso em: 10 out. 2021.

John Hart Ely afirma que "essa interpretação da cláusula — como autorização geral ao exercício de controle judicial sobre o mérito substantivo das decisões dos Poderes Legislativo e Executivo — não só não era inevitável como, além disso, provavelmente estava errada".(517) O autor adverte que "precisamos ser periodicamente lembrados de que 'o devido processo substancial' é uma contradição em termos — assim como 'brancura preta'".(518) Seria um paradoxo ou mesmo um oximoro, do ponto de vista gramatical.

Em breves apontamentos, a história do devido processo legal em sua dimensão substantiva na Suprema Corte dos Estados Unidos da América, vai da ascensão ao declínio, como menciona Roberto Del Claro,(519) passando pelo caso *Dred Scott vs Sandfor*, em 1857, o caso dos matadouros — *Slaughter-House Cases* — ou caso dos açougueiros de Nova Orleans, de 1873, o caso *Lochner vs People of State of New York*, conhecido como o caso dos padeiros de Nova Iorque, de 1905, chegando a ficar conhecida como a era Lochner ou governos dos juízes, voltando a patamares constitucionalmente tidos como originais a partir do *Justice* Hugo Black, cuja decisão mais importante de sua carreira foi no caso *Adamson vs Califórnia*, de 1947.(520)

O caso *Lochner v. New York*, para Carlos de Azevedo Campos, "é o marco de uma era em que a Corte, em nome de uma filosofia de liberalismo econômico, impediu que políticas governamentais buscassem melhores condições de vida para os cidadãos menos privilegiados".(521)

Os casos conhecidos como *New Deal*, período de recuperação econômica do governo do Presidente Franklin Roosevelt, quando a Corte era presidida por Earl Warren, "trouxeram a doutrina do *substantive due process* para um patamar menos autoritário e mais adequado à separação das funções estatais, pondo fim à era *Lochner* (1905-1937), que foi perdendo sua força, até ser considerada praticamente morta na Suprema Corte".(522)

A Corte Warren (1953 a 1969) "foi a mais bem-sucedida da história na defesa das liberdades civis. Boa parte de suas importantes decisões foi tomada com amparo na doutrina do devido processo substantivo".(523)

Com o caso *Roe vs Wade* (1973), oriundo do Texas, cujo tema é o direito ao aborto nos EUA, a doutrina volta a ganhar força com o argumento de que o direito das mulheres

---

(517) ELY, John Hart. *Democracia e desconfiança*. Tradução: Juliana Lemos. São Paulo: WMF Martins Fontes, 2010. p. 20.

(518) *Ibidem*, p. 25.

(519) DEL CLARO, Roberto. A Suprema Corte Americana e o devido processo legal em sentido material. *Âmbito Jurídico*, 1º jun. 2018. Disponível em: <https://ambitojuridico.com.br/cadernos/direito-constitucional/a-suprema-corte-americana-e-o-devido-processo-legal-em-sentido-material/>. Acesso em: 10 out. 2021.

(520) *Idem*.

(521) CAMPOS, Carlos Alexandre de Azevedo. A Evolução do Ativismo Judicial na Suprema Corte Norte-Americana. *Revista do Ministério Público do Rio de Janeiro*, n. 60, abr./jun. 2016, p. 59-117. Disponível em: <https://www.mprj.mp.br/documents/20184/1272607/Carlos_Alexandre_de_Azevedo_Campos.pdf>. Acesso: em 7 abr. 2022, p. 68.

(522) DEL CLARO, Roberto. A Suprema Corte Americana e o devido processo legal em sentido material. *Âmbito Jurídico*, 1º jun. 2018. Disponível em: <https://ambitojuridico.com.br/cadernos/direito-constitucional/a-suprema-corte-americana-e-o-devido-processo-legal-em-sentido-material/>. Acesso em: 10 out. 2021.

(523) *Ibidem*.

está incluído no direito à privacidade, coberto pelo devido processo substantivo. Com base no devido processo legal previsto na 14ª emenda, sob a proteção da Constituição dos Estados Unidos, esta garantia à intimidade foi considerada um direito fundamental, cabendo à mulher escolher por si mesma a continuidade ou não da gravidez.

> *Roe v. Wade*, 410 U.S. 113 (1973), tornou-se um precedente histórico (considerado, na verdade, um *superprecedent*) em matéria de aborto, extraindo-se do acórdão, relatado pelo *justice* Harry Blackmun, que a maioria das leis contra o aborto nos Estados Unidos violava a aludida garantia constitucional. A orientação da Suprema Corte implicou a alteração ou revogação de todas as leis federais e estaduais que criminalizavam ou restringiam o aborto.(524)

De mencionar que a decisão da Suprema Corte de 1973 está passível de ser revisitada diante do caso *Dobbs v. Jackson Women's Health*, que envolve uma lei do Mississipi, de 1º de dezembro de 2021, que proíbe a maioria dos abortos após 15 semanas.(525)/(526)

Em 2003, no caso *Lawrence and Garner vs Texas*, sob o comando do *Chief Justice* Rehnquist, a Suprema Corte dos EUA assentou que "a Cláusula do Devido Processo protege especialmente aqueles direitos e liberdades fundamentais". (527)

O fato é que o devido processo legal chega aos dias de hoje ampliado, limitando os poderes e o arbítrio do Estado, assegurando não apenas um processo ordenado e respeitando os direitos fundamentais à vida, à liberdade e à propriedade, como também constitui barreira ao arbítrio das maiorias, uma vez o *due process of law*, considerado em sua expressão substantiva — *substantive due process* —, também se contrapõe à tirania, a abusos e excessos das maiorias parlamentares, obstadas de editar normas que desconsiderem a razoabilidade e a proporcionalidade e, mais ainda, a justiça e a equidade.

Como acentua Gilmar Ferreira Mendes:

> Embora a doutrina brasileira não tenha logrado emprestar um tratamento mais sistemático à matéria, a questão da razoabilidade das leis restritivas tem assumido relevância na aferição da constitucionalidade de algumas leis.(528)

---

(524) TUCCI, José Rogério Cruz e. A questão do aborto e a expectativa da decisão da Suprema Corte dos EUA. *Revista Consultor Jurídico*, 25 jan. 2022. Disponível em: <https://www.conjur.com.br/2022-jan-25/paradoxo-corte-questao-aborto-expectativa-decisao-suprema-corte-eua>. Acesso em: 20 mar. 2022.

(525) *Idem*.

(526) *Suprema Corte decidirá sobre o direito ao aborto nos EUA*. Tribunal, hoje com maioria conservadora, debate uma lei do Mississippi que proíbe a interrupção da gravidez a partir da 15ª semana. EL PAÍS, 1º de dezembro de 2021. Aborto nos EUA. Disponível em: <https://brasil.elpais.com/internacional/2021-12-01/suprema-corte-decidira-sobre-o-direito-ao-aborto-nos-eua.html>. Acesso em: 14 abr. 2022.

(527) DEL CLARO, Roberto. A Suprema Corte Americana e o devido processo legal em sentido material. *Âmbito Jurídico*, 1º jun. 2018. Disponível em: <https://ambitojuridico.com.br/cadernos/direito-constitucional/a-suprema-corte-americana-e-o-devido-processo-legal-em-sentido-material/>. Acesso em: 10 out. 2021.

(528) MENDES, Gilmar Ferreira. *Direitos Fundamentais e Controle de Constitucionalidade:* estudos de Direito Constitucional. São Paulo: Celso Bastos Editor/Instituto Brasileiro de Direito Constitucional, 1998. p. 38.

A par disso, a doutrina acolhe a normatividade dos princípios, que tem sido adotada também na práxis judiciária, evidenciando a supremacia judicial.

Não se objetiva aqui comparar a doutrina ou teoria da mobilidade constitucional do sistema do *common law* com o direito da família romano-germânica — *civil law* —, mas parece estar havendo uma evidente aproximação dos sistemas, como têm demonstrado Maria Polli Pereira,(529) Ana Carolina Oliveira,(530) Jaime Domingues Brito e Flávio Luis de Oliveira,(531) dentre outros.

Humberto Ávila, partindo do exame do conteúdo normativo do art. 5º, inciso LIV, da Constituição Federal de 1988, problematiza o chamado princípio do devido processo legal substancial, com o objetivo de perquirir se pode ser fundamento dos deveres de proporcionalidade e razoabilidade, e o do princípio do devido processo legal procedimental, se "pode ser contraposto aos deveres de proporcionalidade e razoabilidade, e se ele possui um sentido normativo autônomo" diante dos elementos previstos no texto constitucional.(532)

O autor destaca que a Constituição brasileira instituiu vários princípios e que não pode promover apenas um único fim, ou seja, o Estado deve realizar uma pluralidade de princípios, não podendo promover apenas um, afinal, deve proteger vários e ao mesmo tempo, devendo escolher, dentre outros, o que restrinja na menor medida, o outro fim:

> Como o Estado deve realizar uma pluralidade de princípios, deve fazê-lo adotando comportamentos que produzam efeitos que mais os promovam do que os restrinjam. Por isso, o Estado não pode, a pretexto de promover, em determinado grau, a realização de um fim, escolher um comportamento que cause uma restrição, em maior medida, à realização de outro fim, ou de outros fins. O dever de proporcionalidade decorre, por conseguinte, da própria positivação de um conjunto de princípios, a ser mais promovido do que restringido.(533)

Humberto Ávila, para explicar o modo como o dever de adequação está para os princípios, usa a metáfora da sombra que está para o objeto que se interpõe entre o sol e o chão.

(529) PEREIRA, Marina Polli. A aproximação dos sistemas: *civil law* e *common law*. *Revista Jus Navigandi*, jul 2015. Disponível em: <https://jus.com.br/artigos/41085/a-aproximacao-dos-sistemas-civil-law-e-common-law>. Acesso em: 10 set. 2021.

(530) OLIVEIRA, Ana Carolina. Diferenças e semelhanças entre os sistemas da *Civil Law* e da *Common Law*. *Revista de Direito Público*, v. 12, n. 64, 2015. Disponível em: <https://portal.idp.emnuvens.com.br/direitopublico/article/view/2737>. Acesso em: 10 set. 2021.

(531) BRITO, Jaime Domingues; OLIVEIRA, Flávio Luis de. A convergência do sistema da *civil law* ao da *common law* e a concretização dos direitos. *Intertemas Toledo Prudente*, v. 13, 2008. Disponível em: <http://intertemas.toledoprudente.edu.br/index.php/INTERTEMAS/article/view/2616>. Acesso em: 10 ago. 2021.

(532) ÁVILA, Humberto. O que é "devido processo legal"? *Revista de Processo*, vol. 163/2008, p. 50-59, set. 2008.

(533) *Idem*.

Afirma: "separar o dever de adequação do princípio que deve ser adequadamente promovido é separar a sombra do objeto que ela projeta":

> O processo, nesse sentido, é instrumento de proteção dos direitos fundamentais decorrentes da aplicação reflexiva dos princípios, especialmente os de liberdade e de igualdade, ou da incidência de regras. O processo não é independente dos direitos fundamentais que se pretende, verdadeira ou supostamente, realizar. O processo, em vez disso, é instrumento para a realização desses mesmos direitos.[534]

E vai além:

> Mas se onde há um direito, há um remédio, e remédio é aquilo que combate o mal, 'remédio' é uma expressão metafórica ilustrativa do dever de adequação instrumental: onde há um direito, deve haver um instrumento adequado à sua proteção. O direito a um processo adequado nada mais é do que a consequência mediata da própria proteção de um direito.[535]

Para Humberto Ávila, os princípios, assim como a regras jurídicas, possuem normatividade,[536] mas não podem ser banalizados, como vem ocorrendo no Brasil, com a adoção descontrolada das teses de Ronald Dworkin[537] e Robert Alexy[538], de aplicação indiscriminada de princípios, simplesmente escrevendo na decisão que se está fazendo sopesamento de princípios colidentes, conduta igualmente rechaçada por Lenio Luiz Streck, que como Ávila, trabalha as categorias texto e norma, interpretação e aplicação, na perspectiva do círculo hermenêutico gadameriano, na busca de respostas corretas.[539]

É necessário dizer que Humberto Ávila diferencia norma de texto normativo, pensamento que foi mais amplamente desenvolvido pelo autor em seu livro "Teoria dos princípios", quando demonstra que a norma é o resultado da interpretação do texto legal, onde se encontra o comando normativo.

Para o autor, o descrito no texto legal, que estabelece os comandos do permitido, do proibido e do obrigatório, não basta para conferir ao texto o caráter de norma, já que a norma é o resultado da interpretação. Esclarece que nem sempre onde há um dispositivo há uma

(534) *Idem.*

(535) *Idem.*

(536) ÁVILA, Humberto. *Teoria dos Princípios:* da definição à aplicação dos princípios jurídicos. 18. ed. São Paulo: Malheiros, 2018. p. 50 e 149.

(537) DWORKIN, Ronald. *Levando os Direitos a sério*. Tradução: Nelson Boeira. 3. ed. São Paulo: Martins Fontes, 2017. *passim.*

(538) ALEXY, Robert. *Teoría de los Derechos Fundamentales*. Versíon castellana: Ernest Garzón Valdés. Madrid: Centro de Estudios Políticos y Constitucionales, 2001. p. 81-90.

(539) STRECK, Lenio Luiz. *Verdade e consenso:* constituição, hermenêutica e teorias discursivas. 6. ed. São Paulo: Saraiva, 2017. p. 360-447.

norma; em alguns casos há normas, mas não há dispositivo. E mais, "há dispositivos a partir dos quais não é construída norma alguma".[540]

> Normas não são textos nem o conjunto deles, mas os sentidos construídos a partir da interpretação sistemática de textos normativos. Daí se afirmar que os dispositivos se constituem no objeto da interpretação; e as normas, no seu resultado.[541]

João Maurício Adeodato, dentro da concepção retórica do ordenamento jurídico, também se detém na reflexão sobre a diferença entre norma e texto. Sustenta serem três os equívocos mais comuns sobre o tema. O primeiro, confundir norma e texto, o que se dá porque se "desconhece que a norma é o resultado de um processo interpretativo e não um objeto ontológico". A segunda confusão dá-se entre textos sobre condutas e textos sobre textos. A terceira confusão "é aquela que acredita que há e inclusive que se podem determinar quais são os limites para as escolhas éticas do direito; ou que os textos positivados podem revelar sentidos corretos".[542]

O devido processo legal, portanto, tem por destinatário não apenas o Poder Judiciário, como garantia de um procedimento adequado e justo; destina-se ainda ao legislador e ao Poder Executivo, que devem produzir as leis, os atos normativos e gerir a Administração Pública de modo a que seu comportamento institucional conserve critérios de razoabilidade.

O legislador também está submetido aos limites do devido processo legal, não podendo criar e editar normas que impeçam ou dificultem o acesso à justiça, consoante garantia constitucional de que "a lei não excluirá da apreciação do Poder Judiciário lesão ou ameaça a direito".[543]

A capacidade de concisão de Paulo Henrique dos Santos Lucon, no artigo "Devido processo legal substancial e efetividade do processo", merece reprodução:

> Em apertada síntese, o devido processo legal substancial diz respeito à limitação ao exercício do poder e autoriza ao julgador questionar a razoabilidade de determinada lei e a justiça das decisões estatais, estabelecendo o controle material da constitucionalidade e da proporcionalidade.[544]

---

(540) ÁVILA, Humberto. *Teoria dos Princípios:* da definição à aplicação dos princípios jurídicos. 18. ed. São Paulo: Malheiros, 2018. p. 50.

(541) *Idem.*

(542) ADEODATO, João Maurício Leitão. A construção retórica do ordenamento jurídico – três confusões sobre ética e direito. *Revista Eletrônica do Curso de Direito — PUC Minas Serro*, n. 3, 2011. Anais do I Congresso de Filosofia do Direito. 31.08.2010 a 04.0992010, p. 103-114. Disponível em: <http://periodicos.pucminas.br/index.php/DireitoSerro/article/view/1990>. Acesso em: 07 out. 2021.

(543) BRASIL. *Constituição da República Federativa, de 5 de outubro de 1988.* Art. 5º, Inciso XXXV. Disponível em: <http://www.planalto.gov.br/ccivil_03/constituicao/constituicao.htm>. Acesso em: 7 ago. 2021.

(544) LUCON, Paulo Henrique dos Santos. Devido processo legal substancial e efetividade do processo. In: DIDIER JR., Fredie (Org.). *Leituras complementares de processo civil.* 7. ed. Salvador: JusPodium, 2009.

Essa deve ser a compreensão decorrente da construção histórica do devido processo legal em seu sentido substancial, como limitador do mérito das decisões estatais.(545)

Em poder de síntese digno de referência, o Ministro Carlos Velloso, relator na Ação Direta de Inconstitucionalidade n. 1.511-7-DF, em sede de decisão liminar, concedeu medida cautelar (não confirmada pelo pleno em 16.10.1996), publicada no Diário da Justiça de 31.10.1996, na qual cita o juiz da Suprema Corte dos Estados Unidos, Oliver Wendell Holmes Júnior, assim se pronunciou:

> Devido processo legal, "*due process of law*, com conteúdo substantivo — *substantive due process* —, constitui limite ao Legislativo, no sentido de que as leis devem ser elaboradas com justiça, devem ser dotadas de razoabilidade (*reasonableness*) e de racionalidade (*rationality*), devem guardar, segundo W. Holmes, um real e substancial nexo com o objetivo que se quer atingir. Paralelamente, *due process of law*, com caráter processual — *procedural due process* —, garante às pessoas um procedimento judicial justo, com direito de defesa.(546)

Em jurisprudência joeirada por Eduardo Bello Leal Lopes da Silva, o Supremo Tribunal Federal, no Recurso Extraordinário n. 170.463-DF, em que fora relator o Ministro Marco Aurélio de Mello, em 20.3.1998, decidiu que o devido processo legal leva ao exame da legislação comum. As normas devem ser estritamente legais.(547)

De certa forma, tangenciando o problema da uberização do trabalho, fenômeno tratado no item 1.4 do capítulo 1, o Supremo Tribunal Federal — STF, em 5.8.2019, no julgamento da Arguição de Descumprimento de Preceito Fundamental – ADPF n. 449-DF,(548) em que

---

(545) CASTRO, Carlos Roberto Siqueira. *O devido processo legal e os princípios da razoabilidade e da proporcionalidade*. 5. ed. Rio de Janeiro: Forense, 2010. p. 26.

(546) BRASIL. Supremo Tribunal Federal — STF. *Ação Direta de Inconstitucionalidade n. 1.511-7/DF*, que acabou sendo extinta em virtude da perda superveniente de objeto, em 20.4.2004. Disponível em: <http://portal.stf.jus.br/processos/detalhe.asp?incidente=1652290>. Acesso em: 7 ago. 2021.

(547) SILVA, Eduardo Bello Leal Lopes da. Devido processo legal processual e material. *Revista Jus Navigandi*, ISSN 1518-4862, Teresina, ano 22, n. 5.045, 24 abr. 2017. Disponível em: <https://jus.com.br/artigos/55698>. Acesso em: 7 ago. 2021. "*Recurso Extraordinário. DEFESA. DEVIDO PROCESSO LEGAL. INC. LV DO ROL DAS GARANTIAS FUNDAMENTAIS. EXAME. LEGISLAÇÃO COMUM.* A intangibilidade do preceito constitucional que assegura o Devido Processo Legal direciona ao exame da legislação comum. Daí a insubsistência da tese no sentido de que a *violência à Carta Política da República, suficiente a ensejar o conhecimento de extraordinário*, há de ser direta e frontal. Caso a caso, compete ao Supremo Tribunal Federal exercer crivo sobre a matéria, distinguindo a transgressão a texto constitucional, muito embora se torne necessário, até mesmo, partir-se do que previsto na legislação comum. Entendimento diverso implica relegar à inocuidade *dois princípios básicos em um Estado Democrático de Direito: o da legalidade e do Devido Processo Legal, com a garantia da ampla defesa, sempre a pressuporem a consideração de normas estritamente legais.* (STF. RE n. 170.463/DF. Ministro Marco Aurélio, *DJ* 20.03.1998, p. 20)." (Grifos nossos)

(548) Eis a ementa da decisão: "*Arguição de Descumprimento de Preceito Fundamental 449/DF*. Relator: Min. Luiz Fux; Reqte.(s): Partido Social Liberal; Intdo.(a/s): Câmara Municipal de Fortaleza; Intdo.(a/s): Prefeito Municipal de Fortaleza; *Am. curiae*: Associação Brasileira das Empresas de Tecnologia da Informação e Comunicação – BRASSCOM; Am. curiae: Confederacao Nacional de Servicos — CNS; *Am. curiae*: Município de Fortaleza; Am. curiae: Partido Novo Nacional; *Am. curiae*: Secretaria de Acompanhamento Econômico do Ministério da Fazenda; Am. curiae: Associação Brasileira de *online to offline* – ABO2O. DIREITO CONSTITUCIONAL, ADMINISTRATIVO E REGULATÓRIO. PROIBIÇÃO DO LIVRE EXERCÍCIO DA ATIVIDADE DE TRANSPORTE INDIVIDUAL DE PASSAGEIROS. INCONSTITUCIONALIDADE. ESTATUTO CONSTITUCIONAL DAS LIBERDADES. PRINCÍPIOS CONSTITUCIONAIS DA LIVRE INICIATIVA E DO VALOR SOCIAL DO

foi relator o Ministro Luiz Fux, ajuizada pelo Diretório nacional do Partido Liberal, decidiu o mérito por unanimidade e declarou inconstitucional a Lei n. 10.553/2016, do Município de Fortaleza, que proibia o uso de carros particulares cadastrados ou não em aplicativos, para o transporte remunerado individual de pessoas naquela cidade.

O Plenário do STF, valendo-se dos mecanismos de freios e contrapesos, ressaltou os princípios constitucionais da livre-iniciativa e do valor social do trabalho, da liberdade profissional e da livre concorrência, da defesa do consumidor e da busca do pleno emprego, admitiu a necessidade de revisão judicial da lei alencariana e concluiu ser desproporcional a medida da edilidade fortalezense.

Mesmo sem discutir o mérito da decisão do STF, como diz RicardoTenório Cavalcante:

> "Elegeu-se o embate do princípio da proteção do empregado com o princípio da livre iniciativa do empregador, porque se entendeu que se trata este principal contraposto à incidência daquele e pelo fato de que cada um é o que melhor simboliza a relação capital e trabalho".(549)

A Suprema Corte brasileira destacou ainda que:

> o constitucionalismo moderno se fundamenta na necessidade de restrição do poder estatal sobre o funcionamento da economia e do mercado, sobrepondo-se o *Rule of Law* a iniciativas autoritárias destinadas a concentrar privilégios, impor o monopólio de meios de produção ou estabelecer salários, preços e padrões arbitrários de qualidade, por gerarem ambiente hostil à competição, à inovação, ao progresso e à distribuição das riquezas.(550)

Vale ressaltar que o STF, nesta decisão, citando vários precedentes, destacou que

> a União possui competência privativa para legislar sobre 'diretrizes da política nacional de transportes', 'trânsito e transporte' e 'condições para o exercício de profissões' (art. 22, IX, XI e XVI, da CRFB), sendo vedado tanto a Municípios dispor sobre esses temas quanto à lei ordinária federal promover a sua delegação legislativa para entes federativos menores, considerando que o art. 22, parágrafo único, da Constituição faculta à Lei complementar autorizar apenas os Estados a legislar sobre questões específicas das referidas matérias.(551)

TRABALHO (ART. 1º, IV), DA LIBERDADE PROFISSIONAL (ART. 5º, XIII), DA LIVRE CONCORRÊNCIA (ART. 170, *CAPUT*), DA DEFESA DO CONSUMIDOR (ART. 170, V) E DA BUSCA PELO PLENO EMPREGO (ART. 170, VIII). IMPOSSIBILIDADE DE ESTABELECIMENTO DE RESTRIÇÕES DE ENTRADA EM MERCADOS. MEDIDA DESPROPORCIONAL. NECESSIDADE DE REVISÃO JUDICIAL. MECANISMOS DE FREIOS E CONTRAPESOS. ADPF JULGADA PROCEDENTE". BRASIL. Supremo Tribunal Federal — STF. *Arguição de Descumprimento de Preceito Fundamental n. 449/DF*. Relator Ministro Luiz Fux. Julg. em 8.5.2016. Disponível em: <https://portal.stf.jus.br/processos/downloadPeca.asp?id=15340970707&ext=.pdf>. Acesso em: 7 out. 2021.

(549) CAVALCANTE, Ricardo Tenório. *Jurisdição, Direitos Sociais e Proteção do Trabalhador*. A efetividade do direito material e processual do trabalho desde a teoria dos princípios. Porto Alegre: Livraria do Advogado Editora, 2008. p. 152.

(550) BRASIL. Supremo Tribunal Federal — STF. *Arguição de Descumprimento de Preceito Fundamental n. 449/DF*. Relator Ministro Luiz Fux. Julg. em 8.5.2016. Disponível em: <https://portal.stf.jus.br/processos/downloadPeca.asp?id=15340970707&ext=.pdf>. Acesso em: 7 out. 2021.

(551) *Idem*.

Transcreve-se síntese de Beclaute Oliveira Silva, assim vazada:

> Voltando ao princípio do devido processo legal propriamente dito, no plano constitucional ele garante a efetividade do direito de ação, na medida em que as partes podem aferir se de seu exame a imparcialidade do magistrado, a legalidade da decisão, a efetividade do direito de ação, a efetividade do contraditório etc. Desta feita, a sua observância acaba por fornecer o controle de atuação do Poder Judiciário.
>
> O devido processo legal se manifesta de duas formas: o devido processo legal substancial (*substantive due process*) e o devido processo legal adjetivo ou procedimental (*procedural due process*), competindo ao legislador não só garantir o procedimento, mas que seja apto para realizar plenamente o direito material.
>
> Do ponto de vista substantivo, o devido processo legal se manifesta mediante regras que estejam razoavelmente relacionadas com os fins do Estado Democrático de Direito.
>
> Assim, estas regras têm por destinatários o legislador, o administrador e o órgão jurisdicional que deve exercer as respectivas funções no intuito de buscar a efetividade do direito material. Na realidade, o Poder Judiciário age por meio do devido processo legal.(552)

Como lembra Eduardo Henrique de Oliveira Yoshikawa, o Brasil, após discussão doutrinária e jurisprudencial e não por simples transposição de conceitos, passou a adotar a cláusula do *due process of law* conforme interpretada nos Estados Unidos desde 1890 (no caso *Chicago, Milwauke and St. Paul Railway. Co.* v. *Minnesota*)(553):

> A primeira decisão do STF declarando a inconstitucionalidade de lei por ofensa ao princípio do devido processo substantivo foi proferida no julgamento da ADI (MC) n. 855, julgada em 1º.07.1993, cerca de cinco anos, portanto, após a promulgação da Constituição Federal.(554)

A aplicação do devido processo legal substantivo no Brasil carrega a marca de uma antiga polêmica, talvez hoje sem importância, mas que cumpre mencionar, como fez Eduardo

(552) SILVA, Beclaute Oliveira. *A Garantia Fundamental à Motivação da Decisão Judicial*. Salvador: JusPodivm, 2007. p. 112-113.

(553) CAMPOS, Carlos Alexandre de Azevedo. A Evolução do Ativismo Judicial na Suprema Corte Norte-Americana. *Revista do Ministério Público do Rio de Janeiro*, n. 60, abr./jun. 2016, p. 59-117. Disponível em: <https://www.mprj.mp.br/documents/20184/1272607/Carlos_Alexandre_de_Azevedo_Campos.pdf>. Acesso em: 7 abr. 2022, p. 80. "Em 1890, julgando *Chicago, Milwauke and St. Paul Railway. Co. v. Minnesota*, a Suprema Corte, então já solidamente devotada ao *laissez faire* e seguindo a linha dos referidos votos vencidos de Field em *Slaughter-house cases* e *Munn*, anulou lei do Estado de Minnesota por considerar desarrazoada, sob o prisma do devido processo legal substantivo, sua regulação de tarifas de transporte ferroviário".

(554) YOSHIKAWA, Eduardo Henrique de Oliveira. *Origem e evolução do devido processo legal substantivo:* o controle da razoabilidade das leis dos séculos XVII ao XXI. São Paulo: Editora Letras Jurídicas, 2007. p. 227.

Henrique de Oliveira Yoshikawa,(555) envolvendo a discussão se o Ministro José Carlos Moreira Alves aceitava ou não o princípio do devido processo legal em sua expressão substantiva, celeuma encerrada com a pesquisa de Suzana de Toledo Barros, como esclarece Yoshikawa, que transcreve voto do ministro na ADI n. 958/RJ, quando assentou que "o princípio do devido processo legal não se resume a um contexto de legalidade".(556)

Nelson Nery Junior, tratando do devido processo legal em sentido material (*substantive due process*), afirma:

> A cláusula *due processo of law* não indica somente a tutela *processual*, como à primeira vista pode parecer ao intérprete menos avisado. Tem sentido genérico, como já vimos, e sua caracterização se dá de forma bipartida, pois há o *substantive due process* **e o** *procedural due process*, para indicar a incidência do princípio em seu aspecto substancial, vale dizer, atuando no que respeita ao direito material, e, de outro lado, a tutela daqueles direitos por meio do processo judicial ou administrativo.(557)

A cláusula do devido processo legal em sentido material ou substancial (*substantive due process*), incide no direito material e também impede que o legislador edite regras que violem direitos e garantias constitucionais, controlando o arbítrio do Legislativo e a discricionariedade dos atos do Poder Público.(558)

3.5. A proteção dos direitos fundamentais

A doutrina jurídica faz distinção entre direitos e garantias constitucionais, sendo as primeiras normas declaratórias de interesse e as segundas, normas assecuratórias. Trata-se de uma diferença claramente demonstrada na Constituição Federal de 1988, quando já no Título II anuncia os direitos e garantias fundamentais e no *caput* do art. 5º:

> Art. 5º Todos são iguais perante a lei, sem distinção de qualquer natureza, garantindo-se aos brasileiros e aos estrangeiros residentes no País a inviolabilidade do direito à vida, à liberdade, à igualdade, à segurança e à propriedade, nos termos seguintes.(559)

Os direitos fundamentais, obviamente, não se limitam aos anunciados no *caput* do art. 5º da Constituição Federal de 1988, pois podem ser identificados nos 78 incisos do art. 5º ao

---

(555) *Ibidem*, p. 228-237.

(556) BARROS, Suzana de Toledo. *O princípio da proporcionalidade e o controle de constitucionalidade das leis restritivas de direitos fundamentais*. Brasília: Brasília Jurídica, 1996. p. 121.

(557) NERY JUNIOR, Nelson. *Princípios do Processo Civil na Constituição Federal*. 10. ed. São Paulo: Revista dos Tribunais, 2010. p. 83.

(558) BARRETO, Ana Luísa Barbosa. O devido processo legal substantivo e sua aplicação pelo Supremo Tribunal Federal. *Enciclopédia Jurídica da Pontifícia Universidade Católica de São Paulo*. Grupo de pesquisa Tutela Jurisdicional dos Direitos Coletivos. Disponível em: <https://www5.pucsp.br/tutelacoletiva/download/artigo-devido-processo-legal-ana-luisa-barbosa-barreto.pdf>. Acesso em: 7 out. 2021.

(559) BRASIL. *Constituição da República Federativa, de 5 de outubro de 1988*. Disponível em: <http://www.planalto.gov.br/ccivil_03/constituicao/constituicao.htm>. Acesso em: 7 out. 2021.

art. 17, indo do direito à vida, à liberdade, à igualdade, à segurança, à propriedade, que são os direitos individuais e coletivos, até os direitos sociais, de nacionalidade, os direitos políticos, partidos políticos. Não se pode deixar de mencionar o direito fundamental à educação, tratado do art. 205 ao 214, ao meio ambiente seguro e equilibrado, no art. 225, à família, que também recebe proteção especial do Estado, como dispõe o art. 226, dentre outros.

Para Ingo Wolfgang Sarlet, em razão do § 2º do art. 5º da Constituição Federal de 1988,(560) existe uma abertura material do catálogo constitucional de direitos fundamentais:

> Uma das faces de tal dimensão material é precisamente representada pela assim chamada abertura material do catálogo de direitos fundamentais, consagrada expressamente pelo art. 5º, § 2º, da CF, dispondo que "os direitos e garantias expressos nesta Constituição não excluem outros decorrentes do regime e dos princípios por ela adotados ou dos tratados internacionais em que a República Federativa do Brasil seja parte".(561)

Glauco Salomão Leite e Estefânia Maria de Queiroz Barboza, analisando os direitos fundamentais e o conservadorismo no Brasil, destacam que a Constituição de 1988 exprime um viés transformador da realidade político-social e da cultura legal dominante, conferindo maior proteção aos direitos fundamentais em dois importantes preceitos:

> O primeiro consiste no art. 5º, § 1º, pelo qual se determina que as normas definidoras dos direitos e garantias fundamentais têm aplicação imediata. Como consequência, as instituições estatais, incluindo o próprio legislador democrático, estão vinculadas aos direitos fundamentais e às diretrizes constitucionais relacionadas às políticas públicas e econômicas. Assim, tanto as ações do Poder Público que excessivamente restringirem algum direito fundamental além dos limites permitidos pela Constituição, como as omissões que impedirem ou dificultarem seu exercício, são passíveis de controle judicial. O segundo preceito diz respeito ao enunciado do art. 5º, § 2º, pelo qual os direitos e garantias expressos na Constituição *não excluem* outros decorrentes do regime e dos princípios por ela adotados ou dos tratados internacionais dos quais a República Federativa do Brasil seja parte. Com essa regra, estabelece-se uma *cláusula de abertura*, fazendo com que o catálogo de direitos fundamentais (já bastante extenso) não tenha caráter taxativo. A Constituição, portanto, se abre para outras

---

(560) § 2º Os direitos e garantias expressos nesta Constituição não excluem outros decorrentes do regime e dos princípios por ela adotados, ou dos tratados internacionais em que a República Federativa do Brasil seja parte. BRASIL. *Constituição da República Federativa, de 5 de outubro de 1988*. Disponível em: <http://www.planalto.gov.br/ccivil_03/constituicao/constituicao.htm>. Acesso em: 7 out. 2021.

(561) SARLET, Ingo Wolfgang. Uma Constituição aberta a outros Direitos Fundamentais? *Revista Consultor Jurídico*, 13 mar. 2015. Disponível em: <https://www.conjur.com.br/2015-mar-13/direitos-fundamentais-constituicao-aberta-outros-direitos-fundamentais>. Acesso em: 7 out. 2021.

> fontes normativas, especialmente os tratados e as convenções internacionais de direitos humanos, compondo, assim, um robusto bloco de constitucionalidade.[562]

Os autores demonstram que, considerando o desenho de todo o quadro constitucional, "associado a um nítido fortalecimento das instituições do sistema de justiça, formava-se uma narrativa que apostava nas potencialidades da jurisdição constitucional para a ampla realização dos direitos sociais e das promessas constitucionais, inclusive para que houvesse uma maior participação do Poder Judiciário na fiscalização de políticas públicas e governamentais".[563]

Há certa tendência cotidiana à simplificação, denominando todos eles direitos humanos fundamentais. A doutrina destaca que os direitos fundamentais são aqueles previstos na Constituição Federal e imanentes à condição humana, enquanto os direitos humanos são supraestatais, possuem caráter universal e são encontrados em convenções e tratados de organismos internacionais.

Trata-se, portanto, de cláusula assecuratória de direitos e garantias fundamentais inerentes à pessoa humana, de cariz inalienável.

No Brasil, o pensamento de Ruy Barbosa[564] sempre é lembrado no que concerne à Constituição de 1891, como resgata José Afonso da Silva ao afirmar que "a lição de Ruy Barbosa, no estremar os direitos e as garantias, é o que de melhor se produziu no constitucionalismo brasileiro sobre o tema".[565]

Para Carlos Alberto Alvaro de Oliveira:

> Essa nova universalidade busca subjetivar de forma concreta e positiva os direitos de tríplice geração na titularidade de um indivíduo, que, antes de ser o homem deste ou daquele país, de uma sociedade desenvolvida ou subdesenvolvida, é, pela sua condição de pessoa, um ente qualificado por sua pertinência ao gênero humano, objeto daquela universalidade.[566]

---

(562) LEITE, Glauco Salomão; BARBOZA, Estefânia Maria de Queiroz. Entre o entusiasmo e o mal-estar constitucional: diferentes papéis da jurisdição constitucional na proteção de direitos sociais em três décadas de constitucionalismo instável. *Revista Brasileira de Direitos Fundamentais & Justiça*, Belo Horizonte, ano 15, n. 45, p. 533-561, jul./dez. 2021. Disponível em: <https://dfj.emnuvens.com.br/dfj/article/view/1042>. Acesso em: 7 out. 2021.

(563) *Idem.*

(564) BARBOSA, Ruy. *República:* Teoria e Prática (Textos doutrinários sobre direitos humanos e políticos consagrados na primeira Constituição da República. Seleção e coordenação de Hilton Rocha). Petrópolis/Brasília: Vozes/Câmara dos Deputados, 1978. p. 124.

(565) SILVA, José Afonso. *Curso de Direito Constitucional*. 6. ed. São Paulo: Revista dos Tribunais, 1990. p. 355.

(566) ALVARO DE OLIVEIRA, Carlos Alberto. O processo civil na perspectiva dos direitos fundamentais. *Cadernos do Programa de Pós-Graduação em Direito UFRGS*, Universidade Federal do Rio Grande do Sul. v. 2, n. 4, 2004. Disponível em: <https://seer.ufrgs.br/ppgdir/article/view/49187/30822>. Acesso em: 7 out. 2021.

Como bem esclarece Gilmar Ferreira Mendes:

> Os direitos fundamentais são, a um só tempo, direitos subjetivos e elementos fundamentais da ordem constitucional objetiva. Enquanto direitos subjetivos, os direitos fundamentais outorgam aos titulares a possibilidade de impor os seus interesses em face dos órgãos obrigados. Na sua dimensão como elemento fundamental da ordem constitucional objetiva, os direitos fundamentais — tanto aqueles que não asseguram, primariamente, um direito subjetivo, quanto aqueloutros, concebidos como garantias individuais — formam a base do ordenamento jurídico de um Estado de Direito democrático.[(567)]

Ao final da primeira metade do Século XX, com o fim da Segunda Guerra Mundial, que durou de 1939 a 1945, devido à experiência dos horrores vividos pelas nações, especialmente decorrentes do nazismo na Alemanha, o direito passou por profundas modificações, destacando-se a chamada constitucionalização dos direitos e a adaptação dos institutos jurídicos à Constituição. Vários países escreveram suas constituições e nelas incluíram garantias e direitos fundamentais.

Em razão disso, aquele antigo modo de interpretação e aplicação do direito mediante a subsunção dos fatos à norma cedeu lugar a uma nova forma de pensar e compreender o fenômeno jurídico, desapegando-se da lei e colocando a Constituição em posição de supremacia, afastando-se da compreensão de simples documento político ou mera carta de intenções.

O fato é que as Constituições passaram a possuir força normativa e adquiriram o *status* de supremacia como forma de interpretar e aplicar todo o direito, colocando os direitos e as garantias fundamentais em destaque, de forma que jamais as arbitrariedades e violações se repetissem.

A obra de Konrad Hesse, "A força normativa da Constituição", na verdade uma aula inaugural por ele proferida em 1959 e traduzida para o português, no Brasil, em 1991, por Gilmar Ferreira Mendes, combate os argumentos dos fatores reais de poder, de Ferdinand Lassalle, expostos em sua célebre conferência sobre a essência da constituição,[(568)] em 1862, em Berlim. O livro de Hesse marca o desenvolvimento do constitucionalismo moderno, quando ultrapassa a metáfora da constituição de papel, impondo-se como força normativa, que exige efetividade.[(569)]

Tratando dos princípios da interpretação constitucional, sobre o princípio da força normativa da constituição, assim se pronuncia J. J. Gomes Canotilho:

---

(567) MENDES, Gilmar Ferreira. *Direitos fundamentais e controle de constitucionalidade:* estudos de Direito Constitucional. São Paulo: Método Editoração, 1998. p. 32.

(568) LASSALLE, Ferdinand. *O que é uma Constituição?* Leme: EDIJUR, 2016.

(569) HESSE, Konrad. *A força normativa da Constituição.* Tradução: Gilmar Ferreira Mendes. Porto Alegre: Sergio Antonio Fabris Editor, 1991.

> Segundo o princípio da força normativa da constituição na solução dos problemas jurídico-constitucionais deve dar-se prevalência aos pontos de vista que, tendo em conta os pressupostos da constituição (normativa), contribuem para uma eficácia óptima da lei fundamental. Consequentemente, deve dar-se primazia às soluções hermenêuticas que, compreendendo a historicidade das estruturas constitucionais, possibilitam a 'actualização' normativa, garantindo, do mesmo pé, a sua eficácia e permanência.(570)

Eduardo Cambi destaca que as transformações mais importantes no Direito Constitucional contemporâneo ocorreram a partir da Segunda Grande Guerra Mundial, salientando, na Europa, a Lei Fundamental de Bonn, de 1949, e as Constituições italiana (1947), portuguesa (1976) e espanhola (1978):

> Com a derrota dos regimes totalitários (nazi-fascistas), verificou-se a necessidade de criarem catálogos de direitos e garantias fundamentais para a defesa do cidadão frente aos abusos que poderiam vir a ser cometidos pelo Estado ou por quaisquer detentores do poder em quaisquer de suas manifestações (político, econômico, intelectual etc) bem como mecanismos efetivos de controle da Constituição (jurisdição constitucional).(571)

Carlos Alberto Alvaro de Oliveira assim escreve sobre o processo civil na perspectiva dos direitos fundamentais:

> Em tal contexto, ganha lugar de destaque o devido processo legal (art. 5º, inciso LIV, da Constituição da República), princípio que exige como corolários a proibição de juízos de exceção e o princípio do juiz natural (art. 5º, incisos XXXVII e LIII), a igualdade (art. 5º, caput), aí compreendida a paridade de armas, o contraditório e a ampla defesa, com os meios e recursos a ela inerentes (art. 5º, inciso LV), consideradas inadmissíveis as provas obtidas por meios ilícitos (art. 5º, inciso LVI), devendo o litígio ser solucionado por meio de decisão fundamentada (art. 94, inciso IX).(572)

---

(570) CANOTILHO, J. J. Gomes. *Direito constitucional e teoria da Constituição*. 7. ed. (20. reimp). Coimbra: Almedina, 2018. p. 1.226.

(571) CAMBI, Eduardo. Neoconstitucionalismo e neoprocessualismo. *Revista do Programa de Pós-Graduação em Direito da Universidade Federal da Bahia*. Homenagem ao Professor Luiz de Pinho Pedreira. Salvador, n. 17, ano 2008.2, p. 93-130.

(572) ALVARO DE OLIVEIRA, Carlos Alberto. O processo civil na perspectiva dos direitos fundamentais. *Cadernos do Programa de Pós-Graduação em Direito UFRGS*. Universidade Federal do Rio Grande do Sul. v. 2, n. 4, 2004. Disponível em: <https://seer.ufrgs.br/ppgdir/article/view/49187/30822>. Acesso em: 7 out. 2021.

A partir do final da década de 1990, surge o movimento que passou a ser denominado pelo vocábulo neoconstitucionalismo, utilizado pela primeira vez por Susanna Pozzolo,[573] mais exatamente no XVIII Congresso Mundial de Filosofia Jurídica y Social, realizado na Argentina em 1997, "criado para identificar uma perspectiva jusfilosófica que se coloca como intermediária entre o positivismo jurídico e jusnaturalismo",[574] inserido no quadro institucional das "democracias constitucionais, caracterizada por uma Constituição longa e densa".[575]

Parece não haver dúvida de que foi por intermédio da obra coletiva "Teoría del neoconstitucionaluismo: ensayos escogidos", organizada por Miguel Carbonell, que o tema se difundiu, sendo assim conceituado pelo organizador:

> O neoconstitucionalismo visa explicar um conjunto de textos constitucionais que começaram a surgir após a Segunda Guerra Mundial e principalmente a partir dos anos setenta do século XX. São Constituições que não se limitam a estabelecer competências ou separar poderes públicos, mas contêm elevados níveis de normas "materiais" ou substantivas que condicionam a ação do Estado através da organização de determinados fins e objetivos. Exemplos representativos desse tipo de Constituição são a espanhola de 1978, a brasileira de 1988 e a colombiana de 1991. (Tradução livre)[576]

Longe de ser pacífica a aceitação e a identificação do movimento denominado neoconstitucionalismo, não pouco têm recusado a terminologia, como Lenio Luiz Streck, mencionando que "jusfilósofos como Ronald Dworkin e Robert Alexy (dentre outros) representariam, na sua melhor luz, a grande viragem teórica operada pelo neoconstitucionalismo", mas que essa plêiade de autores e posturas teóricas nem sempre pode ser aglutinada em um mesmo sentido.[577]

---

(573) POZZOLO, Susanna. "Neoconstitucionalismo y especificidad de la interpretación constitucional". *Doxa*, n. 21, vol. 2 (1998). ISSN 0214-8876, p. 339-353. Disponível em: <http://hdl.handle.net/10045/10369>. Acesso em: 7 out. 2021.

(574) POZZOLO, Susanna. Neoconstitucionalismo: um modelo constitucional ou uma concepção da constituição? *Revista Brasileira de Direito Constitucional — RBDC*, v. 7, n. 1, 2006. Disponível em: <http://www.esdc.com.br/seer/index.php/rbdc/article/view/322>. Acesso em: 7 out. 2021.

(575) DUARTE, Écio Oto Ramos; POZZOLO, Susanna. *Neoconstitucionalismo e positivismo jurídico.* As faces da Teoria do Direito em tempos de interpretação moral da Constituição. 2. ed., com posfácio de Lenio Luiz Streck. São Paulo: Landy Editora, 2010. p. 79.

(576) CARBONELL, Miguel. *Teoría del neoconstitucionalismo:* ensayos escolhidos. Madrid: Editorial Trotta. Instituto de Investigaciones Jurídicas — UNAM, 2007, p. 9-10. *El neoconstitucionalismo pretende explicar un conjunto de textos constitucionales que comienzan a surgir después de la segunda guerra mundial y sobre todo a partir de los años setenta del siglo XX. Se trata de Constituciones que no se limitan a establecer competencias o a separar a los poderes públicos, sino que contienen altos niveles de normas 'materiales' o sustantivas que condicionan la actuación del Estado por medio de la ordenación de ciertos fines y objetivos. Ejemplos representativos de este tipo de Constituciones lo son la española de 1978, la brasileña de 1988 y la colombiana de 1991.*

(577) STRECK, Lenio Luiz. Contra o neoconstitucionalismo. *Revista da Academia Brasileira de Direito Constitucional*, Curitiba, 2011, vol. 3, n. 4, jan./jun 2011, p. 9-27. Disponível em: <http://www.abdconstojs.com.br/index.php/revista/article/view/27/24>. Acesso em: 30 abr. 2021. *Vide* também do mesmo autor *Verdade e consenso:* Constituição, Hermenêutica e Teorias Discursivas. 6. ed. São Paulo: Saraiva, 2017.s p. 67-70.

Muito embora se reconheça o marco temporal das constituições com força normativa e com posição topológica no direito de supremacia, a expressão neoconstitucionalismo não guarda unidade de aceitação, nem sequer é empregada no debate constitucional de países importantes.

Mas o que vem a ser o neoconstitucionalismo? Qual a razão dessa designação e quais seriam seus adeptos? É o que Daniel Sarmento procura responder:

> A palavra 'neoconstitucionalismo' não é empregada no debate constitucional norte-americano, nem tampouco no que é travado na Alemanha. Trata-se de um conceito formulado sobretudo na Espanha e na Itália, mas que tem reverberado bastante na doutrina brasileira nos últimos anos, sobretudo depois da ampla divulgação que teve aqui a importante coletânea intitulada Neoconstitucionalismo(s), organizada pelo jurista mexicano Miguel Carbonell, e publicada na Espanha em 2003.
>
> Os adeptos do neoconstitucionalismo buscam embasamento no pensamento de juristas que se filiam a linhas bastante heterogêneas, como Ronald Dworkin, Robert Alexy, Peter Häberle, Gustavo Zagrebelsky, Luigi Ferrajoli e Carlos Santiago Nino, e nenhum destes se define hoje, ou já se definiu, no passado, como neoconstitucionalista. Tanto dentre os referidos autores, como entre aqueles que se apresentam como neoconstitucionalistas, constata-se uma ampla diversidade de posições jusfilosóficas e de filosofia política: há positivistas e não positivistas, defensores da necessidade do uso do método na aplicação do Direito e ferrenhos opositores do emprego de qualquer metodologia na hermenêutica jurídica, adeptos do liberalismo político, comunitaristas e procedimentalistas. Neste quadro, não é tarefa singela definir o neoconstitucionalismo, talvez porque, como já revela o bem escolhido título da obra organizada por Carbonell, não exista um único neoconstitucionalismo, que corresponda a uma concepção teórica clara e coesa, mas diversas visões sobre o fenômeno jurídico na contemporaneidade, que guardam entre si alguns denominadores comuns relevantes, o que justifica que sejam agrupadas sob um mesmo rótulo, mas compromete a possibilidade de uma conceituação mais precisa.
>
> Depois da Segunda Guerra, na Alemanha e na Itália, e algumas décadas mais tarde, após o fim de ditaduras de direita, na Espanha e em Portugal, assistiu-se a uma mudança significativa deste quadro. A percepção de que as maiorias políticas podem perpetrar ou acumpliciar-se com a barbárie, como ocorrera no nazismo alemão, levou as novas constituições a criarem ou fortalecerem a jurisdição constitucional, instituindo mecanismos potentes de proteção dos direitos fundamentais mesmo em face do legislador.[578]

---

(578) SARMENTO, Daniel. O neoconstitucionalismo no Brasil: riscos e possibilidades. *Revista Brasileira de Estudos Constitucionais*, Belo Horizonte, v. 3, n. 9, p. 95-133, jan./mar. 2009. Disponível em: <https://dspace.almg.gov.br/handle/11037/5869>. Acesso em: 7 out. 2021.

Esse movimento chamado de neoconstitucionalismo ou constitucionalismo contemporâneo, como prefere Lenio Luiz Streck,(579) afirma a força normativa da Constituição, primeiramente nos países da Europa, e depois, tardiamente, no Brasil, como sustenta Luis Roberto Barroso:

> A reconstitucionalização da Europa, imediatamente após a 2ª Grande Guerra e ao longo da segunda metade do século XX, redefiniu o lugar da Constituição e a influência do direito constitucional sobre as instituições contemporâneas. A aproximação das ideias de constitucionalismo e de democracia produziu uma nova forma de organização política, que atende por nomes diversos: Estado democrático de direito, Estado constitucional de direito, Estado constitucional democrático.(580)

3.6. O devido processo legal como direito fundamental

Chegando a esta fase, que tem por objeto a análise das consequências processuais da reforma trabalhista de 2017, veiculada por meio da Lei n. 13.467, de 13 de julho de 2017, parece necessário fazer uma aproximação entre Direito do Trabalho e Direito Processual do Trabalho, relativizando o binômio direito-processo, sem descuidar, logicamente, de que as relações jurídicas estabelecidas entre os sujeitos por cada um deles são distintas, tratando-se, portanto, de dois planos do ordenamento jurídico.(581)/(582)

Ao mesmo tempo, como diz Antonio Rodrigues de Freitas Júnior, faz-se necessária a aproximação entre o direito do trabalho e os direitos humanos, o que em muito pode "ajudar a que o direito do trabalho encontre um novo roteiro para escrever o futuro de sua história – de luta – por legitimidade e efetividade". É necessário "compreender que as diferenças entre direitos humanos e direitos sociais suscitam uma aproximação reciprocamente respeitosa".(583)

O devido processo legal deve ser encarado como um direito fundamental, pois inegavelmente o Direito Processual é a expressão dinâmica do Direito Constitucional. Segundo Carlos Alberto Alvaro de Oliveira, "impõe-se considerá-lo como direito constitucional aplicado", tratando-se de "autêntica ferramenta de natureza pública indispensável para a realização da

---

(579) STRECK, Lenio Luiz. *Verdade e consenso*. Constituição, hermenêutica e teorias discursivas. 6. ed. São Paulo: Saraiva, 2017. p. 67-68.

(580) BARROSO, Luís Roberto. Neoconstitucionalismo e constitucionalização do Direito: o triunfo tardio do direito constitucional no Brasil. *Revista da EMERJ*, Rio de Janeiro, v. 9, n. 33, 2006, p. 43-92. Disponível em: <https://www.emerj.tjrj.jus.br/revistaemerj_online/edicoes/revista33/Revista33_43.pdf>. Acesso em: 7 out. 2021.

(581) DINAMARCO, Cândido Rangel. *A instrumentalidade do processo*. 2. ed. São Paulo: Revista dos Tribunais, 1990. p. 16.

(582) BEDAQUE, José Roberto dos Santos. *Direito e processo:* influência do direito material sobre o processo. 2. ed. São Paulo: Malheiros, 2001. p. 9-23.

(583) FREITAS JÚNIOR, Antonio Rodrigues de. *On demand:* trabalho sob demanda em plataformas digitais. Belo Horizonte: Arraes Editores, 2020. p. 77.

justiça e da pacificação social, não pode ser compreendido como mera técnica mas, sim, como instrumento de realização de valores e especialmente de valores constitucionais".[584]

> Nos dias atuais, cresce em significado a importância dessa concepção, se atentarmos para a íntima conexidade entre a jurisdição e o instrumento processual na aplicação e proteção dos direitos e garantias assegurados na Constituição. Aqui não se trata mais, bem entendido, de apenas conformar o processo às normas constitucionais, mas de empregá-las no próprio exercício da função jurisdicional, com reflexo direto no seu conteúdo, naquilo que é decidido pelo órgão judicial e na maneira como o processo é por ele conduzido. Este último aspecto, ressalte-se, de modo geral é descurado pela doutrina. Tudo isso é potencializado por dois fenômenos fundamentais de nossa época: o afastamento do modelo lógico próprio do positivismo jurídico, com a adoção de lógicas mais aderentes à realidade jurídica, como a tópica-retórica, e a consequente intensificação dos princípios, sejam eles decorrentes de texto legal ou constitucional ou não.[585]

Neste tópico, merecem reflexão as diversas fases metodológicas pelas quais passou o processo, como ensinam Antônio Carlos de Araújo Cintra, Ada Pellegrini Grinover e Cândido Rangel Dinamarco.

Inicialmente, o processo era visto como simples meio de exercício de direitos, denominado à época de direito adjetivo, dada a sua dependência do direito civil (substantivo), quando a ação era compreendida como sendo o próprio direito subjetivo material. Quando lesado o direito material, a vítima poderia buscar a reparação da lesão em juízo, mas não se sabia ao certo o que distinguia um direito do outro, sendo este longo lapso denominado de período de sincretismo.[586]

Esta fase sincretista também é conhecida como praxismo ou fase imanentista; nela se via o processo como mera qualificação do direito material. Até os dias de hoje, permanece o equívoco na denominação processo adjetivo, remetendo-se a uma época em que não havia diferença metodológica entre a práxis e o direito material.

Em seguida veio a fase denominada autonomista ou conceitual, iniciada no direito alemão em meados do século XIX, quando o processo adquire o *status* de ramo autônomo na grande árvore do direito, desprendendo-se do direito material. Esta fase é demarcada pela obra de Oskar von Bülow, "Teoria das exceções e dos pressupostos processuais", publicada

---

(584) ALVARO DE OLIVEIRA, Carlos Alberto. O processo civil na perspectiva dos direitos fundamentais. *Cadernos do Programa de Pós-Graduação em Direito UFRGS*. Universidade Federal do Rio Grande do Sul. v. 2, n. 4 (2004). Disponível em: <https://seer.ufrgs.br/ppgdir/article/view/49187/30822>. Acesso em: 7 out. 2021.

(585) *Idem*.

(586) CINTRA, Antônio Carlos de Araújo; GRINOVER, Ada Pellegrini: DINAMARCO, Cândido Rangel. *Teoria Geral do Processo*. 15. ed. São Paulo: 1999. p. 42.

em 1868, na Alemanha, racionalizando a visualização "dos dois planos do próprio ordenamento jurídico, a partir da visão da relação jurídica processual e da relação de direito provado como duas realidades distintas".[587]

Segundo Cândido Rangel Dinamarco, é conveniente destacar que Bülow não teve originalmente a ideia de relação jurídica processual e sua configuração tríplice, mas "apenas a racionalizou e desenvolveu, propondo desdobramentos".[588] Menciona a célebre afirmação do jurista italiano Búlgaro, no século XII: *judicium est actus trium personarum: actoris, judicis et rei.*

A grande contribuição de Bülow, cuja obra é tida como verdadeira certidão de nascimento do Direito Processual Civil,[589] foi demarcar a separação da relação de direito material, levando à autonomia do processo e também aos exageros de se estudar e compreender o processo pelo processo, levando esta fase a ser também conhecida como processualismo. Conforme Francisco Wildo Lacerda Dantas, foi a fase "em que o processo atingiu a paroxismos tais que se consagrou o equívoco de considerá-lo um fim em si mesmo".[590]

Para Claudio Madureira

> O que se dá é que o instrumentalismo, quando privilegia a jurisdição em detrimento da ação e do processo, concebe e avaliza a conformação de uma relação assimétrica entre o juiz e as partes, conferindo ao julgador posição de superioridade no processo, o que abre campo, por um lado, para a prolação de decisões judiciais arbitrárias e, por outro, para que a parte sucumbente prossiga questionando a justiça da decisão proferida mesmo após o encerramento das discussões no ambiente processual.[591]

Tantas vezes repetida e que jamais seja olvidada é a lição de Mauro Cappelletti, em sua obra "Proceso, ideologia e sociedade":

> El derecho procesal no es en verdad un fin em sí mismo, sino instrumento para el fin de la tutela del derecho substancial, público y privado; está, en suma, por decirlo así, al servicio del derecho substancial, del cual tiende a garantizar la

(587) DINAMARCO, Cândido Rangel. *A instrumentalidade do processo*. 2. ed. São Paulo: Revista dos Tribunais, 1990. p. 16.

(588) *Idem*.

(589) DINAMARCO, Cândido Rangel. *Instituições de Direito Processual Civil*. 10. ed. Salvador: JusPodivm, 2020. v. 1.

(590) DANTAS, Francisco Wildo Lacerda. *Jurisdição, ação (defesa) e processo*. São Paulo: Editora Dialética, 1997. prólogo, p. 3.

(591) MADUREIRA, Claudio Penedo. Formalismo, instrumentalismo e formalismo-valorativo. *Cadernos do Programa de Pós-Graduação Direito/UFRGS*. Edição digital. Porto Alegre, v. 10, n. 3. 2015, p. 253-283. Disponível em: <https://seer.ufrgs.br/ppgdir/article/view/58879>. Acesso em: 7 out. 2021.

> efectividad, o sea la observancia, y, para el caso de inobservancia, la reintegración.(592)

O entusiasmo da fase científica do estudo do processo como autônomo na ciência do direito levou a inegáveis exageros, como bem destaca Haroldo Lourenço:

> A afirmação da autonomia científica do direito processual foi uma grande preocupação desse período, em que as grandes estruturas do sistema foram traçadas e os conceitos largamente discutidos e amadurecidos. Tal fase caracterizou-se por ser muito introspectiva; era o processo pelo processo. E, a rigor, tornou-se autofágica, distanciada da realidade, gerando um culto exagerado as formas processuais, no afã de enfatizar a autonomia científica.(593)

À fase autonomista ou conceitual, seguiu-se a instrumentalista, quando se passou a enxergar o processo não mais como um fim em si mesmo, mas como meio de alcançar e realizar a justiça:

> A fase Instrumentalista decorreu da reação de alguns juristas aos exageros do Processualismo extremado, buscando-se então a superação do conceitualismo e abstração excessiva que marcaram a fase anterior, relativizando o binômio direito material e processo. Assim, a doutrina processual passou a se dedicar na análise teleológica e na conotação deontológica do processo, isto sob o prisma externo da aferição dos seus resultados práticos, concebidos na busca pela efetividade da tutela jurisdicional, até mesmo com escopos metajurídicos.(594)

No Brasil, destaca-se a posição metodológico-teleológica de Cândido Rangel Dinamarco, que defende a instrumentalidade do sistema processual, na perspectiva da chamada escola paulista de processo:

> Isso significa, sim, que a instrumentalidade do sistema processual é alimentada pela visão dos resultados que dele espera a nação. A tomada de consciência teleológica tem, portanto, o valor de possibilitar o correto direcionamento do sistema e adequação do instrumental que o compõe, para melhor aptidão a produzir tais resultados.(595)

---

(592) CAPPELLETTI, Mauro. *Proceso, Ideologia, Sociedade*. Tradução: Santiago Sentís Melendo y Tomás A. Banzhar. Buenos Aires: Ediciones Jurídicas Europa-América, 1974. p. 5.

(593) LOURENÇO, Haroldo. O Neoprocessualismo, o Formalismo Valorativo e suas Influências no Novo CPC. *Revista EMERJ*, Rio de Janeiro, v. 14, n. 56, p. 74-107, out./dez. 2011. Disponível em: <https://www.emerj.tjrj.jus.br/revistaemerj_online/edicoes/revista56/revista56_74.pdf>. Acesso em: 7 out. 2021.

(594) SANTANA, Wendenberg. As fases metodológicas do processo civil. *Jusbrasil*, 2019. Disponível em: <https://wendenbergsantana.jusbrasil.com.br/artigos/768167687/as-fases-metodologicas-do-processo-civil>. Acesso em: 7 out. 2021.

(595) DINAMARCO, Cândido Rangel. *A instrumentalidade do processo*. 2. ed. São Paulo: Editora Revista dos Tribunais, 1990. p. 209.

Isso porque o autor sustenta que a instrumentalidade sozinha "é vaga e pouco acrescenta ao conhecimento do processo a afirmação de que ele é um instrumento",(596) demonstrando sua compreensão como sistema quando inclui os escopos da jurisdição: sociais, políticos e jurídicos, fazendo a ligação do

> processo ao poder estatal, que é exercido sob a forma de jurisdição, mas não apenas sob a forma de jurisdição; pretende-se, ainda, como no texto está e ao longo de todo o trabalho, pôr em destaque a relação de instrumentalidade do sistema processual com o direito material e com os valores sociais e políticos da nação.(597)

José Roberto dos Santos Bedaque, em sua tese de doutorado defendida na primeira quadra dos anos de 1990, na Faculdade de Direito de São Paulo, seguindo o pensamento da então Nova Escola Processual de São Paulo, assim sustentou:

A natureza instrumental do direito processual impõe sejam seus institutos concebidos em conformidade com as necessidades do direito substancial. Isto é, a eficácia do sistema processual será medida em função de sua utilidade para o ordenamento jurídico material e para a pacificação social. Não interessa, portanto, uma ciência processual conceitualmente perfeita, mas que não consiga atingir os resultados a que se propõe. Menos tecnicismo e mais justiça, é o que se pretende.(598)

J. J. Calmon de Passos, todavia, rechaça veementemente a ideia da instrumentalidade do processo, a que chama de "modismo", denunciando que essa escolha metodológica ignora o processo de produção das normas jurídicas como textos, proposições descritivas e proposições prescritivas, e o direito enquanto produto da linguagem. Destaca que:

> É essa evidência que o modismo da' instrumentalidade do processo 'camufla, ou conscientemente perversidade ideológica, a ser combatida, ou por descuido epistemológico, equívoco a ser corrigido. Ele parece ignorar, ou finge ignorar, o conjunto de fatores que determinaram uma nova postura para o pensar e aplicar o direito em nossos dias, como sejam a crise da razão instrumental, severamente posta a nu neste século, os avanços originados pelos estudos semiológicos, a revalorização do político, a partir dos desencantos existenciais recolhidos da experiência do capitalismo tardio e da derrocada do socialismo real, a crise do Estado do bem-estar social e, principalmente, as revoluções que têm raiz no progresso técnico-científico, acelerado depois da Segunda Guerra Mundial. São elas a revolução eletrônica, seguida das revoluções das comunicações, dos novos materiais, da biotecnologia, todas incorporando lógicas próprias que

---

(596) *Ibidem*, p. 206.

(597) *Ibidem*, p. 378, nota 1.

(598) BEDAQUE, José Roberto dos Santos. *Direito e processo:* influência do direito material sobre o processo. 2. ed. São Paulo: Malheiros, 2001. p. 16.

> determinaram a hibridização das várias lógicas organizativas as quais, por sua vez, influenciaram a mudança radical operada na ciência organizacional, com inevitável repercussão sobre o Estado e o direito. Tudo isso denuncia a existência de um novo paradigma, a pedir seja repensado o que ontem tínhamos como certeza.(599)

Na esteira de Calmon de Passos, também Mateus Costa Pereira, no artigo "Processualidade, jurisdicionalidade e procedimentalidade (I): algumas reflexões sobre as origens da ciência processual e do paradigma instrumentalista", sustenta que:

> Fruto de grave deslize epistemológico, entre outros percalços, o combate ao instrumentalismo é salutar em virtude de seu ranço autoritário. A sempre necessária incursão sobre a jurisdicionalidade, em especial para desvelar seus lindes democráticos e republicanos à vista da ordem jurídica brasileira, pressupõe que o instrumentalismo seja dissecado. É o que começaremos a fazer nesta série de ensaios. Retenha-se o ponto: é o que enceta na coluna de hoje, sempre com o cuidado em dialogar com outros autores que se debruça(ra)m sobre o tema.(600)

Para Flávio Quinaud Pedron, em seu artigo "Reflexões sobre o 'acesso à Justiça' qualitativo no Estado Democrático de Direito", também rechaça a instrumentalidade do processo, considerando-a a fonte causadora de decisões prolatadas por julgadores solitários e individualistas, decisões divorciadas do modelo constitucional que assegura por intermédio do devido processo legal a ampla participação das partes, sobretudo quanto ao contraditório e à ampla defesa, com a capacidade efetiva de contribuir para a solução do caso:

> O modelo constitucional de processo, como condição legitimadora do provimento estatal em substituição a uma vontade instrumentalizadora de uma racionalidade solipsista e redentora, que acreditando legitimar o processo a partir de fins meta jurídicos, o conduz a perda de seu aspecto discursivo.(601)

---

(599) PASSOS, José Joaquim Calmon de. Instrumentalidade do processo e devido processo legal. *Revista Diálogo Jurídico*, ano I, vol. I, n. 1, abr. 2001, Salvador – Bahia: 2001. Disponível em: <https://edisciplinas.usp.br/pluginfile.php/5186657/mod_resource/content/1/J.%20J.%20Calmon%20de%20Passos%20-%20Instrumentalidade%20do%20processo%20e%20devido%20processo%20legal.pdf>. Acesso em: 20 maio 2021.

(600) PEREIRA, Mateus Costa. Processualidade, jurisdicionalidade e procedimentalidade (I): algumas reflexões sobre as origens da ciência processual e do paradigma instrumentalista. In: COSTA, Eduardo José da Fonseca; CARVALHO, Antonio (Coords). *Empório do Direito*. Coluna Garantismo Processual. 11 mar. 2019. Disponível em: <https://emporiododireito.com.br/leitura/3-processualidade-jurisdicionalidade-e-procedimentalidade-i-algumas-reflexoes-sobre-as-origens-da-ciencia-processual-e-do-paradigma-instrumentalista>. Acesso em: 23 maio 2021.

(601) PEDRON, Flávio Quinaud. Reflexões sobre o 'acesso à Justiça' qualitativo no Estado Democrático de Direito. In: DIDIER JR., Fredie; NUNES, Dierle; FREIE, Alexandre (Coords.). *Normas fundamentais*. Coleção grandes temas do novo CPC. v. 8. Salvador: JusPodivm, 2016. p. 17-36.

Georges Abboud e Mateus Pereira, no artigo "O instrumentalismo processual à luz de críticas dogmáticas, filosóficas e epistemológicas: do não respondido ao irrespondível", sustentam que o "instrumentalismo processual", assim entendido como "o ponto de vista que reduz o processo a mero utensílio ou ferramenta da jurisdição", é visto como instrumento do Estado-juiz ou mero veículo. Tal concepção doutrinária que "desabrochou no seio do *processualismo científico*", "anterior à *instrumentalidade* do processo", sendo "redimensionada pela fase *teleológica* ou da *instrumentalidade*", e persiste até hoje "no pensamento de adeptos da *cooperação* (*formalismo-valorativo*)". O processo evoluiu de "instrumento técnico (*processualismo científico*) para político (*fase teleológica*), sendo por fim sucedido pelo estágio ético (*formalismo-valorativo*)", mas nunca deixando de ser mero instrumento.(602)

As duras críticas à instrumentalidade do processo evidenciam a preocupação de se aparelhar o processo a serviço dos escopos estatais, sejam eles sociais, políticos, econômicos ou jurídicos, perdendo assim sua autonomia enquanto ramo próprio da ciência jurídica, parecendo voltar à fase imanentista, insuperavelmente ligado ao direito material que visa realizar, além de amesquinhar ideologicamente a sua função.

Trabalhando no plano da filosofia, Georges Abboud e Rafael Tomaz de Oliveira situam o problema da instrumentalidade do processo na virada linguística (*linguistic turn*), com a superação definitiva do esquema sujeito-objeto e da "filosofia da consciência da modernidade, a partir do vínculo indissociável entre pensamento e linguagem". Admitem que traz riscos para a democracia a configuração do "processo nos postulados da instrumentalidade", pois "os cidadãos ao invés de titulares de direitos, recebem apenas a sujeição de deveres impostos pelo Estado". Propõem-se a responder na perspectiva do "do quê" e do "do como", acentuando que "a pergunta pelo quê é sempre derivada, porque depende da compreensão de como se dá uma determinada teoria sobre um determinado instituto jurídico".

> Na verdade, nenhum dos fatores mencionados estão completamente errados. Nenhuma pessoa, desde que seja minimamente versada em Direito, negará que o processo é uma disciplina jurídica que serve para resolver problemas. Todavia, na resposta a tais questões é preciso ter claro que há níveis possíveis de reflexão e é preciso saber com clareza em qual deles se movimenta para que não se acabe por reivindicar, de uma filosofia ou de uma teoria jurídica, mais do que elas mesmas podem oferecer.(603)

As críticas de J. J. Calmon de Passos à instrumentalidade do processo não ficaram sem resposta, levando Cândido Rangel Dinamarco a esclarecer que a cláusula do devido processo

---

(602) ABBOUD, Georges; PEREIRA, Mateus Costa. O instrumentalismo processual à luz de críticas dogmáticas, filosóficas e epistemológicas: do não respondido ao irrespondível. 019, In: PEREIRA, Mateus Costa *et. al.* (Coords.). *Processo e liberdade:* estudos em homenagem a Eduardo José da Fonseca Costa. Londrina: Thoth, 2019. p. 343-367.

(603) ABBOUD, Georges. OLIVEIRA, Rafael Tomaz de. O dito e o não dito sobre a instrumentalidade do processo: críticas e projeções a partir de uma exploração hermenêutica da teoria processual. *Revista de Processo*, vol. 166, dez. 2008. Disponível em: <http://www.bvr.com.br/abdpro/wp-content/uploads/2016/03/REPRO-instrumentalidade-do-processo.pdf>. Acesso em: 23 ago. 2020.

legal desempenha, no sistema, missão organizatória e assegura a supremacia de vários outros princípios e garantias. Acrescenta que deve ser vista "sem alucinações e sem a tendência a apresentá-la como impositiva de um irracional culto à forma, que desfiguraria a boa ordem processual".[(604)]

Dinamarco reafirma e renova o prestígio do *due process of law*, que jamais deverá ser renunciado, não sendo cabível "a ideia de um processo regido pelos azares empíricos de cada momento, a dano da segurança jurídica",[(605)] tornando ainda mais clara a posição de sua tese:

> Recente escrito de Calmon de Passos eleva a níveis exageradíssimos o significado da garantia do devido processo legal, ao propor um suposto contraste entre ela e as modernas conquistas inerentes à instrumentalidade do processo. Descrente dos juízes de sua terra e deste planeta, crê o Mestre baiano que essa fulgurante tese seja responsável por uma imensa irresponsabilidade dos magistrados e total falta de confiabilidade do sistema processual, tachando-a de 'arma na mão de sicários'. Forremo-nos de posturas maniqueístas e não pensemos que todo o bem esteja de um lado e todo o mal, de outro. A segurança dos litigantes, cultivada pelo *due process* na medida em que limita os poderes a serem exercido pelo Estado-juiz, é um valor elevadíssimo, mas não tão elevado ou absoluto que legitime o esclerosamento, ou engessamento do sistema processual. Seria injusta e depreciativa a esse poderoso instrumento do Estado democrático de direito a afirmação de sua destinação a aniquilar os anseios por um *processo de feição humana*, no qual o juiz é constantemente conclamado a exercer sua sensibilidade ao valor do justo e do socialmente legítimo. Os princípios devem conviver harmoniosamente na ordem constitucional e na processual, em busca de soluções equilibradas.[(606)]

Luiz Guilherme Marinoni, Sérgio Cruz Arenhart e Daniel Mitidiero estudaram a teoria da relação processual, formulada por Bülow, que teve por base a pandectista alemã. Como afirmam os autores, apesar da oposição teórica ao jusnaturalismo racionalista, Bülow, em termos de valores, não se distanciou do pensamento jurídico francês, restando claro que "ambas estiveram preocupadas com apenas uma mesma classe social".[(607)]

A questão a ser indagada agora, nos limites aqui pretendidos, é saber se o instrumentalismo processual se encontra superado, substituído por uma quarta e atual fase, denominada por Carlos Alberto Alvaro de Oliveira de formalismo-valorativo,[(608)] ou ainda, se seria possível compatibilizar o instrumentalismo com o formalismo-valorativo.

---

(604) DINAMARCO, Cândido Rangel. *Nova era do processo civil*. 3. ed. São Paulo: Malheiros, 2009. p. 23.

(605) *Idem*.

(606) *Ibidem*, p. 23-24.

(607) MARINONI, Luiz Guilherme; ARENHART, Sérgio Cruz; MITIDIERO, Daniel. Curso de Processo Civil. Teoria Geral do Processo. v. 1, 4. ed. São Paulo: Thomson Reuters Brasil/Revista dos Tribunais, 2019. p. 485.

(608) ALVARO DE OLIVEIRA, Carlos Alberto. O formalismo-valorativo no confronto com o formalismo excessivo. *Revista da Faculdade de Direito da UFRGS*, n. 26, 2006, p. 59-88. Disponível em: <https://seer.ufrgs.br/revfacdir/article/view/74203>. Acesso em: 25 ago. 2021.

Na verdade, essa indagação é feita por José Roberto dos Santos Bedaque, no artigo "Instrumentalismo e garantismo: visões opostas do fenômeno processual?",[609] que Cláudio Madureira e Hermes Zaneti Júnior arrostaram como desafio em razão da mudança metodológica procedida por Daniel Mitidiero, na 3. edição de seu livro "A colaboração no processo civil". Antes, este autor admitia que o processo civil brasileiro passava por uma quarta fase metodológica, superando a da instrumentalidade, substituída pelo formalismo-valorativo, assumindo posição de autêntico método de pensamento, "de uma nova visão metodológica, uma nova maneira de pensar o direito processual civil".[610]

Cláudio Madureira e Hermes Zaneti Júnior, instigados pela mudança de posição de Daniel Mitidiero, que passou a defender que diante das ambiguidades seria recomendável abandonar o formalismo-valorativo e usar a expressão "processo no Estado Constitucional", para ele mais adequada, tomaram como provocação a indagação de Bedaque, demonstrando os autores no artigo "Formalismo-valorativo e o novo processo civil" que:

> Deve estar claro, então, que não fazemos, propriamente, uma crítica do Instrumentalismo; até porque, é importante frisar, o Formalismo-Valorativo toma como ponto de partida a inestimável contribuição dos instrumentalistas, liderados por Dinamarco, para a superação da fase autonomista.[611]

Hermes Zaneti Júnior e Claudio Madureira apontam as afinidades entre a escola paulista, representada pelo professor Cândido Rangel Dinamarco, e a escola gaúcha de direito processual, capitaneada pelo professor Carlos Alberto Alvaro de Oliveira, evidenciando que as correntes de pensamento mais se aproximam do que se distanciam. Reconhecem a importância da construção da instrumentalidade para a superação da fase autonomista e julgam que a mudança de entendimento de Mitidiero talvez tenha se dado em razão de a expressão formalismo ser vista de forma negativa:

> Disso resulta a nossa opção por trilhar caminho distinto daquele empregado por Mitidiero quando modificou a designação por ele mesmo atribuída à quarta fase metodológica do processo (que ele anteriormente chamava Formalismo-Valorativo e passou a designar Processo Civil no Estado Constitucional).

(609) BEDAQUE, José Roberto dos Santos. Instrumentalismo e garantismo: visões opostas do fenômeno processual? In: BEDAQUE, José Roberto dos Santos; CINTRA, Lia Carolina Batista; EID, Elie Pierre (Coords.). *Garantismo processual:* garantias constitucionais aplicadas ao processo. Brasília: Gazeta Jurídica, 2016. p. 1-39.

(610) A mudança de entendimento do autor Daniel Mitidiero ocorreu, segundo Madureira e Zaneti Jr, entre a 2ª e a 3ª edição do livro "Colaboração no processo civil: pressupostos sociais, lógicos e éticos", publicadas respectivamente nos anos de 2011 e 2015, pela Editora RT. Cf. MADUREIRA, Cláudio; ZANETI JR., Hermes. Formalismo-valorativo e o novo processo civil. Doutrinas Essenciais — Novo Processo Civil. vol. 1/2018, *Revista de Processo*, vol. 272/2017, out. 2017. DTR\2017\5931. p. 85 - 125.

(611) MADUREIRA, Cláudio; ZANETI JR., Hermes. Formalismo-valorativo e o novo processo civil. Doutrinas Essenciais — Novo Processo Civil. vol. 1, 2018. *Revista de Processo*, vol. 272, 2017, out. 2017, DTR\2017\5931, p. 85 - 125. Cf. também MADUREIRA, Claudio. *Fundamentos do Novo Processo Civil Brasileiro:* o processo civil do formalismo-valorativo. Belo Horizonte: Fórum, 2017.

> Porém, consideramos importante registrar que Mitidiero parece haver adotado essa escolha teórica com o admitido propósito de fazer prevalecer, pela via do afastamento de dificuldades que considerou inerentes ao suposto caráter negativo da expressão formalismo, o que a ele pareceu mais relevante: as premissas teóricas e as técnicas de atuação que singularizam o Formalismo-Valorativo (independentemente da designação que lhe seja atribuída) enquanto construção científica.[612]

Concluem que, diante do texto normativo do atual Código de Processo Civil brasileiro, o pensamento "fundamental ao processo justo acabou prevalecendo e se consolidando".[613]

Cláudio Madureira defende a qualificação do processo como um direito fundamental do cidadão, aspiração teórica igualmente compartilhada pelos instrumentalistas, sendo que o instrumentalismo pretende "realizar a justiça sob o viés exclusivamente procedimental, encontra dificuldades para concretizar esse objetivo, visto que, na medida em que se dedica a tornar efetivo o direito positivo, apenas pode pretender realizá-la quando forem justos os textos legais aplicados".[614]

> O formalismo-valorativo qualifica o processo como um direito do cidadão, o que faz incidir sobre as normas que o disciplinam o regime jurídico dos direitos fundamentais. Disso resulta a observação de seus adeptos quanto a existir um direito fundamental do jurisdicionado ao processo justo.[615]

Não se pode negar, portanto, que o processo é, induvidosamente, uma expressão importante do exercício do poder, sendo uma ferramenta indispensável para a realização da justiça, como demonstra Carlos Alberto Alvaro de Oliveira no artigo "o processo civil na perspectiva dos direitos fundamentais":

> (...) não pode ser compreendido como mera técnica, mas, sim, como instrumento de realização de valores e especialmente de valores constitucionais, impõe-se considerá-lo como direito constitucional aplicado.[616]

(612) *Idem.*

(613) *Idem.*

(614) MADUREIRA, Claudio Penedo. Formalismo, instrumentalismo e formalismo-valorativo. *Cadernos do Programa de Pós-Graduação Direito/UFRGS*, Edição digital, Porto Alegre, v. 10, n. 3, 2015, p. 253-283. Disponível em: <https://seer.ufrgs.br/ppgdir/article/view/58879>. Acesso em: 02 set. 2021.

(615) *Idem.*

(616) ALVARO DE OLIVEIRA, Carlos Alberto. O processo civil na perspectiva dos direitos fundamentais. *Cadernos do Programa de Pós-Graduação em Direito UFRGS*, Universidade Federal do Rio Grande do Sul, v. 2, n. 4, 2004. Disponível em: <https://seer.ufrgs.br/ppgdir/article/view/49187/30822>. Acesso em: 10 ago. 2021.

Em outro trabalho, Alvaro de Oliveira(617) defende que o processo, como produto cultural de um povo e em determinado tempo, reflete axiologicamente os valores da sociedade, evidenciando que a busca pela segurança jurídica é típica do Estado democrático de direito. No Brasil, foi elevada a princípio fundamental na Constituição Federal de 1988, no art. 1º, *caput*, capaz de garantir o cidadão contra o arbítrio estatal. Mas não é o único valor encontrado no ambiente processual, cujo fim é a realização da justiça material no caso, por intermédio de um processo equânime e justo, sem se distanciar da perspectiva constitucional.

> O formalismo processual contém, portanto, a própria ideia do processo como organização da desordem, emprestando previsibilidade a todo o procedimento. Se o processo não obedecesse a uma ordem determinada, cada ato devendo ser praticado a seu devido tempo e lugar, fácil entender que o litígio desembocaria numa disputa desordenada, sem limites ou garantias para as partes, prevalecendo ou podendo prevalecer a arbitrariedade e a parcialidade do órgão judicial ou a chicana do adversário. Não se trata, porém, apenas de ordenar, mas também de disciplinar o poder do juiz e, nessa perspectiva, o formalismo processual atua como garantia de liberdade contra o arbítrio dos órgãos que exercem o poder do Estado. Pondere-se, dentro dessa linha, que a realização do procedimento deixada ao simples querer do juiz, de acordo com as necessidades do caso concreto, acarretaria a possibilidade de desequilíbrio entre o poder judicial e o direito das partes. E dessa maneira poderia fazer até periclitar a igual realização do direito material, na medida em que a discrição do órgão judicial, quanto ao procedimento e o exercício da atividade jurisdicional, implicaria o risco de conduzir a decisões diversas sobre a mesma espécie de situação fática material, impedindo uma uniforme realização do direito. Não bastasse isso, se constrangido o órgão judicial de cada processo a elaborar para o caso concreto, com grande desperdício de tempo, os próprios princípios com a finalidade de dar forma ao procedimento adequado, permaneceria inutilizável o tesouro da experiência colhida da história do direito processual.(618)

Ao abordar o formalismo excessivo e as ferramentas para o seu combate, Alvaro de Oliveira esclarece:

> Além disso, a perspectiva constitucional do processo veio a contribuir para afastar o processo do plano das construções conceituais e meramente técnicas e inseri-lo na realidade política e social.(619)

---

(617) ALVARO DE OLIVEIRA, Carlos Alberto. O formalismo-valorativo no confronto com o formalismo excessivo. *Revista da Faculdade de Direito da UFRGS*, n. 26, 2006, p. 59-88. Disponível em: <https://seer.ufrgs.br/revfacdir/article/view/74203>. Acesso em: 25 ago. 2021.

(618) *Ibidem*, p. 60.

(619) *Ibidem*, p. 68.

> Pode acontecer, contudo, e esse é o âmago do problema, que o poder organizador, ordenador e disciplinador do formalismo, em vez de concorrer para a realização do direito, aniquile o próprio direito ou determine um retardamento irrazoável da solução do litígio. Neste caso o formalismo se transforma no seu contrário: em vez de colaborar para a realização da justiça material, passa a ser o seu algoz, em vez de propiciar uma solução rápida e eficaz do processo, contribui para a extinção deste sem julgamento do mérito, obstando a que o instrumento atinja a sua finalidade essencial.(620)

Claudio Madureira esclarece que:

> O formalismo-valorativo distingue-se do instrumentalismo por se designar como *formalismo*, quando coloca o processo (e não a jurisdição) ao centro da Teoria, como técnica adequada a induzir a proteção dos jurisdicionados contra o arbítrio dos julgadores; e por pretender ser *valorativo*, quando assume que a atividade cognitiva desenvolvida no ambiente processual se destina à reconstrução do direito positivo pelos intérpretes/aplicadores (inclusive mediante a consideração de elementos axiológicos) e por isso identifica o processo como direito fundamental do cidadão e como ambiente de criação do Direito.(621)

Ainda que evitando adentrar a viva polêmica acadêmica entre as teses garantistas e publicistas, a partir dessa reconstrução do direito constitucional o processo passou a merecer especial atenção no que diz respeito às garantias fundamentais do contraditório e da ampla defesa. Deve ser o cerne de preocupação de qualquer discussão judicial assegurar às partes não apenas a igualdade de tratamento, como, sobretudo, a paridade de condições processuais ou paridade de armas.

Aos interessados, devem ser garantidas a participação e a capacidade real de formar o provimento ou a decisão final, dela participando como expressão do Estado democrático de direito, restando inafastável a relação entre Constituição e Processo, como destaca Arturo Hoyos no artigo "*La garantia constitucional del debido proceso legal (art. 32 de la Constitución política)*".(622)

---

(620) *Ibidem*, p. 72.

(621) MADUREIRA, Claudio Penedo. Formalismo, instrumentalismo e formalismo-valorativo. *Cadernos do Programa de Pós-Graduação Direito/UFRGS*, Edição digital, Porto Alegre, v. 10, n. 3, 2015, p. 253-283. Disponível em: <https://seer.ufrgs.br/ppgdir/article/view/58879>. Acesso em: 2 set. 2021.

(622) HOYO, Arturos. La garantia constitucional del debido proceso legal (art. 32 de la Constitución política). *Revista de Processo*, vol. 47, ano 1987, p. 43-91, jul.-set. 1987. *Modernamente, el debido proceso aparece vinculado al denominado constitucionalismo, el cual, dentro de sus muchas acepciones, aparece siempre ligado a la idea de un gobierno limitado, sobre todo, a través del derecho, ya que dicho principio, a través de una evolución histórico-política a la que nos referimos más adelante, ha encontrado su sitio en las constituciones modernas y democráticas como un derecho fundamental que no sólo garantiza la actuación del derecho material sino que impone limites importantes a la acción del Estado al punto de constituir un freno a la potencial acción arbitraria de éste frente a todas las personas sujetas a dicha acción.*

Da mesma forma, Débora Carvalho Fioratto e Ronaldo Brêtas de Carvalho Dias:

> Nesse contexto, o contraditório é uma garantia constitucional das partes, de participar na construção da decisão e de exercer o controle da fundamentação das decisões, visto que o juiz deve motivar as decisões através de argumentos jurídicos debatidos pelas partes para que a decisão seja aceitável e racional. Da relação Constituição e Processo, verifica-se a conexão, a codependência entre os princípios do contraditório e da fundamentação das decisões.(623)

Segundo Ronaldo Brêtas de Carvalho Dias, em seu livro "Processo constitucional e Estado Democrático de Direito", é necessário encarar o processo em sua dimensão constitucional, pois assim, respeitando os princípios constantes da norma maior, será possível contribuir para a construção do Estado democrático de direito, esta obra inacabada que exige colaboração e esforços de todos. Faz-se necessário, portanto, o estudo do processo constitucional, seja o processo constitucional legislativo, seja o processo constitucional jurisdicional.(624)

O Estado obedecerá às leis elaboradas por um órgão integrante dos representantes do povo, bem como à separação das funções legislativa, executiva e judicial. Conforme Ronaldo Brêtas de Carvalho Dias, mencionando Böckenförde, com a

> aceitação do chamado princípio da divisão dos poderes, na expressão cunhada pelos revolucionários franceses, entendido dito princípio, porém, em fiel acatamento à doutrina de Montesquieu, como distribuição de competências entre as diversas foças políticas do Estado, a fim de não se abalar ou ameaçar a ideia lograda com muito esforço de unidade do poder do Estado.(625)

Com lastro na doutrina de Elio Fazzalari,(626) após esclarecer de modo cuidadosamente metódico os contornos de procedimento e de processo, Sérgio Luís Wetzel de Mattos acentua que "o procedimento não deve ser reduzido a uma sequência legal de atos a ser observada pelo juiz e pelas partes". Não é, portanto, "simples diretiva para a ordem e sucessão dos atos processuais".(627) Para fazer uso da metáfora de Carlos Alberto Alvaro de Oliveira, o procedimento "não é um pobre esqueleto sem alma".(628)

---

(623) FIORATTO, Débora Carvalho e DIAS, Ronaldo Brêtas de Carvalho. A Conexão entre os Princípios do Contraditório e da Fundamentação das Decisões na Construção do Estado Democrático de Direito. *Revista Eletrônica de Direito Processual — REDP*. vol. V. Periódico da Pós-Graduação *Stricto Sensu* e Direito Processual da UERJ. Patrono: José Carlos Barbosa Moreira. Disponível em: <www.redp.com.br ISSN 1982-7636>. Acesso em: 20 maio 2021.

(624) DIAS, Ronaldo Brêtas de Carvalho. *Processo constitucional e estado democrático de Direito*. 4. ed. Belo Horizonte: Editora Del Rey, 2018. p. 56.

(625) *Ibidem*, p. 58.

(626) FAZZALARI, Elio. *Instituições de Direito Processual*. Tradução: Elaine Nassif. 8. ed. Campinas: Bookseller, 2006.

(627) MATTOS, Sérgio Luís Wetzel de. *Devido processo legal e proteção de direitos*. Porto Alegre: Livraria do Advogado, 2009. p. 132.

(628) *Idem*.

Sérgio Luís Wetzel de Mattos arremata:

> Daí afirmar-se que *o procedimento é uma sequência de normas, de atos e de posições subjetivas: sequência de normas*, no sentido de que estas regulam os atos do procedimento, de ordem lógica e cronológica, estabelecendo que cada ato, além de supor o ato precedente, constitui o pressuposto do ato sucessivo, até o ato final; *sequência de atos*, no sentido de que estes são previstos por normas; e *sequência de posições subjetivas*, vale dizer, faculdades, poderes e deveres que são outorgados por normas. *E, quando feitos em contraditório paritário, o procedimento, então, configura-se processo.* Destarte, 'o processo' é um procedimento no qual participam (estão habilitados a participar) aqueles em cuja esfera jurídica o ato final está destinado a produzir efeitos: em contraditório. Sem contraditório, não existe processo, ou melhor dizendo, não existe devido processo legal nem, de conseguinte, jurisdição. A estrutura do devido processo legal, portanto, é essencialmente dialética.(629)

Antonio Carlos de Araújo Cintra, Ada Pellegrini Grinover e Cândido Rangel Dinamarco, na obra clássica "Teoria geral do processo", registram:

> Todo o direito processual, como ramo do direito público, tem suas linhas fundamentais traçadas pelo direito constitucional, que fixa a estrutura dos órgãos jurisdicionais, que garante a distribuição da justiça e a declaração do direito objetivo, que estabelece alguns princípios processuais; e o direito processual penal chega a ser apontado como direito constitucional aplicado às relações entre autoridade e liberdade.(630)

Conforme mencionado anteriormente, para Alvaro de Oliveira deve-se considerar o direito processual como direito constitucional aplicado.(631) Assim, escorado na corrente cujo corifeu é Alvaro de Oliveira,(632) defende Sérgio Luís Wetzel de Mattos:

> Com isto, "não há formalismo por formalismo", emergindo, daí, a proposta de um *formalismo-valorativo*, segundo o qual o que importa é a 'organização de um processo justo', informado pelos *valores da efetividade e da segurança jurídica*

---

(629) *Idem*.

(630) CINTRA, Antonio Carlos de Araújo; GRINOVER, Ada Pellegrini; DINAMARCO, Cândido Rangel. *Teoria geral do processo*. 15. ed. São Paulo: Malheiros, 1999. p. 78.

(631) ALVARO DE OLIVEIRA, Carlos Alberto. O processo civil na perspectiva dos direitos fundamentais. *Cadernos do Programa de Pós-Graduação em Direito UFRGS*, Universidade Federal do Rio Grande do Sul, v. 2, n. 4, 2004. Disponível em: <https://seer.ufrgs.br/ppgdir/article/view/49187/30822>. Acesso em: 10 ago. 2021.

(632) ALVARO DE OLIVEIRA, Carlos Alberto. O formalismo-valorativo no confronto com o formalismo excessivo. *Revista da Faculdade de Direito da UFRGS*, n. 26, 2006, p. 59-88. Disponível em: <https://seer.ufrgs.br/revfacdir/article/view/74203>. Acesso em: 25 ago. 2021.

e voltado para a *realização da justiça do caso concreto e a pacificação social*. A realização da justiça do caso, a pacificação social, a efetividade e a segurança jurídica constituem, pois, os 'valores mais importantes para o processo', vale dizer, os próprios "fundamentos do formalismo-valorativo".[(633)]

Cita-se, mais uma vez, Carlos Alberto Alvaro de Oliveira, que sustenta que devem ser evitados os excessos formalistas, quando menciona decisão do Tribunal Constitucional espanhol:

> (...) as normas que contêm os requisitos formais devem ser aplicadas tendo-se sempre presente o fim pretendido ao se estabelecer ditos requisitos, evitando qualquer excesso formalista que os converteria em meros obstáculos processuais e em fonte de incerteza e imprevisibilidade para a sorte das pretensões em jogo.[(634)]

Por exigência metodológica deste trabalho, visando aos objetivos a que ao final se pretende chegar, entende-se possível acatar a visão do processo como instrumento de realização do direito material,[(635)] mas sempre movida pela preocupação de encontrar uma interpretação que jamais se distancie da Constituição, elevando ao máximo possível as garantias fundamentais.

Este estudo busca revolver conceitos consolidados, sem ignorar algumas críticas, referidas quando necessárias, mas sempre de forma respeitosa. Tomam-se por empréstimo as palavras elegantes de Humberto Ávila, quando estuda a doutrina da evolução e promove a distinção entre princípios e regras:

> Todos esses critérios de distinção são importantes, pois apontam para qualidades dignas de serem examinadas pela Ciência do Direito. Isso não nos impede, porém, de investigar modos de aperfeiçoamento desses critérios de distinção, não no sentido de desprezar sua importância e, muito menos ainda, de negar o mérito das obras que os examinaram; mas, em vez disso, naquele de confirmar sua valia pela forma mais adequada para demonstrar consideração e respeito científicos: a crítica.[(636)]

---

(633) MATTOS, Sérgio Luís Wetzel de. *Devido processo legal e proteção de direitos*. Porto Alegre: Livraria do Advogado, 2009. p. 134.

(634) *Sentença 57, de 08.05.1984. Apud* ALVARO DE OLIVEIRA, Carlos Alberto. O processo civil na perspectiva dos direitos fundamentais. *Cadernos do Programa de Pós-Graduação em Direito UFRGS*, Universidade Federal do Rio Grande do Sul, v. 2, n. 4, 2004. Disponível em: <https://seer.ufrgs.br/ppgdir/article/view/49187/30822>. Acesso em: 10 ago. 2021.

(635) "A realização do direito objetivo e a pacificação social são escopos da jurisdição em si mesma, não das partes". CINTRA, Antonio Carlos de Araújo; GRINOVER, Ada Pellegrini; DINAMARCO, Cândido Rangel. *Teoria geral do processo*. 15. ed. São Paulo: Malheiros, 1999. p. 132.

(636) ÁVILA, Humberto. *Teoria dos Princípios:* da definição à aplicação dos princípios jurídicos. 18. ed. São Paulo: Malheiros, 2018. p. 60.

Sérgio Luís Wetzel de Mattos, com lastro em Alvaro de Oliveira, afirma:

> Segurança jurídica — que não é senão garantismo — e efetividade são valores igualmente relevantes e inevitavelmente concorrentes no campo do formalismo processual e do devido processo legal. A tutela da segurança jurídica (o próprio garantismo) encontra, em certo ponto, um limite insuperável na tutela da efetividade, e vice-versa. A segurança jurídica, assim, não pode primar, pura e simplesmente, sobre a efetividade, nem esta sobrepor-se, em quaisquer circunstâncias, àquela. A virtude está no meio. Nem o garantismo radical e intransigente. Nem a efetividade como valor absoluto, a qualquer preço. Tais valores devem ser conciliados, na medida do possível, pelo legislador e pelo órgão judicial, em busca de um processo justo, isto é, efetivo e informado por preocupações garantísticas.
>
> A justa organização do processo depende, ademais, das circunstâncias do caso concreto. Assim, cabe ao órgão judicial atentar para as peculiaridades do caso submetido a seu julgamento, pois, ainda, que atendido o formalismo estabelecido pelo sistema, o processo pode revelar-se injusto ou conduzir a um resultado injusto. (...)
>
> Tudo isso, enfim, para combater o "formalismo excessivo, pernicioso ou negativo", o qual "em vez de colaborar para a realização da justiça material, passa a ser seu algoz, em vez de propiciar uma solução rápida e eficaz do processo, contribui para a extinção deste sem julgamento do mérito, obstando a que o instrumento atinja a sua finalidade essencial".[637]

Como já escreveram Antônio Carlos de Araújo Cintra, Ada Pellegrini Grinover e Cândido Rangel Dinamarco:

> Sentem-se progressos também em sede pretoriana, com juízes e tribunais gradativamente conscientizados dos valores humanos contidos nas garantias constitucionais do contraditório e do devido processo legal e necessidade de tratar o processo, sempre, como autêntico meio de acesso à *ordem jurídica justa*.[638]

O fato é que, realmente, a partir da segunda metade do século XX, com a aproximação entre os estudos do processo e da Constituição, como destaca Ronaldo Brêtas de Carvalho Dias, houve a constitucionalização do processo, fazendo surgir "o Direito Processual Constitucional

(637) MATTOS, Sérgio Luís Wetzel de. *Devido processo legal e proteção de direitos*. Porto Alegre: Livraria do Advogado, 2009. p. 135-136.

(638) CINTRA, Antonio Carlos de Araújo; GRINOVER, Ada Pellegrini; DINAMARCO, Cândido Rangel. *Teoria geral do processo*. 15. ed. São Paulo: Malheiros, 1999. p. 44.

ou, simplesmente, processo constitucional, em costumeira referência doutrinária da atualidade".[639]

Quando se fala em direito processual constitucional não se pretende afirmar a existência "de um ramo autônomo do direito, mas de uma visão técnica e científica, que se acentuou com a tendência da constitucionalização do ordenamento jurídico, surgida após a segunda guerra mundial, ao se configurar o Estado Democrático de Direito".[640] O que se busca é que o processo produza decisões justas, legitimadas e adequadas aos direitos fundamentais, conforme recomendam expressamente os arts. 1º a 11 do CPC de 2015.

Conclui Ronaldo Brêtas de Carvalho Dias:

> Os conteúdos normativos dos referidos artigos recomendam a ordenação, a disciplina do processo e a interpretação das normas que o regem segundo as garantias constitucionais da inafastabilidade da atividade jurisdicional exercida pelo Estado (a jurisdição), da razoável duração do processo, do respeito à dignidade da pessoa humana, da legalidade, do efetivo contraditório, da publicidade e da eficiência.[641]

José Alfredo de Oliveira Baracho, discorrendo sobre o "processo constitucional", assim deixou assentado:

> A efetividade dos direitos fundamentais ocorre pelos mecanismos de realização jurisdicional dos mesmos. A efetividade ou eficácia dos direitos fundamentais opera-se pela sua aplicabilidade real e concreta. Com isso ocorrem as possibilidades reais de concretização dos direitos fundamentais a todos os cidadãos, por meio da realização e otimização dos mesmos. As normas constitucionais são dirigidas à realidade, daí que a interpretação deve ser orientada para sua efetividade, vigência prática e material. O objetivo da garantia é a realização efetiva dos direitos fundamentais. A liberdade jurídico-fundamental opera-se pelo exercício pleno da cidadania, quando em todos os momentos encontramos mecanismos para exercitá-los de maneira direta, por via jurisdicional.[642]

No ambiente da modernidade, de convivência pacífica e racional, as funções do Estado são distribuídas entre o Poder Legislativo, o Executivo e o Judiciário. Cabe ao último

---

(639) DIAS, Ronaldo Brêtas de Carvalho. A constitucionalização do novo Código de Processo Civil. In: DIDIER JR., Fredie; NUNES, Dierle; FREIRE, Alexandre (Coords.). *Normas fundamentais*. Coleção grandes temas do novo CPC. v. 8. Salvador: Bahia: JusPodivm, 2016. p. 59-74.

(640) *Ibidem*, p. 60.

(641) *Ibidem*, p. 60-61.

(642) BARACHO, José Alfredo de Oliveira. Processo constitucional. *Revista do Tribunal Regional do Trabalho — TRT da 3ª Região*, n 55, p. 56-68. Disponível em: <https://www.trt3.jus.br/escola/download/revista/rev_55_56/Jose_Baracho.pdf>. Acesso em: 20 maio 2021.

resolver os conflitos surgidos na sociedade, o faz em regime de monopólio, uma vez que o Estado moderno chama para si, por intermédio da jurisdição, a função de solucionar as desavenças, já que os bens são escassos e não disponíveis a todos, restando inevitável o litígio.

Para isso, é disponibilizado o direito de ação, que exercido provoca a jurisdição e reclama solução, por intermédio do processo, no ambiente institucional do Poder Judiciário, em busca da pacificação e respeito à ordem jurídica, afastando assim o exercício arbitrário das próprias razões ou a vingança privada.

Sempre válidas são as lições de Antonio Carlos de Araújo Cintra, Ada Pellegrini Grinover e Cândido Rangel Dinamarco:

> Entende-se, com essa fórmula, o conjunto de garantias constitucionais que, de um lado, asseguram às partes o exercício de suas faculdades e poderes processuais e, de outro, são indispensáveis ao correto exercício da jurisdição. Garantias que não servem apenas aos interesses das partes, como direitos públicos subjetivos (ou poderes e faculdades processuais) destas, mas que configuram, antes de mais nada, a salva-guarda do próprio processo, objetivamente considerado, como fator legitimante do exercício da jurisdição.[643]

Importante destacar que o direito de defesa é o mesmo direito de ação, visto do ângulo do réu, como concebe Ramiro Podetti,[644] em sua conhecida trilogia estrutural do processo.

Anota Francisco Wildo Lacerda Dantas:

> A ação de direito processual, como disse, provoca o exercício da função jurisdicional que atua através do processo. Essas três noções — jurisdição, ação e processo — por sua vez, constituem as ideias básicas e fundamentais do fenômeno processual, a ponto de haver-se demonstrado que elas formam um todo unitário e subordinadamente interligados, naquilo que se denominou de trilogia estrutural do processo.[645]

Nessa perspectiva de acesso à justiça, o direito de defesa, de contestar a ação, do ponto de vista do réu, corresponde ao mesmo direito de ação, este visto do ângulo do autor, como demonstram Luiz Guilherme Marinoni, Sérgio Cruz Arenhart e Daniel Mitidiero:

> A questão do acesso à justiça, portanto, propõe a problematização do direito de ir a juízo — seja para pedir a tutela do direito, seja para se defender — a partir da ideia de que obstáculos econômicos e sociais não podem impedir o acesso

(643) CINTRA, Antonio Carlos de Araújo; GRINOVER, Ada Pellegrini; DINAMARCO, Cândido Rangel. *Teoria geral do processo*. 15. ed. São Paulo: Malheiros, 1999. p. 82.

(644) PODETTI, Ramiro. *Derecho Procesal Civil, Comercial y Laboral*. Buenos Aires: Ediar, 1949. t. 1, p. 19.

(645) DANTAS, Francisco Wildo Lacerda. *Jurisdição, ação (defesa) e processo*. São Paulo: Dialética, 1997. p. 30.

à jurisdição, já que isso negaria o direito de usufruir de uma prestação social indispensável para o cidadão viver na sociedade.(646)

Nesse passo, Dierle Coelho Nunes destaca que:

> O estudo da ciência processual há muito deixou de se limitar a uma discussão tão somente teórica, na qual se buscavam delimitar os institutos processuais e as teorias que tratavam de sua trilogia estrutural (processo, jurisdição e ação).
>
> A importância da contextualização e reconstrução de tais institutos no paradigma procedimental que se inaugura (Estado Democrático de Direito) não permite a análise desses institutos em perspectiva instrumental, nos moldes tradicionais, em que o processo serviria à aplicação do direito material, buscando uma utópica paz social.(647)

A noção que se pretende realçar é a do devido processo legal constitucional, em que se assegura às partes a obediência aos princípios de ampla defesa e do contraditório, não apenas no plano meramente formal, mas admitindo-se a possibilidade concreta de interferência das partes na construção da decisão, já que o provimento da decisão judicial não pode ser um ato solipsista, fruto de uma única mente privilegiada.

> É óbvio que as alterações legislativas no campo do Direito Processual devem, em certa medida, buscar resultados práticos para a melhoria da aplicação da tutela, mas isso não significa que se possa negligenciar o papel importantíssimo que o processo possui como estrutura dialógica de formação de provimentos e garantidora de direitos fundamentais.
>
> Ademais, a busca de eficiência nas reformas brasileiras no campo processual é no mínimo discutível.(648)

O processo deve ser um ambiente público dialógico que facilite o debate e a demonstração das questões fáticas e jurídicas, capaz de compor a solução da causa, afastando o privilégio cognoscente do juízo como sendo o único ser iluminado capaz de captar por suas virtudes a melhor decisão que realize seu fim social.

---

(646) MARINONI, Luiz Guilherme; ARENHART, Sérgio Cruz; MITIDIERO, Daniel. *Curso de Processo Civil*. Teoria do Processo Civil. v. 1, 4. ed. São Paulo: Thomson Reuters Brasil/Revista dos Tribunais, 2019. p. 383-384.

(647) NUNES, Dierle José Coelho. Teoria do processo contemporâneo: por um processualismo constitucional democrático. *Revista da Faculdade de Direito do Sul de Minas*, Edição Especial, 2008, p. 13-29. Disponível em: <https://www.fdsm.edu.br/adm/artigos/e6e2f27a187cdf92f1b8300b4dc8a8a4.pdf>. Acesso em: 20 maio 2021.

(648) *Idem*.

Não se trata de uma "jurisdição salvadora", muito menos de uma "razão natural taumaturga", como menciona Rosemiro Pereira Leal.(649) A ciência do direito processual deve ser encarada como um meio de construção do Estado democrático de direito, sendo necessário "enxergar o processo de forma constitucionalizada, ou seja, metodologia normativa de garantia de direitos fundamentais", como advoga Ronaldo Brêtas de Carvalho Dias.(650)

3.7. Acesso à justiça, devido processo legal e Estado democrático de direito

Conforme acentuado no capítulo 2, a garantia do acesso à justiça é requisito fundamental, como destacam Mauro Cappelletti e Bryant Garth, servindo a duas finalidades básicas do sistema jurídico, pois é "o sistema pelo qual as pessoas podem reivindicar seus direitos e/ou resolver seus litígios sob os auspícios do Estado", sendo certo que esse "sistema deve ser igualmente acessível a todos", com a inafastável potencialidade de "produzir resultados que sejam individual e socialmente justos".(651)

O acesso à justiça e o devido processo legal guardam estreitas ligações, não sendo possível compreender um sem a influência do outro. Como demonstram Mauro Cappelletti e Bryant Garth:

> O "acesso" não é apenas um direito social fundamental, crescentemente reconhecido; ele é, também, necessariamente, o ponto central da moderna processualística. Seu estudo pressupõe alargamento e aprofundamento dos objetivos e métodos da moderna ciência jurídica.(652)

Eduardo Rodrigues dos Santos também demonstra a existência de um modelo constitucional do processo, decorrente das Constituições democráticas, com força normativa, amoldando o ordenamento jurídico ao ordenamento constitucional, ou a constitucionalização dos direitos. Destaca que o direito processual também foi constitucionalizado e seus princípios ganharam roupagem mais garantística, um modelo único ao qual estão submetidos todos os ramos do direito processual. Sustenta que "neste contexto os princípios processuais do devido processo legal e do acesso à justiça emergiram como garantias de defesa dos direitos do cidadão, fortalecendo o processo enquanto instrumento democrático de efetivação desses direitos".(653)

---

(649) LEAL, Rosemiro Pereira. Processo e hermenêutica constitucional a partir do estado de direito democrático. *Revista da Faculdade de Direto da Universidade Federal de Minas Gerais*, p. 267-281.

(650) DIAS, Ronaldo Brêtas de Carvalho. *Processo constitucional e estado democrático de direito*. 4. ed. Belo Horizonte: Editora Del Rey, 2018. p. 93.

(651) CAPPELLETTI, Mauro; GARTH, Bryant. *Acesso à Justiça*. Tradução: Ellen Gracie Northfleet. Porto Alegre: Sergio Antonio Fabris Editor, 1988. p. 8.

(652) *Ibidem*, p. 13.

(653) SANTOS, Eduardo Rodrigues dos. Do devido processo legal ao acesso à justiça: uma análise à luz do modelo constitucional do processo. *Publica direito*. Disponível em: <http://www.publicadireito.com.br/artigos/?cod=3f4bd1f117b18afa>. Acesso em: 20 maio 2021.

> Pode-se afirmar que a constitucionalização dos direitos se irradia por todos os ramos jurídicos, devendo eles se adequarem à Constituição, vez que Ela é o fundamento de validade de todas as normas jurídicas vigentes no Estado Democrático de Direito. Contudo, não se pode olvidar a temerária banalização do Direito Constitucional, sobretudo, dos direitos fundamentais em face do seu uso indiscriminado e desprovido de parâmetros pertinentes, isto é, não se pode deixar levar pelo clímax do momento de constitucionalização e passar a se afirmar que tudo é Direito Constitucional, ou pior, que tudo é direito fundamental, como fazem alguns mais 'entusiasmados' para não se usar outras expressões.(654)

Estudados no segundo capítulo os contornos do acesso à justiça (Constituição Federal de 1988, art. 5º, inciso XXXV – "a lei não excluirá da apreciação do Poder Judiciário lesão ou ameaça a direito"), e neste terceiro, os do devido processo legal (Constituição Federal de 1988, art. 5º, inciso LIV – "ninguém será privado da liberdade ou de seus bens sem o devido processo legal"), passa-se a estabelecer a partir de agora a conexão entre ambos, na perspectiva do Estado democrático de direito, levando-se em conta a interpretação constitucional, ou seja, adotando-se como método hermenêutico a supremacia da Constituição e a constitucionalização dos direitos.

Quando a Constituição Federal estabelece, no artigo 5º, inciso XXXV, que "a lei não excluirá da apreciação do Poder Judiciário lesão ou ameaça a direito", assegurando aos "litigantes e aos acusados em geral o contraditório, a ampla defesa, com os meios e recursos a ela inerentes" (CF 88 art. 5º, inciso LV), garante às partes a igualdade de tratamento, o direito à ampla defesa, ao contraditório, à produção de provas e recursos, sempre na inolvidável perspectiva de se poder levar aos autos argumentos fáticos e jurídicos capazes de influenciar efetivamente a convicção do julgador, construindo uma decisão num processo justo e democrático, em respeito ao Estado de direito.

Conforme tantas vezes repetido, o acesso à Justiça é garantia constitucional não apenas de ingressar em juízo pela porta de entrada do processo judicial, mas de ter assegurada também a saída em tempo razoável e com decisão justa. Esta é a solução adjudicada quando as partes submetem à apreciação do juízo uma questão. Numa visão tradicional, faz-se a subsunção dos fatos à norma para a solução do litígio, observadas as demais garantias, como a igualdade de tratamento e, sobretudo, o direito a produzir provas e que estas sejam levadas em conta na decisão, participando assim, democraticamente, da construção da norma.

Acesso à Justiça é, também, como lembra Eduardo Rodrigues dos Santos, "princípio jurídico-processual que não se restringe ao direito de peticionar ou reivindicar um direito frente ao Estado-juiz".(655)

---

(654) *Idem*.

(655) SANTOS, Eduardo Rodrigues dos. Do devido processo legal ao acesso à justiça: uma análise à luz do modelo constitucional do processo. *Publica direito*. Disponível em: <http://www.publicadireito.com.br/artigos/?cod=3f4bd1f117b18afa>. Acesso em: 20 maio 2021.

Para sua adequada compreensão, deve-se sempre partir do prisma do Estado democrático de Direito, para reconhecer e "afirmar que a garantia do 'acesso à justiça' abarca um conteúdo amplo e complexo de direitos e garantias fundamentais individuais e coletivas, estando diretamente ligada à noção de democracia e igualdade, bem como de justiça, que visa efetivar os direitos dos cidadãos através da ação jurisdicional, ou melhor, do processo (constitucionalmente estabelecido)".[656]

> Pode-se afirmar que o acesso à Justiça implica na garantia fundamental ao processo constitucionalmente estabelecido (englobando-se aqui todas as garantias fundamentais do Modelo Constitucional do Processo, bem como os meios e mecanismos que garantem o acesso isonômico de todos os cidadãos à Justiça, tais como a gratuidade do processo para os pobres, a assistência jurídica gratuita, a inversão do ônus da prova em casos de hipossuficiência etc.) que vise dar solução adequada e justa (de acordo com o ordenamento jurídico constitucional) aos casos concretos levados à apreciação do Poder Judiciário que, por sua vez, deve agir em conformidade com os preceitos processuais constitucionais e não conforme o arbítrio ou a discricionariedade de seus magistrados, respeitando as partes e seus representantes, sobretudo os Advogados e membros do Ministério Público, em um sistema que constitucionalmente está fundado na comparticipação e no policentrismo, fruto de uma democracia real.[657]

É importante destacar que no inciso XXXV do art. 5º da Constituição Federal de 1988 está configurado o princípio da inafastabilidade da jurisdição e, portanto, a garantia constitucional de acesso à Justiça, não podendo o legislador ou quem quer que seja impedir ou dificultar que o cidadão deduza sua pretensão em juízo, seja ela preventiva ou reparatória, individual ou coletiva.

Está incrustado no *caput* do art. 5º da Constituição Federal que "todos são iguais perante a lei, sem distinção de qualquer natureza, garantindo-se aos brasileiros e aos estrangeiros residentes no País a inviolabilidade do direito à vida, à liberdade, à igualdade, à segurança e à propriedade".[658]

Boa parte da doutrina brasileira costuma associar o princípio do devido processo legal ao seu desdobramento nos princípios do juiz e promotor naturais e do duplo grau de jurisdição,[659] motivação das decisões judiciais, a só admissibilidade de provas lícitas no processo, o contraditório, a ampla defesa, a publicidade do processo, dentre outras.[660]

---

(656) *Idem.*

(657) *Idem.*

(658) BRASIL. *Constituição da República Federativa, de 5 de outubro de 1988.* Art. 5º, *caput.* Disponível em: <http://www.planalto.gov.br/ccivil_03/constituicao/constituicao.htm>. Acesso em: 7 ago. 2021.

(659) BEZERRA LEITE, Carlos Henrique. *Curso de Direito Processual do Trabalho.* 9. ed. São Paulo: LTr, 2011. p. 60-62.

(660) SARAIVA, Renato; MANFREDINI, Aryanna. *Curso de Direito Processual do Trabalho.* 11. ed. Rio de Janeiro: Forense; São Paulo: Método, 2014. p. 17.

Nelson Nery Junior vai além e afirma que "o princípio fundamental do processo civil que se entende como a base sobre a qual todos os outros se sustentam é o do devido processo legal, expressão oriunda da inglesa *due process of law*,(661) consagrado expressamente em nossa Constituição Federal no art. 5º, inciso LIV.(662)

Manoel Gonçalves Ferreira Filho, em seu livro "Direitos humanos fundamentais", ao tratar do sistema judiciário de garantia, demonstra que a expressão devido processo legal, constante do art. 5º, inciso LIV, da Constituição Federal de 1988, compreende duas ordens de direitos, abrangendo as garantias processuais, o devido processo legal processual, e que, "por outro lado, alcança a razoabilidade, a justiça da norma", com base na qual "o juiz exerce verdadeiro controle sobre o conteúdo da norma que vai aplicar", sendo de concluir que "a Constituição autoriza o juiz a ponderar a razoabilidade de norma, pelo menos quando relativa à privação da liberdade ou bens".(663)

Luiz Guilherme Marinoni, Sérgio Cruz Arenhart e Daniel Mitidiero, mencionando os estudos de Owen Fiss, nos Estados Unidos, afirmam que foram produzidos importantes estudos sobre a jurisdição. Segundo o autor estadunidense, "a função da jurisdição — *adjudication* — é atribuir significado concreto e aplicação aos valores constitucionais".(664)

> A lei, no Estado contemporâneo, tem a sua substância condicionada aos princípios constitucionais de justiça e aos direitos fundamentais. Compreender a lei a partir dos direitos fundamentais significa inverter a lógica da ideia de que esses direitos dependem da lei, pois hoje são as leis que têm a sua validade circunscrita aos direitos fundamentais, além de só admitirem interpretações que a elas estejam adequadas.(665)

Como defende Flávio Quinaud Pedron, o acesso à justiça deve seguir como uma releitura do paradigma democrático:

> Uma nova forma de pensar o chamado "acesso à justiça" deve ser procurada, mais afeita ao paradigma democrático e preocupada com a legitimidade dos provimentos jurisdicionais. O acesso à justiça, como dito anteriormente, não pode ser apenas formal, mas sim, capaz de colocar o partícipe do discurso

---

(661) NERY JUNIOR, Nelson. *Princípios do Processo Civil na Constituição Federal*. 10. ed. São Paulo: Revista dos Tribunais, 2010. p. 79.

(662) "Todos são iguais perante a lei, sem distinção de qualquer natureza, garantindo-se aos brasileiros e aos estrangeiros residentes no País a inviolabilidade do direito à vida, à liberdade, à igualdade, à segurança e à propriedade, nos termos seguintes: – Ninguém será privado da liberdade ou de seus bens sem o devido processo legal;" BRASIL. *Constituição da República Federativa, de 5 de outubro de 1988*. Art. 5º, *caput*. Disponível em: <http://www.planalto.gov.br/ccivil_03/constituicao/constituicao.htm>. Acesso em: 20 maio 2021.

(663) FERREIRA FILHO, Manoel Gonçalves. *Direitos humanos fundamentais*. 3. ed. São Paulo: Saraiva, 1999. p. 119-120.

(664) MARINONI, Luiz Guilherme; ARENHART, Sérgio Cruz; MITIDIERO, Daniel. *Curso de Processo Civil*. Teoria do Processo Civil. v. 1, 4. ed. São Paulo: Thomson Reuters Brasil/Revista dos Tribunais, 2019. p. 146.

(665) *Ibidem*, p. 130.

> de aplicação do direito pelo Judiciário na condição de seu coautor. Só assim, obedeceremos ao modelo constitucional de processo previsto na Constituição de 1988, principalmente no que concerne a uma modernização do conceito de contraditório, agora como direito de participação na construção da decisão judicial a que se é atingido.[666]

Conclui-se este capítulo citando, mais uma vez, Eduardo Rodrigues dos Santos, para quem:

> O acesso à Justiça implica na garantia fundamental ao processo constitucionalmente estabelecido (englobando-se aqui todas as garantias fundamentais do Modelo Constitucional de Processo, bem como os meios e mecanismos que garantem o acesso isonômico de todos os cidadãos à Justiça, tais como a gratuidade do processo para os pobres, a assistência jurídica gratuita, a inversão do ônus da prova em casos de hipossuficiência etc.) que vise dar uma solução adequada e justa (de acordo com o ordenamento jurídico constitucional) aos casos concretos levados à apreciação do Poder Judiciário que, por sua vez, deve agir em conformidade com os preceitos processuais constitucionais e não conforme o arbítrio ou a discricionariedade de seus magistrados, respeitando as partes e seus representantes, sobretudo os Advogados e membros do Ministério Público, em um sistema que constitucionalmente está fundado na comparticipação e no policentrismo, fruto de uma democracia real.[667]
>
> Conquanto o Brasil agasalhe no art. 5º, inciso XXXV, da Constituição da República Federativa de 1988 o princípio da inafastabilidade da jurisdição ou princípio constitucional de acesso à justiça, vazado nos termos de que "a lei não excluirá da apreciação do Poder Judiciário lesão ou ameaça a direito",[668] este dispositivo não diz respeito apenas ao direito de ação, uma vez que a garantia aqui identificada é capaz de realizar todas as demais. Uma vez ameaçada ou violada, compromete todo o ordenamento jurídico, os direitos humanos, a democracia e o Estado de direito.

---

(666) PEDRON, Flávio Quinaud. Reflexões sobre o 'acesso à Justiça' qualitativo no Estado Democrático de Direito. In: DIDIER JR., Fredie; NUNES, Dierle; FREIRE, Alexandre (Coord.). *Normas fundamentais*. Coleção grandes temas do novo CPC. v. 8. Salvador: JusPodivm, 2016. p. 17-36.

(667) SANTOS, Eduardo Rodrigues dos. Do devido processo legal ao acesso à justiça: uma análise à luz do modelo constitucional do processo. *Publica direito*. Disponível em: <http://www.publicadireito.com.br/artigos/?cod=3f4bd1f117b18afa>. Acesso em: 20 maio 2021.

(668) BRASIL. *Constituição da República Federativa, de 5 de outubro de 1988*. Disponível em: <http://www.planalto.gov.br/ccivil_03/constituicao/constituicao.htm>. Acesso em: 20 maio 2021.

Capítulo 4

Novas Diretrizes para o Direito Processual do Trabalho

4.1. O modo de ser do processo do trabalho

O presente capítulo tem início com a formulação de uma indagação bastante antiga, porém nunca completamente respondida, muito menos tornada desnecessária: é possível estudar e compreender o Direito Processual do Trabalho como ramo autônomo na grande árvore da ciência jurídica, ou seria ele mero desdobramento do Direito Processual Civil, apenas um de seus capítulos? Mais ainda: essa questão importa?

Tentando encontrar respostas para essas perguntas, mostra-se conveniente tratar, inicialmente, de princípios, já que são eles, juntamente com as regras, que formando um conjunto ordenado e sistemático dentro do ordenamento jurídico produzido pelo Estado, e emprestam a determinado arcabouço legislativo e doutrinário densificação suficiente para conferir o *status* de ramo próprio da Ciência Jurídica.

A normatividade dos princípios, elemento cuja omissão nos conceitos até então formulados consistia em defeito capital, foi demonstrada precursoramente, como destaca Paulo Bonavides, por Vezio Crisafulli, em sua obra de 1952, "La Costituzione e le sue Disposizioni di Principi":

> Princípio é, com efeito, toda norma jurídica, enquanto considerada determinante de uma ou de muitas outras subordinadas, que a pressupõem, desenvolvendo e especificando ulteriormente o preceito em direções mais particulares (menos gerais), das quais determinam, e portanto resumem, potencialmente, o conteúdo: sejam, pois, estas efetivamente postas, sejam, ao contrário, apenas dedutíveis do respectivo princípio geral que as contém.[669]

Marcelo Galuppo acentua que o estudo dos princípios jurídicos é um velho tema da filosofia e da teoria do direito e que desde o final da primeira metade do século XX, a questão que se coloca acerca dos princípios é seu caráter normativo, tanto por juspositivistas quanto

(669) BONAVIDES, Paulo. *Curso de Direito Constitucional*. 6. ed. São Paulo: Malheiros, 1996. p. 230.

jusnaturalistas, unânimes em reconhecer sua força vinculante, posição até hoje dominante na Teoria do Direito.[670]

Paulo Bonavides também demonstra a caminhada teórica dos princípios gerais até sua conversão em princípios constitucionais e arremata que "Os princípios, uma vez constitucionalizados, se fazem a chave de todo o sistema normativo".[671]

A indagação formulada na abertura deste capítulo evidencia inseparável pertinência temática com a distinção entre regras e princípios, como demonstrado por Bonavides, assunto antigo e coroado com a célebre discussão entre Ronald Dworkin e Herbert L. A. Hart, quando aquele, em 1967, criticou o positivismo de seu professor, em artigo intitulado "O modelo de regras", reproduzido no clássico "Levando os direitos a sério",[672] que em resposta rendeu o pós-escrito[673] na obra de Hart "O conceito de direito":

> Nesta secção de minha resposta considero vários aspectos da crítica que ignorei os princípios jurídicos e tentarei mostrar que o que for válido nessa crítica pode ser conciliado, sem quaisquer consequências sérias para a minha teoria como um todo. Mas eu desejo, sem dúvida, confessar neste momento que disse demasiado pouco no meu livro sobre o tópico do julgamento e do raciocínio jurídico e, em especial, sobre os argumentos retirados daquilo que os meus críticos designam como princípios jurídicos. Concordo, neste momento, que constitui um defeito do livro a circunstância de os princípios apenas serem abordados de passagem".[674]

Como se observa, a discussão sobre regras e princípios não é nova e muito se tem escrito sobre isto. O consenso, contudo, não é fácil, nem está perto de ser encontrado.

Claus-Wilhelm Canaris pergunta se o sistema deve justamente ser composto de princípios, pondo antes a questão de saber se não poderia depender de outros elementos "gerais", como normas, conceitos, institutos jurídicos ou valores,[675] para depois demonstrar que, sendo os princípios mais abertos, "são mais adequados para extrapolar a unidade valorativa do direito",[676] e que mesmo assim "não valem sem exceção e podem entrar em oposição ou em

(670) GALUPPO, Marcelo Campos. Os princípios jurídicos no Estado Democrático de Direito: ensaio sobre o modo de sua aplicação. *Revista de Informação Legislativa*, Brasília, ano 36, n. 143, jul./set. 1999, p. 191-210. Disponível em: <https://www2.senado.leg.br/bdsf/bitstream/handle/id/514/r143-16.PDF?sequence=4>. Acesso em: 20 jun. 2021.

(671) *Ibidem*, p. 231.

(672) DWORKIN, Ronald. *Levando os Direitos a sério*. Tradução: Nelson Boeira. 3. ed. São Paulo: Martins Fontes, 2017. p. 22 e ss.

(673) HART, Herbert L. A. *O conceito de direito*. Tradução: A. Ribeiro Mendes. 4. ed. Lisboa: Fundação Calouste Gulbenkian, 2005. p. 299-339.

(674) *Ibidem*, p. 321-322.

(675) CANARIS, Claus – Wilhelm. *Pensamento sistemático e conceito de sistema na ciência do direito*. 2. ed. Lisboa: Fundação Calouste Gulbenkian, 1996. p. 80.

(676) *Ibidem*, p. 83.

contradição entre si".[677] Distingue os princípios das regras por meio do conteúdo axiológico explícito daqueles que necessitam destas para sua concretização, como identifica Humberto Ávila após analisar as lições doutrinárias de Josef Esser, Karl Larenz e Canaris.[678]

Ainda com referência a Claus-Wilhelm Canaris, "os princípios não têm pretensão de exclusividade"[679] e com base em Karl Larenz, esclarece que os princípios não existiram em todo o tempo:

> (...) portanto, não "vigoraram" necessariamente desde o princípio; mas apenas puderam aspirar ao reconhecimento como fundamentos legítimos de aperfeiçoamentos jurídicos depois de uma determinada modificação na consciência jurídica geral, que tivesse conduzido a um acentuar mais forte de valores ético-jurídicos. Outro tanto se demonstra para o exemplo a partir de uma argumentação retirada da natureza das coisas. Assim, por exemplo, as concepções sobre a 'natureza' da relação de trabalho sujeitaram-se a fortes mudanças e, assim sendo, o dever de assistência derivado.[680]
>
> Como se trata de cláusula aberta, para a "concretização valorativa e não de mera subsunção", a argumentação deve partir de um princípio geral de direito, e este somente se concretiza no processo de sua aplicação.[681]

Para Robert Alexy, a distinção entre regras e princípios é "la base de la fundamentación iusfundamental y es uma clave para la solución de problemas centrales de la dogmática de los derechos fundamentales", sendo esta diferença o marco da teoria normativo-material dos direitos fundamentais, conforme demonstrado em sua Teoria dos Direitos Fundamentais, na qual os princípios e as regras são normas, pois ambos expressam um dever-ser, residindo a diferença entre eles não em graus, mas em qualidade.[682] A principal contribuição de Alexy foi desenvolver a ideia de princípios como mandamentos de otimização, tratando-se de normas que ordenam que algo seja feito na maior medida possível, diante das possibilidades fáticas e jurídicas presentes.[683]

Consoante J. J. Gomes Canotilho, os princípios são normas qualitativamente distintas das outras categorias de normas, mais precisamente, das regras jurídicas. Estas prescrevem "uma conduta de forma imperativa, que é ou não cumprida, as regras, se têm validade, devem

---

(677) *Ibidem*, p. 88.

(678) ÁVILA, Humberto. *Teoria dos Princípios:* da definição à aplicação dos princípios jurídicos. 18. ed. São Paulo: Malheiros, 2018. p. 55-56.

(679) CANARIS, Claus - Wilhelm. *Pensamento sistemático e conceito de sistema na ciência do direito*. 2. ed. Lisboa: Fundação Calouste Gulbenkian, 1996. p. 90.

(680) *Ibidem*, p. 122-123.

(681) *Ibidem*, p.124-125.

(682) ALEXY, Robert. *Teoria de los Derechos Fundamentales*. Tradução: Ernesto Gazón Valdés. 2. reimp. Madrid: Centro de Estúdios Constitucionales, 2001. p. 81-94.

(683) SILVA, Virgílio Afonso. Princípios e regras: mitos e equívocos acerca de uma distinção. *Revista Latino-Americana de Estudos Constitucionais*, n 1, 2003, p. 607-630. Disponível em: <https://constituicao.direito.usp.br/wp-content/uploads/2003-RLAEC01-Principios_e_regras.pdf>. Acesso em: 20 jun. 2021.

ser cumpridas exatamente como prescritas, pois não permitem ponderações". Já os princípios são compatíveis com vários graus de concretização, tratando-se de fundamentos de regras normativas, que podem, em caso de conflito, ser harmonizados conforme seu peso e valor em relação a outros princípios:

> Os princípios são normas jurídicas impositivas de uma optimização, compatíveis com vários graus de concretização, consoante os condicionalismos fácticos e jurídicos; as regras são normas que prescrevem imperativamente uma exigência (impõem, permitem ou proíbem) que é ou não cumprida (nos termos de Dworkin: *applicable in all-or nothing fashion*); a convivência dos princípios é conflitual (Zagrebelsky), a convivência de regras é antinômica; os princípios coexistem, as regras antinómicas excluem-se. Consequentemente, os princípios, ao constituírem exigência de optimização, permitem o balanceamento de valores e interesses (não obedecem, como as regras, à 'lógica do tudo ou nada'), consoante seu peso e a ponderação de outros princípios eventualmente conflitantes; as regras não deixam espaço para qualquer outra solução, pois se uma regra vale (tem validade), deve cumprir-se na exacta medida das suas prescrições, nem mais, nem menos.(684)

Canotilho anota que a grande distinção entre regras e princípios é que as regras impõem, permitem ou proíbem uma conduta, enquanto os:

> Princípios são normas que exigem a realização de algo, da melhor forma possível, de acordo com as possibilidades fácticas e jurídicas. Os princípios não proíbem, permitem ou exigem algo em termos de 'tudo ou nada'; impõem a optimização de direito ou de um bem jurídico, tendo em conta a "reserva do possível", factiva e jurídica.(685)

Quando estuda a unidade da constituição e antinomias e tensões entre princípios constitucionais, o autor lusitano adverte:

> A pretensão de validade absoluta de certos princípios com sacrifício de outros originaria a criação de princípios reciprocamente incompatíveis, com a consequente destruição da tendencial unidade axiológica-normativa da lei fundamental. Daí o reconhecimento de momentos de *tensão* ou *antagonismo* entre os vários princípios e a necessidade, atrás exposta, de aceitar que os princípios não obedecem, em caso de conflito, a uma 'lógica do tudo ou nada', antes podem ser objeto de ponderação e concordância prática, consoante seu 'peso' e as circunstâncias do caso".(686) (grifos no original)

(684) CANOTILHO, J. J. Gomes. *Direito constitucional e teoria da Constituição*. 7. ed. (20. reimp). Coimbra: Almedina, 2018. p. 1.201-1.202.

(685) *Ibidem*, p. 1.255.

(686) *Ibidem*, p. 1.182.

Como diz Luís Roberto Barroso: "O ponto de partida do intérprete há que ser sempre os princípios constitucionais, que são o conjunto de normas que espelham a ideologia da Constituição, seus postulados básicos e seus fins".(687)

Como acentua Humberto Ávila, "essa evolução doutrinária, além, de indicar que há distinções fracas (Esser, Larenz, Canaris) e fortes (Dworkin, Alexy) entre princípios e regras, demonstra que os critérios usualmente empregados para a distinção são os seguintes: o caráter hipotético-condicional, (...) o modo final de aplicação, (...) o do relacionamento normativo, (...) e o do fundamento axiológico".(688)

Humberto Ávila, todavia, faz questão de expressar o indeclinável respeito que se deve conservar a essas obras e reconhecer o valor das lições dos autores examinados, com respeito e rigor científico.(689) Menciona que "foi na tradição anglo-saxônica que a definição de princípios recebeu decisiva contribuição," com referência ao modelo de regras de Ronald Dworkin.(690)

Ainda, Humberto Ávila sustenta que não é possível admitir relativizações dos princípios estruturantes:

> Os chamados princípios estruturantes, como os princípios federativo e da separação dos poderes, por exemplo, normatizam o modo e o âmbito da atuação estatal. Como toda atuação estatal, e não apenas uma parte dela, em todas as situações, não apenas uma parte delas, deverá conformar-se ao seu conteúdo, eles não possuem uma eficácia provisória, *prima facie*, mas permanente, nem tem sua eficácia graduável ou afastável, mas linear e resistente. Eles sempre deverão ser observados, não podendo ser afastados por razões contrárias. O mesmo ocorre com o princípio do devido processo legal, por exemplo: ele não pode ser afastado, mas deve ser, ao contrário, sempre observado.(691)

Deve-se ao constitucionalista Ronald Myles Dworkin, ao lançar seu ataque geral contra o positivismo,(692) a atenção dada à maneira do "tudo ou nada" identificada quanto à validade das regras:

> A diferença entre princípios jurídicos e regras jurídicas é de natureza lógica. Os dois conjuntos de padrões apontam para decisões particulares acerca da

(687) BARROSO, Luís Roberto. *Interpretação e Aplicação da Constituição:* fundamentos de uma dogmática constitucional transformadora. São Paulo: Saraiva, 1996. p. 141.

(688) ÁVILA, Humberto. *Teoria dos Princípios:* da definição à aplicação dos princípios jurídicos. 18. ed. São Paulo: Malheiros, 2018. p. 59-60.

(689) *Ibidem*, p. 60.

(690) *Ibidem*, p.56.

(691) *Ibidem*, p. 153.

(692) DWORKIN. Ronaldo. *Levando os direitos a sério*. Tradução: Nelson Boeira. 3. ed. São Paulo: WMF Martins Fontes, 2017. p. 35 e ss.

> obrigação jurídica em circunstâncias específicas, mas distinguem-se quanto à natureza da orientação que oferecem. As regras são aplicadas à maneira do tudo-ou-nada. Dados os fatos que uma regra estipula, então ou a regra é válida, e neste caso a resposta que ela fornece deve ser aceita, ou não é válida, e nesse caso em nada contribui para a decisão.(693)

Em seu objetivo de distinguir os princípios em sentido genérico, das regras, Dworkin esclarece que "os princípios possuem uma dimensão que as regras não têm — a dimensão do peso ou importância".(694)

Não obstante, essa dimensão é uma parte do conceito de um princípio, de modo que faz sentido perguntar que peso ele tem ou quão importante ele é.(695)

Assim, "se duas regras entram em conflito, uma delas não pode ser válida",(696) ou seja, no caso de colisão entre regras, que seriam válidas ou inválidas, uma deve ser considerada inválida, diferentemente dos princípios. Neles, a colisão se resolve pelo peso ou por quão importante ele é, sem que perca a validade. Refere o "teste do perigo real e iminente ou alguma outra forma de 'ponderação'".(697)

Sobre a colisão de princípios Alexy afirma:

> As colisões entre princípios devem ser resolvidas de forma completamente diversa. Se dois princípios colidem — o que ocorre, por exemplo, quando algo é proibido de acordo com um princípio e, de acordo com outro, permitido — um dos princípios terá que ceder. Isso não significa, contudo, nem que o princípio cedente deva ser declarado inválido, nem que nele deva ser introduzida uma cláusula de exceção. O que acontece é que um dos princípios tem precedência em face do outro sob determinadas condições. (...) Isso é o que se quer dizer quando de afirma que, nos casos concretos, os princípios têm pesos diferentes e que prevalece o princípio com maior peso. (Tradução livre)(698)

---

(693) *Ibidem*, p. 39.

(694) *Ibidem*, p. 42.

(695) *Ibidem*, p. 43.

(696) *Ibidem*.

(697) *Ibidem*, p. 42-46.

(698) ALEXY, Robert. *Teoria de los Derechos Fundamentales*. Tradução: Ernesto Gazón Valdés. 2. reimp. Madrid: Centro de Estúdios Constitucionales, 2001. p. 89. *Las colisiones de principios deben ser solucionadas de manera totalmente distinta. Cuando dos principios entran en colisión — tal como es el caso cuando según un principio algo está prohibido y, según otro principio está permitido — uno de los principios tiene que ceder ante el otro. Pero, esto no significa declarar inválido al principio desplazado ni que en el principio desplazado haya que introducir una cláusula de excepción. Más bien lo que sucedees que, bajo ciertas circunstancias, la cuestión de la precedencia se puede ser solucionada de manera inversa. Esto es lo que se quiere decir cuando se afirma que en los casos concretos los principios tienen diferente peso y que prima el principio con mayor peso.*

Cotejando as teses de Dworkin e Alexy, opina Humberto Ávila:

> No caso de colisão entre regras, uma delas deve ser considerada inválida. Os princípios, ao contrário, não determinam absolutamente a decisão, mas somente contêm fundamentos, os quais devem ser conjugados com outros fundamentos provenientes de outros princípios. Daí a afirmação de que os princípios, ao contrário das regras, possuem uma dimensão de peso (*dimension of weight*), demonstrável na hipótese de colisão entre princípios, caso em que o princípio com peso relativo maior se sobrepõe ao outro, sem que este perca sua validade. Nessa direção, a distinção elaborada por Dworkin não consiste numa distinção de grau, mas numa diferenciação quanto à estrutura lógica, baseada em critérios classificatórios, em vez de comparativos.(699)

Quanto à posição de Robert Alexy, assim se manifesta Humberto Ávila:

> Alexy, partindo das considerações de Dworkin, precisou ainda mais o conceito de princípios. Para ele os princípios jurídicos consistem apenas em uma espécie de normas jurídicas por meio da qual são estabelecidos deveres de otimização aplicáveis em vários graus, segundo as possibilidades normativas e fáticas.(700)

Mais adiante Humberto Ávila realça a posição de Alexy, destacando a relação de tensão ocorrente no caso de colisão entre os princípios. Com base na jurisprudência do Tribunal Constitucional Alemão, arremata:

> No caso de colisão entre princípios a solução não se resolve com a determinação imediata de prevalência de um princípio sobre outro, mas é estabelecida em função da ponderação entre os princípios colidentes, em função da qual um deles, em determinadas circunstâncias concretas, recebe a prevalência. Essa espécie de tensão e o modo como ela é resolvida é o que distingue os princípios das regras: enquanto no conflito entre regras é preciso verificar se a regra está dentro ou fora de determinada ordem jurídica, naquele entre princípios o conflito já se situa no interior dessa mesma ordem.(701)

E depois de passar em revista as mais importantes concepções doutrinárias sobre princípios, Ávila propõe a sua:(702)

> As regras podem ser dissociadas dos princípios *quanto ao modo como prescrevem o comportamento*. Enquanto *as regras são normas imediatamente descritivas*, na

(699) ÁVILA, Humberto. *Teoria dos Princípios:* da definição à aplicação dos princípios jurídicos. 18. ed. São Paulo: Malheiros, 2018, p. 56-57.

(700) *Ibidem*, p. 57.

(701) *Ibidem*, p. 57-58.

(702) *Ibidem*, p. 55-73.

> medida em que estabelecem obrigações, permissões e proibições mediante a descrição da conduta a ser adotada, *os princípios são normas imediatamente finalísticas*, já que estabelecem um estado de coisas para cuja realização é necessária a adoção de determinados comportamentos. Os princípios são normas cuja qualidade frontal é, justamente, a determinação da realização de um fim juridicamente relevante, ao passo que característica dianteira das regras é a previsão do comportamento.[(703)] (Itálicos no original)

Acolhe-se o entendimento de que tanto os princípios quanto as regras são normas, pois ambos dizem o que deve ser, como deixou esclarecido Robert Alexy:

> Aqui as regras e princípios serão reunidos sob o conceito de norma. Tanto as regras quanto os princípios são normas, porque ambos dizem o que deve ser. Ambos podem ser formulados por meio de expressões deônticas básicas do dever, da permissão e da proibição. (...) A distinção entre regras e princípios é, portanto, uma distinção entre dois tipos de normas. (Tradução livre)[(704)]

Os princípios, com descreve Robert Alexy, "são normas de um grau de generalidade relativamente alto, e as regras são normas com um nível relativamente baixo de generalidade" (Tradução livre)[(705)] Mas a tese mais correta, segundo a concepção do autor, é a que "diz que as normas podem dividir-se em regras e princípios e que entre regras e princípios existe não apenas uma diferença de grau, mas uma diferença qualitativa". (Tradução livre)[(706)]

Para o jurista alemão, os princípios são mandatos de otimização, e o ponto decisivo para a distinção entre regras e princípios é que:

> Os princípios são regras que ordenam que algo seja feito na medida do possível, dentro das possibilidades legais e reais existentes. Portanto, os princípios são mandatos de otimização, que se caracterizam pelo fato de poderem ser cumpridos em diferentes graus e que a devida medida de seu cumprimento depende não apenas das possibilidades reais, mas também das legais. O alcance das possibilidades jurídicas é determinado pelos princípios e regras opostos.[(707)]

---

(703) *Ibidem*, p. 95.

(704) ALEXY, Robert. *Teoria de los Derechos Fundamentales*. Trad. Ernesto Gazón Valdés, 2. reimp. Madrid: Centro de Estúdios Constitucionales, 2001, p. 83. *Aquí las reglas y los principios serán resumidos bajo el concepto de norma. Tanto las reglas como los principios son normas porque ambos dicen lo que debe ser. Ambos pueden ser formulados com la ayuda de expresiones deónticas básicas del mandato, la permisión e la prohibicion. (...) La distición entre reglas y principios es pues una distinción entre dos tipos de normas.*

(705) *Idem. Los principios son normas de un grado de generalidad relativamente alto, y las reglas normas con un nivel relativamente bajo de generalidad.*

(706) *Ibidem*, p. 86. *Dice que las normas se pueden dividirse en reglas y principios y que entre reglas y principios existe no sólo una diferencia gradual, sino cualitativa.*

(707) *Ibidem*, p. 86. *Los principios son normas que ordenan que algo sea realizado en la mayor medida posible, dentro de las posibilidades jurídicas y reales existentes. Por lo tanto, los principios son mandatos de optimización, que están*

E sumariza Robert Alexy:

> Já as regras são normas que só podem ser satisfeitas ou não satisfeitas. Se uma regra vale, então deve-se fazer exatamente aquilo que ela exige; nem mais nem menos. Portanto, as regras contêm determinações no campo do que é fática e juridicamente possível. Isso significa que a diferença entre regras e princípios é qualitativa e não de grau. Toda norma é uma regra ou um princípio. (Tradução livre)[708]

Humberto Ávila demonstra que a diferença entre regras e princípios baseada meramente no grau de abstração e generalidade, que os princípios são mais abstratos que as regras, bastante difundida na doutrina brasileira, possui inconsistências:

> Todas essas considerações demonstram que a afirmação de que as regras são aplicadas ao modo *tudo ou nad*a só tem sentido quando todas as questões relacionadas à validade, ao sentido e à subsunção final dos fatos já estiverem superadas.
>
> (...)
>
> Vale dizer: a distinção entre princípios e regras não pode ser baseada no suposto método *tudo ou nada* de aplicação das regras, pois também elas precisam, para que sejam implementadas as suas consequências, de um processo prévio — e por vezes longo e complexo como o dos princípios — de interpretação que demonstre quais as consequências que serão implementadas. E, ainda assim, só a aplicação diante do caso concreto é que irá corroborar as hipóteses anteriormente havidas como automáticas. Nesse sentido, após a interpretação diante de circunstâncias específicas (ato de aplicação), tanto as regras quanto os princípios, em vez de se estremarem, se aproximam. A única diferença constatável continua sendo o grau de abstração anterior à interpretação (cuja verificação também depende de prévia interpretação).[709]
>
> O mesmo ocorre com relação ao conteúdo valorativo. Toda norma, porque destinada a atingir determinada finalidade, serve de meio para a realização de valores, sendo que as regras servem de meio para a concretização de, no

caracterizados por el hecho de que pueden ser cumplidos en diferente grado y que la medida debida de su cumplimiento no sólo depende de las posibilidades reales sino también de las jurídicas. El ámbito de las posibilidades jurídicas es determinado por los principios y reglas opuestos.

(708) *Ibidem*, p. 87. *En cambio, las reglas son normas que sólo pueden ser cumplidas o no. Si una regla es válida, entonces de hacerse exactamente lo que ella exige, ni más ni menos. Por lo tanto, las reglas contienen determinaciones en el ámbito de lo fáctica y jurídicamente posible. Esto significa que la diferencia entre reglas y principios es cualitativa y no de grado. Toda norma es o bien una regla o un principio.*

(709) ÁVILA, Humberto. *Teoria dos Princípios:* da definição à aplicação dos princípios jurídicos. 18. ed. São Paulo: Malheiros, 2018. p. 69-70.

> mínimo, dois valores: o valor formal de segurança, pois as regras têm a pretensão de decidibilidade inexistente no caso dos princípios; e o valor substancial específico, já que cada regra tem uma finalidade que lhe é subjacente. Por essa razão, descabe fundar uma distinção entre as espécies normativas no conteúdo valorativo se ele, em vez de estremá-las, termina aproximando-as.(710)

Humberto Ávila sustenta existir uma terceira espécie normativa, que funciona diferentemente dos princípios e das regras, os postulados normativos, que são normas de segundo grau. Regras e princípios são normas objeto de aplicação, enquanto os postulados são normas que orientam a aplicação de outras normas.(711)

Virgílio Afonso da Silva sumariza que tanto Dworkin quanto Alexy adotam a tese da separação qualitativa entre regras e princípios, sendo a distinção entre ambas de grau, seja de grau de generalidade, abstração ou de fundamentalidade, sendo esta a tese mais difundida no Brasil.(712)

Paulo Bonavides demonstra a importância dos princípios e conclui:

> A caminhada teórica dos princípios gerais, até sua conversão em princípios constitucionais, constitui a matérias das inquirições subsequentes. Os princípios, uma vez constitucionalizados, se fazem a chave de todo o sistema normativo.(713)

O Supremo Tribunal Federal — STF possui precedente que exemplifica bem a teoria da colisão de princípios, no caso princípio da liberdade de expressão, de publicação de livros antissemitas, e da dignidade da pessoa humana, como se colhe do *Habeas Corpus* – HC n. 82.424/RS.(714)

Deixa-se claro, contudo, que não se ignora a oportuna e adequada crítica de Lenio Luiz Streck à importação de teses e modelos estrangeiros sem maiores reflexões, doutrinas nem sempre apropriadas ao ordenamento e sistema jurídico brasileiros. Destaca os equívocos do uso indiscriminado do "neoconstitucionalismo", "neopositivismo", "neoprocessualismos", denominando isso tudo de "mixagem teórica".(715)

---

(710) *Ibidem*, p. 110.

(711) *Ibidem*, p. 163 e ss.

(712) SILVA, Virgílio Afonso da. Princípios e regras: mitos e equívocos acerca de uma distinção. *Revista Latino-Americana de Estudos Constitucionais*, n. 1, 2003, p. 607-630. Disponível em: <https://constituicao.direito.usp.br/wp-content/uploads/2003-RLAEC01-Principios_e_regras.pdf>. Acesso em: 20 maio 2021.

(713) BONAVIDES, Paulo. *Curso de Direito Constitucional*. 6. ed. São Paulo: Malheiros, 1996. p. 231.

(714) BRASIL. Supremo Tribunal Federal — STF. *Habeas Corpus — HC n. 82.424-RS. STF JusBrasil.* Ementa: *HABEAS-CORPUS*. PUBLICAÇÃO DE LIVROS: ANTISSEMITISMO. RACISMO. CRIME IMPRESCRITÍVEL. CONCEITUAÇÃO. ABRANGÊNCIA CONSTITUCIONAL. LIBERDADE DE EXPRESSÃO. LIMITES. ORDEM DENEGADA. Íntegra da decisão. Disponível em: <https://stf.jusbrasil.com.br/jurisprudencia/770347/habeas-corpus-hc-82424-rs>. Acesso em: 20 maio 2021.

(715) STRECK, Lenio Luiz. *Verdade e consenso:* Constituição, Hermenêutica e Teorias Discursivas. 6. ed. São Paulo: Saraiva, 2017. p. 78-92.

Lenio Streck acoima expressamente o uso abusivo da teoria alexyana da ponderação de princípios,(716) o que leva ao arbítrio de algumas decisões, o denominado problema do solipsismo epistemológico.(717) Rechaça os excessos do decisionismo, para o que usa a jocosa expressão "pan-pricipiologismo",(718) quando cada um escolhe a ponderação que diz estar fazendo, dentro da "jurisprudência da valoração e suas derivações axiologistas, temperadas por elementos da ponderação alexyana". Demonstra o equívoco dessa escolha metodológica e diz que por trás do atrativo da tese constata-se inexorável postura voluntarista. (719)

Sobre o tema da ponderação e do abuso de direitos, o professor da Universidad Complutense de Madrid (UCM), Arturo Muñoz Aranguren, sustenta que:

> Por outro lado, não deixaria de ser ilógico que, no exercício da ponderação de direitos conflitantes, pudesse entrar em jogo um direito exercido de forma ilegal, ou seja, ultrapassando os limites normais de seu exercício. Parece razoável pensar que o trabalho de ponderação só pode ser realizado entre interesses ou direitos exercidos de acordo com o ordenamento jurídico. A licitude *prima facie* parece, portanto, um pressuposto inicial para a tarefa de pesagem. O que, logicamente, não significa dizer que, muitas vezes, seja justamente a tarefa de ponderação que determina, uma vez realizada a avaliação *ad hoc*, a ilegalidade de determinada manifestação do exercício de um direito por violação de direito alheio, em conflito, de maior peso. (Tradução livre)(720)

4.2. Princípios regedores do direito processual do trabalho

O Direito Processual do Trabalho, por ser dotado de princípios, normas e instituições próprias para a atuação do Direito Material do Trabalho, pacificando conflitos individuais

(716) STRECK, Lenio Luiz. Contra o neoconstitucionalismo. *Revista da Academia Brasileira de Direito Constitucional*, Curitiba, 2011, vol. 3, n. 4, jan./jun. 2011, p. 9-27. Disponível em: <http://www.abdconstojs.com.br/index.php/revista/article/view/27/24>. Acesso em: 30 abr. 2021.

(717) STRECK, Lenio Luiz. *O que é isto* — decido conforme minha consciência? 6. ed. Porto Alegre: Livraria do Advogado Editora, 2017. p. 114 e ss.

(718) STRECK, Lenio Luiz. O pan-principiologismo e o sorriso do lagarto. *Revista Consulto Jurídico — Conjur*, 22 mar. 2012. Disponível em: <https://www.conjur.com.br/2012-mar-22/senso-incomum-pan-principiologismo-sorriso-lagarto>. Acesso em: 22 maio 2021.

(719) STRECK, Lenio Luiz. *Verdade e consenso:* Constituição, Hermenêutica e Teorias Discursivas. 6. ed. São Paulo: Saraiva, 2017. p. 80, 360-373.

(720) ARANGUREN, Arturo Muñoz. Abuso del derecho y ponderación de derechos. *Revista Científica Doxa*, Cuadernos de Filosofia del Derecho, Universidad de Alicante, n. 41, 02 (2018), p. 35-48. Disponível em: <https://doxa.ua.es/article/view/2018-n41-abuso-del-derecho-y-ponderacion-de-derechos>. Acesso em: 21 maio 2021. *De otro lado, no dejaría de ser ilógico que, en el ejercicio de la ponderación de derechos enfrentados, pudiera entrar en liza un derecho que es ejercitado de forma ilícita, es decir, sobrepasando los límites normales de su ejercicio. Parece razonable pensar que la labor de ponderación solo puede realizarse entre intereses o derechos ejercitados de forma acorde con el ordenamiento jurídico. La licitud prima facie parece, por tanto, un presupuesto de partida para la tarea ponderativa. Lo que, lógicamente, no quiere decir que, en muchas ocasiones, sea precisamente la tarea de ponderación la que determine, una vez realizada la valoración ad hoc, la ilicitud de determinada manifestación del ejercicio de un derecho por conculcar um derecho ajeno, en conflicto, de superior peso.*

e coletivos por intermédio dos órgãos que compõem a Justiça do Trabalho, bem como por meios consensuais de prevenção e solução de conflitos, disciplina o agir das partes, dos juízes e de outros sujeitos que atuam no processo, pelo que é possível sustentar sua autonomia ante o direito processual civil, obtendo sua própria identidade enquanto ramo da ciência jurídica.

Mas esta autonomia defendida pelos dualistas não é pacífica, encontrando resistência da corrente monista, que sustenta a inexistência de um código de processo do trabalho e que a própria lei manda aplicar subsidiariamente, tanto o direito civil quanto o processo civil (art. 8º, § 1º e art. 769 da CLT, e agora também o art. 15 do CPC).

A Consolidação das Leis do Trabalho, no plano do direito material, prescreve no art. 8º que, na falta de disposições legais ou contratuais, as autoridades administrativas e a Justiça do Trabalho, "decidirão, conforme o caso, pela jurisprudência, por analogia, por eqüidade e outros princípios e normas gerais de direito, principalmente do direito do trabalho, e, ainda, de acordo com os usos e costumes, o direito comparado, mas sempre de maneira que nenhum interesse de classe ou particular prevaleça sobre o interesse público". No § 1º está dito que "o direito comum será fonte subsidiária do direito do trabalho".[(721)]

No plano do direito processual, no art. 769 a CLT estabelece que: "nos casos omissos, o direito processual comum será fonte subsidiária do direito processual do trabalho, exceto naquilo em que for incompatível com as normas deste Título".[(722)]

O Código de Processo Civil de 2015 inovou ao prescrever sua aplicação supletiva e subsidiária ao processo do trabalho.[(723)]

A corrente monista sustenta a unicidade do direito processual. São inúmeros os pontos de contato entre o processo civil e o processo do trabalho, e apesar de reconhecer o que denomina de peculiaridades do processo do trabalho, nega que estas se revelem importantes ao ponto de merecerem tratamento ao nível de princípios próprios, sendo o processo do trabalho um mero desdobramento do processo civil.[(724)]

Sem dúvida, o processo do trabalho é um instrumento mais simples em seus procedimentos, porquanto prestigia a oralidade e a celeridade muito mais que o processo civil. Daí a relevância de prestigiar seus princípios, como os da simplicidade, da informalidade, da celeridade, da oralidade, dentre outros.

---

(721) BRASIL. Consolidação das Leis do Trabalho — CLT. *Decreto-lei n. 5.452, de 1º de maio de 1943*. Disponível em: <http://www.planalto.gov.br/ccivil_03/Decreto-lei/del5452.htm>. Acesso em: 25 maio 2021.

(722) *Idem*.

(723) BRASIL. Código de Processo Civil — CPC. *Lei n. 13.105, de 16 de março de 2015*. Disponível em: <http://www.planalto.gov.br/ccivil_03/_ato2015-2018/2015/lei/l13105.htm>. Acesso em: 25 maio 2021. Art. 15. Na ausência de normas que regulem processos eleitorais, trabalhistas ou administrativos, as disposições deste Código lhes serão aplicadas supletiva e subsidiariamente.

(724) BEZERRA LEITE, Carlos Henrique. *Curso de Direito Processual do Trabalho*. 9. ed. São Paulo: LTr, 2011. p. 89.

Para Sergio Pinto Martins:

> Enfim, o processo do trabalho vem merecendo estudos de conjunto, adequados e particulares, que mostram ser ele uma matéria vasta. A doutrina se sedimentou no sentido de que existem conceitos gerais comuns complementares distintos dos conceitos gerais do processo comum. Tem o processo do trabalho princípios distintos que visam o conhecimento da matéria que é objeto de sua investigação. Tem também instituição própria, que é a justiça do Trabalho. Logo, pode-se dizer que é autônomo do Processo Civil, embora ligado ao Direito Processual, que é o gênero. Essa autonomia, porém, não quer dizer que está isolado do Direito, pois é espécie do gênero Direito.(725)

Já para Gustavo Filipe Barbosa Garcia:

> Efetivamente, no Brasil, a Justiça do Trabalho é o ramo especializado do Poder Judiciário que aplica o Direito Processual do Trabalho, o qual conta com diplomas legais próprios (com destaque para a Consolidação das Leis do Trabalho), doutrina e trabalhos científicos, matéria diferenciada, bem como peculiaridades que o distinguem do direito Processual Civil propriamente.
>
> Logo, defende-se a autonomia científica do Direito Processual do Trabalho, pois há ampla temática objeto de estudo, dando origem a institutos específicos, com metodologia apta a entender as suas diversas peculiaridades, bem como princípios próprios.(726)

Para alguns autores, entretanto, não se pode falar em princípios próprios do processo do trabalho nem em autonomia em face do processo civil, uma vez que as diferenças seriam meras características do ramo processual especializado, tratando-se, na verdade, de princípios do processo comum, como sustenta Valentin Carrion:

> Isso leva à conclusão de que o direito processual do trabalho não é autônomo com referência ao processo civil e não surge do direito material laboral. O direito processual do trabalho não possui princípio próprio algum, pois todos os que o norteiam são do processo civil (oralidade, celeridade etc.); apenas deu (ou pretendeu dar) a alguns deles maior ênfase e relevo.(727)

André Silva Martinelli, em sua dissertação de mestrado apresentada em 2020 ao Programa de Pós-Graduação em Direito da Universidade Federal do Espírito Santo — UFES,

---

(725) MARTINS, Sergio Pinto. *Direito processual do trabalho*. 36. ed. São Paulo: Atlas, 2015. p. 25.

(726) GARCIA, Gustavo Filipe Barbosa. *Curso de Direito Processual do Trabalho*. Rio de Janeiro: Forense, 2012. p. 22.

(727) CARRION, Valentin. *Comentários à Consolidação das leis do trabalho:* legislação complementar e jurisprudência. 31. ed. São Paulo: Saraiva, 2006. p. 768-769.

na qual tratou da "impugnação das decisões interlocutórias em contrarrazões ao recurso ordinário no processo do trabalho", fazendo um estudo a partir do § 1º do art. 1.009 do Código de Processo Civil, assim sustentou:

> Nesse contexto, os estudiosos do processo do trabalho devem se debruçar sobre as novas normas construídas a partir da interpretação dos enunciados normativos contidos no CPC/2015 para entender em que medida elas são ou não aplicáveis ao processo do trabalho.[(728)]

Não se pode negar a existência de princípios comuns ao Direito Processual Civil e ao Direito Processual do Trabalho. A partir da concepção de Humberto Ávila, é possível sustentar que há princípios específicos deste último, adotando a postura metodológica dualista, que compreende os pontos de identidade entre os dois ramos do processo, porém valoriza justamente aquilo que os torna diferentes, a exigir um posicionamento um psotorna diferentes, exiguindois ramos do processo, por obrigaç metodológico de autonomia, não como um fim em si mesmo, senão como seja a melhor forma de realização do direito material.[(729)]

Em arrimo de seus argumentos, os dualistas destacam que o processo do trabalho visa realizar, precipuamente, o direito material do trabalho, partindo este do princípio da proteção do trabalhador.

A partir do conceito de princípios baseado em Miguel Reale, como sendo "verdades fundantes de um sistema de conhecimento", [(730)] e mencionando o jurista uruguaio Américo Plá Rodrigues, sustentam Wagner D. Giglio e Cláudia Giglio Veltri Corrêa que "o primeiro princípio concreto, de âmbito internacional, é o protecionista: o caráter tutelar do Direito Material do Trabalho se transmite e vigora também no Direito Processual do Trabalho".[(731)]

No mesmo sentido, Carlos Henrique Bezerra Leite:

> Nas pegadas de Américo Plá Rodrigues, podemos dizer que o princípio da proteção ou tutelar é peculiar ao processo do trabalho. Ele busca compensar a desigualdade existente na realidade socioeconômica com uma desigualdade jurídica no sentido oposto.[(732)]

---

(728) MARTINELLI, André Silva. *A impugnação das decisões interlocutórias em contrarrazões ao recurso ordinário no processo do trabalho:* um estudo a partir do § 1º do art. 1.009 do CPC/2015. Dissertação de mestrado. Programa de Pós-Graduação em Direito da Universidade Federal do Espírito Santo – UFES, 2020.

(729) IVO, Jasiel. A Autonomia do Direito Processual do Trabalho Frente ao Direito Processual Civil. *Revista Direitos & Deveres*, Universidade Federal de Alagoas — UFAL, Maceió, ano I, n. 2, jan./jun. 1998, p. 8-28.

(730) REALE, Miguel. *Lições Preliminares de Direito*. 15. ed. São Paulo: Saraiva, 1987. p. 299.

(731) GIGLIO, Wagner D.; CORRÊA, Cláudia Giglio Veltri. *Direito Processual do Trabalho*. 16. ed. São Paulo: Saraiva, 2007. p. 82-85.

(732) BEZERRA LEITE, Carlos Henrique. *Curso de Direito Processual do Trabalho*. 9. ed. São Paulo: LTr, 2011. p. 80.

Em seu livro "Princípios de direito do trabalho", tantas vezes citado, Américo Plá Rodrigues sustenta:

> O princípio de proteção se refere ao critério fundamental que orienta o Direito do Trabalho pois este, ao invés de inspirar-se num propósito de igualdade, responde ao objetivo de estabelecer um amparo preferencial a uma das partes: o trabalhador.
>
> Enquanto no direito comum uma constante preocupação parece assegurar a igualdade jurídica entre os contratantes, no Direito do Trabalho a preocupação central parece ser a de proteger uma das partes com o objetivo de, mediante essa proteção, alcançar-se uma igualdade substancial e verdadeira entre as partes.(733)

O Direito Processual do Trabalho, que visa acima de tudo realizar o Direito Material do Trabalho, também sofre, ou deveria sofrer, influxos do princípio da proteção ao trabalhador hipossuficiente, admitindo, como admite, a reclamação escrita ou verbal,(734) a postulação leiga e a gratuidade de acesso à Justiça do Trabalho, critério que sofreu profunda modificação com a reforma de 2017, tornando o processo do trabalho mais formal e mais caro, mais oneroso para o trabalhador economicamente frágil, sendo pertinente a citação de Isis de Almeida:

> Tratando-se de Direito do Trabalho, essa imposição mais se acentua quando se considera que os sujeitos da norma situam-se em planos de desigualdade de poder, não só do ponto de vista material, econômico — em que o trabalhador é inferiorizado diante do ser empregador —, como na própria razão de ser do contrato de trabalho, cuja viga mestra é a subordinação do primeiro ao segundo, e não necessariamente aí no campo econômico, mas técnico, no disciplinar e no jurídico propriamente dito.(735)

Numa leitura mais atualizada do princípio da proteção, Antônio Rodrigues de Freitas Júnior sustenta que "em lugar da clássica ideia de proteção pela qualidade de hipossuficiente", deve haver a proteção do direito no mundo do trabalho, permitindo "ao direito do trabalho ocupar-se de modo eficiente da agenda da proteção dos direitos de personalidade e da coibição das mais variadas formas de assédio e violência no mundo do trabalho".(736)

---

(733) PLÁ RODRIGUES, Américo. *Princípios de Direito do trabalho*. Tradução: Wagner D. Giglio. São Paulo: LTr e Editora da Universidade de São Paulo, 1993. p. 28.

(734) BRASIL. Consolidação das Leis do Trabalho — CLT. *Decreto-lei n. 5.452, de 1º de maio de 1943*. Disponível em: <http://www.planalto.gov.br/ccivil_03/Decreto-lei/del5452.htm>. Acesso em: 20 maio 2021. "Art. 840: A reclamação poderá ser escrita ou verbal".

(735) ALMEIDA, Isis de. *Manual de direito processual do trabalho*. I vol. 5. ed. São Paulo: LTr, 1993. p. 19.

(736) FREITAS JÚNIOR, Antonio Rodrigues de. *On demand:* trabalho sob demanda em plataformas digitais. Belo Horizonte: Arraes Editores, 2020. p. 78.

A postura doutrinária aqui adotada é a mais atualizada, abandonando a rigidez das chamadas cláusulas de barreira, normas de contenção do art. 769 da CLT (corrente restritiva) e admitindo a chamada heterointegração das normas processuais não penais, como fazem Carlos Henrique Bezerra Leite[(737)] e Júlio Cézar Lucchesi Ramacciotti,[(738)] por exemplo, aproximando de forma muito interessante os dois ramos processuais evolutivamente, numa visão sistemática e ampliada.[(739)] Isso se mostra ainda mais relevante diante da redação do art. 15 do atual Código de Processo Civil, que prescreve: "na ausência de normas que regulem processos eleitorais, trabalhistas ou administrativos, as disposições deste Código lhes serão aplicadas supletiva e subsidiariamente".[(740)]

Daí Mauro Schiavi afirmar que "o art. 15 do novel CPC não contraria os arts. 769 e 889 da CLT. Ao contrário, com eles se harmoniza".[(741)] Faz interessante distinção entre os vocábulos subsidiariedade e supletividade,[(742)] lembrando que o primeiro deve ser utilizado quando ocorrer a ausência completa da norma — omissão normativa em sentido estrito, valendo-se o intérprete do processo comum de modo subsidiário capaz suprir a ausência normativa, enquanto o segundo vocábulo relaciona-se às situações em que a norma existe, mas não é completa, autorizando a aplicação supletiva, complementar, das regras do processo comum, mas sempre na perspectiva da compatibilidade, não sendo de modo algum razoável aplicar uma regra que agrida a celeridade do processo do trabalho.

Sem embargo da escolha metodológica feita, os princípios da informalidade e da simplicidade, que para alguns seriam apenas peculiaridades, atendem a uma necessidade prática inafastável ao processo do trabalho, a celeridade. Daí o grande prestígio da oralidade no processo do trabalho, revelado na concentração dos atos em audiência — já que o direito discutido, na maioria das vezes, seria de natureza alimentar, não sendo possível o trabalhador esperar demasiadamente para ver satisfeita sua pretensão com essa nota característica.

Como meio procedimental de realização do direito material do trabalho, o direito processual do trabalho possui princípios próprios, pois visa, sobretudo, à efetivação de direitos sociais constitucionalmente assegurados aos trabalhadores, como o da proteção, o da finalidade social, o da informalidade e da simplificação de procedimentos e da gratuidade.

---

(737) *Ibidem*, p. 99-108.

(738) RAMACCIOTTI, Júlio Cézar Lucchesi. A heterointegração e uma nova interpretação do art. 769 da Consolidação das Leis do Trabalho à luz do princípio da razoável duração do processo. *Jus.com.br*, 8.8.2009. Disponível em: <http://egov.ufsc.br/portal/sites/default/files/anexos/31706-36474-1-PB.pdf>. Acesso em: 20 maio 2019.

(739) SCHIAVI, Mauro. *A Reforma Trabalhista e o Processo do Trabalho*. Aspectos Processuais da Lei n. 13.467/17. 1. ed. São Paulo: LTr, 2017. p 45.

(740) BRASIL. Código de Processo Civil — CPC. *Lei n. 13.105, de 16 de março de 2015*. Disponível em: <http://www.planalto.gov.br/ccivil_03/_ato2015-2018/2015/lei/l13105.htm>. Acesso em: 20 maio 2021.

(741) SCHIAVI, Mauro. Novo código de processo civil: A aplicação supletiva e subsidiária ao Processo do Trabalho. *Revista do Tribunal Regional do Trabalho — TRT da 7ª Região*, 2015. Disponível em: <https://www.trt7.jus.br/escolajudicial/arquivos/files/busca/2015/NOVO_CODIGO_DE_PROCESSO_CIVIL-_APLICACAO_SUPLETIVA_E_SUBSIDIARIA.pdf>. Acesso em: 20 maio 2021.

(742) *Idem*.

Em suma, o processo do trabalho sempre primou pela sua razoável duração no tempo, valendo-se bastante da oralidade, já que também presentes a concentração e a realização dos atos em audiência.

Compreendendo o processo do trabalho como instrumento de realização do direito material do trabalho, sendo este regido pelo princípio da proteção ao trabalhador, que desfruta de assento constitucional, a busca pela efetivação desses direitos dá-se por meio do processo.

De nada valeria a Constituição Federal de 1988 proclamar solenemente no art. 7º e ao longo de seus incisos e parágrafo único que "São direitos dos trabalhadores urbanos e rurais, além de outros que visem à melhoria de sua condição social",[(743)] se não fosse disponibilizado ao cidadão trabalhador o amplo acesso à justiça, o que é feito por intermédio do processo.

Nesse sentido é a autorizada doutrina de Antônio Carlos de Araújo Cintra, Ada Pellegrini Grinover e Cândido Rangel Dinamarco, para quem "o processo é instrumento a serviço da paz social",[(744)] sendo a Justiça do Trabalho uma justiça especializada, cujas pretensões são oriundas da relação de trabalho:

> Caracterizada a insatisfação de algumas pessoas em razão de uma pretensão que não pôde ser, ou de qualquer modo não foi, satisfeita, o Estado poderá ser chamado a desempenhar a função jurisdicional; e ele o fará em cooperação com ambas as partes envolvidas no conflito ou com uma só delas (o demandado pode ficar revel), segundo um método de trabalho estabelecido em normas adequadas. A esta soma de atividades em cooperação e à soma de poderes, faculdades, deveres, ônus e sujeições que impulsionam essa atividade dá-se o nome de processo.[(745)]

No sentido processual e formal, como ministra Paulo Henrique dos Santos Lucon, o *due process of law* é a convergência de todos os princípios, garantias e exigências do processo civil, aqui também incluído o processo do trabalho:

> O devido processo legal processual e substancial representa, por todo o exposto, o núcleo central não da relativização (Kazuo Watanabe), mas da *integração do binômio direito e processo* e procura dar o máximo de eficácia às normas constitucionais para a efetivação do controle dos atos de poder e da igualdade substancial das partes no processo.
>
> A observância dos preceitos previamente estabelecidos na Constituição Federal e na lei significa respeitar o devido processo legal. Isso significa que oferecer

(743) BRASIL. *Constituição da República Federativa, de 5 de outubro de 1988*. Disponível em: <http://www.planalto.gov.br/ccivil_03/constituicao/constituicao.htm>. Acesso em: 20 maio 2021.

(744) CINTRA, Antônio Carlos de Araújo; GRINOVER, Ada Pellegrini; DINAMARCO, Cândido Rangel. *Teoria geral do processo*. 15. ed. São Paulo: Malheiros, 1999. p. 41.

(745) *Ibidem*, p. 40.

> decisões motivadas, o contraditório, a ampla defesa, a publicidade, é respeitar o devido processo legal. Há, portanto, uma superposição do devido processo legal sobre os demais princípios, garantias e regras constantes no ordenamento jurídico.
>
> A ideia de núcleo central é inerente ao princípio constitucional do devido processo legal, que tem projeções no âmbito processual e substancial. (Grifos no original)(746)

O Direito Processual Civil, segundo Cândido Rangel Dinamarco, possui os escopos sociais, políticos e jurídicos. (747) Destina-se a pacificar os conflitos jurídicos surgidos na sociedade, a permitir a participação democrática do acesso à Justiça e a efetivar os direitos conforme um processo justo.

O Direito Processual do Trabalho visa concretizar o Direito Material do Trabalho, conquanto ligado de certa forma ao Direito Processual Civil, tutela direitos especiais assegurados constitucionalmente ao trabalhador. De fato, o processo do trabalho possui feição própria e um modo de ser específico.

Como destacam Antonio Carlos de Araújo Cintra, Ada Pelegrini Grinover e Cândido Rangel Dinamarco "falar de instrumentalidade do processo, pois, não é falar somente nas suas ligações com a lei material":

> O Estado é responsável pelo bem-estar da sociedade e dos indivíduos que a compõem: e, estando o bem-estar social turbado pela existência de conflitos entre pessoas, ele se vale do sistema processual para, eliminando os conflitos, devolver à sociedade a paz desejada. O processo é uma realidade desse mundo social, legitimada por três ordens de objetivos através dele e mediante o exercício da jurisdição o Estado persegue: *sociais, políticos e jurídicos*. A consciência dos escopos da jurisdição e sobretudo do seu escopo social magno da *pacificação social* constitui fator importante para a compreensão da instrumentalidade do processo, em sua conceituação e endereçamento social e político. (Grifos constantes do original).(748)

Partindo da ideia de que o princípio da proteção é nuclear no Direito Material do Trabalho, já que se trata de um ramo da ciência jurídica que visa resguardar os direitos sociais dos trabalhadores hipossuficientes em face do poder econômico do empregador, diante de sua especialidade, o sistema jurídico concebeu um ramo processual próprio, e mais, estruturou

(746) LUCON, Paulo Henrique dos Santos. Devido processo legal substancial. *Revista de Doutrina TRF 4*, edição 15, 22 nov. 2006. Disponível em: <https://revistadoutrina.trf4.jus.br/index.htm?https://revistadoutrina.trf4.jus.br/artigos/edicao015/paulo_lucon.htm>. Acesso em: 20 maio 2021.

(747) DINAMARCO, Cândido Rangel. *A instrumentalidade do processo*. 2. ed. São Paulo: Revista dos Tribunais, 1990.

(748) CINTRA, Antonio Carlos de Araújo; GRINOVER, Ada Pelegrini e DINAMARCO, Cândido Rangel. *Teoria Geral do Processo*. 15. ed. São Paulo: Malheiros, 1999. p. 41.

uma justiça especializada com a competência de estabelecer um ambiente de realização do direito material, entrando o Direito Processual do Trabalho como instrumento que viabiliza a tutela do direito material e assegurando seu cumprimento.(749)

O trabalhador, seja ele considerado individualmente, seja no plano coletivo, tem direito a um processo justo, não podendo ser privado de seus bens sem o devido processo legal, consoante garantia do art. 5º, inciso LIV, da Constituição Federal de 1988.

Isso porque a Constituição, no art. 7º e incisos de I a XXXIV, assegura os direitos dos trabalhadores urbanos e rurais, sendo de mencionar aqui apenas alguns a título de exemplo: "relação de emprego protegida contra despedida arbitrária ou sem justa causa", nos casos de estabilidade e que também se realiza, na hipótese de despedida sem justa causa, por meio da indenização do aviso prévio proporcional ao tempo de serviço,(750) recolhimento do Fundo de Garantia do Tempo de Serviço — FGTS, (751) multa sobre o saldo fundiário (CF de 88, ADCT, art. 10, inciso I); seguro desemprego, em caso de desemprego involuntário; salário mínimo fixado em lei e nacionalmente unificado; irredutibilidade de salário; décimo terceiro salário; remuneração do trabalho noturno superior à do diurno; proibição de retenção dolosa de salário; duração do trabalho normal não superior a 44 horas semanais; remuneração do serviço extraordinário superior, no mínimo, em cinquenta por cento à do normal; repouso semanal remunerado, preferencialmente aos domingos; gozo de férias anuais remuneradas com, pelo menos, um terço a mais do que o salário normal; licença à gestante, sem prejuízo do emprego e do salário;(752) licença-paternidade; proteção do mercado de trabalho da mulher; redução dos riscos inerentes ao trabalho, por meio de normas de saúde, higiene e segurança; seguro acidente de trabalho, a cargo do empregador, sem excluir a indenização a que este está a obrigado, quando incorrer em dolo ou culpa.

Todavia, nem sempre o empregador cumpre com suas obrigações, sendo o Poder Judiciário provocado por meio do exercício do direito de ação e atuando a jurisdição por intermédio do processo.

Raimundo Simão de Melo, em artigo breve e preciso sobre o princípio do devido processo legal no processo do trabalho, assim deixou assentado:

> No processo do trabalho, as maiores e mais contundentes manifestações do *due process of law* estão nos consequentes princípios do acesso à Justiça e da isonomia. Quanto ao primeiro, diz a Constituição (artigo 5º, inciso XXXV) que "a lei não

(749) MARINONI, Luiz Guilherme; ARENHART, Sérgio Cruz; MITIDIERO, Daniel. *Curso de Processo Civil.* Teoria Geral do Processo Civil. v. 1, 4. ed. São Paulo: Thomson Reuters Brasil/Revista dos Tribunais, 2019. p. 28-29.

(750) BRASIL. *Lei n. 12.506, de 11 de outubro de 2011.* Lei do aviso prévio, que tardiamente modificou a Consolidação das Leis do Trabalho — CLT. Disponível em: <http://www.planalto.gov.br/ccivil_03/_ato2011-2014/2011/lei/l12506.htm>. Acesso em: 20 maio 2021.

(751) BRASIL. *Lei n. 8.036, de 11 de maio de 1990.* Lei do Fundo de Garantia do Tempo de Serviço — FGTS. Disponível em: <https://www2.camara.leg.br/legin/fed/lei/1990/lei-8036-11-maio-1990-365155-normaatualizada-pl.html>. Acesso em: 20 maio 2021.

(752) BRASIL. *Constituição da República Federativa, de 5 de outubro de 1988.* Art. 7º, inciso XVIII e ADCT, art. 10, inciso II, *"b"*. Disponível em: <http://www.planalto.gov.br/ccivil_03/constituicao/constituicao.htm>. Acesso em: 20 maio 2021.

> excluirá da apreciação do Poder Judiciário lesão ou ameaça a direito". Significa esse princípio que nem o legislador nem qualquer pessoa pode impedir o jurisdicionado de deduzir pretensão em juízo, preventiva ou reparatória, individual ou coletiva.(753)

Quando a Constituição estabelece no *caput* do art. 7º que "São direitos dos trabalhadores urbanos e rurais, além de outros que visem à melhoria de sua condição social", confere aos trabalhadores esses bens da vida, dos quais não pode ser privado sem o devido processo legal — CF/1988, art. 5º, inciso LIV: "ninguém será privado da liberdade ou de seus bens sem o devido processo legal," compreendendo a vida, a liberdade e a propriedade, e alcançando o direito do trabalho, sendo aqui encontrada a sede do devido processo legal, de onde emanam todos os demais princípios do processo.(754)

Ney Maranhão, em seu artigo "Eficácia horizontal do devido processo laboral", transcreve passagem de Ingo Wolfgang Sarlet, Luiz Guilherme Marinoni e Daniel Mitidiero, lição encontrada em seu "Curso de direito constitucional" (p. 617, 619-620):

> O direito ao processo justo é um modelo mínimo de conformação do processo. Com rastro fundo da história e desconhecendo cada vez mais fronteiras, o direito ao processo justo é reconhecido pela doutrina como um modelo em expansão (tem o condão de conformar a atuação do legislador infraconstitucional), variável (pode assumir formas diversas, moldando-se às exigências do direito material e do caso concreto) e perfectibilizável (passível de aperfeiçoamento pelo legislador infraconstitucional). É tarefa de todos os que se encontram empenhados no império do Estado Constitucional delineá-lo e densificá-lo. (...). Dada a interdependência entre direito e processo, o direito material projeta a sua especialidade sobre o processo, imprimindo-lhe feições a ele aderentes (...) O mesmo se diga do processo trabalhista e de outros processos. O processo sofre o influxo do direito material, que polariza a sua finalidade e determina a sua estruturação.(755)

E o que significa a densificação de normas?

> Densificar uma norma significa preencher, complementar e precisar o espaço normativo de um preceito constitucional, especialmente carecido de concretização, a fim de tornar possível a solução, por esse preceito, dos problemas concretos.

---

(753) MELO, Raimundo Simão de. O princípio do devido processo legal no processo do trabalho. *Revista Consultor Jurídico*, 25 jan. 2019. Disponível em: <https://www.conjur.com.br/2019-jan-25/reflexoes-trabalhistas-principio-devido-processo-legal-processo-trabalho>. Acesso em: 20 maio 2021.

(754) *Idem*.

(755) MARANHÃO, Ney. Eficácia horizontal do devido processo laboral. Reflexões sobre o direito fundamental a um procedimento trabalhista justo como fator de controle do poder privado empregatício. *Revista Jus Navigandi*, ISSN 1518-4862, Teresina, ano 19, n. 3.965, 10 maio 2014. Disponível em: <https://jus.com.br/artigos/28301>. Acesso em: 20 maio 2021.

> As tarefas de concretização e de densificação de normas andam, pois, associadas: densifica-se um espaço normativo (= preenche-se uma norma) para tornar possível a sua concretização e consequente aplicação a um caso concreto.[756]

Antes de adentrar no tema da necessidade de encontrar uma hermenêutica constitucional do processo ou do denominado modelo constitucional do processo, na trilha do que foi tratado no tópico 3.5 supra, é conveniente verificar se ainda é possível ou até mesmo necessária a defesa da autonomia do Direito Processual do Trabalho ante o Direito Processual Civil, conforme indagação formulada no início deste capítulo.

O problema se estabelece porque, no sistema brasileiro, não existe o que muitos exigem, a saber, um código de processo do trabalho, o que garantiria a denominada autonomia legislativa.

Outro ponto problemático é que nem sempre a matéria é identificada com esse nome nas chamadas grades curriculares das faculdades de direito, apesar de que seu conteúdo programático sempre é ministrado entre as cadeiras de processo, o que causa um questionamento quanto à autonomia didática.

O desenvolvimento doutrinário, contudo, é inegável, pois grande é a quantidade de publicações de títulos por vários autores sobre o Direito Processual do Trabalho.

Ademais, possuindo o Brasil uma Justiça do Trabalho tão bem organizada e estruturada, com as Varas do Trabalho de primeira instância com capilaridade em todo o território nacional, os 24 Tribunais Regionais do Trabalho e o Tribunal Superior do Trabalho, isso confere à disciplina o *status* de autônoma do ponto de vista jurisdicional.

Tanto é assim que Wagner Giglio afirma:

> Por outro lado, contudo, o Brasil é o país em que mais se escreve sobre Direito Processual do Trabalho. Nesse setor, já atingimos um desenvolvimento doutrinário bastante significativo.
>
> Em suma: no Brasil, o Direito Processual do Trabalho teria autonomia apenas sob os aspectos doutrinário e jurisdicional; dos pontos de vista didático e legislativo, ainda não.[757]

E conclui Wagner Giglio, com evidente entusiasmo ao sustentar autonomia científica, pois disso não se cuida:

> Como já dissemos, reproduzindo as lições de Luigi De Litala e de Eduardo Stafforini, a autonomia científica se mede pela natureza diversa de instituições

(756) CANOTILHO, J. J. Gomes. *Direito constitucional e teoria da Constituição*. 7. ed. (20. reimpressão). Coimbra: Almedina, 2018, p. 1.201.

(757) GIGLIO, Wagner D.; CORREA, Cláudia Giglio Veltri. *Direito Processual do Trabalho*. 16. ed. São Paulo: Saraiva, 2007. p. 80.

de um ramo do Direito, pelos seus princípios e fins próprios, inconfundíveis com os de outros ramos.[758]

Entre os autores nacionais, pode-se mencionar também Sérgio Pinto Martins, numa posição equilibrada:

> Enfim, o processo do trabalho vem merecendo estudos de conjunto, adequados e particulares, que mostram ser ele uma matéria vasta. A doutrina se sedimentou no sentido de que existem conceitos gerais comuns completamente distintos dos conceitos gerais do processo comum. Tem o processo do trabalho princípios distintos que visam o conhecimento da matéria que é objeto de sua investigação. Tem também instituição própria, que é a Justiça do Trabalho. Logo, pode-se dizer que é autônomo do Processo Civil, embora ligado ao Direito Processual, que é gênero. Essa autonomia, porém, não quer dizer que está isolado do Direito, pois é espécie do gênero Direito.[759]

Reconhecendo os pontos frágeis, mas mesmo assim concluindo pela autonomia, menciona-se também Amauri Mascaro Nascimento:

> A autonomia do direito processual do trabalho, nunca de forma a separar-se do direito processual civil, afirma-se diante dos seguintes aspectos: jurisdição especial destinada a julgar dissídios individuais; dissídio coletivo econômico, jurídico e de greve como uma de suas peculiaridades; existência de lei processual específica, embora com larga aplicação subsidiária do direito processual comum e singularidade do tipo de contrato que interpreta, o vínculo de trabalho. (...)[760]

Em escrito mais antigo, resgatado por André Silva Martinelli em sua dissertação de mestrado, discorrendo sobre a aplicação subsidiária do processo comum ao processo do trabalho, assim se expressou Amauri Mascaro Nascimento:

> A maior importância da celeridade e oralidade do processo trabalhista não chega a transformá-lo em instrumento autônomo e independente do direito processual. O processo é meio de solução das lides e a sua estrutura fundamental é a mesma, qualquer que seja a natureza da questão de direito material, civil, trabalhista, penal ou fiscal, embora diferentes as suas notas características

(758) *Ibidem*, p. 81.

(759) MARTINS, Sergio Pinto. *Direito Processual do Trabalho*. 36. ed. São Paulo: Atlas, 2015. p. 25.

(760) NASCIMENTO, Amauri Mascaro. *Curso de Direito Processual do Trabalho*. 24. ed. São Paulo: 2009. 64-65.

acidentais. O processo é concebido como relação jurídica e como tal os seus elementos fundamentais são constantes.(761)

Mais adiante, no mesmo capítulo em que defende a autonomia do processo do trabalho em face do processo civil, Gustavo Filipe Barbosa Garcia arremata que "a autonomia científica do Direito Processual do Trabalho não significa o seu isolamento".(762)

Como se vê, nenhum autor sustenta a plena autonomia, e todos são pela defesa dela, porém, sem deixar de reconhecer as achegas ao processo civil comum, como se pode observar em Renato Saraiva e Aryanna Manfredini,(763) Francisco Ferreira Jorge Neto e Jouberto de Quadros Pessoa Cavalcante,(764) entre outros.

Carlos Henrique Bezerra Leite(765) menciona que, para os defensores da teoria ou corrente monista, o processo é um único fenômeno, possuindo institutos comuns, seja qual for o ramo do direito material a ser aplicado, não se justificando a pretendida autonomia do Direito Processual do Trabalho, pois as categorias centrais são sempre as mesmas e os institutos idênticos, podendo sofrer leves modificações terminológicas, forma ou prazo, mas sempre conservando sua essência.

Assim, o direito processual não penal seria um só, regido por regras que não diferem essencialmente a ponto de tornar relevante a separação e autonomia do Direito Processual Penal, Direito Processual Civil e do Direito Processual do Trabalho, pois sendo a jurisdição o exercício do Poder Estatal, é una e igualmente uno o Direito Processual, como sistema de princípios e normas.(766)

Já para os defensores da teoria dualista, a autonomia do Direito Processual do Trabalho perante o Direito Processual Comum revela-se muito nitidamente na vasta legislação processual especial encontrada na Consolidação das Leis do Trabalho — CLT, na existência de um ramo próprio do Poder Judiciário, com detalhada organização e funcionamento.(767)

Afirmou o Ministro Sálvio de Figueiredo Teixeira, a pretexto das reformas introduzidas no sistema processual civil brasileiro na década dos 90 do século passado:

> A propósito, lembrou Ada Pellegrini Grinover, que assim como os movimentos trabalhistas foram o germe e o impulso da evolução política e social, a sua

(761) NASCIMENTO, Amauri Mascaro. A subsidiariedade do direito processual comum no processo trabalhista. *Revista de Processo*, vol. 2, 1976, p. 230 – 234, abr./jun. 1976.

(762) GARCIA, Gustavo Filipe Barbosa. *Curso de Direito Processual do Trabalho*. Rio de Janeiro: Forense, 2012. p. 23.

(763) SARAIVA, Renato; MANFREDINI, Aryanna. *Curso de Direito Processual do Trabalho*. 11. ed. Rio de Janeiro: Forense; São Paulo: Método, 2014. p. 4-6.

(764) JORGE NETO, Francisco Ferreira; CAVALCANTE, Jouberto de Quadros Pessoa. *Direito Processual do Trabalho*. 5. ed. São Paulo: Atlas, 2012. p. 30-34.

(765) BEZERRA LEITE, Carlos Henrique. *Curso de Direito Processual do Trabalho*. 9. ed. São Paulo: LTr, 2011. p. 89-91.

(766) CINTRA, Antônio Carlos de Araújo; GRINOVER, Ada Pellegrini; DINAMARCO, Cândido Rangel. *Teoria Geral do Processo*. 26. ed. São Paulo: Malheiros, 1999. p 48.

(767) BRASIL. *Constituição da República Federativa de 5 de outubro de 1988*. Art. 92, inciso II-A, IV, art. 111, III e art. 116. Disponível em: <http://www.planalto.gov.br/ccivil_03/constituicao/constituicao.htm>. Acesso em: 20 maio 2021.

> instrumentalização em juízo — o processo do trabalho — também foi, e ainda é o germe da renovação do processo civil comum, processo esse que em grande parte guarda a marca do liberalismo clássico.(768)

Ramiro Podetti assim se pronunciou:

> Eu não creio na sua autonomia, porque os princípios que o presidem poderão, também, aplicar-se ao processo comum, com levíssimas variantes de intensidade e é de se esperar que assim suceda no futuro. Eu vejo nosso processo comum e nosso processo laboral tão díspares, no momento presente, marchando para um futuro comum, pela assimilação por parte daquele das conquistas deste.(769)

Martín Ermida Fernández, no livro "El proceso laboral autónomo", citando a visão de Oscar Ermida Uriatre, esclarece:

> Por que autonomia? Porque não há celeridade sem plena autonomia do direito processual do trabalho. Este último é um requisito essencial do primeiro. A autonomia total do processo de trabalho é condição *sine qua non* de sua celeridade. (Tradução livre)(770)

Estabelecidas essas bases, passa-se a mencionar a já conhecida e muito debatida corrente doutrinária da heterointegração das normas processuais não penais, que inspirada na doutrina de Maria Helena Diniz.(771) Nesse caso, as lacunas do direito podem ser identificadas como ontológicas, axiológicas e normativas.

Mauro Schiavi também menciona Maria Helena Diniz, como de resto todos os que tratam do tema o fazem, referindo-se às citadas lacunas.(772)

Na lacuna ontológica, há norma, mas ela não corresponde aos fatos sociais. É o que ocorre, por exemplo, quando o grande desenvolvimento das relações sociais e o progresso acarretarem o anquilosamento da norma positiva; na lacuna axiológica, existe a norma, mas ela se revela injusta, isto é, existe um preceito normativo, mas se for aplicado, a solução do

(768) TEIXEIRA, Sálvio de Figueiredo. *Compromisso com o direito e a justiça*. Belo Horizonte: Editora Del Rey, 2008. p. 42.

(769) PODETTI, Ramiro. *Derecho Procesal Civil, Comercial y Laboral*. T. 1. Buenos Aires: Ediar, 1949. p. 19.

(770) FERNÁNDEZ, Martín Ermida. *El proceso laboral autónomo*. 1. ed. Montevideo: Fundación de Cultura Universitária, 2013. p.38. *Por qué la autonomia? Porque no hay celeridad sin plena autonomía del Derecho laboral procesal. Esta es requisito esencial de aquella. La total autonomía del proceso laboral es conditio sine qua non de su celeridade.*

(771) DINIZ, Maria Helena. *Compêndio de introdução à ciência do Direito*. 2. ed. São Paulo: Saraiva, 1989. p. 399-401.

(772) SCHIAVI, Mauro. Novo código de processo civil: A aplicação supletiva e subsidiária ao Processo do Trabalho. *Revista do Tribunal Regional do Trabalho — TRT da 7ª Região*, 2015. Disponível em: <https://www.trt7.jus.br/escolajudicial/arquivos/files/busca/2015/NOVO_CODIGO_DE_PROCESSO_CIVIL-_APLICACAO_SUPLETIVA_E_SUBSIDIARIA.pdf>. Acesso em: 20 jun. 2021.

caso será insatisfatória ou injusta. Já a lacuna normativa se dá quando há ausência de norma sobre determinado caso.(773)

Anota Carlos Henrique Bezerra Leite:

> A autonomia do direito processual do trabalho, contudo, não implica seu isolamento. Por integrar o sistema processual, o direito processual do trabalho deve observar a unidade metodológica comum a todos os demais ramos do direito processual. Mas isso não pode implicar o distanciamento do direito processual do trabalho em relação ao direito material, ao qual está umbilicalmente vinculado.(774)

Apesar dos que defendem a plenitude do ordenamento jurídico e entendem que os sistemas normativos não possuem lacunas, Hans Kelsen, para quem as lacunas são meras ficções, afirma ser errônea a chamada teoria das lacunas da ordem jurídica:

> Como, porém, o Direito vigente é sempre aplicável, pois não há "lacunas" neste sentido, esta fórmula, quando se penetre o seu caráter fictício, não opera a pretendida limitação do poder atribuído ao tribunal, mas a auto-anulação da mesma. Se, porém, o tribunal também aceita a ideia de que há lacunas no Direito, então esta ficção teoreticamente inaceitável realiza o efeito pretendido.(775)

Maria Helena Diniz(776) não nega a necessidade de colmatar essas omissões, e a própria Consolidação das Leis do Trabalho — CLT prescreve que, nos casos omissos, o direito processual comum será fonte subsidiária, exigindo do intérprete a identificação da omissão e a compatibilidade da norma a ser aplicada.(777) No mesmo sentido é o art. 889 da CLT.(778)

Durante muito tempo, a doutrina da processualística laboral defendia ardorosamente as chamadas cláusulas de barreiras e tratava a autonomia do direito processual do trabalho quase que como um fetiche.

---

(773) BEZERRA LEITE, Carlos Henrique. *Direito constitucional e teoria da Constituição*. 9. ed. São Paulo: LTr, 2011. p. 102.

(774) *Ibidem*, p. 91.

(775) KELSEN, Hans. *Teoria pura do direito*. Tradução: João Baptista Machado. 8. ed. São Paulo: WMF Martins Fontes, 2009. p. 276.

(776) DINIZ, Maria Helena. *Compêndio de introdução à ciência do Direito*. 2. ed. São Paulo: Saraiva, 1989, p. 399-401.

(777) BRASIL. *Decreto-lei n. 5.452, de 1º de maio de 1943*. Consolidação das Leis do Trabalho. CLT. Disponível em: <http://www.planalto.gov.br/ccivil_03/Decreto-lei/del5452.htm>. Acesso em: 23 jun. 2021."Art. 796: – Nos casos omissos, o direito processual comum será fonte subsidiária do direito processual do trabalho, exceto naquilo em que for incompatível com as normas deste Título".

(778) BRASIL. *Decreto-lei n. 5.452, de 1º de maio de 1943*. Consolidação das Leis do Trabalho. CLT. Disponível em: <http://www.planalto.gov.br/ccivil_03/Decreto-lei/del5452.htm>. Acesso em: 23 jun. 2021. "Art. 889 – Aos trâmites e incidentes do processo da execução são aplicáveis, naquilo em que não contravierem ao presente Título, os preceitos que regem o processo dos executivos fiscais para a cobrança judicial da dívida ativa da Fazenda Pública Federal".

Na atualidade, o tema sofre cada vez mais os influxos do direito processual civil. Cabe mencionar o art. 15 do Código de Processo Civil – Lei n. 13.105, de 16 de março de 2015,(779) que impõe sua aplicação supletiva e subsidiária ao processo do trabalho, sendo conveniente esclarecer, como o faz Mauro Schiavi, que

> supletivamente significa aplicar o CPC quando, apesar da lei processual trabalhista disciplinar o instituto processual, não for completa. O Código de Processo Civil será aplicado de forma complementar, aperfeiçoando e propiciando maior efetividade e justiça ao processo do trabalho e subsidiariamente significa aplicar o Código de Processo Civil quando a Consolidação das Leis do Trabalho não disciplina determinado instituto processual.(780)

O diálogo das fontes,(781) portanto, é o melhor caminho hermenêutico a seguir, ainda mais quando se defende a existência de um modelo constitucional de processo, dele não podendo fugir o Direito Processual do Trabalho.

Débora Carvalho Fioratto e Ronaldo Brêtas de Carvalho Dias, no artigo "A conexão entre os princípios do contraditório e da fundamentação das decisões judiciais na construção do Estado Democrático de Direito,"(782) sustentam um modelo constitucional de processo que se fundamenta numa base principiológica uníssona — contraditório, ampla argumentação, terceiro imparcial e fundamentação das decisões — como sendo indissociável e codependente, que visa ao reconhecimento e à fruição dos direitos fundamentais de forma efetiva.

O processo do trabalho, portanto, possui um modo de ser peculiar, justamente porque intenta realizar e tornar efetivo o Direito Material do Trabalho, admite a postulação leiga das partes — *jus postulandi* —, simplificação das formas, maior oralidade, celeridade, concentração dos autos em audiência, e mesmo que sejam comuns ao processo civil a simplicidade, a oralidade e a celeridade, no processo do trabalho recebem cores em tons ajustados ao direito laboral e suas verbas de natureza alimentar, como medida de proteção que acaba também atingindo com seus matizes o Direito Processual do Trabalho.

---

(779) BRASIL. *Lei n. 13.105, de 16 de março de 2015*. Código de Processo Civil. CPC. Disponível em: <http://www.planalto.gov.br/ccivil_03/_ato2015-2018/2015/lei/l13105.htm>. Acesso em: 23 jun. 2021. "Art. 15 – Na ausência de normas que regulem processos eleitorais, trabalhistas ou administrativos, as disposições deste Código lhes serão aplicadas supletiva e subsidiariamente".

(780) SCHIAVI, Mauro. Novo Código de Processo Civil: a aplicação supletiva e subsidiária ao Processo do Trabalho. *Revista do Tribunal Regional do Trabalho — TRT da 7ª Região*, 2015. Disponível em: <http://www.trt7.jus.br/escolajudicial/arquivos/files/busca/2015/NOVO_CODIGO_DE_PROCESSO_CIVIL-_APLICACAO_SUPLETIVA_E_SUBSIDIARIA.pdf>. Acesso em: 20 jun. 2021.

(781) MARQUES, Cláudia Lima. O "Diálogo das Fontes" como método da nova teoria geral do Direito: um tributo a Erik Jaime. In:MARQUES, Cláudia Lima (Coord.). *Diálogo das Fontes do conflito à coordenação de normas no Direito Brasileiro*. São Paulo: Revista dos Tribunais, 2012. p.18 e ss.

(782) DIAS, Ronaldo Brêtas de Carvalho; FIORATTO, Débora de Carvalho. A conexão entre os princípios do contraditório e da fundamentação das decisões judiciais na construção do Estado Democrático de Direito. *Revista Eletrônica de Direito Processual*. Vol. V. Disponível em: <https://www.e-publicacoes.uerj.br/index.php/redp/article/viewFile/23088/16444>. Acesso em: 20 jun. 2021.

É certo que o *jus postulandi* das partes no processo do trabalho vem sofrendo ataques, como na própria Súmula n. 425 do Tribunal Superior do Trabalho — TST,[(783)] mas nem por isso merece ser apoucado pelo legislador, praticamente com o objetivo deliberado de barrar o acesso à justiça por meio de artifício travestido de requisito formal da petição inicial.

Na lição de Humberto Ávila, os chamados princípios estruturantes, como o federativo e da separação dos poderes,

> (...) normatizam o modo e o âmbito da atuação estatal. Como toda atuação estatal, e não apenas uma parte dela, em todas as situações, não apenas em uma parte delas, deverá conformar-se ao seu conteúdo, eles não possuem eficácia provisória, *prima facie*, mas permanente, nem tem sua eficácia graduável ou afastável, mas linear e resistente. Eles sempre deverão ser observados, não podendo ser afastados por razões contrárias. O mesmo ocorre com o princípio do devido processo legal, por exemplo: ele não pode ser afastado, mas deve ser, ao contrário, sempre observado.[(784)]

No momento em que a Constituição Federal de 1988 garante aos trabalhadores urbanos e rurais, no *caput* do art. 7º, do inciso I ao inciso XXXIV e parágrafo único, os direitos ali elencados, que não são exaustivos, o próprio texto constitucional complementa a extensão para compreender todos os demais que visem a melhoria de sua condição social.

Portanto, o processo do trabalho deve ser tingido pelas cores da simplicidade e da informalidade, mirando sempre a proteção do trabalhador, consoante sentido lógico e racional da Constituição.

Qualquer lei que dificulte o acesso à justiça não se coaduna com o Estado democrático de direito. Diante da necessidade de "o processo ser capaz de permitir o acesso das camadas mais pobres da população", sendo "o processo indispensável, não basta ao Estado instituir formas de tutela sem considerar que algumas causas têm valor econômico incompatível com o custo do processo tradicional".[(785)] Isso obriga o legislador a instituir "procedimentos e justiças especializadas para permitir o acesso dos mais pobres ao Poder Judiciário",[(786)] atendendo

(783) BRASIL. Tribunal Superior do Trabalho — TST. *Súmula n. 425 do TST.* Disponível em: <https://www3.tst.jus.br/jurisprudencia/Sumulas_com_indice/Sumulas_Ind_401_450.html#SUM-425>. Acesso em: 20 jun. 2021. "O jus postulandi das partes, estabelecido no art. 791 da CLT, limita-se às Varas do Trabalho e aos Tribunais Regionais do Trabalho, não alcançando a ação rescisória, a ação cautelar, o mandado de segurança e os recursos de competência do Tribunal Superior do Trabalho".

(784) ÁVILA, Humberto. *Teoria dos Princípios:* da definição à aplicação dos princípios jurídicos. 18. ed. São Paulo: Malheiros, 2018. p. 153.

(785) MARINONI, Luiz Guilherme; ARENHART, Sérgio Cruz; MITIDIERO, Daniel. *Curso de Processo Civil.* Teoria Geral do Processo. v. 1, 4. ed. São Paulo: Thomson Reuters Brasil/Revista dos Tribunais, 2019. p. 485.

(786) *Idem.*

ao comando da garantia constitucional de acesso à justiça encartado no art. 5º, inciso XXXV, da Constituição Federal de 1988:

> Eis o motivo pelo qual o processo atualmente tem de ser estruturado não apenas consoante as necessidades do direito material, mas também dando ao juiz e à parte a oportunidade de se ajustarem às particularidades do caso concreto. É nesse sentido que se diz que o direito fundamental à tutela jurisdicional, além de constituir uma garantia ao titular do direito à tutela do direito material, incide sobre o legislador e o juiz.(787)

Para Dandara Cordeiro de Oliveira Fernandes, na atualidade o processo deve ser visto sob outra óptica:

> O processo, nessa nova perspectiva constitucional, deve ser analisado por uma ótica instrumentalista, onde parte da situação jurídica material a qual o processo servirá de instrumento de tutela. A partir dessa construção, o direito de ação passou a assumir o caráter de garantia da efetividade desse direito material e, com a firmação do Estado Social, esse direito ganhou uma nova feição, a de resguardar o próprio acesso à justiça, sendo esta a ponte entre a ideia de justiça social e o processo civil.(788)

Portanto, o processo do trabalho, que tem por objetivo realizar o direito material do trabalho, jamais poderá servir de valhacouto de armadilhas que dificultem o acesso à justiça. Ao contrário, deve ser o meio de amplo acesso à justiça, devendo até ser mesmo facilitado às camadas desfavorecidas, como forma de obter solução justa, respeitando-se a ampla defesa a todos e a possibilidade real de participar e interferir na construção da decisão.

A Constituição Federal, no artigo 5º, inciso XXXV, estabelece que "a lei não excluirá da apreciação do Poder Judiciário lesão ou ameaça a direito", sendo "assegurado aos litigantes e aos acusados em geral o contraditório, a ampla defesa, com os meios e recursos a ela inerentes" (CF 88 art. 5º, inciso LV).(789) Cumpre assegurar às partes a igualdade de tratamento, o direito à ampla defesa, ao contraditório, à produção de provas e recursos, sempre na inolvidável perspectiva de poder levar aos autos argumentos fáticos e jurídicos capazes de influenciar efetivamente na convicção do julgador, construindo uma decisão num processo justo e democrático, em respeito ao Estado de Direito.

---

(787) *Ibidem*, p. 486.

(788) FERNANDES, Dandara Cordeiro de Oliveira. Os direitos de ação e de acesso à justiça como meios de efetivação dos direitos sociais. In: ROSÀRIO, José Orlando Ribeiro; CONSANI, Cristina Foroni; XAVIER, Yanko Marcius de Alencar; CASTRO, Celso Luiz Braga de Castro ORGS.). *Acesso à justiça:* aspectos constitucionais e sociais. Salvador: Editora Motres, 2018. p. 79-109.

(789) BRASIL. *Constituição da República Federativa, de 5 de outubro de 1988.* Disponível em: <http://www.planalto.gov.br/ccivil_03/constituicao/constituicao.htm>. Acesso em: 20 maio 2021.

4.3. Trabalho sob demanda: trabalho por plataformas digitais ou eletrônicas e as decisões colegiadas e monocráticas do Tribunal Superior do Trabalho — TST e do Superior Tribunal de Justiça — STJ

Ainda que a voo de pássaro, justifica dedicar atenção também a esta importante relação jurídica de direito material, porque o tema está imbricado com o problema da nova configuração do trabalho e a influência das tecnologias da informação e da comunicação, alegando-se em alguns casos a existência de vínculo trabalhista entre motoristas "colaboradores" ou "parceiros", sobretudo quando se utiliza critério de distribuição, controle e avaliação do trabalho por meio de sistema matemático de dados combinado com o tratamento de informações pessoais, resultando em escolhas opacas, ininteligíveis, sem transparência e, não raras vezes, prejudiciais aos trabalhadores.

Portanto, ainda que perfunctoriamente, passam-se em revista alguns aspectos da economia digital baseada na tecnologia da informação e da comunicação, o tratamento de dados e uso da inteligência artificial, ao ponto de um robô ser capaz de fazer escolhas e tomar decisões, emulando a ação humana.

Analisa-se o trabalho intermediado por plataformas eletrônicas e sua inserção na *gig economy*, se se trata de trabalho autônomo ou subordinado, se a atual legislação brasileira é aplicável ou se demanda a elaboração de lei específica, e qual seria a natureza do vínculo jurídico estabelecido com o trabalhador e a hipótese da autorregulação, como pretendem as empresas.

Utiliza-se a nomenclatura uberização, uma vez que a marca ganhou o *status* de produto, passando a ser sinônimo do serviço, uma metonímia que descreve a emergência de um novo padrão de organização empresarial e gestão do trabalho a partir do desenvolvimento e da sofisticação da tecnologia.

Todos devem lembrar ainda da simpática carona solidária, cujo objetivo era auxiliar aquele que necessitava de mobilidade. Era uma inteligente forma de economizar combustível e preservar o meio ambiente, por intermédio do compartilhamento de carros entre colegas de trabalho, estudantes universitários e tantas outras simples hipóteses de demonstração de compartilhamento de viagens como ato solidário e ecológico.

Outra forma frequente é o oferecimento de serviços de consertos, reparos e tarefas domésticas de curta duração. Situações assim foram gradativamente se profissionalizando e tornaram-se modelos de negócios que inauguram a economia do compartilhamento, servindo a internet e os equipamentos eletrônicos como computador, *notebook* e *smartphone*, como meios de estabelecer a conexão entre consumidores e aqueles que oferecem a prestação do serviço ou a mercadoria, bem de consumo.

Desde então, expressões como *gig economy*, *sharing economy*, *on demand economy*, *on--demand work*, *crowdwork*, e tantas outras invadiram a discussão acadêmica. Na economia de multidão, o trabalhador está e também é multidão ou *crowdworker*, aquele que oferece seus serviços que, a depender da modalidade da tarefa, podem ser executados de qualquer lugar do mundo, como trabalho inegavelmente autônomo, tratando-se de *crowd task* ou tarefas de multidão dentro de algo maior, chamado de *crowdsourcing*, termo usado originalmente por Jeff Howe, segundo André Gonçalves Zipperer.(790) Neste caso, a contratação se dá na multidão, por meio da colaboração e do conhecimento de várias pessoas, mediante consulta nas nuvens.(791) Trata-se de uma parcela importante da economia de compartilhamento ou de colaboração, também identificada como economia dos bicos, do trabalho precário e do trabalho por demanda (*on demand economy*).(792)

Em suma, como esclarecem Ricardo Antunes e Vitor Filgueiras, pelo termo *crowd* podem ser compreendidas as multidões descentralizadas de indivíduos,(793) tornando o trabalhador subordinado uma figura desnecessária, como evidencia Adrían Todolí Signes.(794)

Existe uma crítica à terminologia "trabalho sob demanda" ou "economia sob demanda" porque somente existe trabalho se houver demanda, o mesmo valendo para a economia. O certo é que a economia do compartilhamento, portanto, surgiu do entusiasmo de possíveis relações de solidariedade intermediadas pela tecnologia da informação e da comunicação, onde vizinho ajuda vizinho e qualquer coisa pode ser compartilhada por qualquer um, com a possibilidade de gerar renda. Mas logo foi sequestrada por novos modelos de negócios, como Uber, Ifood, Airbnb, Amazon e outros gigantes da economia mundial.(795)

Pessoas talentosas que se deparam com um problema de suas próprias vidas resolvem criar um *site* com o objetivo de encontrar solução; isto se transforma num negócio lucrativo. Serve como exemplo o paradigmático caso da Airbnb e sua fabulosa história de dois jovens criativos que, em 2007, diante da dificuldade e dos custos de acomodação na cidade de São Francisco, resolveram oferecer aos participantes de um congresso de *design* industrial

(790) "O termo *crowdsourcing* foi orginalmente cunhado por Jeff Howe, em seu artigo de 2006 chamado '*The Rise of Crowdsourcing*', publicado na Revista *Wired* e deriva da combinação das palavras *crowd* (multidão, massa) e *outsourcing* (terceirização), encontrando paralelo em português na expressão multiterceirização. ZIPPERER, André Gonçalves. *A intermediação de trabalho via plataformas digitais:* repensando o Direito do Trabalho a partir das novas realidades do século XXI. São Paulo: LTr, 2019. p. 55-56.

(791) A Amazon Mechanical Turk (MTurk) é um mercado de "crowdsourcing" que realiza microtarefas distribuídas pela Internet, facilitando a terceirização de processos e trabalhos, executados por tarefas virtualmente, indo desde a realização de validação de dados simples até a participação em pesquisas, moderação de conteúdo, aproveitando a inteligência coletiva, habilidades e "insights" de uma força de trabalho global para acelerar o desenvolvimento do aprendizado de máquina. (Tradução livre) Disponível em: <https://www.mturk.com/>. Acesso em: 10 maio 2021.

(792) ZIPPERER, André Gonçalves. *A intermediação de trabalho via plataformas digitais:* repensando o Direito do Trabalho a partir das novas realidades do século XXI. São Paulo: LTr, 2019. p. 55-57.

(793) ANTUNES, Ricardo: FILGUEIRAS, Vitor. Plataformas digitais, uberização do trabalho e regulação no capitalismo contemporâneo. In: ANTUNES, Ricardo (Org.). *Uberização do trabalho, trabalho digital e indústria 4.0*. São Paulo: Boitempo, 2020, p. 59-78.

(794) SIGNES, Adrían Todolí. O mercado de trabalho no século XXI: "on-demandeconomy, crowdsurcing" e outras formas de descentralização produtiva que atomizam o mercado de trabalho. Tradução: Ana Carolina Reis Paes Leme e Carolina Rodrigues Carsalade. In: LEME, Ana Carolina Reis Paes; BRODRIGUES, Bruno Alves; CHAVES JÚNIOR, José Eduardo de Resende (Coords.). *Tecnologias disruptivas e a exploração do trabalho humano:* a intermediação de mão de obra a partir das plataformas eletrônicas e seu s efeitos jurídicos e sociais. São Paulo: LTr, 2017. p. 28-43.

(795) SLEE, Tom. *Uberização:* a nova onda do trabalho precarizado. Tradução: João Peres. São Paulo: Editora Elefante, 2017. p. 47-61.

colchões infláveis (*airbed*) e café da manhã para quem procurava um lugar barato a fim de se hospedar (*bed & breakfast*), fazendo entrar em ebulição o espaço compartilhado por aplicativo, sem perder o traço lúdico do nome dado ao negócio fundado oficialmente na Califórnia de 2008.[(796)]

É comum referir-se a essas tecnologias como sendo disruptivas, pois erodem os modelos de negócios anteriores, mencionando de modo genérico, e apenas a título de exemplo, que a Uber tem inviabilizado os serviços de táxi e das empresas de transportes de passageiros de ônibus urbanos; a Airbnb ameaça consolidadas redes de hotéis; a Amazon e o Mercado-Livre ameaçam o comércio varejista.

Na economia do compartilhamento ou *sharing economy*, multidão e inovação tecnológica, sobretudo a das plataformas digitais e aplicativos, permitem qualquer um dividir qualquer coisa, até empréstimos em dinheiro de pessoas para pessoas, os chamados financiamentos coletivos — *crowdfunding* —, fazendo crescer o Lending Club, por meio de contribuição colaborativa, que talvez se converta numa potencial ameaça aos bancos tradicionais.[(797)]

Os mais empolgados afirmam não ser necessário comprar nem possuir nada, pois tudo pode ser alugado ou até mesmo trocado, como se houvesse um retorno à época em que se praticava o escambo, anterior ao sistema monetário.

Realmente, algumas plataformas eletrônicas fazem mesmo apenas a intermediação entre interesses de quem quer vender e de quem quer comprar, bem como daquele que oferece um serviço especializado com aquele que precisa desse serviço, típico *market place*, e não raras vezes essas empresas são criadas inicialmente como *startups*, mas logo se inserem nesse novo modelo de negócio de oferta de bens de consumo ou prestação de serviços, atendendo diretamente à demanda, com as características do pagamento eletrônico e a conclusão do negócio de um jato só. Em tese, a plataforma reserva para si apenas o custo da transação. A expansão desse tipo de atividade é tamanha que já se tornou usual a identificação como trabalhadores nômades digitais.

É necessário pontuar que, em alguns casos, as plataformas realizam o contato eletrônico entre o cliente e o prestador do serviço, mas a execução do trabalho se dá presencialmente, como nos serviços de reparos e de limpeza doméstica. Outras, porém, atuam sempre *on-line*, sem que haja contato algum entre o cliente solicitante ou tomador e o prestador do serviço, que não seja digital, intermediado pela plataforma.

André Gonçalves Zipperer classifica a economia baseada em compartilhamento de serviços como multiterceirização (*crowdsourcing*) e *crowdworking*, podendo ser *crowdsourcing on-line* (o trabalho é executado sem encontro físico, não existe local físico de trabalho identificado) e *off-line* (o trabalho é executado com contato direto entre trabalhador e solicitante), por chamada aberta e plataforma de *freelancers*.[(798)]

---

(796) *Ibidem*, p. 63-64.

(797) *Ibidem*, p. 51.

(798) ZIPPERER, André Gonçalves. *A intermediação de trabalho via plataformas digitais:* repensando o Direito do Trabalho a partir das novas realidades do século XXI. São Paulo: LTr, 2019. p. 46-89.

Muitos serviços, portanto, que são oferecidos por plataformas intermediárias não entram na discussão aqui travada, já que envolvem apenas a lei da oferta e da procura, como, por exemplo, quem quer vender um livro que já não lhe serve, oferece na Estante Virtual e alguém do outro lado do mundo, que dele necessita, realiza a compra, efetua o pagamento e recebe o recebe em seu endereço. A empresa *on-line* aqui, de fato, apenas ligou as pontas do negócio.

Assim também quem procura algum produto, novo ou mesmo usado e em boas condições, decerto encontrará no Mercado Livre, bem como produtos criativos na Elo7 ou qualquer outro bem — na talvez pioneira desse modelo, a eBay —, todas inseridas na categoria *market place*, fazendo lembrar mesmo com todas as características o ambiente de mercado, só que virtual.

Outro modelo de negócio que se menciona é o da gigante mundial Airbnb, que também escapa da presente disquisição, valendo a referência apenas à sua forma de atuar, oferecendo acomodação temporária (aluguel de casas e quartos) sobremodo a turistas que requerem preços módicos.

Mas isso tem causado não apenas importantes prejuízos financeiros à rede hoteleira e aos serviços tradicionais de classificados, como também gerado intensas discordâncias e inconformações junto aos moradores de bairros elegantes de Paris, e também ao Poder Público, cabendo mencionar a milionária ação ajuizada pela Prefeitura de Paris contra a Airbnb, alegando que os aluguéis praticados são selvagens e têm causado a descaracterização da cidade. Verifica-se a diminuição da população parisiense especialmente nos bairros mais procurados por turistas, pedindo o pagamento de multa da ordem de 12,5 milhões de Euros,[(799)] surgindo na Europa cidades que já limitam a atuação da Airbnb, como a citada Paris e Lisboa.[(800)]

No Brasil foi registrada a decisão do Superior Tribunal de Justiça — STJ, dando conta de proibição de condômino oferecer imóvel para locação de curta duração por intermédio da Airbnb. A notícia, veiculada com alarde não só no meio jurídico, merece um pequeno esclarecimento: a decisão da 4ª Turma do STJ de 20.4.2021, no Recurso Especial n. 1.819.075/RS (2019/0060633-3),[(801)] em que fora relator o Ministro Luis Felipe Salomão, e baseia-se na existência prévia de cláusula na convenção do condomínio prevendo a destinação residencial das unidades, não podendo o proprietário alugar o imóvel por meio de plataforma digital como a Airbnb, por se tratar de contrato atípico de hospedagem.[(802)]

---

(799) Paris exige multa milionária do Airbnb. Disponível em: <https://www.dw.com/pt-br/paris-exige-multa-milion%C3%A1ria-do-airbnb/a-47449914>. Acesso em: 10 ago. 2021.

(800) Cidades que estão limitando o Airbnb. Disponível em: <https://quantocustaviajar.com/blog/cidades-que-estao-limitando-o-airbnb/>. Acesso em: 10 ago. 2021.

(801) BRASIL. Superior Tribunal de Justiça — STJ. 4ª Turma. *Recurso Especial REsp n. 1.819.075/RS*. Relator Ministro Luis Felipe Salomão. Julg. 20.4.2021. Disponível em: <https://www.stj.jus.br/websecstj/cgi/revista/REJ.cgi/ITA?seq=1875215&tipo=0&nreg=201900606333&SeqCgrmaSessao=&CodOrgaoJgdr=&dt=20210527&formato=PDF&salvar=false>. Acesso em: 10 ago. 2021.

(802) BRASIL. Superior Tribunal de Justiça — STJ. *Notícias STJ*. 20 abr. 2021. Condomínios residenciais podem impedir uso de imóveis para locação pelo Airbnb, decide Quarta Turma. Disponível em: <https://www.stj.jus.br/sites/portalp/Paginas/Comunicacao/Noticias/20042021-Condominios-residenciais-podem-impedir-uso-de-imoveis-para-locacao-pelo-Airbnb--decide-Quarta-Turma.aspx>. Acesso em: 21 ago. 2021.

Também a 3ª Turma do STJ decidiu no mesmo sentido, consoante acórdão de 23.11.2021, no Recurso Especial REsp n. 1.884.483/PR (2020/0174039-6),(803) em que fora relator o Ministro Ricardo Villas Bôas Cueva.

Como a matéria envolve direito constitucional de propriedade, é possível que a derradeira palavra sobre o tema seja dada pelo Supremo Tribunal Federal — STF, caso seja submetido a exame em grau de Recurso Extraordinário.

E por que os exemplos citados não se inserem na discussão aqui travada? Porque nesses e em tantos outros casos a plataforma apenas intermedeia os interesses, fazendo o encontro das vontades dos sujeitos, finalizando no ambiente digital o negócio. Nesses casos, confirmado o pagamento e entregue o livro ou concluída a tradição do bem, o negócio jurídico realizou perfeitamente todas as suas etapas, tanto no plano fático quanto no plano jurídico.

O problema começa a surgir quando o trabalho humano é organizado e executado por meio de plataforma digital, que precifica o trabalho, distribui, avalia o serviço, fiscaliza ou vigia eletronicamente o trabalhador, e este, à medida que vai cumprindo ou não as metas, passa a ser cobrado pelo dispositivo digital com mensagens automáticas aparentemente inofensivas, até motivacionais, mas que sutilmente o induzem a trabalhar e incutem o temor de não alcançar o que dele se espera, como lembra Jamie Woodcock, (804) perdendo a autonomia e transformando-se em presidiário da vigilância panóptica de Jeremy Bentham.

A inteligência artificial tem substituído os modos tradicionais de controle pela fiscalização algorítmica, que alimentada por informações precisas não apenas direciona o trabalho como avalia a qualidade dos serviços executados, apesar do discurso da autonomia e independência do trabalhador.

Uber, Lyft, 99 app, Cabify, MeLeva, Femitaxi, Easy Táxi, Vah, Rappi, Uber Eats, iFood, Loggi, Apptite, dentre outras, não se responsabilizam pelos riscos do empreendimento ou da atividade e são resultado de tecnologia disruptiva, que desorganiza modelos tradicionais de negócios e categorias profissionais, impondo a desregulação trabalhista e tributária.(805)

Nesse novo modelo capitalista e formato de negócios, ao contrário, além de não assumir nenhum risco próprio da atividade, a plataforma *on line* calcula o preço, apropria-se de grande parte do valor extraído do trabalhador, do preço do serviço executado ou da tarefa cumprida, dirige a prestação do serviço, fiscaliza o trabalho, o que faz cair por terra o argumento de que apenas liga o consumidor e prestador do serviço ou que oferece o bem

(803) BRASIL. Superior Tribunal de Justiça — STJ. 3ª Turma. *Recurso Especial – Resp n. 1.884.483/PR*. Relator Ministro Ricardo Villas Bôas Cueva. Julg. 23.11.2021. Disponível em: <https://www.stj.jus.br/websecstj/cgi/revista/REJ.cgi/ITA?seq=2094475&tipo=0&nreg=202001740396&SeqCgrmaSessao=&CodOrgaoJgdr=&dt=20211216&formato=PDF&salvar=false>. Acesso em: 16 dez. 2021.

(804) WOODCOCK, Jamie. O panóptico algorítmico da Deliveroo: mensuração, precariedade e a ilusão do controle. In: ANTUNES, Ricardo (Org.). *Uberização, trabalho digital e indústria 4.0*. São Paulo: Boitempo, 2020. p. 23-45.

(805) SLEE, Tom. *Uberização:* a nova onda do trabalho precarizado. Tradução: João Peres. São Paulo: Editora Elefante, 2017. p. 22-23 e 47-49.

de consumo, retendo tão somente o custo da transação. Isto não é verdade. Pelo menos não nesses termos.

Essas plataformas digitais interferem na execução do trabalho, fiscalizando, dando ordens e praticando preços, não de forma presencial, mas sim mediante algoritmos e robôs sofisticados que processam grande quantidade de informações e são capazes de tomar decisões com base no que seria o comportamento humano. Isso configura a subordinação, fazendo surgir o vínculo de emprego, principalmente no trabalho intermitente, como defende Rodrigo de Lacerda Carelli.(806)

Também Gustavo Rodrigues e Patrícia Marchetto compreendem a técnica computacional e informacional como controle e vigilância na internet, enquanto mecanismo ou ferramenta de dominação.(807) Todo dado pessoal serve para qualquer coisa e sempre haverá alguém interessado nele, indo desde a análise de risco de um empréstimo ou financiamento, possibilidade de previsão de doenças preexistentes e cobertura ou não na contratação de seguro de saúde, avaliação e desempenho profissional, até o estímulo ao consumo e a adequação de hábitos e preferências.

Apesar de também ter o seu próprio aplicativo, a plataforma digital Uber é um modelo de negócio diferente da Airbnb, tendo surgido a partir da necessidade de facilitar o acesso a veículos de luxo, originalmente para executivos em atividade em outras cidades, como Paris, sendo igualmente criada na Califórnia quase simultaneamente, ou seja, em decorrência da necessidade de mobilidade urbana.

A chamada quarta revolução industrial — a indústria 4.0 —, com a inteligência artificial, a robótica inteligente, a internet das coisas, nanotecnologia, biotecnologia, *Big Data*, na qual se combinam as tecnologias dos mundos físico, digital e biológico, tudo isso acontecendo numa velocidade espantosa, como destaca Klaus Schwab, modifica não apenas os modelos de negócios e o mundo do trabalho, mas também a própria sociedade, os governos, como descreve o autor,(808) e a própria civilização. Trouxe assim grande preocupação ao mundo do trabalho, que tem sofrido profundas e impactantes modificações, como demonstraram Ney Maranhão e Thiago Savino no estudo que fizeram do relatório "Trabalhar para um futuro melhor", da Organização Internacional do Trabalho — OIT.(809)

---

(806) CARELLI, Rodrigo de Lacerda. O trabalho em plataformas e o vínculo de emprego: desfazendo mitos e mostrando a nudez do rei. In: CARELLI, Rodrigo de Lacerda;CAVALCANTI, Tiago Muniz; FONSECA, Vanessa Patriota da (Coords.). *Futuro do Trabalho:* os efeitos da revolução digital na sociedade. Brasília: ESMPU, 2020, p. 65-83.

(807) RODRIGUES, Gustavo Alarcon; MARCHETTO, Patrícia Borba. Controle e vigilância na Internet: técnica computacional como mecanismo de engendramento de poder. *Revista Eletrônica Direito e Sociedade — REDES*, Canoas, v. 9, n. 1, 2021, p. 117-129.

(808) SCHWAB, Klaus. *A quarta revolução industrial.* Trad. Daniel Moreira. São Paulo: Edipro, 2016. p. 17 e 72-77.

(809) MARANHÃO, Ney Stany Morais; SAVINO, Thiago Amaral Costa: O futuro do trabalho sob o olhar da OIT: análise do relatório "Trabalhar para um futuro melhor" (março/2019). *Revista de Direito do Trabalho*, São Paulo, SP, v. 45, n. 205, p.143-162, set. 2019.

A enorme transformação do trabalho operada pelos meios telemáticos e informatizados — plataformas digitais — traz consigo um paradoxo interessante. O exemplo mais próximo é o da Uber, que, por meio eletrônico, oferece o serviço de transporte de passageiros por intermédio de aplicativo instalado nos *smartphones* dos usuários cadastrados e motoristas "associados", apesar de a empresa não possuir os veículos e da possibilidade de o "parceiro" desligar o aparelho ou apenas se desconectar, o que indicaria certo grau de autonomia e liberdade. Ao mesmo tempo, este algoritmo também serve como critério de avaliação do motorista pela empresa, inclusive para efeito de aplicar pena de suspensão temporária e até desligamento definitivo, residindo aqui a utilização de critérios tecnológicos nem sempre inteligíveis, sem que a empresa se disponha a explicá-los a quem quer que seja.

Nas últimas décadas, diante do desenvolvimento da tecnologia da informação e da comunicação, as relações de trabalho têm sofrido modificações relevantes, que incluem o uso dos meios telemáticos e informatizados mais comuns, como um computador com conexão à internet, de maneira que se possa realizar o trabalho de casa ou de qualquer outro lugar. Não há distinção entre o trabalho realizado no estabelecimento do empregador e o executado a distância, seja no domicílio do empregado ou em qualquer outro lugar, como num cibercafé, por exemplo.

A tecnologia permite que o empregador acompanhe em tempo real a execução do trabalho, onde quer que esteja o trabalhador. A subordinação virtual e a fiscalização do trabalho, também. Mas não só; existe ainda a chamada subordinação digital, que é aquela feita por algoritmos ou robôs. Esta, de acordo com os dados que alimentam sua base de informações, muito se assemelha à fiscalização humana.

A organização da empresa, a direção do trabalho e o poder disciplinar sofreram profundas e rápidas mudanças. A direção do trabalho não é mais presencial, a vigilância não é mais física; tudo agora é digital. As empresas se organizam negando a condição do ramo de negócio que exploram afirmando tratar-se de empresa de tecnologia e não prestadora de serviços. Até a punição se dá por meio de informações alimentadas por clientes e consolidadas por meio de algoritmos.

Ainda assim, está o trabalhador submetido ao poder de direção da empresa, não se fazendo distinção entre o trabalho realizado no estabelecimento do empregador e o executado a distância, em qualquer lugar. É já usual, como dito anteriormente, a expressão "nômades digitais", pois não mais existe local físico de trabalho identificado, levando ao surgimento de expressões que procuram identificar o fenômeno como "ciberespaço", "neotaylorismo", "taylorismo digital", ou, como prefere André Gonçalves Zipperer, "multiterceirização", chegando a conclusão diversa.[(810)]

A mudança de rumo parece clara, prevalecendo frases de efeito do mundo dos negócios até mesmo no direito, quando se constrange alguém que defende os princípios e a

(810) ZIPPERER, André Gonçalves. *A intermediação de trabalho via plataformas digitais:* repensando o Direito do Trabalho a partir das novas realidades do século XXI. São Paulo: LTr, 2019. p. 57.

aplicação do direito do trabalho com a recomendação, com ares de superioridade, de que se deve pensar fora da caixa, o que quase sempre é dito em inglês esnobe: "*Think outside the box*", sempre com a complementação de que a vida é feita de oportunidades e tudo se transforma em possibilidade de negócios; as relações intersubjetivas são o mercado.

O debate é importante não só em razão de sua atualidade, mas sobretudo pela premência de dar respostas satisfatórias aos problemas decorrentes do chamado trabalho sob demanda, um modelo de negócio que inegavelmente visa a maximização de lucros, como destaca Ricardo Antunes, valendo-se do ambiente de altos índices de desemprego, quando qualquer trabalho que seja já é um alívio para a força sobrante, como bem demonstra Ricardo Antunes, no segundo capítulo do seu livro "O privilégio da servidão", com o título "A explosão do novo proletariado de serviços".(811) Há também a versão mais direta do Presidente da República Jair Bolsonaro: "o trabalhador terá de escolher entre mais direitos ou emprego".(812)

E pior, já paira no ar algo bem mais drástico: a inteligência artificial e os robôs que aprendem (*machine learning*), como descreve Kai-Fu Lee, o chamado aprendizado profundo das máquinas emulando a inteligência humana,(813) os novos sensores, a bioengenharia, como demonstra Yuval Noah Harari. Tudo isso não está apenas mudando o mundo, mas também as escolhas que fazemos e até as decisões que tomamos, a forma como nos relacionamos, trabalhamos e vivemos .(814) Com a ampliação das tecnologias tem sido inevitável o desaparecimento de vários postos de trabalho e profissões até então aparentemente consolidadas, e não há garantia alguma de que outras ocupações em condições dignas de trabalho sejam criadas em substituição.

É certo que a indústria desses equipamentos sofisticados de tecnologia sofisticada demanda processo de fabricação, iniciando pelo árduo trabalho de extração de minério, com o qual são manufaturados os elementos que serão utilizados nos *smartphones* e seus assemelhados.

A introdução de tecnológica ultra-avançada nos meios de produção e gestão do trabalho, aliada à inteligência artificial associada ao *Big Data* está conduzindo a passos largos à irrelevância ou à desnecessidade do trabalho humano para a economia, sendo esta luta muito mais difícil do que combater a exploração. O argumento da desnecessidade do trabalho humano no futuro não é novo. Pode-se afirmar que o futuro sombrio já chegou, como adverte

---

(811) ANTUNES, Ricardo. *O privilégio da servidão:* o novo proletariado de serviços na era digital. 2. ed. São Paulo: Boitempo, 2020. p. 27-67.

(812) "Bolsonaro: Trabalhador terá de escolher entre mais direitos ou emprego". *Valor econômico*, 4 dez. 2018. Disponível em: <https://valor.globo.com/politica/noticia/2018/12/04/bolsonaro-trabalhador-tera-de-escolher-entre-mais-direitos-ou-emprego.ghtml>. Acesso em: 12 ago. 2021.

(813) LEE, Kai-Fu. *Inteligência artificial:* como os robôs estão mudando o mundo, a forma como amamos, nos relacionamos, trabalhamos e vivemos. Tradução: Marcelo Barbão. Rio de Janeiro: Globo Livros, 2019. p. 19-24.

(814) HARARI, Yuval Noah. *21 lições para o século 21*. Tradução: Paulo Geiger. São Paulo: Cia. das Letras, 2020. p. 72-83.

repetidas vezes Yuval Noah Harari: "é muito mais difícil lutar contra a irrelevância do que contra a exploração".(815)

Mas a desnecessidade do trabalhador não está adstrita aos colaboradores da Uber hoje, como a previsão dos veículos autônomos. Os entregadores de comida também estão na mira, uma vez que o serviço de *delivery* já pode ser feito por drones, até mesmo no Brasil, reduzindo enormemente o tempo de entrega.(816) O que se anuncia é um futuro sem empregos.

Ursula Huws, numa perspectiva sociológica e analítica, demonstra a formação do cibertariado, destacando o trabalho virtual em um mundo real. A autora inicia sua obra com as mudanças impostas pelas novas tecnologias no trabalho doméstico, retirando desse ambiente o fabrico de inúmeros itens, agora produzidos pela indústria manufatureira que aos poucos foi impondo a inevitabilidade do consumo, até chegar ao momento atual da reorganização do trabalho e reestruturação produtiva, destacando os novos tipos de trabalhos, mercadorias inteiramente novas e novos modelos de consumo, despontando o cibertariado como categoria social central no regime de exploração do trabalho e acumulação de riqueza.(817)

A partir do referencial teórico da dromologia, Fabiano Fernando da Silva estuda o tema do proletariado ao cibertariado, na concepção de um Estado Democrático de Direito, com vistas ao enfrentamento do desemprego tecnológico no Brasil. O autor demonstra, assim como faz Ricardo Antunes, a metamorfose da classe trabalhadora e o trabalho como valor estruturante da vida social, destacando as mesmas agruras de sempre em diversos momentos históricos, apontando como solução do problema a educação propiciada pelo Estado, única saída capaz de preparar e qualificar o trabalhador, como forma de garantir o trabalho digno e o pleno exercício da cidadania.(818)

Diante do desaparecimento irreversível de postos de trabalho decorrentes da automação, impactando as estatísticas de trabalhadores desempregados e subocupados, a perda de arrecadação do Estado é inconteste, pois vários tributos possuem como fato gerador a folha de pagamento das empresas, pelo que já se cogita reconhecer personalidade jurídica(819) e aplicar tributação aos robôs.(820)

---

(815) *Idem*, p. 15, 28, 58-63 e 101.

(816) Delivery de comida por drone: em primeiro teste realizado no Brasil, equipamento de 6 motores reduz trajeto de 12 para 2 minutos. Site de notícias *G1*, de 19.3.2020. Disponível em: <https://g1.globo.com/sp/campinas-regiao/noticia/2020/09/13/area-exclusiva-entrega-em-dois-minutos-e-seis-motores-veja-como-foi-o-primeiro-teste-de-delivery-de-comida-por-drone-do-brasil.ghtml>. Acesso em: 19 ago. 2021.

(817) HUWS, Ursula. *A formação do cibertariado*. Trabalho virtual em um mundo real. Tradução: Murillo van der Laan. Campinas: Editora Unicamp, 2017.

(818) SILVA. Fabiano Fernando da. *Do proletariado ao cibertariado*. A concepção de um Estado Democrático de Direito de dimensão dromológica para o enfrentamento do desemprego tecnológico no Brasil. São Paulo: Dialética, 2022.

(819) EHRHARDT JÚNIOR, Marcos; SILVA, Gabriela Buarque Pereira. *Pessoa e sujeito de direito:* reflexões sobre a proposta europeia de personalidade jurídica eletrônica. Revista Brasileira de Direito Civil, RBDCivil, Belo Horizonte, v. 23, N. 01, p. 57-79, jan./mar. 2020. Disponível em: <https://rbdcivil.ibdcivil.org.br/rbdc/issue/view/27>. Acesso em: 19 ago. 2021.

(820) ALMEIDA, Saulo Nunes de Carvalho. Inteligência artificial, robótica e o lado oculto de um futuro sem empregos: o inesperado papel da tributação de robôs à luz da análise econômica do direito. *Revista Scientia Iuris*, Londrina, v.

Recentemente, diante da ascensão da inteligência artificial, o Parlamento europeu propôs atribuir personalidade jurídica a robôs autônomos, como mencionam Marcos Ehrardt Júnior e Gabriela Buarque Pereira Silva:

> A instituição de uma personalidade eletrônica é ideia que se alicerça no fato de que o ordenamento pátrio admite, por exemplo, a instituição da pessoa jurídica, e que muitos robôs possuiriam autonomia, autoaprendizagem e adaptação de comportamento ao meio ambiente. Argumenta-se, assim, que a lei já tornou possíveis agentes coletivos de ordem superior, como grupos de empresas e estados federais que não poderiam existir sem a técnica de personificação legal.(821)

O *Big Data* e algoritmos de escala exponencial são verdadeiras armas de destruição matemática, como sustenta Cathy O'Neil, que aumentam as desigualdades e chegam a ameaçar a democracia. Apesar de toda sofisticação, esses modelos matemáticos sempre se baseiam nas informações com as quais são alimentados. Escolhas feitas por seres humanos falíveis, por melhores que sejam as intenções, ainda assim refletem preconceito, equívocos e vieses.(822)

Yuval Harari demonstra que a inteligência artificial está tão desenvolvida que hoje, no modelo das cidades compartilhadas (*shared city*), condutores de veículos preferem a obedecer a rota indicada nos aplicativos a confiar em si mesmos, pois quando tentam fazer isso, normalmente encontram o motivo do caminho diferente sugerido pelo Google Maps.(823)

A automação das indústrias, robotizando processos e tarefas nas fábricas, a mecanização do trabalho no campo, com plantio e colheita feitos por máquinas de alta tecnologia e guiadas por GPS, e os serviços cada vez mais intermediados por aplicativos têm modificado profundamente as relações de trabalho e, a cada dia, reduzido o número de postos de trabalhos convencionais, tornando o desemprego algo estrutural; além disso, o ócio não tem sido necessariamente criativo, como pensou Domenico de Masi, estreitando amizades e ampliando laços de convivência, dedicação ao lazer e atividades lúdicas combinadas ao trabalho.(824)

O que sobressai é o trabalho por meio digital, que assume o protagonismo. A única semelhança que este guarda com o lúdico é sua gamificação, aplicando mecanismos e estratégias de jogos no ambiente empresarial, sem que se dê conta da permanente conexão em rede e com o trabalho.

25, n. 1, p. 29-48, mar. 2021. Disponível em: <http://www.uel.br/revistas/uel/index.php/iuris/article/view/40938>. Acesso em: 20 ago. 2021.

(821) EHRHARDT JÚNIOR, Marcos; SILVA, Gabriela Buarque Pereira. Pessoa e sujeito de direito: reflexões sobre a proposta europeia de personalidade jurídica eletrônica. *Revista Brasileira de Direito Civil, RBDCivil*, Belo Horizonte, v. 23, n. 01, p. 57-79, jan./mar. 2020. Disponível em: <https://rbdcivil.ibdcivil.org.br/rbdc/issue/view/27>. Acesso em: 19 ago. 2021.

(822) O'NEIL, Cathy. *Algoritmos de destruição em massa:* como o *Big Data* aumenta a desigualdade e ameaça a democracia. Tradução: Rafael Abraham. São Paulo: Editora Rua do Sabão, 2020. p. 8.

(823) HARARI, Yuval Noah. *21 lições para o século 21*. Tradução: Paulo Geiger. São Paulo: Cia. das Letras, 2020. p. 81.

(824) MASI, Domenico de. *O ócio criativo:* entrevista a Maria Serena Palieri. Tradução: Lea Manzi. Rio de Janeiro: Sextante, 2000.

As plataformas digitais simplesmente não permitem se submeter a nenhum tipo de regulação. Asseveram que são empresas de tecnologia e, portanto, não podem ser controladas pelo ordenamento jurídico existente, erodindo as relações de trabalho e sustentando que o melhor mesmo é deixar em suas mãos a solução por meio da autorregulação. É dizer, querem o melhor dos mundos, no máximo admitindo a autorregulação controlada.

Apesar da ocupação precária e das péssimas condições de trabalho, os índices de desempregados no Brasil, segundo o Governo, têm sido combatidos com a oferta desses postos de trabalhos, cujos dados são contabilizados a favor dos números oficiais, colocando esses trabalhadores precarizados como pessoas ocupadas, porém escamoteando a verdadeira devastação do trabalho, com dizem Luci Praus e Ricardo Antunes.[(825)]

Isso diminui a pressão das estatísticas de desemprego, mas não considera a qualidade destes postos de trabalho, num mercado onde quase todos os trabalhadores e trabalhadoras são colocados como *freelancers*, resultado da inovação tecnológica, que passam a receber os mais diversos nomes, como motoristas, colaboradores, ciclistas, parceiros, e tratados com certa pretensão, já que no Brasil existe a cultura de espelhamento com os EUA, como *worker, taskers, rides*, porém sofrendo as consequências da exploração de sempre.

O que se vê é o predomínio do *e-commerce* e do trabalho por plataformas eletrônicas, aqui incluído o trabalho intermitente por gestão digital ou algorítmica. Todas estas modalidades tecem a reconfiguração das formas de trabalho.

Essas novas formas de trabalho, executadas por meios telemáticos, por intermédio de tecnologias de informação e comunicação, via plataformas digitais, sobretudo as que utilizam *smartphones* associados a algum tipo de meio de transporte, seja automóvel, motocicleta, bicicleta ou mesmo patinete, bem como as da denominada indústria 4.0, constituem a reconfiguração do trabalho e têm por base a prática da remuneração abaixo do valor, constituindo-se em desmedida exploração do trabalho humano, pois submetem o trabalhador a longas e penosas jornadas.

Neste tipo de trabalho não se remunera o tempo à disposição da empresa, em que o trabalhador permanece aguardando ordens, mas tão somente o tempo rigorosa e efetivamente trabalhado, impondo a permanência ininterrupta do trabalho e a contínua conexão com a plataforma *on line* para poder gerar renda minimamente interessante, mantendo elevado o grau de dependência, apesar da narrativa das empresas argumentando que existe autonomia do trabalho justamente porque há a possibilidade de desconexão.

Alegam, ademais, que os prestadores de serviços voluntariamente cadastram-se nas plataformas; possuem certa margem de autonomia e podem se cadastrar em várias delas ao mesmo tempo, aceitar demandas ou mesmo ficar *off line* e definir a carga de trabalho e a jornada, como diferencia Maurício Pallotta Rodrigues.[(826)]

---

(825) PRAUN, Luci; ANTUNES, Ricardo. A demolição dos direitos do trabalho na era do capitalismo informacional-digital. In: ANTUNES, Ricardo (Org.). *Uberização, trabalho e indústria 4.0*. 1. ed. São Paulo: Boitempo, 2020, p. 179-192.

(826) RODRIGUES, Maurício Pallotta. *Contratação da multidão e a subordinação algorítmica*. Leme: Editora Mizuno, 2021. p. 46.

Essas relações de trabalho reunidas em torno da nem sempre apropriada nomenclatura uberização, apesar da aparente prestação de serviços autônomos, consiste numa sutil modalidade de exploração do trabalho que precariza cada vez mais as relações de trabalho, "obliterando as relações de assalariamento". Têm por base a precarização, impondo sua "trípode destrutiva sobre o trabalho: a terceirização, a informalidade e a flexibilidade", como anota Ricardo Antunes.(827)

A polêmica ganha ares de novidade a partir da terminologia utilizada para essas denominadas novas formas de trabalho. No léxico corporativo, expressões aparentemente gentis e generosas, como "colaborador" e "parceiro", ou até empolgantes e motivadoras, como "empreendedor", "Microempreendedor Individual" — MEI (828)/(829), "empreendedorismo inovador",(830) "autoempregado", "patrão de si mesmo", que costumeiramente se têm ouvido para designar o trabalhador, na verdade escamoteiam formas sutis de exploração e a negação velada de direitos sociais. Inoculam a falsa ideia de autonomia e liberdade, além da ilusão de que finalmente algo foi capaz de quebrar os grilhões: a tecnologia.

Mas no plano da realidade fática o que ocorre é a mera transformação dos métodos de execução do trabalho, agora predominantemente digital e por intermédio de plataformas eletrônicas, cujo ônus social é o empresário de si mesmo.

Do ponto de vista da sociologia do trabalho e da economia, Vitor Filgueiras e Ricardo Antunes esclarecem que:

> As supostas novas formas de organização do trabalho associadas ao uso das novas tecnologias de informação e comunicação (TIC) e às empresas que se apresentam como plataformas ou aplicativos são, na verdade, estratégias de contratação e gestão do trabalho que mascaram o assalariamento presente nas relações que estabelecem. A negação do assalariamento é elemento central da estratégia empresarial, pois, sob a aparência de maior autonomia (eufemismo para burlar o assalariamento e efetivar a transferência dos riscos), o capital busca, de fato, ampliar o controle sobre o trabalho para recrudescer a exploração e a sujeição.(831)

---

(827) ANTUNES, Ricardo. *O privilégio da servidão:* o novo proletariado de serviços na era digital. 2. ed. São Paulo: Boitempo, 2020a. p. 39.

(828) BRASIL. *Lei Complementar n. 123, de 14 de dezembro de 2006*. Estatuto nacional da microempresa e da empresa de pequeno porte. Disponível em: <http://www.planalto.gov.br/ccivil_03/leis/lcp/Lcp123.htm>. Acesso em: 18 jan. 2021.

(829) BRASIL. *Lei Complementar n. 128, de 19 de dezembro de 2008*. Altera a Lei Complementar n. 123, de 14 dezembro de 2006. Disponível em: <http://www.planalto.gov.br/ccivil_03/leis/lcp/lcp128.htm>. Acesso em: 20 nov. 2021.

(830) BRASIL. *Lei Complementar n. 182, de 1º de junho de 2021*. Marco legal das *'startups'* e do empreendedorismo inovador. Disponível em: <http://www.planalto.gov.br/ccivil_03/leis/lcp/Lcp182.htm>. Acesso em: 20 nov. 2021.

(831) FILGUEIRAS, Vitor; ANTUNES, Ricardo. Plataformas digitais, uberização do trabalho e regulação no capitalismo contemporâneo. In: ANTUNES, Ricardo (Org.). *Uberização, trabalho digital e indústria 4.0*. 1. ed. São Paulo: Boitempo, 2020. p. 59-68.

Não é diferente a percepção de Tom Slee, quando descreve tão bem que:

> Isso já aconteceu e está acontecendo de novo: o apelo de iniciativas não comerciais e pessoais e a promessa de democratização, seguida pelo estabelecimento de enormes plataformas globais e de concentração de renda, ajudado por regulações incompletas.(832)

Como assinala Carlo Benito Cosentino Filho, os trabalhadores são "chamados a empreender sem identidade de classe e sem cobertura social", com renda insatisfatória e jornadas extenuantes.(833)

Durante muito tempo a discussão era se a prestação do serviço configurava fraude à relação de trabalho — *sham* —, por meio de várias modalidades, como a contratação por meio da denominada "pejotização" e tantas outras alegadas e falseadas formas de trabalho autônomo. Muito embora persistam os casos de fraude à relação de trabalho, hoje são adicionados novos elementos por intermédio do trabalho na multidão por intermédio de plataforma digital.

A dogmática jurídica vai se acomodando às mudanças impostas pelo mercado e pelas forças dominantes e acaba por incorporar como natural a tão cruenta exploração por intermédio de tecnologias sofisticadas quanto foi a exploração do século XVIII, durante a Revolução Industrial.

A discussão atinge níveis internacionais não apenas em razão das relações de trabalho transnacionais via internet, mas por se tratar de fenômeno econômico de escala mundial, que diante das cambiantes formas das relações humanas e de suas constantes mutações, desafiam soluções minimamente equânimes encontradas pelo Direito, pois de novidade há apenas a tecnologia utilizada como meio de gestão do trabalho humano.

Como esse tipo de trabalho tem estreita afinidade com a geração jovem, conhecida como "*millennials* ou geração Y", assim considerada aquela nascida entre os anos de 1980 e o começo dos anos de 2000, hiperconectada à internet e com personalidade quase digital, a geração das redes sociais, das compras e dos jogos *on line*, onde tudo de importante na vida acontece na tela do seu *smartphone*, também é, por outro lado, a que está em busca de um ou do primeiro emprego e, portanto, distante da percepção da velhice e da preocupação com a aposentadoria.

Se há algo que não se pode negar é que o mercado convenceu o cidadão a relegar a último plano a proteção ao trabalho e a cobertura social, e o convenceu, com bastante orgulho, de que é um empreendedor. Como o direito também é produto do seu tempo, hoje se vive em

---

(832) SLEE, Tom. *Uberização:* a nova onda do trabalho precarizado. Tradução: João Peres. São Paulo: Editora Elefante, 2017. p. 16.

(833) COSENTINO FILHO, Carlo Benito. Neotaylorismo digital e a economia do (des)compartilhamento. In: CARELLI, Rodrigo de Lacerda; CAVALCANTI, Tiago Muniz; FONSECA, Vanessa Patriota da (Orgs.). *Futuro do trabalho:* os efeitos da revolução digital na sociedade. Brasília: ESMPU, 2020, p. 417-429.

circunstâncias estranhas, nas quais nem mais o trabalhador parece acreditar na necessidade de proteção ao trabalho e em cobertura social.

Mesmo sustentando posição oposta à aqui defendida, André Gonçalves Zipperer afirma:

> Há a necessidade da denominação do guarda-chuva que abrange o compartilhamento de bens e serviços de forma *on line*, sendo a intermediação do trabalho humano espécie daquele. Nesse tipo de economia o trabalhador está inserido de forma indefinida, oposta ao conceito tradicional de trabalhador fixo comprometido com uma empresa específica ou mesmo trabalhador autônomo em seu conceito clássico.[(834)]

Estudando a contratação na multidão e a subordinação algorítmica, Maurício Pallotta Rodrigues, que segue à pouquíssima distância dos passos de André Gonçalves Zipperer, baseia-se no que entende por autonomia e assevera:

> O mercado de trabalho evolui juntamente com o restante das atividades humanas e a legislação não pode ser um freio para essas mudanças inerentes a um mundo globalizado, tecnológico e dinâmico", devendo a intervenção estatal viabilizar o equilíbrio entre o trabalho em grande escala e as companhias geradoras de trabalho e receita.[(835)]

No que diz respeito à construção dogmática do Direito e sua codificação, assegurando certeza quase cartesiana à estabilidade das relações sociais, Fábio Túlio Barroso, em obra que organizou publicada pela FASA, em 2019, assim se pronunciou:

> Rapidamente o trabalho ganhou uma conotação até então não configurada na certeza quase cartesiana da codificação moderna presente nos estatutos normativos, ao passo de ser tema do momento se a prestação de serviços via aplicativos pode ou não ser reconhecida como uma relação de emprego.[(836)]

De toda forma, a título de referência das primeiras iniciativas no âmbito do Poder Legislativo brasileiro, tramitam hoje no Congresso Nacional mais de quarenta projetos de lei com o objetivo de regulamentar essa nova modalidade de trabalho. Seguindo a tendência conhecida como terceira via, em julho de 2020, a Deputada Federal Tabata Amaral (PDT--SP) apresentou, na Câmara dos Deputados, Projeto de Lei que visa regulamentar o regime

---

(834) ZIPPERER, André Gonçalves. *A intermediação de trabalho via plataformas digitais:* repensando o Direito do Trabalho a partir das novas realidades do século XXI. São Paulo: LTr, 2019. p. 46.

(835) RODRIGUES, Maurício Pallotta. *Contratação da multidão e a subordinação algorítmica*. Leme: Editora Mizuno, 2021. p. 71.

(836) BARROSO, Fábio Túlio. Trabalho via aplicativos: subordinação virtual e reconhecimento de vínculo empregatício. Presente, futuro ou passado? In: BARROSO, Fábio Túlio (Org.). *Direito do Trabalho:* inovações legislativas e suas novas caracterizações. 1. ed. Recife: FASA, 2019. p. 127-159.

de trabalho sob demanda, de n. 3748/2020,[837] prevendo remuneração do trabalhador e verbas proporcionais correspondentes a 13º salário, férias e adicional constitucional de 1/3 (um terço) de férias, estabelecendo a metodologia do cálculo de todas essas verbas.

O Projeto de Lei prevê a possibilidade de que, quando o trabalhador utilizar os próprios instrumentos de trabalho para a realização do serviço, a plataforma deverá indenizar proporcionalmente ao tempo de uso, os custos com insumos, manutenção e depreciação desses instrumentos, admitindo também que esse pagamento poderá ser inserido no valor médio estabelecido em convenção coletiva ou em acordo individual.

Entre outras regulamentações, o Projeto de Lei determina que nessa modalidade de trabalho fica expressamente excluída a possibilidade de aplicação da CLT, exceto na hipótese de fraude ou *sham* à plena liberdade de contratação assegurada ao trabalhador de aceitar ou não a proposta de serviço. O PL também admite a possibilidade de configuração de vínculo de emprego com o cliente, se presentes os requisitos da prestação do serviço por pessoa física ou natural, com os traços da pessoalidade, não eventualidade, onerosidade e subordinação, o que parece uma contradição, pois sendo o trabalho contratado por meio da plataforma digital, esses requisitos somente podem se configurar com o concurso da empresa intermediadora do contrato.

O PL, caso venha a ser aprovado (decretado pelo Congresso Nacional e sancionado pelo Presidente da República), tornando-se lei, estabelece critérios de proteção ao trabalho sob demanda e certa cobertura social, como seguro-desemprego, licença maternidade e paternidade, sendo os trabalhadores que prestem serviços nesta modalidade filiados ao Regime Geral de Previdência Social – RGPS na qualidade de segurado empregado, cuja inscrição será feita pela plataforma, remetendo ao Regulamento as disposições.

O Senador Randolfe Rodrigues (REDE-AP), em 19.3.2021, apresentou Projeto de Lei que modifica a CLT para garantir aos motoristas de aplicativos e entregadores com bicicleta ou outros meios de transportes, salário mínimo por hora, férias remuneradas anuais de trinta dias, com valor calculado com base na média da remuneração mensal dos últimos 12 meses acrescida de 1/3 (um terço), descanso semanal remunerado, com valor calculado com base na média da remuneração dos seis meses anteriores ao gozo do descanso, e outros decorrentes de acordos ou convenções coletivas.[838]

Também tramita no Congresso Nacional o Projeto de Lei n. 13.551,[839] de iniciativa do Deputado Federal Célio Studart (PV-CE), com o substitutivo do deputado Augusto

(837) BRASIL. Câmara dos Deputados. Atividade Legislativa. *PL n. 3.748/2020*, de iniciativa da Deputada Federal Tabata Amaral (PDT-SP). Ementa: institui e dispõe sobre o regime de trabalho sob demanda. Disponível em: <https://www.camara.leg.br/proposicoesWeb/fichadetramitacao?idProposicao=2257468>. Acesso em: 20 nov. 2021.

(838) BRASIL. Senado Federal. Atividade legislativa. *Projeto de Lei n. 974, de 2021*, de iniciativa do Senador Randolfe Rodrigues (REDE/AP). Assunto: Social – Trabalho e Emprego. Disponível em: <https://www25.senado.leg.br/web/atividade/materias/-/materia/147606>. Acesso em: 20 nov. 2021.

(839) BRASIL. *Câmara dos Deputados*. Disponível em: <https://www.camara.leg.br/noticias/557337-projeto-exige-justificativa-para-sancao-a-motorista-e-passageiro-de-aplicativo-de-transporte>. Acesso em: 20 nov. 2021.

Coutinho (Solidariedade-PE),[840] que determina que as sanções aplicadas pelos aplicativos de transporte privado de passageiros e entregadores devem ser justificadas, estabelecendo regras para desativações de colaboradores ou usuários, evitando o desligamento surpresa e a súbita perda de renda.

Mas afinal, o que seriam, do ponto de vista jurídico, os motoristas da Uber?

Definitivamente, muito embora não sejam tais trabalhadores empregados típicos — *employees* —, ao que parece também não podem ser considerados autônomos ou contratados independentes — *independent contractors*.

O assunto ganhou contorno mundial e alguns países já encontraram ou apontaram solução, não sendo o objetivo aqui afirmar se existe vínculo empregatício ou não.

Parece pacificado o entendimento entre os países da União Europeia de que esses trabalhadores por plataformas digitais estão numa espécie de zona cinzenta, porque são trabalhadores autônomos, porém economicamente dependentes, como na categorização da Espanha, situação muito semelhante à encontrada em Portugal, basicamente concluindo que a Uber não é uma empresa de tecnologia, mas sim de prestação de serviços de transporte de passageiros; seus motoristas, conquanto não sejam taxistas empregados, tampouco são trabalhadores autônomos.[841]

Estudando a assim chamada zona cinzenta do emprego, Christian Azaïs *et all* analisam os argumentos de Alain Supiot e tomam por empréstimo a noção de espaço público de Habermas para descrever o teatro, o cenário, seus atores e o papel dos interessados, com confrontações e concessões recíprocas.[842]

No Reino Unido, a Suprema Corte enfrentou a polêmica jurídica, buscando resolver qual a categorização dos prestadores de serviços por intermédio de plataformas digitais, perguntando se os motoristas da Uber seriam empregados, com a cobertura completa de direitos de um típico trabalhador subordinado (*employees*), onde os algoritmos dirigem a prestação do serviço, como sustenta Valerio De Stefano,[843] se seriam trabalhadores autônomos (*independent contractors*), tipo *freelancers*, ou se estariam num patamar intermediário, não sendo empregados, mas também não podendo ser considerados puramente autônomos.

---

(840) BRASIL. *Câmara dos Deputados*. Disponível em: <https://www.camara.leg.br/noticias/765429-comissao-aprova-normas-para-bloqueio-de-motorista-e-de-usuario-de-aplicativo>. Acesso em: 20 nov. 2021.

(841) CARLI, Federico Rosenbaum. Los choferes de uber no son contratistas independientes. Comentarios de la sentencia de la Suprema Corte del Reino Unido del 19.02.2021. In: *Opinión y crítica sobre el Derecho del Trabajo*, 22 mar. 2021. Disponível em: <https://federicorosenbaum.blogspot.com/2021/03/los-choferes-de-uber-no-son.html>. Acesso em: 20 nov. 2021.

(842) AZAÏS, Christian; DIEUAIDE, Patrick; KESSELMAN, Donna. Zona cinzenta do emprego, poder do empregador e espaço público. In: CARELLI, Rodrigo de Lacerda; CAVALCANTI, Tiago Muniz; FONSECA, Vanessa Patriota da (Orgs.). *Futuro do Trabalho:* os efeitos da revolução digital na sociedade. Brasília: ESMPU, 2020b. p. 441-458.

(843) DE STEFANO, Valerio. Automação, inteligência artificial e proteção laboral: patrões algorítmicos e o que fazer com eles. Trad. Rodrigo Carelli. In: CARELLI, Rodrigo de Lacerda; CAVALCANTI, Tiago Muniz; FONSECA, Vanessa Patriota da (Orgs.). *Futuro do trabalho:* os efeitos da revolução digital na sociedade. Brasília: ESMPU, 2020. p. 21-61.

A questão foi resolvida pela Suprema Corte em 19 de fevereiro de 2021, fixando-os na categoria profissional dos *workers*, encontrando solução na seção 230 do Employment Rights Act de 1996, entendendo que os motoristas da Uber não são *self-employed* (trabalhadores autônomos), e sim integrantes de outra espécie de categoria profissional, um terceiro gênero denominado *workers*, numa situação jurídica intermediária, passando a ter direito a salário mínimo, férias anuais e cobertura previdenciária.(844)

Segundo Ricardo Buendia Esteban e Jorge Leyton Garcia, adotando uma interpretação finalística da lei para evitar que a liberdade das partes contratantes seja simplesmente ilusória, fez com que o Tribunal elevasse o sentido protetivo do Direito do Trabalho, afastando a tradicional deferência à autonomia das partes contraentes que o *common law* costuma mostrar.(845)

Ainda analisando a decisão do Reino Unido sobre a Uber e seus motoristas, assentou Federico Rosenbaum Carli:

> O caso Uber foi analisado pela Suprema Corte do Reino Unido, que enfatizou que a alínea (b) do art. 230 do *Employment Rights Act* de 1996, prevê que a definição do contrato celebrado com um trabalhador implica a concordância de três elementos. Por um lado, um contrato pelo qual uma pessoa se compromete a realizar trabalhos ou serviços para a outra parte; por outro lado, o compromisso de executar o trabalho pessoalmente; e, por fim, a exigência de que a outra parte no contrato não seja cliente de nenhuma profissão ou atividade comercial exercida pela pessoa física. (Tradução livre)(846)

Outro ponto relevante neste caso do Reino Unido, acentuado por Joe Atkinson e Hitesh Dhorajiwala, muito embora tido como secundário na decisão, foi o reconhecimento de que o tempo em que os motoristas ficam "logados" no aplicativo e disponíveis para fazer

---

(844) UKSC THE SUPREME COURT. *Judgment Uber and others (Appellants) v Aslam and others (respondents)*. Judgment given on 19 February 2021. Heard on 21 and 22 July 2020. Disponível em: <https://www.supremecourt.uk/cases/docs/uksc-2019-0029-judgment.pdf>. Acesso em: 12 dez. 2021.

(845) ESTEBAN, Ricardo Buendia; GARCIA, Jorge Leyton. El caso Uber en el Reino Unido y el rol protector del derecho del trabajo. *Diario Constitucional*, 10 mar. 2021. Disponível em: <https://www.diarioconstitucional.cl/articulos/el-caso-uber-en-el-reino-unido-y-el-rol-protector-del-derecho-del-trabajo/>. Acesso em: 12 dez. 2021.

(846) CARLI, Federico Rosenbaum. Los choferes de uber no son contratistas independientes. Comentarios de la sentencia de la Suprema Corte del Reino Unido del 19.02.2021. In: *Opinión y crítica sobre el Derecho del Trabajo*, 22 mar. 2021. Disponível em: <https://federicorosenbaum.blogspot.com/2021/03/los-choferes-de-uber-no-son.html>. Acesso em: 23 mar. 2021. *El caso Uber fue analizado por la Corte Suprema del Reino Unido, quien ha enfatizado en que el apartado (b) de la sección 230 del Employments Rights Act de 1996, dispone que la definición del contrato mantenido con un worker, implica la concurrencia de tres elementos. Por un lado, un contrato por el cual una persona se compromete a realizar un trabajo o servicios para la otra parte; por otro lado, un compromiso de ejecutar el trabajo personalmente; y finalmente, la exigencia de que la otra parte del contrato no se trate de un cliente de ninguna profesión o actividad comercial llevada a cabo por el individuo.*

viagens é contado como tempo de serviço. É dizer, a decisão da Suprema Corte inglesa adotou a noção de tempo à disposição.(847)

Em suas notas sobre esta emblemática decisão da Suprema Corte do Reino Unido de 19 de fevereiro de 2021, no caso Uber, De Stefano adverte que a "regulação não é um cardápio *a la carte* que as empresas escolhem o tipo de proteção que se dispõem a dar aos seus trabalhadores" e destaca que a Suprema Corte do Reino Unido capturou perfeitamente tanto o ponto central da demanda quanto a essência do debate global sobre as plataformas digitais, possuindo a virtude de desmistificar a narrativa baseada na ideia de que elas eram um modelo de trabalho inteiramente novo, tornado possível pela tecnologia, e que não poderiam ser submetidas à mesma regulação dos modelos de negócios tradicionais.(848)

Essas empresas insistem em afirmar que seu modelo (das plataformas digitais) não é compatível com os sistemas de proteção ao trabalho existentes e que elas próprias, por suas peculiaridades, estariam mais bem equipadas para determinar que tipo de proteção poderiam assegurar aos trabalhadores (embora não os chamassem de "trabalhadores", mas "motoristas", "parceiros" "*taskers*" — capatazes", "*riders*" — ciclistas"), etc."(849)

Em outro julgamento ocorrido no Reino Unido, "in the Court of Appeal (Civil Division)",(850) corte de apelação ou Tribunal de Recurso (Divisão Civil), integrante do Royal Courts of Justice, também gravitando em torno da discussão principal sobre o modelo de trabalho na chamada uberização, em 24 de junho de 2021, no Case n.: C1/2018/3104, envolvendo a Independent Workers Union of Great Britain, o Central Arbitration Committee e a empresa Roofoods Ltd t/a Deliveroo, foi analisada a apelação do sindicato de trabalhadores independentes, sendo examinada a questão da representação ou legitimidade sindical.

Os trabalhadores da Deliveroo não são *workers* por lhes faltar o requisito pessoalidade (exigido na configuração dos *workers*). O sindicato dos trabalhadores (*workers*) independentes da Grã-Bretanha tentou postular coletivamente em nome de alguns motoristas da Deliveroo, mas não conseguiu que sua legitimidade fosse reconhecida porque esses profissionais, os entregadores, não são *workers* na acepção britânica.

O Tribunal entendeu ausente a pessoalidade da prestação do serviço desses entregadores e negou a legitimidade sindical para pleitear, barganhar e negociar coletivamente o

---

(847) ATKINSON, Joe; DHORAJIWALA. Hitesh. After Uber: Purposive Interpretation and the Future of Contract. *UK Labor Law.* April 1, 2021. Disponível em: <https://uklabourlawblog.com/2021/04/01/after-uber-purposive-interpretation-and-the-future-of-contract-by-joe-atkinson-and-hitesh-dhorajiwala/>. Acesso em: Acesso em: 12 dez. 2021.

(848) DE STEFANO, Valerio. Automação, inteligência artificial e proteção laboral: patrões algorítmicos e o que fazer com eles. Trad. Rodrigo Carelli. In: CARELLI, Rodrigo de Lacerda; CAVALCANTI, Tiago Muniz; FONSECA, Vanessa Patriota da (Orgs.). *Futuro do trabalho:* os efeitos da revolução digital na sociedade. Brasília: ESMPU, 2020. p. 21-61.

(849) DE STEFANO, Valerio. Regulation is not an À la Carte menu: insights from the Uber judgment. Trad. Roberta Vancep Harop. *UK Labor Law*, March 2, 2021. Disponível em: <https://uklabourlawblog.com/2021/03/02/regulation-is-not-an-a-la-carte-menu-insights-from-the-uber-judgment-by-valerio-de-stefano/>. Acesso em: Acesso em: 12 dez. 2021.

(850) Tribunal instância recursal, de apelação, integrante dos tribunais da Inglaterra (Royal Courts of Justice), que julga apenas recursos oriundos de outros tribunais – tribunal de apelação, com sede em Londres.

reconhecimento dos trabalhadores da Deliveroo, entregadores, como *workers*, com direito a alguns benefícios trabalhistas e proteção previdenciária,[(851)] o que não deixa de ser uma vitória para essas empresas, na batalha judicial que é travada no mundo inteiro.

O sociólogo britânico-jamaicano Stuart Hall afirma que nas últimas décadas, as identidades estão sendo descentradas e há o deslocamento das velhas identidades que por tanto tempo estabilizaram o mundo social, surgindo "novas identidades e fragmentando o indivíduo moderno", até então visto como unificado. Esta "descentração" é a causa do colapso da identidade moderna, "um tipo diferente de mudança estrutural" que está transformando as sociedades modernas do final do século XX e início do século XXI, "fragmentando as paisagens culturais de classe, gênero, sexualidade, etnia, raça e nacionalidade, que no passado foram oferecidas como sólidas localizações como indivíduos sociais".[(852)]

Na perda de um sentido de si estável dá-se o deslocamento ou a descentração do sujeito. Hall sustenta que "esses processos de mudança, tomados em conjunto, representam um processo de transformação tão fundamental e abrangente que somos compelidos a perguntar se não é a própria modernidade que está sendo transformada".[(853)]

O sujeito pós-moderno não possui identidade fixa, essencial ou permanente:

> A identidade torna-se uma 'celebração móvel': formada e transformada continuamente em relação às formas pelas quais somos representados ou interpelados nos sistemas culturais que nos rodeiam.[(854)]

David Harvey, em seu livro "Condição pós-moderna", concorda com essa "sensação avassaladora de fragmentação, efemeridade e mudança caótica":

> Se a vida moderna está de fato tão permeada pelo sentido fugidio, do efêmero, do fragmentário e do contingente, há algumas profundas consequências.[(855)]

O caso Uber fez soar o momento pós-moderno, assustando o sujeito e sua identidade, normalmente composta inevitavelmente pelo trabalho.

Seguindo a tendência da decisão da Suprema Corte do Reino Unido, não poucos autores defendem a necessidade de criação de um terceiro gênero de relação de trabalho,

---

(851) UK. The Court of Appeal (Civil Division) – Royal Courts of Justice. *Judgment Case No: C1/2018/3104. The Independent Workers Union of Great Britain, the Central Arbitration Committee and the Roofoods Ltd t/a Deliveroo.*

(852) HALL, Stuart. *A identidade cultural na pós-modernidade*. Tradução: Tomaz Tadeu da Silva & Guacira Lopes Louro. 12. ed. Rio de janeiro, 2020. p. 9.

(853) *Ibidem*, p. 10.

(854) *Ibidem*, p. 11-12.

(855) HARVEY, David. *A condição pós-moderna:* uma pesquisa sobre as origens da mudança cultural. Trad. Adail Ubirajara Sobral e Maria Stela Gonçalves. 26. ed. São Paulo: Edições Loyola, 2016. p. 21-22.

entre o emprego típico e o trabalhador autônomo, sem cobertura trabalhista completa nem ausência de cobertura, assegurando-se alguns indispensáveis direitos trabalhistas e proteção previdenciária.

Nos dias atuais, a discussão centra-se em como resolver a situação da empresa e seus motoristas, ou colaboradores, que tipo de relação jurídica haveria. Esse novo arranjo empresarial mescla tecnologia e investimento financeiro. Ao mesmo tempo em que hoje explora seus "colaboradores" e anuncia insistentemente ser apenas uma empresa de tecnologia, uma plataforma de intermediação de interesses e não de prestação de serviços de transporte de pessoas e entregas de encomendas e comidas, a empresa investe pesadamente em pesquisas buscando desenvolver o mais rapidamente o projeto de carro autônomo, tornando os motoristas de hoje simplesmente desnecessários.

Assim, entre os que defendem a existência de vínculo de emprego entre trabalhadores e empresa por plataforma digital, os que negam esse vínculo e os de posição intermediária, estabeleceu-se uma verdadeira corrida para ver qual corrente doutrinária assume a dianteira da narrativa.

No Brasil, tem prevalecido a tese de que essas empresas são de tecnologia e não de prestação de serviços, e que a elas não são aplicadas as normas legais trabalhistas em vigor, apesar da grande quantidade de opiniões contrárias abalizadas e fundamentadas no direito, como a posição defendida por Eliete Tavalli Alves,[(856)] Guilherme Guimarães Feliciano e Ana Paula Miskulin,[(857)]/[(858)] além de decisões de tribunais mundo afora.

Estaria o direito material do trabalho enfrentando seu maior desafio, após mais de cem anos a regular as relações de trabalho, hoje tão modificadas, ao ponto de demandar uma inflexão, um grande redirecionamento hermenêutico?

Ou ainda:

> Pensar como o Direito do Trabalho pode preservar seu compromisso de atuação como instrumento civilizatório, ao invés de mecanismo de exclusão e discriminação. Assim, questiona-se: que Direito do Trabalho será possível reconstruir? [(859)]

---

(856) ALVES, Eliete Tavelli. *Parassubordinação e uberização do trabalho:* algumas reflexões. Rio de Janeiro: Lumen Juris, 2019.

(857) FELICIANO, Guilherme Guimarães; MISKULIN, Ana Paula Silva Campos. *Infoproletários e a Uberização do trabalho:* direito e justiça em um novo horizonte de possibilidades. São Paulo: LTr, 2019.

(858) MISKULIN, Ana Paula Silva Campos. *Aplicativos e Direito do Trabalho:* a era dos dados controlados por algoritmos. 1. ed. Salvador: JusPodivm, 2021.

(859) DELGADO, Mauricio Godinho; DELGADO, Gabriela Neves. A proteção e a inclusão da pessoa humana trabalhadora e do trabalho no Brasil República: fluxos e refluxos. *Revista Jurídica Unicuritiba*, vol. 04, n.. 57, Curitiba, 2019. pp. 538 – 583. Disponível em: <http://revista.unicuritiba.edu.br/index.php/RevJur/article/download/3792/371372148>. Acesso em: 20 mar. 2022.

Como o Direito regula a conduta humana, a unidade de seu sistema de normas é constituída pelo fato de todas elas terem o mesmo fundamento de validade, conforme Hans Kelsen,(860) como anota Pedro Paulo Teixeira Manus:

> Que significa dizer que as normas jurídicas vinculam-se entre si por um fundamento único, a fim de compor um sistema harmônico seguindo uma escala de importância, de tal modo que as normas hierarquicamente inferiores submetem-se aos mandamentos das normas hierarquicamente superiores e sob pena de não o fazendo tornarem-se inválidas. Existe assim uma hierarquia das fontes formais, o que garante a coerência do sistema jurídico.(861)

Conquanto o direito busque e prometa segurança jurídica, não é infenso ao inevitável movimento da vida e sua dinâmica transformadora de realidades aparentemente assentadas, consolidadas pelo tempo.

Outra dificuldade é que as palavras comportam uma multiplicidade de sentidos, e sendo o Direito linguagem, nem sempre consegue resolver as polissemias decorrentes do texto normativo. Mas essa característica do Direito não pode servir para beneficiar alguns e prejudicar tantos outros, já que o texto normativo sempre demanda interpretação.

Se a clássica visão dicotômica entre trabalho autônomo e trabalho subordinado, como macrodivisão do trabalho, do modo como foi originalmente concebida pelos italianos(862) está superada, existindo hoje o que a literatura jurídica tem chamado de zona cinzenta, algo intermediário entre o trabalho subordinado clássico com a típica relação de emprego e todos os seus direitos e carga de obrigações e o trabalho autônomo com ampla liberdade sobretudo de horários, porém mantendo o antigo traço da dependência econômica e mascarando a subordinação jurídica por meio da inovação e da tecnologia, não parece adequado simplesmente afirmar que o Direito do Trabalho não possui regramento para enfrentar esse novo e desafiador momento da utilização das tecnologias de comunicação e informação nas relações de trabalho.

Não existe, no Brasil' definição legal de subordinação. A lei trabalhista brasileira nem sequer menciona a subordinação como elemento caracterizador da relação de emprego no art. 3º da CLT, referindo-se à dependência.

---

(860) KELSEN, Hans. *Teoria pura do Direito*. 8. ed. São Paulo: WMF Martins Fontes, 2009. p. 33.

(861) MANUS, Pedro Paulo Teixeira. A execução no processo do trabalho, o devido processo legal, a efetividade do processo e as novas alterações do código de processo civil. *Revista do Tribunal Superior do Trabalho*, vol. 73, n. 1 (jan./mar. 2007). Disponível em: <https://juslaboris.tst.jus.br/bitstream/handle/20.500.12178/2279/2007_manus_pedro_execucao_processo_trabalho.pdf?sequence=1&isAllowed=y>. Acesso em: 20 mar. 2022.

(862) "Coube a Lodovico Barassi, o que já foi mostrado em sua célebre monografia *Il contrato di lavoro nel diritto positivo ilataliano* (1901), apontar a subordinação do *locator operarum* perante o empregador, o traço identificativo da *locatio operarum*. A suborbinação está no *Códice Civile* da Itália (1942), que no Livro Quinto difere *prestarore di lavoro subordinato* (art. 2.094) do *lavoro autonomo* (art. 2.222). Mereceu na doutrina peninsular obras específicas, destacando-se as de Domenico Napoletano, *Il lavoro subordinato* (1955) e Vicenzo Cassí, La subordinazione del lavoratore nel diritto del lavoro (1947)" (*Apud*, NASCIMENTO, Amauri Mascaro. *Curso de Direito do Trabalho*. 21. ed. São Paulo: Saraiva, 2006. p. 429-430).

Inegável tem sido o esforço da doutrina e da jurisprudência em conceituar a subordinação. Há falta de consenso sobre o tema, pois a lei não cuidou de fazê-lo, apesar de algumas vezes mencioná-la na CLT, como nos arts. 6º, parágrafo único, 443, § 3º e 452-A, § 3º.[(863)]

Muito se tem escrito e falado sobre a necessidade de revisão ou até mesmo uma nova conceituação sobre a subordinação jurídica no Direito do Trabalho ou para o contrato de trabalho, já que hoje, diante das novas tecnologias, o trabalho tem sofrido profundas mudanças e os contornos atuais da subordinação revelam novos elementos.

Para Mauricio Godinho Delgado, a subordinação transmite a ideia de submissão, de sujeição ao poder de outro, de cumprimento das ordens de terceiro, revelando uma posição de dependência:

> A subordinação corresponde ao polo antitético e combinado ao poder de direção existente no contexto da relação de emprego. Consiste, assim, na situação jurídica derivada do contrato de trabalho, pelas qual o empregador compromete-se a acolher o poder de direção empresarial no modo de realização de sua prestação de serviços.[(864)]

Como diz Amauri Mascaro Nascimento, "subordinação e poder de direção são verso e reverso da mesma medalha".[(865)]

Existe em direito, nos conceitos jurídicos indeterminados, um núcleo conceitual e um "halo" conceitual, como descreve Karl Engisch, citando Philipp Heck, formado como se fosse um círculo de retração de luz circundando a atmosfera brumosa.

Engisch demonstra que conceitos indeterminados no direito são difíceis de encontrar, uma vez que: "Por conceito indeterminado entendemos um conceito cujo conteúdo e extensão são em larga medida incertos. Os conceitos absolutamente indeterminados são muito raros no Direito". E citando Philipp Heck, esclarece que "podemos distinguir nos conceitos jurídicos indeterminados um *núcleo* conceitual e um *halo* conceitual. Sempre que temos uma noção clara do conteúdo da extensão dum conceito, estamos no domínio do núcleo conceitual. Onde as dificuldades começam, começa o halo do conceito".[(866)]

Hoje o caso uber faz reacender a discussão que parecia encerrada sobre parassubordinação, a polêmica sobre a prevalência entre subordinação jurídica e dependência econômica já antiga,[(867)] cuja ideia inicial surgiu na Itália, ao final da primeira metade do Século XX, em

---

(863) BRASIL. *Decreto-lei n. 5.452, de 1º de maio de 1943.* Consolidação das Leis do Trabalho — CLT. Disponível em: <http://www.planalto.gov.br/ccivil_03/Decreto-lei/del5452.htm>. Acesso em: 20 mar. 2022.

(864) DELGADO, Mauricio Godinho. *Curso de Direito do Trabalho.* 10. ed. São Paulo: LTr, 2011. p. 290-291.

(865) NASCIMENTO, Amauri Mascaro. *Iniciação ao direito do trabalho.* 30. ed. São Paulo: LTr, 2004. p. 195.

(866) ENGISCH, Karl. *Introdução ao pensamento jurídico.* 10. ed. Lisboa: Fundação Calouste Gulbenkian, 2008. p. 208-209.

(867) ALVES, Eliete Tavelli. *Parassubordinação e uberização do trabalho:* algumas reflexões. Rio de Janeiro: Lumen Juris, 2019. p. 27.

1949, com a lei n. 741, de 1959, prevendo "a possibilidade de estender os contratos e acordos coletivos às relações de colaboração caracterizadas pela prestação de uma atividade continuada e coordenada", conhecida como Lei Vigorelli, como relata Eliete Tavelli Alves. (868)

Otavio Pinto e Silva, em artigo publicado na Revista da Faculdade de Direito da Universidade de São Paulo, em 2002, esclarece a importância do *Codice procedura civile* italiano, com redação dada pela lei n. 533, de 11 de agosto de 1973, ao art. 409, n. 3, prevendo entre as relações jurídicas sujeitas ao rito processual trabalhista "relações de agência, de representação comercial e outras relações de colaboração que se expressam numa prestação de serviços continuada e coordenada, preferencialmente pessoal, ainda que sem caráter subordinado".(869) Destaca que "o elemento de conexão entre várias relações de trabalho parassubordinado pode ser genericamente descrito como um vínculo de dependência substancial e de disparidade contratual". (870)

Amauri Mascaro Nascimento reconhece que "a parassubordinação é um conceito ainda em construção e não admitido pela jurisprudência trabalhista brasileira. Ela não se confunde nem com a autonomia nem com a subordinação e pauta-se pela colaboração e coordenação, ou melhor, pela colaboração coordenada":(871)

> O trabalho parassubordinado é uma categoria intermediária entre o autônomo e o subordinado, abrangendo tipos de trabalho que não se enquadram exatamente em uma das duas modalidades tradicionais, entre as quais se situa, como representação comercial, o trabalho dos profissionais liberais e outras atividades atípicas, nas quais o trabalho é prestado com pessoalidade, continuidade e coordenação. Seria a hipótese, se cabível, do trabalho autônomo com características assimiláveis ao trabalho subordinado.(872)

Entretanto, como acentua André Gonçalves Zipperer, assim como no modelo italiano, a colaboração coordenada e contínua enfrenta dificuldades de utilização também no direito brasileiro. Conclui que nem na Itália, onde surgiu, conseguiu produzir resultados positivos e que hoje se vive uma fuga da parassubordinação.(873)

---

(868) *Ibidem*, p. 11-14.

(869) *Rapporti di agenzia, di rappresentanza commerciale ed altri rapporti di collaborazione che si concretino in uma prestazione di opera continuativa e coordinata, prevalentemente personale, anche se non a carattere subordinato.* SILVA, Otavio Pinto e. O trabalho parassubordinado. *Revista da Faculdade de Direito da Universidade de São Paulo — USP*, v. 97, 2002. Disponível em: <https://www.revistas.usp.br/rfdusp/article/view/67540>. Acesso em: 20 mar. 2022.

(870) *Idem*.

(871) NASCIMENTO, Marcelo Mascaro. Parassubordinação: o meio termo entre o empregado e o autônomo. *Consultor Jurídico — Conjur*, 18 nov. 2015. Disponível em: <https://www.conjur.com.br/2015-nov-18/parassubordinacao-meio-termo-entre-empregado-autonomo>. Acesso em: 25 mar. 2022.

(872) NASCIMENTO, Amauri Mascaro. *Curso de Direito do Trabalho*. 21. ed. São Paulo: Saraiva, 2006. p. 430-431.

(873) ZIPPERER, André Gonçalves. *A intermediação de trabalho via plataformas digitais:* repensando o Direito do Trabalho a partir das novas realidades do século XXI. São Paulo: LTr, 2019. p 115-125.

Em outros países, admite-se a figura do trabalhador autônomo economicamente dependente, mas no Brasil existe um apego exagerado ao conceito do que vem a ser subordinação, que fica limitada estritamente à jurídica, uma visão reducionista, quase um jogo de ganha tudo ou perde tudo, de tudo ou nada na interpretação dos elementos de configuração da relação de trabalho.

A denominada subordinação estrutural, como elemento caracterizador da relação de emprego, foi expressamente rechaçada pelo Tribunal Superior do Trabalho.[(874)]

A subordinação algorítmica, no trabalho atual, é o elemento fático com maior destaque, capaz de separar as relações de trabalho empregatícias das autônomas. A subordinação é imprescindível para a caracterização do vínculo empregatício, pois a ela se contrapõe o poder diretivo do empregador, fazendo com que o empregado acolha as orientações empresariais relativas ao modo como o serviço deve ser prestado, como demonstram Luciane Cardoso Barzotto, Ana Paula Silva Campos Miskulin e Lucieli Breda, sobretudo ante a falta de transparência nessas condições de trabalho. Defendem a configuração da subordinação algorítmica.[(875)]

O Tribunal Superior do Trabalho — TST, tem reafirmado a fundamentação de que os elementos caracterizadores da relação de emprego são apenas os previstos na CLT, decidindo que "o fato de as empresas estabelecerem diretrizes e aferirem resultados não implica a existência de subordinação jurídica, e a chamada subordinação estrutural não é elemento caracterizador da relação de emprego". O caso envolve corretores de imóveis e empresa imobiliária, mas não tardou para servir de munição para os que insistem no estreito argumento da subordinação jurídica, transpondo literalmente palavra por palavra para os trabalhadores por plataformas digitais, "podendo perfeitamente a empresa supervisionar e determinar a forma de execução das atividades".[(876)]

Neste caso, fazer comparação entre corretores de imóveis e motoristas de uber e entregadores de comida é algo no mínimo cruel. O argumento chega a ser perverso, pois não se podem comparar em valores reais as comissões pagas pelas imobiliárias aos corretores de imóveis e o que Uber, 99 app, Uber eats, iFood, Rappi e tantas outras plataformas eletrônicas de trabalho pagam aos seus colaboradores.

---

(874) BRASIL. Tribunal Superior do Trabalho — TST. *Recurso de Revista Proc. RR-181500-25.2013.5.17.0008*, 4ª Turma, rel. Ministro Caputo Bastos. Julgamento 14.04.2021. Disponível em: <http://aplicacao4.tst.jus.br/consultaProcessual/consultaTstNumUnica.do;jsessionid=D407B4623ADDCFE2AD067A1011FD5673.vm653?conscsjt=&numeroTst=181500&digitoTst=25&anoTst=2013&orgaoTst=5&tribunalTst=17&varaTst=0008&consulta=Consultar>. Acesso em: 16 abr. 2022.

(875) BARZOTTO, Luciane Cardoso; MISKULIN, Ana Paula Silva Campos; BREDA, Lucieli. Condições transparentes de trabalho, informação e subordinação algorítmica nas relações de trabalho. In: CARELLI, Rodrigo de Lacerda; CAVALCANTI, Tiago Muniz; FONSECA, Vanessa Patriota da (Orgs.). *Futuro do trabalho:* os efeitos da revolução digital na sociedade. Brasília: ESMPU, 2020. p. 211-223.

(876) BRASIL. Tribunal Superior do Trabalho — TST. *Recurso de Revista Proc. RR-181500-25.2013.5.17.0008*, 4ª Turma, relator Ministro Caputo Bastos. Jul. 14.4.2021. Disponível em: <http://aplicacao4.tst.jus.br/consultaProcessual/consultaTstNumUnica.do;jsessionid=D407B4623ADDCFE2AD067A1011FD5673.vm653?conscsjt=&numeroTst=181500&digitoTst=25&anoTst=2013&orgaoTst=5&tribunalTst=17&varaTst=0008&consulta=Consultar>. Acesso em: 16 abr. 2022.

Comparar corretor de imóveis e sustentar autonomia de trabalho frente a trabalhadores uberizados, em sentido genérico, é, *mutatis mutandis*, o mesmo que comparar um avião a uma bicicleta, apenas porque os dois possuem rodas.

Em pelo menos três processos, em decisões de Turmas, o TST já decidiu pela inexistência de qualquer vínculo trabalhista, como se colhe do julgamento do AIRR-10575-88.2019.5.03.0003 – 4ª Turma, relator ministro Alexandre Luiz Ramos, que afastou o vínculo de emprego em processo originário de Minas Gerais – TRT da 3ª Região, caso julgado em 9.9.2020, entendendo que a relação era de transportador autônomo – Lei n. 11.442/2007.(877)

Também da 4ª Turma é a decisão de 2.3.2021 em sede de recurso de revista (Proc. n. 10555-54.2019.5.03.0179), relator Ministro Ives Gandra Martins Filho, que não reconheceu vínculo de emprego entre motorista de aplicativo e a empresa provedora da plataforma de tecnologia, por ausência de subordinação jurídica.(878)

Em processo originário de São Paulo, TRT da 2ª Região, que entendeu presentes os elementos caracterizadores da relação de emprego constantes do art. 3º da CLT, na primeira e na segunda instâncias, no recurso de revista (proc. n. 1000123.89.2017.5.02.0038 – 5ª Turma), em 25.11.2020, negando o reconhecimento de qualquer vínculo trabalhista entre Uber e motorista, em decisão unânime, caso julgado em 5.2.2020, sob a relatoria do Ministro Breno Medeiros.(879)

Tem sido importante a construção doutrinária, jurisprudencial e até legislativa em alguns países, do contrato híbrido; no Brasil, esses trabalhadores nem seriam celetistas, tampouco seriam autônomos. Mostra-se razoável a tese do Ministro da 3ª Turma do Tribunal Superior do Trabalho — TST, Mauricio Godinho Delgado, de inclusão desses trabalhadores na previsão do art. 6º, parágrafo único, da CLT, com direitos trabalhistas proporcionais ao tempo trabalhado e cobertura social. Mas nem mesmo essa solução intermediária parece palatável aos demais ministros.(880)

---

(877) BRASIL. Tribunal Superior do Trabalho — TST. *Agravo de instrumento em recurso de revista AIRR-10575-88.2019.5.03.0003*, 4ª Turma, rel. ministro Alexandre Luiz Ramos. Julg. em 9.9.2020. Disponível em: <http://aplicacao4.tst.jus.br/consultaProcessual/consultaTstNumUnica.do?consulta=Consultar&conscsjt=&numeroTst=10575&digitoTst=88&anoTst=2019&orgaoTst=5&tribunalTst=03&varaTst=0003&submit=Consultarhttp://aplicacao4.tst.jus.br/consultaProcessual/consultaTstNumUnica.do;jsessionid=D407B4623ADDCFE2AD067A1011FD5673.vm653?conscsjt=&numeroTst=181500&digitoTst=25&anoTst=2013&orgaoTst=5&tribunalTst=17&varaTst=0008&consulta=Consultar>. Acesso em: 16 abr. 2022.

(878) BRASIL. Tribunal Superior do Trabalho- TST. *Recurso de revista RR 10555-54.2019.5.03.0179*, 4ª Turma, rel. Ministro Ives Gandra Martins Filho. Julg. 2.3.2021. Disponível em: <http://aplicacao4.tst.jus.br/consultaProcessual/consultaTstNumUnica.do?consulta=Consultar&conscsjt=&numeroTst=10555&digitoTst=54&anoTst=2019&orgaoTst=5&tribunalTst=03&varaTst=0179&submit=Consultar> e <http://celioneto.adv.br/wp-content/uploads/2021/03/Voto-UBER-RR-10555-54.2019.5.03.0179-6223090.pdf>. Acesso em: 16 abr. 2022.

(879) BRASIL. Tribunal Superior do Trabalho TST. *Recurso de revista – RR Proc. 1000123.89.2017.5.02.0038*, 5ª Turma, relator Ministro Breno Medeiros. Julg. 5.2.2020. Disponível em: <http://aplicacao4.tst.jus.br/consultaProcessual/consultaTstNumUnica.do?consulta=Consultar&conscsjt=&numeroTst=1000123&digitoTst=89&anoTst=2017&orgaoTst=5&tribunalTst=02&varaTst=0038&submit=Consultar>. Acesso em: 16 abr. 2022.

(880) BRASIL. Tribunal Superior do Trabalho — TST. *Recurso de revista – RR 100353-02.2017.5.01.0066*, 3ª Turma do TST, relator Ministro Mauricio Godinho Delgado. Disponível em: <http://aplicacao4.tst.jus.br/consultaProcessual/consultaTstNumUnica.do?consulta=Consultar&conscsjt=&numeroTst=100353&digitoTst=02&anoTst=2017&orgaoTst=5&tribunalTst=01&varaTst=0066&submit=Consultar>. Acesso em: 16 abr. 2022.

É que na 3ª Turma do TST encontrava-se suspenso, desde 2.12.2020, o julgamento do Recurso de revista n. 100353-02.2017.5.01.0066, cujo relator é o Ministro Mauricio Godinho Delgado. Este sustentou em seu voto que a Lei n. 12.551, de 2011, ao modificar a redação do *caput* do art. 6º da CLT e nele incluir o parágrafo único, deixou claro não haver distinção "entre trabalho realizado no estabelecimento do empregador, o executado no domicílio do empregado e o realizado a distância, desde que presentes os pressupostos da relação de emprego"; e que "os meios telemáticos e informatizados de comando, controle e supervisão se equiparam, para fins de subordinação jurídica, aos meios pessoais e diretos de comando, controle e supervisão de trabalho", pelo que os meios digitais se equiparam às ordens diretas, reconhecendo presentes os elementos caracterizadores da relação de emprego e declarando o vínculo trabalhista entre motoristas e a Uber.

O julgamento do RR 100353-02.2017.5.01.0066 foi retomado em 15.12.2021, sendo formada maioria na Turma com o voto do Ministro Alberto Luiz Bresciani de Fontan Pereira, convergente com o voto do Ministro relator, reconhecendo o vínculo trabalhista, porque identificada claramente a subordinação desses trabalhadores de empresas como Uber, 99 e Cabify. Todavia, o Ministro Alexandre de Souza Agra Belmonte prorrogou seu pedido de vista dos autos e o julgamento do processo foi novamente suspenso.[881]

O julgamento do RR 100353-02.2017.5.01.0066 foi concluído pela 3ª Turma do TST em 6.4.2022, sendo finalmente reconhecido o vínculo empregatício entre as Partes e determinado "o retorno dos autos ao Juízo da Vara do Trabalho de origem para examinar os demais pedidos deduzidos pelo Reclamante daí decorrentes, articulados na petição inicial, como entender de direito".[882]

Menciona-se recente decisão da 3ª Turma do Tribunal Superior do Trabalho — TST, tomada por unanimidade em sede de agravo de instrumento em recurso de revista — processo n. TST-RRAg-849-82.2019.5.07.0002, datada de 7.12.2021, cujo relator fora o Ministro Alexandre Agra Belmonte, reconhecendo a responsabilidade objetiva da empresa Uber por acidente que vitimou motorista do aplicativo. [883]

---

(881) *Idem.*

(882) BRASIL. Tribunal Superior do Trabalho — TST. *Recurso de revista – RR 100353-02.2017.5.01.0066.* Disponível em: <https://consultaprocessual.tst.jus.br/consultaProcessual/decisaoForm.do?numInt=288384&anoInt=2019&codOrgaoJudic=79&anoPauta=2022&numPauta=9&tipSessao=E>. Acesso em: 16 abr. 2022. Decisão: refeito o "quorum" e o relatório, em prosseguimento ao julgamento de 2/12/2020 e 15/12/2021, tendo o Exmo Ministro Alberto Luiz Bresciani de Fontan Pereira acompanhado o voto do Exmo. Ministro Relator, por maioria, vencido o Exmo. Ministro Alexandre de Souza Agra Belmonte, que juntará voto, conhecer do recurso de revista, por violação do art. 3º da CLT; e, no mérito, dar-lhe provimento para, reconhecendo o vínculo empregatício entre as Partes, determinar o retorno dos autos ao Juízo da Vara do Trabalho de origem para examinar os demais pedidos deduzidos pelo Reclamante daí decorrentes, articulados na petição inicial, como entender de direito. Tendo participado da sessão de julgamento do dia 15/12/2021, junta-se voto do Exmo. Ministro Alberto Luiz Bresciani de Fontan Pereira, convergente ao voto do Relator. Observação 1: compôs o "quorum" o Exmo. Ministro José Roberto Freire Pimenta, em conformidade com o art. 73, parágrafo único do RI/TST. Observação 2: a Dra. Vivian Simões Falcão Alvim de Oliveira, patrona da parte UBER DO BRASIL TECNOLOGIA LTDA. E OUTROS, esteve presente à sessão.

(883) BRASIL. Tribunal Superior do Trabalho — TST. 3ª Turma. *Agravo de instrumento em recurso de revista – processo n. TST-RRAg-849-82.2019.5.07.0002.* Julgamento em 7.12.2021. Rel. inistro Alexandre Agra Belmonte. Parte dispostiva:

Enquanto se discute no âmbito do TST se existe ou não vínculo de emprego entre motoristas e a Uber, definindo claramente a competência absoluta da Justiça do Trabalho para conhecer e julgar a matéria, o Superior Tribunal de Justiça atravessou decisão em sede de conflito de competência (CC 164.544-MG), mencionando expressamente a *sharing economy*, baseado na tese da inexistência da relação de emprego entre motorista por aplicativo e plataforma digital de trabalho, decidiu que a ação judicial promovida por motorista de Uber, tratando-se de trabalhador autônomo, deve ser endereçada à Justiça Comum, conforme acórdão da Segunda Seção do STJ, relator Ministro Moura Ribeiro.(884)

Diante da evidente divergência entre a decisão da 3ª Turma e as decisões das 4ª e 5ª Turmas do TST, a matéria foi levada à Seção de Dissídios Individuais, visando apaziguar a jurisprudência no âmbito do TST. No dia 6 de outubro de 2022, a Subseção I Especializada em Dissídios Individuais - SDI 1 do TST, pretendia julgar a divergência entre os processos E-RR-1000123-89.2017.5.02.0038 (5ª Turma) e E-RR-100353-02.2017.5.01.0066 (3ª Turma), mas o julgamento foi suspenso com pedido de vista.(885)

Nos últimos dias, foi acrescido novo ingrediente à já ruidosa discussão sobre a uberização do trabalho, quando duas decisões monocráticas de Ministros do TST acolheram a recusa da empresa Uber para a realização de prova técnica pericial em seu sistema algorítmico, não permitindo invadir o que alega ser segredo comercial e que, caso quebrado seu sigilo, estaria aberto à concorrência seu modelo de negócio.

Escrevendo sobre os desdobramentos do caso Facebook-Cambridge Analytica, Frank Pasquale adverte que as mesmas empresas que usam algoritmos sofisticados para monitorar e manipular as pessoas, escondem-se atrás do segredo comercial quando são chamadas a prestar contas. De quando em quando são feitas denúncias que abrem janelas sobre o funcionamento opaco da nova economia digital.(886)

Cássio Luís Casagrande destaca que enquanto tribunais do mundo protegem trabalhadores de aplicativos, o TST adota postura retrógrada. Menciona decisão da Justiça laboral

I – inverter a ordem de julgamento, conhecer e negar provimento ao agravo de instrumento da reclamada Uber do Brasil Tecnologia Ltda. em recurso de revista adesivo; II – conhecer e prover o agravo de instrumento da parte reclamante para determinar o processamento do recurso de revista; III – conhecer do recurso de revista da parte reclamante, por violação do art. 927, parágrafo único, do Código Civil, e, no mérito, dar-lhe provimento para reconhecer a responsabilidade civil objetiva da reclamada e determinar o retorno dos autos ao Tribunal Regional de origem, a fim de que prossiga no exame do pedido de indenização por danos moral e material decorrentes do acidente sofrido pelo motorista de aplicativo, conforme entender de direito.

(884) BRASIL. Superior Tribunal de Justiça — STJ. *Conflito de Competência CC n. 164.544-MG*, relator Ministro Moura Ribeiro. Julg. 28.10.2019. Disponível em: <https://processo.stj.jus.br/processo/pesquisa/?tipoPesquisa=tipoPesquisaNumeroRegistro&termo=201900799520&totalRegistrosPorPagina=40&aplicacao=processos.ea>. Acesso em: 20 abr. 2022.

(885) BRASIL. Tribunal Superior do Trabalho — TST. *Notícias do TST*. Disponível em: <https://www.tst.jus.br/-/uber-tst-discute-v%C3%ADnculo-de-motoristas-nesta-quinta-feira>. Acesso em: 6 out. 2022.

(886) PASQUALE, Frank. Desdobramentos do caso Facebook-Cambridge Analytica: é preciso acabar com o tráfico de dados. *Le Monde* diplomatique Brasil, Edição 130, 2 maio 2018. Disponível em: <https://diplomatique.org.br/e-preciso-acabar-com-o-trafico-de-dados/>. Acesso em: 20 abr. 2022.

da Austrália que reconheceu vínculo de emprego entre o trabalhador brasileiro Diego Franco e a plataforma de entrega de comidas para a qual trabalhava na Austrália desde 2016, usando bicicleta e depois uma moto. A decisão de 2020 avaliou algoritmos de *performance* da empresa que desligou o trabalhador porque supostamente demorava a fazer as entregas quando comparado com seus colegas, sendo afirmada a condição de empregado e declarado ilegal o término do contrato de trabalho comunicado por *e-mail*.[887]

Para Rodrigo Carelli, o Brasil está na contramão do mundo diante dos desafios do século XXI, assumindo o TST a posição de blindar as empresas[888] que exploram o trabalho via plataforma digital. Entende não ser possível a realização de perícia técnica em algoritmo, como na recente decisão da Subseção II Especializada em Dissídios Individuais, na tutela cautelar antecedente — proc. 1000825-67.2021.5.00.000, de 28.5.2021 —, em que figura como requerente a Uber do Brasil Tecnologia Ltda. e requerido, o Juízo da 80ª Vara do Trabalho do Rio de Janeiro, sendo terceiro interessado Carlos Cesar Gonçalves Ventura. Deu-se efeito suspensivo ao recurso ordinário interposto contra decisão do TRT da 1ª Região em mandado de segurança que denegou a ordem de suspender "a realização de perícia técnica no algoritmo utilizado no aplicativo da empresa, com o objetivo de subsidiar o exame da presença dos elementos caracterizadores da relação de emprego alegada".

O Ministro Douglas Alencar Rodrigues adotou postura de "prudência" em face do "exame dos objetivos pretendidos com a obtenção das informações a partir da prova pericial", afirmando a possibilidade de "riscos da diligência probatória que precisam ser avaliados com maior acuidade, porquanto tem potencial de trazer à tona informações sigilosas, aparentemente fundamentais no segmento empresarial de atuação da Requerente, baseado em tecnologia digital".[889]

Em sede de correição parcial — processo n. 1000822-15.2021.5.00.0000, também em 28.5.2021 —, foi suspensa pela Corregedoria do TST a análise técnica pericial em algoritmo da empresa 99 Tecnologia Ltda., decisão monocrática do Ministro Corregedor-Geral Aloysio Silva Corrêa da Veiga, que cassou decisão da 73ª Vara do Trabalho do Rio de Janeiro.[890]

---

(887) CASAGRANDE, Cássio Luís. Para 'uberizados', já é vínculo de emprego na Austrália. *JOTA*, 24 maio 2021. Disponível em: <https://www.jota.info/opiniao-e-analise/colunas/o-mundo-fora-dos-autos/para-uberizados-ja-e-vinculo-de-emprego-na-australia-24052021?utm_campaign=jota_info__ultimas_noticias__destaques__24052021&utm_medium=email&utm_source=RD+Station>. Acesso em: 20 abr. 2022.

(888) CARELLI, Rodrigo de Lacerda. O enviesamento de conceitos básicos sobre a uberização: o Poder Judiciário brasileiro mais uma vez na contramão. *Jornal GGN*, 4 jun. 2021. Disponível em: <https://jornalggn.com.br/destaque-secundario/o-enviesamento-de-conceitos-basicos-sobre-a-uberizacao-por-rodrigo-de-lacerda-carelli/>. Acesso em: 20 abr. 2022.

(889) BRASIL. Tribunal Superior do Trabalho. *Notícias do TST*. "Ministro do TST suspende perícia técnica em algoritmo da Uber". MS 1000825-67.2021.5.00.000. Disponível em: <https://www.tst.jus.br/web/guest/-/ministro-suspende-realiza%C3%A7%C3%A3o-de-per%C3%ADcia-t%C3%A9cnica-no-algoritmo-da-uber>. Acesso em: 31 maio 2021.

(890) BRASIL. Tribunal Superior do Trabalho. *Correição parcial – processo n. 1000822-15.2021.5.00.0000.* Decisão: 28.5.2021, do Corregedor-Geral da Justiça do Trabalho – Ministro Aloysio Silva Corrêa da Veiga. Disponível em: <https://pje.tst.jus.br/consultaprocessual/detalhe-processo/1000822-15.2021.5.00.0000/3>. Acesso em: 20 abr. 2022.

Vê-se, portanto, que enquanto tribunais do mundo inteiro protegem trabalhadores de aplicativos, no Brasil os tribunais adotam postura inversa, sendo comum encontrar em acórdãos evidenciando claramente preferência pela livre-iniciativa, relegando a segundo plano o valor social do trabalho e a necessidade de proteção jurídica, por mínima que seja.

Sobreveio, talvez tardiamente, a Lei n. 14.297, de 5 de janeiro de 2022,(891) que dispõe sobre medidas de proteção asseguradas ao entregador que presta serviços por intermédio de empresa de aplicativo de entrega durante a vigência da emergência em saúde pública decorrente do coronavírus (Sars-CoV-2) responsável pela Covid-19, impondo à empresa contratar seguro contra acidentes, sem franquia, devendo obrigatoriamente cobrir acidentes pessoais, invalidez permanente ou temporária e morte, eventos ocorridos durante a execução do trabalho; estabelece a obrigação de assistência financeira no caso de o entregador contrair a doença, pelo período de 15 a 45 dias, mediante laudo médico; e, por fim, estabelece a lei que a exclusão de conta do entregador da plataforma eletrônica deve ser comunicada com antecedência mínima de três dias, acompanhada das razões que a motivaram, que devem ser fundamentadas.

A virtude da lei está em pacificar, ao menos durante o período da pandemia da Covid-19, pontos polêmicos, definindo que a empresa de aplicativo tem o dever de assegurar proteção ao entregador, medidas que poderão vir a ser estendidas por analogia aos motoristas de aplicativos.

4.4. Acordos judiciais como meio de impedir a formação de precedentes

A primeira palavra a ser dita neste tópico é sobre a reconhecida valorização da autonomia privada no sistema jurídico brasileiro. O direito material do trabalho e o direito processual do trabalho sempre conviveram, e até hoje convivem, com a forte inclinação à solução consensual dos conflitos, tanto no plano individual quanto no plano coletivo das relações de trabalho e das lides trabalhistas.(892)

O tema é relevante e gravita em torno do acesso à justiça, já que vem se tornando uma prática que aparentemente realiza e satisfaz mais rapidamente o direito, mas que pode ser identificada como óbice ao acesso à justiça, com potência para impedir a formação de precedentes judiciais.

No CPC de 2015, a decisão homologatória de autocomposição extrajudicial pode ser de qualquer natureza ou valor, constituindo título executivo judicial (art. 515, inciso III e art. 725, inciso VIII). Já na CLT e nos termos da Lei n. 13.467, de 2017, no processo do trabalho a

(891) BRASIL. *Lei n. 14.297, de 5 de janeiro de 2022.* Dispõe sobre medididas de proteção asseguradas ao entregador que presta serviços por intermédio de empresa de aplicativo de entrega durante a vigência da emergência em saúde pública decorrente do coronavirus responsável pela Covid-19. Disponível em: <http://www.planalto.gov.br/CCIVIL_03/_Ato2019-2022/2022/Lei/L14297.htm. Acesseo em: 20 abr. 2022.

(892) BRASIL. *Consolidação das Leis do Trabalho — CLT.* Art. 764 – Os dissídios individuais ou coletivos submetidos à apreciação da Justiça do Trabalho serão sempre sujeitos à conciliação. (...) § 3º É lícito às partes celebrar acordo que ponha termo ao processo, ainda mesmo depois de encerrado o juízo conciliatório. Disponível em: <http://www.planalto.gov.br/ccivil_03/Decreto-lei/del5452.htm>. Acesso em: 20 abr. 2022.

homologação de acordo extrajudicial passa pela decisão da Justiça do Trabalho em matéria de sua competência (CLT art. 652, inciso I, *"f"*).

A reforma de 2017 estabelece na letra *"f"* do art. 652 da CLT que compete às Varas do Trabalho decidir quanto à homologação de acordo extrajudicial em matéria concernente à competência da Justiça do Trabalho, o que parece se distanciar um pouco do CPC de 2015, uma vez que reserva certa margem de discricionariedade à Justiça do Trabalho, prestigiando a autonomia da vontade das partes, mas preservando a indisponibilidade de alguns títulos e matérias, permitindo a manutenção da facultatividade da decisão homologatória do juiz, consoante súmula n. 418 do TST.(893)

É que, valendo-se dos conhecimentos da jurimetria e prevendo a tendência do modo como decide cada tribunal, a parte se antecipa ao acordo com a única finalidade de não permitir que aqueles fatos sejam analisados pelo tribunal e que a eles não se aplique o direito, frustrando o princípio da primazia da decisão de mérito e o dever de coerência e integridade, impedindo que o tribunal construa uma jurisprudência estável.

No dizer de Fredie Didier Jr:

> O objetivo é esclarecer que o correto exercício deste dever de editar enunciados sumulares pressupõe a fidelidade do tribunal à base fática a partir da qual a jurisprudência sumulada foi construída. Cumpre preservar o caráter de concretude do direito judicial que se constrói. Produz-se norma geral, mas a partir de casos concretos.(894)

Óbvio que não se ignora que no processo do trabalho o acordo judicialmente homologado faz coisa julgada, vale como decisão irrecorrível (CLT art. 831, parágrafo único), transita em julgado na data da homologação (item V da Súmula n. 100 do TST, ex-OJ n. 104 da SDI II do TST)(895) e que só por ação rescisória é impugnável o termo de conciliação previsto no parágrafo único do art. 831 da CLT.(896)

---

(893) BRASIL. Tribunal Superior do Trabalho. *Súmula n. 418 do TST*. MANDADO DE SEGURANÇA VISANDO À HOMOLOGAÇÃO DE ACORDO. A homologação de acordo constitui faculdade do juiz, inexistindo direito líquido e certo tutelável pela via do mandado de segurança. (nova redação em decorrência do CPC de 2015) – Res. n. 217/2017 – DEJT divulgado em 20, 24 e 25.04.2017. Disponível em: <https://www3.tst.jus.br/jurisprudencia/Sumulas_com_indice/Sumulas_Ind_401_450.html#SUM-418>. Acesso em: 20 abr. 2022.

(894) DIDIER JR, Fredie. Sistema Brasileiro de Precedentes Judiciais Obrigatórios e os Deveres Institucionais dos Tribunais: Uniformidade, Estabilidade, Integridade e Coerência da Jurisprudência. *Revista do Ministério Público do Rio de Janeiro*, n. 64, abr./jun. 2017, p. 135-147. Disponível em: <https://www.mprj.mp.br/documents/20184/1255811/Fredie_Didier_Jr.pdf>. Acesso em: 30 abr. 2022.

(895) BRASIL. Tribunal Superior do Trabalho. *Súmula n. 100 do TST, item V*. O acordo homologado judicialmente tem força de decisão irrecorrível, na forma do art. 831 da CLT. Assim sendo, o termo conciliatório transita em julgado na data da sua homologação judicial. (ex-OJ n. 104 da SBDI-2 – DJ 29.04.2003) Disponível em: <https://www3.tst.jus.br/jurisprudencia/Sumulas_com_indice/Sumulas_Ind_51_100.html#SUM-100>. Acesso em: 30 abr. 2022.

(896) BRASIL. Tribunal Superior do Trabalho. *Súmula n. 259 do TST*. TERMO DE CONCILIAÇÃO. AÇÃO RESCISÓRIA (mantida) – Res. n. 121/2003, DJ 19, 20 e 21.11.2003. Só por ação rescisória é impugnável o termo de conciliação previsto no parágrafo único do art. 831 da CLT. Disponível em: <https://www3.tst.jus.br/jurisprudencia/Sumulas_com_indice/Sumulas_Ind_251_300.html#SUM-259>. Acesso em: 30 abr. 2022.

Mas a utilização da conciliação como estratégia para impedir a formação de precedentes acaba por desnaturar o sentido conceitual da coletivização dos direitos sociais dos trabalhadores, o que não se coaduna com a construção lógica e racional do subsistema trabalhista. Tanto é assim que alguns tribunais começam a rejeitar a homologação desses acordos, como é o caso do TRT da 11ª Região (Manaus).(897)

É emblemática a decisão do TRT da 15ª Região (Campinas – SP), que consigna na ementa do acórdão do processo n. 0011710-15.2019.5.15.0032, da 6ª Turma – 11ª Câmara, a recusa à homologação de acordo celebrado no dia anterior à sessão de julgamento, sendo considerada a estratégia uma fraude trabalhista que confere vantagem desproporcional, sendo extremamente lucrativa, que envolve uma multidão de trabalhadores e é propositalmente camuflada pela aparente uniformidade jurisprudencial.(898)

Por outro lado, em situação idêntica, no Recurso de Revista RR 10254-58.2020.5.03.0184, que se encontrava em pauta de julgamento pela 6ª Turma do Tribunal Superior do Trabalho em 23.2.2022, no mesmo dia o caso envolvendo discussão sobre reconhecimento de vínculo trabalhista entre motorista por aplicativo e a empresa Uber, teve a conciliação homologada em R$ 12.000,00 no Núcleo Permanente de Conciliação (Nupec) do TST.(899)

Não se pode deixar de mencionar que a homologação de acordo extrajudicial em matéria de competência da Justiça do Trabalho (CLT art. 652, "*f*"), novidade trazida pela reforma trabalhista de 2017, tem se mostrado um potente mecanismo manejado para evitar a formação de precedentes judiciais em temas polêmicos, chegando alguns tribunais do trabalho a recusar tais homologações.(900)(901)

4.5. A reforma trabalhista de 2017 e o devido processo legal substantivo

Como disse Adhemar Ferreira Maciel, em seu artigo "*Due process of law*", que até hoje é referência indispensável para aqueles que estudam o tema:

---

(897) SANTOS, Rafa. TRT-11(Manaus) rejeita homologação de acordo e reconhece vínculo entre Uber e motorista. *Revista Consultor Jurídico*, 28 jun. 2021. Disponível em: <https://www.conjur.com.br/2021-jun-28/trt-11-rejeita-acordo-reconhece-vinculo-entre-uber-motorista>. Acesso em: 30 abr. 2022.

(898) BRASIL. Tribunal Regional do Trabalho — TRT da 15ª Região. *Recurso Ordinário processo n. 0011710-15.2019.5.15.0032*, da 6ª Turma – 11ª Câmara. Relator: João Batista Martins César. Disponível em: <https://static.poder360.com.br/2021/04/Recurso-Ordina%CC%81rio-Trabalhista-00117101520195150032.pdf>. Acesso em: 30 abr. 2022.

(899) Conciliação no TST. Uber fecha acordo de R$ 12 mil com motorista que pedia vínculo de emprego. *Revista Consultor Jurídico*, 9 mar. 2022. Disponível em: <https://www.conjur.com.br/2022-mar-09/uber-fecha-acordo-motorista-pediavinculo-emprego>. Acesso em: 30 abr. 2022.

(900) SANTOS, Rafa. TRT-11 rejeita homologação de acordo e reconhece vínculo entre Uber e motorista. *Consultor Jurídico*, 28 jun. 2021. Disponível em: <https://www.conjur.com.br/2021-jun-28/trt-11-rejeita-acordo-reconhece-vinculo-entre-uber-motorista>. Acesso em: 30 abr. 2022.

(901) PAIVA, Letícia. TRT1 não admite acordo e Uber terá de registrar e pagar direitos a motorista. *Jota*, 3 ago. 2021. Disponível em: <https://www.jota.info/tributos-e-empresas/trabalho/uber-trt1-acordo-negado-registrar-carteira-03082021>. Acesso em: 30 abr. 2022.

> Vivemos o século da crise da democracia constitucional, pois as constituições têm paulatinamente perdido força e prestígio. Para evitar que isso ocorra, todos, sobretudo nós do Judiciário, temos que tornar viva a nossa Constituição para que ela não vá, aos poucos, morrendo e deixe de ser invocada por seu principal destinatário: o povo brasileiro.(902)

O processo do trabalho é garantia constitucional de efetivar os arts. 7º e 8º da Constituição Federal de 1988. Assim, todo aquele que tenha sofrido lesão ou ameaça a direito, a este deve ser assegurado o direito ao processo e a uma sentença justa, não cabendo ao legislador estabelecer óbices legais, que impeçam o acesso ao Judiciário, surgindo o *"substantive due process"* como limite ao Poder Legislativo.

Ana Luísa Barbosa Barreto, no artigo "O devido processo legal substantivo e sua aplicação pelo Supremo Tribunal Federal", afirma:

> Nesse sentido, é a habilidade do Poder Judiciário de desdizer a substância da legislação, perfazendo uma revisão substantiva do ato de governo ou da lei, com vistas à adequação à Constituição. O objetivo aqui, para além da correção do procedimento, é a constitucionalidade da norma, usando-se ainda o parâmetro da razoabilidade ou da proporcionalidade e não apenas a ofensa a algum dispositivo específico da Constituição.(903)

E conclui:

> Sem dúvida alguma, o princípio do devido processo legal é princípio constitucional fundamental e norteador do Estado Democrático de Direito, principalmente no que tange ao efetivo acesso à justiça.(904)

Prescreve a Constituição Federal de 1988, no art. 5º, que "Todos são iguais perante a lei, sem distinção de qualquer natureza, garantindo-se aos brasileiros e aos estrangeiros residentes no País a inviolabilidade do direito à vida, à liberdade, à igualdade, à segurança e à propriedade, nos termos seguintes: (...) Inciso LIV – ninguém será privado da liberdade ou de seus bens sem o devido processo legal.(905)

---

(902) MACIEL, Adhemar Ferreira. *Due process of law*. Informativo Jurídico da Biblioteca Min. Oscar Saraiva. *Revista do Superior Tribunal de Justiça — STJ*, v. 6, n. 2, p. 71-133, jul./dez. 1994.

(903) BARRETO, Ana Luísa Barbosa. O devido processo legal substantivo e sua aplicação pelo Supremo Tribunal Federal. *Enciclopédia Jurídica da Pontifícia Universidade Católica de São Paulo*. Grupo de pesquisa Tutela Jurisdicional dos Direitos Coletivos. Disponível em: <https://www5.pucsp.br/tutelacoletiva/download/artigo-devido-processo-legal-ana-luisa-barbosa-barreto.pdf>. Acesso em: 30 abr. 2022.

(904) *Idem*.

(905) BRASIL. *Constituição da República Federativa, de 5 de outubro de 1988*. Disponível em: <http://www.planalto.gov.br/ccivil_03/constituicao/constituicao.htm>. Acesso em: 30 abr. 2022.

Este relato tem por finalidade lembrar que o Direito Processual do Trabalho, enquanto ramo da ciência processual, não escapa de seu objetivo: concretizar e realizar o Direito Material do Trabalho, como anota Cassio Colombo Filho,[906] um direito fundamental, cujo princípio vetor é a proteção ao trabalhador.

Como meio procedimental de realização do Direito Material do Trabalho, o Direito Processual do Trabalho possui princípios próprios, pois visa, sobretudo, à efetivação de direitos sociais constitucionalmente assegurados aos trabalhadores urbanos rurais, como o da proteção, o da finalidade social e o da simplificação de procedimentos e gratuidade.

Tradicionalmente, o Direito Processual do Trabalho sempre prestigiou a simplicidade, pois o direito material protegido normalmente está relacionado à natureza alimentar das verbas trabalhistas decorrentes da relação de trabalho, sendo o trabalho[907] e o salário[908], em sentido amplo, resguardados pelo princípio da proteção.

Curioso notar que a petição inicial no processo do trabalho pode ser verbal ou escrita, o que já desvela a simplicidade de suas formas, na exata medida em que os bens da vida que este ramo do direito tutela estão relacionados à própria subsistência humana, com base no princípio da proteção, que compreende a hipossuficiência econômica do trabalhador, sendo o Direito Material do Trabalho a balança de equilíbrio dessa relação profundamente desigual.

Ademais, o processo do trabalho também assegura a chamada postulação leiga ou o *jus postulandi* das partes,[909] daí a possibilidade de a peça processual de ingresso poder ser verbal e, em seguida, reduzida a termo.[910]

---

(906) COLOMBO FILHO, Cássio. Tutela de urgência no novo CPC e a atuação *ex officio* do juiz do trabalho. *Revista Eletrônica (do) Tribunal Regional do Trabalho da 9ª Região*, Curitiba, v. 4, n. 44, p. 168-181, set. 2015. Disponível em: <https://juslaboris.tst.jus.br/bitstream/handle/20.500.12178/89498/2015_colombo_filho_cassio_tutela_urgencia.pdf?sequence=1&isAllowed=y>. Acesso em: 30 abr. 2022.

(907) BRASIL. *Constituição da República Federativa, de 5 de outubro de 1988*. Disponível em: <http://www.planalto.gov.br/ccivil_03/constituicao/constituicao.htm>. Acesso em: 30 abr. 2022. Art. 6º, *caput*: São direitos sociais a educação, a saúde, a alimentação, o trabalho, a moradia, o transporte, o lazer, a segurança, a previdência social, a proteção à maternidade e à infância, a assistência aos desamparados, na forma desta Constituição.

(908) BRASIL. *Constituição da República Federativa, de 5 de outubro de 1988*. Disponível em: <http://www.planalto.gov.br/ccivil_03/constituicao/constituicao.htm>. Acesso em: 30 abr. 2022. Art. 7º, inciso XXIX: São direitos dos trabalhadores urbanos e rurais, além de outros que visem a melhoria de sua condição social: – ação, quanto aos créditos resultantes das relações de trabalho, com prazo prescricional de cinco anos para os trabalhadores urbanos e rurais, até o limite de dois anos após a extinção do contrato de trabalho.

(909) BRASIL. *Decreto-lei n. 5.452, de 1º de maio de 1943*. Consolidação das Leis do Trabalho — CLT. Disponível em: <http://www.planalto.gov.br/ccivil_03/Decreto-lei/del5452.htm>. Acesso em: 30 abr. 2022. Art. 791: Os empregados e os empregadores poderão reclamar pessoalmente perante a Justiça do Trabalho e acompanhar as suas reclamações até o final.

(910) BRASIL. *Decreto-lei n. 5.452, de 1º de maio de 1943*. Consolidação das Leis do Trabalho — CLT. Disponível em: <http://www.planalto.gov.br/ccivil_03/Decreto-lei/del5452.htm>. Acesso em: 30 abr. 2022. Art. 786: A reclamação verbal será distribuída antes de sua redução a termo"; CLT. "Art. 840, § 2°: Se verbal, a reclamação será reduzida a termo, em duas vias datadas e assinadas pelo escrivão ou secretário, observado, no que couber, o disposto no § 1º deste artigo.

Sendo escrita, a reclamação trabalhista deverá conter a designação do juízo, a qualificação das partes, a breve exposição dos fatos de que resulte do dissídio, o pedido, que deverá ser certo, determinado e com indicação de seu valor, a data e a assinatura do reclamante ou de seu representante.(911) Desdobramento evidente do *jus postulandi* das partes é a ausência de um requisito clássico da petição inicial, normalmente que segue após o fato — no os fundamentos jurídicos do pedido, como está no Código de Processo Civil.(912)

Aqui prevalece a máxima latina *da mihi factum dabo tibi jus*, justamente em razão da postulação leiga, que deve ao máximo ser facilitada, sempre seguida de outra bastante conhecida como consequente, a saber, *iura novit curia*.

A essa altura da argumentação já é possível sustentar que o princípio da proteção, nuclear no Direito Material do Trabalho, também se mostra igualmente relevante no Direito Processual do Trabalho.

Um registro de advertência faz-se necessário: conquanto presente o princípio da proteção em qualquer que seja a forma de aplicar em juízo o Direito Material do Trabalho, isso não viola aspectos formais relevantes, como a garantia do juiz natural, a imparcialidade e a igualdade de tratamento entre as partes.

Guilherme Guimarães Feliciano e Ney Maranhão, no artigo "Os juízes do Trabalho e a Reforma Trabalhista: primeiros horizontes de consenso", mencionando os trabalhos das comissões temáticas do 19º Congresso Nacional dos Magistrados da Justiça do Trabalho – XIX CONAMAT, realizado em Belo Horizonte entre os dias 2 e 5 de maio de 2018, destacam no âmbito da hermenêutica jurídica a tese de que "o princípio da proteção deve ser compreendido como fundamento para a aplicação de uma regra jurídica, sob pena de não ser reconhecida como norma jurídica trabalhista.(913)/(914)

Cumpre mencionar a clássica dicotomia jurídica que faz distinção entre o direito objetivo e o direito subjetivo, relevante sobretudo nos países da *civil law*. Nesse sentido, vale destacar que o Direito Material do Trabalho preenche justamente o espaço do primeiro — direito objetivo —, a saber, o direito de acudir à jurisdição, como usa Ronaldo Brêtas de Carvalho Dias,(915) de promover ação trabalhista, provocando a jurisdição estatal para assegurar o cumprimento de direitos, vale dizer, indisponíveis, o que revela o exercício de um direito subjetivo público.

---

(911) BRASIL. *Decreto-lei n. 5.452, de 1º de maio de 1943.* Consolidação das Leis do Trabalho — CLT. Art. 840, § 1º, com redação dada pela Lei n. 13.467, de 2017. Disponível em: <http://www.planalto.gov.br/ccivil_03/Decreto-lei/del5452.htm>. Acesso em: 30 abr. 2022.

(912) BRASIL. *Lei n. 13.105, de 16 de março de 2015.* Código de Processo Civil — CPC, art. 319, inciso III. Disponível em: <http://www.planalto.gov.br/ccivil_03/_ato2015-2018/2015/lei/l13105.htm>. Acesso em: 30 abr. 2022.

(913) FELICIANO, Guilherme Guimarães; MARANHÃO, Ney. Os juízes do trabalho e a reforma trabalhista: primeiros horizontes de consenso. *Revista de Direito do Trabalho*, vol. 193, 2018, p. 159-176, set. 2018.

(914) 19º Congresso Nacional dos Magistrados da Justiça do Trabalho – *XIX CONAMAT*. Comissão 3, ordem 1. Disponível em: <https://www.anamatra.org.br/conamat/teses-plenaria-final>. Acesso em: 30 abr. 2022.

(915) DIAS, Ronaldo Brêtas de Carvalho. *Processo constitucional e estado democrático de direito*. 4. ed. Belo Horizonte: Editora Del Rey, 2018.

O Direito Processual do Trabalho sempre foi fortemente influenciado pelos princípios da informalidade e da simplicidade. Não se afirma com isso, obviamente, que seja o processo do trabalho simples e informal. Mas por apreço ao devido processo substantivo, não pode o legislador impor mudanças desarrazoadas nos procedimentos que desfigurem o modo de ser do processo do trabalho.

4.6. A imposição de barreiras no processo do trabalho, tornando-o intimidativo, mais formal e caro, inibindo o acesso à justiça

Em apertada síntese, a primeira onda identificada por Mauro Cappelletti e Bryant Garth enfrentou as despesas do processo e as dificuldades da barreira denominada de pobreza econômica das partes, uma vez que "os altos custos também agem como uma barreira poderosa sob o sistema, mais amplamente difundido, que impõe ao vencido o ônus da sucumbência".[(916)]

À segunda barreira, Cappelletti e Garth denominaram de pobreza organizativa:

> Apesar da primeira "onda" do movimento do acesso ter se chocado contra os efeitos negativos e injustos da pobreza econômica das partes, esta segunda "onda" de reformas se deve bater contra aquela que podemos chamar a "pobreza organizativa": a dificuldade, isto é, para os titulares dos interesses difusos, de organizar-se como uma frente unitária contra os *"mass wrongdoer"* tal dificuldade pode ser superada, potencialmente ao menos, sobretudo mediante as reformas já mencionadas, ou uma pluralista combinação destas reformas, algo como aquela adotada agora com o Código de Defesa dos Consumidores, no Brasil.[(917)]

A terceira onda no movimento de acesso à justiça demanda a simplificação de procedimentos dentro da justiça:

> Os juristas precisam, agora, reconhecer que as técnicas processuais servem a funções sociais; que as cortes não são a única forma de solução de conflitos a ser considerada e que qualquer regulamentação processual, inclusive a criação ou o encorajamento de alternativas ao sistema judiciário formal tem um efeito importante sobre a forma como opera a lei substantiva — com frequência ela é executada, em benefício de quem e com que impacto social. Uma tarefa básica dos processualistas modernos é expor o impacto dos vários mecanismos de processamento dos litígios. Eles precisam, consequentemente, ampliar sua pesquisa para mais além dos tribunais e utilizar os métodos de análise da

(916) CAPPELLETTI, Mauro; GARTH, Bryant. *Acesso à Justiça*. Tradução: Ellen Gracie Northfleet. Porto Alegre: Sergio Antonio Fabris Editor, 1988. p. 16-17.

(917) CAPPELLETTI, Mauro. O acesso à justiça e a função do jurista em nossa época. *Revista de Processo*, vol. 61/1991, p. 144 - 160, jan./mar. 1991.

sociologia, da política, da psicologia e da economia, e ademais, aprender através de outras culturas.(918)

Justamente a primeira onda, estudada por Mauro Cappelletti e Bryant Garth,(919) diz respeito às despesas do processo, constituindo-se os honorários advocatícios em verdadeiro obstáculo ao acesso à justiça, no caso aqui estudado, à Justiça do Trabalho.

No presente tópico são analisadas as mudanças introduzidas na Consolidação das Leis do Trabalho — CLT, pela Lei n. 13.467, de 2017, que malferem garantias constitucionais, como a universalidade de acesso ao Poder Judiciário contra lesão ou ameaça a direito (CF/1988, art. 5º inciso XXXV) e a integralidade e gratuidade de justiça aos necessitados (CF/1988, art. 5º, inciso LXXIV).

Conforme demonstrado nos itens 4.1 e 4.2, o processo do trabalho possui um modo de ser e princípios que lhe são próprios, como o da proteção ao hipossuficiente e, o que aqui sobremodo interessa, os princípios da simplicidade e da informalidade.

4.7. Requisitos para a concessão do benefício da gratuidade de justiça

A Lei n. 5.584, de 26 de junho de 1970,(920) que dispõe sobre normas de Direito Processual do Trabalho, disciplina a concessão e a prestação de assistência judiciária na Justiça do Trabalho, prescrevendo do art. 14 ao 18 que essa prestação deve ser cumprida pelo sindicato da categoria profissional a que pertencer o trabalhador, que é a chamada assistência sindical e não pode ser confundida com a assistência jurídica integral e gratuita.

A Constituição Federal de 1988, no art. 5º, inciso LXXIV, estabelece que "o Estado prestará assistência jurídica integral e gratuita aos que comprovarem insuficiência de recurso", matéria até então disciplinada Lei n. 1.060, de 5 de fevereiro de 1950, que sofreu profundas modificações conforme a modernização trazida pela Lei n. 13.105, de 2015, que revogou os arts. 2º ao 4º, 6º e 7º, 11, 12 e 17 da Lei de concessão de assistência judiciária aos necessitados, praticamente deslocando o tratamento da matéria de uma lei especial para uma lei geral, o atual Código de Processo Civil — CPC, conforme seção IV que vai do art. 98 ao 102, com seus vários parágrafos e incisos.

No âmbito do Direito Processual do Trabalho, considerando a média do padrão salarial brasileiro muito baixo, a gratuidade de justiça é praticamente a regra, nos termos do art. 790, § 3º, da CLT, bastando à pessoa natural declarar sua hipossuficiência econômica para a concessão do benefício, nos termos da Súmula n. 463 do Tribunal Superior do Trabalho — TST.(921)

---

(918) CAPPELLETTI, Mauro; GARTH, Bryant. *Acesso à Justiça*. Tradução: Ellen Gracie Northfleet. Porto Alegre: Sergio Antonio Fabris Editor, 1988. p. 12-13.

(919) *Ibidem*, p. 31-49.

(920) BRASIL. *Lei n. 5.584, de 26 de junho de 1970*. Dispõe sobre normas de direito processual do trabalho. Disponível em: <http://www.planalto.gov.br/ccivil_03/leis/l5584.htm>. Acesso em: 30 abr. 2022.

(921) BRASIL. Tribunal Superior do Trabalho — TST. *Súmula n. 463 do TST*. Disponível em: <https://www3.tst.jus.br/jurisprudencia/Sumulas_com_indice/Sumulas_Ind_451_600.html#SUM-463>. Acesso em: 30 abr. 2022. ASSISTÊNCIA JUDICIÁRIA GRATUITA. COMPROVAÇÃO (conversão da Orientação Jurisprudencial n. 304 da SBDI-1,

A primeira modificação introduzida pela Lei n. 13.467, de 2015, lei da reforma trabalhista, foi alterar o critério anteriormente previsto no § 3º do art. 790 da CLT, de concessão do benefício da justiça gratuita, em qualquer instância, a requerimento ou de ofício, àqueles que perceberem salário igual ou inferior ao dobro do mínimo legal, ou declararem, sob as penas da lei, que não estão em condições de pagar as custas do processo sem prejuízo do sustento próprio ou de sua família, por "aqueles que perceberem salário igual ou inferior a 40% (quarenta por cento) do limite máximo dos benefícios do Regime Geral da Previdência Social".(922)

A lei retirou o salário mínimo como critério, e em seu lugar colocou como indexador o maior benefício pago pela previdência, que matematicamente pouco alterou, sendo bastante hoje comparar o valor de dois salários mínimos de R$ 1.302,00, resultando em R$ 2.604,00, com os 40% do maior benefício pago pelo Regime Geral da Previdência, que em 2023 é de R$ 7.507,49(923), resultando em precisos R$ 3.002,99, ou seja, houve uma alteração até mais benéfica ao trabalhador.

A mudança seguinte foi acrescentar ao art. 790 da CLT o § 4º, dispondo que "o benefício da justiça gratuita será concedido à parte que comprovar insuficiência de recursos para o pagamento das custas do processo".(924)

Aqui a modificação é relevante porque, num primeiro momento, parece tornar difícil a manutenção da mencionada e acima transcrita Súmula n. 463 do TST. Noutro, mostra-se extremamente rigorosa ao exigir a comprovação de insuficiência de recurso para a concessão dos benefícios da justiça gratuita, com a dispensa do pagamento das custas do processo, até mais do que o Código de Processo Civil; este estabelece no art. 105 que o próprio advogado da parte pode assinar declaração de hipossuficiência econômica, desde que conste de cláusula específica da procuração.

---

com alterações decorrentes do CPC de 2015) – Res. n. 219/2017, *DEJT* divulgado em 28, 29 e 30.06.2017 – republicada – DEJT divulgado em 12, 13 e 14.07.2017. I – A partir de 26.06.2017, para a concessão da assistência judiciária gratuita à pessoa natural, basta a declaração de hipossuficiência econômica firmada pela parte ou por seu advogado, desde que munido de procuração com poderes específicos para esse fim (art. 105 do CPC de 2015); II – No caso de pessoa jurídica, não basta a mera declaração: é necessária a demonstração cabal de impossibilidade de a parte arcar com as despesas do processo.

(922) BRASIL. *Decreto-lei n. 5.452, de 1º de maio de 1943.* Consolidação das Leis do Trabalho — CLT. Disponível em: <http://www.planalto.gov.br/ccivil_03/Decreto-lei/del5452.htm>. Acesso em: 30 abr. 2022. Art. 790. Nas Varas do Trabalho, nos Juízos de Direito, nos Tribunais e no Tribunal Superior do Trabalho, a forma de pagamento das custas e emolumentos obedecerá às instruções que serão expedidas pelo Tribunal Superior do Trabalho. (...) § 3º É facultado aos juízes, órgãos julgadores e presidentes dos tribunais do trabalho de qualquer instância conceder, a requerimento ou de ofício, o benefício da justiça gratuita, inclusive quanto a traslados e instrumentos, àqueles que perceberem salário igual ou inferior a 40% (quarenta por cento) do limite máximo dos benefícios do Regime Geral de Previdência Social.

(923) BRASIL. Ministério do Trabalho e Previdência e Ministério da Economia. *Portaria Interministerial MTP/ME n. 26, de 10 de janeiro de 2023.* Disponível em: <https://www.gov.br/trabalho-e-previdencia/pt-br/assuntos/previdencia-no-servico-publico/legislacao-dos-rpps/portarias/SEI_30818500_Portaria_Interministerial_26.pdf>. Acesso em: 11 jan. 2023.

(924) BRASIL. *Decreto-lei n. 5.452, de 1º de maio de 1943. Consolidação das Leis do Trabalho — CLT.* Disponível em: <http://www.planalto.gov.br/ccivil_03/Decreto-lei/del5452.htm>. Acesso em: 30 abr. 2022.

Por fim, a alteração revogou a possibilidade de estender os benefícios da justiça gratuita àqueles que, mesmo percebendo remuneração acima do máximo estabelecido na lei, não estejam em condições de pagar as custas do processo sem prejuízo do sustento próprio ou da família, mantendo apenas o critério do "salário igual ou inferior a 40% (quarenta por cento) do limite máximo dos benefícios do Regime Geral de Previdência Social".

Detalhe que não pode deixar de ser percebido é que antes a lei utilizava a expressão "declarar a condição de hipossuficiência", e agora exige a "comprovação", conforme disposição do § 4º do art. 790 da CLT.(925)

Portanto, consoante o art. 790-A da CLT, os beneficiários da justiça gratuita são isentos do pagamento de custas.(926) Ao passar a exigir da parte, no § 4º do art. 790 da CLT, a comprovação pela parte, da insuficiência de recursos para a obtenção do benefício da justiça gratuita, a lei trabalhista mostra-se mais rigorosa do que o Código de Processo Civil. Este, no art. 99, *caput* e parágrafos, prevê que o pedido de gratuidade da justiça pode ser formulado por petição simples, nos autos do próprio processo e sem suspensão de seu curso, presumindo-se verdadeira a alegação de insuficiência de recursos financeiros deduzida exclusivamente por pessoa natural.(927) Menciona-se como demonstração dessa tendência o precedente encontrado no processo TST-RR-1000683-69.2018.5.02.0014,(928) acórdão da 3ª Turma, em que fora relator o Ministro Alexandre Agra Belmonte, datado de 9 de outubro de 2019.

Parece inescusável, portanto, compreender que, quando o § 4º do art. 790 da CLT, acrescentado pela Lei n. 13.467, de 2017, menciona a expressão "à parte que comprovar insuficiência de recursos para o pagamento de custas", deve ter como destinatário da norma o empregador ou empresa, pessoa jurídica, e não o trabalhador, pessoa natural.(929)

---

(925) *Idem*. Art. 790. Nas Varas do Trabalho, nos Juízos de Direito, nos Tribunais e no Tribunal Superior do Trabalho, a forma de pagamento das custas e emolumentos obedecerá às instruções que serão expedidas pelo Tribunal Superior do Trabalho. § 1º Tratando-se de empregado que não tenha obtido o benefício da justiça gratuita, ou isenção de custas, o sindicato que houver intervindo no processo responderá solidariamente pelo pagamento das custas devidas. § 2º No caso de não pagamento das custas, far-se-á execução da respectiva importância, segundo o procedimento estabelecido no Capítulo V deste Título. § 3º É facultado aos juízes, órgãos julgadores e presidentes dos tribunais do trabalho de qualquer instância conceder, a requerimento ou de ofício, o benefício da justiça gratuita, inclusive quanto a traslados e instrumentos, àqueles que perceberem salário igual ou inferior a 40% (quarenta por cento) do limite máximo dos benefícios do Regime Geral de Previdência Social. § 4º O benefício da justiça gratuita será concedido à parte que comprovar insuficiência de recursos para o pagamento das custas do processo.

(926) *Idem*. Art. 790-A. São isentos do pagamento de custas, além dos beneficiários de justiça gratuita:

(927) BRASIL. *Lei n. 13.105, de 16 de março de 2015. Código de Processo Civil — CPC*. Disponível em: <http://www.planalto.gov.br/ccivil_03/_ato2015-2018/2015/lei/l13105.htm>. Acesso em: 30 abr. 2022. Art. 99. O pedido de gratuidade da justiça pode ser formulado na petição inicial, na contestação, na petição para ingresso de terceiro no processo ou em recurso. (...) § 3º Presume-se verdadeira a alegação de insuficiência deduzida exclusivamente por pessoa natural.

(928) BRASIL. Tribunal Superior do Trabalho — TST. *Recurso de Revista RR-1000683-69.2018.5.02.0014*. 3ª Turma. Relator Ministro Alexandre Agra Belmonte. Disponível em: <https://consultadocumento.tst.jus.br/consultaDocumento/acordao.do?anoProcInt=2019&numProcInt=220223&dtaPublicacaoStr=11/10/2019%2007:00:00&nia=7400699>. Acesso em: 30 abr. 2022.

(929) IVO, Jasiel. A reforma trabalhista e a violação constitucional do acesso à justiça. *Revista do Tribunal Regional do Trabalho da 3ª Região*, v. 63, n. 96 (jul./dez. 2017), p. 135-147. Disponível em: <https://juslaboris.tst.jus.br/handle/20.500.12178/142140>. Acesso em: 30 abr. 2022.

Com a conclusão deste tema, sustenta-se que o TST manterá a Súmula n. 463 em seus termos, sendo bastante para a concessão do benefício da justiça gratuita a declaração de hipossuficiência econômica firmada pela parte ou por seu advogado, desde que munido de procuração com poderes específicos para esse fim (art. 105 do CPC de 2015).

4.8. Requisitos formais da petição inicial no processo do trabalho

Passa-se a analisar as mudanças introduzidas na Consolidação das Leis do Trabalho — CLT pela Lei n. 13.467, de 2017, relativas à exigência de se formular desde a inicial pedido certo, determinado e com indicação do seu valor. Caso esta exigência não seja cumprida, o processo será extinto sem resolução de mérito. Há, ainda, mudança na metodologia da cobrança das custas judiciais, de honorários advocatícios sucumbenciais e de honorários periciais da parte sucumbente na pretensão objeto da perícia, ainda que esteja beneficiada pela justiça gratuita. Essas inovações têm reduzido substantivamente o acesso à Justiça do Trabalho.

Destaca-se que no subsistema jurídico do Direito Processual do Trabalho exigência semelhante foi estabelecida por meio da Lei n. 9.957, de 12 de janeiro de 2000,[930] que acrescentou os arts. 852-A a 852-I à Consolidação das Leis do Trabalho — CLT, criando o procedimento sumaríssimo para as causas cujo valor não exceda a 40 (quarenta) vezes o salário-mínimo vigente na data do ajuizamento da ação, com previsão de arquivamento do processo em caso de não atendimento das exigências formais impostas pela lei e condenação ao pagamento de custas sobre o valor da causa.

Aqui a causa é de pequeno valor e seu julgamento é mais rápido e menos complexo, chegando mesmo a lei a simplificar a prova e dispensar a exigência de relatório no aspecto formal da sentença. Além disso, a parte poderá escolher o rito sumaríssimo, quando ficará obrigada a formular pedido certo ou determinado e indicar o valor correspondente, ou seguir o rito ordinário, desde que o valor ultrapasse o fixado na lei.

Diante das modificações inseridas no ordenamento jurídico brasileiro pela Lei n. 13.467, de 13 de julho de 2017,[931] conhecida como lei da reforma trabalhista, tais mudanças não ficaram restritas ao plano do direito material e alcançaram também o Direito Processual do Trabalho. As duas modificações tiveram identificadas aqui suas semelhanças e foram comparadas do ponto de vista processual, conforme análise lógico-dedutiva. No tópico seguinte será feita a análise quantitativa, observando-se os dados estatísticos da Justiça do Trabalho e traçando um paralelo entre as mudanças do ano de 2000 com a reforma trabalhista de 2017.

A comparação é pertinente porque a Lei n. 9.957, de 12 de janeiro de 2000, cujo período de *vacatio legis* foi de 60 dias, que estabeleceu o rito sumaríssimo no processo do

---

(930) BRASIL. *Lei n. 9.957, de 12 de janeiro de 2000*. Procedimento sumaríssimo no processo trabalhista. Disponível em: <http://www.planalto.gov.br/ccivil_03/leis/l9957.htm>. Acesso em: 2 maio 2022.

(931) BRASIL. *Lei n. 13.467, de 13 de julho de 2017*. Lei da reforma trabalhista de 2017. Disponível em: <http://www.planalto.gov.br/ccivil_03/_ato2015-2018/2017/lei/l13467.htm>. Acesso em: 2 maio 2022.

trabalho, assim compreendido aquele que não exceda a quarenta vezes o valor do salário mínimo vigente na data do ajuizamento da reclamação trabalhista, na qual não figure como parte a Administração Pública direta, autárquica e fundacional e que também não demande a necessidade de citação por edital, acrescentou à Consolidação das Leis do Trabalho o art. 852-B, inciso I, o requisito da petição inicial.[932]

A Lei n. 13.467, de 13 de julho de 2017, estendeu a mesma exigência de pedido certo, determinado e com indicação do valor correspondente para todos os demais ritos no processo trabalho, inclusive depurando qualquer possibilidade de divergência semântica entre "pedido certo ou determinado" para "pedido certo, determinado e com indicação de seu valor", como se observa da nova redação do parágrafo 1º do art. 840 da CLT.[933]

Ocorre que desde a entrada em vigor da Lei n. 13.467, de 13 de julho de 2017, ao fim da *vacatio legis* em 11 de novembro de 2017, seguido da proximidade do recesso natalino, que vai de 20 dezembro a 6 de janeiro, conforme inciso I do art. 62 da Lei n. 5.010, de 1966,[934] constatou-se uma queda substantiva no número de ajuizamento de ações na Justiça do Trabalho.

Durante o período também foi identificada a desativação de unidades judiciárias com alteração de jurisdição ou mudança de sede de Varas do Trabalho, por ato de cada Tribunal Regional do Trabalho, dentro do permissivo do art. 28 da Lei n. 10.770, de 21 de novembro de 2003.[935] Essa mudança não pode ser atribuída aos efeitos da reforma trabalhista de 2017, uma vez que o motivo é o baixo movimento processual decorrente do desaquecimento da economia em determinadas localidades, tratando-se de fenômeno setorizado, como, por exemplo, na 19ª Região, a Vara do Trabalho no Município de Coruripe, que havia sido implantada em 14.12.2012, em razão da promessa de instalação de um estaleiro na localidade, o que acabou não acontecendo, e que foi transferida para a cidade de Arapiraca como 2ª Vara do Trabalho, cujo movimento da então vara única era superior a 1.500 processos ajuizados nos últimos três anos, retornando a competência territorial à Vara do Trabalho em Penedo.[936]

---

(932) BRASIL. *Decreto-lei n. 5.452, de 1º de maio de 1943*. Consolidação das Leis do Trabalho — CLT. Disponível em: <http://www.planalto.gov.br/ccivil_03/Decreto-lei/del5452.htm>. Acesso em: 2 maio 2022.

(933) BRASIL. *Lei n. 13.467, de 13 de julho de 2017. Lei da reforma trabalhista de 2017*. Altera a Consolidação das Leis do Trabalho. Disponível em: <http://www.planalto.gov.br/ccivil_03/_ato2015-2018/2017/lei/l13467.htm>. Acesso em: 2 maio 2022. Art. 840 (...) § 1º Sendo escrita, a reclamação deverá conter a designação do juízo, a qualificação das partes, a breve exposição dos fatos de que resulte o dissídio, o pedido, que deverá ser certo, determinado e com indicação de seu valor, a data e a assinatura do reclamante ou de seu representante.

(934) BRASIL. *Lei n. 5.010, de 30 de maio de 1966*. Organiza a Justiça Federal de primeira instância. Disponível em: <http://www.planalto.gov.br/ccivil_03/leis/l5010.htm>. Acesso em: 2 maio 2022.

(935) BRASIL. *Lei n. 10.770, de 21 de novembro de 2003*. Dispõe sobre a criação de Varas do Trabalho nas Regiões da Justiça do Trabalho. Disponível em: <http://www.planalto.gov.br/ccivil_03/Leis/2003/L10.770.htm>. Acesso em: 2 maio 2022.

(936) BRASIL. *Tribunal Regional do Trabalho — TRT da 19ª Região*. Notícia de 3 nov2020. Disponível em: <https://site.trt19.jus.br/noticia/trtal-instala-2a-vara-do-trabalho-de-arapiraca-nesta-terca-feira-0311>. Acesso em: 2 maio 2022.

4.9. Aumento do custo do processo com a cobrança de honorários advocatícios sucumbenciais e honorários periciais suportados pela parte vencida na prova técnica

Os honorários advocatícios podem ser divididos em honorários contratuais ou convencionados, para usar a expressão adotada no art. 22 do Estatuto da Advocacia,[(937)] honorários sucumbenciais e honorários fixados por arbitramento.

A cobrança de honorários advocatícios na Justiça do Trabalho é resultado de uma luta justa e antiga da classe dos advogados, os honorários sucumbenciais, que eram tidos como indevidos em razão da possibilidade de postulação leiga ou *jus postulandi* das partes, que poderiam, como podem ainda hoje, residir em juízo desacompanhadas de advogado, consoante previsão do art. 791 da CLT.[(938)]

Diante do *jus postulandi* das partes, aquele que fosse a juízo acompanhado de advogado, assim agia por conta própria, não sendo possível obrigar o sucumbente a pagar-lhe honorários advocatícios sem previsão legal, aplicando-se o art. 5º, inciso II, da Constituição Federal de 1988: "ninguém será obrigado a fazer ou deixar de fazer alguma coisa senão em virtude de lei".

Na Justiça do Trabalho, durante muito tempo os honorários de sucumbência somente eram devidos nas hipóteses previstas nas súmulas 219[(939)] e 329[(940)] do TST, basicamente

---

(937) BRASIL. *Lei n. 8.906, de 4 de julho de 1994*. Estatuto da Advocacia e Ordem dos Advogados do Brasil (OAB). Disponível em: <http://www.planalto.gov.br/ccivil_03/leis/l8906.htm>. Acesso em: 2 maio 2022.

(938) BRASIL. *Decreto-lei n. 5.452, de 1º de maio de 1943*. Consolidação das Leis do Trabalho — CLT. Disponível em: <http://www.planalto.gov.br/ccivil_03/Decreto-lei/del5452.htm>. Acesso em: 2 maio 2022. Art. 791 - Os empregados e os empregadores poderão reclamar pessoalmente perante a Justiça do Trabalho e acompanhar as suas reclamações até o final. § 1º Nos dissídios individuais os empregados e empregadores poderão fazer-se representar por intermédio do sindicato, advogado, solicitador, ou provisionado, inscrito na Ordem dos Advogados do Brasil. § 2º Nos dissídios coletivos é facultada aos interessados a assistência por advogado.

(939) BRASIL. Tribunal Superior do Trabalho — TST. *Súmula n. 219 do TST*. Disponível em: <https://www3.tst.jus.br/jurisprudencia/Sumulas_com_indice/Sumulas_Ind_201_250.html#SUM-219>. Acesso em: 2 maio 2022. Súmula n. 219 do TST. HONORÁRIOS ADVOCATÍCIOS. CABIMENTO (alterada a redação do item I e acrescidos os itens IV a VI em decorrência do CPC de 2015) – Res. 204/2016, DEJT divulgado em 17, 18 e 21.03.2016. I – Na Justiça do Trabalho, a condenação ao pagamento de honorários advocatícios não decorre pura e simplesmente da sucumbência, devendo a parte, concomitantemente: a) estar assistida por sindicato da categoria profissional; b) comprovar a percepção de salário inferior ao dobro do salário mínimo ou encontrar-se em situação econômica que não lhe permita demandar sem prejuízo do próprio sustento ou da respectiva família. (art. 14, §1º, da Lei n. 5.584/1970). (ex-OJ n. 305 da SBDI-I). II – É cabível a condenação ao pagamento de honorários advocatícios em ação rescisória no processo trabalhista. III – São devidos os honorários advocatícios nas causas em que o ente sindical figure como substituto processual e nas lides que não derivem da relação de emprego. IV – Na ação rescisória e nas lides que não derivem de relação de emprego, a responsabilidade pelo pagamento dos honorários advocatícios da sucumbência submete-se à disciplina do Código de Processo Civil (arts. 85, 86, 87 e 90). V – Em caso de assistência judiciária sindical ou de substituição processual sindical, excetuados os processos em que a Fazenda Pública for parte, os honorários advocatícios são devidos entre o mínimo de dez e o máximo de vinte por cento sobre o valor da condenação, do proveito econômico obtido ou, não sendo possível mensurá-lo, sobre o valor atualizado da causa (CPC de 2015, art. 85, § 2º). VI – Nas causas em que a Fazenda Pública for parte, aplicar-se-ão os percentuais específicos de honorários advocatícios contemplados no Código de Processo Civil.

(940) BRASIL. Tribunal Superior do Trabalho — TST. *Súmula n. 229 do TST*. Disponível em: <https://www3.tst.jus.br/jurisprudencia/Sumulas_com_indice/Sumulas_Ind_301_350.html#SUM-329>. Acesso em: 2 maio 2022. HONORÁRIOS

vinculados à hipótese de assistência sindical e, ainda assim, devendo a parte comprovar a necessidade da assistência.

Diante do preconizado na Constituição Federal de 1988, a estabelecer no art. 133 que o advogado é indispensável à administração da justiça, o assunto da condenação em honorários advocatícios na Justiça do Trabalho voltou à baila, levando o TST a aprovar a Súmula n. 329.

Veio a reforma trabalhista, Lei n. 13.467, de 2017, que acrescentou à CLT o art. 791-A.[941]

Em razão da previsão legal, passaram a ser devidos honorários advocatícios de sucumbência na Justiça do Trabalho, atendendo ao reclamo dos advogados e advogadas e também impondo a chamada demanda responsável. Deve a parte avaliar entre os pontos positivos e os pontos negativos a viabilidade da demanda, pois de agora em diante, caso saia vencida na reclamação trabalhista, é possível que o trabalhador ainda tenha agravada sua situação com o surgimento de uma dívida até então inexistente.

Não é demais concluir que a legislação trabalhista passou a dificultar o acesso à justiça, colocando um óbice que não existia até então e tornando o processo do trabalho mais custoso ao desprovido de recursos financeiros. Ainda que fosse beneficiário da gratuidade de justiça, nem por isso teria sua condição mitigada pela lei, como se depreende do art. 791-A, § 4º, da CLT, incluído pela Lei n. 13.467, de 2017.[942]

Prescreve o § 4º do art. 790 da Consolidação das Leis do Trabalho, incluído pela Lei n. 13.467, de 2017, que "o benefício da justiça gratuita será concedido à parte que comprovar insuficiência de recursos para o pagamento das custas do processo".[943]

A exigência agora prevista de que o beneficiário da justiça gratuita deve fazer prova da insuficiência de recurso é mais um obstáculo intencionalmente colocado pelo legislador com o objetivo de dificultar o acesso à justiça, especialmente quando comparado com o art. 99, § 3º, do Código de Processo Civil.[944]

ADVOCATÍCIOS. ART. 133 DA CF/1988 (mantida) – Res. n. 121/2003, DJ 19, 20 e 21.11.2003. Mesmo após a promulgação da CF/1988, permanece válido o entendimento consubstanciado na Súmula n. 219 do Tribunal Superior do Trabalho.

(941) BRASIL. *Decreto-lei n. 5.452, de 1º de maio de 1943*. Consolidação das Leis do Trabalho — CLT. Disponível em: <http://www.planalto.gov.br/ccivil_03/Decreto-lei/del5452.htm>. Acesso em: 2 maio 2022. Art. 791-A. Ao advogado, ainda que atue em causa própria, serão devidos honorários de sucumbência, fixados entre o mínimo de 5% (cinco por cento) e o máximo de 15% (quinze por cento) sobre o valor que resultar da liquidação da sentença, do proveito econômico obtido ou, não sendo possível mensurá-lo, sobre o valor atualizado da causa.

(942) *Idem*. 791-A. (...) § 4º Vencido o beneficiário da justiça gratuita, desde que não tenha obtido em juízo, ainda que em outro processo, créditos capazes de suportar a despesa, as obrigações decorrentes de sua sucumbência ficarão sob condição suspensiva de exigibilidade e somente poderão ser executadas se, nos dois anos subsequentes ao trânsito em julgado da decisão que as certificou, o credor demonstrar que deixou de existir a situação de insuficiência de recursos que justificou a concessão de gratuidade, extinguindo-se, passado esse prazo, tais obrigações do beneficiário.

(943) *Idem*.

(944) BRASIL. *Lei n. 13.105, de 16 de março de 2015*. Código de Processo Civil. Disponível em: <http://www.planalto.gov.br/ccivil_03/_ato2015-2018/2015/lei/l13105.htm>. Acesso em: 2 maio 2022. Art. 99 O pedido de gratuidade da justiça pode ser formulado na petição inicial, na contestação, na petição para ingresso de terceiro no processo ou em recurso. (...) § 3º Presume-se verdadeira a alegação de insuficiência deduzida exclusivamente por pessoa natural.

É bastante comum, nas reclamações trabalhistas, a formulação de pedido de pagamento de adicional de insalubridade ou de diferenças, diante de trabalho executado em condições insalubres, assim consideradas aquelas constantes do quadro de segurança e medicina do trabalho previsto na Consolidação das Leis do Trabalho (art. 60 da CLT), além daquelas certificadas pela Secretaria Especial de Previdência e Trabalho (SEPRT), do então Ministério da Economia, agora integrante da estrurura do recriado Ministério do Trabalho e Previdência, por meio da Medida Provisória n. 1.058, de 2021, convertida na Lei n. 14.261, de 16 de dezembro de 2021.(945)

O art. 198 da CLT estabelece os critérios por meio dos quais as atividades ou operações são consideradas insalubres.(946)

Ocorre que nem sempre o grau da insalubridade é corretamente identificado no Programa de Prevenção de Riscos Ambientais — PPRA ou no Programa de Controle Médico de Saúde Ocupacional — PCMSO da empresa, ou durante a execução do contrato de trabalho. Muitas vezes o empregador entende não ser devido qualquer adicional, por não ter ultrapassado os limites de tolerância dos agentes agressivos; ou que os meios de proteção assegurados (Equipamentos de Proteção Individual — EPIs e Equipamentos de Proteção Coletiva — EPCs) ou o tempo máximo de exposição do empregado a esses agentes foram observados, sendo tudo isso bastante para eliminar o risco e garantir o não pagamento do adicional. Tal discussão fática quase sempre desemboca na necessidade de realização de prova técnica, cuja perícia é feita por um profissional devidamente qualificado.

A CLT impõe que, no caso de realização de perícia, os honorários periciais serão suportados pela parte sucumbente na prova técnica, tendo a Lei n. 13.467, de 2017, inovado ao estender a obrigação também àquele que se encontre a usufruir os benefícios da justiça gratuita.(947)

Em outra frente, a reforma trabalhista tornou mais caro o processo do trabalho, quando passou a exigir o pagamento de custas judiciais de processo anteriormente arquivado, como "condição para a propositura de nova ação" (*sic*), conforme redação dos § 2º e § 3º do art. 844 da CLT, incluídos pela Lei n. 13.467.(948)

---

(945) BRASIL. *Lei n. 14.261, de 16 de dezembro de 2021*. Cria o Ministério do Trabalho e Previdência. Disponível em: <http://www.planalto.gov.br/ccivil_03/_ato2019-2022/2021/Lei/L14261.htm>. Acesso em: 2 maio 2022.

(946) BRASIL. *Decreto-lei n. 5.452, de 1º de maio de 1943*. Consolidação das Leis do Trabalho — CLT. Disponível em: <http://www.planalto.gov.br/ccivil_03/Decreto-lei/del5452.htm>. Acesso em: 2 maio 2022. Art. 189 – Serão consideradas atividades ou operações insalubres aquelas que, por sua natureza, condições ou métodos de trabalho, exponham os empregados a agentes nocivos à saúde, acima dos limites de tolerância fixados em razão da natureza e da intensidade do agente e do tempo de exposição aos seus efeitos.

(947) *Idem*. Art. 790-B. A responsabilidade pelo pagamento dos honorários periciais é da parte sucumbente na pretensão objeto da perícia, ainda que beneficiária da justiça gratuita. (...) § 4º Somente no caso em que o beneficiário da justiça gratuita não tenha obtido em juízo créditos capazes de suportar a despesa referida no *caput*, ainda que em outro processo, a União responderá pelo encargo.

(948) *Idem*. Art. 844 O não comparecimento do reclamante à audiência importa o arquivamento da reclamação, e o não comparecimento do reclamado importa revelia, além de confissão quanto à matéria de fato. (...) § 2º Na hipótese de ausência do reclamante, este será condenado ao pagamento das custas calculadas na forma do art. 789 desta

Quanto às custas judiciais, a reforma andou na contramão dos postulados do acesso à justiça, passando a ser exigidas no caso de arquivamento do processo por ausência do reclamante à audiência, em situação na qual a parte se encontre assistida pelo benefício da gratuidade de justiça (no capítulo 5, item 5.5, volta-se ao assunto na perspectiva da natureza tributária das custas judiciais).

Vê-se, portanto, que a Reforma Trabalhista introduzida pela Lei n. 13.467, de 13 de julho de 2017, passou a exigir rigores excessivos para postular em juízo, além de impor a cobrança de custas processuais, honorários advocatícios e periciais na hipótese de sucumbência do trabalhador pobre, ainda que beneficiário da justiça gratuita.

Quanto à possibilidade de exigência de pagamento de honorários advocatícios e honorários periciais, ainda que à parte sucumbente tenham sido concedidos os benefícios da gratuidade de justiça, o Supremo Tribunal Federal — STF, na ADI n. 5.766-DF, ajuizada pelo Procurador Geral da República, declarou a inconstitucionalidade dos dispositivos da CLT, art. 790-B e seu § 4º e § 4º do art. 791-A.[949]

Na mesma decisão, o STF declarou a constitucionalidade da cobrança de custas judiciais decorrentes de arquivamento de processo por ausência da parte autora à audiência, ainda que beneficiária da justiça gratuita, exceto se comprovar, em 15 dias, que a ausência decorreu de motivo legalmente justificável (CLT, art. 844, § 2º).[950]

Quanto ao § 1º do art. 840 da CLT, que acrescentou aos requisitos da petição inicial a exigência de que o pedido deve ser formulado desde logo de forma certa, determinada e com indicação do seu valor, este aguarda julgamento no STF (Ação Direta de Inconstitucionalidade — ADI n. 6.002/DF), [951] ajuizada pelo Conselho Federal da Ordem dos Advogados do Brasil — CFOAB.

As situações aqui mencionadas, relativas ao controle concentrado de constitucionalidade da reforma trabalhista, em aspectos processuais, voltarão a ser abordadas no capítulo 5, item 5.1.

4.10. A expansão punitivista chega ao processo do trabalho

Como consequência das várias desigualdades existentes entre trabalhadores e empregadores, reconhecendo a condição de hipossuficiência econômica e a desvantagem social, a legislação trabalhista sempre se orientou pelo princípio da proteção jurídica ao mais débil,

Consolidação, ainda que beneficiário da justiça gratuita, salvo se comprovar, no prazo de quinze dias, que a ausência ocorreu por motivo legalmente justificável. (...) § 3º O pagamento das custas a que se refere o § 2º é condição para a propositura de nova demanda.

(949) BRASIL. Supremo Tribunal Federal — STF. *Ação Direta de Inconstitucionalidade n. 5.766/DF.* Relator ministro Luís Roberto Barroso. Apensados os processos ADI n. 5.829 e 6.154. Disponível em: <http://portal.stf.jus.br/processos/detalhe.asp?incidente=5250582>. Acesso em: 2 maio 2022.

(950) *Idem.*

(951) BRASIL. Supremo Tribunal Federal — STF. *Ação Direta de Inconstitucionalidade n. 6.002/DF.* Relator ministro Ricardo Lewandowski. Disponível em: <http://portal.stf.jus.br/processos/detalhe.asp?incidente=5537399>. Acesso em: 2 maio 2022.

na busca de equilibrar tal situação. Disso decorre o princípio da proteção, que permeia todo o direito material do trabalho, medrando também no direito processual trabalhista, uma vez que este visa à realização daquele, quando violado.

Todavia, o relatório da comissão especial destinada a proferir parecer ao projeto de lei n. 6.787, de 2016, do Poder Executivo, firmado pelo relator, então deputado federal Rogério Marinho, que resultou na lei da reforma trabalhista de 2017, deixa claro o objetivo de diminuir o número de conflitos demandados perante a Justiça do Trabalho.(952)

Pela reforma de 2017, o processo do trabalho parece assumir um papel menos protetor e mais alinhado à cultura jurídica punitivista, influxo da vontade da maioria eleita, assegurando sua posição hegemônica, já que a norma foi introduzida no sistema jurídico pela lei editada pelo Parlamento e sancionada pelo Chefe do Poder Executivo Federal, o Presidente Michel Temer, com "acréscimo de riscos e penalizações à pessoa humana, a fim de conter o ajuizamento de lides temerárias – a título de exemplo, cite-se a litigância de má-fé", como destaca Maria de Souza Almeida, demonstrando sua preocupação com essa nova fase do Direito Processual do Trabalho, "uma vez que essas alterações poderão ter o efeito negativo de restringir, e muito, o acesso à jurisdição".(953)

Resta evidente, portanto, que a Lei n. 13.467, de 2017, é resultado da imposição de um grande grupo organizado, decorrente da composição majoritária dos interesses dos empresários no Parlamento.

Paulo Cesar Santos Bezerra observa:

> O que se vê, constantemente, é que na criação legislativa não há um ato de soberania estatal, mas o acordo prévio dos grandes grupos organizados; trata-se de uma espécie de contrato, de acordo, onde se impõe a lei que convém a seus interesses. A eficácia da lei depende do consenso social que alcance.(954)

Existe hoje no Brasil um reconhecido excesso de punibilidade ou mesmo a prevalência da cultura do punitivismo, que vai desde os programas de notícias policiais de televisão, páginas de jornais, rádios, até *podcasts*, *sites*, que fazem uma verdadeira crônica criminal, sobretudo das camadas menos favorecidas da população. O apresentador e seus repórteres atuam em instância única para investigar, processar e julgar, condenando, sem direito a recurso, aquele que se envolve em algum percalço com a lei penal.

---

(952) BRASIL. Câmara dos Deputados. *Relatório da Comissão especial* destinada a proferir parecer ao projeto de lei n. 6.787, do Poder Executivo, que altera o Decreto-lei n. 4.452, de 1º de maio de 1943 – Consolidação das Leis do Trabalho, e a Lei n. 6.019, de 03 de janeiro de 1974, para dispor sobre eleições de representantes dos trabalhadores no local de trabalho e sobre trabalho temporário, e dá outras providências. Presidente: Deputado Daniel Vilela; Relator: Deputado Rogério Marinho. Disponível em: <https://www.camara.leg.br/proposicoesWeb/prop_mostrarintegra?codteor=1544961 p. 25>. Acesso em: 2 maio 2022.

(953) ALMEIDA, Maira de Souza. Limites legais a gratuidade da justiça ofertada na Justiça do Trabalho. *Revista de Direito da Universidade Federal de Viçosa*, v. 12, n. 02, 2020. Disponível em: <https://periodicos.ufv.br/revistadir/article/view/10291>. Acesso em: 2 maio 2022.

(954) BEZERRA, Paulo Cesar Santos. *Acesso à Justiça:* um problema ético-social no plano da realização do direito. 2. ed. Rio de Janeiro: Renovar, 2008. p. 96.

É como se existisse na sociedade um certo prazer em ver alguém sendo punido, castigado, caindo em desgraça, pois esses programas normalmente desfrutam de números vantajosos de audiência, além do elenco de patrocinadores comerciais.

Isso se reflete na superlotação do sistema prisional,[955] figurando o Brasil entre os países de maior população carcerária do mundo. É possível afirmar que existe um verdadeiro encarceramento em massa, em sua esmagadora maioria, de pessoas pobres.

Apesar de o índice que calcula a população carcerária no Brasil ter demonstrado uma queda de 3,1% entre 2020 e 2021, ainda assim a superlotação nos presídios ficou no ano de 2021 em 56,1%, segundo dados levantados pelo observatório "Monitor da violência",[956] que constitui o Fórum Brasileiro de Segurança Pública e Núcleo de Estudos da Violência da Universidade de São Paulo — USP, levando o Conselho Nacional de Justiça — CNJ a manter políticas judiciárias estruturantes e coordenadas para transformações permanentes do sistema prisional.[957]

Não se pretende aqui cair na armadilha de associar os índices de desemprego às estatísticas de ocorrências policiais, porque esta alegação embute a perversa crença de que o trabalhador pobre e desempregado tenderia à prática delituosa. O assunto não é novo, nem se busca aqui dissecar as causas da violência, tampouco o sistema prisional, mas esse dado social não pode ser simplesmente relevado.

Os criminólogos sustentam que a criminalização possui funções, sendo uma delas "administrar gerencialmente o refugo inútil, inassimilável pelo mercado de trabalho representada pelo mercado dessocializado, estocando-os longe do alcance de visão no espaço público, uma vez que representam a encarnação viva e ameaçadora da insegurança social generalizada, produzida pela erosão do trabalho assalariado estável e homogêneo", segundo Loïc Wacquant, *apud* André Vaz.[958]

Há, portanto, uma gestão da pobreza, controlada principalmente via "criminalização do uso e da venda de drogas", com assassinatos e prisões, como ocorre com a condenação e o encarceramento massivo de pobres das periferias das cidades pelo crime de tráfico de drogas, reprimindo severamente o traficante da comunidade, como se não houvesse o aberto consentimento social do consumo dessas drogas por outras classes, tratando a questão como

(955) Com sistema prisional superlotado, população carcerária cresce 9% no Paraná em 2021. Site de notícias *G1*. Disponível em: <https://g1.globo.com/pr/parana/noticia/2021/05/17/com-sistema-prisional-superlotado-populacao-carceraria-cresce-9percent-no-parana-em-2021.ghtml>. Acesso em: 2 maio 2022.

(956) População carcerária diminui, mas Brasil ainda registra superlotação nos presídios em meio à pandemia. Site de notícias *G1*. Disponível em: <https://g1.globo.com/monitor-da-violencia/noticia/2021/05/17/populacao-carceraria-diminui-mas-brasil-ainda-registra-superlotacao-nos-presidios-em-meio-a-pandemia.ghtml>. Acesso em: 2 maio 2022.

(957) BRASIL. *Conselho Nacional de Justiça — CNJ*. Novos dados do sistema prisional reforçam políticas judiciárias do CNJ. Disponível em: <https://www.cnj.jus.br/novos-dados-do-sistema-prisional-reforcam-politicas-judiciarias-do-cnj/>. Acesso em: 2 maio 2022.

(958) SILVA, André Vaz Porto. Sobre outorgas e penas: Capitalismo, trabalho e punitivismo à brasileira. *DILEMAS: Revista de Estudos de Conflito e Controle Social*, Vol. 11, n. 1, jan./abr. 2018, p. 75-96. Disponível em: <https://revistas.ufrj.br/index.php/dilemas/article/view/17611/10793>. Acesso em: 2 maio 2022.

de saúde pública. Há também uma gestão diferencial das ilegalidades, como sustenta André Vaz, citando Michel Foucault.(959)

De fato, com a mudança das relações de trabalho ocorrida em razão da mecanização e automação de vários setores da economia, inclusive com aplicação da inteligência artificial, a cada dia fica mais difícil conseguir um posto de trabalho, o que empurra os trabalhadores para a informalidade e os leva a aceitar trabalhos precarizados.

Escreve Maysa Carvalhal dos Reis Novais, em seu artigo "Do chão de fábrica à fábrica carcerária":

> A prisão desenvolve esse papel de ser instrumento para compelir o homem livre a aceitar as condições degradantes de trabalho ante a possibilidade de ir para as casas de correção fazer trabalhos pesados dificilmente aceitos por homens livres.(960)

André Vaz tem a mesma percepção quando transcreve De Giorgi, em seu artigo "Sobre outorgas e penas: capitalismo, trabalho e punitivismo à brasileira":

> Vejam-se, por exemplo, as observações de De Giorgi (2012, p. 49): "Em outras palavras, punir os pobres pode estar menos distante da tradicional crítica político-econômica da punição do que avalia seu autor, visto que novamente as dimensões simbólicas e discursivas das políticas penais aparecem preponderantemente como resultados 'ideológicos' de um Estado penal cujo papel principal é regular os pobres com vistas a forçá-los ao mercado de trabalho pós-fordista".(961)

A doutrina do Direito Material do Trabalho sempre identificou nas hipóteses de justa causa para dispensa do empregado traços de penalidades típicas do *jus puniendi* do Estado, delegado ao empregador, como se colhe do art. 482 da CLT:(962) "a) ato de improbidade; b) incontinência de conduta ou mau procedimento; c) negociação habitual por conta própria ou alheia sem permissão do empregador, e quando constituir ato de concorrência à empresa para a qual trabalha o empregado ou for prejudicial ao serviço; d) condenação criminal do empregado, passada em julgado, caso não tenha havido suspensão da execução da pena; e) desídia do empregado das respectivas funções; g) violação de segredo de empresa; h) ato

---

(959) *Idem.*

(960) NOVAIS, Maysa Carvalhal dos Reis. Do chão de fábrica à fábrica carcerária. *Revista de criminologias e políticas criminais*, Curitiba, v. 2, n. 2, p. 117-130, jul./dez. 2016.

(961) SILVA, André Vaz Porto. Sobre outorgas e penas: Capitalismo, trabalho e punitivismo à brasileira. *DILEMAS: Revista de Estudos de Conflito e Controle Social*, Vol. 11, n. 1, jan./abr. 2018, p. 75-96. Disponível em: <https://revistas.ufrj.br/index.php/dilemas/article/view/17611/10793>. Acesso em: 2 maio 2022.

(962) BRASIL. Planalto. Consolidação das Leis do Trabalho — CLT. *Decreto-lei n. 5.452, de 1º de maio de 1943*. Disponível em: <http://www.planalto.gov.br/ccivil_03/Decreto-lei/del5452.htm>. Acesso em: 2 maio 2022.

de indisciplina ou de insubordinação; i) abandono de emprego; j) ato lesivo da honra ou da boa fama praticado no serviço contra qualquer pessoa, ou ofensas físicas, nas mesmas condições, salvo em caso de legítima defesa, própria ou de outrem; k) ato lesivo da honra ou da boa fama ou ofensas físicas praticadas contra o empregador e superiores hierárquicos, salvo em caso de legítima defesa, própria ou de outrem; l) prática constante de jogos de azar; m) perda da habilitação ou dos requisitos estabelecidos em lei para o exercício da profissão, em decorrência de conduta dolosa do empregado".(963)(964)

Portanto, sempre foi e continua sendo bastante frequente a Justiça do Trabalho enfrentar, em sede de reclamação trabalhista, pedido de descaracterização de justa causa, quando faz o exame da tipicidade dos fatos em cotejo com a previsão normativa. Pode haver decisão declaratória da não caracterização da justa causa, com condenação do empregador ao pagamento das verbas rescisórias cabíveis ou mesmo a reintegração no serviço, a depender do caso, bem como a decisão pode ser declaratória, confirmando a dispensa motivada.

Tratando-se de trabalhador garantido por estabilidade, ou seja, protegido contra a dispensa arbitrária e que venha a cometer falta grave, como descreve o art. 493 da CLT, cujos tipos faltosos são os mesmos consolidados no art. 482, a lei franqueia ao empregador o direito de suspender os efeitos do contrato de trabalho do empregado que deixa de executar seus serviços, ao tempo em que libera o empregador do pagamento de salários. Segue-se o ajuizamento do inquérito para a apuração de falta grave, previsto nos arts. 853 a 855 da CLT, dentro do prazo decadencial(965) de trinta dias, contados da data da suspensão do empregado.

Aqui cabem alguns esclarecimentos.

Primeiramente, do que a lei originalmente estabeleceu a proteção da estabilidade para aqueles trabalhadores que completassem dez anos de serviço na mesma empresa, pelo que somente poderiam ser despedidos se cometessem falta grave ou em caso de circunstância de força maior, devidamente comprovadas (art. 492 da CLT).

Com a adoção do Fundo de Garantia do Tempo de Serviço — FGTS, criado inicialmente pela Lei n. 5.107, de 13 de setembro de 1966, passou-se a entender que, uma vez feita a opção pelo regime fundiário, não mais seria possível ao trabalhador adquirir a estabilidade decenal. Quando da vigência da lei, praticamente todos os trabalhadores de então foram "aconselhados" por seus patrões a fazer a opção pelo FGTS, em caráter irretratável, mediante indenização do tempo de serviço anterior.

---

(963) Deixou-se de fora do rol do art. 482 da CLT a embriaguez eventual, prevista na letra *"f"*, por ser reconhecida como doença, quando crônica, não ensejando justa causa. BRASIL. Tribunal Superior do Trabalho. *Notícias do TST*. Recurso de Revista Processo RR n. 132900-69.2005.5.15.00200. Disponível em: <https://www.tst.jus.br/noticias/-/asset_publisher/89Dk/content/alcoolismo-cronico-nao-e-motivo-de-demissao-por-justa-causa>. Acesso em: 2 maio 2022.

(964) A falta contumaz de pagamento de dívida legalmente exigível exclusiva do bancário, prevista no art. 508 da CLT, tida por inconstitucional porque prevista apenas para esta categoria profissional, acabou sendo revogada por disposição da Lei n. 12.347, de 2010.

(965) BRASIL. Supremo Tribunal Federal — STF. *Súmula n. 403*. Enunciado: "É de decadência o prazo de trinta dias para instauração do inquérito judicial, a contar da suspensão, por falta grave, de empregado estável". Disponível em: <https://jurisprudencia.stf.jus.br/pages/search/seq-sumula403/false>. Acesso em: 2 maio 2022.

A Lei n. 5.107, de 1966, foi revogada pela Lei n. 7.839, de 12 de outubro de 1989, que teve vida curta, sendo, por sua vez, revogada pela Lei n. 8.036, de 11 de maio de 1990, atualmente em vigor. Por fim, como a Constituição Federal de 1988 estabeleceu no inciso III do art. 7º que o FGTS é um direito de todos os trabalhadores urbanos e rurais, nos dias atuais é impossível encontrar algum empregado portador de estabilidade chamada decenal.

Pode-se mencionar que as trabalhadoras gestantes, desde a confirmação da gravidez até cinco meses após o parto, possuem estabilidade provisória, conforme art. 10, inciso I, alínea "*b*", do Ato das Disposições Constitucionais Transitórias — ADCT, da Constituição Federal de 1988.

São igualmente protegidos pelo manto da estabilidade provisória os trabalhadores integrantes de Comissão Interna de Prevenção de Acidentes — CIPA, eleitos pelos empregados da empresa, conhecidos como cipeiros, com mandato de um ano, permitida a reeleição, que também não podem sofrer despedida arbitrária, assim entendida aquela "que não se fundar em motivo disciplinar, técnico, econômico ou financeiro", *ex vi* do art. 165 da CLT.

Além das trabalhadoras gestantes e dos integrantes de CIPAs eleitos na representação dos empregados, mencionam-se ainda como portadores de estabilidade provisória os trabalhadores que tenham sofrido acidente de trabalho. É pressuposto para a concessão de estabilidade o afastamento superior a 15 dias e a consequente percepção do auxílio acidentário, nos termos da Súmula n. 378 do Tribunal Superior do Trabalho — TST,(966) que superou a alegada inconstitucionalidade do art. 118 da Lei n. 8.213, de 1991,(967) que teria criado por lei ordinária hipótese de relação de emprego protegida contra despedida arbitrária ou sem justa causa, matéria reservada à lei complementar.(968)

Os trabalhadores eleitos dirigentes sindicais têm direito à estabilidade no emprego, configurada desde o registro da candidatura e até um ano após o término do mandato, conforme o art. 543, § 3º, da CLT.

---

(966) BRASIL. Tribunal Superior do Trabalho — TST. *Súmula n. 378*. Disponível em: <https://www3.tst.jus.br/jurisprudencia/Sumulas_com_indice/Sumulas_Ind_351_400.html#SUM-378>. Acesso em: 2 maio 2022. ESTABILIDADE PROVISÓRIA. ACIDENTE DO TRABALHO. ART. 118 DA LEI N. 8.213/1991. (inserido item III) – Res. 185/2012, DEJT divulgado em 25, 26 e 27.9.2012. I – É constitucional o art. 118 da Lei n. 8.213/1991 que assegura o direito à estabilidade provisória por período de 12 meses após a cessação do auxílio-doença ao empregado acidentado. (ex-OJ n. 105 da SBDI-1 – inserida em 1.10.1997). II – São pressupostos para a concessão da estabilidade o afastamento superior a 15 dias e a consequente percepção do auxílio-doença acidentário, salvo se constatada, após a despedida, doença profissional que guarde relação de causalidade com a execução do contrato de emprego. (primeira parte – ex-OJ n. 230 da SBDI-1 – inserida em 20.6.2001). III – O empregado submetido a contrato de trabalho por tempo determinado goza da garantia provisória de emprego decorrente de acidente de trabalho prevista no art. 118 da Lei n. 8.213/91.

(967) BRASIL. *Lei n. 8.213, de 24 de julho de 1991*, que dispõe sobre os Planos de Benefícios da Previdência Social. Disponível em: <http://www.planalto.gov.br/ccivil_03/leis/l8213cons.htm>. Acesso em: 2 maio 2022.

(968) BRASIL. *Constituição da República Federativa, de 5 de outubro de 1988*. Disponível em: <http://www.planalto.gov.br/ccivil_03/constituicao/constituicao.htm>. Acesso em: 2 maio 2022. Art. 7° São direitos dos trabalhadores urbanos e rurais, além de outros que visem à melhoria de sua condição social: inciso I – relação de emprego protegida contra despedida arbitrária ou sem justa causa, nos termos de lei complementar, que preverá indenização compensatória, dentre outros direitos.

De todos esses trabalhadores mencionados como portadores de estabilidade, cometendo falta grave, apenas ao dirigente sindical foi estendida a suspensão dos efeitos do contrato de trabalho, seguida do ajuizamento da ação denominada inquérito para apuração de falta grave, nos termos previstos na CLT, § 3º do art. 542; este, na parte final, explicita que a falta grave será "devidamente apurada nos termos desta Consolidação", sendo o meio de apuração o inquérito, como demonstra a Súmula n. 379 do Tribunal Superior do Trabalho — TST.(969)

No mesmo sentido é o entendimento do Supremo Tribunal Federal, como não deixa a mais mínima dúvida a Súmula n. 197 do STF.(970)

Trata-se, portanto, de ação da espécie constitutiva negativa, uma vez que o objetivo do autor é apurar em juízo a falta grave e obter do Estado-juiz decisão que declare a validade da demissão, desconstituindo a estabilidade no emprego existente antes do cometimento da falta grave, autorizando a resolução do contrato de trabalho(971) e deixando claro que somente após o julgamento procedente da ação é confirmada a dispensa do trabalhador estável pelo cometimento de falta grave.

Esta ação, cujo legitimado ativamente é o empregador, é denominada de inquérito, por herança da fase administrativa da Justiça do Trabalho, antes de passar a integrar o Poder Judiciário da União. Seu objetivo é a apuração de falta grave praticada por trabalhador estável, possuindo efeito constitutivo negativo, pois visa pôr fim ao contrato de trabalho de alguém protegido pela estabilidade contra a despedida arbitrária. O art. 494 da CLT prevê a possibilidade de suspensão do empregado até a decisão final do processo.(972)

Quanto aos demais, tomando conhecimento o empregador do cometimento de falta grave por empregado portador de estabilidade provisória, fica autorizada a imediata dispensa por justa causa. Caso o trabalhador ajuíze reclamação trabalhista questionando a inadequação da dispensa ou mesmo o não cabimento da penalidade, resta ao empregador defender-se.

Como dito acima, a depender da instrução processual, poderá haver decisão confirmando a dispensa motivada por falta grave, consumando o afastamento, ou decisão declarando a

(969) BRASIL. Tribunal Superior do Trabalho — TST. *Súmula n. 379*. Disponível em: <https://www3.tst.jus.br/jurisprudencia/Sumulas_com_indice/Sumulas_Ind_351_400.html#SUM-379>. Acesso em: 2 maio 2022. DIRIGENTE SINDICAL. DESPEDIDA. FALTA GRAVE. INQUÉRITO JUDICIAL. NECESSIDADE (conversão da Orientação Jurisprudencial n. 114 da SBDI-1) – Res. n. 129/2005, DJ 20, 22 e 25.04.2005. O dirigente sindical somente poderá ser dispensado por falta grave mediante a apuração em inquérito judicial, inteligência dos arts. 494 e 543, §3º, da CLT. (ex-OJ n. 114 da SBDI-1 – inserida em 20.11.1997).

(970) BRASIL. Supremo Tribunal Federal — STF. *Súmula n. 197*. Disponível em: <https://jurisprudencia.stf.jus.br/pages/search/seq-sumula197/false>. Acesso em: 2 maio 2022. Trabalhista. Sindicato. Sindicalista. Estabilidade provisória. Inquérito para apuração da falta grave. CLT, art. 543. O empregado com representação sindical só pode ser despedido mediante inquérito em que se apure falta grave.

(971) BEZERRA LEITE, Carlos Henrique. *Curso de Direito Processual do Trabalho*. 9. ed. São Paulo: LTr, 2011, p. 1.159-1.170.

(972) BRASIL. *Decreto-lei n. 5.452, de 1º de maio de 1943*. Consolidação das Leis do Trabalho — CLT. Disponível em: <http://www.planalto.gov.br/ccivil_03/Decreto-lei/del5452.htm>. Acesso em: 2 maio 2022. Art. 494 – O empregado acusado de falta grave poderá ser suspenso de suas funções, mas a sua despedida só se tornará efetiva após o inquérito e que se verifique a procedência da acusação. Parágrafo único – A suspensão, no caso deste artigo, perdurará até a decisão final do processo.

não caracterização da justa causa, com condenação do empregador à reintegração do empregado ao trabalho e pagamento de salários atrasados, considerado o período de afastamento decorrente suspensão, convolado em interrupção dos efeitos do contrato de trabalho, até à efetiva reintegração.[973]

Nesses casos, havendo animosidade considerável que torne desaconselhável a reintegração, "dado o grau de incompatibilidade resultante do dissídio, especialmente quando for o empregador pessoa física", o art. 496 da CLT autoriza o julgamento *extra petita*, convertendo o retorno do trabalhador à empresa em indenização compensatória, sem prejuízo das verbas rescisórias cabíveis.

Este assunto foi trazido à baila para demonstrar a faceta coercitiva revelada pelo exercício do poder punitivo no âmbito da relação de trabalho. São fatos típicos passíveis de punições, que vão de advertência, suspensão e até dispensa por justa causa, existentes na CLT, de aplicação ao contrato de trabalho; são situações evidentes de sanção negativa como consequência de ato ilícito.

A CLT nunca foi omissa diante de conduta ilícita de empregado, assegurando ao empregador a justa atuação punitiva resguardada pela imediatidade e adequação, devendo ser proporcional à falta praticada no âmbito do contrato de trabalho, em tempo razoável para aplicação, que configure a consequência da falta, não servindo como motivo para ulterior punição quando o empregador achar mais oportuna, no seu entendimento, numa relação primária que envolve os sujeitos pelo direito material ou relação de fundo.

A conduta ilícita pode ser endoprocessual, quando se dá num processo em curso, como é o caso da litigância de má-fé, assim caracterizada quando reclamante, reclamado ou interveniente "deduzir pretensão ou defesa contra texto expresso de lei ou fato incontroverso; alterar a verdade dos fatos; usar do processo para conseguir objetivo ilegal"; ou ainda, "opuser resistência injustificada ao andamento do processo; proceder de modo temerário em qualquer incidente ou ato do processo; provocar incidente manifestamente infundado ou interpuser recurso com intuito manifestamente protelatório". Aquele identificado como tendo praticado qualquer dessas hipóteses responderá por perdas e danos nos termos dos arts. 793-A e 793-B da CLT, acrescentados pela Lei n. 13.467, de 2017.

Mesmo antes da introdução expressa da litigância de má-fé no texto da CLT, a aplicação de multa pecuniária a esse litigante nunca foi desconhecida no Direito Processual do Trabalho, que sempre conviveu com a pena processual adotada com esteio na subsidiariedade do Código de Processo Civil, desde o CPC de 1939,[974] art. 66, passando pelo CPC de

(973) Muito embora o art. 495 da Consolidação das Leis do Trabalho — CLT, prescreva que "Reconhecida a inexistência de falta grave praticada pelo empregado, fica o empregador obrigado a readmiti-lo no serviço e a pagar-lhe os salários a que teria direito no período da suspensão", a hipótese é de reintegração, com conversão da suspensão em interrupção e pagamento dos salários devidos durante o tempo em que esteve afastado do serviço.

(974) BRASIL. *Decreto-lei n. 1.608, de 18 de setembro de 1939.* Código de Processo Civil — 1939. Disponível em: <http://www.planalto.gov.br/ccivil_03/Decreto-lei/1937-1946/Del1608.htm>. Acesso em: 2 maio 2022.

1973,[975] arts. 16 a 18, chegando ao CPC de 2015, portanto, muito antes da edição da Lei n. 13.467, de 2017.

Esta Lei acrescentou os arts. 793-A a 793-D à CLT, reproduzindo as disposições do Código de Processo Civil de 2015, apenas modificando o parâmetro indenizatório da multa quando o valor da causa for irrisório ou inestimável, que no CPC é até dez vezes o valor do salário mínimo, enquanto na CLT é de até duas vezes o limite máximo dos benefícios do Regime Geral de Previdência Social.

Observa-se que os valores não são necessariamente iguais quando convertidos ao padrão monetário em curso, já que o maior benefício pago pela Previdência Social é de R$ 7.507,49[976] resultando em R$ 15.014,98, enquanto o salário mínimo fixado para o ano de 2023 é de R$ 1.302,00,[977] resultando em R$ 13.020,00, registrando-se uma diferença que agrava a penalidade no processo do trabalho, quando considerada a indisfarçável baixa remuneração adotada.

Sem dúvida, devido ao grau de instrução do trabalhador e ao fato de a empresa deter em seu poder os principais documentos relativos ao contrato de trabalho, combinados com a condição de hipossuficiência econômica, muitas vezes a punição é relevada não só por não caracterizar a má-fé, como também para não agravar ainda mais a condição já desfavorável do empregado.

Adotando uma visão rigorosa, de fato, essas hipóteses recaem nas previsões dos arts. 79 a 81 do Código de Processo Civil, tratando-se de má-fé processual, passível de multa superior a 1% e inferior a 10% do valor corrigido da causa, como indenização à parte contrária pelos prejuízos que sofreu. Ademais, compete-lhe arcar com os honorários advocatícios e com todas as despesas que a parte prejudicada efetuou, conforme dispõe o art. 96 do Código de Processo Civil.[978]

Não se questiona a competência da Justiça do Trabalho, seja do juízo das Varas do Trabalho de primeira instância, seja dos Tribunais Regionais do Trabalho, de aplicar a multa pela litigância de má-fé ou reconhecer o ato atentatório à dignidade da justiça com aplicação de multa pecuniária à parte que comete o ilícito.

---

(975) BRASIL. *Lei n. 5.869, de 11 de janeiro de 1973*. Código de Processo Civil — 1973. Disponível em: <http://www.planalto.gov.br/ccivil_03/leis/l5869impressao.htm>. Acesso em: 2 maio 2022.

(976) BRASIL. Ministério da Economia – Secretaria Especial de Previdência e Trabalho. *Portaria Interministerial MTP/ME n. 26, de 10 de janeiro de 2023*. Disponível em: <https://www.gov.br/trabalho-e-previdencia/pt-br/assuntos/previdencia-no-servico-publico/legislacao-dos-rpps/portarias/SEI_30818500_Portaria_Interministerial_26.pdf>. Acesso em: 11 jan. 2023.

(977) BRASIL. *Medida Provisória n. 1.143, de 12 de dezembro de 2022*. Valor do salário mínimo a partir de 1º de janeiro de 2023. Disponível em: <http://www.planalto.gov.br/ccivil_03/_Ato2019-2022/2022/Mpv/mpv1143.htm>. Acesso em: 10 jan. 2023.

(978) BRASIL. *Lei n. 13.105, de 16 de março de 2015*. Código de Processo Civil — CPC. Disponível em: <http://www.planalto.gov.br/ccivil_03/_ato2015-2018/2015/lei/l13105.htm>. Acesso em: 2 maio 2022. Art. 96. O valor das sanções impostas ao litigante de má-fé reverterá em benefício da parte contrária, e o valor das sanções impostas aos serventuários pertencerá ao Estado ou à União.

Dispõe agora extressamente a CLT sobre a responsabilidade pelo dano processual, com os acréscimos introduzidos pela Lei n. 13.467.[(979)]

Vê-se, portanto, que a situação processual resulta em punição pecuniária — multa — revertida em favor da parte contrária, com caráter sancionador, que agora alcança também a testemunha.

O que interessa mais de perto neste tópico é identificar os pontos de inflexão do Direito Processual do Trabalho, que parece abandonar os trilhos da proteção ao hipossuficiente. A grande maioria da clientela da Justiça do Trabalho passa a correr agora em vias punitivas, com vistas ao castigo, por provocar o Poder Judiciário mediante seu direito de ação, e ao menor deslize receberá a pena.

O Código Penal brasileiro prevê o crime de falso testemunho ou falsa perícia, conforme a redação do art. 342, e a corrupção de testemunha, no art. 343.[(980)]

Muito embora o crime de falso testemunho, descrito no art. 342 do Código Penal,[(981)] seja tido pela doutrina como tipo penal que se executa de mão própria, em tese não é possível

---

(979) BRASIL. *Decreto-lei n. 5.452, de 1º de maio de 1943*. Consolidação das Leis do Trabalho — CLT. Disponível em: <http://www.planalto.gov.br/ccivil_03/Decreto-lei/del5452.htm>. Acesso em: 2 maio 2022. Da responsabilidade por dano processual. Art. 793-A. Responde por perdas e danos aquele que litigar de má-fé como reclamante, reclamado ou interveniente. Art. 793-B. Considera-se litigante de má-fé aquele que: I – deduzir pretensão ou defesa contra texto expresso de lei ou fato incontroverso; II – alterar a verdade dos fatos; III – usar do processo para conseguir objetivo ilegal; IV – opuser resistência injustificada ao andamento do processo; V – proceder de modo temerário em qualquer incidente ou ato do processo; VI – provocar incidente manifestamente infundado; VII – interpuser recurso com intuito manifestamente protelatório. Art. 793-C. De ofício ou a requerimento, o juízo condenará o litigante de má-fé a pagar multa, que deverá ser superior a 1% (um por cento) e inferior a 10% (dez por cento) do valor corrigido da causa, a indenizar a parte contrária pelos prejuízos que esta sofreu e a arcar com os honorários advocatícios e com todas as despesas que efetuou. § 1º Quando forem dois ou mais os litigantes de má-fé, o juízo condenará cada um na proporção de seu respectivo interesse na causa ou solidariamente aqueles que se coligaram para lesar a parte contrária. § 2º Quando o valor da causa for irrisório ou inestimável, a multa poderá ser fixada em até duas vezes o limite máximo dos benefícios do Regime Geral de Previdência Social. § 3º O valor da indenização será fixado pelo juízo ou, caso não seja possível mensurá-lo, liquidado por arbitramento ou pelo procedimento comum, nos próprios autos. Art. 793-D. Aplica-se a multa prevista no art. 793-C desta Consolidação à testemunha que intencionalmente alterar a verdade dos fatos ou omitir fatos essenciais ao julgamento da causa. Parágrafo único. A execução da multa prevista neste artigo dar-se-á nos mesmos autos.

(980) BRASIL. *Decreto-lei n. 2.848, de 7 de dezembro de 1940*. Código Penal brasileiro. Disponível em: <http://www.planalto.gov.br/ccivil_03/Decreto-lei/del2848.htm>. Acesso em: 2 maio 2022. Falso testemunho ou falsa perícia. Art. 342. Fazer afirmação falsa, ou negar ou calar a verdade como testemunha, perito, contador, tradutor ou intérprete em processo judicial, ou administrativo, inquérito policial, ou em juízo arbitral: Pena – reclusão, de 2 (dois) a 4 (quatro) anos, e multa. § 1º As penas aumentam-se de um sexto a um terço, se o crime é praticado mediante suborno ou se cometido com o fim de obter prova destinada a produzir efeito em processo penal, ou em processo civil em que for parte entidade da administração pública direta ou indireta. § 2º O fato deixa de ser punível se, antes da sentença no processo em que ocorreu o ilícito, o agente se retrata ou declara a verdade. Art. 343. Dar, oferecer ou prometer dinheiro ou qualquer outra vantagem a testemunha, perito, contador, tradutor ou intérprete, para fazer afirmação falsa, negar ou calar a verdade em depoimento, perícia, cálculos, tradução ou interpretação: Pena – reclusão, de três a quatro anos, e multa. Parágrafo único. As penas aumentam-se de um sexto a um terço, se o crime é cometido com o fim de obter prova destinada a produzir efeito em processo penal ou em processo civil em que for parte entidade da administração pública direta ou indireta.

(981) BRASIL. Código Penal brasileiro. *Decreto-lei n. 2.848, de 07 de dezembro de 1940*. Disponível em: <http://www.planalto.gov.br/ccivil_03/Decreto-lei/del2848compilado.htm>. Acesso em: 2 maio 2022.

reconhecer a participação do advogado, tratando-se de conduta atípica, pelo que não seria possível ao advogado responder em coautoria por instruir a testemunha a depor falsamente.

Homero Batista lembra que aquela testemunha hoje arrolada pela empresa, que submetida ao temor reverencial patronal presta depoimento sob juramento e altera a verdade dos fatos para agradar ao empregador ou evitar represália, decerto enfrentará dificuldade quando for ela própria reclamante.[(982)]

Não se pode esquecer, ademais, que o tipo penal do art. 342, em seu § 2º, admite a retratação do agente, sendo esta causa extintiva da punibilidade, consoante o art. 107, in. VI, do Código Penal brasileiro.[(983)]

Encontra-se na jurisprudência do Superior Tribunal de Justiça — STJ, excerto colhido no *Habeas Corpus* – HC n. 36.287-SP (2004/0087500-00), da 5ª Turma, em que foi relator o Ministro Felix Fischer, que admite a possibilidade de participação no delito de falso testemunho.[(984)]

No mesmo sentido é a jurisprudência do Supremo Tribunal Federal — STF, como se colhe do Recurso em *Habeas Corpus* – RHC n. 81.327-SP, em que foi relatora a Ministra Ellen Gracie, julgado em 11.12.2001.[(985)]

Resulta, portanto, ainda que de modo inverso, o reconhecimento do Supremo Tribunal Federal — STF e do Superior Tribunal de Justiça — STJ de que o advogado responde em

(982) SILVA, Homero Batista Mateus da. *CLT comentada*. 3. ed. São Paulo: Thomson Reuters/Revista dos Tribunais, 2021. p. 616.

(983) BRASIL. *Decreto-lei n. 2.848, de 07 de dezembro de 1940*. Código Penal brasileiro. Disponível em: <http://www.planalto.gov.br/ccivil_03/Decreto-lei/del2848.htm>. Acesso em: 2 maio 2022. Extinção da punibilidade. Art. 107 – Extingue-se a punibilidade: I – pela morte do agente; II – pela anistia, graça ou indulto; III – pela retroatividade de lei que não mais considera o fato como criminoso; IV – pela prescrição, decadência ou perempção; V – pela renúncia do direito de queixa ou pelo perdão aceito, nos crimes de ação privada; VI – pela retratação do agente, nos casos em que a lei a admite.

(984) BRASIL. Superior Tribunal de Justiça — STJ. 5ª Turma. *Habeas Corpus n. 326.287-SP*. Relator Ministro Felix Fischer. Decisão unânime. Julgamento em: 27 de maio de 2005. Disponível em: <https://www2.mppa.mp.br/sistemas/gcsubsites/upload/40/juris_habeas-corpus-penal-processual.pdf>. Acesso em: 2 maio 2022. Ementa: PENAL E PROCESSUAL PENAL. HABEAS CORPUS. ART. 342, § 2º, DO CÓDIGO PENAL. TRANCAMENTO DA AÇÃO PENAL. JUSTA CAUSA. RETRATAÇÃO DA TESTEMUNHA. EXTENSÃO À PACIENTE, DENUNCIADA POR ORIENTAR, INSTRUIR E INFLUENCIAR AQUELA. I – É possível a participação no delito de falso testemunho. (Precedentes desta Corte e do Pretório Excelso). II – A retratação de um dos acusados, tendo em vista a redação do art. 342, § 2º, do Código Penal, estende-se aos demais co-réus ou partícipes. *Writ* concedido.

(985) BRASIL. Supremo Tribunal Federal — STF. *Recurso em Habeas Corpus RHC n. 81.327*. Disponível em: <http://portal.stf.jus.br/processos/detalhe.asp?incidente=1970485>. Acesso em: 2 maio 2022. EMENTA: Recurso ordinário. Habeas corpus. Falso testemunho (art. 342 do CP). Alegação de atipicidade da conduta, consistente em depoimento falso sem potencialidade lesiva. Aferição que depende do cotejo entre o teor do depoimento e os fundamentos da sentença. Exame de matéria probatória, inviável no âmbito estreito do writ. Co-autoria. Participação. Advogado que instrui testemunha a prestar depoimento inverídico nos autos de reclamação trabalhista. Conduta que contribuiu moralmente para o crime, fazendo nascer no agente a vontade delitiva. Art. 29 do CP. Possibilidade de co-autoria. Relevância do objeto jurídico tutelado pelo art. 342 do CP: a administração da justiça, no tocante à veracidade das provas e ao prestígio e seriedade da sua coleta. Relevância robustecida quando o partícipe é advogado, figura indispensável à administração da justiça (art. 133 da CF). Circunstâncias que afastam o entendimento de que o partícipe só responde pelo crime do art. 343 do CP. Recurso ordinário improvido. (RHC 81327, relª. Minª. ELLEN GRACIE, Primeira Turma, julgado em 11.12.2001, *DJ* 05.04.2002 PP-00059 EMENT VOL-02063-01 PP-00196).

coautoria pelo crime de falso testemunho quando tiver ele próprio orientado a testemunha a mentir em juízo, sob juramento.

Diante da previsão da lei de que à testemunha no processo do trabalho — e apenas no processo do trabalho, já que não existe tal previsão no processo civil nem no processo penal – também se aplica a multa prevista no art. 793-C, consoante a literalidade do art. 793-D da CLT, acima transcritos, como a testemunha mendaz já responde pelo crime de falso testemunho, não haveria duplicidade de punição pelo mesmo ato faltoso?

Mais ainda, pode a testemunha, que tendo prestado o compromisso de dizer a verdade sobre os fatos que lhe são perguntados em audiência, ser considerada litigante de má-fé, equiparada às partes do processo — reclamante, reclamado e interveniente —, como expressamente o fez o art. 793-D da CLT?

Não se está aqui defendendo a liberdade de conduta para mentir em juízo, até porque o processo é espaço de atuação ética e leal de todos que dele participam, sempre permeado pela boa-fé, como, aliás, prescreve o art. 5º do CPC de 2015 para todo aquele que participa do processo, inclusive, obviamente, a testemunha.(986)

Ao contrário, deve-se mesmo encarar a situação com extrema seriedade, como adverte Homero Batista, quando destaca que o dispositivo consolidado — art. 793-C — introduzido pela Lei n. 13.467, de 2017, utiliza o verbo no futuro do indicativo, tratando-se de um comando para o magistrado e não uma faculdade. Acentua que a litigância de má-fé implica quatro consequências indenizatórias: a) multa de 1% a 10% do valor atualizado da causa; b) indenização à parte contrária quanto aos prejuízos sofridos, tratando-se de valores indeterminados e de difícil mensuração, mas que não se confundem com as despesas do processo; c) honorários do advogado da parte contrária e d) indenização das despesas efetuadas para o processo, como quantidade de horas de perda de trabalho pelo preposto e testemunhas e outros gastos aferíveis.(987)

Outro aspecto que merece reflexão é saber se, entendendo o juiz do Trabalho que a testemunha ouvida durante a instrução processual, "intencionalmente alterou a verdade dos fatos ou omitiu fatos essenciais ao julgamento da causa", e de ofício ou a requerimento, condenou-a ao pagamento de multa superior a 1% e inferior a 10% do valor corrigido da causa, penalidade idêntica à aplicada à aplicada à parte considerada litigante de má-fé, cumprindo o comando do art. 793-D da CLT, que determina que à testemunha que mente em juízo ou cala a verdade, a ela seja aplicada a mesma multa imposta à parte, estampada no art. 793-C, ambos introduzidos na CLT pela Lei n. 13.467, de 2017,(988) esse mesmo ato já punido com

---

(986) BRASIL. *Lei n. 13.105, de 16 de março de 2015*. Código de Processo Civil — CPC. Disponível em: <http://www.planalto.gov.br/ccivil_03/_ato2015-2018/2015/lei/l13105.htm>. Acesso em: 10 maio 2022. Art. 5o Aquele que de qualquer forma participa do processo deve comportar-se de acordo com a boa-fé.

(987) SILVA, Homero Batista Mateus da. *CLT comentada*. 3. ed. São Paulo: Thomson Reuters/Revista dos Tribunais, 2021. p. 612-616.

(988) BRASIL. *Decreto-lei n. 5.452, de 1º de maio de 1943*. Consolidação das Leis do Trabalho — CLT. Disponível em: <http://www.planalto.gov.br/ccivil_03/Decreto-lei/del5452.htm>. Acesso em: 10 maio 2022.

multa no âmbito da Justiça do Trabalho também está previsto como crime de falso testemunho no art. 342 do Código Penal brasileiro.[989]

No aspecto criminal, havendo tipicidade formal, ou seja, a adequação da conduta do agente à lei, tratando-se de fato típico, haverá a incidência da norma sobre os fatos, resultando em consequências jurídicas, que podem levar a testemunha a ser condenada criminalmente por decisão da Justiça Federal, uma vez que a situação aqui tratada é da caracterização do crime de falso depoimento cometido pela testemunha perante o juiz do Trabalho, cuja ação revela a conduta, o resultado e o nexo de causalidade. Lembra-se, entretanto, que a lei admite a retratação do agente ou a declaração da verdade até antes da sentença, pelo que deve o juiz do Trabalho evitar dar voz de prisão em audiência, como fazem alguns, alegando o estado de flagrante.

Respondendo à pergunta feita acima, se a acumulação da multa por litigância má-fé à testemunha no processo do trabalho e a condenação pelo crime de falso testemunho na Justiça Federal, segundo a jurisprudência, não implica *bis in idem*, a doutrina tem se posicionado de forma a entender que são situações jurídicas diferentes, tanto que uma se dá na Justiça do Trabalho e a outra na Justiça Federal, em processo criminal.[990]

Ocorre que ambas são punições decorrentes do mesmo ato, o de faltar com ou calar a verdade em juízo, quando sob juramento. Ambas as punições encontram-se na lei, seja na penal, seja na trabalhista. Assim, caso venha a ser condenado criminalmente, a pena de restrição ou privação de liberdade poderá ser convertida em multa, o que parece evidenciar a violação ao *bis in idem*.

Átila Da Rold Roesler adota postura de extrema cautela em relação à decretação de prisão provisória pelo juízo que colhe o depoimento da testemunha e a considera como tendo praticado o crime de falso testemunho simplesmente ao cotejar o conteúdo do seu depoimento com o de outra(s) testemunha(s), julgando precipitadas essas ordens de prisão em flagrante, tida como espécie de prisão cautelar e menciona ementa de jurisprudência do Tribunal Regional Federal da 1ª Região.[991]

Sem dúvida, seja qual for a punição, esta somente deve ser aplicada em último caso, como *ultima ratio*. Tanto é assim que o art. 342 do Código Penal brasileiro, no parágrafo 2º,

(989) BRASIL. *Decreto-lei n. 2.848, de 07 de dezembro de 1940*. Código Penal brasileiro. Disponível em: <http://www.planalto.gov.br/ccivil_03/Decreto-lei/del2848compilado.htm>. Acesso em: 10 maio 2022.

(990) DUARTE, Anita; AIRES, Mateus Brandão. Testemunha e 'litigância' de má-fé x crime de falso testemunho: há dupla punição? *Empório do Direito*, 28 jan. 2020. Disponível em: <https://emporiododireito.com.br/leitura/testemunha-e-litigancia-de-ma-fe-x-crime-de-falso-testemunho-ha-dupla-punicao>. Acesso em: 10 maio 2022.

(991) ROESLER, Átila Da Rold. O punitivismo chegou aos juízes do trabalho. *Revista Estado de Direito*, 09 jul. 2018. Disponível em: <http://estadodedireito.com.br/o-punitivismo-chegou-aos-juizes-trabalho-ou-o-direito-trabalho-ameacando-de-cadeia2/>. Acesso em: 10 maio 2022. Constitui constrangimento ilegal a decretação de prisão cautelar do paciente com base unicamente na existência de contrastes havidos entre o seu depoimento e o de outra testemunha, no bojo de audiência realizada em processo judicial trabalhista. Precedente desta Corte Regional Federal (TRF1, HC n. 54.823-DF).

estabelece que "o fato deixa de ser punível se, antes da sentença no processo em que ocorreu o ilícito, o agente se retrata ou declara a verdade".[(992)]

Ademais, para que se configure o crime de falso testemunho, há de se fazer presente o elemento dolo.

O Tribunal Superior do Trabalho — TST, 6ª Turma, em decisão unânime, cujo relator foi o Ministro Augusto César Leite de Carvalho, em recurso de revista julgado em 28 de agosto de 2019, excluiu a testemunha do pagamento de multa por ato atentatório à dignidade da justiça (CP, art. 14, parágrafo único),[(993)] processo julgado em primeira instância pela 4ª Vara do Trabalho de Juiz de Fora TRT da 3ª Região.[(994)]

A 8ª Turma do TST também decidiu por afastar a multa por litigância de má-fé aplicada à testemunha, levando em consideração que a ação trabalhista foi ajuizada em 2016, antes da vigência da Lei n. 13.467, de 2017, com base na Instrução Normativa n. 41/2018, 8ª Turma, processo RR n. 1000749-34.2016.5.02.0074, Ministra relatora Dora Maria da Costa.[(995)]

Pululam aqui e acolá notícias de que a Justiça do Trabalho mandou prender ou deu voz de prisão em flagrante a testemunha que teria cometido o crime de falso testemunho, em plena audiência.[(996)]

Essas ordens de prisão mostram-se incabíveis, resvalando para o abuso de autoridade, pois a lei penal admite a possibilidade de retratação do agente, deixando o fato de ser punível (§ 2º do art. 342 do Código Penal).[(997)] A conduta correta e adequada é o juiz do Trabalho

(992) *BRASIL. Decreto-lei n. 2.848, de 07 de dezembro de 1940.* Código Penal brasileiro. Disponível em: <http://www.planalto.gov.br/ccivil_03/Decreto-lei/del2848.htm>. Acesso em: 10 maio 2022.

(993) *Idem.*

(994) BRASIL. Tribunal Superior do Trabalho — TST. 6ª Turma. Recurso de Revista – *Processo RR 1572-48.2012.5.03.0038.* Ministro relator: Augusto César. Disponível em: <http://aplicacao4.tst.jus.br/consultaProcessual/consultaTstNumUnica.do?consulta=Consultar&conscsjt=&numeroTst=1572&digitoTst=48&anoTst=2012&orgaoTst=5&tribunalTst=03&varaTst=0038&submit=Consultar>. Acesso em: 10 maio 2022. PROCESSO N. TST-RR-1572-48.2012.5.03.0038. ACÓRDÃO (6ª Turma). RECURSO DE REVISTA INTERPOSTO ANTES DA LEI N. 13.015/2014. NEGATIVA DE PRESTAÇÃO JURISDICIONAL. Nos exatos termos do § 2º do art. 282 do CPC, aplicado subsidiariamente à Justiça do Trabalho, não se analisa a nulidade alegada quando se decide o mérito a favor da parte a quem aproveite tal declaração. MULTA APLICADA À TESTEMUNHA RECORRENTE POR ATO ATENTATÓRIO À DIGNIDADE DE JURISDIÇÃO. VIOLAÇÃO DO ART. 14, PARÁGRAFO ÚNICO, DO CPC DE 1973. A conduta caracterizada pelo TRT como falso testemunho não se enquadra naquelas descritas no art. 14, V, parágrafo único, do CPC de 1973. Nesse contexto, a aplicação de multa à testemunha, com fulcro no referido comando legal, é indevida e deve ser afastada da condenação. Recurso de revista conhecido e provido.

(995) BRASIL. Tribunal Superior do Trabalho — TST. 8ª Turma. Recurso de Revista – *Processo RR n. 1000749-34.2016.5.02.0074.* Ministra relatora: Dora Maria da Costa. Disponível em: <http://aplicacao4.tst.jus.br/consultaProcessual/consultaTstNumUnica.do?consulta=Consultar&conscsjt=&numeroTst=1000749&digitoTst=34&anoTst=2016&orgaoTst=5&tribunalTst=02&varaTst=0074&submit=Consultar>. Acesso em: 10 maio 2022.

(996) POMPEU, Ana. Mentem reiteradamente. Juiz idealizador da reforma trabalhista manda prender testemunhas de empresa. *Boletim de Notícias CONJUR*, 19 maio 2018. Disponível em: <https://www.conjur.com.br/2018-mai-19/juiz-autor-reforma-trabalhista-prende-testemunhas-empresa>. Acesso em: 10 maio 2022.

(997) BRASIL. *Decreto-lei n. 2.848, de 07 de dezembro de 1940.* Código Penal brasileiro. Disponível em: <http://www.planalto.gov.br/ccivil_03/Decreto-lei/del2848compilado.htm>. Acesso em: 10 maio 2022.

oferecer à testemunha mendaz a oportunidade de retratação antes de prolatar a sentença. Se após isso, ainda assim se a testemunha se mantiver firme na posição mesmo diante da evidência delituosa configurada, o juiz do Trabalho prolatará sua sentença.

Em seguida deve encaminhar as peças dos autos em que supostamente o crime ocorreu, especificamente a ata da audiência de instrução com detalhe do falso testemunho ou omissão da verdade, com a oportunidade de retratabilidade desprezada pelo agente e cópia da sentença trabalhista à Superintendência da Polícia Federal da respectiva região, para a instauração de inquérito policial e apuração do fato.

Entendendo pela ocorrência do crime, concluído o inquérito e indiciada a testemunha, o Ministério Público Federal oferecerá denúncia perante a Justiça Federal, que irá apurar o fato, assegurando ao acusado a ampla defesa, o contraditório e os recursos a ela inerentes, o que evidencia o longo *iter* processual, a revelar a desnecessidade da ordem de prisão em flagrante.

De toda forma, não se está afirmando que ao juiz do Trabalho falta competência para determinar a prisão em flagrante da testemunha que, sob juramento, mente em juízo, fato verificado mediante o cotejo de outros depoimentos. O juiz do Trabalho, obviamente, pode assim agir, como pode qualquer do povo diante de situação de flagrância delitiva, pois inescapavelmente não possui competência em matéria criminal, conforme já decidiu o STF em sede de Recurso Extraordinário,[(998)] bem como em controle direto de constitucionalidade, em razão da Emenda Constitucional 45, de 2004.[(999)]

Antes mesmo da decisão do STF, acima transcrita, já havia o entendimento da Súmula n. 165 do STJ.[(1000)]

Remanesce uma antiga cizânia até hoje não resolvida, que diz respeito à competência da Justiça do Trabalho para conhecer e julgar o *habeas corpus* nesses casos aqui tratados, de constrangimento por ordem de prisão em flagrante em crime de falso testemunho, dada por juiz do Trabalho de primeira instância.

A discussão é antiga e encontra lugar no art. 108, inciso I, alínea *"a"*, da Constituição Federal de 1988, que prescreve: "compete aos Tribunais Regionais Federais, processar e julgar,

(998) BRASIL. Supremo Tribunal Federal — STF. *Recurso Extraordinário n. 398.041-PA*. Julg. 30.11.2006. Disponível em: <http://portal.stf.jus.br/processos/detalhe.asp?incidente=2147366>. Acesso em: 10 maio 2022.

(999) BRASIL. Supremo Tribunal Federal — STF. *Ação Direta de Inconstitucionalidade – ADI n. 3.684-DF*. Disponível em: <http://portal.stf.jus.br/processos/detalhe.asp?incidente=2366933>. Acesso em: 10 maio 2022. Ementa: Ação Direta de Inconstitucionalidade. 2. Art. 114, I, IV e IX, da CF, na redação dada pela Emenda Constitucional n. 45/2004. 3. Competência Criminal da Justiça do Trabalho. Inexistência. 4. Medida cautelar deferida pelo Plenário e confirmada no julgamento de mérito. 5. Interpretação conforme ao disposto no art. 114, I, IV e IX, da Constituição da República, de modo a afastar a competência da Justiça do Trabalho para processar e julgar ações penais. 6. Ação Direta de Inconstitucionalidade julgada procedente", declarando, assim, que no âmbito da jurisdição da Justiça do Trabalho não está incluída a competência para processar e julgar ações penais.

(1000) BRASIL. Superior Tribunal de Justiça — STJ. *Súmula n. 165*. Disponível em: <https://www.stj.jus.br/docs_internet/SumulasSTJ.pdf>. Acesso em: 10 maio 2022. DIREITO PROCESSUAL PENAL – COMPETÊNCIA. Enunciado: COMPETE A JUSTIÇA FEDERAL PROCESSAR E JULGAR CRIME DE FALSO TESTEMUNHO COMETIDO NO PROCESSO TRABALHISTA.

originariamente: os juízes federais da área de sua jurisdição, incluídos os da Justiça Militar e da Justiça do Trabalho, nos crimes comuns e de responsabilidade, e os membros do Ministério Público da União, ressalvada a competência da Justiça Eleitoral". Assevera a alínea *"d"* do mesmo art. 108 que também é da competência dos TRFs "julgar originariamente os *habeas corpus*, quando a autoridade coatora for juiz federal", assim compreendidos os da Justiça Militar e da Justiça do Trabalho.

Nesse sentido foi o julgamento do STF, 2ª Turma, no *Habeas corpus* n. 68.687-PR,[(1001)] em que foi relator o Ministro Carlos Veloso, acórdão publicado em 4.10.1991, portanto, antes da súmula vinculante do STF n. 25.[(1002)]

Desde há muitos anos na *práxis* forense maneja-se o *writ* primeiro na Justiça do Trabalho, impetrando o *habeas corpus* perante o Tribunal Regional do Trabalho ao qual o juiz do Trabalho está vinculado. Caso não se obtenha a ordem, reapresenta-se o remédio perante o respectivo Tribunal Regional Federal — TRF, desfrutando de duas oportunidades idênticas para obter o provimento judicial.

De toda sorte, diante das mudanças introduzidas na competência material da Justiça do Trabalho pela Emenda Constitucional n. 45, de 2004, de acordo com a redação do art. 114, inciso IV, "compete à Justiça do Trabalho processar e julgar: os mandados de segurança, *habeas corpus* e *habeas data*, quando o ato questionado envolver matéria sujeita à sua jurisdição".[(1003)]

Em resumo, o que está por trás do que até aqui se afirmou é a necessidade de manter a classe subalterna intimidada pela ameaça de multa e prisão, já que o sistema não consegue oferecer trabalho digno para todos, restando como opção aceitar qualquer trabalho, sem questionar as condições.

Conclui-se este tópico, no qual se estudou sumariamente a escalada punitivista que desembarca no processo do trabalho, com as mesmas palavras que Átila Da Rold Roesler conclui seu artigo, fazendo referência à obra clássica de Michel Foucault, Vigiar e Punir:

> Como escreve Foucault em sua obra clássica, 'a prisão em seu todo é incompatível com toda essa técnica da pena-efeito, da pena-representação, da pena-função geral, da pena-sinal e discurso. Ela é a escuridão, a violência e a suspeita'. O Juiz

---

(1001) BRASIL. Supremo Tribunal Federal — STF. 2ª Turma. *Habeas corpus n. 68.687-PR*. Julg. 4.10.1991. Disponível em: <http://www.stf.jus.br/portal/jurisprudencia/menuSumario.asp?sumula=1268&termo=>. Acesso em: 10 maio 2022. *HABEAS CORPUS*. PRISÃO DECRETADA POR JUIZ DO TRABALHO – DEPOSITÁRIO INFIEL – COMPETÊNCIA DO TRIBUNAL REGIONAL FEDERAL. I – No julgamento do Conflito de Competência n. 6.979-1, o Supremo Tribunal Federal decidiu, em sessão plenária, que a competência para conhecer e julgar habeas corpus, impetrado contra ato de Juiz do Trabalho de 1o grau, é do Tribunal Regional Federal e não do Tribunal Regional do Trabalho. – II Nulidade da decisão denegatória do writ proferida pelo TRT da 9ª Região. Remessa dos autos ao TRF da 4ª Região" (STF – HC 68.687-PR, 2ª Turma, relator Ministro Carlos Veloso. *DJU* 4.10.1992.

(1002) BRASIL. Supremo Tribunal Federal — STF. *Súmula Vinculante n. 25*. Disponível em: <http://www.stf.jus.br/portal/jurisprudencia/menuSumario.asp?sumula=1268&termo=>. Acesso em: 10 maio 2022. É ilícita a prisão civil de depositário infiel, qualquer que seja a modalidade de depósito.

(1003) BRASIL. *Constituição da República Federativa, de 5 de outubro de 1988*. Disponível em: <http://www.planalto.gov.br/ccivil_03/constituicao/constituicao.htm>. Acesso em: 10 maio 2022.

do Trabalho que pretende cercear a liberdade de locomoção de alguém sujeito à sua jurisdição especializada demonstra não ter o mínimo conhecimento das razões de punir, de criminologia crítica, revela desconhecer a realidade do aprisionamento em massa e demonstra a sua própria incapacidade de lidar com os problemas afetos exclusivamente à jurisdição especializada.(1004)

4.11. Justiça do Trabalho em números: uma comparação entre as mudanças introduzidas pelo rito sumaríssimo em 2000 e a reforma trabalhista de 2017 com dados estatísticos

Desde a vigência da lei da reforma trabalhista, a partir de 11 de novembro de 2017, percebeu-se uma importante diminuição no número de ajuizamentos de novas ações perante a Justiça do Trabalho, sendo mesmo possível afirmar estar-se diante de uma queda brusca e vertiginosa, despertando para a necessidade de uma melhor compreensão da matéria em análise.

Isso ensejou uma pesquisa capaz de desenvolver um estudo apto à compreensão e à explicação desse fenômeno, o que demandou a coleta de dados essenciais, sendo necessário quantificar em números a restrição de acesso à justiça pela reforma trabalhista de 2017, até 2021, último ano da base de dados analisada.

Ainda que sejam levantadas variáveis, como a crise econômica que o Brasil enfrenta, os índices persistentes de desemprego e até mesmo as consequências da pandemia da Covid-19, desaquecendo a economia e diminuindo o número pessoas ocupadas, seria necessária uma investigação empírica mais ampla, já que faltam elementos indispensáveis para uma conclusão sólida. "Mesmo nesta hipótese, os dados já terão chamado a atenção para uma importante questão",(1005) de acordo com Carlos Victor Nascimento dos Santos: a necessidade de uma explicação razoável para essa mudança de comportamento da população trabalhadora em acionar a Justiça do Trabalho.

Conforme demonstrado em tópico anterior deste capítulo (item 4.3.2), no plano do Direito Processual do Trabalho, mais precisamente quanto aos requisitos da petição inicial e à cobrança de custas judiciais, as mudanças introduzidas na CLT, em 2000, pela Lei n. 9.957, de 12 de janeiro de 2000,(1006) acrescentando os arts. 852-A ao art. 852-I, os §§ 1º e 2º ao

(1004) ROESLER, Átila Da Rold. O punitivismo chegou aos juízes do trabalho. *Revista Estado de Direito*, 09 jul. 2018. Disponível em: <http://estadodedireito.com.br/o-punitivismo-chegou-aos-juizes-trabalho-ou-o-direito-trabalho-ameacando-de-cadeia2/>. Acesso em: 10 maio 2022.

(1005) SANTOS, Carlos Victor Nascimento dos. Mutação à brasileira: uma análise empírica do art. 52, X, da Constituição. *Revista Direito GV – 20*. São Paulo: 10(2) p. 597-614. jul./dez. 2014. Disponível em: <https://bibliotecadigital.fgv.br/ojs/index.php/revdireitogv/article/view/48709/47089>. Acesso em: 15 maio 2022.

(1006) BRASIL. *Lei n. 9.957, de 12 de janeiro de 2000*. Lei do procedimento sumaríssimo no processo trabalhista. Disponível em: <http://www.planalto.gov.br/ccivil_03/leis/l9957.htm>. Acesso em: 15 maio 2022.

art. 895, o § 6º ao art. 896 e o art. 897-A, guardam visíveis semelhanças com as introduzidas em 2017 pela Lei n. 13.467, de 13 de julho de 2017 (Lei da Reforma Trabalhista).(1007)

Neste tópico é feita análise quantitativa a fim de coletar dados(1008) e reduzir as informações da vida social à sua expressão numérica,(1009) pelo método da simples inferência estatística. A pesquisa trabalha o número de ajuizamento de novas ações (casos novos distribuídos) na Justiça do Trabalho a partir do ano de 1999 e até 2003, quando da introdução das modificações pelo procedimento sumaríssimo. Comparam-se os dados estatísticos fazendo-se um paralelo com a reforma trabalhista de 2017, acompanhando o comportamento dos números entre o ano de 2017 e o ano de 2021.

Necessário esclarecer que foi aplicado à apuração o parâmetro da legislação que trata dos critérios adotados para a criação de novas unidades judiciárias no âmbito da Justiça do Trabalho, que observa os dados relativos à população economicamente ativa e também o número de processos efetivamente ajuizados, sendo escolhido apenas este último, já que se tratar de pesquisa por mera inferência.

Na evolução legislativa revogada a Lei n. 5.630, de 2 de dezembro de 1970, pela Lei n. 6.947, de 17 de setembro de 1981, que estabelece critérios para a criação e o funcionamento de Juntas de Conciliação e Julgamento,(1010) hoje denominadas Varas do Trabalho em razão da Emenda Constitucional n. 24, de 9 de dezembro de 1999. Esta extinguiu a representação classista no âmbito de toda a Justiça de Trabalho e estabeleceu que nas Varas do Trabalho a jurisdição deve ser exercida monocraticamente por um juiz singular. Em seguida, a Lei n. 8.432, de 11 de junho de 1992, criou várias unidades judiciárias no âmbito dos 18 Tribunais Regionais do Trabalho então existentes.

Seguindo a diretriz constitucional de que haveria em cada Estado pelo menos um Tribunal Regional do Trabalho, por meio da Lei n. 8.219, de 29 de agosto de 1991, foi criado o TRT da 19ª Região, com sede em Maceió e jurisdição em todo o território do Estado de Alagoas.(1011)

A Lei n. 6.947, de 17 de setembro de 1981, estabelece em seu art. 1º e parágrafo único que nas localidades que já dispuserem de Varas do Trabalho, a criação de nova unidade somente

---

(1007) BRASIL. *Lei n. 13.467, de 13 de julho de 2017*. Lei da reforma trabalhista de 2017. Altera a Consolidação das Leis do Trabalho. Disponível em: <http://www.planalto.gov.br/ccivil_03/_ato2015-2018/2017/lei/l13467.htm>. Acesso em: 15 maio 2022.

(1008) Os dados aqui mencionados foram colhidos da página do TST na internet, no link: <https://www.tst.jus.br/web/estatistica/vt/recebidos-e-julgados>. Último acesso em: 24 set. 2021.

(1009) VERONESE, Alexandre. Pesquisa em direito. *Enciclopédia Jurídica da PUCSP*. Verbete 141. Tomo Teoria Geral e Filosofia do Direito, Edição 1, maio de 2017. Disponível em: <https://enciclopediajuridica.pucsp.br/verbete/141/edicao-1/pesquisa-em-direito>. Acesso em: 15 maio 2022.

(1010) A referência a Junta de Conciliação e Julgamento deve ser hoje compreendida como Vara do Trabalho, de acordo com a Emenda Constitucional n. 24, de 9 de dezembro de 1999, que modificou a redação do art. 116 da Constituição Federal. No mais, segue a metodologia de apurar os dados estatísticos levando em conta os últimos três anos.

(1011) A pesquisa destaca o TRT XIX, Alagoas, por ser a região do autor.

poderá ser proposta quando a média de processos anualmente recebidos em cada Vara existente, apurada nos três anos anteriores, for igual ou superior a 1.500.(1012)

Com a edição da Lei n. 10.770, de 21 de novembro de 2003, foram criadas novas unidades judiciárias de primeira instância da Justiça do Trabalho, trazendo a lei duas medidas que muito facilitaram a distribuição da competência territorial.(1013)

É certo que a Lei n. 6.947, de 17 de setembro de 1981, já estabelecia critério idêntico ao adotado no mencionado art. 27 da Lei n. 10.770, de 2003.(1014)

O art. 28 da Lei n. 10.770, de 2003, adotou providência de administração judiciária que tornou mais ágil e simples a solução de problemas de estabelecimento e alteração de jurisdição das Varas do Trabalho.(1015)

O comando normativo acima transcrito foi reproduzido *ipsis litteris* no art. 26 da Resolução CSJT n. 296, de 25 de junho de 2021,(1016) que revogou a Resolução CSJT n. 63, de 28 de maio de 2010.

Conforme mencionado no item 2.3, a Resolução CSJT n. 296, de 25 de junho de 2021, do Conselho Superior da Justiça do Trabalho, em seu art. 35 prescreve que "A criação de Vara do Trabalho em localidade que ainda não conte com unidade da Justiça do Trabalho condiciona-se ao atendimento das disposições desta Resolução e à apresentação de

---

(1012) BRASIL. *Lei n. Lei n. 6.947, de 17 de setembro de 1981*. Estabelece normas para criação e funcionamento de Varas do Trabalho. Disponível em: <http://www.planalto.gov.br/ccivil_03/leis/l6947.htm>. Acesso em: 15 maio 2022. Art. 1º A criação de Junta de Conciliação e Julgamento está condicionada à existência, na base territorial prevista para sua jurisdição, de mais de 24.000 (vinte e quatro mil) empregados ou ao ajuizamento, de média igual ou superior, no último triênio, de pelo menos 240 (duzentas e quarenta) reclamações anuais. Parágrafo único: Nas áreas de jurisdição de juntas, só serão criadas novas unidades quando a frequência de reclamações, em cada órgão já existente, exceder, seguidamente, a 1.500 (mil e quinhentas) reclamações por ano.

(1013) BRASIL. *Lei n. 10.770, de 21 de novembro de 2003*. Dispõe sobre a criação de Varas do Trabalho nas Regiões da Justiça do Trabalho. Disponível em: <http://www.planalto.gov.br/ccivil_03/leis/2003/l10.770.htm>. Acesso em: 15 maio 2022. Art. 27 A competência territorial das Varas do Trabalho atualmente existentes somente será alterada na data de instalação dos novos órgãos jurisdicionais criados por esta Lei. (...) § 3º No caso de emancipação de Distrito, fica mantida a jurisdição da mesma Vara do Trabalho sobre a área territorial do novo Município.

(1014) BRASIL. *Lei n. 6.947, de 17 de setembro de 1981*. Estabelece normas para criação e funcionamento de Varas do Trabalho. Disponível em: <http://www.planalto.gov.br/ccivil_03/leis/l6947.htm>. Acesso em: 15 maio 2022. Art. 3º Os Distritos que se transformarem em Municípios, ressalvado o disposto no art. 1º, conservarão a mesma jurisdição trabalhista.

(1015) BRASIL. *Lei n. 10.770, de 21 de novembro de 2003*. Dispõe sobre a criação de Varas do Trabalho nas Regiões da Justiça do Trabalho, define jurisdições e dá outras providências. Disponível em: <http://www.planalto.gov.br/ccivil_03/leis/2003/l10.770.htm>. Acesso em: 15 maio 2022. Art. 28. Cabe a cada Tribunal Regional do Trabalho, no âmbito de sua Região, mediante ato próprio, alterar e estabelecer a jurisdição das Varas do trabalho, bem como transferir-lhes a sede de um Município para outro, de acordo com a necessidade de agilização da prestação jurisdicional trabalhista.

(1016) BRASIL. *Resolução CSJT n. 296, de 25 de junho de 2021*. Conselho Superior da Justiça do Trabalho — CSJT. Disponível em: <https://juslaboris.tst.jus.br/bitstream/handle/20.500.12178/189332/2021_res0296_csjt_rep01.pdf?sequence=5&isAllowed=y>. Acesso em: 15 maio 2022.

proposta ao Conselho Superior da Justiça do Trabalho",[(1017)] mediante proposta de anteprojeto de lei encaminhado por cada Tribunal Regional do Trabalho ao CSJT, a cada dois anos.

Em síntese, para a criação de Vara do Trabalho em território não servido por unidade da Justiça do Trabalho, deve-se verificar a jurisdição sobre mais de 24 mil trabalhadores ou uma média de 350 (trezentas e cinquenta) reclamações trabalhistas por ano, nos últimos três anos. Para a criação de Vara do Trabalho em território já servido por unidade da Justiça do Trabalho, exige-se que na(s) vara(s) existente(s) tenham sido ajuizados mais de 1.500 processos por ano, nos últimos três anos.

Adota-se aqui uma aproximação com essa mesma metodologia de confrontar os últimos três anos, o que, aliás, também é adotado pelo Conselho Superior da Justiça do Trabalho – CSJT.

Considerando que a Lei n. 9.957, de 12 de janeiro de 2000, que introduziu no sistema de Direito Processual do Trabalho o procedimento de rito sumaríssimo, com *vacatio legis* de sessenta dias, acrescentando os arts. 852-A a 852-I à Consolidação das Leis do Trabalho — CLT, passando a exigir pedido líquido nas causas cujo valor não exceda a quarenta vezes o salário mínimo vigente na data do ajuizamento da reclamação,[(1018)] toma-se como início da análise o ano de 1999 (anterior à mudança da lei). O Tribunal Regional do Trabalho da 19ª Região recebeu na primeira instância 25.925 processos; somados os 24 Tribunais Regionais do Trabalho de todo o país, no ano de 1999 foram recebidos na primeira instância da Justiça do Trabalho 1.908.658 novos processos, conforme dados da Coordenadoria de Estatísticas e Pesquisa do Tribunal Superior do Trabalho.[(1019)]

No ano de 2000, já sob a égide da lei do rito sumaríssimo, o Tribunal Regional do Trabalho da 19ª Região recebeu na primeira instância 19.713 processos; somados os 24 Tribunais Regionais do Trabalho de todo o país, nesse ano foram recebidos na primeira instância da Justiça do Trabalho 1.722.541 novos processos.

No ano de 2001, o Tribunal Regional do Trabalho da 19ª Região recebeu na primeira instância 19.116 processos; somados os 24 Tribunais Regionais do Trabalho de todo o país, nesse ano foram recebidos na primeira instância da Justiça do Trabalho 1.742.656 novos processos.

(1017) BRASIL. Conselho Superior da Justiça do Trabalho — CSJT. *Resolução n. 296, de 25.6.2021*. Disponível em: <https://juslaboris.tst.jus.br/bitstream/handle/20.500.12178/189332/2021_res0296_csjt_rep01.pdf?sequence=5&i-sAllowed=y>. Acesso em: 15 maio 2022.

(1018) BRASIL. *Decreto-lei n. 5.452, de 1º de maio de 1943*. Consolidação das Leis do Trabalho — CLT. Disponível em: <http://www.planalto.gov.br/ccivil_03/Decreto-lei/del5452.htm>. Acesso em: 15 maio 2022. Art. 852-B: Nas reclamações enquadradas no procedimento sumaríssimo: inciso I – O pedido deverá ser certo ou determinado e indicará o valor correspondente.

(1019) BRASIL. Tribunal Superior do Trabalho — TST. *Coordenadoria de Estatísticas e Pesquisa do Tribunal Superior do Trabalho*. Disponível em: <www.tst.gov.br>. Disponível em: <http://www.tst.jus.br/web/estatistica/jt/recebidos-e-julgados>. Acesso em: 15 maio 2022.

No ano de 2002, o Tribunal Regional do Trabalho da 19ª Região recebeu na primeira instância 18.151 processos; somados os 24 Tribunais Regionais do Trabalho de todo o país, nesse ano foram recebidos na primeira instância da Justiça do Trabalho 1.614.255 novos processos.

Para demonstrar que a lei do procedimento sumaríssimo do ano de 2000 não causou os mesmos efeitos estatísticos que a reforma na lei processual do ano de 2017, no ano de 2003 o Tribunal Regional do Trabalho da 19ª Região recebeu na primeira instância 20.576 novos processos; somados os 24 Tribunais Regionais do Trabalho de todo o país, nesse ano foram recebidos na primeira instância da Justiça do Trabalho 1.714.531 novos processos.

Planilha 1

RECEBIMENTO DE PROCESSOS NO 1º GRAU (SÉRIE HISTÓRICA 1999 – 2003)					
INSTITUIÇÃO	1999	2000	2001	2002	2003
TRT 19ª REGIÃO	25.925	19.713	19.116	18.151	20.576
JUSTIÇA DO TRABALHO	1.908.658	1.722.541	1.742.656	1.614.255	1.714.531

Fonte: Coordenadoria de Estatística e Pesquisa do TST

Vejam-se os gráficos, inicialmente, de processos ajuizados no ano de 1999, antes da introdução das mudanças do rito sumaríssimo no processo do trabalho, e após, ou seja, de 1999 a 2003, ano a ano, no âmbito do TRT de Alagoas, em gráfico elaborado pelo setor de consolidação de dados da Corregedoria Regional da 19ª região, responsável: José Humberto Cunha Vassalo, matrícula TRT 19 n. 308.19.0159.

Tomando-se a variação cumulativa dos processos ajuizados no âmbito do TRT 19ª Região, de 1999 a 2003, em que cada ano de série é comparado com o ano inicial da série, constata-se:

Gráfico 1(1020)

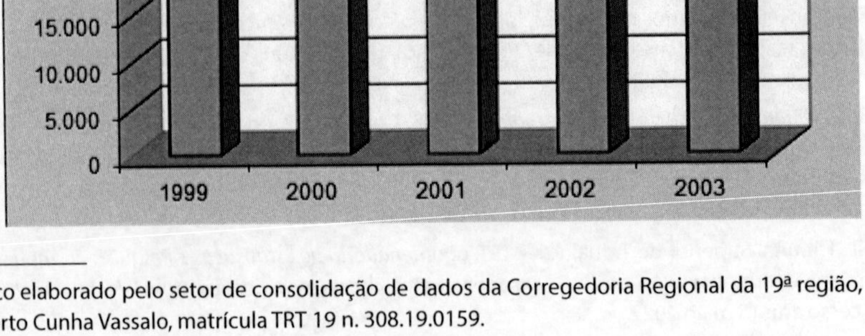

(1020) Gráfico elaborado pelo setor de consolidação de dados da Corregedoria Regional da 19ª região, responsável: José Humberto Cunha Vassalo, matrícula TRT 19 n. 308.19.0159.

Agora analisa-se o comportamento dos números, comparando-se cada ano com o ano inicial da série, somados os 24 Tribunais Regionais do Trabalho, ou seja, da Justiça do Trabalho em âmbito nacional:

Gráfico 2(1021)

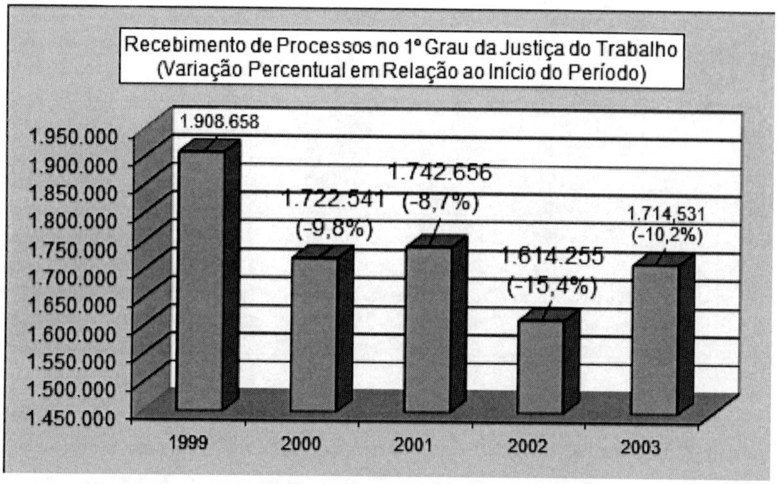

Passa-se à análise da variação ano a ano do rito sumaríssimo, em que cada ano é comparado com o ano imediatamente anterior.

O gráfico seguinte demonstra a mudança de 1999 a 2003, no âmbito do TRT da 19ª Região, considerando o ajuizamento de processos novos (de conhecimento):

Gráfico 3(1022)

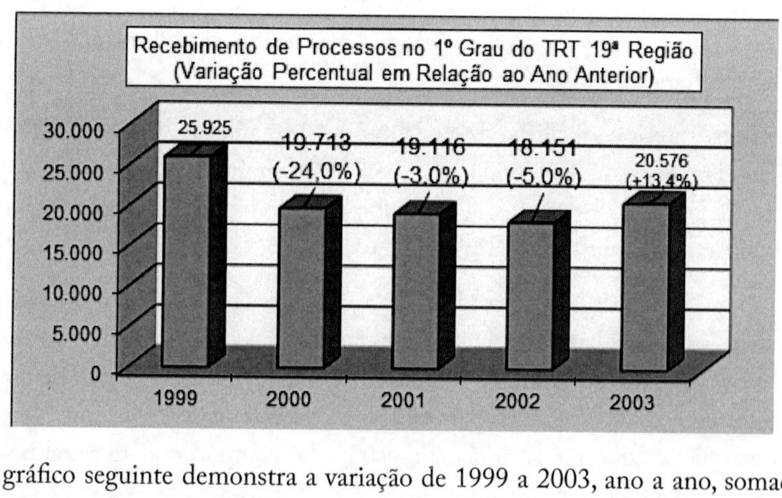

O gráfico seguinte demonstra a variação de 1999 a 2003, ano a ano, somados os 24 Tribunais Regionais do Trabalho, ou seja, da Justiça do Trabalho em âmbito nacional:

(1021) *Idem.*

(1022) *Idem.*

Gráfico 4[1023]

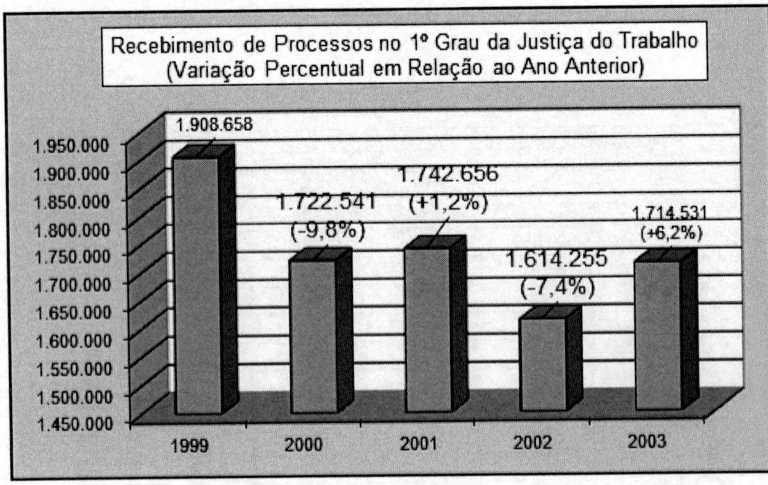

Constata-se que na apuração ano a ano, de 1999 a 2003, considerando a mudança legal introduzida em 2000, houve em 2003 um aumento de 13,4% de processos novos ajuizados no TRT da 19ª Região; em âmbito nacional, o aumento foi de 6,2%%, em relação ao ano de 2002 (Gráficos 3 e 4).

No mesmo período (de 1999 a 2003), a apuração cumulativa é de menos 20,6% em âmbito local (TRT da 19ª Região) e de menos 10,2% em âmbito nacional (somados os dados dos 24 TRTs), em relação ao ano de 1999 (Gráficos 1 e 2).

Isso significa que o ajuizamento de novas ações após a mudança na legislação, apresentou uma tendência de estabilização em relação ao impacto inicial causado por essa mudança, ou seja, a variação ao longo dos anos mostrou-se próxima à variação verificada no ano imediatamente posterior ao da alteração legislativa.

Nos anos anteriores à edição da lei da reforma trabalhista, como em 2015, o Tribunal Regional do Trabalho da 19ª Região recebeu na primeira instância 32.372 processos; somados os 24 Tribunais Regionais do Trabalho de todo o país, nesse ano foram recebidos na primeira instância da Justiça do Trabalho 2.659.007 novos processos.

A Lei n. 13.467, de 2017, teve iniciada a sua vigência em 11 de novembro de 2017. Considerando a proximidade do recesso de natal, que vai de 20 dezembro a 6 de janeiro, conforme a Lei n. 5.010, de 1966,[1024] durante a *vacatio legis*, ou seja, até 10 de novembro de 2017, houve uma verdadeira corrida para ajuizar ações antes da entrada em vigor das modificações processuais, o que, por si só, já demonstra certo comportamento estranho diante das mudanças entre aqueles que postulam na Justiça do Trabalho.

(1023) *Idem.*

(1024) BRASIL. *Lei n. 5.010, de 30 de maio de 1966*. Organiza a Justiça Federal de primeira instância. Art. 62, inciso I. Disponível em: <http://www.planalto.gov.br/ccivil_03/leis/l5010.htm>. Acesso em: 15 maio 2022.

Diferentemente do que ocorreu com a mudança do rito sumaríssimo no ano de 2000, antes da entrada em vigor da Lei n. 13.467, de 2017, constata-se um crescimento rápido e vertiginoso no número de ajuizamento de ações trabalhistas, como evidenciam os gráficos seguintes.

O gráfico a seguir compara os dados estatísticos dos anos de 2015, 2016 e 2017, de janeiro a dezembro de cada ano. Ressalte-se o importante aumento de demandas ajuizadas de setembro até o início de novembro de 2017, antes da entrada em vigor da Lei n. 13.467, de 2017, e a queda substancial no número de reclamações trabalhistas ajuizadas em todo o Brasil, imediatamente após 11 de novembro de 2017, segundo dados do Tribunal Superior do Trabalho — TST, reproduzido por Fernando Martines, no artigo "Ações trabalhistas caem em todos os TRTs, mas advogados apontam represamento".(1025)

Gráfico 5(1026)

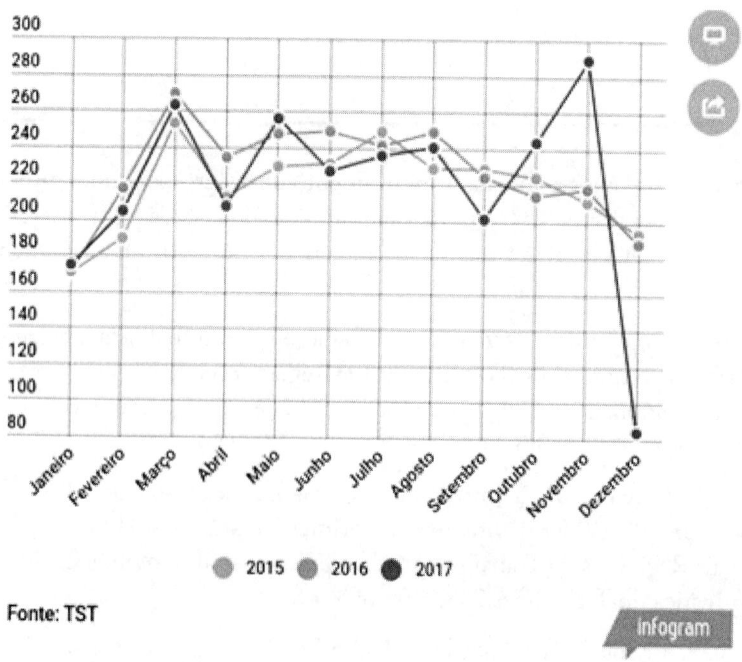

(1025) MARTINES, Fernando. Ações trabalhistas caem em todos os TRTs, mas advogados apontam represamento. *Consultor Jurídico*. 7 fev. 2018. Disponível em: <https://www.conjur.com.br/2018-fev-07/acoes-caem-todos-trts-advogados-apontam-represamento>. Acesso em: 20 jun. 2019.

(1026) *Idem*.

O gráfico a seguir demostra a tendência da continuação de queda nos números de ajuizamentos de novas demandas trabalhistas. Veja-se a variação em âmbito nacional de 2015 a 2019:

Gráfico 6(1027)

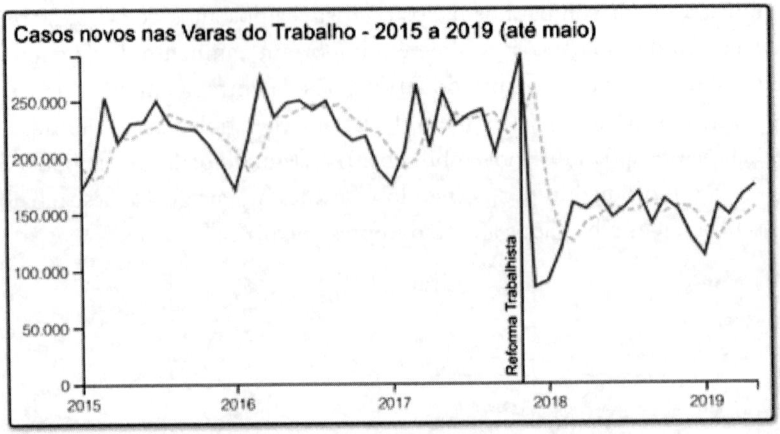

Imediatamente após a corrida de ajuizamento de ações nos primeiros dias do mês de novembro de 2017, entrando em vigor da Lei n. 13.467, de 2017, a partir de 11 de novembro de 2017 observa-se de imediato uma queda brusca nos números de recebimento de novos processos.

Em 2017, ano de início da vigência da lei da reforma trabalhista a partir de 11 de novembro, o Tribunal Regional do Trabalho da 19ª Região recebeu 31.487 processos; somados os 24 Tribunais Regionais do Trabalho de todo o país, nesse ano foram recebidos na primeira instância da Justiça do Trabalho 2.648.464 novos processos.

Já no ano de 2018, após a entrada em vigor da Lei n. 13.467, de 2017, o Tribunal Regional do Trabalho da 19ª Região recebeu na primeira instância 20.062 processos; somados os 24 Tribunais Regionais do Trabalho de todo o país, nesse ano foram recebidos na primeira instância da Justiça do Trabalho 1.748.070 novos processos.

Em 2019, o Tribunal Regional do Trabalho da 19ª Região recebeu na primeira instância 20.183 processos; somados os 24 Tribunais Regionais do Trabalho de todo o país, nesse ano foram recebidos na primeira instância da Justiça do Trabalho 1.842.619 novos processos.

Em 2020, o Tribunal Regional do Trabalho da 19ª Região recebeu na primeira instância 13.300 processos; somados os 24 Tribunais Regionais do Trabalho de todo o país, nesse ano foram recebidos na primeira instância da Justiça do Trabalho 1.477.336 novos processos.

Aqui merece uma justificativa da análise estatística até dezembro de 2021.

Desde o início da pesquisa havia sido definido o marco temporal de investigação estatística entre os anos de 2017 e 2020, para observação dos dados numéricos coletados

(1027) BRASIL. Tribunal Superior do Trabalho — TST. *Coordenadoria de Estatística e Pesquisa do TST*. Disponível em: <http://www.tst.jus.br/web/corregedoria/estatisticas-da-justica-do-trabalho>. Acesso em: 20 jun. 2019.

após a reforma da Lei n. 13.467, de 2017, compreendendo a média de análise adotada pela legislação de três anos.

Todavia, considerando que as restrições impostas à população brasileira, sobretudo a partir do mês de março do ano de 2020, em decorrência da pandemia da Covid-19 — para afastar qualquer possibilidade de interferência dessa variável que limitou a atividade econômica, afetando as relações de trabalho(1028) com medidas restritivas de funcionamento de estabelecimentos em razão de saúde pública mundial —, decidiu-se avançar até o ano 2021, comparando os números desse ano aos de 2017, variação cumulativa — antes, portanto, de a reforma trabalhista entrar em vigor.

No ano de 2021, o Tribunal Regional do Trabalho da 19ª Região recebeu na primeira instância 16.503 processos; somados os 24 Tribunais Regionais do Trabalho de todo o país, nesse ano foram recebidos na primeira instância da Justiça do Trabalho 1.550.792 novos processos.

Analisa-se agora o comportamento dos números ano a ano, de 2017 até o ano de 2021, no âmbito do TRT da 19ª Região, esclarecendo que é feito o comparativo do ano de 2021 com o ano de 2020:

Gráfico 7(1029)

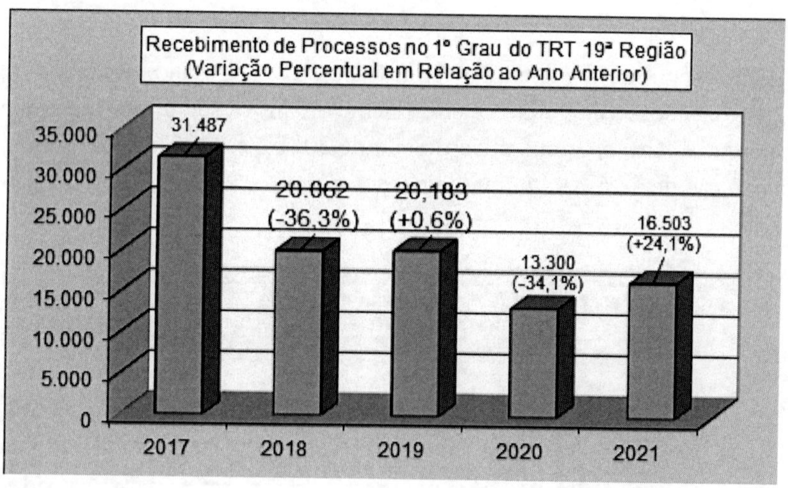

(1028) TEIXEIRA, Sergio Torres; IVO, Jasiel. A Covid-19 e os impactos nas relações de trabalho. *Revista LTr*, vol. 85, n. 3, mar. 2021, p. 352-359.

(1029) Gráfico elaborado pelo setor de consolidação de dados da Corregedoria Regional da 19ª região, responsável: José Humberto Cunha Vassalo, matrícula TRT 19 n. 308.19.0159.

O gráfico a seguir demonstra a variação ano a ano, de 2017 até o ano de 2021, comparando-se esse com o ano de 2020, somados os números de ajuizamento de novas ações trabalhistas em âmbito nacional, ou seja, dos 24 TRTs:

Gráfico 8[(1030)]

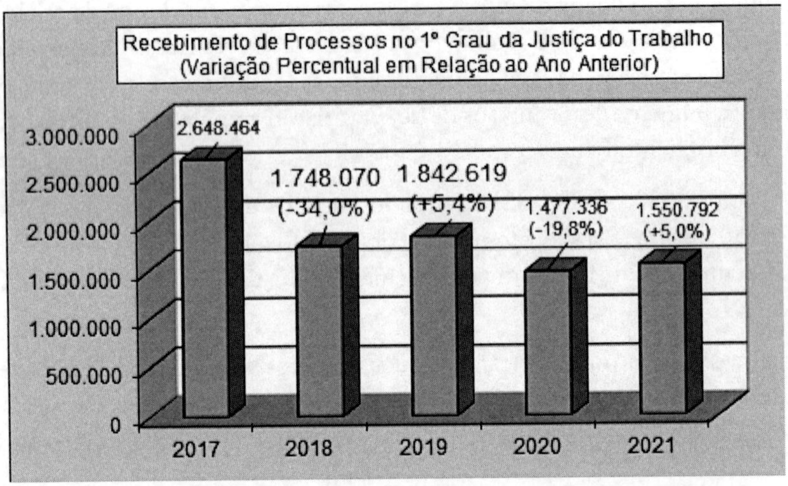

Passa-se à análise da variação cumulativa da reforma de 2017.

O gráfico seguinte demonstra a variação de 2017 até o ano de 2021, no âmbito do TRT da 19ª Região, considerando o ajuizamento de processos novos (de conhecimento), esclarecendo que é feito o comparativo do ano de 2021 com o ano de 2017, resultando no achado da redução de 47,6% no número de casos novos:

Gráfico 9[(1031)]

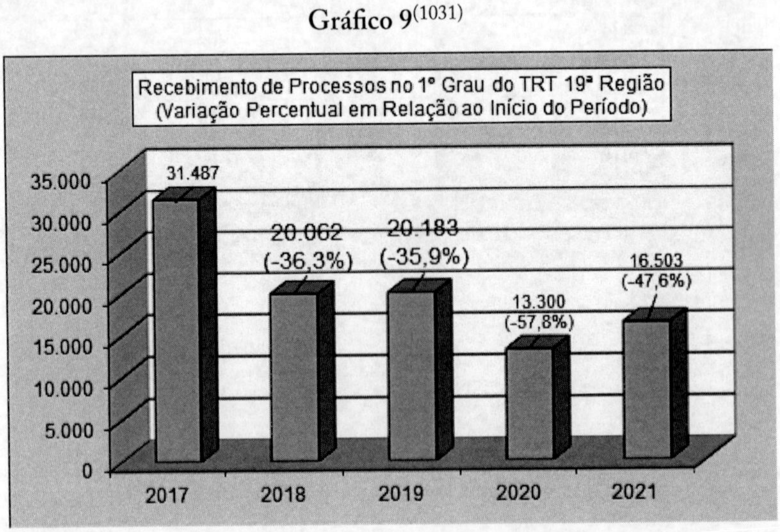

(1030) *Idem.*

(1031) *Idem.*

O gráfico seguinte demonstra o mesmo cenário em âmbito nacional da Justiça do Trabalho, somados os 24 Tribunais Regionais do Trabalho. Evidencia a linha de queda no número de processos recebidos na primeira instância da Justiça do Trabalho, série histórica de 2017 até o ano de 2021, variação cumulativa (comparando o ano de 2021 com o ano de 2017), com uma redução de 41,4% no número de novos processos ajuizados:

Gráfico 10(1032)

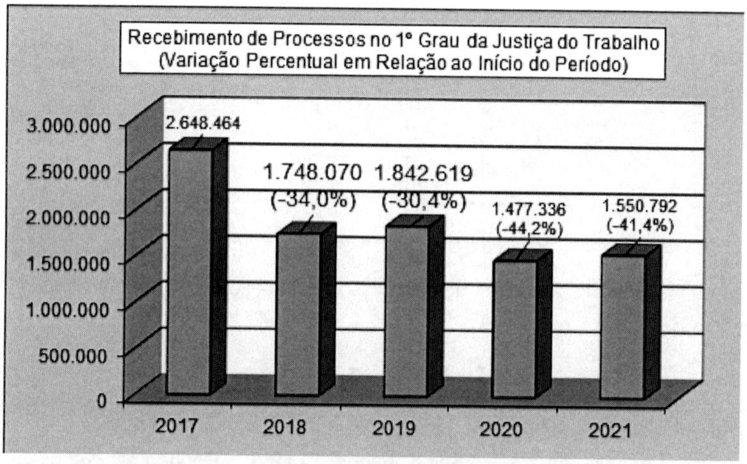

Vejam-se os quadros comparativos resumidos de processos novos ajuizados na Justiça do Trabalho, entre a reforma de 2000 e a reforma de 2017:

Planilha 1 (Reproduzida)

RECEBIMENTO DE PROCESSOS NO 1º GRAU (SÉRIE HISTÓRICA 1999 – 2003)					
INSTITUIÇÃO	1999	2000	2001	2002	2003
TRT 19ª REGIÃO	25.925	19.713	19.116	18.151	20.576
JUSTIÇA DO TRABALHO	1.908.658	1.722.541	1.742.656	1.614.255	1.714.531

Fonte: Coordenadoria de Estatística e Pesquisa do TST.

Planilha 2

RECEBIMENTO DE PROCESSOS NO 1º GRAU (SÉRIE HISTÓRICA 2017 – 2021)					
INSTITUIÇÃO	2017	2018	2019	2020	2021
TRT 19ª REGIÃO	31.487	20.062	20.183	13.300	16.503
JUSTIÇA DO TRABALHO	2.648.464	1.748.070	1.842.619	1.477.336	1.550.792

Fonte: Coordenadoria de Estatística e Pesquisa do TST.

O gráfico seguinte, com a variação em âmbito nacional apurada de 2015 a novembro de 2021, reforça a demonstração da queda e a tendência mantida abaixo da média dos anos anteriores:

(1032) *Idem.*

Gráfico 11[1033]

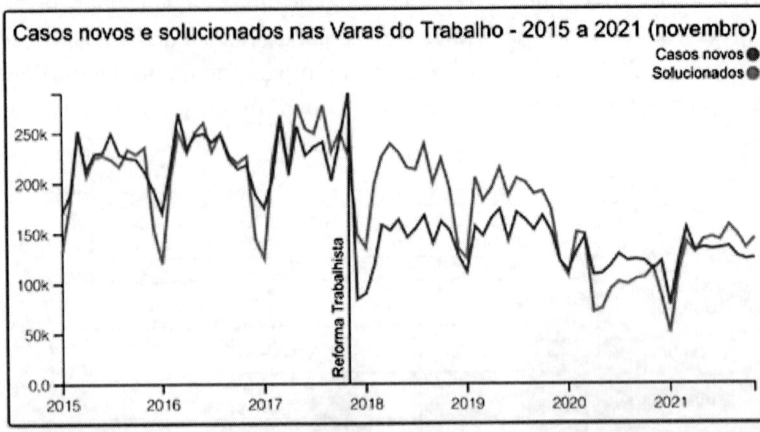

O gráfico a seguir faz a comparação de casos novos, solucionados e pendentes de solução, entre novembro de 2017 a novembro de 2021.

Gráfico 12[1034]

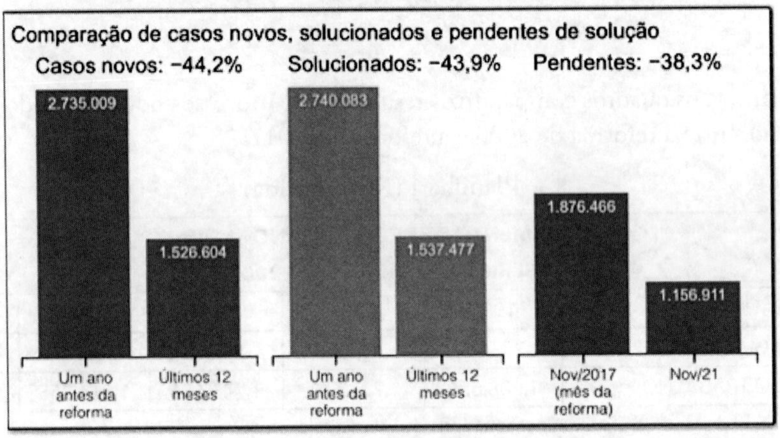

(1033) BRASIL. Tribunal Superior do Trabalho. *Coordenadoria de Estatística e Pesquisa do TST*. Disponível em: <http://www.tst.jus.br/web/corregedoria/estatisticas-da-justica-do-trabalho>. Acesso em: 14 jan. 2022.

(1034) *Idem*.

Planilha 3

JUSTIÇA DO TRABALHO				
RECEBIMENTO DE PROCESSOS NO 1º GRAU (CASOS NOVOS DE CONHECIMENTO)				
ANO	TRT 19ª REGIÃO		JUSTIÇA DO TRABALHO	
	e-Gestão	Justiça em Números	e-Gestão	Justiça em Números
2017	31.141	31.395	2.637.403	2.631.460
2018	19.728	20.007	1.734.318	1.732.367
2019	19.929	20.119	1.827.278	1.814.400
2020	13.054	13.054	1.462.391	1.460.311
2021	16.388	N/D	1.522.85	N/D

Dados do ano-base de 2021 do Relatório Justiça em Números ainda não foram divulgados.

Pode-se identificar uma sutil diferença entre os dados aqui utilizados, colhidos do sistema e-Gestão, da Justiça do Trabalho (Coordenadoria de Estatística e Pesquisa do TST), quando confrontados com os dados do sistema Justiça em números, do Conselho Nacional de Justiça — CNJ, mas não existe inconsistência alguma.

A leve margem decorre apenas dos métodos aplicados quanto à classe de processos, até porque são os dados do e-Gestão que alimentam o sistema Justiça em números, em relação à Justiça do Trabalho.

Segundo dados da coordenação de estatística do Tribunal Superior do Trabalho — TST, em 2016, ou seja, um ano antes da reforma, a Justiça do Trabalho recebeu 2.735.009 processos novos e, nos últimos 12 meses (contados até dezembro de 2021), foram recebidos 1.550.792 casos novos, resultando numa redução de 41,4% de casos novos,[(1035)] o que confirma a tendência de queda no número de ajuizamento de ações trabalhistas (processos recebidos na primeira instância), em âmbito nacional.

Em síntese, conforme números consolidados nacionalmente pelo Tribunal Superior do Trabalho — TST, observa-se que a reforma trabalhista de 2017 vem impactando o número de ajuizamento de novos processos na Justiça do Trabalho em todo o país.

Conforme acima mencionado, pode-se objetar que a pandemia da Covid-19 influenciou, em certa medida, os números do ano de 2020 e 2021, em razão das determinações de isolamento social e das restrições de atividades não essenciais para evitar aglomerações e contato pessoal.

Todavia, o Conselho Nacional de Justiça — CNJ, por meio do Provimento n. 91, de 22 de março de 2020, e do Provimento n. 105, de 12 de junho de 2020, prorrogou as atividades

(1035) BRASIL. Tribunal Superior do Trabalho. *Coordenadoria de Estatística e Pesquisa do TST*. Disponível em: <http://www.tst.jus.br/web/corregedoria/estatisticas-da-justica-do-trabalho>. Acesso em: 15 maio 2022.

judiciárias remotas até o dia 31 de dezembro de 2020[(1036)], encontrando-se atualmente prorrogado por tempo indeterminado o trabalho remoto no Poder Judiciário.[(1037)]

No mesmo sentido, o Tribunal Superior do Trabalho — TST editou o Ato GDGSET.GP. n. 122, de 12 de março de 2020, que estabelece medidas temporárias de prevenção ao contágio pelo SARS-CoV-2 – Novo Coronavírus (Covid-19), adotando a classificação de pandemia pela Organização Mundial de Saúde (OMS).[(1038)]

Considerando que a Justiça do Trabalho é um órgão do Poder Judiciário que se encontra 100% informatizado,[(1039)(1040)] em conformidade com as diretrizes da Lei n. 11.419, de 19 de dezembro de 2006,[(1041)] e que funciona em todo o país o Sistema Processo Judicial Eletrônico — PJe, no âmbito dos 24 Tribunais Regionais do Trabalho, é possível afirmar que os serviços de recebimento e distribuição de feitos no âmbito da Justiça do Trabalho não foram afetados pelas medidas sanitárias de restrição e saúde pública, tendo sido mantidos por intermédio do atendimento eletrônico — juízo 100 % digital.[(1042)]

Além disso, as audiências continuaram sendo realizadas normalmente por meio eletrônico, de modo telepresencial.[(1043)] Desse modo, uma eventual redução que tenha causado não chega a ser relevante para fins estatísticos.

Outra variável possível é o número de trabalhadores desempregados Segundo dados do Instituto Brasileiro de Geografia e Estatísticas (IBGE), colhidos na Pesquisa nacional por amostra de domicílios — PNAD, a taxa de desemprego no ano de 2019 ficou na média

(1036) BRASIL. Conselho Nacional de Justiça — CNJ. *Provimento n. 91, de 22 de março de 2020 e do Provimento n. 105, de 12 de junho de 2020*. Disponível em: <https://atos.cnj.jus.br/atos/detalhar/3354>. Acesso em: 15 maio 2022.

(1037) BRASIL. Conselho Nacional de Justiça — CNJ. *Portaria 77/2020 – CNJ*. Disponível em: <https://www.cnj.jus.br/cnj-estende-trabalho-remoto-por-tempo-indeterminado/>. Acesso em: 15 maio 2022.

(1038) BRASIL. Tribunal Superior do Trabalho — TST. *Ato GDGSET.GP. n. 122, de 12 de março de 2020*. Disponível em: <http://www.tst.jus.br/documents/10157/2374827/medidaspreventivascoronavirus/edb61fb6-ba87-6a68-f88c-dec6b57af7c8>. Acesso em: 15 maio 2022.

(1039) BRASIL. Conselho Nacional de Justiça — CNJ. *Resolução n. 354, de 2020*, alterada pela *Resolução n. 378, de 9.3.2021*. Disponível em: <https://atos.cnj.jus.br/atos/detalhar/3773>. Acesso em: 15 maio 2022.

(1040) BRASIL. Tribunal Regional do Trabalho — TRT da 19ª Região. *Resolução n. 214, de 2 de junho de 2021*. Dispõe sobre o juízo 100% digital. Disponível em: <https://asp1.trt19.jus.br/docspdf/rhdocs/BOLETIM_20210608112635257.PDF>. Acesso em: 6 out. 2021.

(1041) BRASIL. Congresso Nacional. *Lei n. 11.419, de 19 de dezembro de 2006*. Dispõe sobre a informatização do processo judicial. Disponível em: <http://www.planalto.gov.br/ccivil_03/_ato2004-2006/2006/lei/l11419.htm>. Acesso em: 15 maio 2022.

(1042) BRASIL. Tribunal Superior do Trabalho — TST. *Selo 100% PJe da Corregedoria-Geral da Justiça do Trabalho*. Disponível em: <http://www.tst.jus.br/web/corregedoria/100-pje>. Acesso em: 15 maio 2022.

(1043) BRASIL. Conselho Superior da Justiça do Trabalho — CSJT e Corregedoria-Geral da Justiça do Trabalho. Ato Conjunto n. 005, de 17 de abril de 2020, do Conselho Superior da Justiça do Trabalho – CSJT e Corregedoria-Geral, ao depois consolidado e uniformizado o trabalho remoto no âmbito da Justiça do Trabalho por intermédio do *Ato Conjunto CSJT.GP.VP e CGJT n. 006, de 4 de maio de 2020*. Disponível em: <http://www.csjt.jus.br/documents/955023/7642229/ATO+CONJUNTO+CSJT.GP.+VP+e+CGJT.+N%C2%BA+006%2C+DE+04+DE+MAIO+DE+2020.pdf>. Acesso em: 15 maio 2022.

de 11,9%,[1044] para 211 milhões de habitantes, sendo constatado o aumento expressivo do trabalho informal, assim considerado aquele sem cobertura de normas trabalhistas nem previdenciárias.

Em 2020, a taxa média de desocupação foi recorde em razão da pandemia da Covid-19, afetando milhares de empresas com medidas restritivas de higiene e saúde pública, a maior da série histórica iniciada pelo IBGE em 2012, resultando em 13,5% o índice de desempregados,[1045] numa população de 211,8 milhões de habitantes, segundo estimativa do IBGE.[1046]

O primeiro semestre de 2021, com dados até maio, fechou com 14,6% a taxa de desemprego, atingindo 14,8 milhões de pessoas, sendo considerada a maior média na série histórica a partir de 2012.[1047]/[1048] Segundo o IBGE, de acordo com a metodologia usada na PNAD Contínua, a taxa de desemprego do ano de 2021 caiu 1,6%[1049] e fechou em 12,6%.[1050]

Ocorre que uma das características mais marcantes da Justiça do Trabalho é que, de modo geral, o trabalhador somente demanda contra o seu patrão após o término do contrato de trabalho. É dizer, em razão de encontrar-se submetido ao temor reverencial decorrente do poder de direção do empregador e do medo de sofrer represálias, rompido o vínculo empregatício, encoraja-se a demandar em juízo, o que faz a Justiça do Trabalho carregar a pecha de ser a Justiça dos desempregados.

Portanto, o que tem causado essa mudança identificada a partir de janeiro de 2018, já que um fenômeno estatístico semelhante não se deu após a lei do procedimento sumaríssimo, a partir de 2000, apesar da semelhança de exigência postulatória, não é a redução

---

(1044) BRASIL. Agência IBGE. Instituto Brasileiro de Geografia e Estatística. *PNAD Contínua.* Desemprego cai para 11,9% na média de 2019; informalidade é a maior em 4 anos. Disponível em: <https://agenciadenoticias.ibge.gov.br/agencia-noticias/2012-agencia-de-noticias/noticias/26741-desemprego-cai-para-11-9-na-media-de-2019-informalidade-e-a-maior-em-4-anos>. Acesso em: 15 maio 2022.

(1045) BRASIL. Instituto Brasileiro de Geografia e Estatística. Agência IBGE. *PNAD Contínua.* Disponível em: <https://agenciadenoticias.ibge.gov.br/agencia-noticias/2012-agencia-de-noticias/noticias/30235-com-pandemia-20-estados-tem-taxa-media-de-desemprego-recorde-em-2020>. Acesso em: 30 jul. 2021.

(1046) BRASIL. Instituto Brasileiro de Geografia e Estatística. *Estatísticas Sociais.* "IBGE divulga estimativa da população dos municípios para 2020". Agência IBGE, 27.8.2020. Disponível em: <https://agenciadenoticias.ibge.gov.br/agencia-sala-de-imprensa/2013-agencia-de-noticias/releases/28668-ibge-divulga-estimativa-da-populacao-dos-municipios-para-2020>. Acesso em: 30 jul. 2021.

(1047) G1. Desemprego fica em 14,6% e atinge 14,8 milhões no trimestre encerrado em maio, aponta IBGE. Disponível em: <https://g1.globo.com/economia/noticia/2021/07/30/desemprego-fica-em-146percent-no-trimestre-encerrado-em-maio-aponta-ibge.ghtml>. Acesso em: 30 jul. 2021.

(1048) Exame. Desemprego no Brasil fica 14,6% e atinge 14 milhões de pessoas, diz IBGE. Disponível em: <https://exame.com/economia/desemprego-no-brasil-fica-146-e-atinge-14-milhoes-de-pessoas-diz-ibge/>. Acesso em: 30 jul. 2021.

(1049) BRASIL. Instituto Brasileiro de Geografia e Estatística. *Estatísticas Sociais.* "IBGE: desemprego cai 1,6 ponto percentual e atinge 12,76%". Agência IBGE, 30.11.2021. Disponível em: <https://agenciabrasil.ebc.com.br/economia/noticia/2021-11/ibge-desemprego-cai-16-e-atinge-em-126-no-primeiro-trimestre>. Acesso em: 30 jul. 2021.

(1050) BRASIL. Instituto Brasileiro de Geografia e Estatística – IBGE. *Desemprego.* Disponível em: <https://www.ibge.gov.br/explica/desemprego.php>. Acesso em: 14 jan. 2022.

dos conflitos envolvendo empregadores e trabalhadores, nem o desaparecimento do traço da conflituosidade na sociedade brasileira,(1051) muito menos isso significa que os direitos materiais trabalhistas estejam sendo rigorosamente cumpridos pelas empresas e pelos empregadores de um modo geral.

A queda no número de ações trabalhistas não é apenas resultado do crescimento do desemprego, já que também caiu o número de pessoas trabalhando, seja em postos de trabalho formais, seja em informais.(1052) Além disso, historicamente, o desemprego elevado faz disparar o número de ações trabalhistas,(1053) e não reduzir, como tem ocorrido desde a reforma de 2017.

A hipótese mais provável da queda no número de ações ajuizadas na Justiça do Trabalho (e a manutenção estável após a queda) parece mesmo que são os maiores rigores formais exigidos pelo processo do trabalho, somados ao encarecimento do seu custo, já que se passou a cobrar honorários advocatícios e honorários periciais sucumbenciais, ainda que a parte esteja gozando do benefício da justiça gratuita.(1054)

Comparando os números de antes e de depois da reforma trabalhista de 2017, constata-se que o Poder Legislativo teve a intenção de impedir o acesso do trabalhador à justiça e até cogita extinguir a própria Justiça do Trabalho.(1055)

Findo o ano de 2021 e consolidados os dados de acordo com o recorte temporal proposto, com a justificativa acima demonstrada, parece inegável que a redução no número de ações ajuizadas na Justiça do Trabalho evidencia que as mudanças no processo do trabalho introduzidas pela Lei n. 13.467, de 2017, são a causa dessa mudança de comportamento, restando configurada a condição de elemento inibidor do acesso à justiça.

(1051) TEIXEIRA, Sergio Torres. Mito, utopia e realidade: Superando os empecilhos à efetividade do modelo processual trabalhista contemporâneo. *Revista Magister de Direito Trabalhista e Previdenciário*, v. 31, jul./ago. 2009. Disponível em: <https://www.lexml.gov.br/urn/urn:lex:br:rede.virtual.bibliotecas:artigo.revista:2009;1000861447>. Acesso em: 15 maio 2022.

(1052) *UOL*. A crise econômica tem aprofundado o desemprego: em 2019, segundo dados do IBGE, eram mais de 13 milhões de desempregados, cerca de cinco milhões de desalentados e 7 milhões de subocupados; em 2020 o desemprego subiu no Brasil para 12,2% atingindo 12,9 milhões de pessoas, tratando-se de uma "alta de 1,3 ponto percentual (p.p) sobre o trimestre anterior (10,9%), o que representa 1,2 milhão de pessoas a mais na fila por um emprego" —, segundo site de notícias UOL Economia, conforme dados da Pnad (Pesquisa Nacional por Amostra de Domicílios), divulgada em 30.4.2020 pelo IBGE (Instituto Brasileiro de Geografia e Estatística). Disponível em: <https://economia.uol.com.br/empregos-e-carreiras/noticias/redacao/2020/04/30/desemprego-pnad-continua-ibge.htm>. Acesso em: 30 abr. 2020.

(1053) *G1*. Com desemprego alto, processos da Justiça do Trabalho disparam em 2015. Reportagem de Karina Trevizan e Thiago Reis. Disponível em: <http://g1.globo.com/concursos-e-emprego/noticia/2016/02/com-desemprego-alto-processos-da-justica-do-trabalho-disparam-em-2015.html>. Acesso em: 24 set. 2021.

(1054) O Supremo Tribunal Federal — STF julgou em 20.10.2021 a *Ação Direita de Inconstitucionalidade – ADI n. 5.766*, ajuizada pelo Procurador-Geral da República, questionando os dispositivos da reforma trabalhistas de 2017 relativos a cobrança de honorários periciais da parte vencida na prova técnica, honorários advocatícios sucumbenciais e custas judiciais em caso de arquivamento do processo por ausência do reclamante à audiência, ainda que a parte se encontre desfrutando dos benefícios da gratuidade de justiça, decisão analisada no item 5.1.2.

(1055) MARTINES, Fernando. Deputado apresenta PEC para acabar com a Justiça do Trabalho. *Revista Consultor Jurídico*. Disponível em: <https://www.conjur.com.br/2019-out-09/deputado-apresenta-pec-acabar-justica-trabalho>. Acesso em: 10 out. 2019.

Para esta conclusão, foi feito o cotejo estatístico com outra reforma, a da mencionada Lei n. 9.957, de 12 de janeiro de 2000, que acrescentou os arts. 852-A a 852-I à Consolidação das Leis do Trabalho — CLT, criando o procedimento sumaríssimo no âmbito da Justiça do Trabalho. Esta também passou a exigir a formulação de pedido certo ou determinado e a indicação do valor correspondente, sem que os números de ajuizamento de ações tenham caído tão abruptamente quanto os relativos à reforma trabalhista de julho de 2017.

A Reforma Trabalhista introduzida pela Lei n. 13.467, de 13 de julho de 2017, passou a exigir rigores excessivos para postular em juízo, além de impor a cobrança de custas processuais e honorários advocatícios e periciais na hipótese de sucumbência do trabalhador, ainda que beneficiário da justiça gratuita – um verdadeiro acosso legal, deixando o trabalhador acuado e impedido de exercer seu direito subjetivo público de ação, num óbice intransponível de acesso à justiça.

São necessários os seguintes esclarecimentos finais quanto à metodologia adotada: na comparação ano a ano, é feito o cotejo do quantitativo recebido no ano com o ano imediatamente anterior.

Assim, **no âmbito do Tribunal Regional do Trabalho — TRT da 19ª Região,** no ano de 2018 foram recebidos 20.062 processos, quantidade equivalente a 63,7% do que fora recebido em 2017, ou seja, 36,3% a menos (100% – 36,3% = 63,7%).

No ano de 2019, foram recebidos 20.183 processos, quantidade equivalente a 100,6% do que fora recebido em 2018, ou seja, os 121 processos recebidos a mais em 2019 equivalem a 0,6% da quantidade recebida em 2018 (100% + 0,6% = 100,6%).

No ano de 2020, foram recebidos 13.300 processos, quantidade equivalente a 65,9% do que fora recebido em 2019, ou seja, 34,1% a menos (100% – 34,1% = 65,9%).

No ano de 2021, foram recebidos 16.503 processos, quantidade equivalente a 124,1% do que fora recebido no ano de 2020, ou seja, os 3.203 processos recebidos a mais no ano de 2021 equivalem a 24,1% da quantidade recebida no ano de 2020.

Considerando a **Justiça do Trabalho em âmbito nacional**, somados os números de processos novos em todos os 24 TRTs, tem-se que, no ano de 2018, foram recebidos 1.748.070 processos, quantidade equivalente a 66,0% do que fora recebido em 2017, ou seja, 34,0% a menos (100% – 34,0% = 66,0%).

No ano de 2019, foram recebidos 1.842.619 processos, quantidade equivalente a 105,4% do total recebido em 2018, ou seja, os 94.549 processos recebidos a mais em 2019 equivalem a 5,4% da quantidade recebida em 2018 (100% + 5,4% = 105,4%).

No ano de 2020, foram recebidos 1.477.336 processos, quantidade equivalente a 80,2% do total recebido em 2019, ou seja, 19,8% a menos (100% – 19,8% = 80,2%).

No ano de 2021, foram recebidos 1.550.792 processos, quantidade equivalente a 105,0% do total recebido no ano de 2020, ou seja, os 73.456 processos recebidos a mais no ano de 2021 equivalem a 5,0% da quantidade recebida no ano de 2020.

Na comparação cumulativa faz-se a comparação do quantitativo recebido no ano com o ano inicial da série apresentada, no caso.

Assim, **no TRT da 19ª Região**, no ano de 2018 foram recebidos 20.062 processos, quantidade equivalente a 63,7% do que fora recebido em 2017, ou seja, 36,3% a menos (100% – 36,3% = 63,7%). Nesse caso, é a mesma coisa da comparação ano a ano, pois é a sequência 2017-2018.

No ano de 2019, foram recebidos 20.183 processos, quantidade equivalente a 64,1% do que fora recebido em 2017, ou seja, 35,9% a menos (100% – 35,9% = 64,1%).

No ano de 2020, foram recebidos 13.300 processos, quantidade equivalente a 42,2% do total recebido em 2017, ou seja, 57,8% a menos (100% – 57,8% = 42,2%).

No ano de 2021, foram recebidos 16.503 processos, quantidade equivalente a 52,4% do total recebido no ano de 2017, ou seja, 47,6% a menos (100% – 47,6% = 52,4%).

Considerando a Justiça do Trabalho em âmbito nacional, somados os números de processos novos em todos os 24 TRTs, no ano de 2018 foram recebidos 1.748.070 processos, quantidade equivalente a 66,0% do que fora recebido em 2017, ou seja, 34,0% a menos (100% – 34,0% = 66,0%). Nesse caso, é a mesma situação da comparação ano a ano, tratando-se da sequência 2017-2018.

No ano de 2019, foram recebidos 1.842.619 processos, quantidade equivalente a 69,6% do que fora recebido em 2017, ou seja, 30,4% a menos (100% – 69,6% = 30,4%).

No ano de 2020, foram recebidos 1.477.336 processos, quantidade equivalente a 55,8% do que fora recebido em 2017, ou seja, 44,2% a menos (100% – 44,2% = 55,8%).

No ano de 2021, foram recebidos 1.550.792 processos, quantidade equivalente a 58,6% do total recebido no ano de 2017, ou seja, 41,4% a menos (100% – 41,4% = 58,6%).

Em relação às mudanças introduzidas a partir do ano de 2000 com o rito sumaríssimo, no TRT da 19ª Região, a queda no recebimento de processos (no ano 2000) em relação ao ano de 1999 foi de 24,0%, conforme consta no **Gráfico 1**.

A média de recebimento no triênio 2000-2002 (estabilização) foi de 18.993 processos, uma redução média de 27% em relação ao ano de 1999.

Nos 24 Tribunais Regionais, a queda no recebimento de processos no ano 2000 em relação ao ano de 1999 foi de 9,8% (dado constante no **Gráfico2**).

A média de recebimento no triênio 2000-2002 (estabilização) foi de 1.693.151 processos, uma redução média de 11% em relação ao ano de 1999.

No **TRT da 19ª Região**, a queda no recebimento de processos no ano 2018 em relação ao ano de 2017 foi de 36,3%, conforme demonstrado no **Gráfico 9**.

A média de recebimento no triênio 2018-2020 (estabilização) foi de 17.794 processos, uma redução média de 43% em relação ao ano de 2017.

Nos **24 Tribunais Regionais,** a queda no recebimento de processos no ano 2018 em relação ao ano de 2017 foi de 34,0%, conforme se observa no **Gráfico 10.**

Os gráficos mostram dois períodos da série histórica de dados referentes ao recebimento de processos no primeiro grau da Justiça do Trabalho e expõem especificamente o recebimento no Tribunal Regional do Trabalho da 19ª Região e, de forma global, de toda a Justiça do Trabalho de primeiro grau.

Em ambos os períodos, calculou-se a variação percentual do recebimento de processos sob duas abordagens: primeiro, calculando-se a variação ano a ano,[(1056)] comparando-se cada ano com o imediatamente anterior; e na segunda abordagem, comparando-se cada ano com o ano inicial do período em análise.

Na pesquisa sobre recebimento de processos no 1º grau da Justiça do Trabalho, optou-se por se usar os dados da Coordenadoria de Estatística e Pesquisa do TST, tendo em vista que só naquela fonte é que havia registros dos períodos utilizados da série histórica.

Ressalte-se que a metodologia utilizada pela Coordenadoria de Estatística e Pesquisa do TST (CESTP) para a contagem de processos recebidos não é a mesma utilizada pelo CNJ para a elaboração do Relatório Justiça em números.

Na contagem da CESTP, os processos recebidos são os "Casos novos" (que ingressaram ou foram protocolizados no 1º Grau) e processos recebidos com sentença anulada/reformada, conforme Relatório Analítico Anual/2019, do Tribunal Superior do Trabalho — TST, p. 105 item 4.11.2[(1057)] e nas Varas do Trabalho – Relatório Demonstrativo Anual/2019, p. 87, Tabela 4.2. Processos Recebidos, Julgados e Resíduo (Fase de Conhecimento), 2019.[(1058)]

Na contagem do Conselho Nacional de Justiça — CNJ, os processos recebidos são a Variável CnC1º (Casos Novos de Conhecimento no 1º Grau). Estes são os processos de conhecimento, cautelares, mandamentais e ações constitucionais que ingressaram ou foram protocolizados no 1º Grau no período-base, incluídos os embargos de terceiros e os embargos do devedor na execução de título extrajudicial, como se observa do anexo referente à Justiça do Trabalho nos Indicadores do sistema de estatística do Poder Judiciário, conforme os termos da Resolução CNJ n. 76/2009.[(1059)]

(1056) O cálculo da variação pode ser descrito pelas seguintes fórmulas: 1. Variação ano a ano: Variação = ((Anoa – Anoa-1) / Ano a-1) * 100 Onde: Anoa é o ano em análise e Ano a-1 é o ano imediatamente anterior. 2. Variação em relação ao início do período: Variação = ((Anoa – Ano0) / Ano0) * 100 Onde: Anoa é o ano em análise e Ano0 é o ano inicial do período analisado.

(1057) BRASIL. Tribunal Superior do Trabalho — TST. *Relatório Analítico Anual/2019*. Disponível em: <http://www.tst.jus.br/documents/18640430/26518944/Relat%C3%B3rio+Anal%C3%ADtico+2019.pdf/a982232c-2e60-72d7-7895-323dbcb21e05?t=1593177460746>. Acesso em: 24 set. 2021.

(1058) BRASIL. Tribunal Superior do Trabalho — TST. *Relatório Geral da Justiça do Trabalho:* demonstrativo anual/2019. Disponível em: <http://www.tst.jus.br/documents/18640430/26518944/Relat%C3%B3rio+Demonstrativo+2019.pdf/cf29e498-8231-162a-0268-4c1584bd1a4d?t=1593177494972, pág. 87, Tabela 4.2. Processos Recebidos, Julgados e Resíduo (Fase de Conhecimento), 2019>. Acesso em: 24 set. 2021.

(1059) BRASIL. Conselho Nacional de Justiça — CNJ. *Justiça em números:* Justiça do Trabalho. Indicadores do sistema de estatística do Poder Judiciário. Disponível em: https://atos.cnj.jus.br/files/Anexo_Justica_Trabalho.pdf>. Acesso em: 24 set. 2021.

Capítulo 5

O Supremo Tribunal Federal e a Reforma do Processo do Trabalho

5.1. A judicialização da reforma trabalhista

No mundo europeu, após a Segunda Guerra Mundial, visando impedir a repetição do arbítrio e da crueldade das maiorias no poder, surge o movimento do constitucionalismo que reivindica a sua força normativa,[(1060)] passando a Constituição a ser interpretada como norma e não mais apenas como mera carta de intenções, de conteúdo simplesmente programático.

No desenvolvimento do constitucionalismo, ultrapassando as promessas meramente programáticas e nunca realizadas, a partir do pós-II Guerra Mundial surge a compreensão de que a Constituição possui força normativa, como na obra de Konrad Hesse,[(1061)] a exigir efetividade, o que tem levado ao chamado expansionismo do Poder Judiciário, já que a ele foi atribuída a função de pacificar a sociedade por intermédio da aplicação do direito.

A Constituição adquire supremacia no ordenamento jurídico. Com efeito, Paolo Comanducci assenta:

> A Constituição situa-se no ápice da hierarquia das fontes e, além disso, modifica qualitativamente essa hierarquia. O "leycentrismo" do modelo de Estado francês é substituído pela onipresença da Constituição, que por si mesma informa todo o sistema: por exemplo, toda legislação é entendida como uma ação da Constituição e é interpretada à luz da Constituição. (Tradução livre)[(1062)]

(1060) LIMA, George Marmelstein. *Curso de Direitos Fundamentais*. 2. ed. São Paulo: Atlas, 2009. p. 10-15.

(1061) HESSE, Konrad. *A força normativa da Constituição*. Tradução: Gilmar Ferreira Mendes. Porto Alegre: Sergio Antonio Fabris Editor, 1991.

(1062) COMANDUCCI, Paolo. In: Modelos e interpretación de la Constitución. Teoria del neoconstitucionalismo. Ensayos escogidos. Edición CARBONELL, Miguel. Madri: Editorial Trotta, 2007. p. 52. La Constitución se situa em el vértice de la jerarquía de läs fuentes y, además, modifica cualitativamente esa jerarquía. El 'leycentrismo' del modelo estatal francés es sustituido por la omnipresencia de la Constitución, que informa por sí misma a todo el sistema: por ejemplo, toda la legislación es entendida como actuación de la Constitución y se intepreta a la luz de la Constitución.

Como destaca Mauro Cappelletti:

> Hoje se assiste, ao invés de um grandioso fenômeno que após a segunda guerra foi progressivamente se alargando e se consolidando: o fenômeno chamado constitucionalismo moderno e que tem tomado proporções de tendências universais. É uma nova grande revolução, que, abandonando a ideia da rígida *séparation des pouvairs*, (separação de poderes), combinada com a não interferência e ainda, como supremacia incontrolada do poder político, afirma, ao contrário, da ideia de um recíproco controle e equilíbrio dos poderes. A história, é frequentemente uma história trágica porque foi marcada por cruéis tiranias e por duas guerras mundiais, tem demonstrado a verdade do fato que um poder político incontrolado está destinado a corromper-se, a tornar-se tirânico e abusivo. O constitucionalismo moderno é a resposta da sociedade contemporânea a esta trágica experiência.(1063)

Por isso, praticamente no mundo inteiro está havendo um deslocamento da arena própria de construção política do consenso, que é o Parlamento, para o Poder Judiciário, que tem se mostrado quase sempre apto e em condições de acolher as demandas, por vezes desafiado a até decidir e executar políticas públicas, sendo acusado de imiscuir-se na esfera dos demais poderes.

Essa mudança do centro de poder vem se dando justamente para o Judiciário, o poder não eleito pelo povo, o menos temido, sem o voto, sem a bolsa e sem as armas, ou seja, sem força, sem dinheiro e sem vontade. Numa única palavra: o menos temível, como mencionou Hamilton,(1064) deve apenas ter juízo e razão.(1065)

O fenômeno da expansão do Poder Judiciário é mundial, e à medida que toma poder do Legislativo, assumindo o protagonismo político, é levado ao chamado ativismo judicial. O próprio Judiciário, por seu turno, também perde importância diante da multiplicidade de agentes — públicos e privados — que criam o direito, pessoas e autoridades várias e "sem qualquer vinculação com o Judiciário",(1066) de instâncias paraestatais, empresas privadas, agências reguladoras, instituições terceirizadas, com destaque para as empresas destinadas a conciliação, mediação e arbitragem, o próprio "direito transnacional, que cada vez mais ameaça o monopólio da jurisdição pretendido pelo Estado moderno e seu direito dogmaticamente organizado, fazendo com que a teoria positivista evoluísse para um normativismo

---

(1063) CAPPELLETTI, Mauro. Constitucionalismo moderno e o papel do poder judiciário na sociedade contemporânea. *Revista de Processo*, vol. 60, 1990, p. 110-117, out./dez. 1990.

(1064) HAMILTON, Alexander; MADISON, James; JAY, John. O federalista. *Os pensadores*. Vol. XXIX, 1. ed, nov. 1973. São Paulo: Abril Cultural e Industrial. p. 168.

(1065) BARROSO, Luís Roberto. A razão sem voto: o Supremo Tribunal Federal e o governo da maioria. *Revista Brasileira de Políticas Públicas*, vol. 5. Número Especial, 2015, p 24-50. Disponível em: <https://www.publicacoesacademicas.uniceub.br/RBPP/article/viewFile/3180/pdf >. Acesso em: 20 maio 2022.

(1066) ADEODATO, João Maurício Leitão. A retórica constitucional e os problemas dos limites interpretativos e éticos do ativismo jurisdicional no Brasil. *Revista da Faculdade Mineira de Direito*, v. 20, n. 40, 2017, p. 118-142. Disponível em: <http://periodicos.pucminas.br/index.php/Direito/article/view/17980>. Acesso em: 20 maio 2022.

mais pluralista e daí para o decisionismo realista, mais casuístico". Toda essa complexidade social aumenta cada vez mais o desacordo a respeito da "significação de textos normativos, diminuindo a importância do Poder Legislativo e destacando o papel do Judiciário, passando a racionalidade do direito de casuística para causal".(1067)

Para descrever o fenômeno do deslocamento de poder das instituições representativas para as judiciais são utilizadas expressões como "juristocracia", termo cunhado por Ran Hirschl,(1068)(1069)(1070)(1071) "tribunalização", referida por Carlos Alexandre de Azevedo Campos,(1072) "supremocracia", por Oscar Vilhena Vieira,(1073)(1074) e até "ministrocracia", como referem Diego Werneck Arguelhes e Leandro Molhando Ribeiro.(1075) Felipe Recondo e Luiz Weber, mencionando Alexander Bickel, recomendam que os juízes pratiquem "*judicial self-restraint*", mas autocontenção judicial é "atitude rara na ministrocracia que vigora no Brasil".(1076)

Várias são as formas de expressão do exacerbado individualismo dos ministros do STF e todos eles fazem uso do artifício, muito embora algumas vezes também cheguem a questioná-lo. Basta mencionar as liminares individuais que nunca são levadas ao *referendum* do plenário, o poder de pedir vistas dos autos para que o julgamento não chegue a se completar, até mesmo em casos em que a maioria já teria definido a decisão, além do poder quase absoluto dado pelo regimento interno ao ministro ou ministra presidente de pautar os processos que

---

(1067) *Idem*.

(1068) HIRSCHL, Ran. *Rumo à Juristocracia* — As origens e consequências do novo constitucionalismo. Tradução: Amauri Feres Saad. 1. ed. Editora EAD, 2020.

(1069) Idem. O novo constitucionalismo e a judicialização da política pura no mundo. Trad. Diego Werneck Arguelhes e Pedro Jimenez Cantisano. *Revista de Direito Administrativo*, Fundação Getúlio Vargas, Rio de Janeiro, v. 251, maio/ago. 2009, p. 139-178. Disponível em: <https://bibliotecadigital.fgv.br/ojs/index.php/rda/article/view/7533/6027>. Acesso em: 20 maio 2022.

(1070) LEITE, Glauco Salomão. *Juristocracia e Constitucionalismo Democrático:* do ativismo judicial ao diálogo constitucional. 2. ed. Rio de Janeiro: Lumen juris, 2021.

(1071) BARBOSA, Claudia Maria; POLEWKA, Gabriele. Juristocracia no Brasil: a perspectiva de Ran Hirschl sobre o empoderamento judicial. *Revista de Política Judiciária, Gestão e Administração da Justiça*, Minas Gerais, v. 1, n. 2, jul./dez. 2015, p. 309-334. Disponível em: <https://www.indexlaw.org/index.php/revistapoliticiajudiciaria/article/view/257/258>. Acesso em: 20 maio 2022.

(1072) CAMPOS, Carlos Alexandre de Azevedo. A Evolução do Ativismo Judicial na Suprema Corte Norte-Americana. *Revista do Ministério Público do Rio de Janeiro*. n. 60, abr./jun. 2016, p. 59-117. Disponível em: <https://www.mprj.mp.br/documents/20184/1272607/Carlos_Alexandre_de_Azevedo_Campos.pdf>. Acesso em: 20 maio 2022.

(1073) VIEIRA, Oscar Vilhena. *A batalha dos poderes:* da transição democrática ao mal-estar constitucional. São Paulo: Cia. das Letras, 2018. p. 161-214.

(1074) *Idem*. Supremocracia. *Revista Direito GV, Fundação Getúlio Vargas*, São Paulo: v. 4(2), jul./dez. 2008, p. 441-464. Disponível em: <https://www.scielo.br/j/rdgv/a/6vXvWwkg7XG9njd6XmBzYzQ/?lang=pt&format=pdf>. Acesso em: 20 maio 2022.

(1075) ARGUELHES, Diego Werneck; RIBEIRO, Leandro Molhano. Ministrocracia: o Supremo Tribunal individual e o processo democrático brasileiro. *Novos Estudos*, Cebrap, São Paulo, v. 37, n. 1, jan./abr. 2018, p. 13-32 Disponível em: <https://www.scielo.br/j/nec/a/GsYDWpRwSKzRGsyVY9zPSCP/?format=pdf&lang=pt>. Acesso em: 20 maio 2022.

(1076) RECONDO, Felipe; WEBER, Luiz. *Os onze:* o STF, seus bastidores e suas crises. São Paulo: Cia. das Letras, 2019. p. 81-82.

seleciona para incluir na agenda de julgamentos durante seu mandato, sem falar na opinião que cada um emite publicamente sobre potenciais decisões futuras.[(1077)]

No constitucionalismo contemporâneo, o leque de direitos tem sido ampliado, constando das constituições das democracias modernas direitos sociais, imposição de implementação de políticas públicas, direitos que nem sempre o governo e a maioria eleita estão dispostos a cumprir ou o orçamento público a comportar, o que leva ao Judiciário a pressão pela satisfação e realização das promessas da modernidade.[(1078)]

No estudo crítico que faz sobre a expansão do Poder Judiciário na democracia e a perda da racionalidade jurídica, a professora alemã Ingeborg Maus parte de conceitos da psicanálise para construir seu argumento de que a sociedade órfã busca criar no superego a representação da figura paterna. Assim, pode-se aqui afirmar que, em razão da inevitável conflituosidade e diante da frustração das promessas da modernidade, deixando a sociedade com o sentimento de orfandade, cria-se uma espécie de consciência coletiva que reproduz a imagem da figura paterna na Justiça do século XX, preenchendo o vazio de autoridade e "nos estímulos à expansão do âmbito de ação da Justiça encerra-se o círculo da delegação coletiva do superego da sociedade".[(1079)]

Ativismo, como se vê, é expressão ambígua, mas que não está associada ao arbítrio nem se confunde com a manipulação política.

Carlos Alexandre de Azevedo Campos define o ativismo judicial como sendo

> o exercício expansivo, não necessariamente ilegítimo, de poderes político-normativos por parte de juízes e cortes em face dos demais atores políticos, que: (a) deve ser identificado e avaliado segundo os desenhos institucionais estabelecidos pelas Constituições e leis locais; (b) responde aos mais variados fatores institucionais, políticos, sociais e jurídico-culturais presentes em contextos particulares e em momentos históricos distintos; (c) se manifesta por meio de múltiplas dimensões de práticas decisórias.[(1080)]

(1077) ARGUELHES, Diego Werneck; RIBEIRO, Leandro Molhano. Ministrocracia: o Supremo Tribunal individual e o processo democrático brasileiro. *Novos Estudos*, CEBRAP, São Paulo, v. 37, n. 01, p. 13-32, jan./abr. 2018. Disponível em: <http://www.scielo.br/pdf/nec/v37n1/1980-5403-nec-37-01-13.pdf>. Acesso em: 20 maio 2022.

(1078) GARAPON, Antoine. *O guardador de promessas:* justiça e democracia. Tradução: Francisco Aragão. Lisboa: Instituto Piaget, 1996.

(1079) MAUS, Ingeborg. Judiciário como superego da sociedade — Sobre o papel da atividade jurisprudencial na "sociedade orfã". Tradução do alemão de LIMA, Martonio Mont'Alverne Barreto e ALBUQUERQUE, Paulo Antonio de Menezes. *Novos Estudos*, CEBRAP, n. 58, nov. 2000, p. 183-202. Disponível em: <https://www.academia.edu/38009334/JUDICI%C3%81RIO_COMO_SUPEREGO_DA_SOCIEDADE>. Acesso em: 19 out. 2019. *Vide* também: MAIA, Gretha Leite. O Judiciário como superego da sociedade. Resenha – MAUS, Ingeborg. Rio de Janeiro. *Revista Jurídica Cesumar*, Mestrado, v. 15, n. 1, p. 287-290, jan./jun. 2015 – I.

(1080) CAMPOS, Carlos Alexandre de Azevedo. A Evolução do Ativismo Judicial na Suprema Corte Norte-Americana. *Revista do Ministério Público do Rio de Janeiro*, n. 60, abr./jun. 2016, p. 59-117. Disponível em: <https://www.mprj.mp.br/documents/20184/1272607/Carlos_Alexandre_de_Azevedo_Campos.pdf>. Acesso em: 20 maio 2022.

O autor relembra que a fonte primária do uso público do termo "ativismo judicial" é do historiador Arthur Schlesinger Jr., mas que pode ter sido tomada por empréstimo de Thomas Reed Powell, ambos de Harvard. A discussão sobre ativismo e autorrestrição judicial, para Schlesinger, "é muito mais político-institucional do que jurídico-metodológica", e decidir sobre ativismo ou autocontenção é "decidir a respeito do espaço decisório da Suprema Corte no sistema constitucional e político do país", pois "o ativismo judicial diz com disputas mais antigas sobre os limites de atuação da Suprema Corte norte-americana do que pode supor sua origem terminológica".[1081]

Carlos Alexandre de Azevedo Campos acentua que:

> Decisões da Corte podem ser identificadas como ativistas desde os primórdios da prática da *judicial review* e algumas são tão relevantes que transformaram não só o perfil da Suprema Corte, mas também a própria sociedade norte-americana. Aqui me refiro às decisões *Marbury v. Madison*, *Dred Scott v. Sandford* e *Lochner v. New York*, exemplos clássicos e complexos do ativismo judicial pré-histórico da Suprema Corte.[1082]

Fazendo contraste entre *Mabury v. Madison*, decisão de 1803 tida como a primeira afirmação do poder da Suprema Corte de exercer a *judicial review*, deixando de aplicar uma lei federal incompatível com a Constituição, e a decisão no caso *Korematsu v. The United States*, que em 1944 tratou do internamento da comunidade nipo-americana durante a II Guerra Mundial, Campos adverte que decisões não ativistas podem ser erradas e de resultados ruins para toda a sociedade, e que ativismo judicial e erro judicial não são sinônimos:

> Uma advertência deve ser antes feita — ainda que *Marbury* suscite questionamentos dos mais variados até hoje, ela é uma decisão festejada pela história. Ao contrário, *Dred Scott* e *Lochner* são decisões execradas por toda a história. São símbolos de erro judicial e argumentos contra a própria *judicial review*. Em suma, são os *anticanon*. Não obstante, *Dred Scott* e *Lochner* não são ativistas porque foram decisões erradas e de resultados ruins. *Korematsu* entra em qualquer lista das piores decisões da Suprema Corte, mas se em *Dred Scott* e *Lochner* a Corte foi muito agressiva em face do legislador, em *Korematsu* ela foi muito passiva em favor do Executivo e em detrimento de liberdades fundamentais.[1083]

No Brasil, as transformações institucionais, políticas, sociais e jurídico-culturais que se seguiram à redemocratização do país a partir da Constituição Federal de 1988, a permitir a expansão dos poderes normativos do Judiciário, alavancaram o crescente movimento do ativismo judicial do Supremo Tribunal Federal, hoje uma realidade incontestável. A partir do

(1081) *Ibidem*, p. 67-68.

(1082) *Ibidem*, p. 68.

(1083) *Ibidem*, p. 68-69.

novo desenho institucional traçado para a Corte, o STF passou a assumir papel de destaque no arranjo político brasileiro, desempenhando um protagonismo que, não raras vezes, acaba por roubar a cena em face dos demais atores políticos, o que pode ser uma armadilha.(1084)

No caso da experiência brasileira, o movimento do constitucionalismo teve início tardiamente, como lembra Luís Roberto Barroso,(1085) passando a ter visibilidade somente a partir da Constituição Federal de 1988, uma carta extensa, analítica e que assegura direitos sociais, individuais, protege minorias e entrega ao Poder Judiciário a guarda da Constituição, passando a ser o fiel aplicador das promessas da modernidade.

O Brasil, assim como vários outros países que adotam o Estado democrático de direito e reconhecem a força normativa da Constituição, convive com um Poder Judiciário guardador de promessas, como menciona Antoine Garapon,(1086) ou mesmo como aquele que atua feito um superego da sociedade órfã,(1087) que em cenário de crise se expande e passa a ser o último bastião de proteção da sociedade.

> O juiz torna-se o último guardião das promessas, tanto para o indivíduo como para a comunidade política. Não tendo guardado a memória viva dos valores que os fundamentam, estes últimos pediram à justiça que zelasse pelos seus juramentos.(1088)

No constitucionalismo contemporâneo, o leque de direitos tem sido ampliado, constando das constituições das democracias modernas direitos sociais, imposição de implementação de políticas públicas, direitos que nem sempre o governo e a maioria eleita estão dispostos a cumprir, ou o orçamento público a comportar, o que leva ao Judiciário a pressão pela satisfação e realização das promessas da modernidade.

Esse novo constitucionalismo tem sido apontado como a causa da judicialização da vida e da política, como ocorre quando se dá a transferência de poder das instituições representativas para as judiciárias.(1089)

(1084) LEITE, Glauco Salomão; TEIXEIRA, João Paulo Allain. O pensamento jurídico brasileiro e a reconstrução da dogmática constitucional pós-1988: o neoconstitucionalismo e a armadilha do protagonismo judicial. In: LEITE, George Salomão; LEITE, Glauco Salomão; STRECK, Lenio Luiz (Coords.). *Neoconstitucionalismo:* avanços e retrocessos. Belo Horizonte: Fórum, 2017. p. 47-61.

(1085) BARROSO, Luis Roberto. Neoconstitucionalismo e constitucionalização do direito (o triunfo tardio do direito constitucional no Brasil). *Revista de Direito Administrativo*, Fundação Getúlio Vargas, v. 240. 2005. Disponível em: <http://bibliotecadigital.fgv.br/ojs/index.php/rda/article/view/43618>. Acesso em: 20 maio 2022.

(1086) GARAPON, Antoine. *O guardador de promessas:* justiça e democracia. Tradução: Francisco Aragão. Lisboa: Éditions Odile Jacob. Instituto Piaget, 1996.

(1087) MAUS, Ingeborg. Judiciário como superego da sociedade — sobre o papel da atividade jurisprudencial na "sociedade orfã". Tradução do alemão de Martonio Mont'Alverne Barreto Lima e Paulo Antonio de Menezes Albuquerque. *Novos Estudos*, CEBRAP, n. 58, nov. 2000, p. 183-202. Disponível em: <https://www.academia.edu/38009334/JUDICI%C3%81RIO_COMO_SUPEREGO_DA_SOCIEDADE>. Acesso em: 20 maio 2022.

(1088) GARAPON, Antoine. *O guardador de promessas:* justiça e democracia. Tradução: Francisco Aragão. Lisboa: Éditions Odile Jacob. Instituto Piaget, 1996. p. 24.

(1089) HIRSCHL, Ran. O novo constitucionalismo e a judicialização da política pura no mundo. Trad. Diego Werneck Arguelhes e Pedro Jimenez Cantisano. *Revista de Direito Administrativo*, Fundação Getúlio Vargas. Rio de Janeiro,

Para Garapon, "a erupção do activismo jurisdicional não pode ser compreendida enquanto este último não estiver ligado a um movimento mais profundo do qual é apenas uma manifestação. Não se trata de uma transferência de soberania para o juiz, mas, antes de mais nada, de uma transformação da democracia. [(1090)]

Na sociedade complexa atual, estruturada com base na economia de mercado, com inúmeras demandas e de variadas ordens, que vão desde as relativas ao pleno exercício da cidadania às questões de consumo, a vida vem se tornando cada vez mais objeto de judicialização das relações sociais, econômicas, trabalhistas, políticas, passando o Poder Judiciário a exercer um protagonismo capaz de interferir em temas sensíveis e atuar em arenas até então somente deferidas a outros atores.

Conforme Antoine Garapon, ao mesmo tempo ocorre uma importante mudança de percepção sobre a Justiça: a sociedade passa a vê-la menos punitiva e, progressivamente vai tornando-se positiva e construtiva.[(1091)]

A discussão é bastante interessante porque envolve o que se denomina de ativismo judicial e judicialização da política (e da vida), na maioria das vezes travada a partir da formidável confusão que se estabelece entre os fenômenos, que não são a mesma coisa.

De fato, o protagonismo do Poder Judiciário é uma tendência crescente nos países do mundo civilizado, notadamente nas democracias, quando muito oportuna e adequadamente exerce o papel contramajoritário, como salvaguarda dos direitos das minorias, sendo não apenas o guardião da Constituição como o garantidor das promessas da modernidade.

Mas esse Judiciário guardador de promessas também pode abrigar armadilhas, como a de ser o refúgio das elites, como ocorre quando se dá a transferência de poder das instituições representativas para as judiciárias, como destaca Ran Hirschl,[(1092)] com a judicialização da política e da vida social.

O argumento de Hirschl, de que existe a estratégia do poder político, que representa as elites, de transferir conflitos fundamentais para os tribunais, em detrimento da esfera política, ou seja, o problema do empoderamento das elites, é rechaçado por Luís Roberto Barroso.[(1093)]

---

v. 251, maio/ago. 2009, p. 139-178. Disponível em: <https://bibliotecadigital.fgv.br/ojs/index.php/rda/article/view/7533/6027>. Acesso em: 20 maio 2022.

(1090) GARAPON, Antoine. *O guardador de promessas:* justiça e democracia. Tradução: Francisco Aragão. Lisboa: Éditions Odile Jacob. Instituto Piaget, 1996. p. 36.

(1091) *Ibidem*, p. 47.

(1092) HIRSCHL, Ran. O novo constitucionalismo e a judicialização da política pura no mundo. Tradução: Diego Werneck Arguelhes e Pedro Jimenez Cantisano. *Revista de Direito Administrativo*, Fundação Getúlio Vargas. Rio de Janeiro, v. 251, p. 139-178, maio/ago. 2009. Disponível em: <https://bibliotecadigital.fgv.br/ojs/index.php/rda/article/view/7533>. Acesso em: 20 maio 2022.

(1093) BARROSO, Luís Roberto. Contramajoritário, representativo e iluminista: os papeis das supremas cortes e tribunais constitucionais nas democracias contemporâneas. *Revista Direito e Práxis*, v. 9, n. 4, 2018. Disponível em: <https://www.e-publicacoes.uerj.br/index.php/revistaceaju/article/view/30806>. Acesso em: 20 maio 2022.

Isso acaba levando ao decisionismo das instâncias julgadoras, que passam a adotar em suas escolhas aspectos morais e políticos, fenômeno consequente da ambiguidade e vagueza dos textos normativos, muito abertos e sempre a demandar a atuação do intérprete e aplicador. Neste panorama, é indispensável que qualquer solução dada como regra jurídica — ato de criar a norma — não pode desprezar o texto da lei como introdutório e básico à decisão, pois "o direito é o único ambiente ético comum, um mínimo ético social, justamente por seu caráter coercitivo".[(1094)]

Gomes Canotilho e Vital Moreira fazem distinção entre norma e enunciado linguístico:

> O ponto de partida, para evitar a confusão lexical existente neste terreno terá de basear-se na distinção rigorosa entre o preceito ("disposição", "formulação", "texto", "forma linguística") e a norma (regra ou regras jurídicas nele contidas). Designar-se-á por "disposição" ou "preceito" o simples enunciado de um texto ou documento normativo; e por "norma" o significado jurídico-normativo do enunciado linguístico. A disposição, preceito ou enunciado linguístico é o objeto de interpretação; a norma é o produto da interpretação.[(1095)]

Gabriel Ivo escreve:

> Texto e norma não têm existência autônoma, livres um do outro, trilhando caminhos separados. A interpretação não parte de um nada, um grau zero de sentido. Tal conduta não tem relação com a teoria da linguagem, são decisões políticas, ideológicas, morais. E o conhecimento jurídico vira um jogo de palavras e de poder. Por isso vivemos um período tenso para o Direito.[(1096)]

Por isso mesmo o Supremo Tribunal Federal tem sofrido duras críticas, tanto nas mídias em geral como no ambiente político e no debate acadêmico, acusado de se imiscuir em temas sensíveis e tensos que deveriam ser discutidos e resolvidos no âmbito do Parlamento, a verdadeira arena do debate em busca do consenso, como ainda sua intervenção acaba por empobrecer a discussão política. Seu ativismo não é apenas intromissão indevida no Legislativo, mas também vem subtraindo poderes, como adverte João Maurício Adeodato,[(1097)] violando a tripartição clássica, dando adeus a Montesquieu, para não deixar de fazer referência a Bruce Ackerman.[(1098)]

(1094) ADEODATO, João Maurício Leitão. A retórica constitucional e os problemas dos limites interpretativos e éticos do ativismo jurisdicional no Brasil. *Revista da Faculdade Mineira de Direito*, v. 20, n. 40, 2017, p. 127. Disponível em: <http://periodicos.pucminas.br/index.php/Direito/article/view/17980>. Acesso em: 20 maio 2022.

(1095) CANOTILHO, J. J. Gomes; MOREIRA, Vital. *Fundamentos da Constituição*. Coimbra: Coimbra Editora, 1991. p. 47.

(1096) IVO, Gabriel. A linguagem do Direito e a decisão jurídica voluntarista (anotações ao Direito e à sua linguagem). *Antígona 13*. Maceió: Edufal; 2020. p. 215-257.

(1097) ADEODATO, João Maurício Leitão. A retórica constitucional e os problemas dos limites interpretativos e éticos do ativismo jurisdicional no Brasil. *Revista da Faculdade Mineira de Direito*, v. 20, n. 40, 2017, p. 118-142.

(1098) ACKERMAN, Bruce. Adeus, Montesquieu. *Revista de Direito Administrativo FGV*. v. 265, 2014. Disponível em: <http://bibliotecadigital.fgv.br/ojs/index.php/rda/article/view/18909/17652>. Acesso em: 20 maio 2022.

O problema da judicialização da política e das relações sociais no Brasil, bem como o denominado ativismo judicial, expressões utilizadas na maioria das vezes de modo negativo e crítico pelo senso comum, foi tratado no artigo escrito juntamente com o Professor Raimundo Juliano Feitosa, intitulado "Judicialização, ativismo judicial e o flerte com o arbítrio",(1099) no qual os fenômenos mereceram exame detalhado e o chamado neoconstitucionalismo, ou constitucionalismo contemporâneo, foi estudado como forma de compreensão e interpretação da Constituição Federal de 1988.

Uma vez que o ativismo judicial e a judicialização da política refletem a constitucionalização do direito e seu modo de aplicação, não havendo autocontenção, aproximam-se do risco do arbítrio e do abuso de poder. Mas nem por isso o ativismo judicial é incompatível com a ideia de diálogos institucionais, por meio dos canais democráticos do modelo dialógico de jurisdição, que permitem a articulação para a construção legítima do consenso, como demonstra Glauco Salomão Leite.(1100)

Roberto Gargarella defende um sistema constitucional baseado no diálogo democrático, em contraste com um fincado na ideia dos *checks and balances*, "vinculando ambas noções para destacar, acima de tudo, que o sistema institucional dominante, baseado na lógica dos freios e contrapesos, não serve bem (mas bem cria obstáculos) aos desenvolvimentos de uma prática apropriada de um diálogo constitucional". São novidades dialógicas do constitucionalismo contemporâneo.(1101)

O STF tem adotado postura mais avançada em relação às liberdades individuais e proteção de minorias, e legitimamente tem "empurrado a história".(1102)

Não se pode negar, todavia, que a atuação do Supremo Tribunal Federal em matérias que envolvem direitos sociais com dimensão econômica mais abrangente tem sido tímida. A Corte abre mão de seu papel contramajoritário em franca deferência ao Poder Legislativo, deixando de barrar mudanças legislativas de políticas públicas que interferem nos direitos sociais e que prejudicam a população.

Por isso deve ser vista como exagero a afirmação de Luís Roberto Barroso, em ensaio publicado na Revista Direito e Praxis, de que supremas cortes e tribunais constitucionais em todo o mundo têm atuado como "vanguarda iluminista".(1103)

(1099) FEITOSA, Raymundo Juliano; IVO, Jasiel. Judicialização, ativismo judicial e o flerte com o arbítrio. *Revista Jurídica Unicuritiba*, ISNN 2316-753X. No prelo.

(1100) LEITE, Glauco Salomão. *Juristocracia e Constitucionalismo Democrático:* do ativismo judicial ao diálogo constitucional. 2. ed. Rio de Janeiro: Lumen juris, 2021.

(1101) GARGARELLA, Roberto. O novo constitucionalismo dialógico, frente ao sistema de freios e contrapesos. Tradução do espanhol: Ilana Aló J. In: VIEIRA, José Ribas; LACOMBE, Margarida; LEGALE, Siddharta (Coords.). *Jurisdição constitucional e direito constitucional internacional*. Belo Horizonte: Fórum, 2016. p. 37-75.

(1102) BARROSO, Luís Roberto. A razão sem voto: o Supremo Tribunal Federal e o governo da maioria. *Revista Brasileira de Políticas Públicas*, vol. 5, Número Especial, 2015, p 24-50. Disponível em: <https://www.publicacoesacademicas.uniceub.br/RBPP/article/viewFile/3180/pdf>. Acesso em: 25 maio 2022.

(1103) *Idem*. Contramajoritário, representativo e iluminista: os papeis dos tribunais constitucionais nas democracias contemporâneas. *Revista Direito e Práxis*, v. 9, n. 4, 2018. Disponível em: <https://www.e-publicacoes.uerj.br/index.php/revistaceaju/article/view/30806>. Acesso em: 25 maio 2022.

> Além do papel representativo, supremas cortes desempenham, ocasionalmente, um papel iluminista. Trata-se de uma competência perigosa, a ser exercida com grande parcimônia, pelo risco democrático que ela representa e para que cortes constitucionais não se transformem em instâncias hegemônicas. Ao longo da história, alguns avanços imprescindíveis tiveram de ser feitos, em nome da razão, contra o senso comum, as leis vigentes e a vontade majoritária da sociedade. A abolição da escravidão ou a proteção de mulheres, negros, homossexuais, transgêneros e minorias religiosas, por exemplo, nem sempre pôde ser feita adequadamente pelos mecanismos tradicionais de canalização de reinvindicações sociais. [(1104)]

À atribuição de assegurar o direito de minorias que não podem ser esmagadas por leis impostas pelas maiorias que integram os poderes eleitos acrescentam-se as competências de ser uma instância representativa diante da omissão do Congresso em regulamentar dispositivos constitucionais, bem como de ser "vanguarda iluminista". E acrescenta: "em situações excepcionais, com grande autocontenção e parcimônia, cortes constitucionais devem desempenhar um papel iluminista. Vale dizer: devem promover, em nome de valores racionais, certos avanços civilizatórios e empurrar a história. São decisões que não são propriamente contramajoritárias por não envolverem a invalidação de uma lei específica; tampouco são representativas, por não expressarem necessariamente o sentimento da maioria da população".[(1105)]

Sustentando que "a jurisdição constitucional possui papel significativo nos arranjos institucionais das democracias contemporâneas, especialmente como instância contramajoritária para tutelar direitos fundamentais e preservar as regras do jogo democrático", Glauco Salomão Leite e Marcelo Casseb Continentino advertem, contudo, que isso "não transforma uma Corte Constitucional em uma instituição moralmente superior, infalível e detentora de capacidade real para promover transformações sociais mais complexas".[(1106)]

Os autores afirmam que é um risco supor que a superação da segregação racial nos EUA, por exemplo, tenha se dado apenas em virtude da decisão da Suprema Corte no caso *Brown vs. Board Education*, em 1954. De nada adiantaria "a sagacidade e perspicácia de um Tribunal agindo isoladamente". Após a decisão foi indispensável o suporte dos movimentos sociais, capaz de garantir "a dessegregação racial nos parques, piscinas, meios de transporte e restaurantes", levando o Congresso a aprovar a Lei dos Direitos Civis, em 1964 (*Civil Rights Act*), e a Lei do Direito ao Voto (*The Voting Rights Act*), em 1965.[(1107)]

(1104) *Idem.*

(1105) *Idem.*

(1106) LEITE, Glauco Salomão; CONTINENTINO, Marcelo Casseb. Dilemas do STF: entre judicialismo ingênuo e efetivação constitucional. *Justificando*, 12 jun. 2017. Disponível em: <https://www.justificando.com/2017/07/12/dilemas-do-stf-entre-judicialismo-ingenuo-e-efetivacao-constitucional/>. Acesso em: 25 maio 2022.

(1107) *Idem.*

Segundo Ronald Dworkin, "quando a Suprema a Corte decidiu, em 1954, que nenhum Estado tinha o direito de segregar as escolas públicas por raça, levou o país à mais profunda revolução social já deflagrada por qualquer outra instituição política".[1108]

No Brasil, temas como legislação e direitos coletivos de idosos, crianças e adolescentes, proteção ao meio ambiente, relações de consumo, patrimônio histórico, público e social, ou mesmo o célebre caso do uso terapêutico de células-tronco embrionárias obtidas em embriões humanos, na lei de biossegurança (Lei n. 11.105, de 24 de março de 2005 – ADI n. 3.510-DF)[1109], que envolve não apenas questões jurídicas, mas também aspectos científicos e, sobretudo, éticos e religiosos, tratando-se de "estudo pluridisciplinar, ultrapassando os contornos da biologia, genética ou medicina, atingindo o direito, a psicologia, a sociologia e até mesmo a teologia, pois o assunto impacta diretamente conceitos religiosos arraigados como o dom da vida, seus desígnios e a própria morte". [1110]

De mencionar, ainda, decisões de grande impacto sobre temas polêmicos, como: a extração, a industrialização, a comercialização e a distribuição do amianto crisotila (ADI n. 3.356-PE,[1111] ADI n. 3.357-RS,[1112] ADI n. 3.406-RJ,[1113] ADI n. 3.470-RJ[1114] e ADPF n. 109-SP[1115]); a demarcação de terra indígena (RE n. 1.017.365-SC);[1116] a descriminalização do aborto (ADPF n. 442-DF) [1117], que teve audiência pública realizada em 5.6.2018, com a contribuição dos convidados e demais habilitados com o objetivo da adequada formação do diálogo sobre a matéria; a licitude de aborto de fetos anencéfalos (ADPF n. 54-DF)[1118]; a confirmação da validade do sistema de cotas raciais em universidades públicas

---

(1108) DWORKIN, Ronald. *O Império do Direito*. Tradução: Jefferson Luiz Camargo. 2. ed. São Paulo: Martins Fontes, 2007.

(1109) BRASIL. Supremo Tribunal Federal — STF. *Ação Direta de Inconstitucionalidade n. 3.510-DF*. Ajuizada pelo Procurador-Geral da República. Julgamento em 28 e 29.5.2008. Disponível em: <http://portal.stf.jus.br/processos/detalhe.asp?incidente=2299631>. Acesso em: 25 maio 2022.

(1110) IVO, Jasiel. O genoma humano e direito ao trabalho. *Revista LTr*, ano 65, jul. 2001, São Paulo, LTr, 2001, p. 775-781.

(1111) BRASIL. Supremo Tribunal Federal — STF. *Ação Direta de Inconstitucionalidade n. 3.356-PE*. Disponível em: <https://portal.stf.jus.br/processos/detalhe.asp?incidente=2258857>. Acesso em: 25 maio 2022.

(1112) BRASIL. Supremo Tribunal Federal — STF. *Ação Direta de Inconstitucionalidade n. 3.357-RS*. Disponível em: <https://portal.stf.jus.br/processos/detalhe.asp?incidente=2258854>. Acesso em: 25 maio 2022.

(1113) Supremo Tribunal Federal — STF. *Ação Direta de Inconstitucionalidade n. 3.406-RJ*. Disponível em: <https://portal.stf.jus.br/processos/detalhe.asp?incidente=2272225>. Acesso em: 25 maio 2022.

(1114) Supremo Tribunal Federal — STF. *Ação Direta de Inconstitucionalidade n. 3.470-RJ*. Disponível em: <https://portal.stf.jus.br/processos/detalhe.asp?incidente=2287108>. Acesso em: 25 maio 2022.

(1115) BRASIL. Supremo Tribunal Federal — STF. *Arguição de Descumprimento de Preceito Fundamental – ADPF n. 109-SP*. Disponível em: <https://portal.stf.jus.br/processos/detalhe.asp?incidente=2505793>. Acesso em: 25 maio 2022.

(1116) BRASIL. Supremo Tribunal Federal — STF. *Recurso Exdtraordinário – RE n. 1.017.365-SC*. Disponível em: <https://portal.stf.jus.br/processos/detalhe.asp?incidente=5109720>. Acesso em: 25 maio 2022.

(1117) BRASIL. Supremo Tribunal Federal — STF. *Arguição de Descumprimento de Preceito Fundamental n. 442*. Reqte: Partido Socialismo e Liberdade – P-SOL. Relª. Minª. Rosa Weber. Disponível em: <http://portal.stf.jus.br/processos/detalhe.asp?incidente=5144865>. Acesso em: 25 maio 2022.

(1118) BRASIL. Supremo Tribunal Federal — STF. *Arguição de Descumprimento de Preceito Fundamental – ADPF n. 54-DF*. Disponível em: <https://portal.stf.jus.br/processos/detalhe.asp?incidente=2226954>. Acesso em: 25 maio 2022.

(ADPF 186-DF)[1119]; o aviso prévio proporcional ao tempo de serviço do trabalhador em caso de dispensa imotivada, que diante da iminência do STF decidir os mandados de injunção 943,[1120] 1010, 1074 e 1090, acabou apressando o Legislador a aviar a Lei n. 12.506, de 13 de outubro de 2011; dando interpretação conforme a Constituição, o STF reconheceu as relações homoafetivas como união estável, nos termos do art. 226, § 3º, da CF/88 (ADP n. 132-RJ,[1121] ADI n. 4.227-DF e ADO 26); a extensão da tipificação prevista para os crimes resultantes de discriminação ou preconceito de raça, cor, etnia, religião ou procedência nacional à discriminação por orientação sexual ou identidade de gênero, a configuração do crime de homofobia e transfobia (MI n. 4.733),[1122] mesmo diante da expressa, intencional e deliberada omissão do Legislativo; fidelidade partidária dos deputados eleitos pelo coeficiente eleitoral dos partidos (ADI n. 5.081-DF);[1123] o julgamento em 7.11.2019 sobre a presunção de inocência em matéria criminal até o trânsito em julgado da decisão penal condenatória proibindo a prisão após o julgamento em 2ª instância (ADC n. 43, ADC n. 44 e ADC n. 54)[1124]; a decisão sobre a inconstitucionalidade da reeleição dos presidentes da Câmara dos Deputados e do Senado na mesma legislatura, em dezembro de 2020 (ADI n. 6.524),[1125] dentre outros assuntos, demonstram a amplitude da agenda do Supremo Tribunal Federal e seu novo desenho jurisdicional.[1126]

Mesmo assim, seria "arriscado sustentar-se aprioristicamente que a interpretação da Constituição pelo STF seria sempre a melhor, a mais racional e a mais adequada, enquanto que a do Legislativo, sempre a pior".[1127]

(1119) BRASIL. Supremo Tribunal Federal — STF. *Arguição de Descumprimento de Preceito Fundamental – ADPF n. 186-DF.* Disponível em: <https://portal.stf.jus.br/processos/detalhe.asp?incidente=2691269>. Acesso em: 25 maio 2022.

(1120) BRASIL. Supremo Tribunal Federal — STF. *Mandado de Injunção n. 943.* Impte: Raimundo Nonato de Almeida. Relator Ministro Gilmar Mendes. Disponível em: <http://portal.stf.jus.br/processos/detalhe.asp?incidente=2659459>. Acesso em: 25 maio 2022.

(1121) BRASIL. Supremo Tribunal Federal — STF. *Arguição de Descumprimento de Preceito Fundamental n. 132.* Disponível em: <http://portal.stf.jus.br/processos/detalhe.asp?incidente=2598238>. Acesso em: 25 maio 2022.

(1122) BRASIL. Supremo Tribunal Federal — STF. *Mandado de injunção n. 4.733.* Impte: ABGLT — Associação Brasileira de Lésbicas, Gays, Bissexuais, Travestis, Transexuais e Intersexos. Relator Ministro Edson Fachin. Disponível em: <http://portal.stf.jus.br/processos/detalhe.asp?incidente=4239576>. Acesso em: 25 maio 2022.

(1123) BRASIL. Supremo Tribunal Federal — STF. *Ação Direta de Inconstitucionalidade n. 5.081-DF.* Ajuizada pelo Procurador-Geral da República. Julgamento em 27.5.2015. Disponível em: <http://portal.stf.jus.br/processos/detalhe.asp?incidente=4513055>. Acesso em: 25 maio 2022.

(1124) BRASIL. Supremo Tribunal Federal — STF. *Ações Declaratórias de Constitucionalidade ns. 43, 44 e 54.* Ajuizadas respectivamente pelo Partido Ecológico Nacional — PEN, Conselho Federal da Ordem dos Advogados do Brasil — CFOAB e Partido Comunista do Brasil; Julgamento em 7.11.2019. Disponível em: <http://portal.stf.jus.br/processos/detalhe.asp?incidente=5440576>. Acesso em: 25 maio 2022.

(1125) BRASIL. Supremo Tribunal Federal — STF. *Ação Direta de Inconstitucionalidade n. 6.524-DF.* Ajuizada pelo Partido Trabalhista Brasileiro – PTB. Julgamento em 18.12.2020. Disponível em: <http://portal.stf.jus.br/processos/detalhe.asp?incidente=5972250>. Acesso em: 25 maio 2022.

(1126) TEIXEIRA, João Paulo Allain; BARBOSA, Daniella Dutra de Almeida. O Supremo Tribunal Federal e o novo desenho jurisdicional brasileiro. *Revista de Informação Legislativa. Brasília*, ano 47, n. 186 abr./jun. 2010, p. 129-140. Disponível em: <https://www2.senado.leg.br/bdsf/bitstream/handle/id/198678/000888823.pdf?sequence=1&isAllowed=y>. Acesso em: 25 maio 2022.

(1127) LEITE, Glauco Salomão; CONTINENTINO, Marcelo Casseb. Dilemas do STF: entre judicialismo ingênuo e efetivação constitucional. *Justificando*, 12 jun. 2017.Disponível em: <https://www.justificando.com/2017/07/12/dilemas-do-stf-entre-judicialismo-ingenuo-e-efetivacao-constitucional/>. Acesso em: 25 maio 2022.

> A categórica afirmação de que o STF é que teria o poder de dar a "última palavra" sobre o que significa a Constituição ignora que a legitimidade de suas decisões depende umbilicalmente do contexto institucional onde se travam concretamente as relações entre os atores políticos de cada um dos três Poderes, e inclusive da ausência das respectivas ações (omissão juridicamente relevante).(1128)

Vê-se agora o Supremo Tribunal Federal instado a se pronunciar sobre tema economicamente relevante, de alta voltagem política e elevada temperatura do ponto de vista dos direitos sociais, no qual deveriam prevalecer as disposições constitucionais, e não a repetição "de meros pecadilhos da vanguarda iluminista".(1129)(1130)

Desde a edição da Lei n. 13.467, de 13 de julho de 2017, conhecida como Lei da reforma trabalhista, que fez várias modificações não apenas no direito material do trabalho, introduzindo no cenário jurídico pátrio a figura do trabalho intermitente,(1131) a prevalência do negociado sobre o legislado,(1132)(1133) o fim da ultratividade das normas coletivas de trabalho,(1134) por exemplo, como também modificou o direito processual do trabalho.

As mudanças foram fortemente questionadas, sendo ajuizadas no Supremo Tribunal Federal — STF, entre ações diretas de inconstitucionalidade e ações declaratórias de constitucionalidade, mais de trinta delas discutindo a facultatividade da contribuição sindical (vinte

(1128) *Idem.*

(1129) LEITE, Glauco Salomão; SANTOS, Gustavo Ferreira; Teixeira, João Paulo Allain; LABANCA, Marcelo. Os 'pecadilhos' da vanguarda iluminista. *Revista Consultor Jurídico*, 29.4.2021. Disponível em: <https://www.conjur.com.br/2021-abr-29/opiniao-pecadilhos-vanguarda-iluminista>. Acesso em: 25 maio 2022.

(1130) ALVES, Cintia. STF deixa direitos sociais de lado quando julga questões importantes para o grande capital. *Jornal GGN*, 18 out. 2021. Disponível em: <https://jornalggn.com.br/justica-2/stf-deixa-direitos-sociais-de-lado-quando-julga-questoes-importantes-para-o-grande-capital/>. Acesso em: 25 maio 2022.

(1131) BRASIL. *Consolidação das Leis do Trabalho — CLT*. Disponível em: <http://www.planalto.gov.br/ccivil_03/Decreto-lei/del5452.htm>. Acesso em: 25 maio 2022. Art. 443. O contrato individual de trabalho poderá ser acordado tácita ou expressamente, verbalmente ou por escrito, por prazo determinado ou indeterminado, ou para prestação de trabalho intermitente.

(1132) BRASIL. *Consolidação das Leis do Trabalho — CLT*. Disponível em: <http://www.planalto.gov.br/ccivil_03/Decreto-lei/del5452.htm>. Acesso em: 25 maio 2022. Art. 611-A. A convenção coletiva e o acordo coletivo de trabalho têm prevalência sobre a lei quando, entre outros, dispuserem (...).

(1133) BRASIL. Supremo Tribunal Federal — STF. *Recurso Extraordinário com Agravo – ARE n. 1.121.633*. Relator Ministro Gilmar Mendes. Disponível em: <https://www.stf.jus.br/portal/jurisprudenciaRepercussao/verAndamentoProcesso.asp?incidente=5415427&numeroProcesso=1121633&classeProcesso=ARE&numeroTema=1046>. Acesso em: 25 maio 2022. Certidão de julgamento da sessão extraordinária de 2.6.2022: O Tribunal, por maioria, apreciando o tema 1.046 da repercussão geral, deu provimento ao Recurso Extraordinário, nos termos do voto do Relator, vencidos os Ministros Edson Fachin e Rosa Weber. Em seguida, por unanimidade, foi fixada a seguinte tese: "São constitucionais os acordos e as convenções coletivos que, ao considerarem a adequação setorial negociada, pactuam limitações ou afastamentos de direitos trabalhistas, independentemente da explicitação especificada de vantagens compensatórias, desde que respeitados os direitos absolutamente indisponíveis". Ausentes, justificadamente, o Ministro Luiz Fux (Presidente), impedido neste julgamento, e o Ministro Ricardo Lewandowski. Presidiu o julgamento a Ministra Rosa Weber, Vice-Presidente. Plenário, 2.6.2022.

(1134) CLT, "Art. 614. (...) § 3º Não será permitido estipular duração de convenção coletiva ou acordo coletivo de trabalho superior a dois anos, sendo vedada a ultratividade". BRASIL. *Consolidação das Leis do Trabalho — CLT*. Disponível em: <http://www.planalto.gov.br/ccivil_03/Decreto-lei/del5452.htm>. Acesso em: 25 maio 2022.

ações ajuizadas por entidades várias, já julgadas em 29.6.2018),[1135] a aplicação do índice da caderneta de poupança como critério de correção monetária de dívidas trabalhistas e índice de correção dos depósitos recursais (quatro ações julgadas em 18.12.2020,[1136] inclusive embargos declaratórios julgados em 22 de outubro de 2021),[1137] a tarifação da indenização do dano extrapatrimonial no âmbito das relações de trabalho, cujo julgamento o STF iniciou em 21.10.2021 (uma ação extinta sem resolução de mérito, por perda superveniente de objeto e três ações cujo julgamento foi retomado em 27.10.2021 e suspenso com o pedido de vista do ministro Nunes Marques, imediatamente após o voto do relator, ministro Gilmar Mendes, que muito embora não tenha declarado inconstitucional a fixação de teto das indenizações extrapatrimoniais trabalhistas, admitiu que os critérios estabelecidos na lei podem ser ultrapassados, a depender do caso concreto),[1138] o trabalho intermitente, tratado no capítulo 1,

(1135) BRASIL. Supremo Tribunal Federal — STF. *Ação Direta de Inconstitucionalidade n. 5.794-DF*. Relator ministro Edson Fachin. Ministro redator do acórdão Luiz Fux. Processos apensados: ADI n. 5.912, ADI n. 5.923, ADI n. 5.859, ADI n. 5.865, ADI n. 5.813, ADI n. 5.885, ADI n. 5.887, ADI n. 5.913, ADI n. 5.810, ADC n. 55, ADI n. 5.811, ADI n. 5.888, ADI n. 5.892, ADI n. 5.806, ADI n. 5.815, ADI n. 5.850, ADI n. 5.900, ADI n. 5.950 e ADI n. 5.945. Julgadas em 29.6.2018. Disponível em: <http://portal.stf.jus.br/processos/detalhe.asp?incidente=5288954>. Acesso em: 25 de maio 2022.

(1136) BRASIL. Supremo Tribunal Federal — STF. *Ação Declaratória de Constitucionalidade n. 58*, ajuizada pela Confederação Nacional do Sistema Financeiro — Consif. Disponível em: <http://portal.stf.jus.br/processos/detalhe.asp?incidente=5526245>. Ação Declaratória de Constitucionalidade n. 59, ajuizada pela Confederação Nacional da Tecnologia da Informação e Comunicação — Contic. Disponível em: <http://portal.stf.jus.br/processos/detalhe.asp?incidente=5534144>. *Ação Direta de Inconstitucionalidade n. 5.867-DF*, ajuizada pela Associação nacional dos magistrados da justiça do trabalho - Anamatra. Ação Direta de Inconstitucionalidade n. 6.021, ajuizada pela Associação nacional dos magistrados da justiça do trabalho - Anamatra. Relator Ministro Gilmar Mendes.Apensados os processos ADC n. 59 e ADI n. 6.021. Publicação DJE 7.4.2021. Disponível em: <http://portal.stf.jus.br/processos/detalhe.asp?incidente=5335099>. Acesso em: 25 maio 2022.

(1137) PRISTCH, Cesar Zucatti. Os embargos declaratórios da ADC n. 58. *Revista Consultor Jurídico*, 09 nov. 2021. Disponível em: <https://www.conjur.com.br/2021-nov-09/pritsch-embargos-declaratorios-adc-58-consequencias-praticas>. Acesso em: 25 maio 2022.

(1138) BRASIL. Supremo Tribunal Federal — STF: Ação Direta de Inconstitucionalidade - ADI n. 6.050-DF. Ajuizada pela Associação Nacional dos Magistrados da Justiça do Trabalho — ANAMATRA. Relator ministro Gilmar Mendes. Parecer da Procuradoria Geral da República - PGR, pela procedência da ação. Julgamento iniciado em 21.10.2021. Decisão de Julgamento de 27.10.2021: Decisão: Após o voto do Ministro Gilmar Mendes (Relator), que conhecia das ADI ns. 6.050, 6.069 e 6.082 e julgava parcialmente procedentes os pedidos formulados, para conferir interpretação conforme a Constituição, de modo a estabelecer que: 1) As redações conferidas aos art. 223-A e 223-B, da CLT, não excluem o direito à reparação por dano moral indireto ou dano em ricochete no âmbito das relações de trabalho, a ser apreciado nos termos da legislação civil; 2) Os critérios de quantificação de reparação por dano extrapatrimonial previstos no art. 223-G, *caput* e § 1º, da CLT deverão ser observados pelo julgador como critérios orientativos de fundamentação da decisão judicial. É constitucional, porém, o arbitramento judicial do dano em valores superiores aos limites máximos dispostos nos incisos I a IV do § 1º do art. 223-G, quando consideradas as circunstâncias do caso concreto e os princípios da razoabilidade, da proporcionalidade e da igualdade, pediu vista dos autos o Ministro Nunes Marques. Disponível em: <http://portal.stf.jus.br/processos/detalhe.asp?incidente=5612680>. Acesso em: 25 maio 2022. *Ação Direta de Inconstitucionalidade - ADI n. 6.069-DF*. Ajuizada pelo Conselho Federal da Ordem dos Advogados do Brasil — CFOAB. Relator ministro Gilmar Mendes. Disponível em: <http://portal.stf.jus.br/processos/detalhe.asp?incidente=5626228>. Acesso em: 25 maio 2022. Ação Direta de Inconstitucionalidade - ADI n. 6.082-DF. Ajuizada pela Confederação Nacional dos Trabalhadores na Indústria - CNTI. Relator ministro Gilmar Mendes. Julgamento iniciado em 21.10.2021. Disponível em: <http://portal.stf.jus.br/processos/detalhe.asp?incidente=5640983>. Acesso em: 25 maio 2022. *Ação Direta de Inconstitucionalidade - ADI n. 5.870-DF*. Ajuizada pela Associação Nacional dos Magistrados da Justiça do Trabalho — ANAMATRA. Relator fora o ministro Gilmar Mendes. Ação extinta sem resolução de mérito, por perda superveniente de objeto, em 21.10.2021). Disponível em: <http://portal.stf.jus.br/processos/detalhe.asp?incidente=5335465>. Acesso em: 25 maio 2022.

(três ações pendentes de julgamento, pautado para o dia 17.11.2021), encontrando-se com remessa ao Gabinete do Ministro Edson Fachin, desde 13.12.2021,[1139] os honorários advocatícios sucumbenciais e honorários periciais da parte vencida na prova técnica e justiça gratuita (ação ajuizada pelo Procurador-Geral da República, julgada em 20.10.2021),[1140] a exigência de requisito da petição inicial com pedido certo, determinado e com indicação do valor (ação ajuizada pelo Conselho Federal da Ordem dos Advogados do Brasil — CFOAB, com parecer da Procuradoria Geral da República — PGR, pelo conhecimento e julgamento procedente da ação, encontrando-se o processo concluso ao relator desde 12.8.2021, sem previsão de data para inclusão em pauta para julgamento).[1141]

Também aguardam julgamento pelo Supremo Tribunal Federal — STF a Ação Direta de Constitucionalidade – ADC n. 62-DF, ajuizada em 18.3.2019 pela Confederação Nacional do Sistema Financeiro — CONSIF, Confederação Nacional do Turismo — CNTUR e Confederação Nacional Transporte — CNT e a Ação Direta de Inconstitucionalidade – ADI n. 6.188-DF, ajuizada pelo Procurador-Geral da República em 6.7.2019, ambas[1142] em razão do estabelecimento de critérios mais rigorosos e formais para criação ou alteração de "súmulas e outros enunciados de jurisprudência uniforme", pelo Tribunal Superior do Trabalho — TST (art. 702, alínea "f", da Consolidação das Leis do Trabalho — CLT, com redação dada pela Lei n. 13.467, de 2017).[1143]

Em 16 de maio de 2022, no âmbito do TST, foi apreciado pelo Pleno o Incidente de Arguição de Inconstitucionalidade – ArgInc n. 696-25.2012.5.05.0463, em relação ao art. 702, I, alínea *"f"*, e § 3º, da CLT, cujo Relator foi o Ministro Amaury Rodrigues Pinto Júnior. A decisão de mérito, por maioria, foi no sentido de julgar procedente a arguição para declarar a inconstitucionalidade dos dispositivos mencionados, que dificultam a aprovação de novas súmulas.[1144]

(1139) BRASIL. Supremo Tribunal Federal — STF. *Ação Direta de Inconstitucionalidade n. 5.826-DF.* Relator ministro Edson Fachin. Apensados os processos ADIs ns. 5.829 e 6.154. Disponível em: <http://portal.stf.jus.br/processos/detalhe.asp?incidente=5317595>. Acesso em: 25 maio 2022.

(1140) BRASIL. Supremo Tribunal Federal — STF. *Ação Direta de Inconstitucionalidade n. 5.766-DF.* Relator ministro Luís Roberto Barroso. Apensados os processos ADIs ns. 5.829 e 6.154. Disponível em: <http://portal.stf.jus.br/processos/detalhe.asp?incidente=5250582>. Acesso em: 25 maio 2022.

(1141) BRASIL. Supremo Tribunal Federal — STF. *Ação Direta de Inconstitucionalidade n. 6.002-DF.* Relator ministro Ricardo Lewandowski. Disponível em: <http://portal.stf.jus.br/processos/detalhe.asp?incidente=5537399>. Acesso em: 25 maio 2022.

(1142) BRASIL. Supremo Tribunal Federal — STF. *Ação Direta de Constitucionalidade – ADC n.* 62. Disponível em: <http://portal.stf.jus.br/processos/detalhe.asp?incidente=5654198>. Acesso em: 20 jul. 2021. *Ação Direta de Constitucionalidade n. 6.188-DF.* Disponível em: <http://portal.stf.jus.br/processos/detalhe.asp?incidente=5731024>. Acesso em: 25 maio 2022.

(1143) BRASIL. *Decreto-lei n. 5.452, de 1º de maio de 1943.* Consolidação das Leis do Trabalho — CLT. Disponível em: <http://www.planalto.gov.br/ccivil_03/Decreto-lei/del5452.htm>. Acesso em: 25 maio 2022.

(1144) BRASIL. Tribunal Superior do Trabalho — TST. Pleno. *Incidente de Arguição de Inconstitucionalidade – ArgInc n. 696-25.2012.5.05.0463.* Relator Ministro Amaury Rodrigues Pinto Júnior. Julg. 16.5.2022. Disponível em: <https://consultaprocessual.tst.jus.br/consultaProcessual/consultaTstNumUnica.do?consulta=Consultar&conscsjt=&numeroTst=696&digitoTst=25&anoTst=2012&orgaoTst=5&tribunalTst=05&varaTst=0463&submit=Consultar>. Acesso em: 25 maio 2022.

5.2. A reforma trabalhista e os obstáculos criados ao acesso à justiça: os ataques ao benefício da gratuidade de justiça e aos princípios da informalidade e da simplicidade do processo do trabalho

Neste tópico, pretende-se demonstrar que a reforma trabalhista de 2017 adotou posição inversa ao que se compreende como sendo medidas que visem facilitar o acesso à justiça, no sentido de fortalecer a cidadania e a democracia, uma vez que o modo como a reforma foi aprovada, sem maiores discussões com os setores da sociedade envolvidos, resultando na vigente Lei n. 13.467, de 2107 e alterando vários dispositivos da Consolidação das Leis do Trabalho — CLT, foi duramente criticado por muitos, como Mauricio Godinho Delgado e Gabriela Neves Delgado,[1145] Souto Maior e Valdete Severo,[1146] e também saudado e bem acolhido por tantos outros, como Thereza Christina Nahas,[1147] aqui mencionados por todos os demais, especialmente quanto a restrições ao acesso à Justiça do Trabalho.

A hipótese sustentada é que a queda substancial no número de ações ajuizadas no âmbito da Justiça do Trabalho, conforme demonstrado no tópico 4.9 do capítulo 4, evidencia que a Lei n. 13.467, de 2017, é o elemento inibidor de acesso à jurisdição, uma vez que, impondo as exigências de pedido líquido, certo e indicação do valor correspondente, e aliando-se a isso a imposição de custos mais severos de judicialização, como a exigência de cobrança de custas processuais em caso de arquivamento do processo em razão da ausência do reclamante à audiência, honorários advocatícios e periciais decorrentes da sucumbência, ainda que a parte desfrute dos benefícios da justiça gratuita, estreitou as vias de acesso ao Poder Judiciário.

Obviamente que a estratégia do legislador foi, a pretexto de exigir maior rigor formal da petição inicial, impor requisito de difícil ou quase impossível realização, condição que resulta em evidente desequilíbrio entre as partes litigantes.

Cabe mencionar a clássica dicotomia jurídica que faz distinção entre o direito objetivo e o direito subjetivo, relevante, sobretudo, nos países da *civil law*. Nesse sentido, vale destacar que o Direito Material do Trabalho preenche justamente o espaço do primeiro — direito objetivo. Sendo o direito de promover ação trabalhista e provocando a jurisdição estatal para assegurar o cumprimento de direitos, vale dizer, indisponíveis, revela o exercício de um direito subjetivo público.

O Direito Processual do Trabalho sempre foi fortemente influenciado pelos princípios da informalidade e da simplicidade, não se afirmando com isso, por óbvio, que seja o processo do trabalho simples e informal. Mas o fato é que a petição no processo do trabalho sempre foi, como peça de ingresso, de acesso ao Judiciário, de provocação da jurisdição

(1145) DELGADO, Mauricio Godinho; DELGADO, Gabriela Neves. *A Reforma Trabalhista no Brasil:* com os comentários à Lei n. 13.467/2017. São Paulo: LTr, 2017. p. 344-347.

(1146) SOUTO MAIOR, Jorge Luiz; SEVERO, Valdete Souto. O acesso à justiça sob a mira da reforma trabalhista. *Revista do TRT da 3ª Região*, Belo Horizonte, edição especial, p. 289-332, nov. 2017.

(1147) NAHAS, Thereza Christina. Acesso à justiça e reforma trabalhista. *Revista de Direito do Trabalho*, vol. 194/2018, out. 2018, DTR/2018/19717, p. 29-59.

mediante o uso adequado do direito público e subjetivo de ação — salvaguarda do cidadão trabalhador contra eventuais abusos e desrespeitos às obrigações do contrato de trabalho ou da relação de trabalho, seja qual for a modalidade do contrato.

Destaca-se que mesmo na sistemática atual, tais princípios vetores foram preservados, mantendo a redação do art. 849, § 1º, da CLT, a expressão "uma breve exposição do fato de que resulte o dissídio", diga-se de passagem, de utilidade duvidosa, porém mantendo a tradição ao não exigir a demonstração adrede dos fundamentos, medida legal que se repete em grau de recurso ordinário quando admite a recorribilidade por simples petição, como é o caso da previsão do art. 899 da CLT, tudo porque o processo do trabalho sempre conviveu e ainda convive com a possibilidade da postulação leiga, podendo as partes se fazer presentes em juízo desassistidas tecnicamente de advogados.(1148)

Exigir que a parte autora desde a petição vestibular já indique o valor correspondente ao pedido é medida que inibe o acesso à jurisdição, violando o direito do cidadão trabalhador de ter solucionada pela Justiça do Trabalho sua demanda.

O legislador ordinário, modificando a Consolidação das Leis do Trabalho, estabeleceu previsão que dificulta o acesso da parte à justiça, exigindo uma providência de impossível ou improvável realização, pois no âmbito do Direito Material do Trabalho prevalece o entendimento de que a empresa conserva o poder de direção, e neste se insere o poder de organização, por meio do qual o empregador mantém consigo os dados das principais ocorrências formais do contrato de trabalho ou mesmo da relação de trabalho. Já o modelo tradicional do contrato de trabalho, regido pelas disposições clássicas da Consolidação das Leis do Trabalho — CLT, hoje convive com várias outras modalidades, como trabalho intermitente, trabalho autônomo, teletrabalho (*home office*) e tantos outros.

Como demonstram Célia Galvão Quirino e Maria Lúcia Montes, o trabalho instaura diferenças essenciais entre os homens, definindo os que "são condenados, na qualidade de escravos, a realizá-lo para garantir a continuidade da vida social, e que, por isso mesmo não têm condições de realizar a própria humanidade, e aqueles outros homens que podem atingir o pleno desenvolvimento de sua potencialidade enquanto seres humanos".(1149)

O Direito Material do Trabalho continua a regular uma relação desigual, não perdendo o trabalhador sua condição de hipossuficiente, o sujeito mais defectível economicamente em termos de relação jurídica.

Sobre isso, discorre Raimundo Simão de Melo:

> Por oportuno, cabe lembrar que o verdadeiro conteúdo do acesso à jurisdição não se identifica com a mera admissão ao processo ou possibilidade de ingresso

(1148) Prescreve o art. 791 da CLT: Os empregados e os empregadores poderão reclamar pessoalmente perante a Justiça do Trabalho e acompanhar suas reclamações até o final. BRASIL. Consolidação das Leis do Trabalho — CLT. *Decreto-lei n. 5.452, de 1º de maio de 1943*. Disponível em: <http://www.planalto.gov.br/ccivil_03/Decreto-lei/del5452.htm>. Acesso em: 25 maio 2022.

(1149) QUIRINO, Célia Galvão; MONTES, Maria Lúcia. *Constituições brasileiras e cidadania*. São Paulo: Ática, 1987. p. 15.

> em juízo. Para que haja efetivo acesso à Justiça, é indispensável que se garanta ao autor e ao réu, meios concretos e eficazes para a solução justa do conflito levado a juízo, o que merece particular atenção na Justiça do Trabalho, onde os litigantes são desiguais por natureza.(1150)

A empresa conserva em torno de si o poder de organização, e basicamente todos os documentos relativos ao contrato de trabalho permanecem sob a sua guarda. É certo que muitos documentos eletrônicos podem mesmo ser extraídos pelo interessado, sobretudo com a implantação e o avanço da gestão do e-Social. Entrementes, alguns aspectos fáticos são tormentosos, como a simples aferição do grau da insalubridade no meio ambiente de trabalho, que poderá levar a injustiças gritantes, pois como formular desde inicial pedido certo, determinado, indicar o valor correspondente, sem ao menos se saber a existência e o grau da insalubridade, para que possa ser verificado o percentual do respectivo adicional?

Pode-se alegar que a mudança introduzida no ordenamento jurídico brasileiro pelo veículo da Lei n. 13.467/2017 (Lei da reforma trabalhista) não implica, necessariamente, nenhuma novidade, pois desde a Lei n. 9.957, de 12 de janeiro de 2000, que acrescentou ao Decreto-lei n. 5.452, de 1º maio de 1943 — Consolidação das Leis do Trabalho — CLT, os arts. 852-A a 852-I, tratando do rito sumaríssimo e, com ele, passando a exigir no art. 852-B, inciso I, que "nas reclamações enquadradas no procedimento sumaríssimo: I – o pedido deverá ser certo ou determinado e indicará o valor correspondente".(1151)

De fato, a matéria não é nova e sempre que se pretende tratar dos requisitos da petição inicial em matéria processual trabalhista vem à tona a Lei n. 5.584, de 26 de junho de 1970, que cuida de normas de Direito Processual do Trabalho e altera dispositivos da Consolidação das Leis do Trabalho — CLT. Em harmonia com as antigas disposições consolidadas, já que em sua redação original o art. 840 da Consolidação das Leis do Trabalho — CLT não fazia menção ao valor da causa, poderia o juiz, antes de passar à instrução da causa, arbitrar o valor de alçada, se este fosse indeterminado no pedido.(1152)

A enorme diferença de hoje, se comparadas as disposições da Lei n. 13.467, de 2017, com as da Lei n. 9.957, de 12 de janeiro de 2000, ambas modificando o Decreto-lei n. 5.452, de 1º maio de 1943 — CLT, é que a reforma trabalhista de 2017 cria graves dificuldades, entraves e até estorvos ao acesso à justiça pelo trabalhador, acrescentando agora no art. 791-A da CLT, nos precisos termos do § 4º, que, até mesmo na hipótese de sucumbência recíproca, "vencido o beneficiário da justiça gratuita, desde que não tenha obtido em juízo, ainda que em outro processo, créditos capazes de suportar a despesa, as obrigações decorrentes de sua

(1150) MELO, Raimundo Simão de. O princípio do devido processo legal no processo do trabalho. *Revista Consultor Jurídico*, 25 jan. 2019. Disponível em: <https://www.conjur.com.br/2019-jan-25/reflexoes-trabalhistas-principio-devido-processo-legal-processo-trabalho>. Acesso em: 25 maio 2022.

(1151) BRASIL. *Decreto-lei n. 5.452, de 1º de maio de 1943*. Consolidação das Leis do Trabalho — CLT. Disponível em: <http://www.planalto.gov.br/ccivil_03/Decreto-lei/del5452.htm>. Acesso em: 25 maio 2022.

(1152) BRASIL. *Lei n. 5.584, de 26 de junho de 1970*. Dispõe sobre normas de direito processual do trabalho. Disponível em: <http://www.planalto.gov.br/ccivil_03/leis/l5584.htm>. Acesso em: 25 maio 2022.

sucumbência ficarão sob condição suspensiva de exigibilidade e somente poderão ser executadas se, nos dois anos subsequentes ao trânsito em julgado da decisão que os certificou, o credor demonstrar que deixou de existir a situação de insuficiência de recursos que justificou a concessão de gratuidade, extinguindo-se, passado esse prazo, tais obrigações do beneficiário".[1153]

Portanto, os requisitos da petição inicial no processo do trabalho, uma vez que a Lei n. 13.467, de 2017, passou a exigir no § 1º do art. 840 da CLT, que na reclamação trabalhista escrita o pedido deverá ser "certo, determinado e com indicação de seu valor", exigem conhecimento técnico específico, o que não se harmoniza com a postulação leiga dos arts. 791 e 839 da CLT, acima transcritos, residindo aqui uma grande contradição da reforma, que aumenta o grau de formalidade e revela um claro óbice posto pelo legislador ao acesso à justiça.

Pode-se objetar que a reclamação trabalhista verbal também foi mantida na redação do *caput* do art. 840 da CLT, com a possibilidade do serventuário que reduzir a termo a reclamação verbal, nesse momento liquidar o pedido. A resposta é afirmativa, sendo certo que a Justiça do Trabalho dispõe e disponibiliza esse serviço, porém os casos são raríssimos.

A par disso, assim como nos demais Tribunais Regionais do Trabalho, o TRT da 19ª Região editou o Ato conjunto do Gabinete da Presidência e da Corregedoria Regional — GP/CR n. 8, de 26 de abril de 2021, que disciplina a redução a termo da reclamação e/ou apresentação de defesa verbal de forma telemática,[1154] de pouquíssima procura pelos trabalhadores, tampouco utilizado por pequenas empresas ou empregadores domésticos, já que a contestação no processo do trabalho pode ser feita oralmente em audiência, em vinte minutos, conforme previsão do art. 847 da CLT.

Para contornar essa dificuldade, parte da doutrina tem sugerido a utilização da prova antecipada, sendo ajuizada uma ação especificamente com a finalidade de obter os documentos necessários à formação da prova.

Outros recomendam que se faça pedido ilíquido e se aguarde a contestação, e com ela os documentos probatórios que se encontravam em poder da empresa para, depois, aditar-se a petição inicial, atendendo às exigências da lei, e só então formular pedido certo, determinado e com indicação do seu valor.

Nenhuma das duas soluções parece justa.

Também tem sido comum, no âmbito da experiência forense em sede de produção antecipada de prova, nos termos dos arts. 381 a 383 do CPC,[1155] a empresa apresentar os

(1153) BRASIL. *Decreto-lei n. 5.452, de 1o de maio de 1943*. Consolidação das Leis do Trabalho — CLT, já modificada pela Lei n. 13.467, de 13 de julho de 2017. Disponível em: <http://www.planalto.gov.br/ccivil_03/Decreto-lei/del5452.htm>. Acesso em: 25 maio 2022.

(1154) BRASIL. Tribunal Regional do Trabalho — TRT da 19ª Região. *Ato Conjunto Gabinete da Presidência e Corregedoria Regional - GP/CR TRT 19 n. 08/2021, de 26 de abril de 2021*. Disponível em: <http://asp1.trt19.jus.br/docspdf/rhdocs/BOLETIM_20210426142655654.PDF>. Acesso em: 25 maio 2022.

(1155) BRASIL. *Lei n. 13.105, de 16 de março de 2015*. Código de Processo Civil — CPC. Disponível em: <http://www.planalto.gov.br/ccivil_03/_ato2015-2018/2015/lei/l13105.htm>. Acesso em: 25 maio 2022.

documentos e, alegando que não havia feito nenhuma oposição à entrega dos documentos, pedir a condenação do trabalhador em honorários advocatícios, já que teria sido constrangida a atuar em juízo com custo de profissional de advocacia, agravando ainda mais o temor do trabalhador de, ao buscar seus créditos trabalhistas, sair endividado tanto na Justiça do Trabalho quanto perante seu antigo empregador.

Diante das tantas formalidades impostas às partes pela Lei n. 13.467, de 2017, é como se o processo do trabalho voltasse à "radicalização do rito como um valor em si mesmo, em nome desse pretenso e abstrato interesse público" de diminuir o número de demandas na Justiça do Trabalho, como menciona Galeno Lacerda:

> Subverteu-se o meio em fim. Distorceram-se as consciênciasa tal ponto que se cria, fazer justiça, impondo-se a rigidez da forma, sem olhos para os valores humanos em lide. Lavavam-se as mãos sob o escudo frio e impassível da sacralidade do rito. (1156)

Com razão Sergio Torres Teixeira, ao discorrer sobre a evolução do modelo processual trabalhista e a busca pelo pleno acesso do jurisdicionado à justiça, em artigo publicado na obra "Processo do Trabalho e Evolução do Direito":

> A lei processual, apesar de ser essencialmente uma norma técnica, não revela tal neutralidade. Por ser uma norma jurídica, reconhecida como tal pela sociedade organizada após o devido processo legislativo, a lei processual naturalmente reflete a ideologia que dominava o legislador à época de sua criação.(1157)

No mesmo artigo, Sergio Torres Teixeira sustenta que "é preciso ter também um processo sem óbices econômicos e sociais ao pleno acesso à justiça".(1158)

Há situações em que o prejuízo do trabalhador é manifesto, como, por exemplo, no caso de pedido de adicional de insalubridade, que a depender da caracterização do grau, se mínimo, médio ou máximo, o percentual varia entre 10%, 20% e 40% do salário, conforme o art. 192 da CLT, o que tem levado muitos trabalhadores a preferir pedir o grau mínimo, na certeza de que este será reconhecido, a correr o risco de pedir o máximo, por não terem certeza

---

(1156) LACERDA, Galeno. O código e o formalismo processual. *Revista da Faculdade de Direito da UFPR*, v. 21, 1983. Disponível em: <https://revistas.ufpr.br/direito/article/view/8874/6183>. Acesso em: 25 maio 2022.

(1157) TEIXEIRA, Sergio Torres. Evolução do modelo processual trabalhista e a busca pelo pleno acesso do jurisdicionado à justiça. In: PESSOA, Amaro Clementino; TEIXEIRA, Sergio Torres; ESTEVES, Juliana Teixeira (Coords.). *Processo do Trabalho & evolução do direito:* estudos em homenagem ao professor José Soares Filho. Curitiba: Juruá, 2013. p. 145-161.

(1158) *Idem.*

da vitória, evitando assim pagar honorários advocatícios sucumbenciais à parte contrária e honorários periciais.

Das duas, uma: ou o trabalhador se prejudicava e pedia adicional em grau menor ao que faz *jus*, ou corre o risco de pedir adicional maior e, perdendo, ter de arcar com as consequências da sucumbência parcial e pagar as despesas processuais, mais precisamente, os honorários advocatícios e periciais.

5.3. A ADI n. 5.766-DF — Honorários advocatícios e periciais decorrentes de sucumbência. Justiça gratuita

Não é objeto de discussão aqui a indispensabilidade do advogado à administração da justiça, consoante disposição do art. 133 da Constituição Federal;(1159) tampouco o merecido direito aos honorários profissionais, sejam os convencionados, os fixados por arbitramento ou os decorrentes da sucumbência.(1160)

A Justiça do Trabalho nasceu inspirada pelo sentimento tuitivo, de justiça distributiva, e o processo do trabalho é informado pelos princípios da oralidade, da simplicidade, da informalidade e da economia, justamente porque busca realizar o Direito Material do Trabalho, que possui caráter protetivo.(1161) Tanto é assim que até hoje o art. 791 da Consolidação das Leis do Trabalho — CLT prescreve que "Os empregados e os empregadores poderão reclamar pessoalmente perante a Justiça do Trabalho e acompanhar as suas reclamações até o final".(1162)

Basicamente prevalecia o entendimento de que a parte prescinde de advogado para estar em juízo. É dizer, não necessitava ir a juízo acompanhada de advogado e, caso optasse por ir, não haveria honorários sucumbenciais em razão da garantia constitucional de que ninguém é obrigado a fazer ou deixar de fazer alguma coisa senão em virtude de lei (CF, art. 5º, inciso II).(1163)

(1159) BRASIL. *Constituição da República Federativa, 5 de outubro de 1988.* Disponível em: <http://www.planalto.gov.br/ccivil_03/constituicao/constituicao.htm>. Acesso em: 25 maio 2022.

(1160) BRASIL. *Lei n. 8.906, de 05 de julho de 1994.* Estatuto da Advocacia e da Ordem dos Advogados do Brasil (OAB). Disponível em: <http://www.planalto.gov.br/ccivil_03/leis/l8906.htm>. Acesso em: 25 maio 2022.

(1161) Questões que envolvem o direito do consumidor também partem da proteção ou da defesa. BRASIL. *Constituição da República Federativa de 5 de outubro de 1988.* Disponível em: <http://www.planalto.gov.br/ccivil_03/constituicao/constituicao.htm>. Acesso em: 25 maio 2022. Art. 5º (...). Inciso XXXII – O Estado promoverá, na forma da lei, a defesa do consumidor; (...) Art. 170. A ordem econômica, fundada na valorização do trabalho humano e na livre iniciativa, tem por fim assegurar a todos existência digna, conforme os ditames da justiça social, observados os seguintes princípios: (...) V – defesa do consumidor; (...) ADCT Art. 48. O Congresso Nacional, dentro de cento e vinte dias da promulgação da Constituição, elaborará código de defesa do consumidor.

(1162) BRASIL. *Decreto-lei n. 5.452, de 1º de maio de 1943.* Consolidação das Leis do Trabalho — CLT. Disponível em: <http://www.planalto.gov.br/ccivil_03/Decreto-lei/del5452.htm>. Acesso em: 25 maio 2022.

(1163) BRASIL. *Constituição da República Federativa, de 5 de outubro de 1988.* Disponível em: <http://www.planalto.gov.br/ccivil_03/constituicao/constituicao.htm>. Acesso em: 25 maio 2022.

Daí o entendimento sumular do Tribunal Superior do Trabalho — TST, vazado nas Súmulas ns. 219 [(1164)] e 329.[(1165)]

Veio a Lei n. 13.467, de 2017, e acrescentou à CLT o art. 791-A, com os seus cinco parágrafos e quatro incisos.[(1166)]

Antes mesmo da vigência[(1167)] das mudanças introduzidas pela Lei n. 13.467, de 2017, na Consolidação das Leis do Trabalho — CLT, no dia 25.8.2017, o Procurador-Geral da República – PGR ajuizou perante o Supremo Tribunal Federal — STF uma Ação Direta de Inconstitucionalidade – ADI n. 5.766-DF, [(1168)] questionando o art. 1º da Lei n.

(1164) BRASIL. Tribunal Superior do Trabalho — TST. *Súmula n. 219 do TST*. Disponível em: <https://www3.tst.jus.br/jurisprudencia/Sumulas_com_indice/Sumulas_Ind_201_250.html#SUM-219>. Acesso em: 25 maio 2022. HONORÁRIOS ADVOCATÍCIOS. CABIMENTO (alterada a redação do item I e acrescidos os itens IV a VI em decorrência do CPC de 2015) – Res. n. 204/2016, DEJT divulgado em 17, 18 e 21.03.2016. I – Na Justiça do Trabalho, a condenação ao pagamento de honorários advocatícios não decorre pura e simplesmente da sucumbência, devendo a parte, concomitantemente: a) estar assistida por sindicato da categoria profissional; b) comprovar a percepção de salário inferior ao dobro do salário mínimo ou encontrar-se em situação econômica que não lhe permita demandar sem prejuízo do próprio sustento ou da respectiva família. (art.14, §1o, da Lei n. 5.584/1970). (ex-OJ n. 305 da SBDI-I). II – É cabível a condenação ao pagamento de honorários advocatícios em ação rescisória no processo trabalhista. III – São devidos os honorários advocatícios nas causas em que o ente sindical figure como substituto processual e nas lides que não derivem da relação de emprego. IV – Na ação rescisória e nas lides que não derivem de relação de emprego, a responsabilidade pelo pagamento dos honorários advocatícios da sucumbência submete-se à disciplina do Código de Processo Civil (arts. 85, 86, 87 e 90). V – Em caso de assistência judiciária sindical ou de substituição processual sindical, excetuados os processos em que a Fazenda Pública for parte, os honorários advocatícios são devidos entre o mínimo de dez e o máximo de vinte por cento sobre o valor da condenação, do proveito econômico obtido ou, não sendo possível mensurá-lo, sobre o valor atualizado da causa (CPC de 2015, art. 85, § 2o). VI – Nas causas em que a Fazenda Pública for parte, aplicar-se-ão os percentuais específicos de honorários advocatícios contemplados no Código de Processo Civil.

(1165) BRASIL. Tribunal Superior do Trabalho — TST. *Súmula n. 329 do TST*. Disponível em: <https://www3.tst.jus.br/jurisprudencia/Sumulas_com_indice/Sumulas_Ind_301_350.html#SUM-329>. Acesso em: 25 maio 2022. HONORÁRIOS ADVOCATÍCIOS. ART. 133 DA CF/1988 (mantida) – Res. n. 121/2003, DJ 19, 20 e 21.11.2003. Mesmo após a promulgação da CF/1988, permanece válido o entendimento consubstanciado na Súmula n. 219 do Tribunal Superior do Trabalho.

(1166) BRASIL. *Lei n. 13.467, de 13 de julho de 2017*. Lei da reforma trabalhista. Disponível em: <http://www.planalto.gov.br/ccivil_03/_ato2015-2018/2017/lei/l13467.htm. Acesso: 25 maio 2022. Art. 791-A. Ao advogado, ainda que atue em causa própria, serão devidos honorários de sucumbência, fixados entre o mínimo de 5% (cinco por cento) e o máximo de 15% (quinze por cento) sobre o valor que resultar da liquidação da sentença, do proveito econômico obtido ou, não sendo possível mensurá-lo, sobre o valor atualizado da causa. § 1º Os honorários são devidos também nas ações contra a Fazenda Pública e nas ações em que a parte estiver assistida ou substituída pelo sindicato de sua categoria. § 2º Ao fixar os honorários, o juízo observará: I – o grau de zelo do profissional; II – o lugar de prestação do serviço; III – a natureza e a importância da causa; IV – o trabalho realizado pelo advogado e o tempo exigido para o seu serviço. § 3º Na hipótese de procedência parcial, o juízo arbitrará honorários de sucumbência recíproca, vedada a compensação entre os honorários. § 4º Vencido o beneficiário da justiça gratuita, desde que não tenha obtido em juízo, ainda que em outro processo, créditos capazes de suportar a despesa, as obrigações decorrentes de sua sucumbência ficarão sob condição suspensiva de exigibilidade e somente poderão ser executadas se, nos dois anos subsequentes ao trânsito em julgado da decisão que as certificou, o credor demonstrar que deixou de existir a situação de insuficiência de recursos que justificou a concessão de gratuidade, extinguindo-se, passado esse prazo, tais obrigações do beneficiário. § 5º São devidos honorários de sucumbência na reconvenção.

(1167) A lei previu *vacatio legis* de 120 dias, entrando em vigor em 11 de novembro de 2017.

(1168) BRASIL. Supremo Tribunal Federal — STF. *Ação Direta de Inconstitucionalidade n. 5.766-DF*. Relator Ministro Luís Roberto Barroso. Apensados os processos ADIs ns. 5.829 e 6.154. Disponível em: <http://portal.stf.jus.br/processos/detalhe.asp?incidente=5250582>. Acesso em: 25 maio 2022.

13.467/2017, que acrescentou e modificou os arts. 790-B, *caput* e § 4º, 791-A, § 4º e 844, § 2º, da Consolidação das Leis do Trabalho — CLT,(1169) violando a Constituição Federal nos arts. 1º, incisos III e IV; 3º, incisos I e III; 5º, *caput*, incisos XXXV e LXXIV ("a lei não excluirá da apreciação do Poder Judiciário lesão ou ameaça a direito" e "o Estado prestará assistência jurídica integral e gratuita aos que comprovarem insuficiência de recursos"); § 2º ("Os direitos e garantias expressos nesta Constituição não excluem outros decorrentes do regime e dos princípios por ela adotados, ou dos tratados internacionais em que a República Federativa do Brasil seja parte.") e 7º ("São direitos dos trabalhadores urbanos e rurais, além de outros que visem à melhoria de sua condição social") a 9º, da Constituição Federal de 1988.(1170)

Enquanto o STF não julgava essas matérias, consoante adiantado no artigo "A reforma trabalhista e a violação constitucional do acesso à Justiça",(1171) a 3ª Turma do Tribunal Superior do Trabalho — TST, no recurso de revista – processo n. RR 1002229-50.2017.5.02.0385,(1172) em foi relator o Ministro Alexandre de Souza Agra Belmonte, por unanimidade, deu provimento ao recurso de revista e concedeu ao trabalhador o benefício da justiça gratuita, afastando a deserção regionalmente considerada, prestigiando a Súmula n. 463, I, do TST (1173) e estabelecendo que a nova regra do § 4º do art. 790 da CLT, incluído

(1169) BRASIL. *Decreto-lei n. 5.452, de 1º de maio de 1943.* Consolidação das Leis do Trabalho — CLT, já modificada pela Lei n. 13.467, de 13 de julho de 2017. Disponível em: <http://www.planalto.gov.br/ccivil_03/Decreto-lei/del5452.htm>. Acesso em: 25 maio 2022. Art. 790-B. A responsabilidade pelo pagamento dos honorários periciais é da parte sucumbente na pretensão objeto da perícia, ainda que beneficiária da justiça gratuita. (...) § 4o Somente no caso em que o beneficiário da justiça gratuita não tenha obtido em juízo créditos capazes de suportar a despesa referida no caput, ainda que em outro processo, a União responderá pelo encargo. 791-A, (...) § 4º Vencido o beneficiário da justiça gratuita, desde que não tenha obtido em juízo, ainda que em outro processo, créditos capazes de suportar a despesa, as obrigações decorrentes de sua sucumbência ficarão sob condição suspensiva de exigibilidade e somente poderão ser executadas se, nos dois anos subsequentes ao trânsito em julgado da decisão que as certificou, o credor demonstrar que deixou de existir a situação de insuficiência de recursos que justificou a concessão de gratuidade, extinguindo-se, passado esse prazo, tais obrigações do beneficiário. Art. 844 (...) § 2º Na hipótese de ausência do reclamante, este será condenado ao pagamento das custas calculadas na forma do art. 789 desta Consolidação, ainda que beneficiário da justiça gratuita, salvo se comprovar, no prazo de quinze dias, que a ausência ocorreu por motivo legalmente justificável.

(1170) BRASIL. *Constituição da República Federativa, de 5 de outubro de 1988.* Disponível em: <http://www.planalto.gov.br/ccivil_03/constituicao/constituicao.htm>. Acesso em: 25 maio 2022.

(1171) IVO, Jasiel. A reforma trabalhista e a violação constitucional do acesso à Justiça. *Revista do Tribunal Regional do Trabalho — TRT da 3ª Região*, n. 96, jul./dez. 2017, p. 135-147, reproduzido na obra coletiva Reforma Trabalhista: novos rumos do direito do trabalho e do direito processual do trabalho. Organizadores: FIGUEIREDO, Carlos Arthur *et al.*. ed. São Paulo: LTr, 2018. p. 191-195.

(1172) BRASIL. Tribunal Superior do Trabalho — TST. *Recurso de revista – Processo n. RR 1002229-50.2017.5.02.0385.* Relator Ministro Alexandre de Souza Agra Belmonte. Pub. *DJE* 7.6.2019. Disponível em: <http://www.tst.jus.br/processos-do-tst>. Acesso em: 25 maio 2022.

(1173) BRASIL. Tribunal Superior do Trabalho — TST. *Súmula n. 463.* Disponível em: <https://www3.tst.jus.br/jurisprudencia/Sumulas_com_indice/Sumulas_Ind_451_600.html#SUM-463>. Acesso em: 25 maio 2022. ASSISTÊNCIA JUDICIÁRIA GRATUITA. COMPROVAÇÃO (conversão da Orientação Jurisprudencial n. 304 da SBDI-1, com alterações decorrentes do CPC de 2015) – Res. n. 219/2017, DEJT divulgado em 28, 29 e 30.6.2017 – republicada – DEJT divulgado em 12, 13 e 14.7.2017. I – A partir de 26.6.2017, para a concessão da assistência judiciária gratuita à pessoa natural, basta a declaração de hipossuficiência econômica firmada pela parte ou por seu advogado, desde que munido de procuração com poderes específicos para esse fim (art. 105 do CPC de 2015); II – No caso de pessoa

pela Lei n. 13.467, de 2017, passou a exigir a comprovação da insuficiência de recursos, o que implica evidente retrocesso social e revela condição menos favorável à pessoa natural do que aquela prevista no Código de Processo Civil no art. 99.[(1174)]

Em julgamento datado de 28.5.2019, a mesma 3ª Turma do Tribunal Superior do Trabalho — TST, no AIRR-2054-06.2017.5.11.0003, em que foi relator o Ministro Alberto Luiz Bresciani de Fontan Perereira, decidiu pela constitucionalidade do art. 791-A, § 4º da CLT.[(1175)]

Tratando-se de decisão turmária, até então inexistia, dentro do Tribunal Superior do Trabalho, qualquer posição que se dissesse majoritária.

O Tribunal Regional do Trabalho da 19ª Região – AL, julgando a arguição de Inconstitucionalidade – Processo n. 0000206-34.2018.5.19.0000, em que foi arguinte a Primeira Turma do TRT 19, relator Desembargador João Leite de Arruda Alencar, *custos legis* o Ministério Público do Trabalho, decidiu em sentido diferente.[(1176)]

---

jurídica, não basta a mera declaração: é necessária a demonstração cabal de impossibilidade de a parte arcar com as despesas do processo.

(1174) "Sem custas: reforma trabalhista não afasta direito de trabalhador à Justiça gratuita". *Revista Consultor Jurídico*, 24 jun. 2019. Disponível em: <https://www.conjur.com.br/2019-jun-24/reforma-trabalhista-nao-afasta-direito-trabalhador-justica-gratuita>. Acesso em: 25 maio 2022.

(1175) BRASIL. Tribunal Superior do Trabalho — TST. *Agravo de Instrumento em Recurso de Revista – AIRR-2054-06.2017.5.11.0003*. Relator Ministro: Alberto Luiz Bresciani de Fontan Pereira, Data de Julgamento: 28.5.2019, 3ª Turma, Data de Publicação: *DEJT* 31.5.2019. Disponível em: <https://tst.jusbrasil.com.br/jurisprudencia/716144147/agravo-de-instrumento-em-recurso-de-revista-airr-20540620175110003>. Acesso em: 25 maio 2022. AGRAVO DE INSTRUMENTO. RECURSO DE REVISTA INTERPOSTO SOB A ÉGIDE DAS LEIS NS. 13.015/2014, 13.105/2015 E 13.467/2017. HONORÁRIOS ADVOCATÍCIOS SUCUMBENCIAIS. AÇÃO AJUIZADA APÓS A VIGÊNCIA DA LEI N. 13.467/2017. CONSTITUCIONALIDADE DO ART. 791-A, § 4º, DA CLT. 1. A Reforma Trabalhista, implementada pela Lei n. 13.467/2017, sugere uma alteração de paradigma no direito material e processual do trabalho. No âmbito do processo do trabalho, a imposição pelo legislador de honorários sucumbenciais ao reclamante reflete a intenção de desestimular lides temerárias. É uma opção política. 2. Por certo, sua imposição a beneficiários da Justiça gratuita requer ponderação quanto à possibilidade de ser ou não tendente a suprimir o direito fundamental de acesso ao Judiciário daquele que demonstrou ser pobre na forma da Lei. 3. Não obstante, a redação dada ao art. 791, § 4º, da CLT, demonstrou essa preocupação por parte do legislador, uma vez que só será exigido do beneficiário da Justiça gratuita o pagamento de honorários advocatícios se ele obtiver créditos suficientes, neste ou em outro processo, para retirá-lo da condição de miserabilidade. Caso contrário, penderá, por dois anos, condição suspensiva de exigibilidade. A constatação da superação do estado de miserabilidade, por óbvio, é casuística e individualizada. 4. Assim, os condicionamentos impostos restauram a situação de isonomia do atual beneficiário da Justiça gratuita quanto aos demais postulantes. Destaque-se que o acesso ao Judiciário é amplo, mas não incondicionado. Nesse contexto, a ação contramajoritária do Judiciário, para a declaração de inconstitucionalidade de norma, não pode ser exercida no caso, em que não se demonstra violação do princípio constitucional de acesso à Justiça. Agravo de instrumento conhecido e desprovido.

(1176) BRASIL. Tribunal Regional do Trabalho — TRT da 19ª Região. Tribunal Pleno. *Arguição de Inconstitucionalidade – Processo n. 0000206-34.2018.5.19.0000* (ArgInc). Disponível em: <https://pje.trt19.jus.br/consultaprocessual/detalhe-processo/0000206-34.2018.5.19.0000/2>. Acesso em: 25 maio 2022. Ementa: ARGINC. BENEFICIÁRIO DA JUSTIÇA GRATUITA. POSSIBILIDADE DE CONDENAÇÃO EM HONORÁRIOS SUCUMBENCIAIS. Art. 791-A da CLT, incluído pela Lei n. 13.467/2017, impõe restrições às garantias fundamentais de assistência judiciária integral e gratuita (art. 5º, LXXIV) e do acesso à Justiça (art. 5º, XXXV), afrontando também o princípio da dignidade da pessoa humana (art. 1º, III), além de dar, equivocadamente, o mesmo tratamento a quem se encontra materialmente em situações desiguais, numa clara violação ao princípio constitucional da igualdade (art. 5º, *caput*), resta ao Poder Judiciário declarar a sua inconstitucionalidade.

O Tribunal Regional do Trabalho — TRT da 4ª Região – RS também chegou a definir posição em relação à assistência judiciária integral e gratuita, tendo declarado incidentalmente a inconstitucionalidade da expressão "desde que não tenha obtido em juízo, ainda que em outro processo, créditos capazes de suportar a despesa, constante do § 4º do art. 791-A da CLT, com redação da Lei n. 13.467 de 13.7.2017", inserida na CLT pela reforma trabalhista de 2017, assegurando à parte beneficiária da justiça gratuita a dispensa do ônus do pagamento das custas como condição para a propositura de nova demanda, por violar os princípios da assistência judiciária integral e gratuita e do acesso ao Judiciário. O TRT da 4ª Região – RS, em sua composição plena, por maioria, sob a relatoria da desembargadora Beatriz Renck, acolheu pedido de declaração incidental de inconstitucionalidade no recurso ordinário no processo sumaríssimo n. 0020024-05.2018.5.04.0124.[1177]

Quanto à cobrança das custas judiciais em caso de arquivamento do processo decorrente de ausência do reclamante à audiência, ainda que gozando dos benefícios da justiça gratuita, no âmbito dos Tribunais Regionais do Trabalho foram proferidos diversos julgados sobre a cobrança de custas judiciais e o acesso à justiça, como os do Tribunal Regional do Trabalho da 3ª Região (MG).[1178][1179]

(1177) BRASIL. Tribunal Regional do Trabalho — TRT da 4ª Região. *Declaração Incidental de Inconstitucionalidade – Processo n. 0020024-05.2018.5.04.0124.* Disponível em: <https://pje.trt4.jus.br/consultaprocessual/detalhe-processo/0020024-05.2018.5.04.0124/2>. Acesso em: 25 maio 2022. EMENTA: DECLARAÇÃO INCIDENTAL DE INCONSTITUCIONALIDADE. CONFRONTO DO ART. 791-A DA CLT COM REDAÇÃO DA LEI N. 13.467/2017 COM PRECEITOS CONSTITUCIONAIS QUE GARANTEM A ASSISTÊNCIA JUDICIÁRIA GRATUITA INTEGRAL E O ACESSO À JUSTIÇA. É inconstitucional parte da norma inserida no § 4º art. 791-A da CLT, por força da Lei n. 13.467 de 13.07.2017, na medida em que impõe ao trabalhador beneficiário do instituto da assistência judiciária gratuita limitação ao exercício do amplo direito de ação e aos efeitos da concessão da justiça gratuita de forma integral, como garantem os preceitos constitucionais expressos nos incisos XXXV e LXXIV do art. 5º da CF/88, *in verbis*: "o Estado prestará assistência jurídica integral e gratuita aos que comprovarem insuficiência de recursos." e " a lei não excluirá da apreciação do Poder Judiciário lesão ou ameaça a direito".

(1178) BRASIL. Tribunal Regional do Trabalho — TRT da 11ª Região. PROCESSO n. 0000123-06.2019.5.11.0000 (ArgInc). ARGUENTE: 3ª TURMA DO TRIBUNAL REGIONAL DO TRABALHO DA 11ª REGIÃO. ARGUÍDO: TRIBUNAL PLENO DO TRIBUNAL REGIONAL DO TRABALHO DA 11a REGIÃO. CUSTOS LEGIS: MINISTÉRIO PÚBLICO DO TRABALHO. RELATORA: ORMY DA CONCEIÇÃO DIAS BENTES. EMENTA: ARGUIÇÃO INCIDENTAL DE INCONSTITUCIONALIDADE. IMPOSIÇÃO DE PAGAMENTO DE CUSTAS PROCESSUAIS A BENEFICIÁRIO DE JUSTIÇA GRATUITA EM CASO DE ARQUIVAMENTO DA RECLAMAÇÃO POR NÃO COMPARECIMENTO À AUDIÊNCIA. §§ 2º e 3º DO ART. 844 DA CLT (Lei n. 13.467/2017). O comando que atribui à parte reclamante, ainda que beneficiária da justiça gratuita, o ônus de pagamento das custas como condição para a propositura de nova demanda, repercute como violação aos princípios da isonomia, da assistência judiciária integral e gratuita e do acesso ao judiciário, traduzidos no *caput*, e nos incisos e LXXIV e XXXV do art. 5º da Constituição Federal. Declara-se a inconstitucionalidade do § 2º do art. 844 da CLT quanto à expressão ainda que beneficiário da justiça gratuita, bem como do § 3º do mesmo dispositivo, quando prevê que o pagamento das custas a que se refere o § 2º é condição para a propositura de nova demanda. Assim, declara-se a inconstitucionalidade material da expressão "ainda que beneficiário da justiça gratuita", constante do § 2º, e a íntegra do § 3º, ambos dispositivos do art. 844 da CLT, na redação dada pela Lei n. 13.467/2017, por violação direta e frontal aos princípios constitucionais da isonomia (art. 5º, *caput*, da CF), da inafastabilidade da jurisdição (art. 5º, XXXV, da CF) e da concessão de justiça gratuita àqueles que dela necessitarem (art. 5º, LXXIV, da CF). Entretanto, por maioria absoluta do colegiado, declarou-se a inconstitucionalidade apenas do § 3º do art. 844 da CLT, na redação dada pela Lei n. 13.467/2017. Arguição de inconstitucionalidade admitida e acolhida em parte.

(1179) Íntegra da decisão Disponível em: <https://www.jusbrasil.com.br/processos/229639490/processo-n-0000123-0620195110000-do-trt-11>. Acesso em: 25 maio 2022.

Em sede de Arguição Incidental de Inconstitucionalidade, o TRT 3 (MG) aprovou a Súmula n. 72.(1180)

Também nos processos n. 0020068-88.2018.5.04.0232 e n. 0021608-56.2017.5.0411 (ROPS), originários respectivamente da 6ª e da 4ª Turmas do TRT da 4ª Região (RS),(1181) tendo sido interposto recurso de revistas para o TST, cujo seguimento foi negado pela corte regional, em sede de agravo de instrumento para destrancar o recurso, o TST não admitiu a recorribilidade no particular (processo TST – AIRR n. 0021608-56.2017.5.0411),(1182) prevalecendo a decisão plenária regional.(1183)

O mesmo pode ser verificado no recurso ordinário em procedimento sumaríssimo n. 0020068-88.2018.5.04.0232 (ROPS), originário da 6ª Turma do mesmo TRT da 4ª região – RS.(1184)

Menciona-se, ainda, decisão da 2ª Seção Especializada do Tribunal Regional do Trabalho da 10ª Região (DF e TO), em sede de mandado de segurança n. 0000633-

---

(1180) BRASIL. Tribunal Regional do Trabalho — TRT da 3ª Região - MG. *Súmula n. 72*. Disponível em: <https://sistemas.trt3.jus.br/bd-trt3/handle/11103/40922>. Acesso em: 25 maio 2022. Assunto: Custas, pagamento, inconstitucionalidade, violação, princípio da isonomia, concessão, beneficiário, justiça gratuita, garantia, acesso à justiça, direito, apreciação. Resumo: ARGUIÇÃO INCIDENTAL DE INCONSTITUCIONALIDADE. PAGAMENTO DE CUSTAS. BENEFICIÁRIO DE JUSTIÇA GRATUITA. §§ 2º E 3º DO ART. 844 DA CLT (Lei n. 13.467/2017). São inconstitucionais a expressão "ainda que beneficiário da justiça gratuita", constante do § 2º, e a íntegra do § 3º, ambos dispositivos do art. 844 da CLT, na redação dada pela Lei n. 13.467/2017, por violação direta e frontal aos princípios constitucionais da isonomia (art. 5º, *caput*, da CR), da inafastabilidade da jurisdição (art. 5o, XXXV, da CR) e da concessão de justiça gratuita àqueles que dela necessitarem (art. 5º, LXXIV, da CR).

(1181) BRASIL. Tribunal Regional do Trabalho — TRT da 4ª Região. *Arguições de Inconstitucionalidade - processos ns. 0020024-05.2018.5.04.0124, 0020068-88.2018.5.04.0232 e 0021608-56.2017.5.04.0411*. Disponível em:https://www.trt4.jus.br/portais/trt4/arguicoes-de-inconstitucionalidade>. Acesso em: 25 maio 2022.

(1182) BRASIL. Tribunal Superior do Trabalho — TST. *A Agravo de Instrumento em Recurso de Revista - AIRR n. 0021608-56.2017.5.0411*. Acórdão do TST Disponível em: <https://pje.trt4.jus.br/consultaprocessual/detalhe-processo/0021608-56.2017.5.04.0411/2>. Acesso em: 25 maio 2022.

(1183) BRASIL. Tribunal Regional do Trabalho — TRT da 4ª Região. *Declaração Incidental de Inconstitucionalidade. ROPS n. 0021608-56.2017.5.0411*. Disponível em: <https://pje.trt4.jus.br/consultaprocessual/detalhe-processo/0021608-56.2017.5.04.0411/2>. Acesso em: 25 maio 2022. EMENTA: INCONSTITUCIONALIDADE DOS §§ 2º E 3º DO Art. 844 DA CLT. O comando que atribui à parte reclamante, ainda que beneficiária da justiça gratuita, o ônus de pagamento das custas como condição para a propositura de nova demanda, repercute como violação aos princípios da assistência judiciária integral e gratuita e do acesso ao judiciário, traduzidos nos incisos e LXXIV e XXXV da Constituição Federal. Declara-se a inconstitucionalidade do § 2º do art. 844 da CLT quanto à expressão ainda que beneficiário da justiça gratuita, bem como do § 3º do mesmo dispositivo, quando prevê que o pagamento das custas a que se refere o § 2º é condição para a propositura de nova demanda.

(1184) BRASIL. Tribunal Regional do Trabalho — TRT da 4ª Região. *Declaração Incidental de Inconstitucionalidade. ROPS n. 0020068-88.2018.5.04.0232*. Disponível em: <https://pje.trt4.jus.br/consultaprocessual/detalhe-processo/0020068-88.2018.5.04.0232/2>. Acesso em: 25 maio 2022. EMENTA: DECLARAÇÃO INCIDENTAL DE INCONSTITUCIONALIDADE. CONFRONTO DO ART. 791-A DA CLT COM REDAÇÃO DA LEI N. 13.467/2017 COM PRECEITOS CONSTITUCIONAIS QUE GARANTEM A ASSISTÊNCIA JUDICIÁRIA GRATUITA INTEGRAL E O ACESSO À JUSTIÇA. É inconstitucional parte da norma inserida no § 4º art. 791-A da CLT, por força da Lei n. 13.467, de 13.07.2017, na medida em que impõe ao trabalhador beneficiário do instituto da assistência judiciária gratuita limitação ao exercício do amplo direito de ação e aos efeitos da concessão da justiça gratuita de forma integral, como garantem os preceitos constitucionais expressos nos incisos XXXV e LXXIV do art 5º da CF/1988, *in verbis*: "o Estado prestará assistência jurídica integral e gratuita aos que comprovarem insuficiência de recursos." e "a lei não excluirá da apreciação do Poder Judiciário lesão ou ameaça a direito".

80.2018.5.10.0000, na qual firmou entendimento de que não é necessário o pagamento das custas processuais referentes ao processo anterior, arquivado sem resolução de mérito por ausência do trabalhador à audiência inaugural. Afirma que os §§ 1º e 2º do art. 844 da Consolidação das Leis do Trabalho — CLT, modificados pela Lei n. 13.467, de 2017 – Reforma Trabalhista, impondo o pagamento de custas de processo anteriormente arquivado, ao condicionar o ajuizamento de nova ação a essa condição, viola o direito de acesso à Justiça (Desembargador relator Grijalbo Fernandes Coutinho, processo 0000633-80.2018.5.10.0000).(1185)

Diante da decisão do STF na ADI n. 5.766-DF, de 20.10.2021, declarando inconstitucional a expressão "ainda que beneficiária da justiça gratuita", constante do *caput* do art. 790-B; declarando inconstitucional todo o texto do § 4º do 790-B; além da declaração da inconstitucionalidade da expressão "desde que não tenha obtido em juízo, ainda que em outro processo, créditos capazes de suportar a despesa", constante do § 4º do art. 791 da CLT, todos com a redação dada pela Lei n. 13.467, de 2017, a matéria encontra-se resolvida, uma vez que, em virtude da supremacia da Constituição e da segurança jurídica, como consequência do controle concentrado da constitucionalidade das leis e atos normativos, exercido pelo STF, a decisão na ADI n. 5.766-DF possui efeitos *erga omnes* e vinculante. Ficam a ela submetidos todos os demais órgãos do Poder Judiciário e a administração pública direta e indireta, nas esferas federal, estadual e municipal. (1186)

Conveniente lembrar, que o relator, Ministro Luís Roberto Barroso, em 31.8.2017, despachou o processo determinando a oitiva do Congresso Nacional, do Presidente da República e da Advocacia-Geral da União.

(1185) BRASIL. Tribunal Regional do Trabalho — TRT da 10ª Região. 2ª Seção especializada. *Mandado de segurança n. 0000633-80.2018.5.10.0000*. Relator Desembargador Grijalbo Fernandes Coutinho. Disponível em: <https://pje.trt10.jus.br/consultaprocessual/detalhe-processo/0000633-80.2018.5.10.0000/2>. Acesso em: 25 maio 2022. EXIGÊNCIA DE RECOLHIMENTO DE CUSTAS PARA O REGULAR PROSSEGUIMENTO DO FEITO, EM DECORRÊNCIA DE EXTINÇÃO, SEM RESOLUÇÃO DO MÉRITO, DE DEMANDA ANTERIORMENTE AJUIZADA. ACESSO À JUSTIÇA. ESVAZIAMENTO DO CONCEITO DE GRATUIDADE JUDICIAL. Olhando para o conteúdo do art. 844, §§ 2º e 3º, da CLT, resta evidente a disparidade causada pelo legislador ordinário no tratamento do beneficiário de gratuidade que litiga na Justiça Comum frente àquele litigante na Justiça do Trabalho. O acesso à justiça é uma das razões para a própria existência da Justiça do Trabalho, o que impede a aplicação de normas relativas à exigência de pagamento de custas por parte de empregado beneficiário da justiça gratuita, tudo sob pena de restar esvaziado o conceito de gratuidade da justiça. Uma medida legislativa voltada para inibir o acesso do trabalhador à justiça, a exemplo de condicionar o ajuizamento de nova ação ao recolhimento de custas processuais, embora beneficiário da gratuidade judiciária, configura explícito rebaixamento das condições gerais de trabalho e de acesso à justiça para reivindicar o cumprimento de seus direitos conquistados, ou seja, o fim ou a mitigação da gratuidade judiciária ofende o Direito Internacional do Trabalho ratificado pelo Brasil, do qual emana o princípio da proibição do retrocesso no âmbito das relações de trabalho. Com efeito, sem ingressar no exame da constitucionalidade das alterações promovidas pela denominada "reforma" trabalhista (Lei n. 13.467/2017), o fato é que a imposição do pagamento de custas ao empregado beneficiário da justiça gratuita desafia o Direito e o Processo do Trabalho, bem como toda a sua principiologia protetiva, além de violar normas do Direito e Processo Civil que cuidam da matéria. Mandado de segurança admitido. Concedida a ordem.

(1186) BRASIL. *Constituição da República Federativa, de 5 de outubro de 1988*. Disponível em: <http://www.planalto.gov.br/ccivil_03/constituicao/constituicao.htm>. Acesso em: 25 maio 2022. Art. 102 (...). § 2º As decisões definitivas de mérito, proferidas pelo Supremo Tribunal Federal, nas ações diretas de inconstitucionalidade e nas ações declaratórias de constitucionalidade produzirão eficácia contra todos e efeito vinculante, relativamente aos demais órgãos do Poder Judiciário e à administração pública direta e indireta, nas esferas federal, estadual e municipal.

Na sessão de 9 de maio de 2018 do STF, o Ministro relator afirmou em seu voto não haver desproporcionalidade nas regras questionadas. Assentou interpretação conforme a Constituição consubstanciada nas teses.(1187)

O Ministro Roberto Barroso fez referência à constatação dos altos índices de litigiosidade no Brasil e que a exigência do pagamento de custas judiciais, mesmo aos que se encontrem como beneficiários da justiça gratuita, não compromete o acesso à Justiça, pois visa conter o excesso de litigiosidade.

> Não é só legítima como necessária em um país como o Brasil, em favor dos trabalhadores e da economia em geral, a adoção de políticas públicas que, sem comprometer o acesso à Justiça, procure conter o excesso de litigiosidade, ... o custo individual do litígio não pode ser menor do que o custo social; vale para o reclamante, vale para o reclamado.(1188)
>
> Além do mais, algum grau de desincentivo à litigiosidade trabalhistatambém é importante, porque também custa dinheiro e também quempaga o Judiciário são os pobres. Noventa por cento é pago pelo erário, e não é arrecadado pela taxa judiciária.(1189)

Após o voto do relator, o Ministro Edson Fachin abriu divergência. Votou pelo julgamento inteiramente procedente a ação, declarando a pela inconstitucionalidade dos dispositivos legais, sustentando que a gratuidade da Justiça apresenta-se como pressuposto para o exercício do direito fundamental ao acesso à Justiça, destacando o principal obstáculo como sendo o econômico e observando que o legislador ordinário impôs condições restritivas ao exercício do direito de gratuidade da justiça aos trabalhadores.

O Ministro Edson Fachin vislumbrou nos dispositivos combatidos "ofensa aos direitos fundamentais da assistência jurídica integral e gratuita e de acesso à justiça, contidos, respectivamente, nos incisos LXXIV e XXXV do art. 5º da Constituição Federal".

> Trata-se, indubitavelmente, de garantia fundamental cuja previsão em normas internacionais indica sua dúplice eficácia em nosso ordenamento jurídico-constitucional, a reforçar, de forma contundente, a proteção ao direito fundamental à gratuidade da Justiça.

(1187) BRASIL. Supremo Tribunal Federal — STF. *Ação Direita de Inconstitucionalidade ADI n. 5.766-DF*. Reqte.: Procurador Geral da República. Intdos.: Presidente da República e Congresso Nacional. Disponível em: <http://portal.stf.jus.br/processos/detalhe.asp?incidente=5250582>. Acesso em: 25 maio 2022. 1. O direito à gratuidade de justiça pode ser regulado de forma a desincentivar a litigância abusiva, inclusive por meio da cobrança de custas e de honorários a seus beneficiários. 2. A cobrança de honorários sucumbenciais do hipossuficiente poderá incidir: (i) sobre verbas não alimentares, a exemplo de indenizações por danos morais, em sua integralidade; e (ii) sobre o percentual de até 30% do valor que exceder ao teto do Regime Geral de Previdência Social, mesmo quando pertinente a verbas remuneratórias. 3. É legítima a cobrança de custas judiciais, em razão da ausência do reclamante à audiência, mediante prévia intimação pessoal para que tenha a oportunidade de justificar o não comparecimento.

(1188) BRASIL. Supremo Tribunal Federal — STF. *Notícias do STF*. Disponível em: <http://www.stf.jus.br/portal/cms/verNoticiaDetalhe.asp?idConteudo=378076&caixaBusca=N>. Acesso em: 25 maio 2022.

(1189) BRASIL. Supremo Tribunal Federal — STF. *Ação Direta de Inconstitucionalidade – ADI n. 5.766-DF*. Voto do Ministro relator Luís Roberto Barroso (Relator). Disponível em: <https://portal.stf.jus.br/processos/downloadPeca.asp?id=15350971179&ext=.pdf>. Acesso em: 25 maio 2022.

É preciso reconhecer, também, a relação da gratuidade da Justiça e, consequentemente, do acesso à Justiça, com a isonomia. A desigualdade social gerada pelas dificuldades de acesso isonômico à educação, mercado de trabalho, saúde, dentre outros direitos de cunho econômico, social e cultural, impõe que seja reforçado o âmbito de proteção do direito que garante outros direitos, especialmente a isonomia.

A restrição, no âmbito trabalhista, das situações em que o trabalhador terá acesso aos benefícios da gratuidade da justiça, pode conter em si a aniquilação do único caminho de que dispõem esses cidadãos para verem garantidos seus direitos sociais trabalhistas.(1190)

Segundo o Ministro Edson Fachin, as normas questionadas na ADI n. 5.766-DF estão em desacordo, ainda, com precedentes do STF e com o art. 8º da Convenção Interamericana de Direitos Humanos (Pacto de San José da Costa Rica), evidenciando "a restrição das situações em que o trabalhador terá acesso aos benefícios de gratuidade da justiça pode conter, em si, a aniquilação do único caminho que esses cidadãos dispõem para ver garantidos os seus direitos sociais trabalhistas". (1191)

O Ministro Edson Fachin argumentou que foram erguidas "barreiras que tornam inacessíveis os meios de reivindicação judicial de direitos", restrições que implicam a possibilidade real de se negar direitos fundamentais dos trabalhadores, "o que não se pode admitir no contexto de um Estado Democrático de Direito". Faz-se necessário restabelecer a integralidade do acesso gratuito à Justiça do Trabalho, assegurando a máxima efetividade a esse direito fundamental:

Ainda que sejam consideradas adequadas, necessárias e razoáveis as restrições impostas ao âmbito de proteção dos direitos fundamentais à gratuidade e acesso à Justiça pelo legislador ordinário, duvidosa apresenta-se a sua constitucionalidade em concreto, ou seja, aquela aferida diante das diversas e possíveis situações da realidade, em que se vislumbra a consequência de esvaziamento do interesse dos trabalhadores, que na condição de hipossuficientes econômicos, não terão como demandar na Justiça Trabalhista, em virtude do receio de que suas demandas, ainda que vencedoras, retornem-lhes muito pouco do valor econômico efetivamente perseguido e, eventualmente, devido.(1192)

O julgamento foi suspenso em razão do pedido de vistas do Ministro Luiz Fux, retirando o processo da pauta em 9.5.2018. O processo foi devolvido em 30.6.2021 e incluído no calendário do STF para 7.10.2021, adiado para 13.10.2021. O julgamento foi retomado em 14.10.2021 com o voto do ministro Luiz Fux (Presidente), acompanhando o voto do

(1190) Íntegra do voto do Ministro Edson Fachin, na Ação Direita de Inconstitucionalidade ADI n. 5.766-DF. *Revista Consultor Jurídico*. Disponível em: <https://www.conjur.com.br/dl/voto-fachin-reforma-trabalhista.pdf>. Acesso em: 25 maio 2022.

(1191) BRASIL. Supremo Tribunal Federal — STF. *Informativo de 07 a 11 de maio de 2018*. Disponível em: <http://www.stf.jus.br/arquivo/informativo/documento/informativo901.htm>. Acesso em: 25 maio 2022.

(1192) *Idem*.

relator. Finalmente o julgamento foi concluído em 20.10.2021, em sessão realizada por videoconferência.(1193)

Com a divergência aberta pelo ministro Edson Fachin ao voto do relator, ministro Luís Roberto Barroso, este, seguido pelos ministros Luiz Fux, Gilmar Ferreira Mendes e Kassio Nunes Marques, o STF acabou por formar maioria (seis votos a quatro) para declarar a inconstitucionalidade de dispositivos da reforma trabalhista de 2017, sobretudo a imposição da responsabilidade pelo pagamento de honorários advocatícios sucumbenciais e honorários periciais por parte do beneficiário da justiça gratuita, quando vencido em ação na Justiça do Trabalho.

O julgamento foi finalmente concluído em 20 de outubro de 2021, em sessão realizada por videoconferência, votando pela inconstitucionalidade os Ministros Edson Fachin, Ricardo Lewandowski, Cármen Lúcia, Dias Toffoli, Rosa Weber e Alexandre do Moraes (redator do acórdão).(1194)

Acompanharam a divergência aberta pelo ministro Luiz Edson Fachin, os ministros Ricardo Lewandowski, Cármen Lúcia, Dias Toffoli, Rosa Weber e Alexandre de Moraes, cujo voto intermediário acabou prevalecendo, uma vez que a Corte afirmou ser constitucional o pagamento de custas judiciais impostas ao reclamante que der causa ao arquivamento do processo trabalhista por ausência à audiência, quando do ajuizamento de outra ação na Justiça do Trabalho, ficando dispensado do pagamento dessas custas judiciais quando comprovar e justificar o motivo da ausência no prazo estabelecido na lei (15 dias).

As mudanças relativas à exigência de cobrança de honorários advocatícios sucumbenciais e honorários periciais do vencido na prova técnica, ainda que à parte hajam sido concedidos os benefícios da gratuidade de justiça, mostraram-se incompatíveis com as garantias constitucionais do acesso à Justiça e da assistência jurídica integral e gratuita aos que comprovem a insuficiência de recursos (Constituição Federal de 1988, art. 5º, incisos XXV e LXXIV) (1195), conforme julgamento do Supremo Tribunal Federal — STF, de 20.10.2021, por maioria (seis votos a quatro), que julgou procedente em parte a Ação Direta de Inconstitucionalidade n. 5.766-DF,(1196) ajuizada pelo Procurador-Geral da República – PGR.

De fato, ao rejeitar, por maioria, a tese do Ministro relator Roberto Barroso, na ADI n. 5.766-DF, da constitucionalidade de lei que solapa a garantia constitucional da gratuidade

---

(1193) BRASIL. Supremo Tribunal Federal — STF. *Ação Direita de Inconstitucionalidade ADI n. 5.766-DF*. Reqte.: Procurador Geral da República. Intdos.: Presidente da República e Congresso Nacional. Disponível em: <http://portal.stf.jus.br/processos/detalhe.asp?incidente=5250582>. Acesso em: 25 maio 2022.

(1194) Supremo Tribunal Federal — STF. *Ação Direta de Inconstitucionalidade – ADI n. 5.766-DF*, ajuizada pela Procuradoria Geral da República – PGR, em 28.08.2017. Relator Ministro Luis Roberto Barroso. Disponível em: <http://portal.stf.jus.br/processos/detalhe.asp?incidente=5250582>. Acesso em: 25 maio 2022.

(1195) BRASIL. *Constituição da República Federativa, de 5 de outubro de 1988*. Disponível em: <http://www.planalto.gov.br/ccivil_03/constituicao/constituicao.htm>. Acesso em: 25 maio 2022.

(1196) BRASIL. Supremo Tribunal Federal — STF. *Ação Direta de Inconstitucionalidade n. 5.766-DF*. Relator ministro Luís Roberto Barroso. Apensados os processos ADIs ns. 5.829 e 6.154. Disponível em: <http://portal.stf.jus.br/processos/detalhe.asp?incidente=5250582>. Acesso em: 25 maio 2022.

de justiça e impõe restrições ao acesso à justiça como forma de combater a alta litigiosidade, a partir do voto divergente do ministro Edson Fachin, com as ponderações do Ministro Alexandre Moraes, redator para o acórdão, andou bem o STF ao atestar a força normativa da Constituição, estabelecendo limites ao legislador ordinário, fortalecendo premissas indispensáveis ao Estado democrático de direito (CF 88, art. 5°, inciso XXXV), respeitando a dignidade da pessoa humana, a cidadania (Art. 1º, inciso III, da CF 88), bem como "os objetivos fundamentais de construção de uma sociedade livre, justa e solidária (art. 3º, I, da CRFB), para a erradicação da pobreza e da marginalização, bem como a redução das desigualdades sociais (art. 3º, III, da CRFB)".(1197)

É certo que na peça inicial da ADI n. 5.766-DF, ajuizada pelo Procurador-Geral da República, os pedidos foram para declarar a inconstitucionalidade das seguintes normas, todas introduzidas pela Lei n. 13.467, de 13 de julho de 1917: a) da expressão "ainda que beneficiária da justiça gratuita", do *caput*, e do § 4º do art. 790-B da CLT; b) da expressão "desde que não tenha obtido em juízo, ainda que em outro processo, créditos capazes de suportar a despesas", do § 4º do art. 791-A da CLT e c) da expressão "ainda que beneficiário da justiça gratuita", do § 2º do art. 844 da CLT.(1198)

Até 2.5.2022 havia apenas a ata de julgamento do STF da ADI n. 5.766-DF, em 20.10.2021,(1199) documento extremamente genérico e sem evidenciar os contornos e o alcance da decisão, a gerar insegurança jurídica.

Em 3.5.2022 foi publicado no Diário da Justiça Eletrônico – DJE o acórdão do STF na íntegra, quando, por maioria, a Corte julgou parcialmente procedente o pedido formulado na ação direta 5.766-DF, para declarar inconstitucionais os arts. 790-B, *caput* e § 4º, e 791-A, § 4º, da Consolidação das Leis do Trabalho (CLT), nos termos do voto do Ministro Alexandre de Moraes, Redator para o acórdão, vencidos, em parte, os Ministros Roberto Barroso (Relator), Luiz Fux (Presidente), Nunes Marques e Gilmar Mendes. O STF, por maioria, julgou improcedente a ação no tocante ao art. 844, § 2º, da CLT, declarando-o constitucional, vencidos os Ministros Edson Fachin, Ricardo Lewandowski e Rosa Weber:

(1197) Íntegra do voto do Ministro Edson Fachin, na Ação Direita de Inconstitucionalidade ADI n. 5.766-DF. *Revista Consultor Jurídico*. Disponível em: <https://www.conjur.com.br/dl/voto-fachin-reforma-trabalhista.pdf>. Acesso em: 25 maio 2022.

(1198) BRASIL. Ministério Público Federal — MPF. *Petição inicial da ADI n. 5.766-DF*, ajuizada pelo Procurador-Geral da República, em 24 de agosto de 2017. Disponível em: <http://www.mpf.mp.br/pgr/documentos/ADI5766reformatrabalhista.pdf>. Acesso em: 25 maio 2022.

(1199) BRASIL. Supremo Tribunal Federal — STF. *Ação Direita de Inconstitucionalidade ADI n. 5.766-DF*. Reqte.: Procurador Geral da República – PGR. Intdos.: Presidente da República e Congresso Nacional. Relator o Ministro Roberto Barroso. Redator do acórdão: Ministro Alexandre de Moraes. Disponível em: <http://portal.stf.jus.br/processos/detalhe.asp?incidente=5250582>. Acesso em: 25 maio 2022. Decisão: O Tribunal, por maioria, julgou parcialmente procedente o pedido formulado na ação direta, para declarar inconstitucionais os arts. 790-B, *caput* e § 4º, e 791-A, § 4º, da Consolidação das Leis do Trabalho (CLT), vencidos, em parte, os Ministros Roberto Barroso (Relator), Luiz Fux (Presidente), Nunes Marques e Gilmar Mendes. Por maioria, julgou improcedente a ação no tocante ao art. 844, § 2º, da CLT, declarando-o constitucional, vencidos os Ministros Edson Fachin, Ricardo Lewandowski e Rosa Weber. Redigirá o acórdão o Ministro Alexandre de Moraes. Plenário, 20.10.2021. (Sessão realizada por videoconferência – Resolução n. 672/2020/STF).

EMENTA: CONSTITUCIONAL. Ação Direta de Inconstitucionalidade. Lei n. 13.467/2017. REFORMA TRABALHISTA. REGRAS SOBRE GRATUIDADE DE JUSTIÇA. RESPONSABILIDADE PELO PAGAMENTO DE ÔNUS SUCUMBENCIAIS EM HIPÓTESES ESPECÍFICAS. ALEGAÇÕES DE VIOLAÇÃO AOS PRINCÍPIOS DA ISONOMIA, INAFASTABILIDADE DA JURISDIÇÃO, ACESSO À JUSTIÇA, SOLIDARIEDADE SOCIAL E DIREITO SOCIAL À ASSISTÊNCIA JURÍDICA GRATUITA. MARGEM DE CONFORMAÇÃO DO LEGISLADOR. CRITÉRIOS DE RACIONALIZAÇÃO DA PRESTAÇÃO JURISDICIONAL. AÇÃO DIRETA JULGADA PARCIALMENTE PROCEDENTE.

1. É inconstitucional a legislação que presume a perda da condição de hipossuficiência econômica para efeito de aplicação do benefício de gratuidade de justiça, apenas em razão da apuração de créditos em favor do trabalhador em outra relação processual, dispensado o empregador do ônus processual de comprovar eventual modificação na capacidade econômica do beneficiário.

2. A ausência injustificada à audiência de julgamento frustra o exercício da jurisdição e acarreta prejuízos materiais para o órgão judiciário e para a parte reclamada, o que não se coaduna com deveres mínimos de boa-fé, cooperação e lealdade processual, mostrando-se proporcional a restrição do benefício de gratuidade de justiça nessa hipótese.

3. Ação Direta julgada parcialmente procedente.(1200)

Notadamente quanto à possibilidade de condenação do trabalhador sucumbente em honorários advocatícios, ainda que beneficiário da justiça gratuita, com condição suspensiva de exigibilidade por cinco anos, contados a partir do trânsito em julgado da decisão que certificou a obrigação, desde que cessadas as condições que deram ao trabalhador o direito ao benefício da gratuidade da justiça, mencionou o Ministro Edson Fachin em seu voto:

> Importante ressaltar que não há inconstitucionalidade no *caput* do art. 790-B da CLT, com a redação da Lei n. 13.467/2017, quando admite a possibilidade de imputação de responsabilidade ao trabalhador sucumbente, pois admitir a imputação é ato distinto de tornar imediatamente exigível tal obrigação do beneficiário da justiça gratuita. Se cessadas as condições que deu ao trabalhador o direito ao benefício da gratuidade da justiça, admite-se a cobrança das custas e despesas processuais.
>
> Não se apresentam consentâneas com os princípios fundamentais da Constituição de 1988 as normas que autorizam a utilização de créditos, trabalhistas ou de outra natureza, obtidos em virtude do ajuizamento de um processo perante o Poder Judiciário, uma vez que este fato — sucesso em ação ajuizada perante o Poder Judiciário — não tem o condão de modificar, por si só, a condição de miserabilidade jurídica do trabalhador.
>
> É importante consignar que a mera existência de créditos judiciais, obtidos em processos trabalhistas, ou de outra natureza, não é suficiente para afastar a situação de pobreza em que se encontrava a parte autora, no momento em que foram reconhecidas as condições para o exercício do seu direito fundamental à gratuidade da Justiça.(1201)

Em seu voto de posição intermediária, como afirmou o próprio Ministro Alexandre de Moraes, entre a posição do Ministro Relator Roberto Barroso e a da divergência aberta

(1200) BRASIL. Supremo Tribunal Federal — STF. *Ação Direita de Inconstitucionalidade ADI n. 5.766-DF* (Inteiro teor do acórdão). Disponível em: <https://portal.stf.jus.br/processos/downloadPeca.asp?id=15350971179&ext=.pdf>. Acesso em: 25 maio 2022.

(1201) *Ibidem*, p. 79.

pelo Ministro Edson Fachin, o Ministro redator do acórdão destacou que "as garantias fundamentais da inafastabilidade da jurisdição e do amplo, facilitado e célere acesso ao Poder Judiciário foram, sem dúvida, densificadas expressamente na Constituição de 1988 – art. 5º, LXXIV".[1202]

Analisando a razoabilidade da lei da reforma trabalhista de 2017, Alexandre de Moraes adiantou que não entendia razoáveis e proporcionais os arts. 790-B, § 4º, e 791-A, § 4º:

> Não entendo razoável a responsabilização nua e crua, sem análise se a hipossuficiência do beneficiário da justiça gratuita pelo pagamento de honorários periciais deixou ou não de existir, inclusive com créditos obtidos em outro processo. Da mesma forma, não entendo razoável e proporcional o pagamento de honorários de sucumbência pelo beneficiário da justiça gratuita, sem demonstrar-se que ele deixou de ser hipossuficiente, ou seja, essa compensação processual sem se verificar se a hipossuficiência permanece ou não.[1203]

Contudo, o Ministro redator do acórdão, em seu voto, reconheceu que:

> Não há excesso legislativo ou desproporcionalidade na possibilidade de que o jurisdicionado da Justiça Trabalhista, de quem não se exigiu antecipação de despesas para o ingresso em juízo, seja posteriormente responsabilizado por despesas a que deu causa, nas hipóteses em que possuir condições financeiras para tanto, pois, nesse específico cenário, seria indevidamente favorecido por política pública financiada pela sociedade em prol daqueles mais necessitados.[1204]

Merece atenção, no voto da Ministra Cármen Lúcia, quando afirma ter chegado a pensar na "possibilidade de declarar a inconstitucionalidade apenas da expressão 'desde que não tenha obtido em juízo', mas, na leitura que faço, o acesso à Justiça está assegurado na Constituição brasileira de uma forma mais ampla, na prestação de assistência jurídica integral e gratuita aos que comprovarem insuficiência e recursos – inciso LXXIV do art. 5º".[1205]

Em voto minucioso e analítico, a Ministra Rosa Weber valeu-se de dados e estatísticas para confrontar o número da população brasileira, um país com mais de 210 milhões de habitantes, tomando os números numa apreciação comparativa com outros ramos judiciais, "contextualmente e de modo dialogado com elementos qualitativos". A Ministra destacou a "necessidade de análise do contexto global do fenômeno da litigância excessiva", estabelecendo premissas metodológicas.[1206]

Mais adiante, manejando "pesquisa publicada pelo IPEA com base em dados de 2018, evidenciou que 90,1% dos trabalhadores das reclamatórias trabalhistas analisadas recebiam até o valor de R$ 4 mil e, e desse total, 62,5% percebiam até R$ 1.996,00, ou seja, já são

(1202) *Ibidem*, p. 118.

(1203) *Ibidem*, p. 121-122.

(1204) *Ibidem*, p. 123-124.

(1205) *Ibidem*, p. 132-133.

(1206) *Ibidem*, p. 204.

considerados absolutamente hipossuficientes para fins do benefício da gratuidade de justiça".(1207)

A Ministra Rosa Weber investigou com paciência a Justiça do Trabalho e chegou à "necessária diferenciação entre excesso de litígios, taxa de improcedência e litigância frívola e a problemática dos litigantes passivos habituais".(1208)

Por fim, assentou Rosa Weber em seu voto na ADI n. 5.766-DF, acompanhando a divergência aberta pelo Ministro Edson Fachin:

> O art. 790-B, *caput* e § 4º, da CLT retira do Estado a responsabilidade pelo pagamento dos honorários periciais e a deposita no titular do direito fundamental à assistência jurídica gratuita e integral, preservando uma espécie de responsabilidade subsidiária do Estado em uma hipótese extremamente restrita. Ao não assegurar assistência jurídica que seja, de fato, gratuita e integral, tal preceito nega vigência ao art. 5º, LXXIV, da CF.
>
> Igualmente, ao transferir ao titular do direito fundamental à assistência jurídica a responsabilidade pelo pagamento dos **honorários advocatícios de sucumbência, o 791-A da CLT** faz letra morta do **art. 5º, LXXIV, da CF**, que expressamente atribui ao Estado o dever de prestar assistência que seja **gratuita e integral**.
>
> É que a mera consecução de crédito em montante matematicamente suficiente para cobrir determinada despesa processual em absoluto se confunde com a **eliminação da condição de pobreza** que justifica e, nos termos do **art. 5º, LXXIV, da CF**, impõe a concessão do benefício. Se essa condição não for afastada, **o Estado** não está autorizado pela Constituição a se eximir da obrigação de prestar assistência que seja, repito, **gratuita e integral**.
>
> Em outras palavras, a Constituição, no **art. 5º, LXXIV**, proíbe a lei, ainda que com a melhor das intenções, de **sonegar assistência jurídica gratuita e integral a quem estiver em situação de insuficiência de recursos**. Somente se comprovada a superação da condição de vulnerabilidade econômica, poderá a gratuidade ser afastada pela legislação.
>
> Além disso, a idiossincrática previsão da utilização de **créditos obtidos em outro processo** para o pagamento de **despesas processuais relativas a honorários periciais e honorários advocatícios de sucumbência destoa dos procedimentos ordinários de cobrança de dívidas**, traduzindo procedimento que beira o **confisco** e desconsidera a realidade de que, frequentemente, os créditos assim subtraídos do trabalhador hipossuficiente já poderão ter sido por ele empenhados. Creio que, em se tratando de jurisdicionado economicamente vulnerável, seria um truísmo afirmar que nenhum recurso por ele recebido "está sobrando", no sentido de que não seria por ele destinado à própria subsistência ou de sua família.(1209)

Consta da parte conclusiva do voto vencedor:

> Em vista do exposto, CONHEÇO da Ação Direta e, no mérito, julgo PARCIALMENTE PROCEDENTE o pedido para declarar a inconstitucionalidade da expressão "*ainda que beneficiária da justiça gratuita*", constante do *caput* do art. 790-B; para declarar a inconstitucionalidade do § 4º do mesmo

(1207) *Ibidem*, p. 217.

(1208) *Ibidem*, p. 229.

(1209) *Ibidem*, p. 246-247.

> art. 790-B; declarar a inconstitucionalidade da expressão "*desde que não tenha obtido em juízo, ainda que em outro processo, créditos capazes de suportar a despesa*", constante do § 4º do art. 791-A; para declarar constitucional o art. 844, § 2º, todos da CLT, com a redação dada pela Lei n. 13.467/2017.(1210)

Quanto à responsabilidade do beneficiário da justiça gratuita derrotado na prova técnica pelo pagamento dos honorários periciais, sendo declarada inconstitucional a expressão "ainda que beneficiária da justiça gratuita", constante do *caput* do art. 790-B", e declarado inconstitucional todo o § 4º do mesmo art. 790-B da CLT, a responsabilidade pelo pagamento dessa despesa é da União, não sendo possível perseguir créditos do trabalhador obtidos em juízo capazes de suportar a despesa, ainda que em outro processo.

A Súmula n. 457 do TST(1211) e a Resolução CSJT n. 247, de 25 de outubro de 2019, preveem o pagamento pela União, fixando valores na hipótese de o sucumbente encontrar-se assistido pelos benefícios da gratuidade de justiça. O normativo "institui, no âmbito da Justiça do Trabalho, o Sistema Eletrônico de Assistência Judiciária AJ/JT, destinado ao cadastro e gerenciamento de peritos, órgãos técnicos ou científicos, tradutores e intérpretes e ao pagamento dos profissionais nos casos dos processos que envolvam assistência judiciária gratuita".(1212)

Quanto aos honorários advocatícios sucumbenciais, como o STF declarou inconstitucional a expressão "desde que não tenha obtido em juízo, ainda que em outro processo, créditos capazes de suportar a despesa", deve-se interpretar e aplicar o § 4º do art. 791-A da CLT que, quando for vencido o beneficiário da justiça gratuita, as obrigações decorrentes de sua sucumbência ficarão sob condição suspensiva de exigibilidade e somente poderão ser executadas se, nos dois anos subsequentes ao trânsito em julgado da decisão que as certificou, o credor demonstrar que deixou de existir a situação de insuficiência de recursos que justificou a concessão de gratuidade, extinguindo-se, passado esse prazo, tais obrigações do beneficiário.

É dizer, o beneficiário da justiça gratuita, se condenado em honorários advocatícios, dele não se pode exigir o pagamento da verba, salvo se o credor comprovar que a situação de hipossuficiência econômica deixou de existir, no prazo de dois anos após o trânsito em julgado da decisão.

(1210) *Ibidem*, p. 124.

(1211) BRASIL. Tribunal Superior do Trabalho. *Súmula n. 457 do TST*. Disponível em: <https://www3.tst.jus.br/jurisprudencia/Sumulas_com_indice/Sumulas_Ind_451_600.html#SUM-457>. Acesso em: 25 maio 2022. HONORÁRIOS PERICIAIS. BENEFICIÁRIO DA JUSTIÇA GRATUITA. RESPONSABILIDADE DA UNIÃO PELO PAGAMENTO. RESOLUÇÃO N. 66/2010 DO CSJT. OBSERVÂNCIA. (conversão da Orientação Jurisprudencial n. 387 da SBDI-1 com nova redação) – Res. n. 194/2014, *DEJT* divulgado em 21, 22 e 23.05.2014. A União é responsável pelo pagamento dos honorários de perito quando a parte sucumbente no objeto da perícia for beneficiária da assistência judiciária gratuita, observado o procedimento disposto nos arts. 1º, 2º e 5º da Resolução n. 66/2010 do Conselho Superior da Justiça do Trabalho — CSJT.

(1212) BRASIL. Conselho Superior da Justiça do Trabalho — CSJT. *Resolução CSJT n. 247/2019, de 25 de outubro de 2019*. Disponível em: <https://juslaboris.tst.jus.br/handle/20.500.12178/164654>. Acesso em: 25 maio 2022.

Quanto à cobrança das custas judiciais decorrentes de arquivamento de processo por ausência do reclamante à audiência, foi declarada a constitucionalidade do art. 844, § 2º, da CLT, pelo que o beneficiário da justiça gratuita deve justificar legalmente no prazo de 15 dias o motivo de ausência, para que possa ajuizar nova ação perante a Justiça do Trabalho sem o pagamento das custas do processo arquivado.

Esperava-se que diante dos embargos de declaração opostos pelo Advogado-Geral da União em 11.5.2002, o STF modulasse os efeitos da decisão, em razão da segurança jurídica ou mesmo por motivo de excepcional interesse público, o que deveria ser feito por maioria de dois terços de seus membros, conforme previsão do art. 27 da Lei n. 9.868, de 1999.[(1213)] Todavia, em 21.6.2022, o STF, por unanimidade, rejeitou os embargos, consoante acórdão publicado no DJE de 29.6.2022.[(1214)]

É que, passados mais de quatro anos de vigência e aplicação da lei, resulta a consequência jurídica da coisa julgada inconstitucional em inúmeras execuções em curso e outras já concluídas, pois os processos foram julgados com condenação em honorários advocatícios e periciais devidamente pagos, outros tantos em fase de execução. Agora, nesses pontos, foi declarada a inconstitucionalidade da lei, situação que demandava solução do STF. Como não houve modulação dos efeitos da decisão pelo STF, é provável que a Justiça do Trabalho comece a receber expressiva quantidade de ações rescisórias e ações de repetição de indébito discutindo o pagamento e recebimento de honorários advocatícios indevidos, visando a devolução desses valores, ainda que se trate inegavelmente de verba de natureza alimentar, como prescreve o § 14 do artigo 85 do CPC[(1215)] e prevê a Súmula Vinculante n. 47 do STF.[(1216)]

5.4. A ADI n. 6.002-DF — Pedido certo, determinado e com indicação do valor e acesso à Justiça

O impacto causado pela redução no número de ajuizamentos de ações trabalhistas levou o Conselho Federal da Ordem dos Advogados do Brasil — CFOAB a ajuizar em 31

(1213) BRASIL. *Lei n. 9.868, de 10 de novembro de 1999*. Regula o processo de controle de constitucionalidade perante o Supremo Tribunal Federal — STF. Disponível em: <http://www.planalto.gov.br/ccivil_03/leis/l9868.htm>. Acesso em: 25 maio 2022. Art. 27. Ao declarar a inconstitucionalidade de lei ou ato normativo, e tendo em vista razões de segurança jurídica ou de excepcional interesse social, poderá o Supremo Tribunal Federal, por maioria de dois terços de seus membros, restringir os efeitos daquela declaração ou decidir que ela só tenha eficácia a partir de seu trânsito em julgado ou de outro momento que venha a ser fixado.

(1214) BRASIL. Supremo Tribunal Federal — STF. *Ação Direita de Inconstitucionalidade – ADI n. 5.766-DF*. Disponível em: <https://portal.stf.jus.br/processos/detalhe.asp?incidente=5250582>. Acesso em: 28 jun. 2022.

(1215) BRASIL. *Lei n. 13.105, de 16 de março de 2015*. Código de Processo Civil — CPC. Disponível em: <http://www.planalto.gov.br/ccivil_03/_ato2015-2018/2015/lei/l13105.htm>. Acesso em: 25 maio 2022. Art. 85. A sentença condenará o vencido a pagar honorários ao advogado do vencedor. (...) § 14. Os honorários constituem direito do advogado e têm natureza alimentar, com os mesmos privilégios dos créditos oriundos da legislação do trabalho, sendo vedada a compensação em caso de sucumbência parcial.

(1216) BRASIL. Supremo Tribunal Federal. *Súmula Vinculante n. 47 do STF*. Disponível em: <https://jurisprudencia.stf.jus.br/pages/search/seq-sumula806/false>. Acesso em: 25 maio 2022. Enunciado: Os honorários advocatícios incluídos na condenação ou destacados do montante principal devido ao credor consubstanciam verba de natureza alimentar cuja satisfação ocorrerá com a expedição de precatório ou requisição de pequeno valor, observada ordem especial restrita aos créditos dessa natureza.

de agosto de 2018, perante o Supremo Tribunal Federal — STF, Ação Direta de Inconstitucionalidade com pedido cautelar (ADI n. 6.002-DF),(1217) impugnando os §§ 1º e 3º do art. 840 da Consolidação das Leis do Trabalho — CLT, com redação dada pela Lei n. 13.467, de 2017, mais precisamente a exigência de indicação do valor do pedido na petição inicial da reclamação trabalhista, chamando a atenção para a violação da garantia de acesso à justiça, aos princípios protetivos do trabalho e do salário, além da segurança jurídica. (1218)

O relator, Ministro Ricardo Lewandowski, despachou em 3 de setembro de 2018, indeferindo o pedido cautelar e solicitando as informações e a manifestação da Advogada-Geral da União e da Procuradora-Geral da República. Esta última, Raquel Elias Ferreira Dodge, manifestou-se favoravelmente ao conhecimento, opinando pela procedência parcial da ação em 22.10.2018, "para que se confira ao art. 840, §§ 1º e 3º da CLT interpretação conforme à Constituição, no sentido de que a petição inicial em processo do trabalho deve conter uma estimativa dos valores dos pedidos nela formulados que não limita a sua liquidação, ou execução e no sentido de que a extinção do processo, sem resolução de mérito, seja precedida de oportunidade de correção do vício processual sanável".(1219)

Até a presente data a ADI n. 6.002-DF não foi pautada para julgamento pelo STF.(1220)

Enquanto o STF não decide, menciona-se importante acórdão do Tribunal Superior do Trabalho — TST, 2ª Turma, decisão unânime, no Recurso de Revista – processo n. RR-1001473-09.2018.5.02.0061,(1221) em que foi relator o Ministro José Roberto Freire Pimenta, julgado em 24.2.2021.

(1217) Íntegra da petição inicial da *Ação Direta de Inconstitucionalidade – ADI n. 6.002-DF*, de autoria do Conselho Federal da Ordem dos Advogados do Brasil — CFOAB. Disponível em: <https://www.migalhas.com.br/arquivos/2018/9/art20180904-03.pdf>. Acesso em: 25 maio 2022.

(1218) BRASIL. Supremo Tribunal Federal — STF. *Ação Direita de Inconstitucionalidade – ADI n. 6.002-DF*. Reqte.: Conselho Federal da Ordem dos Advogados do Brasil – CFOAB. Intdos.: Presidente da República e Congresso Nacional. Disponível em: <http://portal.stf.jus.br/processos/detalhe.asp?incidente=5537399>. Acesso em: 25 maio 2022.

(1219) BRASIL. Supremo Tribunal Federal — STF. *Manifestação da Procuradoria-Geral da República na Ação Direta de Inconstitucionalidade – ADI n. 6.002-DF*. Íntegra do parecer da PGR. Disponível em: <http://portal.stf.jus.br/processos/downloadPeca.asp?id=15338891368&ext=.pdf>. Último acesso em 25 maio 2022. Ação Direta de Inconstitucionalidade. ART. 840, §§ 1º e 3º DO DECRETO-LEI N. 5.452, DE 1º DE MAIO DE 1943 (CLT), COM REDAÇÃO DADA PELA 13.467, DE 13 DE JULHO DE 2017. INTERPRETAÇÃO CONFORME À CONSTITUIÇÃO QUE NÃO IMPEÇA A CONCRETIZAÇÃO DOS DIREITOS SOCIAIS TRABALHISTAS, O ACESSO À ORDEM JURÍDICA JUSTA E AO DEVIDO PROCESSO LEGAL SUBSTANCIAL. 1. A autoaplicabilidade e a eficácia normativa do direito fundamental de acesso à justiça, na sua compreensão de um processo justo, adequado, equitativo aos jurisdicionados e garantidor de direitos sociais fundamentais, impõe interpretação constitucionalmente adequada ao dispositivo impugnado, dele se extraindo a exigência processual de que a petição inicial indique uma estimativa dos valores dos pedidos nela formulados que não limite o valor a ser apurado em liquidação ou execução de sentença. 2. A extinção do processo, sem resolução de mérito, pela ausência de indicação de estimativa do valor dos pedidos deve ser precedida de oportunidade de correção do vício processual sanável. Inteligência dos princípios processuais constitucionais da celeridade, economia e instrumentalidade das formas. – Parecer pelo conhecimento da ação e pela procedência parcial do pedido.

(1220) Informação Disponível em: <http://portal.stf.jus.br/processos/detalhe.asp?incidente=5537399>. Último acesso em: 25 maio 2022.

(1221) BRASIL. Tribunal Superior do Trabalho — TST. *Recurso de revista processo n. RR-1001473-09.2018.5.02.0061*. 2ª Turma. Julg. 24.2.2021. Public. 12.3.2021. Disponível em: <http://aplicacao4.tst.jus.br/consultaProcessual/consultaTstNumUnica.do?consulta=Consultar&conscsjt=&numeroTst=1001473&digitoTst=09&anoTst=2018&orgaoTst=5&tribunalTst=02&varaTst=0061&submit=Consultar>. Acesso em: 25 maio 2022.

O TST considerou que a redação dada ao art. 840, § 1º, da CLT, pela Lei n. 13.467, de 2017, no sentido de que o pedido deva ser certo e determinado, em momento algum demonstra que a parte está obrigada a trazer memória de cálculo ou indicar de forma detalhada os cálculos de liquidação que a levaram a atingir o valor indicado em seu pedido, restando indevida a exigência de liquidação dos pedidos iniciais com a apresentação de cálculos.

O TST também considerou que o § 2º do art. 12 da Instrução Normativa n. 41/2018 do TST[(1222)] prevê que para fins do art. 840, §§ 1º e 2º da CLT, com a redação dada pela Lei n. 13.467, de 2017, o valor da causa será estimado, devendo ser levado em conta, no que couber, o disposto nos arts. 291 a 293 do Código de Processo Civil — CPC,[(1223)] não havendo, portanto, a necessidade da precisão de cálculos.

Sem dúvida, tal previsão legal, caso interpretada de modo "irrazoável e desproporcional", como menciona a decisão,

> atribui um peso desmedido sobre o reclamante que, ao início da demanda, não tem e nem pode ter conhecimento nem possibilidade de acesso a todos os documentos e informações necessárias para a precisa liquidação de suas pretensões, exigindo-se lhe que apresente pedido com indicação precisa de valores, inclusive com planilhas de cálculo detalhado, sob pena de, assim, impedir o seu direito de acesso ao judiciário (art. 5º, inciso XXXV, da Constituição Federal), direito este igualmente fundamental, tão importante quanto os da ampla defesa e contraditório, ora mencionados. [(1224)]

O acórdão contém a seguinte ementa, cuja relevância autoriza a longa transcrição:

> INDEFERIMENTO DA INICIAL. RITO ORDINÁRIO. AÇÃO AJUIZADA NA VIGÊNCIA DA LEI N. 13.467/2017. NOVA REDAÇÃO DO Art. 840, § 1º, DA CLT. PEDIDO CERTO E DETERMINADO. APRESENTAÇÃO DE MEMÓRIA DE CÁLCULO. DESNECESSIDADE.
>
> A nova redação do § 1º do art. 840 da CLT, inserida pela Lei n. 13.467/2017, incluiu novas exigências, dirigidas à parte autora, para o ajuizamento de reclamação trabalhista na modalidade escrita. Tais exigências dizem respeito ao pedido formulado, "que deverá ser certo, determinado e com indicação de seu valor". Entende-se por pedido certo aquele que não é realizado de forma implícita, em caráter vago ou genérico, mas sim expresso na petição inicial, por exemplo, o pagamento de horas extras não adimplidas no curso do contrato. Por outro lado, o pedido determinado é aquele realizado de modo preciso, sem que haja margem de interpretação sobre o bem da vida que se deseja, ou seja, em prosseguimento do exemplo referido, o pagamento da 7ª e 8ª horas trabalhadas durante um período determinado. Por fim, a indicação de valor

---

(1222) BRASIL. Tribunal Superior do Trabalho — TST. *Instrução Normativa n. 41/2018*. Disponível em: <https://juslaboris.tst.jus.br/bitstream/handle/20.500.12178/138949/2018_res0221_in0041.pdf?sequence=1&isAllowed=y>. Acesso em: 25 maio 2022.

(1223) BRASIL. Código de Processo Civil — CPC. *Lei n. 13.105, de 16 de março de 2015*. Disponível em: <http://www.planalto.gov.br/ccivil_03/_ato2015-2018/2015/lei/l13105.htm>. Acesso em: 25 maio 2022.

(1224) BRASIL. Tribunal Superior do Trabalho — TST. *Recurso de revista processo n. RR-1001473-09.2018.5.02.0061*. Julg. 24.2.2021. Public. 12.3.2021. Disponível em: <http://aplicacao4.tst.jus.br/consultaProcessual/consultaTstNumUnica.do?consulta=Consultar&conscsjt=&numeroTst=1001473&digitoTst=09&anoTst=2018&orgaoTst=5&tribunalTst=02&varaTst=0061&submit=Consultar>. Acesso em: 25 maio 2022.

é expressão autoexplicativa, sendo obrigação da parte apontar o valor que pretende receber em razão de cada pedido certo e determinado que formular. Verifica-se, portanto, que a norma legal em questão em momento algum também determina que a parte está obrigada a trazer memória de cálculo ou indicar de forma detalhada os cálculos de liquidação que a levaram a atingir o valor indicado em seu pedido. Ademais, importante destacar que o § 2º do art. 12 da IN n. 41/2018 do TST prevê, para "fim do que dispõe o art. 840, §§ 1º e 2º, da CLT, o valor da causa será estimado, observando-se, no que couber, o disposto nos arts. 291 a 293 do Código de Processo Civil" (grifou-se), não havendo a necessidade da precisão de cálculos exigida na decisão Regional. Observa-se que a previsão legal em questão tem por objetivo (*mens legis*), possibilitar ao polo passivo o pleno exercício de seus direitos processuais fundamentais de ampla defesa e de exercício do contraditório, como garantido pelo art. 5º, inciso LV, da Constituição Federal. Assim, havendo o reclamante apresentado em sua peça inicial pedido certo e determinado, com indicação de valor, está garantido ao reclamado a possibilidade de amplo exercício de seus direitos, visto que este sabe precisamente, desde o início do processo, quais são os pleitos formulados contra si. Ainda, não se pode interpretar tal previsão legal de modo a, de forma irrazoável e desproporcional, atribuir um peso desmedido sobre o reclamante que, ao início da demanda, não tem e nem pode ter conhecimento nem possibilidade de acesso a todos os documentos e informações necessárias para a precisa liquidação de suas pretensões, exigindo-se lhe que apresente pedido com indicação precisa de valores, inclusive com planilhas de cálculo detalhado, sob pena de, assim, impedir o seu direito de acesso ao judiciário (art. 5º, inciso XXXV, da Constituição Federal), direito este igualmente fundamental, tão importante quanto os da ampla defesa e contraditório, ora mencionados. Resulta, portanto, que, ao exigir do reclamante a formulação de pedido certo, determinado e com indicação de valor, não pode o juiz da causa também lhe exigir a simultânea apresentação de cálculos detalhados como, no caso em exame, indevidamente exigiram as instâncias ordinárias, com a flagrante e direta violação dos direitos fundamentais, constitucionalmente assegurados a ambas as partes, de acesso ao Judiciário e de defesa de seus direitos materiais alegadamente violados ou ameaçados (art. 5º, inciso XXXV, da Constituição da República). Há precedente da SbDI-II desta Corte superior. Recurso de revista conhecido e provido.[1225]

É encontrada decisão anterior da 6ª Turma do TST, sendo relator o Ministro César Leite de Carvalho, no ARR 1000987-73.2018.5.02.0271, na qual o TST posiciona-se, ainda que de forma não exaustiva, porém com transcendência jurídica reconhecida, sobre a aplicação das normas processuais contidas na CLT sobre pedidos líquidos, limitação da condenação aos valores de cada pedido, mencionando que a apresentação dos "valores constantes nos pedidos de forma líquida na exordial deve ser considerada apenas como fim estimado, conforme normatiza o parágrafo 2º do art. 12 da IN 41/2018 desta Corte. A decisão regional que limitou a condenação aos valores atribuídos aos pedidos na inicial configura ofensa ao art. 840, § 1º, da CLT".[1226]

(1225) BRASIL. Tribunal Superior do Trabalho — TST. *Recurso de Revista – processo n. RR-1001473-09.2018.5.02.0061*. Julg. 24.2.2021. Public. 12.3.2021. Disponível em: <http://aplicacao4.tst.jus.br/consultaProcessual/consultaTstNumUnica.do?consulta=Consultar&conscsjt=&numeroTst=1001473&digitoTst=09&anoTst=2018&orgaoTst=5&tribunalTst=02&varaTst=0061&submit=Consultar>. Acesso em: 25 maio 2022.

(1226) BRASIL. Tribunal Superior do Trabalho — TST. *Agravo em Recurso de Revista ARR 1000987-73.2018.5.02.0271*. 6ª Turma, relator Ministro Augusto Cesar Leite de Carvalho, DEJT 16.10.2020. Disponível em: <https://consultadocumento.tst.jus.br/consultaDocumento/acordao.do?anoProcInt=2019&numProcInt=320183&dtaPublicacaoStr=16/10/2020%2007:00:00&nia=7544623>. Acesso em: 25 maio 2022.

Pelo até aqui exposto, vê-se que a reforma trabalhista introduzida pela Lei n. 13.467, de 2017, atacou justamente o acesso à justiça quando, em direção frontalmente contrária às suas ondas renovatórias, mais precisamente a primeira grande onda de reforma a que se referem Mauro Cappelletti e Bryant Garth,[(1227)] afastando os trabalhadores, sobremodo os trabalhadores pobres,[(1228)] a grande maioria, do acesso ao Judiciário, passou a impor o ônus de cobrança de custas processuais, honorários advocatícios sucumbenciais e honorários periciais, ainda que se encontrassem amparados pelos benefícios da justiça gratuita.

Não se sabe como o STF irá decidir as matérias restantes aqui mencionadas, principalmente a Ação Direta de Inconstitucionalidade n. 6.002-DF,[(1229)] ajuizada pelo Conselho Federal da Ordem dos Advogados do Brasil — CFOAB já com parecer da Procuradoria-Geral da República, mas tendo como parâmetro inúmeros casos recentes, a posição da Corte demonstra nítida deferência ao Parlamento ou hostilidade no que diz respeito a assuntos ligados aos direitos dos sociais dos trabalhadores.

Tal afirmação pode ser constatada diante da decisão do tema 608 da repercussão geral que, por maioria, declarou inconstitucional o art. 23, § 5º, da Lei n. 8.036, de 1990, reduzindo a prescrição trintenária do Fundo de Garantia do Tempo de Serviço – FGTS para apenas cinco anos no Recurso Extraordinário com agravo – REA n. 709.212-DF, em que fora Relator o Ministro Gilmar Mendes.[(1230)]

Outro julgamento que reafirma essa tendência no STF é a decisão monocrática do Ministro Gilmar Mendes, na Arguição de Descumprimento de Preceito Fundamental – ADPF n. 323-DF,[(1231)] de 14.10.2016, que suspendeu todos os processos envolvendo a

(1227) CAPPELLETTI, Mauro; GARTH, Bryant. *Acesso à Justiça*. Tradução: Ellen Gracie Northfleet. Porto Alegre: Sergio Antonio Fabris Editor, 1988. reimp. 2002, p. 31-49.

(1228) População abaixo da linha da pobreza triplica e atinge 27 de milhões de brasileiro. *CNN Brasil*, 8.4.2021. Disponível em: <https://www.cnnbrasil.com.br/nacional/populacao-abaixo-da-linha-da-pobreza-triplica-e-atinge-27-milhoes-de-brasileiros/>. Acesso em: 25 maio 2022.

(1229) BRASIL. Supremo Tribunal Federal — STF. *Ação Direta de Inconstitucionalidade n. 6.002-DF*. Relator Ministro Ricardo Lewandowski. Disponível em: <http://portal.stf.jus.br/processos/detalhe.asp?incidente=5537399>. Acesso em: 25 maio 2022.

(1230) BRASIL. Supremo Tribunal Federal — STF. *Recurso Extraordinário com agravo – ARE n. 709.212-DF*. Recte.: Banco do Brasil S.A. Recda.: Ana Maria Movilla de Pires e Marcondes. Relator Ministro Gilmar Mendes. Julg. em 13.11.2014. Pub. 19.2.2015. Disponível em: <http://portal.stf.jus.br/processos/detalhe.asp?incidente=4294417>. Acesso em: 25 maio 2022. Inteiro teor do acordão: Disponível em: <http://portal.stf.jus.br/processos/downloadPeca.asp?id=301000550&ext=.pdf>. Acesso em: 25 maio 2022.

(1231) BRASIL. Supremo Tribunal Federal — STF. *Arguição de Descumprimento de Preceito Fundamental – ADPF n. 323-DF*. Reqte.: Confederação nacional dos Estabelecimentos de Ensino – CONFENEN. Intdos.: Tribunal Superior do Trabalho — TST, Tribunal Regional do Trabalho — TRT da 1ª Região e Tribunal Regional do Trabalho — TRT da 2ª Região. Relator Ministro Gilmar Mendes. Disponível em: <http://portal.stf.jus.br/processos/downloadPeca.asp?id=310538275&ext=.pdf>. Acesso em: 25 maio 2022. Em 4.8.2021, (Decisão de julgamento) "após os votos dos Ministros Nunes Marques, Alexandre de Moraes e Roberto Barroso, que acompanhavam o Ministro Gilmar Mendes (Relator), julgando procedente a arguição; do voto do Ministro Edson Fachin, que julgava improcedente o pedido formulado; e do voto da Ministra Rosa Weber, que, preliminarmente, julgava prejudicada a arguição em razão da perda superveniente de objeto, e, no mérito, julgava improcedente o pedido, pediu vista dos autos o Ministro Dias Toffoli".

observação da Súmula n. 277 do Tribunal Superior do Trabalho — TST,(1232) matéria em curso e recorrente na Justiça do Trabalho, vedando a ultratividade dos efeitos das convenções coletivas de trabalho, que diante da ausência de negociação coletiva de trabalho era aplicada às cláusulas anteriormente ajustadas.

Essas duas decisões do STF acima referidas são tidas por muitos como sendo o início da reforma trabalhista, decisões que precederam a iniciativa do próprio Poder Legislativo, sinalizando a mudança de rumos de modo favorável aos interesses do poder econômico, privilegiando de modo claro e inequívoco a livre-iniciativa, em detrimento ao valor social do trabalho, conforme se pretende demonstrar neste capítulo.

De mencionar, ainda, a recente decisão do STF sobre a aplicação da taxa Selic para reajustar os valores apurados em execução trabalhista e corrigir monetariamente os depósitos recursais proferida na Ação Direita de Inconstitucionalidade – ADI n. 5.867-DF (processos apensados ADC n. 58, ADC n. 59 e ADI n. 6.021).(1233)

Em 10.1.2022, em sede de recorribilidade extraordinária, o Plenário do STF reiterou a constitucionalidade da questão. Por meio de repercussão geral no RE n. 1.269.353, confirmou a inconstitucionalidade da utilização da taxa referencial – TR, como índice de atualização de débitos trabalhistas. O STF decidiu que até que venha solução do Poder Legislativo, aplicar-se-á o Índice Nacional de Preço ao Consumidor Amplo Especial (IPCA-E), na fase pré-judicial, e, a partir do ajuizamento da ação, a taxa do Sistema Especial de Liquidação e Custódia – Selic, excluídas as dívidas da Fazenda Pública, que possuem regramento próprio. A Corte fixou tese quanto ao tema 1191-STF.(1234)

(1232) BRASIL. Tribunal Superior do Trabalho — TST. *Súmula n. 277 do TST*. Disponível em: <https://www3.tst.jus.br/jurisprudencia/Sumulas_com_indice/Sumulas_Ind_251_300.html#SUM-277>. Acesso em: 25 maio 2022. CONVENÇÃO COLETIVA DE TRABALHO OU ACORDO COLETIVO DE TRABALHO. EFICÁCIA. ULTRATIVIDADE (redação alterada na sessão do Tribunal Pleno realizada em 14.9.2012) – súmula cuja aplicação está suspensa nos termos da medida cautelar deferida nos autos do processo STF-ADPF n. 323/DF, rel. Min. Gilmar Mendes – Res. n. 185/2012, *DEJT* divulgado em 25, 26 e 27.9.2012. As cláusulas normativas dos acordos coletivos ou convenções coletivas integram os contratos individuais de trabalho e somente poderão ser modificadas ou suprimidas mediante negociação coletiva de trabalho.

(1233) BRASIL. Supremo Tribunal Federal — STF. *Ação Direita de Inconstitucionalidade – ADI n. 5.867-DF*. Relator Ministro Gilmar Mendes. Julgamento em 18.12.2020. Inteiro teor do acordão: Disponível em: <http://portal.stf.jus.br/processos/downloadPeca.asp?id=15346091857&ext=.pdf>. Acesso em: 25 maio 2022. Por maioria de votos, julgar parcialmente procedente a ação, para conferir interpretação conforme à Constituição ao art. 879, § 7º, e ao art. 899, § 4º, da CLT, na redação dada pela Lei n. 13.467 de 2017, no sentido de considerar que à atualização dos créditos decorrentes de condenação judicial e à correção dos depósitos recursais em contas judiciais na Justiça do Trabalho deverão ser aplicados, até que sobrevenha solução legislativa, os mesmos índices de correção monetária e de juros que vigentes para as condenações cíveis em geral, quais sejam a incidência do IPCA-E na fase pré-judicial e, a partir da citação, a incidência da taxa SELIC (art. 406 do Código Civil), nos termos do voto do relator.

(1234) BRASIL. Supremo Tribunal Federal — STF. Pleno. *Recurso Extraordinário n. 1.269.353*. Relator Ministro Luiz Fux. Julg. 11.1.2022. Disponível em: <http://portal.stf.jus.br/processos/detalhe.asp?incidente=5918060>. Acesso em: 25 maio 2022. I – É inconstitucional a utilização da Taxa Referencial (TR) como índice de atualização dos débitos trabalhistas, devendo ser aplicados, até que sobrevenha solução legislativa, os mesmos índices de correção monetária e de juros vigentes para as condenações cíveis em geral, quais sejam a incidência do IPCA-E na fase pré-judicial e, a partir do ajuizamento da ação, a incidência da taxa Selic (CCB/2002, art. 406), à exceção das dívidas da Fazenda Pública, que possuem regramento específico. A incidência de juros moratórios com base na variação da taxa Selic não pode ser cumulada com a aplicação de outros índices de atualização monetária, cumulação que

A decisão não apenas causa profunda injustiça aos trabalhadores e seus créditos,(1235) mas também incentiva a empresa a procrastinar o pagamento de suas dívidas trabalhistas, sendo despiciendo lembrar a natureza alimentícia desses créditos.

Embora não seja objeto de reflexão nesta ocasião, outro tema que merece referência, como acima mencionado, já que a matéria também aguarda julgamento no STF, é que a Lei n. 13.467, de 2017, também passou a estabelecer critérios mais rigorosos e formais para a hipótese de criação ou alteração de "súmulas e outros enunciados de jurisprudência uniforme", pelo TST, exigindo o voto "de pelo menos dois terços de seus membros, caso a mesma matéria já tenha sido decidida de forma idêntica por unanimidade em, no mínimo, dois terços das turmas, em pelo menos dez sessões diferentes em cada uma delas, podendo, ainda, por maioria de dois terços de seus membros, restringir os efeitos daquela declaração ou decidir que ela só tem eficácia a partir de sua publicação no Diário Oficial", consoante prescrição do art. 702, alínea "f", da Consolidação das Leis do Trabalho — CLT.(1236)

A mudança é no rito para edição e alteração de verbetes da jurisprudência consolidada do TST. A constitucionalidade da Lei n. 13.467, de 2017, no particular, pode ser questionada diante da previsão dos incisos X e XI, do art. 93, art. 96, inciso I, letra "a", arts. 97, 99 e 103-A da CF 88, violando flagrantemente a separação dos poderes e impondo condições formais de funcionamento de órgãos internos do TST, medida restritiva encontrada no ordenamento jurídico brasileiro apenas quanto ao TST, sendo tal competência do regimento interno de qualquer outro tribunal brasileiro.

A Confederação Nacional do Sistema Financeiro — CONSIF, Confederação Nacional do Turismo — CNTUR e a Confederação Nacional de Transporte — CNT ajuizaram

---

representaria *bis in idem*. II – A fim de garantir segurança jurídica e isonomia na aplicação desta tese, devem ser observados os marcos para modulação dos efeitos da decisão fixados no julgamento conjunto da ADI n. 5867, ADI n. 6021, ADC n. 58 e ADC n. 59, como segue: (i) são reputados válidos e não ensejarão qualquer rediscussão, em ação em curso ou em nova demanda, incluindo ação rescisória, todos os pagamentos realizados utilizando a TR (IPCA-E ou qualquer outro índice), no tempo e modo oportunos (de forma extrajudicial ou judicial, inclusive depósitos judiciais) e os juros de mora de 1% ao mês, assim como devem ser mantidas e executadas as sentenças transitadas em julgado que expressamente adotaram, na sua fundamentação ou no dispositivo, a TR (ou o IPCA-E) e os juros de mora de 1% ao mês;

(ii) os processos em curso que estejam sobrestados na fase de conhecimento, independentemente de estarem com ou sem sentença, inclusive na fase recursal, devem ter aplicação, de forma retroativa, da taxa Selic (juros e correção monetária), sob pena de alegação futura de inexigibilidade de título judicial fundado em interpretação contrária ao posicionamento do STF (CPC/2015, art. 525, §§ 12 e 14, ou CPC/2015, art. 535, §§ 5º e 7º; e (iii) os parâmetros fixados neste julgamento aplicam-se aos processos, ainda que transitados em julgado, em que a sentença não tenha consignado manifestação expressa quanto aos índices de correção monetária e taxa de juros (omissão expressa ou simples consideração de seguir os critérios legais).

(1235) Antes da decisão do STF no RE n. 1.269.353, do Banco Santander, as dívidas trabalhistas eram atualizadas com juros de 12% ao ano, mais correção monetária. Em março de 2021 a taxa Selic ficou em 2,75% ao ano; em 2 de fevereiro de 2022 o Comitê de Política Monetária (Copom) do Banco Central decidiu elevar a taxa Selic, que havia sido fixada em 9,25% em dezembro de 2021, o maior patamar desde 2017, para 10,7%, em razão do descontrole da economia e da tendência de alta da inflação. Ainda assim, abaixo dos doze por cento anteriormente aplicados, juros de 1% ao mês, a partir do ajuizamento da ação.

(1236) BRASIL. Consolidação das Leis do Trabalho — CLT. *Decreto-lei n. 5.452, de 1º de maio de 1943*. Disponível em: <http://www.planalto.gov.br/ccivil_03/Decreto-lei/del5452.htm>. Acesso em: 25 maio 2022.

perante o STF, em 18.3.2019, a Ação Direta de Constitucionalidade – ADC n. 62, em que é relator o Ministro Ricardo Lewandowski. Foi inicialmente declarada a ilegitimidade *ad causam* das confederações e julgada extinta a Ação Declaratória de Constitucionalidade, sem resolução de mérito (decisão de 8.6.2021), que desafiou agravo regimental, quando, por maioria, o STF deu provimento ao agravo interno, reconhecendo a legitimidade ativa das requerentes e dando seguimento à ação nos termos do voto do Ministro Roberto Barroso, vencidos os ministros Ricardo Lewandowski e Carmem Lúcia (sessão virtual de 17.9.20221 a 24.9.2021).[(1237)]

Enquanto não vem a decisão do STF, a Comissão de Jurisprudência e de Precedentes Normativos do TST encontra-se em compasso de espera para adequar algumas súmulas e orientações jurisprudenciais às alterações da CLT.

Quanto à ADPF n. 323, em 27.5.2022, após o voto vista do Ministro Dias Toffoli, acompanhando o Ministro relator Gilmar Mendes, por oito votos a três, o STF afastou definitivamente a possibilidade de aplicação da ultratitividade das normas coletivas trabalhistas. O STF declarou "a inconstitucionalidade da Súmula n. 277 do Tribunal Superior do Trabalho, na versão atribuída pela Resolução n. 185, de 27 de setembro de 2012, assim como a inconstitucionalidade de interpretações e de decisões judiciais que entendem que o art. 114, parágrafo segundo, da Constituição Federal, na redação dada pela Emenda Constitucional n. 45/2004, autoriza a aplicação do princípio da ultratividade de normas de acordos e de convenções coletivas".[(1238)] Disso resulta que, após dois anos, não havendo negociação nem dissídio coletivo, as normas coletivas anteriormente ajustadas perdem a validade.

5.5. O encarecimento do processo, a natureza tributária das custas judiciais e o caráter inibidor de comportamento utilizado na reforma trabalhista de 2017

Conforme anteriormente destacado, as modificações introduzidas no ordenamento jurídico brasileiro pela Lei n. 13.467, de 13 de julho de 2017, não ficaram restritas ao plano do direito material e alcançaram também o direito processual do trabalho.

Neste tópico procura-se enfrentar o ponto específico da reforma trabalhista de 2017, que fez cair de forma substancial o número de ações ajuizadas perante a Justiça do Trabalho em todo o país, consoante demonstrado no capítulo 4 desta pesquisa, em análise pelo método quantitativo, onde são examinados dados estatísticos comparativos a partir de 2015 até dezembro de 2021 (item 4.9).

(1237) BRASIL. Supremo Tribunal Federal — STF. *Ação Direta de Constitucionalidade – ADC n. 62-DF*. Disponível em: <http://portal.stf.jus.br/processos/detalhe.asp?incidente=5654198>. Acesso em: 25 maio 2022.

(1238) BRASIL. Supremo Tribunal Federal — STF. *Arguição de Descumprimento de Preceito Fundamental n. 323*. Disponível em: <https://portal.stf.jus.br/processos/detalhe.asp?incidente=4599102>. Acesso em: 25 maio 2022. Acompanharam o relator Gilmar Mendes, os ministros André Mendonça, Nunes Marques, Alexandre de Moraes, Luis Roberto Barroso, Luiz Fux, Dias Tofolli e Cármen Lúcia. Os votos divergentes foram da Ministra Rosa Weber e dos Ministros Edson Fachin e Ricardo Lewandowski.

Estuda-se o encarecimento dos custos e as maiores formalidades do processo do trabalho, tratando o novo requisito da liquidez imediata da petição inicial, a cobrança de honorários advocatícios e honorários periciais sucumbenciais, ainda que a parte seja beneficiária da justiça gratuita.

É certo que o Supremo Tribunal Federal — STF, na Ação Direta de Inconstitucionalidade – ADI n. 5.766-DF,[1239] julgada em 20.10.2021, declarou a inconstitucionalidade da cobrança de honorários advocatícios sucumbenciais e honorários periciais da parte vencida na prova técnica, ainda que desfrutasse dos benefícios da gratuidade de justiça, mantendo a constitucionalidade da cobrança de custas judiciais decorrentes de arquivamento do processo por ausência do reclamante, para que possa ajuizar nova ação, desde que justifique o motivo da ausência em 15 dias (§ 2º do art. 844 da CLT, incluído pela Lei n. 13.467, de 2017).[1240]

A pesquisa dedica atenção e reflexão às custas judiciais, identificando sua natureza jurídica, a posição da jurisprudência e verifica se a reforma trabalhista de 2017, mesmo depois da decisão do STF na ADI n. 5.766-DF, validando a exigência da cobrança das custas processuais até mesmo do beneficiado pela gratuidade de justiça, quando der causa ao arquivamento do processo por ausência à audiência e não explicar os motivos de sua ausência em 15 dias. Mesmo tendo sido declarados constitucionais os §§ 2º e 3º do art. 844 da CLT, incluídos pela Lei n. 13.467, de 2017, resta examinar a matéria sob a perspectiva tributária, uma vez que as custas constituem um tributo, na modalidade taxa, tendo o legislador modificado a metodologia de sua cobrança e malferido o sistema jurídico brasileiro, quando examinado em sua inteireza.

Sendo verdadeira essa hipótese, também teria havido possível desrespeito da mencionada lei reformadora à garantia constitucional da universalidade de acesso à justiça, utilizando-se o legislador de exigência mais rigorosa de cobrança de custas no processo do trabalho, até então orientado pelo princípio da gratuidade, como forma de moldar o comportamento dos trabalhadores reclamantes, configurando a extrafiscalidade do tributo ou se houve, ainda que de forma mascarada, a imposição de multa pelo ato de faltar à audiência. Isso seria flagrantemente inconstitucional, uma vez que a definição de tributo não pode abranger a sanção de ato ilícito (multa).

Outra hipótese sustentada é que as modificações no Direito Processual do Trabalho, como a exigência de maior rigor formal nos requisitos da petição inicial, cujo pedido deverá ser formulado desde logo certo, determinado e com indicação de seu valor e, caso não se atenda a isso, o processo será extinto sem resolução de mérito,[1241] que é objeto de questionamento de

(1239) BRASIL. Supremo Tribunal Federal — STF. *Ação Direita de Inconstitucionalidade – ADI n. 5.766-DF*. Reqte.: Procurador Geral da República. Intdos.: Presidente da República e Congresso Nacional. Disponível em: <http://portal.stf.jus.br/processos/detalhe.asp?incidente=5250582>. Acesso em: 25 maio 2022.

(1240) BRASIL. *Consolidação das Leis do Trabalho — CLT*. Disponível em: <http://www.planalto.gov.br/ccivil_03/Decreto-lei/del5452.htm>. Acesso em: 25 maio 2022.

(1241) BRASIL. *Consolidação das Leis do Trabalho — CLT*. Disponível em: <http://www.planalto.gov.br/ccivil_03/Decreto-lei/del5452.htm>. Acesso em: 25 maio 2022. Art. 840. (...) § 1º Sendo escrita, a reclamação deverá conter a designação do juízo, a qualificação das partes, a breve exposição dos fatos de que resulte o dissídio, o pedido,

constitucionalidade perante o STF por iniciativa do Conselho Federal da OAB,[(1242)] conforme análise no capítulo 5, item 5.4; a imposição de responsabilidade pelo pagamento de honorários advocatícios sucumbenciais do trabalhador derrotado na demanda e honorários periciais da parte vencida na prova técnica, ainda que beneficiário da justiça gratuita,[(1243)] o que também demandou o ajuizamento de Ação Direta de Inconstitucionalidade de iniciativa do Procurador-Geral da República,[(1244)] tudo isso causou o temor do trabalhador de procurar a Justiça do Trabalho e sair do processo com uma dívida que até então não existia, seguindo a tendência punitivista da reforma de 2017, estudada no capítulo 4, item 4.10.

Nessa perspectiva, a violação da garantia constitucional da assistência jurídica gratuita e integral aos necessitados e a violação ao devido processo legal parecem inegáveis e já escoimadas pela decisão do STF na ADI n. 5.766-DF, tema analisado no capítulo 5, item 5.3.

O que se pretende analisar, agora, é o ponto específico da reforma trabalhista de 2017, no que diz respeito às custas judiciais enquanto tributo, verificando se, ao modificar a metodologia da cobrança das custas judiciais, exigindo-a até mesmo ao beneficiário da justiça gratuita, e se a lei, ao tentar estabelecer uma extrafiscalidade, esperando do contribuinte a conduta desejável, acabou por criar uma multa pelo não comparecimento do reclamante à audiência, que não justifique sua ausência em 15 dias ou a justificativa não se enquadre nas hipóteses legalmente previstas, punindo um comportamento não desejado, e se tudo isso tem concorrido como motivo causador da substantiva queda nos números de ajuizamento de ações trabalhistas em todo o país, no recorte temporal entre janeiro de 2015 e dezembro de 2021.

Além disso, questiona-se ainda se houve violação da garantia constitucional da gratuidade de justiça aos necessitados, somando-se a isso o possível desrespeito da mencionada lei reformadora à também garantia constitucional da universalidade de acesso à justiça e ao devido processo legal.

Por reconhecer a condição de hipossuficiência econômica e a desvantagem social, a legislação trabalhista sempre foi orientada pelo princípio da proteção jurídica ao mais débil,

---

que deverá ser certo, determinado e com indicação de seu valor, a data e a assinatura do reclamante ou de seu representante. (...) § 3º Os pedidos que não atendam ao disposto no § 1º deste artigo serão julgados extintos sem resolução do mérito.

(1242) BRASIL. Supremo Tribunal Federal — STF. Ação *Direta de Inconstitucionalidade n. 6.002-DF*. Ajuizada pelo Conselho Federal da Ordem dos Advogados da Brasil — CFOAB. Disponível em: <https://portal.stf.jus.br/processos/detalhe.asp?incidente=5537399>. Acesso em: 25 maio 2022.

(1243) BRASIL. *Consolidação das Leis do Trabalho — CLT*. Disponível em: <http://www.planalto.gov.br/ccivil_03/Decreto-lei/del5452.htm>. Acesso em: 25 maio 2022. Art. 790-B. A responsabilidade pelo pagamento dos honorários periciais é da parte sucumbente na pretensão objeto da perícia, ainda que beneficiária da justiça gratuita. Art. 791-A (...) § 4º Vencido o beneficiário da justiça gratuita, desde que não tenha obtido em juízo, ainda que em outro processo, créditos capazes de suportar a despesa, as obrigações decorrentes de sua sucumbência ficarão sob condição suspensiva de exigibilidade e somente poderão ser executadas se, nos dois anos subsequentes ao trânsito em julgado da decisão que as certificou, o credor demonstrar que deixou de existir a situação de insuficiência de recursos que justificou a concessão de gratuidade, extinguindo-se, passado esse prazo, tais obrigações do beneficiário.

(1244) BRASIL. Supremo Tribunal Federal — STF. *Ação Direta de Inconstitucionalidade – ADI n. 5.766-DF*, ajuizada pela Procuradoria Geral da República – PGR, em 28.08.2017>. Acesso em: 25 maio 2022.

na busca de equilibrar essa situação de desigualdade. Daí o princípio da proteção que surge no Direito Material do Trabalho e também alcança o Direito Processual trabalhista, uma vez que este visa à realização daquele, quando violado.(1245)

De fato, a lei passa a fazer exigências extremamente rigorosas, como incluir dentre os requisitos da petição inicial que o pedido seja formulado desde logo de modo certo, determinado e com indicação do valor. Caso não se atenda a isso, será extinto sem resolução de mérito. A mudança na metodologia da cobrança das custas judiciais e a cobrança de honorários advocatícios e honorários periciais sucumbenciais, ainda que a parte esteja beneficiada pela justiça gratuita, têm reduzido, substantivamente, o acesso à Justiça do Trabalho.

A reforma trabalhista, no que diz respeito à gratuidade de justiça, e o Código de Processo Civil de 2015 trouxeram mudanças importantes, quando comparadas com as disposições da Lei n. 1.060, de 1950, norma original da assistência judiciária aos necessitados. Basta ver os §§ 2º e 3º do art. 98 do CPC de 2105.(1246)

A Lei n. 13.467, de 2017,(1247) trouxe dispositivos semelhantes, acrescentados à Consolidação das Leis do Trabalho — CLT, sendo de destacar o tratamento dado aos honorários periciais no art. 790-B, § 4º.(1248) No mesmo sentido, os honorários advocatícios sucumbenciais, consoante art. 791-A, § 4º, também foram acrescentados à CLT pela lei da reforma trabalhista de 2017.(1249)

A mudança aqui não é só do período de exigibilidade da obrigação de cinco anos no CPC e de dois anos na CLT. Destaca-se que a lei n. 13.467, de 2017, estabelece a possibilidade de

---

(1245) O modo de ser do direito processual do trabalho foi tratado no capítulo 4, tópico 4.1.

(1246) BRASIL. Código de Processo Civil. *Lei n. 13.105, de 16 de março de 2015*. Disponível em: <http://www.planalto.gov.br/ccivil_03/_ato2015-2018/2015/lei/l13105.htm>. Acesso em: 25 maio 2022. Art. 98. A pessoa natural ou jurídica, brasileira ou estrangeira, com insuficiência de recursos para pagar as custas, as despesas processuais e os honorários advocatícios tem direito à gratuidade da justiça, na forma da lei. (...) § 2º A concessão de gratuidade não afasta a responsabilidade do beneficiário pelas despesas processuais e pelos honorários advocatícios decorrentes de sua sucumbência. § 3º Vencido o beneficiário, as obrigações decorrentes de sua sucumbência ficarão sob condição suspensiva de exigibilidade e somente poderão ser executadas se, nos 5 (cinco) anos subsequentes ao trânsito em julgado da decisão que as certificou, o credor demonstrar que deixou de existir a situação de insuficiência de recursos que justificou a concessão de gratuidade, extinguindo-se, passado esse prazo, tais obrigações do beneficiário.

(1247) BRASIL. *Lei n. 13.467, de 13 de julho de 2017*. Lei da reforma trabalhista. Disponível em: <http://www.planalto.gov.br/ccivil_03/_ato2015-2018/2017/lei/l13467.htm>. Acesso em: 25 maio 2022.

(1248) BRASIL. Consolidação das Leis do Trabalho — CLT. *Decreto-lei n. 5.452, de 1o de maio de 1943*. Disponível em: <http://www.planalto.gov.br/ccivil_03/Decreto-lei/del5452.htm>. Acesso em: 25 maio 2022. Art. 790-B. A responsabilidade pelo pagamento dos honorários periciais é da parte sucumbente na pretensão objeto da perícia, ainda que beneficiária da justiça gratuita. (...) § 4º Somente no caso em que o beneficiário da justiça gratuita não tenha obtido em juízo créditos capazes de suportar a despesa referida no caput, ainda que em outro processo, a União responderá pelo encargo.

(1249) BRASIL. *Consolidação das Leis do Trabalho — CLT*. Disponível em: <http://www.planalto.gov.br/ccivil_03/Decreto-lei/del5452.htm>. Acesso em: 25 maio 2022. Art. 791-A (...) § 4º Vencido o beneficiário da justiça gratuita, desde que não tenha obtido em juízo, ainda que em outro processo, créditos capazes de suportar a despesa, as obrigações decorrentes de sua sucumbência ficarão sob condição suspensiva de exigibilidade e somente poderão ser executadas se, nos dois anos subsequentes ao trânsito em julgado da decisão que as certificou, o credor demonstrar que deixou de existir a situação de insuficiência de recursos que justificou a concessão de gratuidade, extinguindo-se, passado esse prazo, tais obrigações do beneficiário.

perseguir os valores referentes a honorários advocatícios e honorários periciais em créditos obtidos pelo beneficiário da justiça gratuita ainda que em outro processo, deixando evidente a situação de confisco, como anotam Franklyn Roger Alves Silva e Diogo Esteves:

> Aqui o confisco é ainda maior, podendo ocorrer em créditos obtidos em outras demandas, fragilizando ainda mais o recebimento das verbas trabalhistas por parte do reclamante".(1250)

Mauricio Godinho Delgado e Gabriela Neves Delgado:

> É que o normativo constante do art. 791-A ,*caput* e §§ 1º até o 5º, da CLT — se lido em sua literalidade —, pode inviabilizar o direito e a garantia constitucionais fundamentais da justiça gratuita (art. 5º, LXXIV, CF) e o direito, garantia e princípio constitucionais fundamentais do amplo acesso à justiça (art. 5º, XXXV, CF) relativamente à grande maioria das pessoas físicas dos trabalhadores do País. Isso em decorrência dos elevados riscos econômico-financeiros que passam a envolver o processo judicial trabalhista, particularmente para as pessoas destituídas de significativas (ou nenhuma) renda e riqueza. (1251)

A enorme diferença é que tais mudanças processuais trazidas pela Lei n. 13.467/2017, modificando e alterando o Decreto-lei n. 5.452, de 1º maio de 1943 – Consolidação das Leis do Trabalho — CLT, criam graves dificuldades, entraves e até óbices ao acesso à justiça pelo trabalhador.

Em busca de respostas ao problema apresentado, a Constituição Federal no art. 1º, nos incisos II e III, estabelece como princípios fundantes da República Brasileira a valorização do Trabalho e a dignidade da pessoa humana, inafastáveis no trato do acesso ao Judiciário contra lesão ou ameaça a direito, e a garantia de assistência judiciária integral e gratuita.

Preconiza a Constituição Federal da República Brasileira de 1988, no Título "Dos Direitos e Garantias Fundamentais", no Capítulo "Dos Direitos e Deveres Individuais e Coletivos".(1252)

Este dispositivo revela e consagra o princípio constitucional do acesso à justiça e à efetividade da tutela jurisdicional.

(1250) SILVA, Franklyn Roger Alves; ESTEVES, Diogo. A nova disciplina da gratuidade de Justiça na reforma trabalhista. *Revista Consultor Jurídico*, 13 mar. 2018. Disponível em: <https://www.conjur.com.br/2018-mar-13/disciplina-gratuidade-justica-reforma-trabalhista>. Acesso em: 25 maio 2022.

(1251) DELGADO, Mauricio Godinho; DELGADO, Gabriela Neves. *A Reforma Trabalhista no Brasil:* com os comentários à Lei n. 13.467/2017. São Paulo: LTr, 2017. p. 329.

(1252) BRASIL. *Constituição da República Federativa, de 5 de outubro de 1988*. Disponível em: <http://www.planalto.gov.br/ccivil_03/_ato2015-2018/2017/lei/l13467.htm>. Acesso em: 25 maio 2022. Art. 5º Todos são iguais perante a lei, sem distinção de qualquer natureza, garantindo-se aos brasileiros e aos estrangeiros residentes no País a inviolabilidade do direito à vida, à liberdade, à igualdade, à segurança e à propriedade, nos termos seguintes: (...) Inciso XXXV da CF — a lei não excluirá da apreciação do Poder Judiciário lesão ou ameaça a direito; (...) LXXIV – o Estado prestará assistência jurídica integral e gratuita aos que comprovarem insuficiência de recursos;

Seguindo na mesma linha, o inciso LXXIV, ainda do art. 5º da Constituição Federal, prescreve que assistência jurídica será prestada pelo Estado de forma integral e gratuita aos que comprovarem insuficiência de recursos, conforme inciso LXXIV do acima transcrito art. 5º.

Mauro Cappelletti e Bryant Garth, no clássico da literatura jurídica "Acesso à Justiça", expõem as ondas de acesso à justiça, sendo a primeira delas justamente a assistência judiciária para os pobres:(1253)

> Pessoas ou organizações que possuam recursos financeiros consideráveis a serem utilizados têm vantagens óbvias ao propor ou defender demandas. Em primeiro lugar, elas podem pagar para litigar. Podem, além disso, suportar as delongas do litígio. Cada uma dessas capacidades, em mãos de uma única das partes, pode ser uma arma poderosa; a ameaça de litígio torna-se tanto plausível quanto efetiva.(1254)

Sem qualquer discussão e simplesmente alegando haver litigiosidade excessiva no âmbito das relações de trabalho, a Lei n. 13.467, de 2017, tornou mais caro o processo do trabalho, sendo esta uma escolha consciente do legislador, a servir claramente como forma de desmotivar o trabalhador hipossuficiente a buscar na Justiça os seus direitos.

Conforme tratado no item 5.3, aguardou-se durante quatro anos o julgamento, pelo STF, da Ação Direta de Inconstitucionalidade – ADI n. 5.766-DF, ajuizada em 28 de agosto de 2017 pela Procuradoria-Geral da República, questionando a constitucionalidade da responsabilidade pelo pagamento de honorários periciais ao derrotado na pretensão objeto da prova técnica (art. 790-B, *caput* e § 4º), de honorários advocatícios sucumbenciais (art. 791-A, § 4º, e art. 844, § 2º), além da cobrança de custas judiciais pelo arquivamento da ação decorrente da ausência do reclamante à audiência, ainda que beneficiários da justiça gratuita, conforme modificações inseridas no Decreto-lei n. 5.452, de 1º de maio de 1943 — CLT, pela Lei n. 13.467, de 2017.(1255)

Apesar da matéria ser sempre discutida tão somente no plano do princípio da isonomia, da universalidade do acesso à justiça e da justiça gratuita aos hipossuficientes, passa-se a demonstrar outra vertente da polêmica, agora do ponto de vista constitucional e tributário.

Com o objetivo de introduzir o tema da natureza tributária das custas judiciais, não seria demais lembrar as noções propedêuticas, as características e classificação de tributo, positivando o disposto na Constituição Federal, no art. 146.(1256)

(1253) CAPPELLETTI, Mauro; GARTH, Bryant. *Acesso à Justiça*. Sergio Antonio Fabris Editor. p. 31-49.

(1254) *Ibidem*, p. 21.

(1255) BRASIL. Supremo Tribunal Federal — STF. *Ação Direta de Inconstitucionalidade – ADI n. 5.766-DF*, ajuizada pela Procuradoria Geral da República — PGR, em 28.08.2017. Intdos.: Presidente da República e Congresso Nacional. Relator Ministro Luis Roberto Barroso. Ministro redator do acórdão: Alexandre de Moraes. Disponível em: <http://portal.stf.jus.br/processos/detalhe.asp?incidente=5250582>. Acesso em: 25 maio 2022.

(1256) BRASIL. *Constituição da República Federativa, de 5 de outubro de 1988*. Disponível em: <http://www.planalto.gov.br/ccivil_03/constituicao/constituicao.htm>. Acesso em: 25 maio 2022. Art. 146. Cabe à lei complementar:

O art. 3º do Código Tributário Nacional define tributo: “é toda prestação pecuniária compulsória, em moeda ou cujo valor nela se possa exprimir, que não constitua sanção de ato ilícito, instituída em lei e cobrada mediante atividade administrativa plenamente vinculada”.(1257)

A competência tributária é atividade indelegável, sendo delegável apenas a capacidade tributária ativa, nos termos do art. 7º do CTN, ou seja, a atribuição das funções de arrecadar ou fiscalizar tributos.

Conforme art. 145, inciso II, da Constituição Federal de 1988, os entes que podem instituir taxa, tributo de competência comum, são a União, os Estados, o Distrito Federal e os Municípios.

Quanto às custas judiciais dos serviços forenses, a Constituição Federal de 1988 estabelece no inciso IV do art. 24 a competência legislativa concorrente da União, dos Estados e do Distrito Federal. E no art. 98, § 2º, prescreve que as custas e emolumentos serão destinados exclusivamente ao custeio dos serviços afetos às atividades da Justiça.(1258)

Apesar de a Constituição Federal não conceituar expressamente o que é tributo, o tema é remetido à lei complementar,(1259) nos termos do dispositivo acima mencionado, sendo desnecessário lembrar que o Código Tributário Nacional — CTN, conquanto originariamente editado como lei ordinária, encontra-se recepcionado como lei complementar, conforme o art. 34, § 5º, do ADCT da CF de 1988, tratando-se de lei formalmente ordinária e materialmente complementar.

No dispositivo transcrito do CTN, a primeira característica do tributo, que é uma prestação pecuniária compulsória, ou seja, o tributo independe da vontade do sujeito contribuinte. Esse caráter compulsório decorre da lei e prescinde da volição de quem quer que seja.

A compulsoriedade do tributo fundamenta-se no art. 5º, inciso II, da Constituição Federal de 1988, que estabelece: “ninguém será obrigado a fazer ou deixar de fazer alguma coisa, senão em virtude de lei”.(1260) A segunda característica é que se trata de uma prestação pecuniária em moeda corrente ou cujo valor nela se possa exprimir. A terceira característica é que o tributo não decorre de sanção, punição por ato ilícito, como a multa, apesar de também

---

I – dispor sobre conflitos de competência, em matéria tributária, entre a União, os Estados, o Distrito Federal e os Municípios; II – regular as limitações constitucionais ao poder de tributar;

III – estabelecer normas gerais em matéria de legislação tributária, especialmente sobre: a) definição de tributos e de suas espécies, bem como, em relação aos impostos discriminados nesta Constituição, a dos respectivos fatos geradores, bases de cálculo e contribuintes.

(1257) BRASIL. Código Tributário Nacional — CTN. *Lei n. 5.172, de 25 de outubro de 1966*. Disponível em: <http://www.planalto.gov.br/ccivil_03/leis/l5172.htm>. Acesso em: 25 maio 2022.

(1258) BRASIL. *Constituição da República Federativa, de 5 de outubro de 1988*. Disponível em: <http://www.planalto.gov.br/ccivil_03/constituicao/constituicao.htm>. Acesso em: 25 maio 2022.

(1259) A exigência de lei complementar surgiu desde a Constituição Federal de 1967, no art. 49, inciso II.

(1260) BRASIL. *Constituição da República Federativa, de 5 de outubro de 1988*. Disponível em: <http://www.planalto.gov.br/ccivil_03/constituicao/constituicao.htm>. Acesso em: 25 maio 2022.

ser uma prestação compulsória. A quarta característica é que a lei deve instituir e impor o tributo. E a quinta característica do tributo é que é cobrado mediante atividade administrativa plenamente vinculada.

No estudo que fez em 2012 sobre "as custas judiciais no Estado da Bahia", Victor José Santos Cirino afirma que "tributo decorrente de ato ilícito, por exemplo, demonstra ser um critério sem qualquer relevância, haja vista que todo tributo deve decorrer de ato lícito conforme conceito legal, representando, assim, uma classe é vazia".(1261)

E ao descrever o que é taxa, como espécie tributária, assevera o autor:

> A partir do breve sumário a respeito do conceito de tributo e de sua classificação, podemos inicialmente afirmar que taxa é uma obrigação pecuniária compulsória, instituída por lei, que não constitua sanção de ato ilícito (tributo), cuja hipótese de incidência está vinculada a uma atividade do estado, cujo produto arrecadado possui uma destinação específica e não é restituível.(1262)

Os tributos são exigidos pela necessidade fiscal de arrecadar do Estado, dada a simples necessidade de manter as atividades estatais básicas. Mas o objetivo do tributo não é meramente fiscal, arrecadatório, podendo ser também o de moldar um comportamento desejado pelo Estado.

Paulo de Barros Carvalho anota:

> Outras vezes, vamos deparar o étimo "tributo" querendo mencionar não mais uma soma em moeda, mas o comportamento de certa pessoa, física ou jurídica, que se consubstancia no pagamento de determinada importância pecuniária. A ênfase, neste passo, não incide no dinheiro em si, antes recai no proceder de conduzi-lo ao lugar preestabelecido para solver-se o débito.(1263)

Adota-se aqui a classificação de tributo em três espécies: impostos, taxas e contribuições de melhorias, nos termos do art. 5º do CTN, escapando da tormentosa discussão das classificações tripartida e pentapartida, esta última surgida a partir do novo sistema tributário nacional inaugurado com a Constituição Federal de 1988, com os empréstimos compulsórios e contribuições especiais, sendo estes dois últimos espécies tributárias autônomas, como, aliás, tem entendido o STF, reconhecendo que os empréstimos compulsórios (Recurso Extraordinário n. 111.954-PR, *DJU* 24.06.1988) e as contribuições especiais (AI-AgR n. 6.585.763-RS, relator Ministro Ricardo Lewandowski, 1ª Turma, Julgado em 27.11.2007,

---

(1261) CIRINO, Victor José Santos. *As custas judiciais do Estado da Bahia* — sua natureza tributária. Monografia apresentada ao Curso de Especialização em Direito Tributário do Instituto Brasileiro de Estudos Tributários — IBET. Salvador: 2012. Disponível em: <https://www.ibet.com.br/wp-content/uploads/2017/07/VICTOR-JOS%C3%89-SANTOS-CIRINO.pdf>. Acesso em: 25 maio 2022.

(1262) *idem*.

(1263) CARVALHO, Paulo de Barros. *Curso de Direito Tributário*. 7. ed. São Paulo: Saraiva, 1995. p. 17.

AI-AgR n. 679355/RS, Relator Ministro Ricardo Lewandowski, 1ª Turma, Julgado em 27/11/2007) "são espécies tributárias autônomas, uma vez que ostentam natureza jurídica própria que as distingue dos impostos, taxas e contribuições de melhoria".(1264)

No caso das custas judiciais, impostas por lei, são cobradas pelo Poder Judiciário em decorrência da utilização de um serviço público. Trata-se de um tributo, da modalidade taxa, como sempre deixou claro o STF desde a Constituição Federal de 1967, EC n. 7, de 1977, como se colhe da seguinte decisão, na Representação n. 1.077-RJ, provocada pelo Procurador-Geral da República, cujo relator fora o Ministro Moreira Alves.(1265)

O Superior Tribunal de Justiça — STJ não deixa dúvida quanto à natureza jurídica das custas judiciais como sendo taxa de serviço,(1266) o mesmo ocorrendo no âmbito do Supremo Tribunal Federal — STF,(1267) também sob a égide da Constituição Federal de 1988.

(1264) MEDEIROS, Frederico Batista dos Santos. Conceito de tributos e as espécies tributárias. *Âmbito Jurídico*. Disponível em: <https://ambitojuridico.com.br/cadernos/direito-tributario/conceito-de-tributo-e-as-especies-tributarias/>. Acesso em: 25 maio 2022.

(1265) BRASIL. Supremo Tribunal Federal — STF. *Representação n. 1.077-RJ*. Relator Ministro Moreira Alves. Representante: Procurador-Geral da República. Representados: Assembleia Legislativa e Governo do Estado do Rio de Janeiro. Tribunal Pleno. 28.3.1984. Disponível em: <http://redir.stf.jus.br/paginadorpub/paginador.jsp?docTP=AC&docID=263851>. Acesso em: 10 maio 2022. EMENTA – Taxa judiciária. – Taxa judiciária é tributo da espécie taxa. – Essa natureza jurídica não foi alterada com a edição da Emenda Constitucional n. 7/77. – Se a taxa judiciária, por excessiva, criar obstáculo capaz de impossibilitar a muitos a obtenção de prestação jurisdicional, é ela inconstitucional, por ofensa ao disposto na parte inicial do § 4o do art. 153 da Constituição. – Representação julgada procedente em parte, para declarar-se a inconstitucionalidade das expressões "dos Procuradores do Estado nos casos previstos neste Capítulo, bem como sobre todos os atos extra-judiciais praticados por Tabeliães, Oficiais de Registros Públicos, de Distribuição e de Protestos de Títulos, das serventias oficializadas ou não" e "ou pelos Serventuários, conforme previsto neste artigo" do caput do art. 112; dos §§ 1º, 2º e 3º desse mesmo art. 112; do inciso VIII do art. 114; do art. 118 e de seus parágrafos; do art. 123; do art. 124; do art. 125 e de seus parágrafos; do art. 129; dos incisos I e III, e das expressões "ou confessada em pedido já existente" do inciso II, todos do art. 130; do art. 133; do art. 134, caput e incisos; todos eles na redação dada pela Lei n. 383, de 4 de dezembro de 1980, do Estado do Rio de Janeiro, a qual alterou a que vinha do Decreto-Lei n. 403, de 28 de dezembro de 1978 e da Lei n. 289, de 5 de dezembro de 1979, que já haviam modificado o Decreto-Lei n. 5, de 15 de março de 1975, do mesmo Estado; e é inconstitucional, por fim, o art. 3º da própria Lei n. 383, de 4 de dezembro de 1980, acima referida.

(1266) BRASIL. Superior Tribunal de Justiça — STJ. *Recurso Especial n. 1893966-SP* (2020/0229180-2). Relator Ministro Og F. Disponível em: <https://processo.stj.jus.br/processo/pesquisa/?tipoPesquisa=tipoPesquisaNumeroRegistro&termo=202002291802&totalRegistrosPorPagina=40&aplicacao=processos.ea>. Acesso em: 25 maio 2022. Ementa: Processo civil. Duplo ajuizamento. Custas processuais devidas nos dois processos, independentemente da citação da parte contrária. Conhecimento e desprovimento do Recurso Especial. 1. Ajuizamento da petição inicial forma relação jurídica processual linear. A citação tem o condão de triangularizá-la com produção de efeitos para o polo passivo da demanda. 2. As custas judiciais têm natureza jurídica taxa. Portanto, as custas representam um tributo. A aparente confusão ocorre por algumas legislações estaduais utilizarem o termo genérico "custas", outro, porém, empregarem duas rubricas: custas e taxa judiciária. 3. As custas podem ser cobradas pelo serviço público efetivamente prestado ou colocado à disposição do contribuinte. Ao se ajuizar determinada demanda, dá-se início ao processo. O encerramento desse processo exige a prestação do serviço público judicial, ainda que não se analise o mérito da causa. 4. Com o ajuizamento de novos embargos à execução fiscal, novas custas judiciais devem ser recolhidas. 5. Recurso conhecido e desprovido.

(1267) BRASIL. Supremo Tribunal Federal — STF. *Ação Direta de Inconstitucionalidade – ADI n. 2.211-AM*. Relator Ministro Gilmar Mendes. Disponível em: <http://portal.stf.jus.br/processos/downloadPeca.asp?id=15341372335&ext=.pdf>. Acesso em: 25 maio 2022. Ementa: Ação Direta de Inconstitucionalidade. CUSTAS JUDICIAIS E EMOLUMENTOS EXTRAJUDICIAIS. NATUREZA TRIBUTÁRIA DE TAXA. AUSÊNCIA DE FIXAÇÃO DE LIMITE MÁXIMO DA BASE DE CÁLCULO. INCONSTITUCIONALIDADE. DESTINAÇÃO PARCIAL DO PRODUTO DA ARRECADAÇÃO DESSES VALORES A

No julgamento da Ação Direta de Inconstitucionalidade – ADI n. 1.444-7-PR, provocada pelo Conselho Federal da Ordem dos Advogados do Brasil — CFOAB, o STF reafirmou o entendimento da natureza tributária das custas judiciais, na modalidade taxa de serviço, cobrada pela utilização de serviço público específico e divisível, prestado ao contribuinte.(1268)

Em decisão recente do STF, na Ação Direta de Inconstitucionalidade – ADI n. 3.124,(1269) ajuizada em 29.1.2004 pelo Conselho Federal da Ordem dos Advogados do Brasil — CFOAB, atacando disposições das Leis ns. 14.938 e 14.939, ambas de 2003, do Estado de Minas Gerais, que aumentaram o valor das taxas judiciais praticadas pela Justiça Estadual, a Suprema Corte confirmou o entendimento, deixando clara a natureza tributária das custas judiciais, na modalidade taxa.

Nesta ação, o então Presidente do STF, ministro Nelson Jobim, concedeu liminar, que acabou não referendada pelo Pleno da Corte.(1270)

No julgamento final da ação, em sessão plenária virtual do STF, concluída em 26.6.2020, o relator, ministro Marco Aurélio, votou pela inconstitucionalidade das leis que aumentavam o valor das custas judiciais em Minas Gerais, sendo seguido apenas pelo ministro Luiz Fux. Prevaleceu a divergência aberta pelo Ministro Alexandre de Moraes, que votou pela constitucionalidade das leis mineiras, sendo acompanhado pelos ministros Edson Fachin, Gilmar Mendes, Ricardo Lewandowski, Rosa Weber, Cármen Lúcia, Celso de Mello, Luis Roberto Barroso e Dias Toffoli.(1271)

O que se pretende aqui realçar é justamente a natureza tributária das custas judiciais, como taxa decorrente do uso de serviço público específico — referibilidade, independentemente

---

INSTITUIÇÕES PRIVADAS. IMPOSSIBILIDADE. DESCARACTERIZAÇÃO DA FUNÇÃO CONSTITUCIONAL DA TAXA. 1. O Supremo Tribunal Federal firmou entendimento no sentido de que a utilização do valor da causa como critério para o cálculo do tributo não é justificativa para a inconstitucionalidade, desde que sejam estipulados limites mínimo e máximo, além de uma alíquota razoável. A fixação de custas judiciais sem limite máximo ofende o princípio da inafastabilidade da jurisdição (CRFB, art. 5o, XXXV). Precedentes. 2. A vinculação das taxas judiciárias e dos emolumentos a entidades privadas ou mesmo a serviços públicos diversos daqueles a que tais recursos se destinam subverte a finalidade institucional do tributo. Precedentes. 3. Compete exclusivamente ao STF estabelecer o valor das custas de interposição do Recurso Extraordinário. Precedentes. 4. Ação Direta de Inconstitucionalidade julgada parcialmente procedente.

(1268) BRASIL. Supremo Tribunal Federal — STF. *Ação Direta de Inconstitucionalidade – ADI n. 1.444-PR*. Relator Ministro Sidney Sanches, julgado em 12.2.2003, publicado em 11.4.2003. Disponível em: <http://redir.stf.jus.br/paginadorpub/paginador.jsp?docTP=AC&docID=385506>. Acesso em: 25 maio 2022.

(1269) BRASIL. Supremo Tribunal Federal — STF. *Ação Direta de Inconstitucionalidade – ADI n. 3.124-4-MG*. Disponível em: <http://portal.stf.jus.br/processos/detalhe.asp?incidente=2197705>. Acesso em: 25 maio 2022.

(1270) BRASIL. Supremo Tribunal Federal — STF. *Ação Direta de Inconstitucionalidade – ADI n. 3.124-4-MG*. Decisão em sessão plenária de 11.11.2004. Disponível em: <http://redir.stf.jus.br/paginadorpub/paginador.jsp?docTP=AC&docID=502948>. Acesso em: 25 maio 2022.

(1271) VITAL, Danilo. Basear taxa judiciária pelo valor da causa é constitucional, diz STF. *Revista Consultor Jurídico*, 30 de junho de 2020. Disponível em: <https://www.conjur.com.br/2020-jun-30/basear-taxa-judiciaria-valor-causa-constitucional2>. Acesso em: 25 maio 2022.

de o obrigado obter vantagem ou resultado proveitoso — e divisível ao contribuinte[1272] – prestação de um serviço *uti singuli*. A decisão do STF na ADI n. 3.124 deixa isso bastante claro.[1273]

Nos termos dos incisos I e II do art. 4º do CTN, "a natureza jurídica específica do tributo é determinada pelo fato gerador da respectiva obrigação, sendo irrelevantes para qualificá-la: a denominação e demais características formais adotadas pela lei; a destinação legal do produto da sua arrecadação".[1274]

Já quanto ao aspecto da destinação do produto de sua arrecadação, encontra-se pacificado o entendimento do STF desde o memorável voto do Ministro Carlos Velloso, na ADI n. 2.925-8-DF, tantas vezes mencionado.[1275]

O art. 77 Código Tributário Nacional prescreve que "as taxas cobradas pela União, pelos Estados, pelo Distrito Federal ou pelos Municípios, no âmbito de suas respectivas atribuições, têm como fato gerador o exercício regular do poder de polícia, ou a utilização,

---

(1272) BRASIL. *Constituição da República Federativa, de 5 de outubro de 1988*. art. 145, inciso II. Disponível em: <http://www.planalto.gov.br/ccivil_03/constituicao/constituicaocompilado.htm>. Acesso em: 25 maio 2022. Art. 145. A União, os Estados, o Distrito Federal e os Municípios poderão instituir os seguintes tributos: I – impostos; II – taxas, em razão do exercício do poder de polícia ou pela utilização, efetiva ou potencial, de serviços públicos específicos e divisíveis, prestados ao contribuinte ou postos a sua disposição; III – contribuição de melhoria, decorrente de obras públicas.

(1273) BRASIL. Supremo Tribunal Federal. *Ação Direta de Inconstitucionalidade – ADI n. 3.124-4-MG*. Tribunal Pleno. Decisão por maioria. Julgamento em sessão virtual de 19 a 26.6.2020. Acórdão na íntegra. Disponível em: <http://portal.stf.jus.br/processos/downloadPeca.asp?id=15344467305&ext=.pdf>. Acesso em: 25 maio 2022. As custas processuais são, em essência, tributo. Conforme destacado pelo saudoso Ministro TEORI ZAVASCKI, quando da apreciação da medida cautelar na ADI n. 5.470, aludindo a pronunciamento feito pelo Min. MOREIRA ALVES no julgamento da Representação 1.077, "as custas judiciais, cuja natureza jurídica é de taxa, encontram fundamento de validade no art. 145, II, da Constituição, sendo cobradas em virtude da prestação efetiva de serviços públicos específicos e divisíveis. Assim como qualquer tributo da mesma espécie, o valor das custas judiciais deve necessariamente guardar correlação com o custo real do serviço sobre o qual incide". No tocante à natureza jurídica das custas, confira-se ainda a ADI n. 3.694, Min. SEPÚLVEDA PERTENCE, *DJ* de 6.11.2006; ADI n. 2.653, Rel. Min. CARLOS VELLOSO, *DJ* de 31.10.2003; ADI n. 1.444-MC, Rel. Min. SYDNEYSANCHES, *DJ* de 29.8.1997; ADI n. 948, Rel. Min. FRANCISCO REZEK, *DJ* de 17.3.2000.

(1274) BRASIL. Código Tributário Nacional — CTN. *Lei n. 5.172, de 25 de outubro de 1966*. Disponível em: <http://www.planalto.gov.br/ccivil_03/leis/l5172.htm>. Acesso em: 25 maio 2022.

(1275) BRASIL. Supremo Tribunal Federal — STF. *Ação Direta de Inconstitucionalidade – ADI n. 2.925-8-DF*. Disponível em: <https://portal.stf.jus.br/processos/detalhe.asp?incidente=2143106>. Acesso em: 25 maio 2022. O Código Tributário Nacional, no art. 4o, inciso II, estabelece que 'a natureza jurídica específica do tributo é determinada pelo fato gerador da respectiva obrigação, sendo irrelevante para qualificá-la: II – a destinação legal do produto da sua arrecadação.' Esse dispositivo tem aplicação, às inteiras, no que concerne aos impostos, às taxas e às contribuições de melhoria (CF, art. 145, I, II, III). Todavia, quanto às contribuições parafiscais – que se desdobram em 1) contribuições sociais de seguridade social (CF, art. 149, art. 195); 2) contribuições sociais de seguridade social decorrentes de novas fontes (CF, art. 195, § 4º) e 3) contribuições sociais gerais, como, por exemplo, o salário educação, CF, art. 212, § 5º, e as contribuições do sistema 'S', CF, art. 240 – e bem assim às contribuições parafiscais especiais, vale dizer, 1) às contribuições de intervenção (CF, at. 149) e 2) às contribuições corporativas (CF, art. 149), quanto a essas contribuições, a sua característica está justamente na sua finalidade, ou na destinação do produto de sua arrecadação. É dizer, o elemento essencial para a identificação dessas espécies tributárias é a destinação do produto de sua arrecadação.

efetiva ou potencial, de serviço público específico e divisível, prestado ao contribuinte ou posto à sua disposição".[(1276)]

O CTN, em seu art. 79, inciso I, "*a*", considera como serviços públicos aqueles utilizados pelo contribuinte efetivamente, quando por ele usufruídos a qualquer título. Já no inciso II, considera como específicos, quando possam ser destacados em unidades autônomas de intervenção, de utilidade, ou de necessidades públicas. E no inciso III, divisíveis, quando suscetíveis de utilização, separadamente, por parte de cada um dos seus usuários.

Custa judicial, portanto, é taxa, um tributo cujo fato gerador é a prestação de um serviço público utilizado efetivamente pelo contribuinte ou posto à sua disposição e prestado pelo Estado, no caso, o Poder Judiciário.

Como o presente tópico visa investigar a mudança na metodologia de cobrança das custas processuais no âmbito do processo do trabalho, decorrente da reforma trabalhista de 2017, tratando-se de tributo na modalidade taxa, passa-se à análise dos dispositivos consolidados, acrescentados ou modificados pela Lei n. 13.467, de 2017.[(1277)]

Na nova redação dada pela Lei n. 13.467, de 2017,[(1278)] ao art. 789 da CLT, a limitação mínima e máxima do tributo está evidente, sendo a taxa do serviço público judicial de, no mínimo R$ 10,64 e, no máximo R$ 30.029,96 (4 x R$ 7.507,49, valor do maior benefício pago pela previdência social em 2023),[(1279)] como, aliás, tem decidido o Supremo Tribunal Federal — STF. Disso não cuida esta parte da pesquisa.

Com redação dada pela Lei n. 13.467, de 2017, a CLT modificou nos §§ 3º e 4º do art. 790 os critérios para concessão do benefício da justiça gratuita.[(1280)]

No art. 790-A da CLT encontra-se a isenção dada pela lei do pagamento das custas judiciais aos beneficiários de justiça gratuita.

(1276) BRASIL. Código Tributário Nacional — CTN. *Lei n. 5.172, de 25 de outubro de 1966.* Disponível em: <http://www.planalto.gov.br/ccivil_03/leis/l5172.htm>. Acesso em: 25 maio 2022.

(1277) BRASIL. Lei da reforma trabalhista de 2017. *Lei n. 13.467, de 13 de julho de 2017.* Disponível em: <http://www.planalto.gov.br/ccivil_03/_ato2015-2018/2017/lei/l13467.htm>. Acesso em: 25 maio 2022. Art. 789. Nos dissídios individuais e nos dissídios coletivos do trabalho, nas ações e procedimentos de competência da Justiça do Trabalho, bem como nas demandas propostas perante a Justiça Estadual, no exercício da jurisdição trabalhista, as custas relativas ao processo de conhecimento incidirão à base de 2% (dois por cento), observado o mínimo de R$ 10,64 (dez reais e sessenta e quatro centavos) e o máximo de quatro vezes o limite máximo dos benefícios do regime geral de previdência social, e serão calculadas:

(1278) BRASIL. Lei da reforma trabalhista de 2017. *Lei n. 13.467, de 13 de julho de 2017.* Disponível em: <http://www.planalto.gov.br/ccivil_03/_ato2015-2018/2017/lei/l13467.htm>. Acesso em: 25 maio 2022.

(1279) BRASIL. *Portaria Interministerial MTP/ME n. 26, de 10 de janeiro de 2023.* Disponível em: <https://www.gov.br/trabalho-e-previdencia/pt-br/assuntos/previdencia-no-servico-publico/legislacao-dos-rpps/portarias/SEI_30818500_Portaria_Interministerial_26.pdf>. Acesso em: 11 jan. 2023.

(1280) BRASIL. Consolidação das Leis do Trabalho — CLT. *Decreto-lei n. 5.452, de 1º de maio de 1943.* Disponível em: <http://www.planalto.gov.br/ccivil_03/Decreto-lei/del5452.htm>. Acesso em: 25 maio 2022. Art. 790 (...) § 3º É facultado aos juízes, órgãos julgadores e presidentes dos tribunais do trabalho de qualquer instância conceder, a requerimento ou de ofício, o benefício da justiça gratuita, inclusive quanto a traslados e instrumentos, àqueles que perceberem salário igual ou inferior a 40% (quarenta por cento) do limite máximo dos benefícios do regime geral de previdência social. § 4º O benefício da justiça gratuita será concedido à parte que comprovar insuficiência de recursos para o pagamento das custas do processo.

A CLT prevê no *caput* do art. 844 que "o não comparecimento do reclamante à audiência importa o arquivamento da reclamação, e o não comparecimento do reclamado importa revelia, além de confissão quanto à matéria de fato".[1281]

Até aqui, nenhuma novidade relevante.

O problema está nos §§ 2º e 3º do art. 844 da CLT, incluídos pela Lei n. 13.467, de 2017.[1282]

Deixando de lado o preciosismo doutrinário da discussão de se a exigência do pagamento das custas da reclamação trabalhista arquivada por ausência do reclamante à audiência para ajuizar outro processo é condição da ação ou pressuposto processual,[1283] a cizânia perde qualquer relevância diante dos incisos XXXV e LXXIV do art. 5º da Constituição Federal, pois "a lei não excluirá da apreciação do Poder Judiciário lesão ou ameaça a direito" e "o Estado prestará assistência jurídica integral e gratuita aos que comprovarem insuficiência de recursos", o que deveria fazer calar fundo os entusiastas da mudança.

A situação é de tamanho constrangimento que a parte final do § 2º do art. 844 da CLT oferece a generosa exceção ao beneficiário da justiça gratuita de não ser tributado, salvo se comprovar, no prazo de quinze dias, que a ausência ocorreu por motivo legalmente justificável. Servem de exemplo as hipóteses dos arts. 131 e 473 da CLT, praticamente deixando a critério do juízo exigir ou não o pagamento do tributo, já que a ele cabe aferir a justificativa dada pelo contribuinte em razão de sua ausência à audiência.

Aqui a reforma trabalhista deixa claro que está utilizando nova metodologia de cobrança de custas judiciais, fazendo parecer tratar-se de punição ao reclamante que faltou à audiência inaugural e causou o arquivamento do processo. Este deve pagar as custas judiciais do processo arquivado para que possa ajuizar nova ação, ainda que beneficiado pela gratuidade de justiça.

O relatório da comissão especial destinada a proferir parecer ao projeto de lei n. 6.787, de 2016, do Poder Executivo, firmado pelo relator, deputado federal Rogério Marinho, que resultou na lei da reforma trabalhista de 2017, deixa assaz demonstrado o objetivo de diminuir o número de processos trabalhistas.

> Como já mencionado, uma de nossas preocupações é a de reduzir a litigiosidade das relações trabalhistas, e a forma pela qual estamos buscando implementar esse intento é o estímulo à

(1281) BRASIL. Consolidação das Leis do Trabalho — CLT. *Decreto-lei n. 5.452, de 1º de maio de 1943*. Disponível em: <http://www.planalto.gov.br/ccivil_03/Decreto-lei/del5452.htm>. Acesso em: 25 maio 2022.

(1282) BRASIL. Consolidação das Leis do Trabalho — CLT. *Decreto-lei n. 5.452, de 1º de maio de 1943*. Disponível em: <http://www.planalto.gov.br/ccivil_03/Decreto-lei/del5452.htm>. Acesso em: 25 maio 2022. Art. 844 (...) § 2º Na hipótese de ausência do reclamante, este será condenado ao pagamento das custas calculadas na forma do art. 789 desta Consolidação, ainda que beneficiário da justiça gratuita, salvo se comprovar, no prazo de quinze dias, que a ausência ocorreu por motivo legalmente justificável. § 3º O pagamento das custas a que se refere o § 2º é condição para a propositura de nova demanda.

(1283) A hipótese não é condição da ação, nem mesmo para os que aceitam essa categoria. Trata-se de pressuoposto processual negativo, já que impeditivo.

conciliação extrajudicial. Se houver uma composição prévia entre as partes, reduz-se sensivelmente o ingresso de ações na Justiça do Trabalho.[(1284)]

A reforma trabalhista de 2017 criou evidentes entraves e obstáculos que impedem o acesso à jurisdição, estabelecendo mecanismos que dificultam o manejo da ação trabalhista.

Maria Cecilia Máximo Teodoro e Murilo Carvalho Sampaio Oliveira observam que:

> se há cada vez mais imposições de cobranças de despesas processuais contra pessoas pobres, o que não acontece em outros ramos do Judiciário, constrói-se uma lição de que demandar na Justiça do Trabalho pode ser perigoso ao trabalhador, com notória intenção de desestimular o acesso à Justiça".[(1285)]

Por outro lado, a CLT já tem previsão de punição ao reclamante que dá causa a dois arquivamentos seguidos, perdendo o direito de reclamar perante a Justiça do Trabalho durante seis meses, conforme os arts. 730 e 731 da CLT.

Caso o reclamante dê causa a dois arquivamentos seguidos, será duplamente punido: a primeira, pela cobrança das custas judiciais, e a segunda, por ficar impedido durante seis meses de demandar na Justiça do Trabalho, o que configura *bis in idem*.

Conforme dito, a dicção dos §§ 2º e 3º do art. 844 da CLT, incluídos pela lei da reforma trabalhista de 2017, praticamente insinua tratar-se de sanção por ato ilícito, o que configuraria multa, subvertendo a ideia de tributo prevista no art. 3º do Código Tributário Nacional.

O fato gerador do tributo, aqui a taxa judicial, é o uso dos serviços judiciários que, no caso do arquivamento do processo em decorrência da ausência do reclamante à audiência, nem sequer foram efetivamente utilizados, uma vez que ajuizada a ação via processo judicial eletrônico, a notificação com efeito citatório é gerada e encaminhada ao destinatário automaticamente, com a designação de data e horário de audiência para o comparecimento das partes.

Pode-se obstar, e como carradas de razão, que a simples designação de data e hora de audiência, ou seja, a preparação para a prestação do serviço público, já realizou o suporte fático do tributo, incidindo inapelavelmente a norma.

Parece, neste caso, ter havido a utilização da taxa judicial, do tributo, como efeito de ato infracional. A lei aqui parece usar o tributo como multa e transforma o ato de faltar à audiência no processo do trabalho como verdadeiro ato ilícito, uma infração, o que se revela

(1284) BRASIL. Câmara dos Deputados. *Projeto de Lei n. 6.787, de 2016*, do Poder Executivo. Disponível em: <https://www.camara.leg.br/proposicoesWeb/prop_mostrarintegra?codteor=1544961 p. 25>. Acesso em: 25 maio 2022.

(1285) TEODORO, Maria Cecilia Máximo; OLIVEIRA, Murilo Carvalho Sampaio. A gratuidade na justiça do trabalho e a ADI n. 5766: o efeito *blacklash* e a transmutação das custas em punição ao trabalhador". In: DUTRA, Renata; MACHADO, Sidnei (Orgs.). *O Supremo e a reforma trabalhista:* a construção jurisprudencial da reforma trabalhista de 2017 pelo Supremo Tribunal Federal. Porto Alegre: Editora Fi, 2021. p. 459-491.

inconstitucional, quando o art. 3º do Código Tributário Nacional veda a utilização do tributo como sanção de ato ilícito.(1286)

A Lei n. 13.467, de 2017, incluiu na hipótese de incidência da taxa elemento alheio à prestação de serviço público. Assim, a norma estipula uma sanção ao descrever "o não comparecimento à audiência" como fato antijurídico no seu **antecedente**, cuja providência desfavorável ao autor do ilícito (sanção) é o **consequente:**(1287) pagar a taxa, sendo certo que o fato de comparecer à audiência não gera a obrigação tributária do contribuinte de pagar as custas judiciais quando beneficiário da justiça gratuita, o que configura uma isenção fiscal.

Ao inserir no fato gerador a hipótese do "não comparecimento à audiência", fato não desejável, como motivação da exigência do tributo, foi alterado o fato gerador do tributo pela Lei ordinária n. 13.467, de 2017. Essa mudança no fato gerador do tributo deveria ser instituída por lei complementar, já que a literalidade do art. 146, inciso III, *"a"*, da Constituição Federal impõe que o seja.(1288)

Para Luís Eduardo Schoueri, o papel reservado pelo constituinte de 1988 às leis complementares em matéria tributária parece ter suplantado a discussão sobre as suas funções — teoria dicotômica e teoria tricotômica. A Constituição Federal de 1988, no art. 146, atribui tríplice função à lei complementar tributária: *i*) dispor sobre conflito de competência; *ii*) regular as limitações constitucionais ao poder de tributar, quando dispositivos constitucionais exijam algum tipo de esclarecimento ou complementação própria da eficácia e *iii*) estabelecer normas gerais em matéria de legislação tributária, assegurando uma disciplina única.(1289)

No artigo "A relação entre a lei complementar e a lei ordinária", pontua Gabriel Ivo:

> Assim, a lei ordinária que invadir campo temático da lei complementar é inconstitucional. Inconstitucional formalmente, pois não poderia veicular aquela matéria. O vício formal não só decorre de vício no processo legislativo, mas também da matéria prevista na Constituição para cada instrumento introdutor de normas. Já quanto a lei complementar que tratar de assunto de lei ordinária, tolera-se a constitucionalidade. Uma análise formalmente mais rigorosa não

(1286) BRASIL. *Lei n. 5.172, de 25 de outubro de 1966*. Código Tributário Nacional — CTN. Disponível em: <https://www.planalto.gov.br/ccivil_03/leis/l5172.htm>. Acesso em: 25 maio 2022. Art. 3º Tributo é toda prestação pecuniária compulsória, em moeda ou cujo valor nela se possa exprimir, que não constitua sanção de ato ilícito, instituída em lei e cobrada mediante atividade administrativa plenamente vinculada.

(1287) CARVALHO, Paulo de Barros. *Curso de Direito Tributário*. 7. ed. São Paulo: Saraiva, 1995. p. 350-351.

(1288) BRASIL. *Constituição da República Federativa, de 5 de outubro de 1988*. Disponível em: <http://www.planalto.gov.br/ccivil_03/constituicao/constituicao.htm>. Acesso em: 25 maio 2022. Art. 146. Cabe à lei complementar: (...) III – estabelecer normas gerais em matéria de legislação tributária, especialmente sobre: a) definição de tributos e de suas espécies, bem como, em relação aos impostos discriminados nesta Constituição, a dos respectivos fatos geradores, bases de cálculo e contribuintes.

(1289) SCHOUERI, Luís Eduardo. *Direito Tributário*. 8. ed. São Paulo: Saraiva, 2018.

poderia assentir com tal raciocínio, mas considerando-se que o *quórum* da lei ordinária foi até ultrapassado, permite-se.(1290)

Vale a advertência sobre lei complementar e regras de estruturas feita por Paulo de Barros Carvalho: "Firmemos o alerta, outrossim, que, partindo-se do plano da expressão, não podemos nos deixar envolver pela literalidade do texto, devendo buscar, incessantemente, as estruturas mais profundas".(1291)

Ainda assim, a título de argumentação, menciona-se que o STF admite a possibilidade de lei ordinária revogar ou modificar lei complementar, desde que a matéria nela veiculada não esteja na Constituição reservada para ser tratada por intermédio de lei complementar,(1292) como esclarece Gabriel Ivo:

> Assim, a lei ordinária futura não estará, rigorosamente, revogando disposição de uma lei complementar, mas, tão só, revogando um enunciado prescritivo com regime de lei ordinária, contido, em face da situação narrada, numa lei complementar.(1293)

Não é diferente o entendimento de Hugo de Brito Machado, quando estuda a hipótese de norma superior tratar de matéria própria de norma inferior:

> Dizer que uma norma superior pode revogar uma inferior significa dizer que a norma superior pode tratar de matérias próprias da norma inferior. E devemos esclarecer que pode fazê-lo sem se descaracterizar — vale dizer, sem perder sua posição hierárquica superior. Trata-se de tese pacífica, posta em dúvida somente pelos que sustentam que a lei complementar não pode invadir a área reservada para a lei ordinária, como se pudesse haver reserva em favor da norma inferior.

(1290) IVO, Gabriel. A relação entre a lei complementar e a lei ordinária. In: SOUZA, Priscila de (Coord.). *Sistema Tributário Brasileiro e as Relações Internacionais.* X Congresso Nacional de Estudos Tributários. Presidente: Paulo de Barros Carvalho. São Paulo: Ed Noeses IBET, 2013. p. 363-380.

(1291) CARVALHO, Paulo de Barros. *Direito Tributário:* linguagem e método. 7. ed. São Paulo: Noeses, 2018. p. 403.

(1292) BRASIL, Supremo Tribunal Federal — STF. *Recurso Extraordinário – RE n. 419.629.* Relator Ministro Sepúlveda Pertence, Primeira Turma, julgado em 23.6.2006, *DJ* 30.6.2006 PP-00016. Disponível em: <https://www.ibet.com.br/wp-content/uploads/2020/02/Gabriel-Ivo.pdf>. Acesso em: 25 maio 2022. EMENT VOL-02239-04 PP-00658 RTJ VOL-00201-01 PP-00360 *RDDT* n. 132, 2006, p. 220-221. (...) III. PIS/COFINS: revogação pela Lei n. 9.430/96 da isenção concedida às sociedades civis de profissão pela LC n. 70/91. 1. A norma revogada — embora inserida formalmente em lei complementar — concedia isenção de tributo federal e, portanto, submetia-se à disposição de lei federal ordinária, que outra lei ordinária da União, validamente, poderia revogar, como efetivamente revogou. 2. Não há violação do princípio da hierarquia das leis — *rectius*, da reserva constitucional de lei complementar — cujo respeito exige seja observado o âmbito material reservado pela Constituição às leis complementares. 3. Nesse sentido, a jurisprudência sedimentada do Tribunal, na trilha da decisão da ADC n. 1, 1º.12.93, Moreira Alves, *RTJ* 156/721, e também pacificada na doutrina.

(1293) IVO, Gabriel. A relação entre a lei complementar e a lei ordinária. In: SOUZA, Priscila de (Coord.).. *Sistema Tributário Brasileiro e as Relações Internacionais.* X Congresso Nacional de Estudos Tributários. Presidente: Paulo de Barros Carvalho. São Paulo: Ed Noeses IBET, 2013. p. 363-380.

> Em nosso ordenamento jurídico, aliás, a tese segundo a qual uma norma hierarquicamente superior pode tratar de matérias próprias das normas de hierarquia inferior, sem perder sua posição na hierarquia do sistema jurídico, já foi apreciada pelo Judiciário.[(1294)]

Os precedentes seguintes reafirmam o entendimento consolidado do STF de que, se a matéria de lei ordinária for versada em lei complementar, é possível a revogação por lei ordinária. Ou seja, pode a lei ordinária revogar lei complementar, desde que a matéria nela contida seja reservada à lei ordinária.

Na ADI n. 1.924-DF, ajuizada pela Confederação Nacional da Indústria, a matéria questionada diz respeito à contribuição para o financiamento do Serviço Nacional de Aprendizagem do Cooperativismo — SESCOOP, julgada improcedente por maioria pelo STF, e cuida de contribuição de intervenção no domínio econômico de estímulo ao cooperativismo, que não viola a reserva da lei complementar prevista no art. 146, inciso III, letra *"a"* da CF 88, justamente em razão de o art. 174, § 2º, da Constituição mencionar apenas que "a lei apoiará e estimulará o cooperativismo e outras formas de associativismo", sendo possível sua instituição por lei ordinária.[(1295)]

Também na discussão perante o STF em ADIs e ADCs apensadas à Ação Direta de Inconstitucionalidade n. 5.794-DF,[(1296)] em que fora relator o ministro Edson Fachin e redator do acórdão o Ministro Luiz Fux, envolvendo a discussão da constitucionalidade da extinção da contribuição sindical obrigatória pela Lei n. 13.467, de 2017, lei ordinária da reforma trabalhista, ficou assente a inexigência de lei complementar em razão da desnecessidade deste veículo para a criação de contribuições, exceto na hipótese de contribuições

(1294) MACHADO, Hugo de Brito. *Lei Complementar Tributária*. São Paulo: Malheiros, 2010. p. 225-226.

(1295) BRASIL, Supremo Tribunal Federal — STF. *Ação Direta de Inconstitucionalidade n. 1.924-DF*. Relatora Ministra Rosa Weber. Disponível em: <http://portal.stf.jus.br/processos/downloadPeca.asp?id=15344589318&ext=.pdf>. Acesso em: 25 maio 2022. TRIBUTÁRIO. CONSTITUCIONAL. SERVIÇO NACIONAL DE APRENDIZAGEM DO COOPERATIVISMO. CONTRIBUIÇÃO PARA O SEU FINANCIAMENTO. INÉPCIA PARCIAL DA INICIAL. CONTRIBUIÇÃO DE INTERVENÇÃO NO DOMÍNIO ECONÔMICO. ESTÍMULO AO COOPERATIVISMO COMO FORMA DE ORGANIZAÇÃO DA ATIVIDADE ECONÔMICA. ARTS. 149 E 174, § 2º, DA CONSTITUIÇÃO. POSSIBILIDADE DE INSTITUIÇÃO POR LEI ORDINÁRIA. AUSÊNCIA DE EXAME DA RECEPÇÃO OU NÃO DA EXAÇÃO PELA EMENDA 33/2001. (...) Mas a remissão que o art. 149 faz ao art. 146, III, da Constituição não tornaria, como alegado, necessária a utilização de lei complementar para criação da nova exação? A resposta é negativa, sendo pacífico que, quando o art. 149 diz "observado o disposto nos arts. 146, III" não pretende ele exigir lei complementar para fazer a instituição das contribuições que autoriza, mas deixar explícito que a elas aplicar-se-ão as normas gerais de direito tributário a serem trazidas por lei complementar. Nesse sentido, a lição do Ministro Carlos Velloso em seu voto proferido no RE n. 138.284 (DJ 28.8.1992): "Todas as contribuições, sem exceção, sujeitam-se à lei complementar de normas gerais, assim ao C.T.N. (art. 146, III, ex vi do disposto no art. 149). Isto não quer dizer que a instituição dessas contribuições exige lei complementar: porque não são impostos, não há a exigência no sentido de que os seus fatos geradores, bases de cálculo e contribuintes estejam definidos em lei complementar (art. 146, III, *'a'*)".

(1296) BRASIL. Supremo Tribunal Federal — STF. *Ação Direta de Inconstitucionalidade n. 5.794-DF*. Processo(s) Apensado(s): ADI n. 5.912, ADI n. 5.923, ADI n. 5.859, ADI n. 5.865, ADI n. 5.813, ADI n. 5.885, ADI n. 5.887, ADI n. 5.913, ADI n. 5.810, ADC n. 55, ADI n. 5.811, ADI n. 5.888, ADI n. 5.892, ADI n. 58.06, ADI n. 5.815, ADI n. 5.850, ADI n. 5.900, ADI n. 5.950 e ADI n. 5.945. Disponível em: <http://portal.stf.jus.br/processos/detalhe.asp?incidente=5288954>. Acesso em: 25 maio 2022.

previdenciárias residuais, nos termos do art. 195, § 4º, que utiliza apenas o vocábulo "a lei", mas complementa ao final a expressão "obedecido o disposto no art. 154, I", que exige que o veículo introdutor da norma seja a lei complementar.[1297]

Como a alteração procedida pela Lei n. 13.467, de 2017, no fato gerador da taxa judiciária no processo do trabalho não cuida de norma concreta e geral de direito tributário, não sendo regra de estrutura, supera-se a exigência de lei complementar.

Admite-se, portanto, que a Lei n. 13.467, de 2017, lei ordinária — não invadiu campo temático da lei complementar tributária, nada havendo a ser questionado quanto à sua constitucionalidade formal.

Ainda assim, questiona-se: uma espécie de ilícito pode se constituir em fato gerador de tributo?

César García Novoa entende que:

> Em suma, podemos afirmar, ainda que pareça uma aporia, que os tributos não são sancionadores nem consistem na sanção de um ilícito na medida em que são verdadeiros tributos, ou seja, respondem à sua função constitucional e fazê-lo respeitando os princípios e valores que a Constituição impõe.[1298]

Em sua tese de doutorado pela Pontifícia Universidade Católica — PUC de São Paulo, ao tratar da infringência das normas de produção, Gabriel Ivo sustentou:

> É um dever básico no direito que todos os enunciados prescritivos devem conter certas características para pertencerem ao sistema jurídico. O enunciado prescritivo **Ep** só se converte em enunciado prescritivo jurídico se forem satisfeitas certas condições traçadas previamente pelo próprio direito, ou seja, tenha sido criado por meio de atos adequados previstos nas normas de produção jurídica.
>
> (...)
>
> Pois bem, a validade jurídica é o resultado da produção normativa em conformidade com as regras de formação jurídica. Assim, o processo de criação de um

(1297) BRASIL. *Constituição da República Federativa, de 5 de outubro de 1988*. Disponível em: <http://www.planalto.gov.br/ccivil_03/constituicao/constituicao.htm>. Acesso em: 25 maio 2022. Art. 195. A seguridade social será financiada por toda a sociedade, de forma direta e indireta, nos termos da lei, mediante recursos provenientes dos orçamentos da União, dos Estados, do Distrito Federal e dos Municípios, e das seguintes contribuições sociais: (...) § 4º A lei poderá instituir outras fontes destinadas a garantir a manutenção ou expansão da seguridade social, obedecido o disposto no art. 154, I. (...) Art. 154. A União poderá instituir: (...) I – mediante lei complementar, impostos não previstos no artigo anterior, desde que sejam não cumulativos e não tenham fato gerador ou base de cálculo próprios dos discriminados nesta Constituição;

(1298) NOVOA, César García. *El concepto de tributo*. Marcial Pons, Madrid, 2012. p. 221. En suma, podemos afirmar, aunque parezca una aporís, que los tributos no son sancionadores ni consisten en la sanción de un ilícito en la medida en que Sean verdaderos tributos, esto es, responden e su función constitucuional y lo hagan respetendo los principios y valores que la Constitución impone.

> enunciado prescritivo não opera por inferência. Para que surja um documento normativo, do tipo de determinado instrumento introdutor, não basta a existência de normas de produção normativa ou de estrutura; é necessário que os atos de criação (enunciação) nelas previstos ocorram.
>
> Desse modo, ser uma lei constitucional ou inconstitucional mostra uma relação de conformidade ou inconformidade com as normas de produção normativa.[(1299)]

A lei inverte a lógica do acesso das pessoas ao Poder Judiciário, passando a exigir a cobrança de custas judiciais até mesmo aos beneficiários da gratuidade de justiça, desprezando o princípio da capacidade contributiva e gradação dos tributos e também violando a inafastabilidade da jurisdição e a assistência judiciária integral e gratuita aos pobres, previstas na Constituição Federal.

Segundo Paulo de Barros Carvalho, "no Brasil, o sistema do direito positivo exibe, em todas as figuras tributárias conhecidas, a observância do princípio da capacidade contributiva absoluta, uma vez que os fatos escolhidos são aqueles que denotem signos de riqueza".[(1300)]

Gabriel Ivo, no artigo "O princípio da tipologia tributária e o dever fundamental de pagar tributos", assim se expressa:

> Além do mais, se a hipótese descreve um fato e a base de cálculo se volta para grandeza alheia ao fato descrito no antecedente, há flagrante violação do princípio da capacidade contributiva. E aqui há, precisamente, uma correlação clara entre o dever fundamental de pagar tributos e o princípio da tipologia tributária. É que o dever de contribuir por meio do pagamento de tributos para a realização dos gastos públicos, deve ser exercido segundo a capacidade contributiva que é uma concretização do princípio da igualdade. [(1301)]

Sendo a extrafiscalidade uma das funções do tributo, é utilizada pelo legislador para incentivar condutas desejadas, comportamentos que se esperam.

No caso em análise, a taxa de serviço público denominada custa judicial, ao tentar estabelecer uma extrafiscalidade, ou seja, desestimular o ato de demandar perante a Justiça do Trabalho, acabou por criar uma multa quando considera o ato de faltar à audiência um comportamento indesejado. Para desencorajar o reclamante, passou a exigir a cobrança das custas judiciais, ainda que se trate de beneficiário da justiça gratuita.

(1299) IVO, Gabriel. *Norma Jurídica:* produção e controle. São Paulo: Noeses, 2006. p. 123-124.

(1300) CARVALHO, Paulo de Barros. *Direito tributário, linguagem e método*. 7. ed. São Paulo: NOESES, 2018. p. 345.

(1301) IVO, Gabriel. O princípio da tipologia tributária e o dever fundamental de pagar tributos. In: ALENCAR, Rosmar Antonni Rodrigues Cavalcanti de Alencar (Org.). *Direitos Fundamentais na Constituição de 1988*. Porto Alegre: Nuria Fabris Editora, 2008. p. 41-56.

Diego Bomfim adverte:

> De todas as notas definitórias do conceito de tributo, a que guarda relação direta com a instituição de normas tributárias extrafiscais é aquela que impede que o tributo se constitua em sanção por ato ilícito, notadamente porque os tributos não podem funcionar como instrumentos indiretos para a regulação de comportamentos tomados como indesejados pelo legislador.
>
> Em vista dessa característica e também por conta da regra que proíbe o efeito de confisco, os tributos não podem se constituir em instrumentos para que o estado regule de maneira cogente comportamentos humanos.[1302]

No dizer de Cláudia de Rezende Machado de Araújo, no artigo "Extrafiscalidade", publicado na Revista de Informação Legislativa:

> Os tributos possuem duas funções: fiscal, que consiste em arrecadar receitas para financiar o Estado, e extrafiscal, que é uma função reguladora da atividade dos particulares, com objetivos diversos de obter receitas tributárias. A primeira função dos tributos é uma decorrência do "poder de tributar" e segunda do "poder de polícia.[1303]

Enquanto a Constituição assegura o amplo acesso ao Poder Judiciário e prescreve que lei não poderá impedir o exame de qualquer lesão ou ameaça a direito[1304] e que o Estado prestará assistência jurídica integral e gratuita aos que comprovarem insuficiência de recursos,[1305] a reforma trabalhista, embalada pelos novos ventos da política,[1306] resolveu inibir o uso desse serviço público, modificando os critérios de cobrança da taxa judicial.

Segundo Cláudia de Rezende Machado de Araújo: "Ocorre, muitas vezes, que os impostos são empregados como instrumentos de intervenção ou regulação pública; a função

(1302) BOMFIM, Diego. *Extrafiscalidade:* identificação, fundamentação, limitação e controle. São Paulo: NOESES, 2015. p. 232-233.

(1303) ARAÚJO, Cláudia de Rezende Machado de. Extrafiscalidade. *Revista de Informação Legislativa*, Brasília, ano 33, n. 132, out./dez. 1996, p. 329-334. Disponível em: <https://www2.senado.leg.br/bdsf/bitstream/handle/id/218/r133-29.PDF?sequence=4&isAllowed=y>. Acesso em: 25 maio 2022.

(1304) BRASIL. *Constituição da República Federativa, de 5 de outubro de 1988*. Disponível em: <http://www.planalto.gov.br/ccivil_03/constituicao/constituicao.htm>. Acesso em: 25 maio 2022. Art. 5º (...), inciso XXXV – a lei não excluirá da apreciação do Poder Judiciário lesão ou ameaça a direito.

(1305) BRASIL. *Constituição da República Federativa, de 5 de outubro de 1988*. Disponível em: <http://www.planalto.gov.br/ccivil_03/constituicao/constituicao.htm>. Acesso em: 25 maio 2022. Art. 5º. (...), inciso LXXIV – o Estado prestará assistência jurídica integral e gratuita aos que comprovarem insuficiência de recursos.

(1306) "... é inegável o caráter político da tributação. A escolha por uma ou outra técnica é eminentemente política e inspirada na luta de classes, do ponto de vista dos seus efeitos sobre a repartição dos encargos e redistribuição da renda nacional." ARAÚJO, Cláudia de Rezende Machado de. Extrafiscalidade. *Revista de Informação Legislativa*, Brasília, ano 33, n. 132, out./dez. 1996, p. 329-334. Disponível em: <https://www2.senado.leg.br/bdsf/bitstream/handle/id/218/r133-29.PDF?sequence=4&isAllowed=y>. Acesso em: 25 maio 2022.

fiscal propriamente dita é sobrepujada pelas funções extrafiscais. A sua técnica é adaptada ao desenvolvimento de determinada política ou diretriz".[1307]

Muito embora essa autora faça expressa referência a "impostos", na verdade a extrafiscalidade pode envolver qualquer tributo.

Paulo de Barros Carvalho destaca que:

> Há tributos que se prestam, admiravelmente, para a introdução de expedientes extrafiscais. Outros, no entanto, inclinam-se mais ao setor da fiscalidade. Não existe, porém, entidade tributária que se possa dizer pura, no sentido de realizar tão só a fiscalidade, ou, unicamente, a extrafiscalidade. Os dois objetivos convivem, harmônicos, na mesma figura impositiva, sendo apenas lícito verificar que, por vezes, um predomina sobre o outro.[1308]

De um modo geral, os tributos estão mais relacionados à necessidade do Estado de arrecadar para fazer face às suas despesas. Mas isso não impede que o tributo seja utilizado com a "finalidade impor ou coibir comportamentos aos particulares. Neste último caso, ocorre o fenômeno chamado de extrafiscalidade",[1309] o assim chamado finalismo extrafiscal.

Pela relevância da abordagem e adequação ao tema tratado neste tópico, justifica-se a extensa transcrição:

> A política fiscal é uma opção política de quem exerce o poder soberano. De acordo com esta, determinados comportamentos são incentivados pela concessão de isenções, pela previsão constitucional de imunidades, ou coibidos por uma grande carga tributária.
>
> (...)
>
> Para o Estado moderno, as finanças públicas não são apenas um meio de assegurar a cobertura de suas despesas de administração, mas também, e sobretudo, constituem um meio de intervir na vida social, de exercer uma pressão sobre os cidadãos, para organizar o conjunto da nação.
>
> (...)
>
> o poder de tributar, quando atua no campo da extrafiscalidade, simplesmente objetiva recomendar ao cidadão uma ação ou omissão, acenando com a vantagem econômica, sendo, assim, restrição ou proibição relativa.

(1307) *Idem*.

(1308) CARVALHO, Paulo de Barros. *Direito Tributário, linguagem e método...*, p. 258.

(1309) ARAÚJO, Cláudia de Rezende Machado de. Extrafiscalidade. *Revista de Informação Legislativa*, Brasília, ano 33, n. 132, out./dez. 1996, p. 329-334. Disponível em: <https://www2.senado.leg.br/bdsf/bitstream/handle/id/218/r133-29.PDF?sequence=4&isAllowed=y>. Acesso em: 25 maio 2022.

> (...)
>
> A necessidade de ser observada a capacidade contributiva do contribuinte faz com que os tributos passem a ser graduados. Estes são progressivos, pois a alíquota cresce à medida que se eleva a quantidade ou o valor da coisa tributária, em contraste com a relação constante dos impostos simplesmente proporcionais.(1310)

Quando a reforma trabalhista traz essa modificação na metodologia da cobrança das custas judiciais no processo do trabalho, não está preocupada com a arrecadação do tributo, muito menos com seus efeitos econômicos, pois nem de longe o Estado busca aqui auferir receita.

Isso demonstra o caráter extrafiscal da tributação,(1311) uma vez que a cobrança de custas, ainda que a parte seja beneficiada da gratuidade de justiça, visa moldar o comportamento do contribuinte, e esse comportamento esperado pela lei é que o trabalhador não utilize os serviços da Justiça do Trabalho.

Conforme dito acima, ao incluir na hipótese de incidência da taxa, ou seja, no fato gerador do tributo, elemento alheio à prestação de serviço público — não comparecer à audiência —, a norma impõe a sanção e descreve essa ausência como um fato antijurídico, tendo como consequência a obrigação de pagar a taxa — custas judiciais —, mesmo que um beneficiário da justiça gratuita.

A pretendida extrafiscalidade tornou-se uma multa, o que não pode acontecer, como destaca Diego Bomfim:

> Por isso mesmo é que se argumenta que os tributos não podem funcionar como substitutos de sanções por atos ilícitos, transmudando-se em normas jurídicas impositivas de condutas. Se isso fosse possível, haveria nítida confusão entre competência reguladora e competência tributária, além de ofensa à própria natureza jurídica do tributo.(1312)

O conceito de tributo não pode abranger a sanção de ato ilícito (multa) porquanto ficaria ambíguo. Ademais, faltar à audiência não é fato signo presuntivo de riqueza, para ensejar tributação.

(1310) *Idem.*

(1311) "... a extrafiscalidade é a atividade financeira que o Estado exercita sem o fim precípuo de obter recursos para o seu erário, para o fisco, mas sim com vistas a ordenar ou reordenar a economia e as relações sociais". Raimundo Bezerra Falcão, *apud* QUEIROZ, Clayton dos Santos e RIBEIRO, Maria de Fátima. A tributação extrafiscal aplicada para as taxas por meio da utilização do princípio da capacidade contributiva. *Cadernos de Dereito Actual*, n. 13, núm. Ordinário (2020), p. 313-327.

(1312) BOMFIM, Diego. *Extrafiscalidade:* identificação, fundamentação, limitação e controle. NOESES, São Paulo, 2015. p. 234.

Segundo Alfredo Augusto Becker:

> A praticabilidade e a certeza da incidência das regras tributárias, sempre induziu e, cada vez mais, induz o legislador a escolher; como elementos integrantes da hipótese de incidência, signos econômicos (fatos econômicos) ou signos jurídicos (fatos jurídicos), cuja existência faz presumir a existência de determinado gênero e espécie de renda ou de capital.(1313)

Geraldo Ataliba ensina:

> O dever de levar dinheiro aos cofres (tesouro=fisco) do sujeito ativo do fato imponível. Este, por definição, é fato jurídico constitucionalmente qualificado e legalmente definido, com conteúdo econômico — por imperativo da isonomia (art. 5º, *caput*, e inciso I, da CF)(1314) — não qualificado como ilícito. Dos fatos ilícitos nascem multas e outras consequências punitivas, que não configuram tributo, por isso não integrando seu conceito, nem submetendo-se a seu regime jurídico.(1315)

A Lei n. 13.467, de 2017, intimida e amedronta a parte, o que viola a dignidade da pessoa humana, os valores sociais do trabalho,(1316) e não ajuda a construir uma sociedade livre, justa e solidária, nem auxilia na erradicação da pobreza e da marginalização, tampouco na redução das desigualdades sociais e regionais.(1317) Ademais, agride o princípio da isonomia, estampado no *caput* do art. 5º da Constituição Federal de 1988, excluindo da apreciação do Poder Judiciário lesão ou ameaça a direito (inciso XXXV), deixando o Estado brasileiro de prestar assistência jurídica integral e gratuita aos que comprovarem insuficiência de recursos (inciso LXXIV).

Ora, se trabalhador é pobre na forma da lei e não tem condições de acionar o Poder Judiciário, a justiça gratuita surge como uma espécie de relacionamento do princípio da

---

(1313) BECKER, Alfredo Augusto. *Teoria geral do direito tributário*. 4. Ed. São Paulo: Noeses, 2007. p. 534-535.

(1314) BRASIL. *Constituição da República Federativa, de 5 de outubro de 1988*. Disponível em: <http://www.planalto.gov.br/ccivil_03/constituicao/constituicao.htm>. Acesso em: 25 maio 2022. Art. 5º Todos são iguais perante a lei, sem distinção de qualquer natureza, garantindo-se aos brasileiros e aos estrangeiros residentes no País a inviolabilidade do direito à vida, à liberdade, à igualdade, à segurança e à propriedade.

(1315) ATALIBA, Geraldo. *Hipótese de incidência tributária*. 5. ed. São Paulo: Malheiros, 1994. p. 33.

(1316) BRASIL. *Constituição da República Federativa, de 5 de outubro de 1988*. Disponível em: <http://www.planalto.gov.br/ccivil_03/constituicao/constituicao.htm>. Acesso em: 25 maio 2022. Art. 1º A República Federativa do Brasil, formada pela união indissolúvel dos Estados e Municípios e do Distrito Federal, constitui-se em Estado Democrático de Direito e tem como fundamentos: (...) II – a dignidade da pessoa humana; IV – os valores sociais do trabalho e da livre iniciativa.

(1317) BRASIL. *Constituição da República Federativa, de 5 de outubro de 1988*. Disponível em: <http://www.planalto.gov.br/ccivil_03/constituicao/constituicao.htm>. Acesso em: 25 maio 2022. Art. 3º Constituem objetivos fundamentais da República Federativa do Brasil: (...) III – erradicar a pobreza e a marginalização e reduzir as desigualdades sociais e regionais.

capacidade contributiva(1318) com as taxas. É dizer, "a ampliação da aplicação de tal figura principiológica a essa espécie tributária", como defendem em termos maiores Clayton dos Santos Queiroz e Maria de Fátima Ribeiro,(1319) que joeiram a jurisprudência do STF(1320) e arrematam:

> Assim, temos com clareza o posicionamento das cortes superiores acerca da aplicabilidade do princípio da capacidade contributiva às taxas. Não apenas com isenções, mas também admite gradações.(1321)

Ser isonômico não é apenas tratar os iguais com igualdade, mas também os desiguais com desigualdade, conforme lição de Aristóteles, lembrada por Luiz Alberto David Araújo:

> A Constituição da República instituiu o princípio da igualdade como um de seus pilares estruturais. Por outras palavras, aponta que o legislador e o aplicador da lei devem dispensar tratamento igualitário a todos os indivíduos, sem distinção de qualquer natureza. Assim, o princípio da isonomia deve constituir preocupação tanto do legislador como do aplicador da lei. No mais das vezes a questão da igualdade é tratada sob o vértice da máxima aristotélica que preconiza o tratamento igual aos iguais e desigual aos desiguais, na medida dessa desigualdade.(1322)

Uma vez que a relação de trabalho é essencialmente desigual em sua formação quanto aos sujeitos e em sua estrutura quanto à execução do contrato, no caso estudado da reforma trabalhista, a extrafiscalidade da tributação aplicada para as taxas por meio da utilização do princípio da capacidade contributiva realiza o princípio da igualdade.(1323)

(1318) "O art. 145 da Constituição Federal prevê a adoção, para todos os impostos, do princípio da capacidade contributiva (impostos com caráter pessoal e graduados segundo a capacidade econômica do contribuinte)." ARAÚJO, Cláudia de Rezende Machado de. Extrafiscalidade. *Revista de Informação Legislativa*, Brasília, ano 33, n. 132, out./dez. 1996, p. 329-334. Disponível em: <https://www2.senado.leg.br/bdsf/bitstream/handle/id/218/r133-29.PDF?sequence=4&isAllowed=y>. Acesso em: 25 maio 2022.

(1319) QUEIROZ, Clayton dos Santos e RIBEIRO, Maria de Fátima. A tributação extrafiscal aplicada para as taxas por meio da utilização do princípio da capacidade contributiva. *Cadernos de Dereito Actual*, n. 13, núm. Ordinário (2020), p. 313-327.

(1320) BRASIL. Supremo Tribunal Federal. *Recurso Extraordinário n. 166.570-PE*. Relator: Ministro Francisco Peçanha Martins. Julgado em 16.6.2010, *DJ* 1º.8.2010, p. 226.

(1321) QUEIROZ, Clayton dos Santos e RIBEIRO, Maria de Fátima. A tributação extrafiscal aplicada para as taxas por meio da utilização do princípio da capacidade contributiva. *Cadernos de Dereito Actual*, n. 13, núm. Ordinário (2020), p. 313-327.

(1322) ARAÚJO, Luiz Alberto David. *Direito Constitucional:* Princípio da Isonomia e a Constatação da Discriminação Positiva. São Paulo: Saraiva, 2006. p. 131.

(1323) ARAÚJO, Cláudia de Rezende Machado de. Extrafiscalidade. *Revista de Informação Legislativa*. Brasília, ano 33, n. 132, out./dez. 1996, p. 329-334.

Afinal, qual é a capacidade econômica do contribuinte que, demonstrando sua hipossuficiência econômica, ainda assim tem de pagar uma taxa judicial, porque deu causa ao arquivamento, para que possa entrar com outra ação?

Como disse o Ministro Celso de Mello, relator do RE n. 374.981-RS:

> A prerrogativa institucional de tributar, que o ordenamento positivo reconhece ao Estado, não lhe outorga o poder de suprimir (ou de inviabilizar) direito de caráter fundamental, constitucionalmente assegurado ao contribuinte, pois este dispõe, nos termos da Própria Carta Política, de um sistema de proteção destinado a ampará-lo contra eventuais excessos cometidos pelo poder tributante ou, ainda, contra exigências irrazoáveis veiculados em diplomas normativos por este editados.(1324)

O Ministro Celso de Mello acrescentou, na ementa do acórdão, a função legiferante do Estado não pode inviabilizar, sem justo fundamento, o exercício pelo sujeito passivo da obrigação tributária, de atividade lícita, sob penas de ofensa ao *substantive due process of law*, tratando-se de impossibilidade constitucional de o Estado legislar de modo abusivo ou imoderado.(1325)

Concluindo este tópico, no qual foram analisadas as modificações introduzidas no Direito Processual do Trabalho pela Lei da reforma trabalhista, uma vez demonstrada estatisticamente (no tópico 4.3) a queda substantiva causada nos números de ajuizamento de reclamações trabalhistas em todo o país, quando passou a exigir a cobrança de custas judicias, honorários advocatícios e honorários periciais sucumbenciais, ainda que a parte seja beneficiária da gratuidade de justiça, permitindo, inclusive, perseguir valores encontrados em outros processos para satisfação da obrigação.

É certo que o STF, declarou inconstitucionais os arts. 790-B, § 4º e 791-A, § 4º, inseridos na CLT pela Lei n. 13.467, de 2017, consoante ADI n. 5.766-DF, julgada em 20.10.2021.

Todavia, na mesma decisão, o STF declarou constitucional a cobrança de custas judiciais de beneficiário de gratuidade de justiça que tenha dado causa ao arquivamento da reclamação por faltar à audiência, desde que não justifique o motivo da ausência no prazo de 15 dias, entendendo ser constitucionais os §§ 2º e 3º do art. 844 da CLT, confirmando o pagamento das custas como "condição para a propositura de nova demanda".(1326)

Vê-se, portanto, que quanto à cobrança de custas judiciais houve, também, mudança na metodologia, passando a lei da reforma trabalhista a exigir o pagamento de custas decorrentes de processo arquivado em razão da ausência do reclamante à audiência, somente sendo

---

(1324) BRASIL. Supremo Tribunal Federal — STF. *Informativo n. 381, de 21 de março a 1º de abril de 2005*. Disponível em: <http://www.stf.jus.br/arquivo/informativo/documento/informativo381.htm#transcricao1>. Acesso em: 25 maio 2022.

(1325) *Idem*.

(1326) BRASIL. Supremo Tribunal Federal — STF. *Ação Direita de Inconstitucionalidade ADI n. 5.766-DF*. Reqte.: Procurador-Geral da República. Intdos.: Presidente da República e Congresso Nacional. Disponível em: <http://portal.stf.jus.br/processos/detalhe.asp?incidente=5250582>. Acesso em: 25 maio 2022.

possível ajuizar nova ação mediante o pagamento das custas judiciais do processo arquivado, ainda que seja beneficiário da gratuidade de justiça. É possível afirmar que a exigência de cobrar a taxa judicial pela Lei ordinária n. 13.467, de 2017, ao reclamante que faltar à audiência está sendo utilizada como efeito de ato infracional, pois a lei parece usar o tributo como multa, transformando o ato de faltar à audiência no processo do trabalho como verdadeiro ato ilícito, uma infração, o que escapa ao conceito do tributo e é inconstitucional.

Mesmo após a decisão do STF, na Ação Direta de Inconstitucionalidade – ADI n. 5.766-DF, declarando constitucional a cobrança de custas judiciais decorrentes do arquivamento do processo por ausência do reclamante à audiência, ainda que beneficiário da justiça gratuita, sustenta-se a possibilidade de reacender a discussão sob a perspectiva das custas judiciais como tributo.

A lei também inverte a lógica do acesso das pessoas ao Poder Judiciário, passando a exigir a cobrança de custas judiciais até mesmo dos beneficiários da gratuidade de justiça, desprezando o princípio da capacidade contributiva e da gradação dos tributos, fazendo tábula rasa das garantias constitucionais da assistência jurídica integral e gratuita aos que comprovarem insuficiência de recursos e da universalidade de acesso ao Judiciário. Evidencia-se, portanto, a extrafiscalidade da exação exigida pelo Poder Judiciário.

Ao incluir na hipótese de incidência da taxa elemento alheio à prestação de serviço público, ou seja, "o não comparecimento à audiência" como fato antijurídico no seu antecedente, cuja providência desfavorável ao autor do ilícito (sanção) é o consequente: pagar a taxa, enquanto o fato de comparecer à audiência não gera a obrigação tributária do contribuinte de pagar as custas judiciais; e ao inserir no fato gerador essa hipótese, fato não desejável, como motivação da exigência do tributo, foi alterado o fato gerador por lei ordinária.

Diante da literalidade do art. 146, III, *"a"*, da CF 88, se isso fosse possível, deveria ser introduzido no ordenamento jurídico pelo veículo da Lei Complementar. Como não é possível o tributo advir de ato ilícito, nem mesmo a lei complementar poderia impor a multa configurada, restando irremediavelmente inconstitucionais os §§ 2º e 3º, do art. 844 da CLT, acrescentados pela lei n. 13.467, de 13 de julho de 2017.

Por fim, menciona-se antigo precedente do STF em voto da lavra do Ministro Moreira Alves, no Recurso Extraordinário interposto por Anísio Pereira de Lacerda e outros, no qual se declarou a inconstitucionalidade de lei do município de São Paulo:

> Já o art. 3º não admite que se tenha como tributo prestação pecuniária compulsória que constitua sanção de ato ilícito. O que implica dizer que não é permitido, em nosso sistema tributário, que se utilize de um tributo com a finalidade extrafiscal de se penalizar a ilicitude. Tributo não é multa, nem pode ser usado como se o fosse.[(1327)]

(1327) Supremo Tribunal Federal — STF. *Recurso Extraordinário n. 94.001-SP*. Relator Ministro Moreira Alves, julgado em 11.3.1982, *DJ* de 11.6.1982. Biblioteca Digital da FGV. Disponível em: <https://bibliotecadigital.fgv.br/ojs/index.php/rda/article/download/43689/42400/88487>. Acesso em: 25 maio 2022.

Demonstrado que a pretendida extrafiscalidade tributária adotada no § 2º do art. 844 da CLT, acrescentado pela Lei n. 13.467, de 2017, acaba por penalizar o reclamante que faltar à audiência, ainda que beneficiário da justiça gratuita, o que se elide mediante comprovação, no prazo de 15 dias, de que a ausência ocorreu por motivo legalmente justificado, faltar à audiência e não justificar ou ter o motivo dado como não justificável, isso importa em ato ilícito, contrário à lei, servindo o tributo como meio de punição.

Assim, se a taxa de serviço não está sendo cobrada em razão da utilização, efetiva ou potencial, de serviço público específico e divisível, prestado ao contribuinte, outra coisa não é senão multa decorrente de ato ilícito.

5.6. O gradual apoucamento da Justiça do Trabalho por meio do esvaziamento de sua competência material

Este tópico traz um resumo das decisões do STF e do STJ que nitidamente vêm alterando as normas de estrutura prescritoras da competência material da Justiça do Trabalho, quando então se utiliza o método hermenêutico-analítico, de modo a examinar situações gerais e, em seguida, particulares. Parte-se da Constituição Federal de 1988 e se tem como objetivo demonstrar que a jurisprudência construída a partir dessa Constituição tem limitado a competência da Justiça do Trabalho em sua função de pacificar as relações de trabalho individuais e coletivas.

São analisadas decisões do STF que têm papel importante na consolidação das situações, diante dos vários questionamentos promovidos por meio do controle de constitucionalidade de leis, tanto no âmbito concentrado quanto no difuso, perante a Justiça do Trabalho de primeira instância, nos Tribunais Regionais do Trabalho e no Tribunal Superior do Trabalho — TST. São matérias levadas à Suprema Corte via Recurso Extraordinário, com repercussão geral e efeito *erga omnes*.[(1328)] Também em sede de controle concentrado de constitucionalidade,[(1329)] com efeito vinculante para todos os órgãos jurisdicionais[(1330)] —

(1328) Marcelo Casseb Continentino reflete sobre até onde a repercussão geral do Recurso Extraordinário esvazia ou não a atribuição do Senado de modular os efeitos das decisões do STF em sede controle difuso de constitucionalidade das leis com efeitos erga omnes. CONTINENTINO, Marcelo Casseb. O que resta ao Senado no controle difuso da constitucionalidade das leis? *Revista Consultor Jurídico*. Observatório constitucional, 11 out. 2014. Disponível em: <https://www.conjur.com.br/2014-out-11/observatorio-constitucional-resta-senado-controle-difuso-constitucionalidade-leis-brasil>. Acesso em: 25 maio 2022.

(1329) Ação Direta de Inconstitucionalidade - ADI (genérica, por omissão e interventiva, dispostas na Constituição Federal de 1988 no art. 102, inciso I, alínea *"a"*, art. 103, § 2º e art. 36, inciso III, acrescentado pela Emenda Constitucional n. 45, de 2004), Ação Declaratória de Constitucionalidade — ADC (prevista na Constituição Federal de 1988, art. 102, inciso I, alínea "a") e a Arguição de Descumprimento de Preceito Fundamental — ADPFP (prevista no art. 102, § 1º, da Constituição Federal de 1988). Constituição da República Federativa de 5 de outubro de 1988. Disponível em: <http://www.planalto.gov.br/ccivil_03/constituicao/constituicao.htm. Lei n. 9.868, de 10 de novembro de 1999, regula o processo e julgamento da ADI e ADC perante o Supremo Tribunal Federal. Disponível em: <http://www.planalto.gov.br/ccivil_03/leis/l9868.htm>. Acesso em: 25 maio 2022.

(1330) BRASIL. Código de Processo Civil — CPC. *Lei n. 13.105, de 16 de março de 2015*. Disponível em: <http://www.planalto.gov.br/ccivil_03/_ato2015-2018/2015/lei/l13105.htm>. Acesso em: 25 maio 2022. Art. 927. Os juízes e os tribunais observarão: I – as decisões do Supremo Tribunal Federal em controle concentrado de constitucionalidade;

exceto o pleno do STF —, bem como por intermédio do difuso, via Recurso Extraordinário com repercussão geral,(1331) de efeitos *erga omnes*.

De acordo com essas recentes decisões do STF, inclusive em sede de reclamações constitucionais,(1332) de que a Justiça do Trabalho não possui competência para conhecer e julgar causas sobre o reconhecimento de vínculo de emprego entre motoristas e empresas rodoviárias transportadoras de cargas, regidos pela Lei n. 11.442, de 2007, várias outras hipóteses podem ser retiradas da competência material da Justiça do Trabalho, como, por exemplo, as relativas aos contratos de parceria de trabalhadores com o salão de beleza, a dos motoristas de aplicativos eletrônicos e outros, o que não condiz com as normas de competência previstas na Constituição Federal, nem com a função tecida constitucionalmente para a Justiça do Trabalho.

Essas constatações levam a concluir que as decisões do STF possuem potencial de causar situações inusitadas e sem suporte constitucional, resultando no impensável pedido de descaracterização de vínculo de natureza comercial e no reconhecimento da relação de emprego entre trabalhador e empresa na Justiça Comum.

Reflete-se sobre decisões do STF que seguem no mesmo caminho da reforma trabalhista, tornando o acesso dos trabalhadores à Justiça cada vez mais difícil no Brasil.

Examina-se a redução da competência material da Justiça do Trabalho, numa abordagem à luz da Constituição Federal de 1988, quando se analisa como tem caminhado a jurisprudência, e reflete-se sobre o tratamento desses temas de acordo com as leis modificadoras, destacando o entendimento do Supremo Tribunal Federal sobre a produção do Poder Legislativo em sua posição de diminuir os direitos sociais dos trabalhadores.

As normas de competência concernem à criação de normas, o que limita a produção do direito, como ensina Lourival Vilanova:

> Se há irrecusavelmente normas-de-normas, e se as normas se expressam mediante linguagem, existe, então, no interior do sistema jurídico positivo, linguagem-sobre-linguagem.(1333)

São normas de estrutura que regulam a produção do próprio direito, por isso, normas-de-normas.

(1331) BRASIL. *Constituição da República Federativa, de 5 de outubro de 1988*. Disponível em: <http://www.planalto.gov.br/ccivil_03/constituicao/constituicao.htm>. Acesso em: 25 maio 2022. Art. 102, § 3º No Recurso Extraordinário o recorrente deverá demonstrar a repercussão geral das questões constitucionais discutidas no caso, nos termos da lei, a fim de que o Tribunal examine a admissão do recurso, somente podendo recusá-lo pela manifestação de dois terços de seus membros.

(1332) BRASIL. *Constituição da República Federativa, de 5 de outubro de 1988*. Disponível em: <http://www.planalto.gov.br/ccivil_03/constituicao/constituicao.htm>. Acesso em: 25 maio 2022. Art. 102, I, inciso l: a reclamação para a preservação de sua competência e garantia da autoridade de suas decisões.

(1333) VILANOVA, Lourival. Níveis de Linguagem em Kelsen (norma jurídica/proposição jurídica), in: *Escritos Jurídicos e Filosóficos*, vol. 2, editora XIS MVNDI IBET, 1. ed. São Paulo, 2003. p. 213.

Na linguagem jurídica há, irrecusavelmente, uma autoconsciência entre o Direito, objeto, e o Direito, ciência. O sentido do Direito Positivo, para a solução de um caso, é construído a partir das proposições da Ciência do Direito, também. Como ensina Vilanova, "o jurista, no sentido mais abrangente, é o ponto de interseção da teoria e da prática, da ciência e da experiência: seu conhecimento não é desinteressado: é-o com vistas à aplicabilidade do que é norma, regra, preceito, como quer que se denomine".(1334) E mais:

> Parece ser uma das características do direito positivo o constituir-se ele, também, com a Ciência do Direito. Os fatos físicos, em sentido amplo, não se compõem com as ciências que os têm por temáticos. Uma coisa é a luz; outra, a teoria científica sobre a energia luminosa. Mas, no direito, não se pode isolar, por exemplo, o instituto da posse, da teoria ou teorias dogmáticas sobre a posse. Nem um corpo inteiro de normas, como um Código Civil, da Ciência do Direito Civil, nem uma Constituição das tendências dominantes no direito público à época em que o constituinte elaborou a Constituição. A Ciência do Direito é a autoconsciência, em termos de conceitos, do direito vigente: ao mesmo tempo, o direito vigente incorpora a ciência de si mesmo, autocompondo-se num processo dialético intérmino, sem repouso, entre os dois polos: a experiência jurídica e a teoria dessa experiência".(1335)

Não se despreza, assim, tal característica ínsita ao direito, haja vista tratar-se de objeto cultural.

Os julgamentos do STF tratados neste tópico aprofundam a reforma trabalhista e inibem o acesso dos trabalhadores à Justiça, reforçando o ideário liberal de igualdade material e formal entre trabalhador e empresa, desprezando os princípios da primazia da realidade e da proteção, que orientam a compreensão do Direito do Trabalho, numa interação entre ciência e objeto.

Nas linhas seguintes são traçadas identidades e interesses entre teoria e prática, tendo o cuidado de inserir nas referências todos os documentos decisórios mencionados, concluindo com as questões ligadas ao trabalho em sua dimensão de acesso à justiça.

Com a promulgação da Constituição Federal de 1988, a Justiça do Trabalho passou a ocupar papel central na pacificação social e na prevenção das controvérsias e lides trabalhistas, tanto individuais quanto coletivas, sendo definitivamente marcante para justificar este argumento a prescrição de que haveria em cada Estado pelo menos um Tribunal Regional do Trabalho, função condizente com as normas de estrutura referentes à Justiça do Trabalho, prescritas na Carta Magna. Com isso, atualmente o Brasil dispõe de 24 TRTs, geograficamente distribuídos, e com Varas do Trabalho de primeira instância com capilaridade estratégica, fazendo-se presentes nos mais diversos rincões, figurando o Tribunal Superior do Trabalho — TST como seu órgão de cúpula.

(1334) *Ibidem*, p. 413-414.

(1335) *Idem*.

A Justiça do Trabalho passou a assumir cada vez mais seu papel no desenho do Poder Judiciário na CF de 88. Teve sua profissionalização mais rigorosamente definida com a extinção da representação classista conforme a Emenda Constitucional n. 24, de 1999.

É evidente que toda a arquitetura normativa constitucional tecida na Magna Carta referente à Justiça do Trabalho não pode ser corroída por meio de alteração normativa, nem pelo STF. Seria um retrocesso ao modelo construído pelo Poder Constituinte Originário.

Conforme lição de J. J. Gomes Canotilho:

> A ideia aqui expressa também tem sido designada como proibição de 'contra-revolução social' ou da 'evolução reaccionária'. Com isto quer dizer-se que os direitos sociais e econômicos (ex.: direitos dos trabalhadores, direito à assistência, direito à educação), uma vez obtidos, passam a constituir, simultaneamente, uma *garantia institucional* e um *direito subjectivo*. A 'proibição de retrocesso social' nada pode fazer contra as recessões e crises econômicas (*reversibilidade fáctica*), mas o princípio em análise limita a reversibilidade dos *direitos adquiridos* (ex.: segurança social, subsídio de desemprego prestações de saúde), em clara violação do *princípio da protecção da confiança e da segurança dos cidadãos no âmbito econômico, social e cultural, e do núcleo essencial* da existência inerente ao respeito pela dignidade humana.(1336)

Ainda conforme Canotilho:

> O núcleo essencial dos direitos sociais já realizado e efectivado através de medidas legislativas ("lei da segurança social", "lei do subsídio de desemprego", "lei do serviço de saúde") deve considerar-se constitucionalmente garantido, sendo inconstitucionais quaisquer medidas estaduais que, sem a criação de outros esquemas alternativos ou compensatórios, se traduzam, na prática, numa "anulação", "revogação" ou "aniquilação" pura e simples desse núcleo essencial. Não se trata, pois, de proibir um retrocesso social captado em termos ideológicos ou formulado em termos gerais ou de garantir em abstracto um *status quo* social, mas de proteger direitos fundamentais sociais sobretudo no seu núcleo essencial.(1337)

Outro momento de reconhecimento da importância e da necessidade da Justiça do Trabalho em sua missão foi a Emenda Constitucional n. 45, de 2004, que ampliou a competência desta Especializada, chegando ao ponto de ser admitida sua competência em matéria criminal,(1338) nos delitos relacionados ao trabalho, como submeter o trabalhador à condição

(1336) CANOTILHO, J. J. Gomes. *Direito constitucional e teoria da Constituição*. 7. ed. (20. reimp.). Coimbra: Almedina, 2018. p. 338/330.

(1337) *Ibidem*, p. 339-340.

(1338) D'AMBROSO, Marcelo José Ferlim. Competência criminal da Justiça do Trabalho e legitimidade do Ministério Público do Trabalho em matéria penal. *Revista LTr*, 70, n. 2, fev. 2006, p. 180-195.

análoga à de escravo, na ausência de anotação ou anotação falsa em Carteira de Trabalho e Previdência Social — CTPS ou em crimes contra a organização do trabalho, entre outros.

O STF retirou da Justiça do Trabalho tal competência no julgamento do Recurso Extraordinário n. 398.041,(1339) em 30.11.2006, e na Ação Direta de Inconstitucionalidade – ADI n. 3.684-DF,(1340) acórdão publicado em 1.6.2020, elevando o sentido de cláusula pétrea além do que permite o texto constitucional, ao limitar, desmesuradamente, o exercício do poder constituinte derivado.

Merece transcrição excerto do voto vencido do Ministro Edson Fachin, na ADI n. 3.684-DF:

> A dimensão criminal que decorre do máximo desrespeito às normas de conduta das relações sociais, que se perfazem em relações de trabalho, também deve ser submetida ao crivo da Justiça Especializada, especialmente naquelas situações em que o magistrado laboral, com sua competência plena, apresenta-se como o agente público dotado das melhores condições institucionais para avaliar tais condutas e estabelecer uma linha de política pública criminal adequada para a pacificação social os ambientes laborais.(1341)

Assim, pouco a pouco, foram retiradas várias matérias de competência desta Especializada, ao que parece, muito mais por razões subjetivas, quando se sonegam à Justiça do Trabalho as competências para que possa cumprir seu dever constitucional de aplicar os direitos de proteção aos trabalhadores de modo célere e qualificado.

Na década de 1990, o Brasil enfrentou uma onda privatizante, que não ficou limitada ao sistema de telefonia, alcançando também o regime geral de previdência pública, por intermédio da EC n. 20, de 1998. Esta modificou o sistema de previdência social, sob a alegação de incapacidade de suportar o peso dos pagamentos dos benefícios, passando o Governo a estimular a previdência privada complementar.

Na mesma época, o Governo criou o PROER — Programa de Estímulo à Reestruturação e ao Fortalecimento do Sistema Financeiro Nacional, com o intuito de facilitar a reestruturação do setor bancário, ocorrendo várias aquisições e fusões de bancos, conforme a Medida Provisória n. 1.179, de 3.11.1995, reeditada mais de quarenta vezes, até ser convertida

---

(1339) BRASIL. Supremo Tribunal Federal — STF. *Recurso Extraordinário n. 398.041-PA*. Relator Ministro Joaquim Barbosa. Julg. 30.11.2006. Disponível em: <http://portal.stf.jus.br/processos/detalhe.asp?incidente=2147366>. Acesso em: 25 maio 2022.

(1340) BRASIL. Supremo Tribunal Federal — STF. *ADI n. 3.684-DF*. Relator Ministro Gilmar Mendes. Julg. 9.5.2020. Disponível em: <http://portal.stf.jus.br/processos/detalhe.asp?incidente=2366933>. Acesso em: 25 maio 2022. Ementa: Ação Direta de Inconstitucionalidade. 2. Art. 114, I, IV e IX, da CF, na redação dada pela Emenda Constitucional 45/2004. 3. Competência Criminal da Justiça do Trabalho. Inexistência. 4. Medida cautelar deferida pelo Plenário e confirmada no julgamento de mérito. 5. Interpretação conforme ao disposto no art. 114, I, IV e IX, da Constituição da República, de modo a afastar a competência da Justiça do Trabalho para processar e julgar ações penais. 6. Ação Direta de Inconstitucionalidade julgada procedente", declarando, assim, que no âmbito da jurisdição da Justiça do Trabalho não está incluída a competência para processar e julgar ações penais.

(1341) BRASIL. Supremo Tribunal Federal — STF. *Ação Direta de Inconstitucionalidade n. 3.684-DF*. Disponível em: <http://portal.stf.jus.br/processos/detalhe.asp?incidente=2366933>. Acesso em: 25 maio 2022.

na Lei n. 9.710, de 19.11.1998. Antes da conversão da MP em lei o Banco Central do Brasil editou a Resolução n. 2.208, de 17.11.1996.

Por ordem de antiguidade, o Brasil já conhecia a Previ — Caixa de Previdência dos Funcionários do Banco do Brasil (1904), a Petros — Fundação Petrobras de Seguridade Social (1970) e a Funcef — Fundação dos Economiários da Caixa Econômica Federal de 1977, entre outras. Após a referida EC/20, de 1998, tais entidades assumem posição de destaque diante da gigantesca onda de previdência privada dos trabalhadores brasileiros.

Não tardou para se perceber que a principal promessa de complementar a aposentadoria pública mantendo os proventos nos mesmos níveis remuneratórios dos empregados ativos pela previdência complementar não passava de uma formidável ilusão.

Choveram ações na Justiça do Trabalho com pedido de complementação de aposentadoria, até que a matéria chegou ao Supremo Tribunal Federal, por intermédio dos Recursos extraordinários n. 583.050-RG e n. 586.453-SE, contra acórdãos do Tribunal Superior do Trabalho, interpostos respectivamente pela Fundação Petrobras de Seguridade Social — Petros e pelo Banco Santander Banespa S.A., ambos tratando sobre contrato de previdência complementar privada, tema que teve repercussão geral.

No primeiro recurso, julgado em 20.2.2013, por maioria o STF negou provimento ao Recurso Extraordinário nos termos do voto do Relator, Ministro Cezar Peluso.(1342) Porém, na mesma data, foi apreciado o segundo recurso, cuja relatora fora a Ministra Ellen Gracie, dando o STF provimento ao Recurso Extraordinário por maioria, para reconhecer a competência da Justiça Comum.(1343)

Em 2010, o Ministro Joaquim Barbosa havia sustentado não ser possível segregar o contrato de previdência privada complementar das relações de direito do trabalho eventualmente existentes entre indivíduos e o patrocinador. Todavia, acabou prevalecendo o voto da Ministra Ellen Gracie, de que nos termos da EC 20/1998, que deu nova redação ao § 2º do art. 202 da CF/1988, "as contribuições do empregador, os benefícios e as condições previstas nos estatutos e regulamentos e planos de benefícios das entidades de previdência privada não integram o contrato de trabalho dos participantes".(1344) Concluiu-se que a competência para analisar a matéria é da Justiça Comum, em razão da inexistência de relação trabalhista entre o beneficiário e a entidade fechada de previdência complementar.

Houve a modulação dos efeitos da decisão, definindo que os processos que tiveram sentença de mérito prolatada pela Justiça do Trabalho até a data da decisão do STF

(1342) BRASIL. Supremo Tribunal Federal. *Recurso Extraordinário n. 583.050-RG*. Julg. 20.2.2013. Disponível em: <http://portal.stf.jus.br/processos/detalhe.asp?incidente=2608448>. Acesso em: 25 maio 2022.

(1343) Supremo Tribunal Federal. *Recurso Extraordinário n. 586.453-SE*. Julg. 20.2.2013. Disponível em: <http://portal.stf.jus.br/processos/detalhe.asp?incidente=2616941>. Acesso em: 25 maio 2022.

(1344) BRASIL. Supremo Tribunal Federal. *Recurso Extraordinário n. 586.453-SE*. Julg. 20.2.2013. Disponível em: <http://portal.stf.jus.br/processos/detalhe.asp?incidente=2616941>. Acesso em: 25 maio 2022.

permanecem na Justiça especializada, e os demais processos que tramitavam na Justiça do Trabalho, porém sem julgamento do mérito, seriam remetidos à Justiça Comum.(1345)

Oportuno esclarecer que na decisão de 3.9.2021, publicada no DJE de 14.9.2021, no Recurso Extraordinário n. 1.265.564-SC, contra acórdão da 6ª Turma do Tribunal Superior do Trabalho — TST, sendo recorrente o Banco do Brasil S.A., com repercussão geral, cujo relator fora o Ministro Luiz Fux, o STF apenas reafirmou a orientação contida no julgamento do Recurso Extraordinário n. 586.453, quando o Tribunal modulou os efeitos da decisão para reconhecer a competência da Justiça do Trabalho a fim de processar e julgar, até o trânsito em julgado e a correspondente execução, todas as causas da espécie que hajam sido sentenciadas até a data de 20.2.2013.(1346)

Note-se que agora, no Recurso Extraordinário n. 1.265.564-SC, apreciado em 3.9.2021, decisão publicada no *DJE* de 14.9.2021, o STF tão só reafirmou a competência da Justiça do Trabalho para processar e julgar causas ajuizadas contra o empregador nas quais se pretenda o reconhecimento de verbas de natureza trabalhista e os reflexos nas respectivas contribuições para a entidade previdenciária privada a ele vinculada, sentenciadas pela Justiça do Trabalho até 20.2.2013, em razão da anterior modulação de efeitos.(1347)

Nada de novo, portanto, nada a comemorar.

Todos devem estar lembrados da Emenda Constitucional n. 45, de 2004, que modificou o art. 114 da CF/88, ampliando consideravelmente a competência material da Justiça do Trabalho. Em seu inciso I constava que "as ações oriundas da relação de trabalho, abrangidos os entes de direito público externo e da administração pública direta e indireta da União, dos Estados, do Distrito Federal e dos Municípios" seriam de competência da justiça especializada.

(1345) JUSBRASIL. 2013. Disponível em: <https://stf.jusbrasil.com.br/noticias/303305055/justica-comum-e-competente-para-julgar-casos-de-previdencia-complementar-privada>. Acesso em: 2.6.2020.

(1346) BRASIL. Supremo Tribunal Federal. *Recurso Extraordinário n. 586.453*. Relatora Ministra Ellen Gracie. Redator do acórdão: Ministro Dias Toffoli. DJE de 6.6.2013. Disponível em: <https://portal.stf.jus.br/processos/detalhe.asp?incidente=2616941. Acórdão na íntegra em: https://redir.stf.jus.br/paginadorpub/paginador.jsp?docTP=AC&docID=630014>. Acesso em: 25 maio 2022. Recurso Extraordinário n. 586.453 – SE. Recurso Extraordinário – Direito Previdenciário e Processual Civil – Repercussão geral reconhecida – Competência para o processamento de ação ajuizada contra entidade de previdência privada e com o fito de obter complementação de aposentadoria – Afirmação da autonomia do Direito Previdenciário em relação ao Direito do Trabalho – Litígio de natureza eminentemente constitucional, cuja solução deve buscar trazer maior efetividade e racionalidade ao sistema – Recurso provido para afirmar a competência da Justiça comum para o processamento da demanda – Modulação dos efeitos do julgamento, para manter, na Justiça Federal do Trabalho, até final execução, todos os processos dessa espécie em que já tenha sido proferida sentença de mérito, até o dia da conclusão do julgamento do recurso (20.2.2013).

(1347) BRASIL. Supremo Tribunal Federal — STF. *Recurso Extraordinário n. 1.265.564-SC*. Relator Ministro Presidente Luiz Fux. Julgamento: 3.9.2021. Publicação no DJE de 14.9.2021. Disponível em: <https://portal.stf.jus.br/processos/downloadPeca.asp?id=15347781880&ext=.pdf>. Acesso em: 25 maio 2022. Recurso Extraordinário n. 1.265.564-SC. Recurso Extraordinário. TRABALHISTA. COMPETÊNCIA. PEDIDO DE CONDENAÇÃO DA EMPRESA EMPREGADORA AO PAGAMENTO DE VERBAS TRABALHISTAS E AO CONSEQUENTE REFLEXO DAS DIFERENÇAS SALARIAIS NAS CONTRIBUIÇÕES AO PLANO DE PREVIDÊNCIA COMPLEMENTAR. COMPETÊNCIA DA JUSTIÇA DO TRABALHO. INAPLICABILIDADE DO TEMA N. 190 DA REPERCUSSÃO GERAL. PRECEDENTES. MULTIPLICIDADE DE RECURSOS EXTRAORDINÁRIOS. CONTROVÉRSIA CONSTITUCIONAL DOTADA DE REPERCUSSÃO GERAL. REAFIRMAÇÃO DA JURISPRUDÊNCIA DO SUPREMO TRIBUNAL FEDERAL. Recurso Extraordinário DESPROVIDO.

A importância de mencionar a mudança topológica do texto acima transcrito é que antes fora veiculado nas alíneas *"d"* e *"e"* do art. 240 da Lei n. 8.112, de 1990,(1348) o Regime Jurídico dos Servidores Públicos Civis da União. O então Presidente da República, Fernando Collor de Mello, não aquiesceu e vetou parcialmente a lei, no que aqui interessa, especificamente as referidas alíneas.

Todavia, dentro do processo legislativo o veto presidencial foi derrubado no Parlamento, o que levou a PGR a ajuizar a ADI n. 492-1-DF, julgada em 12.11.1992 pelo Plenário do STF. Este declarou inconstitucionais as alíneas referidas, que asseguravam aos servidores públicos civis da União o direito de negociação coletiva e ação individual e coletiva na Justiça do Trabalho. O acórdão foi relatado pelo Ministro Carlos Velloso, e o fundamento invocado foi o de que a lei infraconstitucional não poderia atribuir tal competência à Justiça do Trabalho.(1349) O tema já foi tratado no livro "Relações de Trabalho com o Estado e princípios constitucionais".(1350)

Passados pouco mais de dez anos da decisão do STF na ADI n. 492-1-DF, o texto obteve assento constitucional conforme a EC 45, de 2004, tendo a Associação Nacional dos Juízes Federais do Brasil — AJUFE apresentado ao STF, em 25.1.2005, a ADI n. 3.395-DF. Esta teve liminar deferida *ad referendum* pelo Ministro Nelson Jobim, em 2005, excluindo da competência da Justiça do Trabalho a apreciação de "causas instauradas entre o poder público e seus servidores, a ele vinculados por típica relação de ordem estatutária ou de caráter jurídico-administrativa".(1351)

A liminar foi confirmada pelo Plenário em 5.4.2006 e, ao final, o pedido foi julgado procedente, "com aplicação de interpretação conforme a Constituição, sem redução de texto, que o disposto no inciso I do art. 114 da Constituição Federal não abrange causas ajuizadas para a discussão de relação jurídico-estatutária entre o Poder Público dos Entes da Federação e seus Servidores", conforme decisão de 15.4.2020, cujo relator fora o Ministro Alexandre de Moraes.

Curioso notar que no acórdão de 15.4.2020, o STF menciona repetidas vezes a ADI n. 492-1-DF, na qual se discutiu a constitucionalidade de parte do art. 240 da Lei n. 8.112, de 1990. Na ADI n. 3.395-DF, praticamente o mesmo texto questionado estava na própria Constituição. Ainda assim o STF aluiu a competência da Justiça do Trabalho, ampliando, outra vez, o conteúdo semântico de cláusula pétrea e limitando o exercício do poder constituinte derivado, utilizando, para tanto, mais uma vez, "interpretação conforme a Constituição, sem redução de texto".

(1348) BRASIL. *Lei n. 8.112, de 11 de dezembro de 1990*. Regime Jurídico dos Servidores Públicos Civis da União — RJU. Disponível em: <http://www.planalto.gov.br/ccivil_03/leis/l8112cons.htm>. Acesso em: 25 maio 2022.

(1349) BRASIL. Supremo Tribunal Federal — STF. *Ação Direta de Inconstitucionalidade n. 492-1-DF*. Disponível em: <http://portal.stf.jus.br/processos/detalhe.asp?incidente=1519839>. Acesso em: 25 maio 2022.

(1350) IVO, Jasiel. *Relações de Trabalho com o Estado e princípios constitucionais*. Curitiba: Juruá, 2003.

(1351) BRASIL. Supremo Tribunal Federal — STF. *Ação Direta de Inconstitucionalidade n. 3.395-DF*. Disponível em: <http://portal.stf.jus.br/processos/detalhe.asp?incidente=2268427>. Acesso em: 25 maio 2022.

Assim, a decisão estabelece que a partir do texto apenas se construiria uma norma válida, aquela em que "o disposto no art. 114, inciso I, da Constituição Federal, na redação dada pela Emenda Constitucional 45, de 2004, não abrange causas ajuizadas para discussão de relação jurídico-estatutária entre o Poder Público dos Entes da Federação e seus Servidores".(1352)

Todavia, a decisão não esclarece qual seria a disposição constitucional com que as outras normas, afastadas por inconstitucionais, entrariam em conflito. Isso porque, como diz Zeno Veloso, "utilizando o método da interpretação conforme a Constituição, o órgão constitucional atua como legislador negativo, emitindo um juízo de inconstitucionalidade parcial, ao eliminar, por incompatibilidade com a Carta Magna, algumas possibilidades interpretativas".(1353)

Escrevendo sobre a jurisdição constitucional e os fundamentos da interpretação conforme a Constituição, Emiliane Alencastro e Ivo Dantas anotam que este método de interpretação não é "princípio de interpretação constitucional", como categorizado por alguns no Brasil. "Enquanto técnica de decisão de controle de constitucionalidade, a interpretação conforme diz respeito ao tipo de sentença produzida após a verificação de (in)compatibilidade material das interpretações possíveis com a Constituição"(1354) e tem por fim instrumentalizar a materialização da supremacia constitucional e da força normativa da Constituição.

Destacam os autores que, "em todo caso, o intérprete está sempre vinculado a um texto preexistente, não podendo atribuir a ele um significado a seu gosto", e que é uma covardia interpretar o texto novo de modo a deixá-lo tão parecido com o antigo, de forma a manter tudo como sempre foi. Deve ser considerado o contexto no qual está inserido, tendo como parâmetro a Constituição em bloco e também permitindo uma visão prospectiva da norma:

> A questão é que esse limite perde eficácia quando é a última (ou única) instância que (des)motiva a decisão. Esse ponto é relevante, inclusive, porque diversas vezes o Supremo Tribunal Federal profere decisão de interpretação conforme indicando sentido diverso do texto legal.(1355)

(1352) BRASIL. Supremo Tribunal Federal — STF. *Ação Direta de Inconstitucionalidade n. 3.395-DF*. Disponível em: <http://portal.stf.jus.br/processos/detalhe.asp?incidente=2268427>. Acesso em: 25 maio 2022. EMENTA: CONSTITUCIONAL E TRABALHO. COMPETÊNCIA DA JUSTIÇA DO TRABALHO. ART.114, I, DA CONSTITUIÇÃO FEDERAL. EMENDA CONSTITUCIONAL n. 45/2004. AUSÊNCIA DE INCONSTITUCIONALIDADE FORMAL. EXPRESSÃO "RELAÇÃO DE TRABALHO". INTERPRETAÇÃO CONFORME À CONSTITUIÇÃO. EXCLUSÃO DAS AÇÕES ENTRE O PODER PÚBLICO E SEUS SERVIDORES. PRECEDENTES. MEDIDA CAUTELAR CONFIRMADA. AÇÃO DIRETA JULGADA PARCIALMENTE PROCEDENTE. 1. O processo legislativo para edição da Emenda Constitucional n. 45/2004, que deu nova redação ao inciso I do art. 114 da Constituição Federal, é, do ponto de vista formal, constitucionalmente hígido. 2. A interpretação adequadamente constitucional da expressão "relação do trabalho" deve excluir os vínculos de natureza jurídico-estatutária, em razão do que a competência da Justiça do Trabalho não alcança as ações judiciais entre o Poder Público e seus servidores.3. Medida Cautelar confirmada e Ação Direta julgada parcialmente procedente.

(1353) VELOSO, Zeno. *Controle Jurisdicional de Constitucionalidade*. 2. ed. Belo Horizonte: Del Rey, 2000. p. 172.

(1354) ALENCASTRO, Emiliane; DANTAS, Ivo. Os fundamentos da interpretação conforme a Constituição: crônica de uma morte anunciada na Jurisdição Constitucional. *Revista da Faculdade de Direito da UFRGS*, Porto Alegre, n. 46, p. 161-181, ago. 2021.

(1355) *Idem*.

Segundo Georges Abbdoub: "A interpretação conforme é uma técnica interpretativa que ajusta, harmoniza e corrige a lei com a Constituição, elegendo, diante de uma multiplicidade de modalidades interpretativas, aquela que deveria ser considerada constitucional. Assim, se uma lei X possibilita a interpretação X', X" e X"', pode o Supremo entender que apenas uma dessas variantes de sentido é conforme a Constituição e declarar que a lei X apenas poderá ser considerada constitucional se interpretada no sentido X, por exemplo".(1356)

Normas jurídicas são as significações construídas a partir da leitura do texto normativo. Conforme Ricardo Guastini:

> A disposição é um enunciado que constitui o objeto da interpretação. A norma é um enunciado que constitui o produto, o resultado da interpretação. Nesse sentido, as normas são — por definição — variáveis dependentes de interpretação.(1357)

Segundo J. J. Gomes Canotilho:

> Deve distinguir-se entre enunciado (formulação, disposição) da norma e norma. A formulação da norma é qualquer enunciado que faz parte de um texto normativo (de uma fonte de direito). Norma é o sentido ou significado adscrito a qualquer disposição (ou a um fragmento de disposição, combinação de disposições, combinações de fragmentos de disposições). Disposição é parte de um texto ainda a interpretar; norma é a parte de um texto interpretado.(1358)

No magistério de Paulo de Barros Carvalho, "uma coisa são os enunciados prescritivos, isto é, usados na pragmática de prescrever condutas; outras, as normas jurídicas, como significações construídas a partir dos textos positivados e estruturados consoante a forma lógica dos juízos condicionais, compostos pela associação de duas ou mais proposições".(1359)

Eros Roberto Grau faz importante distinção: "aqui a segunda oposição, agora entre a dimensão legislativa e a dimensão normativa do direito. Uma, no processo legislativo; outra, no processo normativo (= produção da norma pelo intérprete autêntico no sentido de Kelsen — o juiz)".(1360)

Desse modo, nas decisões em que a técnica da interpretação conforme é utilizada, é de império fazer consignar qual interpretação, a partir do texto, conduz à desarmonia com a Constituição.

(1356) ABBOUD, George. *Processo Constitucional Brasileiro*. 2. ed. São Paulo: Revista dos Tribunais, 2018. p. 548.

(1357) GUASTINI, Ricardo. *Das fontes às normas*. Tradução: Edson Bini. São Paulo: Quartier Latin, 2005. p. 28.

(1358) CANOTILHO, J. J. Gomes. *Direito constitucional e teoria da Constituição*. 7. ed. (20. reimp.). Coimbra: Almedina, 2018. p. 1.201-1.202.

(1359) CARVALHO, Paulo de Barros. *Direito Tributário, Linguagem e Método*. 3. ed. São Paulo: Noeses, 2009. p. 128.

(1360) GRAU, Eros Roberto. *Por que tenho medo dos Juízes* (a interpretação /aplicação do direito e os princípios). 6. ed. São Paulo: Malheiros, 2014. p. 41

Apesar disso, em sede de reclamação constitucional que, "antes de atender a direitos subjetivos, visa a garantir a observância da competência e a autoridade das decisões do STF",(1361) tratando-se de "meio hábil para conservar a autoridade do STF e a eficácia de suas decisões",(1362) a Corte tem decidido de modo reiterado pela incompetência da Justiça do Trabalho.(1363)

O STF tem entendido, na maioria das vezes em decisões monocráticas em reclamação que afirma violação à decisão da Corte na ADI n. 3.395, que mesmo em se tratando de contrato nulo de pessoal com a administração pública, sem prévia aprovação em concurso público, sem regência da CLT nem de regime estatutário, a competência é da Justiça Comum, apesar da persistência da Súmula n. 363 do Tribunal Superior do Trabalho — TST.(1364)

Observe-se que nas hipóteses em que a administração pública contrata por tempo determinado trabalhadores para atender à necessidade temporária de excepcional interesse público, prevista no art. 37, inciso IX, da CF/88, em razão da decisão do Supremo Tribunal Federal na ADI n. 3.395, o TST cancelou a OJ n. 205 da SDI-I, que inscrevia na competência material da Justiça do Trabalho ações envolvendo a contratação irregular de pessoal por ente público em desvirtuamento de regime especial.

(1361) BRASIL. Supremo Tribunal Federal — STF. *Reclamação – Rcl n. 45.263-PI*, de relatoria do ministro Roberto Barroso. Disponível em: <http://portal.stf.jus.br/processos/detalhe.asp?incidente=6074041>. Acesso em: 25 maio 2022.

(1362) BRASIL. Supremo Tribunal Federal. *Agravo Regimental na Reclamação n. 6.959-PA*. Relator ministro Marco Aurélio. Redator do acórdão ministro Dias Toffoli. Julg. 18.11.2010. Disponível em: <http://portal.stf.jus.br/processos/detalhe.asp?incidente=2646041>. Acesso em: 20 ago. 2022.

(1363) *Idem*. Agravo regimental na reclamação – Administrativo e Processual Civil – Dissídio entre servidor e o poder público – ADI n. 3.395/DF-MC – Cabimento da reclamação -Incompetência da Justiça do Trabalho. 1. A reclamação é meio hábil para conservar a autoridade do Supremo Tribunal Federal e a eficácia de suas decisões. Não se reveste de caráter primário ou se transforma em sucedâneo recursal quando é utilizada para confrontar decisões de juízos e tribunais que afrontam o conteúdo do acórdão do STF na ADI n. 3.395/DF-MC. 2. Compete à Justiça comum pronunciar-se sobre a existência, a validade e a eficácia das relações entre servidores e o poder público fundadas em vínculo jurídico-administrativo. O problema da publicação da lei local que institui o regime jurídico único dos servidores públicos ultrapassa os limites objetivos da espécie sob exame. 3. Não descaracteriza a competência da Justiça comum, em tais dissídios, o fato de se requerer verbas rescisórias, FGTS e outros encargos de natureza símile, dada a prevalência da questão de fundo, que diz respeito à própria natureza da relação jurídico-administrativa, posto que desvirtuada ou submetida a vícios de origem, como fraude, simulação ou ausência de concurso público. Nesse último caso, ultrapassa o limite da competência do STF a investigação sobre o conteúdo dessa causa de pedir específica. 4. A circunstância de se tratar de relação jurídica nascida de lei local, anterior ou posterior à Constituição de 1988, não tem efeito sobre a cognição da causa pela Justiça comum. 5. Alegação de vício na publicidade da lei local não é matéria de exame na via da reclamação e, ainda que assim o fosse, caberia à Justiça comum dizer sobre a ocorrência de defeito no título jurídico que fez originar a relação administrativa entre o servidor e o poder público. 6. Agravo regimental provido para declarar a competência da Justiça comum. (Rcl n. 6.959 AgR. No mesmo sentido: Rcl n. 10.256 AgR, Rcl n. 9.931 AgR, Rcl n. 9.716 AgR, Rcl n. 9.041 AgR, Rcl n. 9.715 AgR, Rcl n. 9.609 AgR, Rel. p/ o acórdão Min. Dias Toffoli – dest. acresc.).

(1364) BRASIL. Tribunal Superior do Trabalho — TST. *Súmula n. 363*. Disponível em: <https://www3.tst.jus.br/jurisprudencia/Sumulas_com_indice/Sumulas_Ind_351_400.html#SUM-363>. Acesso em: 20 ago. 2022. CONTRATO NULO. EFEITOS (nova redação) – Res. n. 121/2003, *DJ* 19, 20 e 21.11.2003. A contratação de servidor público, após a CF/1988, sem prévia aprovação em concurso público, encontra óbice no respectivo art. 37, II e § 2º, somente lhe conferindo direito ao pagamento da contraprestação pactuada, em relação ao número de horas trabalhadas, respeitado o valor da hora do salário mínimo, e dos valores referentes aos depósitos do FGTS.

Em 11.11.2015, por maioria, o STF julgou, na Reclamação n. 4.351-PE,[1365] que a Justiça Comum é competente para processar e julgar causas em que se discuta a validade de vínculo jurídico-administrativo entre o poder público e servidores temporários, em razão da decisão da Corte na ADI n. 3.395-DF.

Também em decorrência da ADI n. 3.395, até mesmo os casos dos agentes de combate às endemias foram subtraídos da competência da Justiça do Trabalho, conforme decisão do STF de 5.8.2021 na Reclamação n. 43.213-SC,[1366] de relatoria do Ministro Ricardo Lewandowski. Merece destaque a linha decisória mencionada e anteriormente firmada no Agravo regimental na Reclamação n. 31.026-RO,[1367] julgada em 4.2.2020, pela 2ª Turma, com o voto vencedor da Ministra Cármen Lúcia.

O caso da RCL n. 43.213-SC envolvia demanda referente a servidor público submetido ao Regime Jurídico dos Servidores Públicos Federais. Destaca-se que o ministro Ricardo Lewandowski pontuou a discussão travada em plenário entre o Ministro Edson Fachin e a Ministra Cármen Lúcia,[1368] cujo voto condutor resolveu o Agravo regimental na Reclamação n. 31.026-RO, assentando que "a competência da Justiça é determinada pela circunstância de se ter uma entidade do poder público como demandada, não importando que o contrato do obreiro seja regido pela CLT, sendo importante mesmo é a natureza do vínculo".[1369]

No mesmo sentido foi a decisão monocrática do Ministro Lewandowski, de 18.3.2021, na RCL n. 45.881-SC, atacando acórdão do TRT da 12ª Região, na qual foi declarada a incompetência da Justiça do Trabalho para julgar os casos envolvendo agentes comunitários de saúde que postulam direitos trabalhistas e determinando a remessa dos autos à Justiça Comum.[1370]

Em 5.3.2020, no Recurso Extarordinário n. 960.429, o STF julgou o mérito com repercussão geral do Tema n. 992, afastando da Justiça do Trabalho a competência para julgar as controvérsias relacionadas à fase pré-contratual de seleção e de admissão e eventual nulidade do certame em face da Administração Pública, direta e indireta, nas hipóteses em que

---

(1365) BRASIL. Supremo Tribunal Federal. *Reclamação n. 4.351*. Plenário. Decisão de 11.11.2015. (2015). Disponível em: <http://portal.stf.jus.br/processos/detalhe.asp?incidente=2381795>. Acesso em: 20 ago. 2022.

(1366) BRASIL. Supremo Tribunal Federal — STF. *Reclamação n. 43.213*. Disponível em: <http://portal.stf.jus.br/processos/detalhe.asp?incidente=5998136>. Acesso em: 20 ago. 2022.

(1367) BRASIL. Supremo Tribunal Federal — STF. *Agravo regimental na Reclamação n. 31.026-RO*. Disponível em: <http://portal.stf.jus.br/processos/downloadPeca.asp?id=15342401034&ext=.pdf>. Acesso em: 20 ago. 2022.

(1368) BRASIL. Supremo Tribunal Federal — STF. *Íntegra do Acórdão Reclamação n. 43.213*. Disponível em: <http://portal.stf.jus.br/processos/downloadPeca.asp?id=15344837427&ext=.pdf>. Acesso em: 20 ago. 2022.

(1369) BRASIL. Supremo Tribunal Federal — STF. *Íntegra do Acórdão Agravo Regimental na Reclamação n. 31.026-RO*. Disponível em: <http://portal.stf.jus.br/processos/downloadPeca.asp?id=15342401034&ext=.pdf>. Acesso em: 20 ago. 2022.

(1370) BRASIL. Supremo Tribunal Federal — STF. *Reclamação n. 45.881-SC*. Disponível em: <http://portal.stf.jus.br/processos/detalhe.asp?incidente=6111318>. Acesso em: 20 ago. 2022.

adotado o regime celetista de contratação de pessoas, exceto quando a sentença de mérito tenha sido proferida antes de 6 de junho de 2018.[(1371)]

Em 16.6.2021, em continuidade ao julgamento do Recurso Extraordinário - RE n. 655.283, o STF fixou tese de repercussão geral (Tema 606), na qual foi mantida a competência da Justiça Comum (federal ou estadual) para julgar ações em que se discuta demissão de empregado público celetista, afirmando tratar-se de "ato de natureza constitucional-administrativa, e não trabalhista".[(1372)]

É certo que se pode argumentar que a decisão do STF no Recurso Extraordinário n. 655.283, quanto ao Tema n. 606, refere-se especificamente à possibilidade, ou não, da reintegração de empregados públicos dispensados em face da concessão de aposentadoria expontânea e da consequente possibilidade de acumulação de proventos com vencimentos.

Adotando esse raciocínio, a rescisão do contrato de trabalho de empregado público (celetista) por justa causa, como por exemplo, por ato de improbidade administrativa, seria do ponto de vista do precedente, o *distinguishing* capaz de preservar a competência material da Justiça do Trabalho.[(1373)]

Com o objetivo de deixar clara a fundamentação manejada pelo STF, menciona-se a decisão do ministro Alexandre de Moraes, em agravo interno na Reclamação n. 46.917-SP, na qual destaca a natureza estatutária do vínculo jurídico, para efeito de atribuição da competência à Justiça Comum, em razão do julgamento da ADI n. 3.395-DF, dando ao art. 114, inciso I da CF 88, interpretação conforme à Constituição, no sentido de que a competência da Justiça do Trabalho "não abrange causas ajuizadas para discussão de relação jurídico-estatutária entre o Poder Público dos Entes da Federação e seus Servidores".[(1374)]

(1371) BRASIL. Supremo Tribunal Federal — STF. *Recurso Extraordinário n. 960.429-RS*. Julg. 16.6.2021. Disponível em: <https://portal.stf.jus.br/processos/detalhe.asp?incidente=4957598>. Acesso em: 20 ago. 2022. Compete à Justiça Comum processar e julgar controvérsias relacionadas à fase pré-contratual de seleção e de admissão de pessoal e eventual nulidade do certame em face da Administração Pública, direta e indireta, nas hipóteses em que adotado o regime celetista de contratação de pessoas, salvo quando a sentença de mérito tiver sido proferida antes de 6 de junho de 2018, situação em que, até o trânsito em julgado e a sua execução, a competência continuará a ser da Justiça do Trabalho.

(1372) Supremo Tribunal Federal. *Recurso Extraordinário n. 655.283*. Julg. 16.6.2021. Disponível em: <http://portal.stf.jus.br/processos/detalhe.asp?incidente=4132643>. Acesso em: 20 ago. 2022. A natureza do ato de demissão de empregado público é constitucional-administrativa e não trabalhista, o que atrai a competência da Justiça comum para julgar a questão. A concessão de aposentadoria aos empregados públicos inviabiliza a permanência no emprego, nos termos do art. 37, § 14, da CRFB, salvo para as aposentadorias concedidas pelo Regime Geral de Previdência Social até a data de entrada em vigor da Emenda Constitucional n. 103/19, nos termos do que dispõe seu art. 6º.

(1373) BRASIL. Justiça Federal de 1ª Instância. *Processo n. 0804661-79.2022.4.05.8200*. Juiz Federal Emiliano Zapata de Miranda Leitão. Titular da 1ª Vara de João Pessoa – PB.

(1374) BRASIL. Supremo Tribunal Federal — STF. *Agravo interno na reclamação n. 46.917*. Relator Ministro Alexandre de Moraes, *DJe* 25.6.2021. Disponível em: <https://portal.stf.jus.br/processos/detalhe.asp?incidente=6158151>. Acesso em: 20 ago. 2022. CONSTITUCIONAL E ADMINISTRATIVO. AGRAVO INTERNO NA RECLAMAÇÃO. AFRONTA AO DECIDIDO NA ADI n. 3.395/DF. COMPETÊNCIA DA JUSTIÇA COMUM PARA PRONUNCIAR-SE SOBRE A EXISTÊNCIA, A VALIDADE E A EFICÁCIA DA RELAÇÃO ENTRE SERVIDORES E O PODER PÚBLICO, FUNDADA EM VÍNCULO JURÍDICO-ADMINISTRATIVO.PRECEDENTES. RECURSO NÃO PROVIDO. 1. No julgamento da ADI n. 3.395/DF, esta CORTE

Pelo que se pode observar, a competência da Justiça está sendo determinada no STF pela circunstância de se ter uma entidade do poder público como demandada, priorizando a competência em razão da pessoa e menoscabando a competência absoluta em razão da matéria, pouco importando se o contrato é regido pela CLT; importa apenas a natureza do vínculo. Isto indica que, em breve, a Súmula n. 363 do TST, que assegura aos trabalhadores contratados pela administração pública sem prévia aprovação em concurso público (contrato nulo), não só o direito de ação na Justiça do Trabalho, como os valores relativos ao FGTS e salários do período trabalhado, apesar da decisão do STF no RE n. 705.140-RS,[1375] também pode estar com os dias contados.

Talvez não seja precipitado afirmar que, em breve, decisões do STF como a encontrada no RE n. 705.140-RS,[1376] na qual a Suprema Corte confirmou decisão do TST envolvendo pessoal ilegitimamente contratado pela administração, porquanto ausente a prévia aprovação em concurso público, nos termos do art. 37, § 2º, da CF/1988, deferindo saldo salarial e levantamento de FGTS, consoante Súmula n. 363 do TST, até mesmo nestes casos de contratação nula de pleno direito, a tendência é o STF transfira a competência da Justiça do Trabalho para a Justiça Comum, seja estadual ou federal, como têm sido as decisões monocráticas mais recentes em sede de reclamação, a exemplo da decisão 18.3.2021, na RCL n. 45.881-SC. [1377]

Quanto ao cumprimento de normas relativas à segurança e meio ambiente de trabalho de servidores estatutários, desde a promulgação da Constituição Federal de 1988, a visão restrita da atuação da Justiça do Trabalho apenas para conhecer de pedidos envolvendo os adicionais de periculosidade ou insalubridade, grau e valor, restou superada. Restaram ultrapassadas as providências meramente de ordem econômica — a monetização do risco —, chegando-se a uma dimensão mais ampla de proteção e segurança do meio ambiente do trabalho e da saúde do trabalhador. Isso levou o STF a aprovar, na sessão plenária de 26.11.2003, a importante Súmula n. 736.[1378]

---

reconheceu a incompetência da Justiça Trabalhista para o julgamento das causas envolvendo o Poder Público e seus servidores, vinculados por relação estatutária ou de caráter jurídico-administrativo, realizando interpretação conforme para restringir o alcance do inciso I do art. 114 da Constituição Federal, com redação dada pela EC n. 45/2004. 2. Na presente hipótese, há norma que disciplina o vínculo entre a Administração pública e seus servidores (Lei Complementar n. 140/2008), o que permite concluir o caráter estatutário da relação firmada entre as partes envolvidas. 3. Dessa forma, não cabe à Justiça Especializada, como ocorreu no presente caso, apreciar demanda envolvendo interesses diretamente relacionados ao regime jurídico existente entre os trabalhadores e o Poder Público, bem como a continuidade dos serviços públicos no Município. Precedentes. 4. Recurso de agravo a que se nega provimento.

(1375) BRASIL. Supremo Tribunal Federal — STF. *Recurso Extraordinário n. 705.140-RS*. Julg. 28.8.2014. Disponível em: <http://portal.stf.jus.br/processos/downloadPeca.asp?id=275200103&ext=.pdf>. Acesso em: 20 ago. 2022.

(1376) BRASIL. Supremo Tribunal Federal — STF. *Recurso Extraordinário n. 705.140-RS*. Íntegra do acórdão. Plenário. Julgamento em 28.8.2014. Disponível em: <http://portal.stf.jus.br/processos/downloadPeca.asp?id=275200103&ext=.pdf>. Acesso em: 20 ago. 2022.

(1377) BRASIL. Supremo Tribunal Federal — STF. *Reclamação n. 45.881-SC*. Disponível em: <http://portal.stf.jus.br/processos/detalhe.asp?incidente=6111318>. Acesso em: 20 ago. 2022.

(1378) BRASIL. Supremo Tribunal Federal — STF. *Súmula n. 736*. Disponível em: <https://jurisprudencia.stf.jus.br/pages/search/seq-sumula736/false>. Acesso em: 20 ago. 2022. COMPETE À JUSTIÇA DO TRABALHO JULGAR AS

Observe-se que da redação da súmula resta claro que o STF definiu a competência da Justiça do Trabalho nas hipóteses em que a causa de pedir venha a ser a não observância, o não cumprimento de normas trabalhistas relativas à segurança, higiene e saúde dos trabalhadores, preferindo utilizar a locução "trabalhadores", que, por ser mais ampla, abrange também os do setor público.

A princípio, houve bastante discussão e debates doutrinários acirrados, somente amenizados após a decisão do STF na Reclamação n. 3.303-PI. A polêmica foi levada ao conhecimento do Supremo Tribunal Federal em razão da ação civil pública n. 1.251.2004.002.22.00-6, que tramitava perante a 2ª Vara do Trabalho de Teresina, Tribunal Regional do Trabalho do Piauí – TRT da 22ª Região, cuja matéria envolvia discussão sobre meio ambiente e saúde dos trabalhadores no Instituto de Medicina Legal — IML, de Teresina, na qual foi questionada a legitimidade do Ministério Público do Trabalho — MPT e a competência material da Justiça do Trabalho para conhecer e julgar demanda envolvendo servidores públicos, não com o objetivo de receber qualquer adicional pecuniário, mas sim de proteção ao meio ambiente do trabalho, que deve ser hígido, equilibrado e seguro.

Por unanimidade, em 19.11.2007, o STF entendeu não haver ofensa alguma na decisão do TRT da 22ª Região à decisão da Suprema Corte na ADI n. 3.395-DF, acima mencionada (item 5.6), julgando improcedente a reclamação e reafirmando o conteúdo da Súmula n. 736 do próprio STF. Na ocasião, foi publicada a seguinte ementa, cujo relator fora o Ministro Carlos Ayres Britto.[(1379)]

Assim, restou pacificada a competência da Justiça do Trabalho para conhecer e julgar matéria envolvendo causa de pedir a garantia constitucional, seja para trabalhadores celetistas, seja para estatutários, nos termos do art. 114 da Constituição Federal e da Súmula n. 736 do Supremo Tribunal Federal — STF.

Reafirmou-se, por intermédio da decisão do STF, que a proteção ao meio ambiente de trabalho não se confunde com parcelas de natureza remuneratória, como adicional de insalubridade de servidor público. Aqui a referência é, sobretudo, a obrigação de manter o meio ambiente de trabalho equilibrado, nos termos do art. 200, inciso VIII e art. 225 da Constituição Federal de 1988,[(1380)] cumprindo as normas de higiene e segurança do trabalho, além da obrigação de fazer de fornecer equipamentos de proteção individual e coletiva.

AÇÕES QUE TENHAM COMO CAUSA DE PEDIR O DESCUMPRIMENTO DE NORMAS TRABALHISTAS RELATIVAS À SEGURANÇA, HIGIENE E SAÚDE DOS TRABALHADORES.

(1379) BRASIL. Supremo Tribunal Federal — STF. Tribunal Pleno. *Reclamação n. 3.303-PI*. Relator Ministro Carlos Ayres Britto. Julg. 19.11.2007. Prejudicado o agravo regimental interposto. DJE de 16.5.2008. Disponível em: <http://portal.stf.jus.br/processos/detalhe.asp?incidente=2291775>. Acesso em: 20 ago. 2022. CONSTITUCIONAL. RECLAMAÇÃO. ADI n. 3.395-MC. AÇÃO CIVIL PÚBLICA PROPOSTA NA JUSTIÇA DO TRABALHO, PARA IMPOR AO PODER PÚBLICO PIAUIENSE A OBSERVÂNCIA DAS NORMAS DE SAÚDE, HIGIENE E SEGURANÇA DO TRABALHO NO ÂMBITO DO INSTITUTO MÉDICO LEGAL. IMPROCEDÊNCIA.

(1380) BRASIL. Constituição da República Federativa, de 5 de outubro de1988. Disponível em: <http://www.planalto.gov.br/ccivil_03/constituicao/constituicao.htm>. Acesso em: 20 ago. 2022. Art. 200. Ao sistema único de saúde compete, além de outras atribuições, nos termos da lei: VIII – colaborar na proteção do meio ambiente, nele compreendido o do trabalho e Art. 225. Todos têm direito ao meio ambiente ecologicamente equilibrado, bem de uso comum do povo e essencial à sadia qualidade de vida, impondo-se ao Poder Público e à coletividade o dever de defendê-lo e preservá-lo para as presentes e futuras gerações.

No âmbito do TST, já se encontra consolidado o entendimento jurisprudencial de que a matéria é trabalhista,(1381) e que firma a competência absoluta da Justiça do Trabalho.(1382)

Em juízo de delibação, a Ministra Rosa Weber relevou toda essa construção e reputando presente a plausibilidade do direito e a existência do perigo de dano irreparável, em razão da ausência, em geral, de efeito suspensivo dos recursos trabalhistas. Reconheceu a tese jurídica sustentada pelo Estado de Rondônia, bem como o perigo da demora, e deferiu medida liminar na Reclamação n. 49.516-RO, para suspender o Processo n. 0000663-21.2020.5.14.0005, que tramita perante o Tribunal Regional do Trabalho da 14ª Região, e seus efeito, cuja decisão encontra-se publicada no Diário da Justiça eletrônico – *DJE* de 23.9.2021.(1383)

A ministra Rosa Weber, que é egressa dos quadros da magistratura trabalhista, tendo sido juíza do Trabalho de primeira instância, desembargadora do TRT da 4ª Região e Ministra do TST, entendeu que a decisão do TRT da 14ª Região, no sentido de que o ente público — Estado de Rondônia — havia desrespeitado as normas de saúde, higiene e segurança no trabalho, deixando de fornecer meio ambiente do trabalho seguro e de respeitar normas técnicas capazes de assegurar um "meio ambiente de trabalho sadio e hígido", violou a decisão do STF na ADI n. 3.395-DF.

Na ocasião, a Ministra vislumbrou que na ação civil pública ajuizada pelo Ministério Público do Trabalho, há a possibilidade de dissonância entre o ato reclamado e o que decidiu a Suprema Corte na mencionada ADI n. 3.395-DF.

Entretanto, em decisão datada de 10.12.2021, publicada no Diário da Justiça eletrônico – *DJE* de 13.12.2021, na mesma Reclamação n. 49.516, a Ministra Rosa Weber apreciou a matéria renovando o entendimento da Súmula n. 736 do STF, concluindo que a tutela do meio ambiente do trabalho abrange todos os trabalhadores, inclusive os estatutários, tratando-se de matéria eminentemente trabalhista.

(1381) BRASIL. Tribunal Superior do Trabalho — TST. 3ª Turma. *Recurso de revista RR n. 2330-22.2012.5.10.0009*. Relator ministro Mauricio Godinho Delgado, *DEJT* 14.2.2020. Disponível em: <http://aplicacao4.tst.jus.br/consultaProcessual/consultaTstNumUnica.do?consulta=Consultar&conscsjt=&numeroTst=2330&digitoTst=22&anoTst=2012&orgaoTst=5&tribunalTst=10&varaTst=0009&submit=Consultar>. Acesso em: 20 ago. 2022. RECURSO DE REVISTA. PROCESSO SOB A ÉGIDE DA LEI N. 13.015/2014 E ANTERIOR À LEI N. 13.467/2017. AÇÃO CIVIL PÚBLICA AJUIZADA PELO MINISTÉRIO PÚBLICO EM FACE DO DISTRITO FEDERAL. TUTELA DO MEIO AMBIENTE DO TRABALHO. ABRANGÊNCIA DE TODOS OS TRABALHADORES, INCLUSIVE DOS SERVIDORES ESTATUTÁRIOS. MATÉRIA EMINENTEMENTE TRABALHISTA. SÚMULA N. 736 DO STF. COMPETÊNCIA DA JUSTIÇA DO TRABALHO.

(1382) BRASIL. Tribunal Superior do Trabalho — TST. 3ª Turma. *Agravo de instrumento em recurso de revista AIRR n. 28-46.2019.5.22.0104*. Relator Ministro Alberto Luiz Bresciani de Fontan Pereira, DEJT 26.2.2021. Disponível em: <http://aplicacao4.tst.jus.br/consultaProcessual/consultaTstNumUnica.do?consulta=Consultar&conscsjt=&numeroTst=28&digitoTst=46&anoTst=2019&orgaoTst=5&tribunalTst=22&varaTst=0104&submit=Consultar>. Acesso em: 20 ago. 2022. AGRAVO DE INSTRUMENTO. RECURSO DE REVISTA – DESCABIMENTO. 1. DESCUMPRIMENTO DE NORMAS TRABALHISTAS RELATIVAS À SEGURANÇA, HIGIENE E SAÚDE DOS TRABALHADORES. REGIME JURÍDICO ESTATUTÁRIO. Súmula n. 736/STF. COMPETÊNCIA DA JUSTIÇA DO TRABALHO.

(1383) BRASIL. Supremo Tribunal Federal. *Reclamação n. 49.516-RO*. Relatora Ministra Rosa Weber. Pub. *DJE* de 23.9.2021. Disponível em: <http://portal.stf.jus.br/processos/downloadPeca.asp?id=15347945951&ext=.pdf>. Acesso em: 20 ago. 2022. Ementa: RECLAMAÇÃO CONSTITUCIONAL. ADI N. 3.395. AÇÃO CIVIL PÚBLICA. PEDIDO DE TUTELA PARA CUMPRIMENTO DE NORMAS RELATIVAS AO MEIO AMBIENTE DE TRABALHO DE SERVIDOR ESTATUTÁRIO. COMPETÊNCIA DA JUSTIÇA COMUM. LIMINAR DEFERIDA.

Destacou a Ministra Weber que a matéria debatida na Ação Declaratória de Inconstitucionalidade n. 3.395-DF,(1384) ajuizada pela Associação dos Juízes Federais do Brasil — AJUFE, em razão da Emenda Constitucional n. 45, de 2004, que ampliou a competência da Justiça do Trabalho no art. 114, inciso I, cuida de direitos individualizados de servidores públicos, nas relações de natureza jurídico-estatutárias entre a Administração Pública e seus servidores.

Transcrevendo decisões do TST, Rosa Weber acentuou que em qualquer repartição pública há também empregados regidos pela CLT e que o respeito às normas relativas ao meio ambiente de trabalho praticado pelo Estado de Rondônia deve alcançar todos que ocupam o espaço de trabalho e não exclusivamente servidores estatutários.

A Ministra cassou sua própria decisão liminar anteriormente concedida e negou seguimento à reclamação, julgando prejudicado o agravo interno, pelo que resta firmada a competência ampla da Justiça do Trabalho em matéria envolvendo meio ambiente do trabalhado.(1385) Resta aguardar a provável decisão do colegiado do STF, em sede de agravo interno.

No que diz respeito aos motoristas e empresas de transporte de cargas e contratos de representação comercial autônoma, em razão das semelhanças de matérias e também das afinidades entre as decisões do STF, são tratadas as relações regidas pela Lei n. 4.886, de 1965, que envolve as atividades dos representantes comerciais autônomos e as regidas pela Lei n. 11.442, de 2007,(1386) que trata de transporte rodoviário de cargas por conta de terceiro e mediante remuneração.

No RE n. 606.003, com repercussão geral, Tema n. 550, da relatoria do Ministro Marco Aurélio e com redação de acórdão pelo Ministro Roberto Barroso, em sessão virtual realizada em 25.9.2020, o STF declarou constitucional a Lei n. 4.886, de 1965, e fixou a tese da competência da Justiça Comum para julgamento de processos envolvendo relação jurídica entre representante comercial autônomo e empresa representada, destacando não haver relação de trabalho entre as partes, mas sim relação comercial, pouco importando que o trabalhador se apresente como pessoa física ou jurídica.(1387)

(1384) BRASIL. Supremo Tribunal Federal — STF. *Ação declaratória de inconstitucionalidade n. 3.395-DF*. Reqte: Associação dos Juízes Federais do Brasil — AJUFE. Relator ministro Alexandre de Morais. Disponível em: <http://portal.stf.jus.br/processos/detalhe.asp?incidente=2268427>. Acesso em: 20 ago. 2022.

(1385) BRASIL. Supremo Tribunal Federal. *Reclamação n. 49.516-RO*. Ministra Rosa Weber. Julgamento monocrático em 10.12.2021. Publicado no Diária Eletrônico da Justiça – *DJE* em 13.12.2021. Disponível em: <http://portal.stf.jus.br/processos/downloadPeca.asp?id=15349181000&ext=.pdf>. Acesso em: 20 ago. 2022.

(1386) BRASIL. *Lei n. 11.442, de 5 de janeiro de 2007*. Transporte rodoviário de cargas por conta de terceiros e mediate remuneração. Disponível em: <http://www.planalto.gov.br/ccivil_03/_ato2007-2010/2007/lei/l11442.htm>. Acesso em: 20 ago. 2021.

(1387) BRASIL. Supremo Tribunal Federal. *Recurso Extraordinário n. 606.003*. Julg. 25.9.2020. Disponível em: <http://portal.stf.jus.br/processos/detalhe.asp?incidente=3797518>. Acesso em: 20 ago. 2022.

A Lei n. 11.442, de 2007, que trata sobre o transporte rodoviário de cargas por conta de terceiros, também teve sua constitucionalidade examinada pelo STF nas ADC n. 48-DF(1388) e ADI n. 3.961.(1389) Em 15.4.2020, o STF retirou da competência da Justiça do Trabalho as causas envolvendo trabalhadores de transportes de cargas, regulados pela referida lei, mesmo no tocante aos terceirizados em atividade-fim, afirmando que o vínculo entre motoristas e transportadoras é de natureza comercial e não configura relação de emprego.

Em 19.3.2021, em decisão monocrática na RCL 46.356-RS, a Ministra Cármen Lúcia entendeu que a Justiça do Trabalho não possui competência para decidir sobre a existência de vínculo empregatício de sociedade empresária transportadora com transportador autônomo de cargas, conforme a ADC n. 48-DF, e cassou decisão proferida pela Vara do Trabalho de Guaíba, determinando a remessa dos autos à Justiça Comum.(1390)

Não se discute aqui a decisão do STF declarando a constitucionalidade da lei sobre o transporte rodoviário de carga, quando firmou a tese da possibilidade de terceirização em atividade-meio e atividade-fim, além do prazo prescricional de apenas um ano para a reparação de danos relativos aos contratos de transportes, "porque não se trata de créditos resultantes de relação de trabalho, mas de relação comercial".

Ocorre que na tese fixada pelo Relator na ADI n. 3.961 e na ADC n. 48-DF, Ministro Roberto Barroso, ficou expressamente ressalvado que, "uma vez preenchidos os requisitos dispostos na Lei n. 11.442/2007, estará configurada a relação comercial de natureza civil e afastada a configuração de vínculo trabalhista".(1391)

Em 3 de março de 2021, na Reclamação n. 46.069-ES, em decisão monocrática, o Ministro Alexandre de Moraes afirmou que "a discussão sobre a presença dos pressupostos e requisitos legais deve iniciar-se na Justiça Comum. Somente nos casos em que a Justiça Comum constate que não foram preenchidos os requisitos dispostos na Lei n. 11.442/2007, a competência passaria a ser da Justiça do Trabalho".(1392)

O tema tem peculiar relação com o aguardado julgamento para 7.4.2022 da Ação Direta de Inconstitucionalidade – ADI n. 5.322-DF, ajuizada pela Confederação Nacional dos Trabalhadores em Transportes Terrestres — CNTT, que questiona a chamada lei dos caminhoneiros (motoristas profissionais) — Lei n. 13.103, de 2 de março de 2015,(1393) que

(1388) BRASIL. Supremo Tribunal Federal. *Ação Declatória de Constitucionalidade – ADC n. 48-DF*. Relator Ministro Luis Roberto Barroso. Pub. em 19.5.2020. Disponível em: <http://portal.stf.jus.br/processos/detalhe.asp?incidente=5245418>. Acesso em: 20 ago. 2022.

(1389) Supremo Tribunal Federal. *Ação Direta de Inconstitucionalidade – ADI n. 3.961*. Julg. em 15.4.2020. Disponível em: <http://portal.stf.jus.br/processos/detalhe.asp?incidente=2559843>. Acesso em: 20 ago. 2022.

(1390) Supremo Tribunal Federal. *Reclamação n. 46.356*. Decisão de 19.3.2021. Disponível em: <http://portal.stf.jus.br/processos/detalhe.asp?incidente=6133962>. Acesso em: 20 ago. 2022.

(1391) Supremo Tribunal Federal. *Ação Direta de Inconstitucionalidade n. 3.961*. Julg. em 15.4.2020. Disponível em: <http://portal.stf.jus.br/processos/detalhe.asp?incidente=2559843>. Acesso em: 20 ago. 2022.

(1392) BRASIL. Supremo Tribunal Federal. *Reclamação n. 46.069*. Julg. 4.3.2021. Disponível em: <http://portal.stf.jus.br/processos/detalhe.asp?incidente=6121703>. Acesso em: 20 ago. 2022.

(1393) BRASIL. Lei n. 13.105, de 2 de março de 2015. Dispõe sobre a profissão de motorista. Disponível em: <http://www.planalto.gov.br/ccivil_03/_ato2015-2018/2015/lei/l13103.htm>. Acesso em: 20 ago. 2022.

regulamenta o exercício da profissão de motorista nas atividades de transporte rodoviário de cargas e de transporte rodoviário de passageiros, reduz horário para descanso e alimentação, além de exigir a realização de exame toxicológico. Em 17.12.2021 o julgamento da ADI n. 5.322 foi excluído do calendário do STF.[(1394)]

As decisões do STF, no entanto, não podem ser normas em branco, que as empresas transportadoras e de representação comercial preencham a seu bel-prazer, como se todo contrato entre trabalhador e empresa de representação comercial e motorista com empresa de transporte de cargas fosse sempre autônomo e, portanto, lícito.

Como bem demonstrou Olga Vishnevsky Fortes, é fato inegável que a Justiça do Trabalho está sendo diminuída e perdendo competência. Mesmo no caso do representante comercial, a relação de trabalho, em qualquer hipótese, define a competência da Justiça do Trabalho:

Diferentemente da relação comercial, em que duas empresas possuem a organização dos fatores de produção e negociam entre si em igualdade de condições para produzir e fazer circular bens e serviços, a relação de trabalho envolve em um dos polos a pessoa, que oferece sua força de trabalho e, em razão disso, necessita estar sob o manto dos princípios do direito do trabalho.

> Isso não quer dizer o trabalho humano prestado por meio de um contrato válido haverá de ser sempre regulado pela CLT, mas pela própria lei especial, que discorre a tipicidade da contratação, como ocorre, por exemplo, nos contratos de aprendizagem, de estágio, de trabalhador portuário não empregado e do representante comercial. Na ausência de lei especial, a prestação será analisada à luz do Código Civil, como permite, de forma expressa, o art. 8º, § 1º, da CLT.[(1395)]

Maurício Veiga e Luciano Pinheiro[(1396)] chamam a atenção para o perigo da decisão do STF na RCL n. 46.356-RG,[(1397)] de 19.3.2021, sobre a interpretação da Lei n. 11.442, de 2007, quando a Corte estabelece que a Justiça do Trabalho é incompetente para examinar a relação jurídica entre o motorista e seu contratante-empresa de transporte.

(1394) BRASIL. Supremo Tribunal Federal. *Ação Direita de Inconstitucionalidade – ADI n. 5.322*, ajuizada pela Confederação Nacional dos Trabalhadores em Transportes Terrestres — CNTT. Relator Ministro Alexandre de Moraes. Disponível em: <http://portal.stf.jus.br/processos/detalhe.asp?incidente=4778925>. Acesso em: 20 ago. 2022.

(1395) FORTES, Olga Vishnevsky. Sim, a competência é da Justiça do Trabalho. *Valor Econômico*, edição de 28 jun. 2021. Disponível em: <https://valor.globo.com/legislacao/coluna/sim-a-competencia-e-da-justica-do-trabalho.ghtml>. Acesso em: 20 ago. 2022.

(1396) VEIGA, Maurício de Figueiredo Corrêa da; PINHEIRO, Luciano Andrade. STF diz: Justiça do Trabalho é incompetente para reconhecer vínculo de emprego. *Consultor Jurídico*, 18.4.2021. Disponível em: <https://www.conjur.com.br/2021-abr-18/veiga-pinheiro-stf-competencia-justica-trabalho>. Acesso em: 20 ago. 2022.

(1397) BRASIL. Supremo Tribunal Federal. *Reclamação n. 46.356*. Decisão de 19.3.2021. Disponível em: <http://portal.stf.jus.br/processos/detalhe.asp?incidente=6133962>. Acesso em: 20 ago. 2022.

O STF tem estreitado cada vez mais o alcance do art. 114 e incisos da CF/1988, que definem a competência material da Justiça do Trabalho; e até mesmo o art. 43 do CPC, que estabelece: "determina-se a competência no momento do registro da distribuição da petição inicial, sendo irrelevantes as modificações do estado de fato ou de direito ocorridas posteriormente, salvo quando suprimirem órgão judiciário ou alterarem a competência absoluta". Dispositivo semelhante já havia no CPC de 1973, art. 87.

Os princípios da *perpetuatio jurisditionis* e do juízo natural estão sendo colocados de lado todas as vezes que, em sede de reclamação, os Ministros do STF suprimem a competência da Justiça do Trabalho de julgar se há ou não vínculo de emprego e determinam a remessa dos autos à Justiça Comum, literalmente delegando a outro órgão o conhecimento de alguns tipos de negócio ou atividades empresariais, como nas ações dos trabalhadores motoristas de transportadoras de cargas; ou então o STF admite que caberá à Justiça Comum conhecer e julgar processos em que se pede o reconhecimento de vínculo de emprego em determinadas atividades empresariais.

Quanto à relação jurídica que enlaça o profissional-parceiro ao salão de beleza, regida pela chamada lei do salão de beleza-parceiro, esta trouxe relevantes mudanças na modalidade de negócio empresarial. A Lei n. 13.352, de 27 de outubro de 2016, que modificou a Lei n. 12.592, de 2012, regulamentada pela Portaria MTB n. 496/2918, faz parte do conjunto das modificações da reforma trabalhista de 2017, quando se passou a admitir o contrato de parceria entre profissionais que exercem as atividades de cabeleireiro, barbeiro, esteticista, manicure, pedicure, depilador, maquiador, criando as figuras do profissional-parceiro e salão-parceiro, bem como estabelecendo que o salão pode contratar trabalhadores autônomos ou pessoas registradas na modalidade "PJ" — pessoa jurídica, como pequenos empresários, microempresários ou microempreendedores individuais.

Por entender que a lei precariza as relações de trabalho desses profissionais transformados em pessoas jurídicas com a finalidade de não gerar direitos trabalhistas, como horas extras, férias, FGTS e 13º salário, tratando-se de notório retrocesso social e flagrante violação à dignidade humana e valor social do trabalho, a Confederação Nacional dos Trabalhadores em Turismo e Hospitalidade — CONTRATUH, em 18.11.2016, ajuizou perante o STF a ADI n. 5.625-DF, destacando que a relação de emprego, com assento constitucional no art. 7º, inciso I, e o contrato de trabalho devem cumprir a função social prevista no art. 5º, inciso XXIII, art. 170, § 1º, da CF/1988, sob o fundamento de que todos esses princípios foram desrespeitados pela lei questionada.

O relator, Ministro Edson Fachin, que julgava a ação integralmente procedente e deferia o pedido declarando a inconstitucionalidade da lei, colocou o processo em julgamento por meio de sessão virtual em 5.6.2020, todavia, foi retirado de pauta com pedido de destaque do Ministro Alexandre de Moraes. Embora o julgamento da ADI n. 5.625-DF estivesse pautado para 15.4.2021, acabou sendo retirado de mesa e, depois, também retirado do julgamento virtual, em 14.6.2021, voltando a julgamento em 27.10.2021, quando, por oito votos a dois, a Suprema Corte declarou constitucional a denominada "lei do salão parceiro", restando vencidos o relator e a ministra Rosa Weber. Votaram pela constitucionalidade da lei os ministros Nunes Marques, que abriu divergência com a tese vencedora, seguido por Alexandre de Moraes, Luís Roberto Barroso, Dias Toffoli, Cármen Lúcia, Ricardo Lewandowski, Gilmar Mendes e Luiz Fux, devendo o ministro Nunes Marques redigir o acórdão, já fixada a tese.[(1398)]

Refletindo sobre as decisões do STF em matéria trabalhista, é possível que a Corte também retire da Justiça do Trabalho a competência para conhecer e julgar as ações envolvendo os contratos de parceria dos salões de beleza, assim como as de motoristas que trabalham por plataformas digitais, como os aplicativos Uber, 99 e outros, remetendo à Justiça Comum a análise da configuração de contrato de natureza civil.

Quanto aos entregadores e motoristas por plataformas digitais, as considerações feitas neste tópico, de certo modo já tratadas no tópico 4.3, buscam demonstrar que em tempos de *gig economy* ou economia de dados, como prefere Éric Sandin,[(1399)] e diante do desenvolvimento tecnológico, sobretudo dos meios de informação e comunicação, a quarta revolução industrial, o *Big Data*, a inteligência artificial, a robótica, a internet das coisas, a nanotecnologia, a biotecnologia, onde os mundos físico, digital e biológico se combinam, inegavelmente o trabalho tem sofrido transformações irrevogáveis.

As novas formas de trabalho são incorporadas às tecnologias digitais, o que é agravado num contexto de altos índices de desemprego, favorecendo a modalidade do contrato na multidão ou contrato por demanda e os modelos de negócios de serviços baseados em grande número de trabalhadores disponíveis na "produção de multidão" ou *crowdsourcing*.

Estudar o trabalho intermediado por plataformas digitais é indispensável, porque esses aplicativos eletrônicos não fazem apenas a ligação entre o consumidor e o prestador de serviço, mas também precificam o serviço, fiscalizam a execução das atividades e avaliam o "colaborador" ou "associado", podendo até mesmo aplicar suspensão e descredenciá-lo, o que muito se assemelha a uma demissão. A polêmica é se nessas condições configura-se ou não a subordinação, hoje tratada como subordinação algorítmica por alguns, enquanto outros negam a própria subordinação, como Maurício Pallotta Rodrigues.[(1400)]

A subordinação algorítmica no trabalho atual é o elemento fático com maior destaque, capaz de separar as relações de trabalho empregatícias das autônomas. A subordinação é

(1398) BRASIL. Supremo Tribunal Federal. *Ação Direta de Inconstitucionalidade n. 5.625-DF*. Disponível em: <http://portal.stf.jus.br/processos/detalhe.asp?incidente=5094239>. Acesso em: 20 ago. 2022. Decisão de 14.6.2021. 1) É constitucional a celebração de contrato civil de parceria entre salões de beleza e profissionais do setor, nos termos da Lei n. 13.352, de 27 de outubro de 2016; 2) É nulo o contrato civil de parceria referido, quando utilizado para dissimular relação de emprego de fato existente, a ser reconhecida sempre que se fizerem presentes seus elementos caracterizadores. Presidência do Ministro Luiz Fux. Plenário, 28.10.2021 (Sessão realizada por videoconferência – Resolução n. 672/2020/STF).

(1399) SADIN, Éric. *La Siliconización del Mundo*. La irresistible expansion del liberalismo digital. Tradução Margarita Martínez. Ciudad Autónoma de Buenos Aires: Caja Negra, 2021.

(1400) RODRIGUES, Maurício Pallota. *Contratação na multidão e a subordinação algorítmica*. Leme: Editora Mizuno, 2021.

imprescindível para a caracterização do vínculo empregatício, pois a ela se contrapõe o poder diretivo do empregador, fazendo com que o empregado acolha as orientações empresariais relativas ao modo como o serviço deve ser prestado, como destacam Luciane Barzotto, Ana Paula Miskulin e Lucieli Breda.(1401)

A pergunta que se faz é: o arcabouço normativo que já existe é capaz de resolver o problema aqui levantado ou demanda legislação própria?

A Suprema Corte do Reino Unido enfrentou a polêmica jurídica em 19.2.2021, buscando resolver qual a categorização dos prestadores de serviços por intermédio de plataformas digitais, definindo se os motoristas da Uber são trabalhadores autônomos (*independent contractors*) ou são empregados (*employees*). O Reino Unido encontrou solução na seção 230 do *"Employment Rights Act"* de 1996, entendendo que os motoristas da Uber não são *self-employed* (trabalhadores autônomos), e sim integrantes de uma outra espécie de categoria profissional (*workers*), uma situação jurídica intermediária, passando a ter direito a salário mínimo, férias anuais e cobertura previdenciária.(1402)

Outro ponto relevante no caso do Reino Unido, acentuado por Atkinson e Dhorajiwala, muito embora tido como secundário na decisão, foi o reconhecimento de que o tempo em que os motoristas ficam "logados" no aplicativo e disponíveis para fazer viagens é contado como tempo de serviço. É dizer, a decisão da Suprema Corte adotou a noção de tempo à disposição.(1403)

Conforme mencionado em tópico anterior (1.7), no Brasil, a jurisprudência que vem sendo construída no âmbito do Tribunal Superior do Trabalho é em sentido oposto, como se constata da decisão da 5ª Turma do TST, de 5.2.2020, no RR-1000123.89.2017.5.02.0038, relator Ministro Breno Medeiros, originário de São Paulo, TRT da 2ª Região.

A 5ª Turma do TST entendeu pela inexistência de vínculo de emprego entre os motoristas e o aplicativo de transportes Uber, tendo como principal fundamento a inexistência de onerosidade e subordinação, destacando que a Uber adota alto percentual sobre os valores pagos pelas viagens e recebidos pelos motoristas; isso exclui a onerosidade. O relator, Ministro Breno Medeiros, também afirmou haver flexibilidade de horário. Com isso, em decisão unânime, foi negada a existência de vínculo de emprego entre a Uber e o motorista, por ausência de subordinação.(1404)

(1401) BARZOTTO, Luciane Cardoso; MISKULIN, Ana Paula Silva Campos; BREDA, Lucieli. Condições transparentes de trabalho, informação e subordinação algorítmica nas relações de trabalho. In: CARELLI, Rodrigo de Lacerda; CAVALCANTI, Tiago Muniz; FONSECA, Vanessa Patriota da (Orgs.). *Futuro do trabalho:* os efeitos da revolução digital na sociedade. Brasília: ESMPU, 2020, p. 211-223.

(1402) UKSC THE SUPREME COURT. *Judgment Uber and others (Appellants) v Aslam and others (respondents).* Judgment given on 19 February 2021 Heard on 21 and 22 July 2020. Disponível em: <https://www.supremecourt.uk/cases/docs/uksc-2019-0029-judgment.pdf>. Acesso em: 20 dez. 2021.

(1403) ATKINSON, Joe; DHORAJIWALA. Hitesh. *After Uber:* Purposive Interpretation and the Future of Contract. UK Labor Law. April 1, 2021. Disponível em: <https://uklabourlawblog.com/2021/04/01/after-uber-purposive-interpretation-and-the-future-of-contract-by-joe-atkinson-and-hitesh-dhorajiwala/>. Acesso em: 20 dez. 2021.

(1404) BRASIL. Tribunal Superior do Trabalho. 5ª Turma. *Recurso de Revista n. 1000123.89.2017.5.02.0038.* Julgado em 5.2.2020. (2020h). Disponível em: <http://portal.stf.jus.br/processos/downloadPeca.asp?id=15346093193&ext=.pdf>. Acesso em: 20 dez. 2021.

Em 9.9.2020, a 4ª Turma do TST, sob a relatoria do Ministro Alexandre Luiz Ramos, reconhecendo a transcendência jurídica no AIRR 10575-88.2019.5.03.0003, também afastou o vínculo de emprego em processo originário de Minas Gerais, TRT da 3ª Região. Entendeu o TST que a relação entre o motorista e a Uber é de transportador autônomo, regida pela Lei n. 11.442, de 2007.[(1405)]

Em decisão recente da 4ª Turma, o TST voltou a negar a existência de vínculo de emprego entre a Uber e o motorista, chegando o Relator, Ministro Ives Gandra Filho, a afirmar que o trabalho por plataforma é uma oportunidade simples e rápida de obter renda. Apesar de o Tribunal utilizar argumentação aparentemente apropriada, mencionando expressões como economia de compartilhamento ou colaborativa, acolheu a tese da Uber de ampla autonomia do motorista de escolher dia, horário e forma de trabalho, ressaltando que o motorista pode desligar o aplicativo quando quiser, que a Uber é mera intermediadora na prestação do serviço de transporte e que esses traços determinam a ausência de subordinação e, portanto, do vínculo de emprego.

Em momentos de contradição, pode-se encontrar nos acórdãos referência a oportunidade de trabalho, sobretudo em tempo de pandemia da Covid-19, como consta expressamente no processo TST n. 10555-54.2019.5.03.0179, acórdão publicado em 5.3.2021.[(1406)]

Em 28.5.2021, na Subseção II do TST, Especializada em Dissídios Individuais, TutCautAnt – processo n. 1000825-67.2021.5.00.0000, figurando como requerente a Uber do Brasil Tecnologia Ltda. e requerido o Juízo da 80ª Vara do Trabalho do Rio de Janeiro, o Ministro Douglas Alencar Rodrigues concedeu tutela cautelar antecedente, afirmando haver possibilidade de riscos na realização de perícia nos algoritmos da Uber do Brasil Tecnologia Ltda. Adotou posição de proteção de "informações sigilosas, aparentemente fundamentais no segmento empresarial de atuação da Requerente, baseado em tecnologia digital".[(1407)]

Também o Corregedor-Geral da Justiça do Trabalho, Ministro Aloysio Silva Corrêa da Veiga, em sede de correição parcial – Processo n. 1000822-15.2021.5.00.0000, em 28.5.2021, determinou a suspensão de análise técnica pericial em algoritmo da empresa 99 Tecnologia

(1405) BRASIL. Tribunal Superior do Trabalho. 4ª T. *Agravo de Instrumento em Recurso de Revista n. 10575-88.2019.5.03.0003*. Pub. 11.9.2020. Disponível em: <https://tst.jusbrasil.com.br/jurisprudencia/925275204/agravo-de-instrumento-em-recurso-de-revista-airr-105758820195030003>. Acesso em: 20 dez. 2021. Ementa: AGRAVO DE INSTRUMENTO EM RECURSO DE REVISTA INTERPOSTO PELA RECLAMANTE. ACÓRDÃO REGIONAL PUBLICADO NA VIGÊNCIA DAS LEIS N. 13.015/2014 E 13.467/2017. PROCEDIMENTO SUMARÍSSIMO. RELAÇÃO DE EMPREGO. RECONHECIMENTO DE VÍNCULO. TRABALHADOR AUTÔNOMO. MOTORISTA. APLICATIVO. UBER. IMPOSSIBILIDADE. TRANSCENDÊNCIA JURÍDICA RECONHECIDA. NÃO PROVIMENTO.

(1406) BRASIL. Tribunal Superior do Trabalho. 4ª Turma. *Agravo de Instrumento em Recurso de Revista n. 10555-54.2019.5.03.0003. DJE 5.3.2021*. Disponível em: <http://www.tst.jus.br/processos-do-tst>. Acesso em: 20 dez. 2021.

(1407) BRASIL. Tribunal Superior do Trabalho. *Tutela cautelar antecedente processo n. 1000825-67.2021.5.00.000*. Disponível em: <https://pje.tst.jus.br/consultaprocessual/detalhe-processo/1000825-67.2021.5.00.0000/3#3b6642a>. Acesso em: 20 dez. 2021.

Ltda., em decisão monocrática que cassou decisão da 73ª Vara do Trabalho do Rio de Janeiro.(1408)

Conforme estudado no tópico 4.3, o julgamento do RR 100353-02.2017.5.01.0066, pela 3ª Turma do TST, da relatoria do Ministro Mauricio Godinho Delgado, quando este proferiu seu voto demonstrando presentes os elementos caracterizadores da relação de emprego, reconhecendo o vínculo laboral entre os motoristas e a Uber e afirmando incidir nos fatos o art. 6º da CLT,(1409) ressaltou que poucos países do mundo possuem legislação tão adequada e que se aplica como uma luva aos casos da uberização do trabalho. Entretanto, os ministros Alexandre de Souza Agra Belmonte e Alberto Luiz Bresciani de Fontan Pereira pediram vista e o julgamento foi suspenso.(1410)

O julgamento do RR 100353-02.2017.5.01.0066 foi retomado em 15.12.2021, sendo formada maioria na Turma com o voto do Ministro Alberto Luiz Bresciani de Fontan Pereira, reconhecendo o vínculo trabalhista, porque identificada claramente a subordinação desses trabalhadores de empresas como Uber, 99 e Cabify. Todavia, o Ministro Alexandre de Souza Agra Belmonte prorrogou seu pedido vista dos autos e o julgamento do processo foi novamente suspenso.(1411)

O caso foi concluído em 6.4.2022,(1412) quando foi refeito o *quorum*, sendo declarado o vínculo empregatício entre as Partes e determinado "o retorno dos autos ao Juízo da Vara

---

(1408) BRASIL. Tribunal Superior do Trabalho. *Correição parcial – processo n. 1000822-15.2021.5.00.0000*. Decisão: 28.5.2021, do Corregedor-Geral da Justiça do Trabalho – Ministro Aloysio Silva Corrêa da Veiga. Disponível em: <https://pje.tst.jus.br/consultaprocessual/detalhe-processo/1000822-15.2021.5.00.0000/3>. Acesso em: 20 dez. 2021.

(1409) BRASIL. Consolidação das Leis do Trabalho — CLT. *Decreto-lei n. 5.452, de 1º de maio de 1943*. Disponível em: <http://www.planalto.gov.br/ccivil_03/Decreto-lei/del5452.htm>. Acesso em: 20 dez. 2021. Art. 6o Não se distingue entre o trabalho realizado no estabelecimento do empregador, o executado no domicílio do empregado e o realizado a distância, desde que estejam caracterizados os pressupostos da relação de emprego. Parágrafo único: Os meios telemáticos e informatizados de comando, controle e supervisão se equiparam, para fins de subordinação jurídica, aos meios pessoais e diretos de comando, controle e supervisão do trabalho alheio.

(1410) BRASIL. Tribunal Superior do Trabalho. 3ª Turma. *Recurso de Revista n. 100353-02.2017.5.01.0066*. Julgamento suspenso em 2.12.2020. Disponível em: <http://www.tst.jus.br/processos-do-tst>. Acesso em: 20 dez. 2021.

(1411) *Idem*.

(1412) BRASIL. Tribunal Superior do Trabalho — TST. *Recurso de Revista – RR 100353-02.2017.5.01.0066*. Decisão: refeito o "quorum" e o relatório, em prosseguimento ao julgamento de 2.12.2020 e 15.12.2021, tendo o Exmo Ministro Alberto Luiz Bresciani de Fontan Pereira acompanhado o voto do Exmo. Ministro Relator, por maioria, vencido o Exmo. Ministro Alexandre de Souza Agra Belmonte, que juntará voto, conhecer do recurso de revista, por violação do art. 3º da CLT; e, no mérito, dar-lhe provimento para, reconhecendo o vínculo empregatício entre as Partes, determinar o retorno dos autos ao Juízo da Vara do Trabalho de origem para examinar os demais pedidos deduzidos pelo Reclamante daí decorrentes, articulados na petição inicial, como entender de direito. Tendo participado da sessão de julgamento do dia 15.12.2021, junta-se voto do Exmo. Ministro Alberto Luiz Bresciani de Fontan Pereira, convergente ao voto do Relator. Observação 1: compôs o "quorum" o Exmo. Ministro José Roberto Freire Pimenta, em conformidade com o art. 73, parágrafo único do RI/TST. Observação 2: a Dra. Vivian Simões Falcão Alvim de Oliveira, patrona da parte UBER DO BRASIL TECNOLOGIA LTDA. E OUTROS, esteve presente à sessão. Disponível em: <https://www.tst.jus.br/processos-do-tst>. Acesso em: 20 dez. 2021.

do Trabalho de origem para examinar os demais pedidos deduzidos pelo Reclamante daí decorrentes, articulados na petição inicial, como entender de direito".[1413]

Mesmo sem que a jurisprudência do Tribunal Superior do Trabalho — TST, sequer tenha sido uniformizada, definindo se existe ou não vínculo de emprego entre motoristas e empresas por aplicativo, como a Uber, isso por si só deixa evidente a competência absoluta da Justiça do Trabalho para conhecer e julgar a matéria. Entrementes, o STJ, no conflito de competência originário de Minas Gerais (CC 164.544-MG), baseado na tese da inexistência da relação de emprego entre motorista por aplicativo e plataforma digital de trabalho, em 28.10.2019, decidiu que a ação judicial promovida por motorista de Uber, por se tratar de trabalhador autônomo, deve ser endereçada à Justiça Comum, consoante acórdão da Segunda Seção do STJ, em que fora relator o Ministro Moura Ribeiro.[1414]

Esta decisão do STJ ignora a Constituição Federal de 1988, quando por intermédio da Emenda Constitucional n. 45, de 2004, atribuiu à Justiça do Trabalho a competência para conhecer e julgar as demandas envolvendo não apenas a relação de emprego, como também, e mais amplamente, a relação de trabalho (CF/88, art. 114, I). É provável que em breve o STF seja instado a resolver este conflito entre Tribunais Superiores (CF/88, art. 102, inciso I, letra "*o*").[1415]

5.7. O STF e o amesquinhamento da Justiça do Trabalho

Conforme estudado no capítulo 4, nem sempre a decisão judicial se dá pela mera subsunção dos fatos à norma, uma vez identificada sua validade em dado ordenamento jurídico,

---

(1413) BRASIL. Tribunal Superior do Trabalho — TST. Íntegra do acórdão no *Recurso de revista – RR 100353-02.2017.5.01.0066*. 3ª Turma do TST, relator Ministro Mauricio Godinho Delgado. Disponível em: <https://consulta-documento.tst.jus.br/consultaDocumento/acordao.do?anoProcInt=2019&numProcInt=288384&dtaPublicacaoStr=11/04/2022%2007:00:00&nia=7826446>. Acesso em: 20 dez. 2021.

(1414) BRASIL. Superior Tribunal de Justiça — STJ. 2ª Seção. *Conflito de Competência n. 164.544-MG*. Relator Ministro Moura Ribeiro. Julg. 28.10.2019. Disponível em: <https://processo.stj.jus.br/processo/revista/documento/mediado/?componente=ATC&sequencial=100496223&num_registro=201900799520&data=20190904&tipo=5&formato=PDF>. Acesso em: 20 dez. 2021. CONFLITO NEGATIVO DE COMPETÊNCIA. INCIDENTE MANEJADO SOB A ÉGIDE DO NCPC. AÇÃO DE OBRIGAÇÃO DE FAZER C.C. REPARAÇÃO DE DANOS MATERIAIS E MORAIS AJUIZADA POR MOTORISTA DE APLICATIVO UBER. RELAÇÃO DE TRABALHO NÃO CARACTERIZADA. SHARING ECONOMY. NATUREZA CÍVEL. COMPETÊNCIA DO JUÍZO ESTADUAL. 1. A competência ratione materiae, via de regra, é questão anterior a qualquer juízo sobre outras espécies de competência e, sendo determinada em função da natureza jurídica da pretensão, decorre diretamente do pedido e da causa de pedir deduzidos em juízo. 2. Os fundamentos de fato e de direito da causa não dizem respeito a eventual relação de emprego havida entre as partes, tampouco veiculam a pretensão de recebimento de verbas de natureza trabalhista. A pretensão decorre do contrato firmado com empresa detentora de aplicativo de celular, de cunho eminentemente civil. 3. As ferramentas tecnológicas disponíveis atualmente permitiram criar uma nova modalidade de interação econômica, fazendo surgir a economia compartilhada (sharing economy), em que a prestação de serviços por detentores de veículos particulares é intermediada por aplicativos geridos por empresas de tecnologia. Nesse processo, os motoristas, executores da atividade, atuam como empreendedores individuais, sem vínculo de emprego com a empresa proprietária da plataforma. 4. Compete a Justiça Comum Estadual julgar ação de obrigação de fazer c.c. reparação de danos materiais e morais ajuizada por motorista de aplicativo pretendendo a reativação de sua conta UBER para que possa voltar a usar o aplicativo e realizar seus serviços. 5. Conflito conhecido para declarar competente a Justiça Estadual.

(1415) BRASIL. *Constituição da República Federativa, de 5 de outubro de 1988*. Disponível em: <http://www.planalto.gov.br/ccivil_03/constituicao/constituicao.htm>. Acesso em: 20 dez. 2021.

ao modo de silogismo, com a premissa maior, a premissa menor e a conclusão. Nem sempre o direito escrito dá a resposta.

Algumas vezes torna-se necessária a atuação criativa do juiz, notadamente nos chamados casos difíceis, cuja solução pode se dar por ponderação de princípios, sopesando valores morais extraídos de normas autônomas encontradas no ordenamento jurídico, concretizados na maior medida possível,(1416) quando aplicados ao caso concreto diante das possibilidades fáticas e jurídicas presentes, mediante ponderação, como defende Robert Alexy, com base em Ronald Dworkin.(1417)/(1418)

Qual seria a decisão correta?(1419) Existe decisão correta, ou nas interpretações possíveis encontradas na moldura do direito escolhe-se a mais apropriada? Há uma "resposta hermeneuticamente adequada à Constituição",(1420)

Para Kelsen

> A questão de saber qual é, de entre as possibilidades que se apresentam nos quadros do Direito a aplicar, a "correta", não é sequer — segundo o próprio pressuposto de que se parte — uma questão de conhecimento dirigido ao Direito Positivo, não é problema da teoria do Direito, mas um problema de política do Direito. A tarefa consiste em obter, a partir da lei, a única sentença justa (certa) ou o único ato administrativo correto é, no essencial, idêntica à tarefa de quem se proponha, nos quadros da Constituição, criar as únicas leis justas (certas). Assim como da Constituição, através da interpretação, não podemos extrair as únicas leis corretas, tampouco podemos, a partir da lei, por interpretação, obter as únicas sentenças corretas.(1421)

Kelsen diferencia a vinculação à lei na atividade legislativa e na atividade judicial como sendo apenas quantitativa e não qualitativa, pois a vinculação do legislador sob o aspecto material é muito mais reduzida do que "a vinculação do juiz, que aquele é, relativamente, muito mais livre na criação do direito do que este. Mas também este último é um criador de Direito e também ele é, nesta função, relativamente livre".(1422)

(1416) ALEXY, Robert. *Teoría de los Derechos Fundamentales*. Madrid: Centro de Estúdios Políticos y Constitucionales, 2001. p. 29-34.

(1417) DWORKIN, Ronald. *Levando os Direitos a sério*. Tradução: Nelson Boeira. 3. ed. São Paulo: Martins Fontes, 2017. p. 127 e ss.

(1418) SILVA, Virgílio Afonso. Princípios e regras: mitos e equívocos acerca de uma distinção. *Revista Latino-Americana de Estudos Constitucionais*, n 1 (2003), p. 607-630. Disponível em: <https://constituicao.direito.usp.br/wp-content/uploads/2003-RLAEC01-Principios_e_regras.pdf>. Acesso em: 10 jan. 2022.

(1419) ALEXY, Robert. *Teoría de los Derechos Fundamentales. Madrid:* Centro de Estúdios Políticos y Constitucionales, 2001. p. 29-34.

(1420) STRECK, Lenio Luiz. *Verdade e consenso*. Constituição, hermenêutica e teorias discursivas. 6. ed. São Paulo: Saraiva, 2017. p. 361.

(1421) KELSEN, Hans. Teoria pura do direito. Tradução: João Baptista Machado. 8. ed. São Paulo: Editora WMF Martins Fontes, 2009, p. 393.

(1422) *Idem*.

Mas isso cria um problema, como demonstra Dworkin, pois confere poder discricionário para decidir e ainda aplicar retroativamente o novo direito. "Na verdade, porém, os juízes não deveriam ser e não são legisladores delegados". Ademais, os juízes não são eleitos.(1423)

O campo da "criatividade da função jurisdicional, ou seja, da produção do direito por obra dos juízes", com o objetivo de "verificar se o juiz é mero intérprete-aplicador do direito ou se participa, *lato sensu*, da atividade legislativa",(1424) foi objeto da reflexão de Mauro Cappelletti.

O autor afirma não existir "clara oposição entre interpretação e criação do direito". Trata-se de um reconhecimento que é intrínseco: "em todo ato de interpretação" há "certo grau de criatividade". Mas isso não se confunde com a afirmação de total liberdade do intéprete".(1425)

Pontua Cappelletti que:

> Mais cedo ou mais tarde, no entanto, como confirmou a experiência italiana e de outros países, os juízes deverão aceitar a realidade da transformada concepção do direito e da nova função do estado, do qual constituem também, afinal de contas, um ramo.
>
> (...)
>
> Esta é, portanto, poderosa causa da acentuação que, em nossa época, teve o ativismo, o dinamismo e, enfim, a criatividade dos juízes.(1426)

Para Jeremy Waldron, existe uma espécie de relutância curiosa, quase esnobe, de nem sequer considerar a legislação como uma forma de lei; uma insistência em afirmar que a legislação não é direito, mas uma espécide de arivista na cena jurídica. E que quando um juiz legisla "(se é isso que ele faz) tem, pelo menos, a gentileza de fingir que está descobrindo o que a lei era o tempo todo: ele não se apresenta explicitamente como legislador".(1427)

Não se nega, conforme tratado no tópico 2.4, a conflituosidade da sociedade complexa, o que leva à judicialização excessiva da vida, tampouco a grande quantidade de temas carreados ao Poder Judicário por ausência de consenso na arena política.(1428)

(1423) DWORKIN, Ronald. *Levando os Direitos a sério*. Tradução: Nelson Boeira. 3. ed. São Paulo: Martins Fontes, 2017. p. 127 e ss.

(1424) CAPPELLETTI, Mauro. *Juízes legisladores?* Tradução: Carlos Alberto Alvaro de Oliveira. Porto Alegre: Sergio Antonio Fabris Editor, 1993. reimp. 1999, p. 13.

(1425) *Ibidem*, p. 23.

(1426) *Ibidem*, p. 42.

(1427) WALDRON, Jeremy. *A dignidade da legislação*. Tradução: Luís Carlos Borges. Revisão Marina Appenzeller. São Paulo: Martins Fontes, 2003. p. 12-14.

(1428) Este tema foi objeto de importante parte da pesquisa, merecendo a publicação de artigo tratando do acesso à justiça, cidadania e de como os meios consensuais de solução e prevenção de conflitos podem restaurar os laços comunitários, escrito em conjunto com o orientador, Prof. Dr. Sergio Torres Teixeira. *Vide*: IVO, Jasiel; TEIXEIRA, Sergio

O ativismo judicial difere da judicialização e é importante, sobretudo na direção contramajoritária dos atos normativos do Parlamento e políticas restritivas do Poder Executivo, assegurando o direito de minorias não representadas, por exemplo.

Mas ativismo judicial também são decisões do Poder Judiciário que não seguem diretrizes claras, supostamente em busca de estabelecer consenso em certos temas, quando a Corte serve de árbitro no jogo democrático, sem conservar a distância necessária. Ao contrário, o STF muitas das vezes tem modificado o consenso vertido nas leis e na Constituição, a ponto de autorizar qualquer tipo de prática, como conclui John Hart Ely em Democracia e desconfiança.(1429)

Não se sabe como o STF irá decidir as matérias aqui mencionadas, como as possíveis fraudes de empresas de representação comercial, com presunção de que será sempre trabalho autônomo e, portanto, contratos lícitos; de motoristas por aplicativos, que, como mencionado, o Superior Tribunal de Justiça — STJ, possivelmente animado pelas decisões do Tribunal Superior do Trabalho — TST, ao negar qualquer vínculo trabalhista, em seu dever de resolver conflitos de competência entre juízes vinculados a tribunais diversos (CF 88, art. 105, I, *"d"*), entendeu que o vínculo existente entre os motoristas e a Uber não caracteriza relação de trabalho, sendo de natureza cível — decorrente da *sharing economy* —, firmando a competência da Justiça Comum.(1430)

A cada dia que passa, o STF asfixia um pouco mais a Justiça do Trabalho e, por consequência, dificulta o exercício e a efetividade dos próprios direitos dos trabalhadores.

Utiliza-se como exemplo capaz de confirmar tal afirmação a decisão monocrática do Ministro Gilmar Mendes, em sede de Recurso Extraordinário com agravo contra decisão de inadmissibilidade de Recurso Extraordinário, formalizado em face de acórdão do Tribunal Superior do Trabalho, decisão datada de 10.9.2021, entendendo o STF que empresa integrante de grupo econômico não pode ser executada se não participou da fase processual de conhecimento.

O Ministro Gilmar Mendes, após recomendar que o TST revisitasse a sua orientação jurisprudencial, afirmou expressamente que desde 2003, com o cancelamento da Súmula n. 205

Torres. *Acesso à justiça e cidadania:* de como os meios consensuais de solução e prevenção de conflitos podem fortalecer a cidadania e restaurar os laços comunitários. Revista da Faculdade de Direito de Universidade Federal de Goiás. v. 45, n. 2 (2021). Disponível em: <https://www.revistas.ufg.br/revfd/article/view/68261/38065>. Acesso em: 28 dez. 2021.

(1429) ELY, John Hart. *Democracia e desconfiança:* uma teoria do controle da constitucionalidade das leis. Trad. Juliana Lemos. São Paulo: WMF Martins Fontes, 2010.

(1430) BRASIL. Superior Tribunal de Justiça. 2ª Seção. *Conflito de Competência n. 164.544-MG*. Julg. 28.10.2019. Disponível em: <https://processo.stj.jus.br/processo/revista/documento/mediado/?componente=ATC&sequencial=100496223&num_registro=201900799520&data=20190904&tipo=5&formato=PDF>. Acesso em: 28 dez. 2021.

do TST,[1431] "há uma situação complexa e delicada na perspectiva do devido processo legal, do contraditório e da ampla defesa no que toca aos processos trabalhistas".[1432]

Ocorre que, no caso mencionado, a Corte Trabalhista não conheceu de recurso de revista em processo de execução em que houve o reconhecimento de responsabilidade solidária de empresa integrante de grupo econômico, em razão de obrigações decorrentes da relação de emprego, entendendo não ter havido violação direta de preceito de natureza constitucional, de acordo com a Súmula n. 266.[1433]

Muito embora a Lei n. 13.467, de 2017, tenha incluído na Consolidação das Leis do Trabalho — CLT o incidente de desconsideração de personalidade jurídica, acrescentando o art. 855-A, que remete aos arts. 133 a 137 do Código de Processo Civil — CPC, diante da nova redação dada ao § 2º e da inserção do § 3º, no art. 2º da CLT, pela mesma lei da reforma trabalhista, para a configuração de grupo econômico exige-se "a demonstração do interesse integrado, a efetiva comunhão de interesses e atuação conjunta de empresas dele integrantes", parecendo certo que nos processos envolvendo períodos anterior e posterior à lei mostrou-se indiscutível a possibilidade de configuração do grupo econômico por coordenação, ainda que não houvesse subordinação entre as empresas, tornando, nesses casos, desnecessário no processo do trabalho o IDPJ.

Foi o que decidiu o TST.[1434]

O Ministro Gilmar Mendes afirmou que a decisão do TST afronta o devido processo legal, a ampla defesa e o contraditório, viola a cláusula de reserva de plenário estabelecida no art. 97 da CF/88 e a Súmula Vinculante n. 10 do STF.[1435]

(1431) BRASIL. Tribunal Superior do Trabalho — TST. *Súmula n. 205 do TST*: "GRUPO ECONÔMICO. EXECUÇÃO. SOLIDARIEDADE (cancelada) - Res. n. 121/2003, DJ 19, 20 e 21.11.2003. O responsável solidário, integrante do grupo econômico, que não participou da relação processual como reclamado e que, portanto, não consta no título executivo judicial como devedor, não pode ser sujeito passivo na execução". Disponível em: <https://www3.tst.jus.br/jurisprudencia/Sumulas_com_indice/Sumulas_Ind_201_250.html#SUM-205>. Acesso em: 28 dez. 2021.

(1432) BRASIL. Supremo Tribunal Federal — STF. *Recurso Extraordinário com Agravo regimental n. 1.160.361-SP*. Relator Ministro Gilmar Mendes. Disponível em: <https://portal.stf.jus.br/processos/detalhe.asp?incidente=5544613>. Acesso em: 28 dez. 2021.

(1433) BRASIL. Tribunal Superior do Trabalho — TST. *Súmula n. 266 do TST*. Disponível em: <https://www3.tst.jus.br/jurisprudencia/Sumulas_com_indice/Sumulas_Ind_251_300.html#SUM-266>. Acesso em: 28 dez. 2021. RECURSO DE REVISTA. ADMISSIBILIDADE. EXECUÇÃO DE SENTENÇA (mantida) - Res. n. 121/2003, DJ 19, 20 e 21.11.2003. A admissibilidade do recurso de revista interposto de acórdão proferido em agravo de petição, na liquidação de sentença ou em processo incidente na execução, inclusive os embargos de terceiro, depende de demonstração inequívoca de violência direta à Constituição Federal.

(1434) BRASIL. Tribunal Superior do Trabalho — TST. RR-68200-34.2008.5.02.0055, 8ª Turma, relatora Ministra Dora Maria da Costa, *DEJT* 28.6.2019. Disponível em: <http://www.tst.jus.br/processos-do-tst>. Acesso em: 28 dez. 2021. RECURSO DE REVISTA. APELO INTERPOSTO NA VIGÊNCIA DA LEI N. 13.015/2014. EXECUÇÃO. NÃO COMPROVAÇÃO DE VIOLAÇÃO DIRETA DE PRECEITO DE NATUREZA CONSTITUCIONAL. Não se conhece de Recurso de Revista, em processo de execução, quando não demonstrada violação direta de dispositivo de natureza constitucional. Aplicação do disposto no art. 896, § 2º, da CLT e na Súmula n. 266 do TST. Recurso de Revista não conhecido.

(1435) Decisão monocrática na íntegra.

Ora, interpretar o comando normativo diante da situação fática e afirmar que a decisão do TST ignorou o § 5º do art. 513 do CPC, segundo o qual "o cumprimento da sentença não poderá ser promovido em face do fiador, do coobrigado ou do corresponsável que não tiver participado da fase de conhecimento",(1436) valendo-se do argumento de que o dispositivo deve ser "lido em conjunto com o art. 15 do mesmo diploma legal, que, por sua vez, dispõe sobre a aplicabilidade da legislação processual na ausência de normas que regulem processos eleitorais, trabalhistas ou administrativos",(1437) é ignorar intencionalmente que não se está diante de qualquer omissão legislativa, seja ela normativa, axiológica ou ontológica.(1438)(1439)

A CLT não é omissa, pois possui regra expressa no art. 2º, §§ 2º e 3º, não havendo qualquer razão para aplicar o CPC no processo do trabalho no caso trazido à baila, seja aplicação supletiva ou subsidiária.

Afinal, a Constituição Federal no art. 1º, nos incisos II e III, estabelece como princípios fundantes da República Brasileira a valorização do trabalho e a dignidade da pessoa humana, inafastáveis no trato do acesso ao Judiciário contra lesão ou ameaça a direito.

Assim, preconiza a Constituição Federal da República Brasileira de 1988, no Título "Dos Direitos e Garantias Fundamentais", no *caput* do art. 5º, e no inciso XXXV, a igualdade de todos perante a lei, sem distinção de qualquer natureza, garantindo-se aos brasileiros e aos estrangeiros residentes no país a inviolabilidade do direito à vida, à liberdade, à igualdade, à segurança e à propriedade, e que a lei não excluirá da apreciação do Poder Judiciário lesão ou ameaça a direito.

Este dispositivo revela e consagra o princípio constitucional do acesso à justiça e à efetividade da tutela jurisdicional, sendo oportuno citar o clássico da literatura jurídica de Cappelletti e Garth,(1440) e as ondas que dão corpo ao princípio do acesso ao Poder Judiciário. Todo esse esforço normativo e providências estatais homenageiam o princípio da dignidade da pessoa humana, nos termos do art. 1º, inciso III, da Constituição Federal de 1988, e os Direitos de Cidadania, consagrados mais remotamente na Declaração Universal dos Direitos do Homem e do Cidadão, os Direitos Humanos de 1789.

Não seria demais relembrar que a Constituição Federal no art. 7º assegura os direitos dos trabalhadores urbanos e rurais, além de outros que visem à melhoria de sua condição social.

A República brasileira tem por finalidade construir uma sociedade livre, justa e solidária, erradicar a pobreza, diminuir as desigualdades sociais e promover o bem de todos, sem

---

(1436) BRASIL. Código de Processo Civil. *Lei n. 13.105, de 16 de março de 2015*. Disponível em: <http://www.planalto.gov.br/ccivil_03/_ato2015-2018/2015/lei/l13105.htm>. Acesso em: 28 dez. 2021.

(1437) Decisão monocrática na íntegra.

(1438) DINIZ, Maria Helena. *Compêndio de introdução à ciência do direito*. 2. ed. São Paulo: Saraiva, 1989. p. 399-400.

(1439) DINIZ, Maria Helena. *As lacunas no direito*. 3. ed. São Paulo: Saraiva, 1995. p. 87-91.

(1440) CAPPELLETTI, Mauro. GARTH, Bryant. *Acesso à Justiça*. Sergio Antonio Fabris Editor, 1988.

nenhuma forma de discriminação, consoante princípios estampados nos incisos de I a IV do art. 3º da CF/88.

A interpretação da lei exige a observação da Constituição, de onde retira seu fundamento de validade. Kelsen, ao tratar sobre a função da Constituição, menciona a hierarquia das normas e destaca que a essência da Constituição reside justamente na regulação de criação de normas, de modo que a norma superior sempre fundamenta a validade da norma inferior.(1441)

As decisões do STF de retirar da competência da Justiça do Trabalho e remeter à Justiça Comum matérias como contratos temporários desvirtuados, demissões de empregados celetistas e contratos nulos com a administração pública, afirmam expressamente que a simples presença do ente público num dos polos do processo já define a competência da Justiça Comum, seja estadual ou federal. Restringem o alcance do disposto na Constituição Federal de 1988, que privilegia no art. 114 a competência material absoluta da Justiça do Trabalho, enquanto o STF gradativamente impõe em sua jurisprudência a competência em razão da pessoa, numa distorção incompreensível, tanto do ângulo processual quanto constitucional.

Tomando por base a lição de Arturo Hoyos, as matérias mencionadas neste tópico, no Brasil, são de competência absoluta da justiça do Trabalho:

> A exigência do juiz predeterminado por lei exclui o julgamento por tribunais especialmente constituídos para um processo específico. (Tradução livre)(1442)

Também as decisões de turmas do TST que negam a existência de relação de trabalho entre motoristas por aplicativo e plataformas digitais como Uber e 99 — a decisão do STJ, que em sede de conflito negativo de competência, determinou que a ação judicial promovida por motorista de Uber em face da empresa, tratando-se de trabalhador autônomo –, devem ser endereçadas à Justiça Comum.

Essas decisões possuem potencial de causar situações contraditórias, pois haverá situação de fraude contratual em que a causa de pedir — próxima e remota — deveria firmar a competência absoluta da Justiça do Trabalho, mas levará ao inusitado pedido de descaracterização de vínculo de natureza comercial e ao reconhecimento de relação de emprego entre trabalhador e empresa perante a Justiça Comum.

No sistema constitucional brasileiro, como de resto em qualquer democracia moderna ambientada no Estado de Direito, os atos emanados do Poder Legislativo são passíveis de

---

(1441) KELSEN, Hans. La Función de la Constitución. *Revista Electrónica del Instituto del Investigaciones "Ambrosio L. Gioja"*. Año IV, Número 5, Buenos Aires, 2010, p. 150-157.

(1442) HOYO, Arturos. La garantia constitucional del debido proceso legal (art. 32 de la Constitución política). *Revista de Processo*, vol. 47, ano 1987, p. 43-91, jul./set. 1987. La exigencia del juez predeterminado por la ley excluye el juzgamiento por tribunales especialmente constituidos para un proceso determinado.

controle de constitucionalidade pelo Poder Judiciário, a quem cabe a guarda da Constituição, mas o que vêm demonstrando as decisões do STF aqui estudadas é o aprofundamento da reforma trabalhista.

Glauco Salomão Leite e Estefânia Maria de Queiroz Barboza anotam que "com o turbulento processo de *impeachment* da Ex-Presidente Dilma Rousseff, viu-se uma significativa reorientação da agenda política e econômica do país sob a presidência de Michel Temer, adotando princípios e diretrizes neoliberais". Acentuam que a reforma trabalhista da Lei n. 13.467/2017, "sob o argumento de estimular negociações diretas entre empregos e empregadores com menor interferência estatal, tem diminuído a proteção dos trabalhadores nas relações de emprego, além de ter promovido uma diminuição no papel da Justiça do Trabalho na tutela de direitos trabalhistas".(1443)

Um dos papéis mais importantes de qualquer Suprema Corte é justamente o contramajoritário, suficiente para impedir que o Parlamento aprove normas discriminatórias contra minorias ou simplesmente esmague seus opositores ou quem quer que seja.

Uma coisa resta clara: nas decisões mencionadas, o STF tem dado interpretação conforme a Constituição, elevando o sentido de cláusula pétrea além do que permite o texto constitucional, ao limitar, desmesuradamente, o exercício do poder constituinte derivado.

Cabe, assim, uma derradeira advertência, feita por Canotilho: "Como diz Dworkin, o direito — e, desde logo, o direito constitucional — descobre-se, mas não se inventa".(1444)

(1443) LEITE, Glauco Salomão; BARBOZA, Estefânia Maria de Queiroz. Entre o entusiasmo e o mal-estar constitucional: diferentes papéis da jurisdição constitucional na proteção de direitos sociais em três décadas de constitucionalismo instável. *Revista Brasileira de Direitos Fundamentais & Justiça*, Belo Horizonte, ano 15, n. 45, p. 533-561, jul./dez. 2021. Disponível em: <https://dfj.emnuvens.com.br/dfj/article/view/1042>. Acesso em: 29 mar. 2022.

(1444) CANOTILHO, J. J. Gomes. *Direito constitucional e teoria da Constituição*. 7. ed. (20. reimp). Coimbra: Almedina, 2018. p. 1.201-1.202.

Conclusão

O veículo de introdução da reforma trabalhista no ordenamento jurídico brasileiro foi a Lei n. 13.467, de 13 de julho de 2017, resultado de um processo legislativo em que a maioria parlamentar, valendo-se de ambiente político desfavorável aos trabalhadores, propalou a narrativa da necessidade de modernizar e flexibilizar as relações trabalhistas, visando superar o modelo industrial e adequar a lei à realidade hodierna, em que prevalece o comércio varejista e o terceiro setor, o dos serviços, sobretudo das pequenas e médias empresas.

O argumento de urgência nas mudanças levou ao atropelo da indispensável discussão do tema no parlamento pela força da maioria, esmagando qualquer possibilidade de maior reflexão sobre a lei.

Em síntese, no plano do direito material, alegou-se que a reforma simplificaria as relações de trabalho, dando maior liberdade contratual, e, por consequência, seria capaz de gerar novos empregos e postos de trabalho, reativando a economia do País e propiciando uma melhor circulação da riqueza.

No plano do direito processual, argumentou-se a excessiva litigiosidade em matéria trabalhista, lides temerárias, frívolas e aventureiras, passando o processo do trabalho, a partir da reforma de 2017, a impor barreiras de contenção ao número de ações ajuizadas na Justiça do Trabalho, quando se alegou a necessidade da postulação responsável.

Afirmou-se que esse desiderato reformador do processo do trabalho seria alcançado mediante a exigência de maiores rigores formais na petição inicial, além do encarecimento do processo, como a responsabilidade pelo pagamento de custas judiciais em caso de arquivamento de ação por ausência do reclamante à audiência, o pagamento de honorários periciais na hipótese de derrota na prova técnica e o pagamento de honorários advocatícios sucumbenciais, ainda que a parte se encontre assistida pelos benefícios da gratuidade de justiça, o que realizaria a postulação responsável.

Assim, buscou-se responder às seguintes perguntas:

— O que causou a importante mudança nos números de ajuizamento de ações perante a Justiça do Trabalho a partir de janeiro de 2018?

— As relações de trabalho tornaram-se menos conflituosas após a reforma trabalhista de 2017?

A relação jurídica de direito material que enlaça o trabalhador e o tomador dos seus serviços, na maioria das vezes empregador, tem por base a indisfarçável distância entre o poder aquisitivo de um e do outro, pelo que se convenciona falar em hipossuficiência econômica do trabalhador ou empregado.

Para mitigar essas desigualdades identificadas no plano social, no ambiente processual, a Constituição Federal de 1988 estabeleceu a igualdade substancial, que se realiza com a assistência judiciária integral e gratuita, prestada pelo Estado, nos termos do art. 5º, inciso LXXIV.

No âmbito do processo do trabalho, a CLT estabeleceu no art. 790, § 3°, que "é facultado aos juízes, órgãos julgadores e presidentes dos tribunais do trabalho de qualquer instância conceder, a requerimento ou de ofício, o benefício da justiça gratuita, inclusive quanto a traslados e instrumentos, àqueles que perceberem salário igual ou inferior a 40% (quarenta por cento) do limite máximo dos benefícios do Regime Geral de Previdência Social".

Concedido ao trabalhador tal benefício, este deve ser integral, destacando-se a gratuidade do processo no que diz respeito à cobrança de custas judiciais. Todavia, preferiu o legislador modificar esse método e passou a exigir o pagamento de custas, quando o reclamante der causa ao arquivamento do processo, que agora passa a ser "condição para propositura de nova demanda" (§ 3º do art. 844 da CLT, incluído pela Lei n. 13.467, de 2017). As custas são exigidas pelo Estado, o mesmo que assegura a gratuidade do inciso LXXIV do art. 7º, da CF de 1988, revelando-se igualmente irrazoável o argumento de que somente serão cobradas se não se comprovar motivo legalmente justificável.

Portanto, a causa da importante queda no número de ações trabalhistas identificada a partir de janeiro de 2018 não guarda qualquer relação com a diminuição de conflitos entre trabalhadores e empregadores, menos ainda implica que esteja desaparecendo o traço da conflituosidade na sociedade brasileira ou que os direitos materiais trabalhistas estejam sendo obedecidos pelas empresas.

A tese sustentada é que a reforma trabalhista de 2017, no que diz respeito ao Direito Processual do Trabalho, alterou normas procedimentais com o claro objetivo de dificultar o acesso à justiça pelos cidadãos trabalhadores brasileiros, impedindo a materialização de seus direitos sociais.

A exigência formal de que o pedido deverá ser certo, determinado e com indicação do valor correspondente é o primeiro e sério motivo para a constatada diminuição no número de ações ajuizadas na Justiça do Trabalho.

A expressiva queda no número de ações ajuizadas tem sido sentida nas unidades judiciárias de primeira instância da Justiça do Trabalho em todos os Tribunais Regionais do Trabalho.

Nesse sentido, o processo constitucional legislativo violou o devido processo legal em sua dimensão substantiva, porquanto agrediu direitos fundamentais assegurados na Constituição Federal de 1988, mais precisamente o art. 5º, incisos XXXV e LXXIV.

A reforma de 2017 viola garantias constitucionais quando restringe a ampla assistência judiciária assegurada aos necessitados na Constituição Federal de 1988, sendo certo afirmar também que viola a universalidade de acesso à Justiça e o devido processo legal, tanto no sentido material (*substantive due process*) quanto no processual (*procedural due process*).

A pesquisa foi feita a partir da compreensão do devido processo legal, em sua dimensão substantiva, quando foram analisados os reflexos da reforma quanto ao acesso à justiça, numa abordagem à luz da Constituição Federal de 1988, e também com a preocupação de compreender o Direito como sistema, dentro da moldura do Estado Democrático de Direito.

O devido processo legal substantivo não pode ser obstado, reduzindo o processo legal apenas a garantias formais. O devido processo legal tem como principal destinatário o legislador, que formando maioria não pode esmagar as minorias e subtrair os seus direitos.

Conforme estudado no segundo capítulo, tais dispositivos consagram o princípio constitucional do acesso à justiça e à efetividade da tutela jurisdicional, num esforço normativo para homenagear o princípio da dignidade da pessoa humana, nos termos do art. 1º, inciso III, da Constituição Federal de 1988, assim como os Direitos de Cidadania, consagrados mais remotamente na Declaração Universal dos Direitos do Homem e do Cidadão, a saber, os Direitos Humanos de 1789.

Como demonstração pragmática dessas afirmações, foi feita pesquisa empírica analisando os dados da Coordenadoria de estatísticas e pesquisa do Tribunal Superior do Trabalho, demonstrando a abrupta queda no número de reclamações trabalhistas no âmbito do Tribunal Regional do Trabalho — TRT da 19ª Região e no âmbito de toda a Justiça do Trabalho no Brasil, consoante gráficos, planilhas e argumentos sustentados no capítulo 4, item 4.11.

Findo o ano de 2021 e apurados os dados de acordo com o recorte temporal proposto, é inegável que a redução no número de ações ajuizadas na Justiça do Trabalho evidencia que as mudanças no processo do trabalho introduzidas pela Lei n. 13.467, de 2017, são elementos inibidores do acesso à jurisdição, restando confirmada esta hipótese.

Para essa conclusão, fez-se em análise estatística o cotejo com outra reforma, a da mencionada Lei n. 9.957, de 12 de janeiro de 2000, que acrescentou os arts. 852-A a 852-I à Consolidação das Leis do Trabalho — CLT, criando o procedimento sumaríssimo no âmbito da Justiça do Trabalho. Esta também passou a exigir a formulação de pedido certo ou determinado e a indicação do valor correspondente, sendo mencionados outros momentos de crises econômicas enfrentadas pelo país, sem que os números de ajuizamento de ações tivessem caído tão abrupta e substancialmente quanto os relativos à reforma trabalhista de julho de 2017.

Noutro plano, demonstrou-se a violação do devido processo legal substancial, não podendo o Poder Legislativo criar lei que viola a razoabilidade e a proporcionalidade. Torna-se evidente que a conjuntura política hegemônica em defesa dos interesses econômicos e empresariais impôs aos trabalhadores gravames processuais não equânimes no ordenamento jurídico brasileiro. É bastante comparar com dispositivos no Código de Processo Civil aplicáveis às pessoas naturais. Ademais, agrediu o princípio do amplo e universal acesso à justiça.

O legislador também está submetido aos limites do devido processo legal, não podendo criar e editar normas que impeçam ou dificultem o acesso à justiça, consoante garantia constitucional de que "a lei não excluirá da apreciação do Poder Judiciário lesão ou ameaça a direito".

O trabalho humano não pode merecer o mesmo tratamento que se dá às mercadorias, e não deveria ser passível de oferta, compra e venda de mão de obra, conforme estabelece a Constituição da Organização Internacional do Trabalho — Declaração de Filadélfia (OIT, 1944), documento que o Brasil ratificou em 1948, além dos princípios estampados na Constituição Federal de 1988, que asseguram a dignidade da pessoa humana e o valor social do trabalho, tão claramente delineados no art. 1º, incisos III e IV.

Em busca de respostas ao problema apresentado, a Constituição Federal no art. 1º, nos incisos II, III e IV, estabelece como princípios fundantes da República Brasileira a valorização do Trabalho e a cidadania, a dignidade da pessoa humana e os valores sociais do trabalho e da livre-iniciativa, inafastáveis no trato do acesso à justiça contra lesão ou ameaça a direito.

Preconiza a Constituição Federal da República Brasileira de 1988, no Título "Dos Direitos e Garantias Fundamentais", no Capítulo "Dos Direitos e Deveres Individuais e Coletivos: Art. 5º Todos são iguais perante a lei, sem distinção de qualquer natureza, garantindo-se aos brasileiros e aos estrangeiros residentes no País a inviolabilidade do direito à vida, à liberdade, à igualdade, à segurança e à propriedade, nos termos seguintes: (...) Inciso XXXV – a lei não excluirá da apreciação do Poder Judiciário lesão ou ameaça a direito";

Esse dispositivo revela e consagra o princípio constitucional do acesso à justiça e à efetividade da tutela jurisdicional, que se complementa por meio do princípio do devido processo legal (CF/1988, art. 5º, inciso LIV – "ninguém será privado da liberdade ou de seus bens sem o devido processo legal;").

Seguindo na mesma linha, o inciso LXXIV ainda do art. 5º da Constituição Federal prescreve que "o Estado prestará assistência jurídica integral e gratuita aos que comprovarem insuficiência de recursos".

A reforma trabalhista de 2017 atacou precisamente o acesso à justiça quando, em direção frontalmente contrária às ondas renovadoras do acesso à justiça, afastou os trabalhadores, sobretudo os mais pobres, do acesso à Justiça, passando a impor o ônus de pagar custas processuais na hipótese de dar causa ao arquivamento da reclamação trabalhista por ausência à audiência, ficando condicionado o ajuizamento de outra ação ao pagamento destas custas. O pagamento de honorários advocatícios e honorários periciais sucumbenciais, ainda que a parte se encontre protegida pelos benefícios da justiça gratuita, induvidosamente torna estreita essa porta.

A tese defendida neste livro, como resultado da pesquisa no curso de Doutorado em Direito – PPGD – UNICAP, é a de que a Lei n. 13.467, 13 de julho de 2017, quando acrescentou à Consolidação das Leis do Trabalho — CLT os arts. 790-B, *caput* e § 4º, 791-A,

§ 4º e modificou o art. 844, acrescentando a este o § 2º, violou as garantias constitucionais dos incisos XXXV e LXXIV da Constituição Federal de 1988. Estes asseguram que "a lei não excluirá da apreciação do Poder Judiciário lesão ou ameaça a direito" e que "o Estado prestará assistência jurídica integral e gratuita aos que comprovarem insuficiência de recursos".

Desta forma, a cobrança de honorários periciais e honorários advocatícios sucumbenciais, bem assim a de custas judiciais em processo a que o autor deu causa ao arquivamento por ausência à audiência, ainda que beneficiário da justiça gratuita, configuram flagrante a incompatibilidade da norma infraconstitucional com a norma fundamental. Deve a Suprema Corte reconhecer a clara violação da Lei n. 13.467, de 2017, às garantias constitucionais do acesso à justiça e gratuidade para aquele que goza dos benefícios da justiça gratuita.

Não pode a Lei n. 13.467, de 2017, opor óbices ao acesso à justiça, seja dificultando com excessos de formalismos, seja encarecendo o custo do processo, seja incutindo temor, pois o elenco de direitos sociais dos trabalhadores estabelecidos nos arts. 6º e 7º da Constituição Federal de 1988 estão materializados e demandam realização, tratando-se de direitos com relevância social e jurídica que — assim como qualquer espécie de direito que sirva para conferir efetividade às normas constitucionais — não podem ser obstados pela lei.

O direito fundamental de acesso à justiça deve ser efetivamente assegurado, sob pena de a reforma trabalhista de 2017 servir como óbice à realização do Direito Material do Trabalho.

Além disso, a Lei n. 13.467, 13 de julho de 2017, modificou o § 1º e acrescentou o § 3º ao art. 840 da Consolidação das Leis do Trabalho — CLT, passando a exigir como requisito da petição inicial que o pedido seja certo, determinado e com indicação de seu valor, levando o Conselho Federal da Ordem dos Advogados da Brasil — CFOAB a ajuizar, em 31.8.2018, a ADI n. 6.002, que está sob a relatoria do Ministro Ricardo Lewandowski.

O papel do STF, de guardião da Constituição, foi plenamente cumprido ao julgar a ADI n. 5.766-DF, ajuizada pelo Procurador-Geral da República em 28.8.2017, superando o voto do Ministro Relator Luís Roberto Barroso, lançado em 10.5.2018, para quem "1. O direito à gratuidade de justiça pode ser regulado de forma a desincentivar a litigância abusiva, inclusive por meio da cobrança de custas e de honorários a seus beneficiários. 2. A cobrança de honorários sucumbenciais do hipossuficiente poderá incidir: (i) sobre verbas não alimentares, a exemplo de indenizações por danos morais, em sua integralidade; e (ii) sobre o percentual de até 30% do valor que exceder ao teto do Regime Geral de Previdência Social, mesmo quando pertinente a verbas remuneratórias. 3. É legítima a cobrança de custas judiciais, em razão da ausência do reclamante à audiência, mediante prévia intimação pessoal para que tenha a oportunidade de justificar o não comparecimento".

Com voto discordante do relator, o Ministro Edson Fachin abriu divergência, propondo o julgamento integralmente procedente da ação. Após esse voto, o Ministro Luiz Fux pediu vistas antecipadas dos autos, devolvendo o processo em 30.6.2021, sendo a ADI finalmente julgada pelo Plenário do STF no dia 20.10.2021, sendo o acórdão publicado do Diário Eletrônico da Justiça em 3.5.2022.

A Corte analisou e constatou a ausência de razoabilidade e de proporcionalidade quando julgou a ação parcialmente procedente, minimizando os efeitos deletérios da Lei n. 13.467, de 2017, para declarar inconstitucionais os arts. 790-B, *caput* e § 4º, e art. 791-A, § 4º, da Consolidação das Leis do Trabalho (CLT), ficando a União como responsável pelo pagamento dos honorários periciais devidos pelo beneficiário da justiça gratuita derrotado na prova técnica, uma vez que o STF extirpou do ordenamento jurídico o todo o *caput* do art. 791-A e seu § 4º, que dispunham, respectivamente: "A responsabilidade pelo pagamento dos honorários periciais é da parte sucumbente na pretensão objeto da perícia, ainda que beneficiária da justiça gratuita" e "Somente no caso em que o beneficiário da justiça gratuita não tenha obtido em juízo créditos capazes de suportar a despesa referida no *caput*, ainda que em outro processo, a União responderá pelo encargo".

De consequência, quanto aos honorários periciais, não é mais possível perseguir créditos do trabalhador derrotado na prova técnica e beneficiado pela justiça gratuita, obtidos em juízo, ainda que encontrados em outro processo, capazes de suportar a despesa da prova pericial.

Em relação ao § 4º do art. 791-A da Consolidação das Leis do Trabalho — CLT, a decisão do STF na ADI n. 5.766-DF, declarou a inconstitucionalidade da expressão "desde que não tenha obtido em juízo, ainda que em outro processo, créditos capazes de suportar a despesa". Conclui-se que, quanto aos honorários advocatícios, é possível a condenação do beneficiário da justiça gratuita sucumbente no processo, "fixados entre o mínimo de 5% e o máximo de 15% sobre o valor que resultar da liquidação da sentença, do proveito econômico obtido ou, não sendo possível mensurá-lo, sobre o valor atualizado da causa". Mas dele não se pode exigir o pagamento da verba enquanto perdurar a condição suspensiva de exigibilidade. É dizer, salvo se o credor comprovar que a situação de hipossuficiência econômica deixou de existir, dentro do prazo de dois anos após o trânsito em julgado da decisão, extinguindo-se, passado esse prazo, tal obrigação do beneficiário da justiça gratuita.

Destaca-se que a situação de hipossuficiência econômica que autorizou a concessão do benefício da gratuidade de justiça não cessa pelo simples fato de ser vencedor no processo, o que "seria uma presunção absoluta da lei", o que, no entender do Ministro Alexandre de Moraes, redator do acórdão, "fere a razoabilidade e o art. 5º, XXIV".

A inconstitucionalidade dos dispositivos da CLT foi declarada por violação da previsão constitucional da obrigação do Estado prestar assistência judiciária integral e gratuita aos que comprovarem insuficiência de recursos, estampada no inciso LXXIV do art. 5º da CF/1988.

A decisão do STF resguarda o acesso à justiça, consoante previsão constitucional do art. 5º, inciso XXV, de que "a lei não excluirá da apreciação do Poder Judiciário lesão ou ameaça a direito", afastando por inconstitucionalidade a responsabilidade de pagamento de honorários periciais e honorários advocatícios da parte sucumbente, ainda que beneficiária da justiça gratuita, bem como realiza a garantia constitucional do devido processo legal, assegurando que "ninguém será privado da liberdade ou de seus bens sem o devido processo legal".

Tanto em seu aspecto procedimental, conformando as regras às características do Direito Processual do Trabalho, informado pelos princípios da simplicidade, da informalidade, da oralidade e da economia, como na perspectiva do devido processo legal substantivo, a lei reformadora ultrapassou os limites da razoabilidade e da proporcionalidade, sendo, no particular, extirpada do ordenamento jurídico brasileiro.

O STF declarou, na mesma decisão, a constitucionalidade do § 2º do art. 844 da CLT, acrescentado pela Lei n. 13.467, de 2017, quanto à possibilidade da cobrança de custas judiciais como exigência de ajuizamento de novo processo, quando o reclamante der causa ao arquivamento de processo anterior por ausência à audiência, desde que não tenha apresentado motivo legalmente justificável, no prazo de 15 dias.

Entrementes, conforme demonstrado no capítulo 5, item 5.3, as custas judiciais são um tributo, da modalidade taxa de serviço, usada pela Lei n. 13.467, de 2017, com o objetivo extrafiscal de obter um comportamento específico desejado: reduzir o número de ações trabalhistas.

Ao incluir na hipótese de incidência da taxa elemento alheio à prestação de serviço público, ou seja, "o não comparecimento à audiência" como fato antijurídico no seu antecedente, cuja providência desfavorável ao autor do ilícito (sanção) é o consequente: pagar a taxa, enquanto o fato de comparecer à audiência não gera a obrigação tributária do contribuinte de pagar as custas judiciais; e ao inserir no fato gerador essa hipótese, fato não desejável, como motivação da exigência do tributo, foi alterado o fato gerador por lei ordinária. Diante da literalidade do art. 146, III, *"a"*, da CF 88, se isso fosse possível deveria ser introduzido no ordenamento jurídico pelo veículo da Lei Complementar.

Superando a exigência da competência do *quorum* qualificado da lei complementar e aceitando que a mudança no fato gerador do tributo — *in casu* — não cuida de norma geral sobre direito tributário e, por isso mesmo feita por lei ordinária, ainda assim, a mudança introduzida na metodologia da cobrança das custas judiciais no processo do trabalho ultrapassou a extrafiscalidade.

Desponta na lei reformadora a intensão punitivista, configurando a cobrança do tributo taxa judiciária como sanção de ato ilícito: faltar à audiência sem motivo legalmente justificável, ainda que beneficiário da gratuidade de justiça, configurando multa.

Como não é possível o tributo advir de ato ilícito — sanção, conforme art. 3º do Código Tributário Nacional, nem mesmo a lei complementar poderia impor a multa configurada, restando irremediavelmente inconstitucionais os §§ 2º e 3º do art. 844 da CLT, acrescentados pela Lei n. 13.467, de 13 de julho de 2017.

No mais, aguarda-se a decisão do STF, na Ação Direta de Inconstitucionalidade – ADI n. 6.002-DF, ajuizada em 31.8.2018 pelo Conselho Federal da Ordem dos Advogados do Brasil, da qual é relator o ministro Ricardo Lewandowski.

Na ADI, o CFOAB sustenta que os §§ 1º e 3º do art. 840 da CLT, acrescentados pela Lei n. 13.467, de 2017, com os quais passou a exigir o requisito da liquidação do pedido desde a petição inicial, que "deve ser certo, determinado e com indicação de seu valor" e que "os pedidos que não atendam ao disposto no § 1º deste artigo serão julgados extintos sem resolução do mérito", violam "os princípios do acesso à justiça (art. 5º, XXXV); da proteção do trabalho (art. 6º, *caput*); da proteção do salário (art. 7º, X); da tutela judicial dos créditos trabalhistas (art. 7º, XXIX) e da segurança jurídica (art. 5º, *caput*, da CF, entre outros".

A exigência de liquidação da inicial, consoante determinado pelo artigo impugnado, é medida que vulnera o direito de acesso à justiça, uma vez que impõe à parte autora nas reclamações trabalhistas — a qual, frise-se, é marcada pela hipossuficiência — um ônus desproporcional.

Para concluir, defende-se o posicionamento de que a reforma trabalhista de 2017, ao introduzir no § 1º do art. 840 da Consolidação das Leis do Trabalho — CLT a exigência de que a petição inicial no processo do trabalho deve ser formulada desde logo com pedido certo, determinado e com indicação do valor, e caso isso não seja atendido, o processo será extinto sem resolução de mérito, conforme § 3º do mesmo art. 840 consolidado, com isso a Lei n. 13.467, de 13 de julho de 2017, cria dificuldade, óbice ou obstáculo, para usar a expressão cappellettiana, o que restringe o acesso à justiça, violando o art. 5º, inciso XXXV da Constituição Federal de 1988.

O objetivo da lei foi claramente excluir ou dificultar da apreciação do Judiciário lesão ou ameaça a direito, já que os documentos relativos ao contrato de trabalho permanecem em poder do empregador, tratando-se de exigência de difícil cumprimento A ADI n. 6.002 deve ser julgada procedente pelo STF, assegurando o princípio da universalidade do acesso à justiça acolhido na Constituição do Brasil de 1988, em seu art. 5º, inciso XXXV, por se tratar de evidente óbice ao acesso à justiça.

A tese aqui defendida é a da necessidade de se assegurar o cumprimento dos direitos fundamentais dos trabalhadores e fazer cumprir os direitos relativos ao contrato de trabalho, previstos nas normas infraconstitucionais, e compelir as empresas a cumprirem suas obrigações trabalhistas, em vez de dificultar o acesso do trabalhador à justiça.

Portanto, o direito de ação do trabalhador não pode ser visto como um mal a ser combatido, como é a tônica da reforma trabalhista de 2017 no aspecto processual, criando obstáculos ao acesso à justiça. Isso viola o direito fundamental de petição, conforme estabelecido no art. 5º, inciso XXXIV, "*a*", que seria gênero, enquanto que o direito de ação seria espécie, conforme o art. 5º, inciso XXXV, da Constituição Federal de 1988.

Referências

ABBOUD, Georges. Consequencialismo jurídico: o lugar da análise de consequências em direito e os perigos do ativismo judicial consequencialista. *Revista dos Tribunais*, v. 1009/2019, nov-2019. Disponível em: <https://www.academia.edu/40298374/CONSEQUENCIALISMO_JURI_DICO_O_LUGAR_DA_ANA_LISE_DE_CONSEQUE_NCIAS_EM_DIREITO_E_OS_PERIGOS_DO_ATIVISMO_JUDICIAL_CONSEQUENCIALISTA>. Acesso em: 20 jan. 2021.

______. *Processo Constitucional Brasileiro*. 2. ed. São Paulo: Revista dos Tribunais, 2018.

______; MENDES, Gilmar Ferreira. Ativismo judicial: notas introdutórias a uma polêmica contemporânea. *Revista dos Tribunais*, vol. 1008/2019, out. 2019. Disponível em: <https://www.academia.edu/40298431/ATIVISMO_JUDICIAL_NOTAS_INTRODUTO_RIAS_A_UMA_POLE_MICA_CONTEMPORA_NEA?email_work_card=title>. Acesso em: 15 set. 2021.

______; OLIVEIRA, Rafael Tomaz de. O dito e o não dito sobre a instrumentalidade do processo: críticas e projeções a partir de uma exploração hermenêutica da teoria processual. *Revista de Processo*, vol. 166, dez. 2008. Disponível em: <http://www.bvr.com.br/abdpro/wp-content/uploads/2016/03/REPRO-instrumentalidade-do-processo.pdf>. Acesso em: 23 ago. 2020.

ACKERMAN, Bruce. Adeus, Montesquieu. *Revista de Direito Administrativo FGV*. v. 265, 2014. Disponível em: <http://bibliotecadigital.fgv.br/ojs/index.php/rda/article/view/18909/17652>. Acesso em: 18 fev. 2020.

ADEODATO, João Maurício Leitão. A retórica constitucional e os problemas dos limites interpretativos e éticos do ativismo jurisdicional no Brasil. *Revista da Faculdade Mineira de Direito*, v. 20, n. 40, 2017, p. 118-142.

______. A construção retórica do ordenamento jurídico — três confusões sobre ética e direito. *Revista Eletrônica do Curso de Direito – PUC Minas Serro*. n. 3 (2011) Anais do I Congresso de Filosofia do Direito. 31.08 a 04.9.2010. Disponível em: <http://periodicos.pucminas.br/index.php/DireitoSerro/article/view/1990>. Acesso em: 7 out. 2021.

ALBERNAZ, Renata Ovenhausen; AZEVÊDO Ariston. A pluralidade do social e o pluralismo jurídico: a discussão acerca da atual emergência de novas unidades geradoras de juridicidade. *Revista Direito, Estado e Sociedade*, v. 9, n. 26, p. 97-124, jan./jun. 2005. Disponível em: <https://www.researchgate.net/publication/274747047_A_pluralidade_do_social_e_o_pluralismo_juridico_a_discussao_acerca_da_atual_emergencia_de_novas_unidades_sociais_geradoras_de_juridicidade>. Acesso em: 18 fev. 2020.

ALENCASTRO, Emiliane; DANTAS, Ivo. Os fundamentos da interpretação conforme a Constituição: crônica de uma morte anunciada na Jurisdição Constitucional. *Revista da Faculdade de Direito da UFRGS*, Porto Alegre, n. 46, p. 161-181, ago. 2021.

ALEXY, Robert. *Teoría de los Derechos Fundamentales*. Versíon castellana: Ernest Garzón Valdés. Centro de Estudios Políticos y Constitucionales. 2. reimp. Madrid, 2001.

______. *Teoria da Argumentação Jurídica*. A teoria do Discurso Racional como Teoria da Fundamentação Jurídica. Tradução: Zilda Hutchinson Schild Silva. 6. ed. Rio de Janeiro: Forense, 2021.

ALMEIDA, Isis de. *Manual de direito processual do trabalho*. 5. ed. São Paulo: LTr, 1993. 1º volume.

ALMEIDA, Maira de Souza. Limites legais a gratuidade da justiça ofertada na Justiça do Trabalho. *Revista de Direito da Universidade Federal de Viçosa*, v. 12, n. 02, 2020. Disponível em: <https://periodicos.ufv.br/revistadir/article/view/10291>. Acesso em: 30 jul. 2020.

ALMEIDA, Saulo Nunes de Carvalho. Inteligência artificial, robótica e o lado oculto de um futuro sem empregos: o inesperado papel da tributação de robôs à luz da análise econômica do direito. *Revista Scientia Iuris*, Londrina, v. 25, n. 1, p. 29-48, mar. 2021. Disponível em: <http://www.uel.br/revistas/uel/index.php/iuris/article/view/40938>. Acesso em: 25 jun. 2021.

ALVARO DE OLIVEIRA, Carlos Alberto. O formalismo-valorativo no confronto com o formalismo excessivo. *Revista da Faculdade de Direito da UFRGS*, n. 26, 2006, p. 59-88.

______. O processo civil na perspectiva dos direitos fundamentais. *Cadernos do Programa de Pós-Graduação em Direito UFRGS*, Universidade Federal do Rio Grande do Sul, v. 2. n. 4, 2004. Disponível em: <https://seer.ufrgs.br/ppgdir/article/view/49187/30822>. Acesso em: 10.8.2021>. Acesso em: 10 ago. 2021

ALVES, Cintia. STF deixa direitos sociais de lado quando julga questões importantes para o grande capital. *Jornal GGN*, 18 out. 2021. Disponível em: <https://jornalggn.com.br/justica-2/stf-deixa-direitos-sociais-de-lado-quando-julga-questoes-importantes-para-o-grande-capital/>. Acesso em: 18 out. 2021.

ALVES, Eliete Tavelli. *Parassubordinação e uberização do trabalho*: algumas reflexões. Rio de Janeiro: Lumen Juris, 2019.

ANTUNES, Ricardo. *O privilégio da servidão:* o novo proletariado de serviços na era digital. 2. ed. São Paulo: Boitempo, 2020.

______ (Org.). *Uberização, trabalho digital e indústria 4.0*. 1. ed. São Paulo: Boitempo, 2020.

______. Trabalho digital, 'indústria 4.0' e uberização do trabalho. In: *Futuro do Trabalho*: os efeitos da revolução digital na sociedade. Organização: Rodrigo de Lacerda Carelli, Tiago Muniz Cavalcanti e Vanessa Patriota da Fonseca. Brasília: ESMPU, 2020. p. 347-356

______. *Adeus ao trabalho?* Ensaio sobre as metamorfoses e a centralidade do mundo do trabalho. São Paulo: Cortez, 2015.

ARANGUREN, Arturo Muñoz. Abuso del derecho y poderación de derechos. *DOXA*, *Cuadernos de Filosofía del Derecho,* 41 (2018) ISSN: 0214-8676, p. 35-48.

ARAÚJO, Cláudia de Rezende Machado de. Extrafiscalidade. *Revista de Informação Legislativa*, Brasília, ano 33 n. 132, out./dez. 1996, pp. 329-334. Disponível em: <https://www2.senado.leg.br/bdsf/bitstream/handle/id/218/r133-29.PDF?sequence=4&isAllowed=y>. Acesso em: 25 ago. 2021.

ARAÚJO, Luiz Alberto David. *Direito Constitucional*: Princípio da Isonomia e a Constatação da Discriminação Positiva. São Paulo: Saraiva, 2006.

ARAÚJO, Valter Shuenquener de; GOMES, Marcus Livio (Coord). CANEN, Doris (Org.). *Inteligência articicial e aplicabilidade prática no Direito.* Conselho Nacional de Justiça — CNJ. Disponível em: <https://www.cnj.jus.br/wp-content/uploads/2022/04/inteligencia-artificial-e--a-aplicabilidade-pratica-web-2022-03-11.pdf. Aesso em: 25 ago. 2022.

ARGUELHES, Diego Werneck; RIBEITO, Leandro Molhano. Ministrocracia: o Supremo Tribunal individual e o processo democrático brasileiro. *Novos Estudos*, Cebrap, São Paulo, v. 37, n. 1, jan./abr. 2018, p. 13-32 Disponível em: <https://www.scielo.br/j/nec/a/GsYDWpRwSKzRGsyVY9zPSCP/?lang=pt>. Acesso em: 25 ago. 2022.

ARENDT, Hannah. *A condição humana.* 7. ed. Rio de Janeiro: Forense Universitária, 1995.

ARRUDA, Paula Roberta Corrêa dos Santos. A Mediação como Instituto Prévio ao Poder Judiciário: a Busca pela Efetividade do Acesso à Justiça. *Revista CEJ*, Brasília, ano XVIII, n. 64, p. 32-45, set./dez. 2014.

ATALIBA, Geraldo. *Hipótese de incidência tributária.* 5. ed. São Paulo: Malheiros, 1994.

ATKINSON, Joe; DHORAJIWALA. Hitesh. After Uber: Purposive Interpretation and the Future of Contract. *UK Labor Law.* April 1, 2021. Disponível em: <https://uklabourlawblog.com/2021/04/01/after-uber-purposive-interpretation-and-the-future-of-contract-by-joe-atkinson-and-hitesh-dhorajiwala/>. Acesso em: 25 ago. 2021.

ÁVILA, Humberto Bergmann *Constituição, liberdade e interpretação.* São Paulo: Malheiros, 2019.

______. *Teoria dos princípios*: da definição à aplicação dos princípios jurídicos. 18. ed. São Paulo: Malheiros, 2018.

______. A distinção entre princípios e regras e a redefinição do dever de proporcionalidade. *Revista de Direito Administrativo.* Rio de Janeiro. 215: jan./mar. 1999, p. 151-179.

______. O que é» devido processo legal ?«*Revista de Processo*, vol. 163, Set./2008, p. 50-59.

AZAÏS, Christian; DIEUAIDE, Patrick; KESSELMAN, Donna. Zona cinzenta do emprego, poder do empregador e espaço público. *In Futuro do Trabalho*: os efeitos da revolução digital na sociedade. Organização: Rodrigo de Lacerda Carelli, Tiago Muniz Cavalcanti e Vanessa Patriota da Fonseca. Brasília: ESMPU, 2020, p. 441-458.

AZEVEDO, André Gomma (Org.). *Manual de mediação.* Brasília: Ministério da Justiça, 2012.

AZEVEDO, Plauto Faraco de. *Aplicação do Direito e contexto social.* São Paulo, Revista dos Tribunais, 1996.

BAHIA, Alexandre Gustavo Melo Franco. Prefácio. In: NUNES, Dierle; TEIXEIRA, Ludmila. *Acesso à justiça democrático.* Brasília: Gazeta Jurídica, 2013.

BARACHO, José Alfredo de Oliveira. Processo constitucional. *Revista do Tribunal Regional do Trabalho — TRT da 3ª Região*, n 55, p. 56-68. Disponível em: <https://www.trt3.jus.br/escola/download/revista/rev_55_56/Jose_Baracho.pdf>. Acesso em: 15 set. 2021.

______. *Teoria Geral da Cidadania* — A plenitude da cidadania e as garantias constitucionais e processuais. São Paulo: Saraiva, 1995.

BARBOSA, Claudia Maria; POLEWKA, Gabriele. Juristocracia no Brasil: a perspectiva de Ran Hirschl sobre o empoderamento judicial. *Revista de Política Judiciária, Gestão e Administração da Justiça*, Minas Gerais, v. 1, n. 2, jul./dez. 2015, p. 309-334. Disponível em: <https://www.indexlaw.org/index.php/revistapoliticiajudiciaria/article/view/257/258>. Acesso em: 7 abr. 2022.

BARBOSA, Oriana Piske de A.; SARACHO, Antonio Benites. Estado Democrático de Direito — Superação do Estado Liberal e do Estado Social. *Revista TJDFT* – Tribunal de Justiça do Distrito Federal e dos Territórios. 2018. Disponível em: <https://www.tjdft.jus.br/institucional/imprensa/campanhas-e-produtos/artigos-discursos-e-entrevistas/artigos/2018/estado-democratico-de-direito-superacao-do-estado-liberal-e-do-estado-social-juiza-oriana-piske>. Acesso em: 10 abr. 2022.

BARRAL, Welber Oliveira. *A arbitragem e seus mitos*. Florianópolis: Editora OAB/SC, 2000.

BARRETO, Ana Luísa Barbosa. O Devido Processo Legal Substantivo e sua Aplicação pelo Supremo Tribunal Federal. *Enciclopédia Jurídica da Pontifícia Universidade Católica de São Paulo*. Grupo de pesquisa Tutela Jurisdicional dos Direitos Coletivos. Disponível em: <https://www5.pucsp.br/tutelacoletiva/download/artigo-devido-processo-legal-ana-luisa-barbosa-barreto.pdf>. Acesso em: 10 abr. 2022.

BARROS, Suzana de Toledo. *O princípio da proporcionalidade e o controle de constitucionalidade das leis restritivas de direitos fundamentais*. Brasília: Brasília Jurídica, 1996.

BARROSO, Fábio Túlio. Trabalho via aplicativos: subordinação virtual e reconhecimento de vínculo empregatício. Presente, futuro ou passado? *Direito do Trabalho*: inovações legislativas e suas novas caracterizações. Fábio Túlio Barroso (Org.). 1. ed. FASA, Recife, 2019.

BARROSO, Luis Roberto. Contramajoritário, representativo e iluminista: os papeis das supremas cortes e tribunais constitucionais nas democracias contemporâneas. *Revista Direito e Práxis*, v. 9, n. 4, 2018. Disponível em: <https://www.e-publicacoes.uerj.br/index.php/revistaceaju/article/view/30806>. Acesso em: 10 abr. 2022.

______. A razão sem voto: o Supremo Tribunal Federal e o governo da maioria. *Revista Brasileira de Políticas Públicas,* vol. 5. número especial, 2015, p. 24-50. Disponível em: <https://www.publicacoesacademicas.uniceub.br/RBPP/article/viewFile/3180/pdf>. Acesso em: 10 abr. 2022.

______. Judicialização, ativismo judicial e legitimidade democrática. *(SYN)THESIS,* v. 5, n. 1, 2012. Disponível em: <https://www.e-publicacoes.uerj.br/index.php/synthesis/article/view/7433>. Acesso em: 10 abr. 2022.

______. Neoconstitucionalismo e constitucionalização do Direito: o triunfo tardio do direito constitucional no Brasil. *Revista da EMERJ*, Rio de Janeiro, v. 9, n. 33, 2006, p. 43-92. Disponível em: <https://www.emerj.tjrj.jus.br/revistaemerj_online/edicoes/revista33/Revista33_43.pdf>. Acesso em: 10 abr. 2022.

______. Neoconstitucionalismo e constitucionalização do direito (o triunfo tardio do direito constitucional no Brasil). *Revista de Direito Administrativo*. Fundação Getúlio Vargas, v. 240. 2005. Disponível em: <http://bibliotecadigital.fgv.br/ojs/index.php/rda/article/view/43618>. Acesso em: 10 abr. 2022.

______. Fundamentos Teóricos e Filosóficos do Novo Direito Constitucional Brasileiro. *Revista da EMERJ*, v. 4, n. 15, 2001. Disponível em: <*http://www.emerj.tjrj.jus.br/revistaemerj_online/edicoes/revista15/revista15_11.pdf*>. Acesso em: 10 abr. 2022.

______. *Interpretação e Aplicação da Constituição*: fundamentos de uma dogmática constitucional transformadora. São Paulo: Ed. Saraiva, 1996.

BARZOTTO, Luciane Cardoso; MISKULIN, Ana Paula Silva Campos; BREDA, Lucieli. Condições transparentes de trabalho, informação e subordinação algorítmica nas relações de trabalho. *In Futuro do trabalho*: os efeitos da revolução digital na sociedade. Organização: Rodrigo de Lacerda Carelli, Tiago Muniz Cavalcanti, Vanessa Patriota da Fonseca. Brasília: ESMPU, 2020, p. 211-223.

BAZZARRA, Lucas. Corazón de Máquina. Técnica y cultura, de la huerta al algoritmo. *AVATARES de la comunicación y la cultura*. N. 15 (junio 2018). REDIB – Red Iberoamericana de Innovación y Conocimiento Cinetífico.

BECKER, Ulrich. *Liberdade ou capitalismo*. Tradução. Luiz Antônio Oliveira de Araújo. São Paulo: Editora Unesp, 2003.

BECK, Ulrich. Capitalismo sem trabalho. *Ensaios FEE*, Porto Alegre, v. 18, n. 1, p. 41-55, 1997. Disponível em: <https://revistas.dee.spgg.rs.gov.br/index.php/ensaios/article/view/1882/2255>. Acesso em: 10 abr. 2022.

BECKER, Alfredo Augusto. *Teoria geral do direito tributário*. 4. ed. São Paulo: Editora Noeses, 2007.

BEDAQUE, José Roberto dos Santos. *Direito e processo*. Influência do direito material sobre o processo. 2. ed. São Paulo: Malheiros, 2001.

BEDIN, Gilmar Antonio. Direitos humanos e desenvolvimento: algumas reflexões sobre a constituição do direito ao desenvolvimento. *Revista Desenvolvimento em questão*. Editora Unijuí, ano 1, n. 1, jan./jun. 2003, p. 123-149.

BEZERRA, Paulo Cesar Santos. *Acesso à Justiça*: um problema ético-social no plano da realização do direito. 2. ed. Rio de Janeiro: Renovar, 2008.

BEZERRA LEITE, Carlos Henrique. *Curso de Direito Processual do Trabalho*. 9. ed. São Paulo: LTr. 2011.

BOBBIO, Norberto. *A era dos direitos*. Tradução: Carlos Nelson Coutinho. Apresentação de Celso Lafer. Rio de Janeiro: Elsevier – Campus, 2004.

BOMFIM, Diego. *Extrafiscalidade*: identificação, fundamentação, limitação e controle. São Paulo: Editora NOESES, 2015.

BONAVIDES, Paulo. *Curso de Direito Constitucional*. 6. ed. São Paulo: Malheiros, 1996.

______. *Do Estado liberal ao Estado social*. 7. ed., 2. tir. São Paulo: Malheiros, 2004.

______. O direito à paz. *Folha de São Paulo*. Opinião. 3 de dezembro de 2006. Disponível em: <https://www1.folha.uol.com.br/fsp/opiniao/fz0312200609.htm>. Acesso em: 10 abr. 2022.

BRASIL. *Constituição da República Federativa do Brasil*, de 5 de outubro de 1988. Disponível em: <http://www.planalto.gov.br/ccivil_03/constituicao/constituicao.htm>. Acesso em: 10 abr. 2022.

______. *Constituição Federal de 1967*, com redação dada pela Emenda Constitucional n. 1, de 17 de outubro de 1969. Disponível em: <http://www.planalto.gov.br/ccivil_03/constituicao/emendas/emc_anterior1988/emc01-69.htm>. Acesso em: 10 abr. 2022.

______. *Ato Institucional n. 5*, de 13 de dezembro de 1968. Disponível em: <http://www.planalto.gov.br/ccivil_03/ait/ait-05-68.htm>. Acesso em: 10 abr. 2022.

______. *Constituição dos Estados Unidos do Brasil*, de 18 de setembro de 1946. Disponível em: <http://www.planalto.gov.br/ccivil_03/constituicao/constituicao46.htm>. Acesso em: 10 abr. 2022.

______. *Constituição dos Estados Unidos do Brasil*, de 10 de novembro de 1937. Disponível em: <http://www.planalto.gov.br/ccivil_03/constituicao/constituicao37.htm>. Acesso em: 10 abr. 2022.

______. *Constituição da República dos Estados Unidos do Brasil*, de 16 de julho de 1934. Disponível em: <http://www.planalto.gov.br/ccivil_03/constituicao/constituicao34.htm>. Acesso em: 10 abr. 2022.

______. *Constituição da República dos Estados Unidos do Brasil*, de 24 de fevereiro de 1891. Disponível em: <http://www.planalto.gov.br/ccivil_03/constituicao/constituicao91.htm>. Acesso em: 10 abr. 2022.

______. *Constituição Política do Império do Brazil*, de 25 de março de 1824. Disponível em: <http://www.planalto.gov.br/ccivil_03/constituicao/constituicao24.htm>. Acesso em: 10 abr. 2022.

______. Decreto-lei n. 5.452, de 1º de maio de 1943. *Consolidação das Leis do Trabalho* — CLT. Disponível em: <http://www.planalto.gov.br/ccivil_03/Decreto-lei/del5452.htm>. Acesso em: 10 abr. 2022.

______. Lei Complementar n. 95, de 26 de fevereiro de 1998. *Dispõe sobre a elaboração, a redação, a alteração e a consolidação das leis.* Disponível em: <https://www2.camara.leg.br/legin/fed/leicom/1998/leicomplementar-95-26-fevereiro-1998-363948-normaatualizada-pl.html>. Acesso em: 10 abr. 2022.

______. Lei n. 14.297, de 5 de janeiro de 2022. *Dispõe sobre medidas de proteção asseguradas ao entregador que presta serviço por intermédio de empresa de aplicativo de entrega durante a vigência da emergência em saúde pública decorrente do coronavírus responsável pela Covid-19*. Disponível em: <http://www.planalto.gov.br/CCIVIL_03/_Ato2019-2022/2022/Lei/L14297.htm>. Acesso em: 10 abr. 2022.

______. Lei n. 13.467, de 13 de julho de 2017. *Dispõe sobre a reforma trabalhista.* Disponível em: <http://www.planalto.gov.br/ccivil_03/_ato2015-2018/2017/lei/l13467.htm>. Acesso em: 10 abr. 2022.

______. Lei n. 13.105, de 16 de março de 2015. *Código de Processo Civil.* Disponível em: <http://www.planalto.gov.br/ccivil_03/_ato2015-2018/2015/lei/l13105.htm>. Acesso em: 10 abr. 2022.

______. Lei n. 11.442, de 5 de janeiro de 2007. *Lei do transporte rodoviário de cargas por conta de terceiro e mediante remuneração.* Disponível em: <http://www.planalto.gov.br/ccivil_03/_ato2007-2010/2007/lei/l11442.htm>. Acesso em: 10 abr. 2022.

______. Lei n. 9.868, de 10 de novembro de 1999. *Lei do processo de controle de constitucionalidade no Supremo Tribunal Federal.* Disponível em: <http://www.planalto.gov.br/ccivil_03/leis/l9868.htm>. Acesso em: 10 abr. 2022.

______. Lei n. 8.112, de 11 de dezembro de 1990. *Regime Jurídico dos Servidores Públicos Civis da União – RJU.* Disponível em: <http://www.planalto.gov.br/ccivil_03/leis/l8112cons.htm>. Acesso em: 10 abr. 2022.

______. Lei n. 8.078, de 11 de setembro de 1990. *Código de Defesa do Consumidor.* Disponível em: <http://www.planalto.gov.br/ccivil_03/LEIS/L8078.htm>. Acesso em: 10 abr. 2022.

______. Lei n. 5.584, 26 de junho de 1970. *Processo do trabalho.* Disponível em: <http://www.planalto.gov.br/ccivil_03/leis/l5584.htm>. Acesso em: 10 abr. 2022.

______. Lei n. 5.172, de 25 de outubro de 1966. *Código Tributário Nacional — CTN.* Disponível em: <http://www.planalto.gov.br/ccivil_03/leis/l5172.htm>. Acesso em: 10 abr. 2022.

______. *Supremo Tribunal Federal* — STF. Disponível em: <https://portal.stf.jus.br/>. Acesso em: 10 abr. 2022.

______. Supremo Tribunal Federal — STF. *Ação Direta de Inconstitucionalidade n. 6.021*, ajuizada pela Associação Nacional dos Magistrados da Justiça do Trabalho – Anamatra. Relator ministro Gilmar Mendes. Publicação DJE 07.04.2021. Disponível em: <http://portal.stf.jus.br/processos/detalhe.asp?incidente=5335099>. Acesso em: 10 abr. 2022.

______. Supremo Tribunal Federal — STF. *Ação Direta de Inconstitucionalidade n. 6.002-DF.* Relator ministro Ricardo Lewandowski. Disponível em: <http://portal.stf.jus.br/processos/detalhe.asp?incidente=5537399>. Acesso em: 10 abr. 2022.

______. Supremo Tribunal Federal — STF. *Ação Direta de Inconstitucionalidade n. 5.867-DF*, ajuizada pela Associação Nacional dos Magistrados da Justiça do Trabalho – Anamatra. Disponível em: <https://portal.stf.jus.br/processos/detalhe.asp?incidente=5335099>. Acesso em: 10 abr. 2022.

______. Supremo Tribunal Federal — STF. *Ação Direta de Inconstitucionalidade n. 5.794-DF.* Relator ministro Edson Fachin. Ministro redator do acórdão Luiz Fux. Processos apensados: ADI n. 5.912, ADI n. 5.923, ADI n. 5.859, ADI n. 5.865, ADI n. .5813, ADI n. 5.885, ADI n. 5.887, ADI n. 5.913, ADI n. .5810, ADC n. 55, ADI n. 5.811, ADI n. 5.888, ADI n. 5.892, ADI n. 5.806, ADI n. 5.815, ADI n. 5.850, ADI n. 5.900, ADI n. 5.950 e ADI n. 5.945. Julgadas em 29.6.2018. Disponível em: <http://portal.stf.jus.br/processos/detalhe.asp?incidente=5288954>. Acesso em: 10 abr. 2022.

______. Supremo Tribunal Federal — STF. *Ação Direita de Inconstitucionalidade n. 5.766-DF.* Reqte.: Procurador Geral da República. Relator ministro Luiz Roberto Barroso. Julg. 20.10.2021. Disponível em: <http://portal.stf.jus.br/processos/detalhe.asp?incidente=5250582>. Acesso em: 10 abr. 2022.

______. Supremo Tribunal Federal. *Ação Direta de Inconstitucionalidade n. 5.625-DF.* Decisão de 14.6.2021. Disponível em: <http://portal.stf.jus.br/processos/detalhe.asp?incidente=5094239>. Acesso em: 10 abr. 2022.

______. Supremo Tribunal Federal — STF. *Ação Direta de Inconstitucionalidade n. 5.296.* Disponível em: <http://portal.stf.jus.br/processos/downloadPeca.asp?id=15345079616&ext=.pdf>. Acesso em: 10 abr. 2022.

______. Supremo Tribunal Federal. *Ação Direta de Inconstitucionalidade n. 3.961.* Julg. em 15.4.2020. Disponível em: <http://portal.stf.jus.br/processos/detalhe.asp?incidente=2559843>. Acesso em: 10 abr. 2022.

______. Supremo Tribunal Federal — STF. *Ação Direta de Inconstitucionalidade n. 3.943.* Disponível em: <http://portal.stf.jus.br/processos/detalhe.asp?incidente=2548440>. Acesso em: 10 abr. 2022.

______. Supremo Tribunal Federal — STF. *Ação Direta de Inconstitucionalidade n. 3.684-DF.* Disponível em: <http://portal.stf.jus.br/processos/detalhe.asp?incidente=2366933>. Acesso em: 2.6.2020.

______. Supremo Tribunal Federal — STF. *Ação Direta de Inconstitucionalidade n. 3.395-DF.* Julg. 14.4.2020. Disponível em: <http://portal.stf.jus.br/processos/detalhe.asp?incidente=2268427>. Acesso em: 10 abr. 2022.

______. Supremo Tribunal Federal — STF. Ação Direta de Inconstitucionalidade n. 3.124–GM-4. Disponível em: <http://portal.stf.jus.br/processos/detalhe.asp?incidente=2197705>. Acesso em: 10 abr. 2022.

______. Supremo Tribunal Federal — STF. *Ação Direta de Inconstitucionalidade n. 2.925 – 8-DF.* Disponível em: <https://portal.stf.jus.br/processos/detalhe.asp?incidente=2143106>. Acesso em: 22 jun. 2022.

______. Supremo Tribunal Federal — STF. *Ação Direta de Inconstitucionalidade n. 1.924-DF*, Relatora Ministra Rosa Weber. Disponível em: <http://portal.stf.jus.br/processos/downloadPeca.asp?id=15344589318&ext=.pdf>. Acesso em: 22 jun. 2022.

______. Supremo Tribunal Federal — STF. *Ação Direta de Inconstitucionalidade n. 1.444 – PR.* Relator Ministro Sidney Sanches, julgado em 12.2.2003, publicado em 11.4.2003. Disponível em: <http://redir.stf.jus.br/paginadorpub/paginador.jsp?docTP=AC&docID=385506>. Acesso em: 22 jun. 2022.

______. Supremo Tribunal Federal — STF. *Ação Direta de Inconstitucionalidade n. 492-1-DF.* Julg. 12.11.1992. Disponível em: <http://portal.stf.jus.br/processos/detalhe.asp?incidente=1519839>. Acesso em: 22 jun. 2022.

______. Supremo Tribunal Federal — STF. *Representação n. 1.077 – RJ.* Relator Ministro Moreira Alves. Representante: Procurador-Geral da República. Representados: Assembleia Legislativa e Governo do Estado do Rio de Janeiro. Tribunal Pleno. 28.3.1984. Disponível em: <http://redir.stf.jus.br/paginadorpub/paginador.jsp?docTP=AC&docID=263851>. Acesso em: 22 jun. 2022.

______. Supremo Tribunal Federal — STF. *Ação Declaratória de Constitucionalidade n. 59*, ajuizada pela Confederação Nacional da Tecnologia da Informação e Comunicação – Contic. Disponível em: <http://portal.stf.jus.br/processos/detalhe.asp?incidente=5534144>. Acesso em: 22 jun. 2022.

______. Supremo Tribunal Federal — STF. *Ação Declaratória de Constitucionalidade n. 58*, ajuizada pela Confederação nacional do sistema financeiro – Consif. Disponível em: <http://portal.stf.jus.br/processos/detalhe.asp?incidente=5526245>. Acesso em: 22 jun. 2022.

______. Supremo Tribunal Federal. *Ação Declaratória de Constitucionalidade n. 48-DF*. Julg. em 19.5.2020. Disponível em: <http://portal.stf.jus.br/processos/detalhe.asp?incidente=5245418>. Acesso em: 22 jun. 2022.

______. Supremo Tribunal Federal — STF. *Recurso Extraordinário n. 733.433-MG*. Disponível em: <http://portal.stf.jus.br/processos/detalhe.asp?incidente=4362356>. Acesso em: 22 jun. 2022.

______. Supremo Tribunal Federal — STF. *Recurso Extraordinário n. 705.140-RS*. Julg. 28.8.2014. Disponível em: <http://portal.stf.jus.br/processos/downloadPeca.asp?id=275200103&ext=.pdf>. Acesso em: 22 jun. 2022.

______. Supremo Tribunal Federal. *Recurso Extraordinário n. 655.283*. Julg. 16.6.2021. Disponível em: <http://portal.stf.jus.br/processos/detalhe.asp?incidente=4132643>. Acesso em: 22 jun. 2022.

______. Supremo Tribunal Federal. *Recurso Extraordinário n. 606.003*. Julg. 25.9.2020. Disponível em: <http://portal.stf.jus.br/processos/detalhe.asp?incidente=3797518>. Acesso em: 22 jun. 2022.

______. Supremo Tribunal Federal. *Recurso Extraordinário n. 586.453 – SE*. Julg. 20.2.2013. Disponível em: <http://portal.stf.jus.br/processos/detalhe.asp?incidente=2616941>. Acesso em: 22 jun. 2022.

______. Supremo Tribunal Federal. *Recurso Extraordinário n. 583.050 – RG*. Julg. 20.2.2013. Disponível em: <http://portal.stf.jus.br/processos/detalhe.asp?incidente=2608448>. Acesso em: 22 jun. 2022.

______. Supremo Tribunal Federal — STF. *Recurso Extraordinário n. 419.629*, Relator Ministro Sepúlveda Pertence, Primeira Turma, julgado em 23.06.2006, DJ 30-6-2006 PP-00016 EMENT VOL-02239-04 PP-00658 RTJ VOL-00201-01 PP-00360 RDDT n. 132, 2006, p. 220-221.

______. Supremo Tribunal Federal — STF. *Recurso Extraordinário n. 398.041 – PA*. Julg. 30.11.2006. Disponível em: <http://portal.stf.jus.br/processos/detalhe.asp?incidente=2147366>. Acesso em: 22 jun. 2022.

______. Supremo Tribunal Federal — STF. 2ª Turma. *Recurso Extraordinário n. 201.819-RJ*. Relatora: Ministra Ellen Gracie, julgamento em 11 de outubro de 2005. Disponível em: <http://portal.stf.jus.br/processos/detalhe.asp?incidente=1641534>. Acesso em: 20 ago. 2022.

______. Supremo Tribunal Federal. *Reclamação n. 49.516 – Rondônia*. Ministra Rosa Weber. Julgamento em 10.12.2021. Publicado no Diária Eletrônico da Justiça – DJE em 13.12.2021. Disponível em: <http://portal.stf.jus.br/processos/downloadPeca.asp?id=15349181000&ext=.pdf>. Acesso em: 22 jun. 2022.

______. Supremo Tribunal Federal. *Reclamação n. 46.356.* Decisão de 19.3.2021. Disponível em: <http://portal.stf.jus.br/processos/detalhe.asp?incidente=6133962>. Acesso em: 22 jun. 2022.

______. Supremo Tribunal Federal. Supremo Tribunal Federal — STF. *Reclamação n. 46.069.* Julg. 4.3.2021. Disponível em: <http://portal.stf.jus.br/processos/detalhe.asp?incidente=6121703>. Acesso em: 22 jun. 2022.

______. Supremo Tribunal Federal. *Reclamação n. 45.881-SC.* Julg. 18.3.2021. Disponível em: <http://portal.stf.jus.br/processos/downloadPeca.asp?id=15345962938&ext=.pdf>. Acesso em: 22 jun. 2022.

______. Supremo Tribunal Federal — STF. *Reclamação n. 43.213.* Disponível em: <http://portal.stf.jus.br/processos/detalhe.asp?incidente=5998136>. Acesso em: 22 jun. 2022.

______. Supremo Tribunal Federal. Supremo Tribunal Federal — STF. *Reclamação n. 31.026 – RO.* Julg. 4.2.2020. Disponível em: <http://portal.stf.jus.br/processos/downloadPeca.asp?id=15342401034&ext=.pdf>. Acesso em: 22 jun. 2022.

______. Supremo Tribunal Federal — STF. *Reclamação n. 22.614.* Disponível em: <http://portal.stf.jus.br/processos/detalhe.asp?incidente=4896182>. Acesso em: 22 jun. 2022.

______. Supremo Tribunal Federal. *Reclamação n. 4.351.* Plenário. Decisão de 11.11.2015. Disponível em: <http://portal.stf.jus.br/processos/detalhe.asp?incidente=2381795>. Acesso em: 22 jun. 2022.

______. Supremo Tribunal Federal — STF. *Agravo regimental na reclamação n. 31.026-RO.* Disponível em: <http://portal.stf.jus.br/processos/downloadPeca.asp?id=15342401034&ext=.pdf>. Acesso em: 22 jun. 2022.

______. Supremo Tribunal Federal — STF. *Informativo de 07 a 11,* de maio de 2018. Disponível em: <http://www.stf.jus.br/arquivo/informativo/documento/informativo901.htm>. Acesso em: 22 jun. 2022.

______. Supremo Tribunal Federal — STF. *Informativo n. 381*, de 21 de março a 1º de abril de 2005. Disponível em: <http://www.stf.jus.br/arquivo/informativo/documento/informativo381.htm#transcricao1>. Acesso em: 22 jun. 2022.

______. Conselho Nacional de Justiça — CNJ. *Portaria n. 271, de 4 de dezembro de 2020, do CNJ, que regulamenta o uso de Inteligência Artificial no âmbito do Poder Judiciário.* Disponível em: <https://atos.cnj.jus.br/files/original213010202012095fd141e2d012c.pdf>. Acesso em: 22 jun. 2022.

______. Conselho Nacional de Justiça — CNJ. *Justiça 4.0.* Disponível em: <https://www.cnj.jus.br/tecnologia-da-informacao-e-comunicacao/justica-4-0/>. Acesso em: 22 jun. 2022.

______. *Tribunal Superior do Trabalho — TST.* Disponível em: <https://www.tst.jus.br/>. Acesso em: 22 jun. 2022.

______. Tribunal Superior do Trabalho — TST. Pleno. *Incidente de Arguição de Inconstitucionalidade – ArgInc n. 696-25.2012.5.05.0463.* Relator Ministro Amaury Rodrigues Pinto Júnior. Julg. 16.5.2022. Disponível em: <https://consultaprocessual.tst.jus.br/consultaProcessual/consultaTstNumUnica.do?consulta=Consultar&conscsjt=&numeroTst=696&digitoTst=25&anoTst=2012&orgaoTst=5&tribunalTst=05&varaTst=0463&submit=Consultar>. Acesso em: 25 maio 2022.

______. Tribunal Superior do Trabalho. *Notícias do TST*. "Ministro do TST suspende perícia técnica em algoritmo da Uber". TutCautAnt 1000825-67.2021.5.00.000. Disponível em: <https://www.tst.jus.br/web/guest/-/ministro-suspende-realiza%C3%A7%C3%A3o-de-per%C3%ADcia-t%C3%A9cnica-no-algoritmo-da-uber>. Acesso em: 22 jun. 2022.

______. Tribunal Superior do Trabalho — TST. Subseção II Especializada em Dissídios Individuais. *Tutela cautelar antecedente – processo n. 1000825-67.2021.5.00.000*. Relator Ministro Douglas Alencar Rodrigues. Decisão de 28.5.2021. Disponível em: <https://pje.tst.jus.br/consulta-processual/detalhe-processo/1000825-67.2021.5.00.0000/3#a7faccb>. Acesso em: 22 jun. 2022.

______. Tribunal Superior do Trabalho. *Correição parcial – processo n. 1000822-15.2021.5.00.0000.* Decisão: 28.5.2021, do Corregedor-Geral da Justiça do Trabalho – Ministro Aloysio Silva Corrêa da Veiga. Disponível em: <https://pje.tst.jus.br/consultaprocessual/detalhe-processo/1000822-15.2021.5.00.0000/3>. Acesso em: 22 jun. 2022.

______. Tribunal Superior do Trabalho. 4ª Turma. *Agravo de Instrumento em Recurso de Revista n. 10555-54.2019.5.03.0003.* DJE 5.3.2021. Disponível em: <http://www.tst.jus.br/processos-do-tst>. Acesso em: 22 jun. 2022.

______. Tribunal Superior do Trabalho TST. 5ª Turma. *Recurso de revista – RR Proc. 1000123.89.2017.5.02.0038*. Relator Ministro Breno Medeiros. Julg. 5.2.2020. Disponível em: <http://aplicacao4.tst.jus.br/consultaProcessual/consultaTstNumUnica.do?consulta=Consultar&conscsjt=&numeroTst=1000123&digitoTst=89&anoTst=2017&orgaoTst=5&tribunalTst=02&varaTst=0038&submit=Consultar>. Acesso em: 22 jun. 2022.

______. Tribunal Superior do Trabalho. 4ª Turma. *Agravo de Instrumento em Recurso de Revista n. 10575-88.2019.5.03.0003,* Pub. 11.9.2020. Disponível em: <http://www.tst.jus.br/processos-do-tst. Íntegra do acórdão. Disponível em: <https://tst.jusbrasil.com.br/jurisprudencia/925275204/agravo-de-instrumento-em-recurso-de-revista-airr-105758820195030003>. Acesso em: 22 jun. 2022.

______. Tribunal Superior do Trabalho — TST. 3ª Turma. *Recurso de revista – RR 100353-02.2017.5.01.0066*. Relator Ministro Mauricio Godinho Delgado. Disponível em: <http://aplicacao4.tst.jus.br/consultaProcessual/consultaTstNumUnica.do?consulta=Consultar&conscsjt=&numeroTst=100353&digitoTst=02&anoTst=2017&orgaoTst=5&tribunalTst=01&varaTst=0066&submit=Consultar>. Acesso em: 22 jun. 2022.

______. Tribunal Superior do Trabalho — TST. 3ª Turma. *Agravo de instrumento em recurso de revista – processo n. TST-RRAg-849-82.2019.5.07.0002.* Julgamento em 7.12.2021. Relator inistro Alexandre Agra Belmonte.

______. *Conselho Superior da Justiça do Trabalho* – CSJT. Disponível em: <https://www.cnj.jus.br/poder-judiciario/tribunais/conselho-superior-da-justica-do-trabalho-csjt/>. Acesso em: 22 jun. 2022.

______. Superior Tribunal de Justiça — STJ. 2ª Seção. *Conflito de Competência n. 164.544-MG.* Julg. 28.10.2019. Disponível em: <https://processo.stj.jus.br/processo/revista/documento/mediado/?componente=ATC&sequencial=100496223&num_registro=201900799520&data=20190904&tipo=5&formato=PDF>. Acesso em: 22 jun. 2022.

______. Superior Tribunal de Justiça — STJ. *Notícias STJ*. 20.4.2021. Condomínios residenciais podem impedir uso de imóveis para locação pelo Airbnb, decide Quarta Turma. Disponível em: <https://www.stj.jus.br/sites/portalp/Paginas/Comunicacao/Noticias/20042021-Condominios-residenciais-podem-impedir-uso-de-imoveis-para-locacao-pelo-Airbnb--decide-Quarta-Turma.aspx>. Acesso em: 22 jun. 2022.

______. Superior Tribunal de Justiça — STJ. 3ª Turma. *Recurso Especial – Resp n. 1.884.483-PR*. Relator Ministro Ricardo Villas Bôas Cueva. Julg. 23.11.2021. Disponível em: <https://www.stj.jus.br/websecstj/cgi/revista/REJ.cgi/ITA?seq=2094475&tipo=0&nreg=202001740396&SeqCgrmaSessao=&CodOrgaoJgdr=&dt=20211216&formato=PDF&salvar=false>. Acesso em: 22 jun. 2022.

______. Superior Tribunal de Justiça — STJ. 4ª Turma. *Recurso Especial REsp n. 1.819.075-RS*. Relator Ministro Luis Felipe Salomão. Julg. 20.4.2021. Disponível em: <https://www.stj.jus.br/websecstj/cgi/revista/REJ.cgi/ITA?seq=1875215&tipo=0&nreg=201900606333&SeqCgrmaSessao=&CodOrgaoJgdr=&dt=20210527&formato=PDF&salvar=false>. Acesso em: 22 jun. 2022.

______. *Tribunal Regional do Trabalho da 19ª Região.*

______. *Tribunal Regional do Trabalho da 11ª Região*. Disponível em: <file:///C:/Users/casa/AppData/Local/Temp/Aco%CC%81rda%CC%83o_0000123-06.2019.5.11.0000.pdf>. Acesso em: 22 jun. 2022.

______. *Senado Federal*. Atividade legislativa. Projeto de Lei n. 974, de 2021, de iniciativa do Senador Randolfe Rodrigues (REDE/AP). Assunto: Social – Trabalho e Emprego. Disponível em: <https://www25.senado.leg.br/web/atividade/materias/-/materia/147606>. Acesso em: 22 jun. 2022.

______. *Câmara dos Deputados*. Atividade Legislativa. Projeto de Lei n. 3748/2020, de iniciativa da Deputada Federal Tabata Amaral (PDT-SP). Ementa: institui e dispõe sobre o regime de trabalho sob demanda. Disponível em: <https://www.camara.leg.br/proposicoesWeb/fichadetramitacao?idProposicao=2257468>. Acesso em: 22 jun. 2022.

______. *Câmara dos Deputados*. Projeto de Lei n. 13.551, de iniciativa do Deputado Federal Célio Studart (PV-CE), com o substitutivo do deputado Augusto Coutinho (Solidariedade-PE). Disponível em: <https://www.camara.leg.br/noticias/765429-comissao-aprova-normas-para-bloqueio-de-motorista-e-de-usuario-de-aplicativo>. Acesso em: 22 jun. 2022.

______. *Câmara dos Deputados*. Projeto de lei n. 6.787, de 2016, do Poder Executivo. Relator Deputado Federal Rogério Marinho. Disponível em: <https://www.camara.leg.br/proposicoesWeb/prop_mostrarintegra?codteor=1544961 p. 25>. Acesso em: 22 jun. 2022.

______. *Câmara dos Deputados*. Relatório da Comissão especial destinada a proferir parecer ao projeto de lei n. 6.787, do Poder Executivo, que altera o Decreto-lei n. 4.452, de 1º de maio de 1943 – Consolidação das Leis do Trabalho, e a Lei n. 6.019, de 3 de janeiro de 1974, para dispor sobre eleições de representantes dos trabalhadores no local de trabalho e sobre trabalho temporário, e dá outras providências. Presidente: Deputado Daniel Vilela; Relator: Deputado Rogério Marinho. Disponível em: <https://www.camara.leg.br/proposicoesWeb/prop_mostrarintegra?codteor=1544961 p. 25>. Acesso em: 22 jun. 2022.

BRITO, Jaime Domingues; OLIVEIRA, Flávio Luis de. A convergência do sistema da *civil law* ao da *common law* e a concretização dos direitos. *Intertemas Toledo Prudente.* v 13. 2008. Disponível em: <http://intertemas.toledoprudente.edu.br/index.php/INTERTEMAS/article/view/2616>. Acesso em: 22 jun. 2022.

BUEN, Nestor de. *El estado de malestar.* México: Editorial Porruá, 1997.

CAMBI, Eduardo. Neoconstitucionalismo e neoprocessualismo. *Revista do Programa de Pós-Graduação em Direito da Universidade Federal da Bahia.* Homenagem ao Professor Luiz de Pinho Pedreira. Salvador – Bahia: N. 17, Ano 2008.2, p. 93-130.

CAMPOS, Carlos Alexandre de Azevedo. A Evolução do Ativismo Judicial na Suprema Corte Norte-Americana. *Revista do Ministério Público do Rio de Janeiro.* n. 60, abr./jun. 2016, p. 59-117. Disponível em: <https://www.mprj.mp.br/documents/20184/1272607/Carlos_Alexandre_de_Azevedo_Campos.pdf>. Acesso em: 22 jun. 2022.

CANARIS, Claus Wilhelm. *Pensamento Sistemático e Conceito de Sistema na Ciência do Direito.* 2. ed. Lisboa: Fundação Calouste Gulbenkian, 1996.

CANOTILHO, J. J. Gomes. *Direito constitucional e teoria da Constituição.* 7. ed. (20. reimpressão). Coimbra: Almedina, 2018.

______; MOREIRA, Vital. *Fundamentos da Constituição.* – Coimbra Editora, 1991.

CAPPELLETTI, Mauro; GARTH, Bryant. *Acesso à Justiça.* Tradução: Ellen Gracie Northfleet. Porto Alegre: Sergio Antonio Fabris Editor, 1988, reimp. 2002.

______. *Juízes legisladores?* Trad. Carlos Alberto Alvaro de Oliveira. Porto Alegre: Sergio Antonio Fabris Editor, 1993, reimp. 1999.

______. O acesso à justiça e a função do jurista em nossa época. *Revista de Processo*, vol. 61/1991, p. 144 – 160. Jan – Mar – 1991.

______. Constitucionalismo moderno e o papel do poder judiciário na sociedade contemporânea. *Revista de Processo*, vol. 60/1990, p. 110-117. Out – Dez – 1990.

______. *Proceso, ideologia, sociedad.* Traduccion: Santiago Sentís Melendo y Tomás A. Banzhar. Buenos Aires, Ediciones Jurídicas Europa-América (EJEA). 1974.

CARBONELL, Miguel. *Teoría del neoconstitucionalismo:* ensayos escolhidos. Madrid: Editorial Trotta. Instituto de Investigaciones Jurídicas — UNAM, 2007.

CARDOSO, Maurício. Brasil atinge a marca de 100 milhões de processos em tramitação na Justiça. *Consultor Jurídico*, 15.9.2015. Disponível em: <https://www.conjur.com.br/2015-set-15/brasil-atinge-marca-100-milhoes-processos-tramitacao>. Acesso em: 22 jun. 2022.

CARELLI, Rodrigo de Lacerda. O trabalho em plataformas e o vínculo de emprego: desfazendo mitos e mostrando a nudez do rei. *In Futuro do Trabalho*: os efeitos da revolução digital na sociedade. Organização: Rodrigo de Lacerda Carelli, Tiago Muniz Cavalcanti e Vanessa Patriota da Fonseca. – Brasília: ESMPU, 2020, p. 65-83.

______. O enviesamento de conceitos básicos sobre a uberização: o Poder Judiciário brasileiro mais uma vez na contramão. *Jornal GGN*, 4.6.2021. Disponível em: <https://jornalggn.com.br/destaque-secundario/o-enviesamento-de-conceitos-basicos-sobre-a-uberizacao-por-rodrigo-de-lacerda-carelli/>. Acesso em: 22 jun. 2022.

CARLI, Federico Rosenbaum. Los choferes de uber no son contratistas independientes. Comentarios de la sentencia de la Suprema Corte del Reino Unido del 19.2.2021. *In Opinión y crítica sobre el Derecho del Trabajo*. 22.3.2021. Disponível em: <https://federicorosenbaum.blogspot.com/2021/03/los-choferes-de-uber-no-son.html>. Acesso em: 22 jun. 2022.

CARRION, Valentin. *Comentários à Consolidação das leis do trabalho*: legislação complementar e jurisprudência. 31. ed. São Paulo: Saraiva, 2006, p. 768-769.

CARTA ENCÍCLICA ***RERUM NOVARUM***, do Sumo Pontífice Papa Leão XIII a todos os nossos veneráveis irmãos, os patriarcas, primazes, arcebispos e bispos do orbe católico, em graça e comunhão com a sé apostólica sobre a condição dos operários. Disponível em: <https://www.vatican.va/content/leo-xiii/pt/encyclicals/documents/hf_l-xiii_enc_15051891_rerum-novarum.html>. Acesso em: 22 jun. 2022.

CARVALHO, Paulo de Barros. Retórica e a construção da realidade. *Filosofia e retórica na Faculdade de Direito do Recife*: debates em torno da obra de João Maurício Adeodato. Pedro Parini (Org.). Recife: Cepe, 2021, p. 389-408.

______. *Direito tributário, linguagem e método*. 7. ed. São Paulo: editora Noeses, 2018.

______. *Curso de direito Tributário*. 7. ed. São Paulo: Saraiva, 1995.

CASAGRANDE, Cássio Luís. Para 'uberizados', já é vínculo de emprego na Austrália. *JOTA*, 24.05.2021. Disponível em: <https://www.jota.info/opiniao-e-analise/colunas/o-mundo-fora-dos-autos/para-uberizados-ja-e-vinculo-de-emprego-na-australia-24052021?utm_campaign=jota_info__ultimas_noticias__destaques__24052021&utm_medium=email&utm_source=RD+Station>. Acesso em: 22 jun. 2022.

CASALI, Emerson (Coord.). *101 propostas para modernização trabalhista*. Confederação Nacional da Indústria. Brasília: CNI, 2012. p. 21. Disponível em http://www.portaldaindustria.com.br/publicacoes/2013/2/101-propostas-para-modernizacao-trabalhista/>. Acesso em: 22 jun. 2022.

CASTRO, Carlos Roberto Siqueira. *O devido processo legal e os princípios da razoabilidade e da proporcionalidade*. 5. ed. Rio de Janeiro: Forense, 2010.

CATHARINO, José Martins. *Compêndio de Direito do Trabalho*. v. 1. 3. ed. São Paulo: Saraiva, 1982.

CAVALCANTE, Ricardo Tenório. *Jurisdição, Direitos Sociais e Proteção do Trabalhador*. A efetividade do direito material e processual do trabalho desde a teoria dos princípios. Porto Alegre: Livraria do Advogado Editora, 2008, p. 152.

CHAVES, Helena Lúcia Augusto; GEHLEN, Vitória Régia Fernandes. Estado, políticas sociais e direito sociais: descompasso do tempo atual. *Revista Serviço Social & Sociedade*, n. 135, p. 290-307. São Paulo - May/Aug. 2019. Disponível em: <http://www.scielo.br/scielo.php?script=sci_arttext&pid=S0101-66282019000200290>. Acesso em: 22 jun. 2022.

CHIESI FILHO, Humberto. *Um novo paradigma de acesso à Justiça*. Autocomposição como método de solução de controvérsias e caracterização do interesse processual. Belo Horizonte: D'Plácido, 2021.

CINTRA, Antonio Carlos de Araújo; GRINOVER, Ada Pellegrini; DINAMARCO, Cândido Rangel. *Teoria geral do processo*. 15. ed. São Paulo: Malheiros Editores Ltda., 1999.

CIRINO, Victor José Santos. As custas judiciais do Estado da Bahia – sua natureza tributária. *Instituto Brasileiro de Estudos Tributários – IBET*, 2012. Disponível em: <https://www.ibet.com.br/wp-content/uploads/2017/07/VICTOR-JOS%C3%89-SANTOS-CIRINO.pdf>. Acesso em: 22 jun. 2022.

CÓDIGO DE HAMURÁBI: Código de Manu, excertos: (livros oitavo e nono): Lei das XII Tábuas. Supervisão editorial Jair Lot Vieira. – Bauru, SP: Edipro, 1994.

COLOMBO FILHO, Cássio. Tutela de urgência no novo CPC e a atuação *ex officio* do juiz do trabalho. *Revista Eletrônica do Tribunal Regional do Trabalho da 9ª Região*: vol. 4, n. 44. Curitiba: set. 2015, p. 168-181. Disponível em: <https://juslaboris.tst.jus.br/bitstream/handle/20.500.12178/89498/2015_colombo_filho_cassio_tutela_urgencia.pdf?sequence=1&isAllowed=y>. Acesso em: 22 jun. 2022.

COMANDUCCI, Paolo. *In* Modelos e interpretación de la Constitución. *Teoria del neoconstitucionalismo*. Ensayos escogidos. Edición CARBONELL, Miguel. Madri: Editorial Trotta, 2007.

COMPARATO, Fábio Konder. *A afirmação histórica dos direitos humanos*. 2. ed. São Paulo: Saraiva, 2001.

CONTINENTINO, Marcelo Casseb. História do judicial review: o mito de Marbury. *Revista de Informação Legislativa*: RIL, v. 53, n. 209, p. 115-132, jan./mar. 2016. Disponível em: <https://www12.senado.leg.br/ril/edicoes/53/209/ril_v53_n209_p115>. Acesso em: 22 jun. 2022.

______. O que resta ao Senado no controle difuso da constitucionalidade das leis? *Revista Consultor Jurídico*. Observatório constitucional, 11 de outubro de 2014. Disponível em: <https://www.conjur.com.br/2014-out-11/observatorio-constitucional-resta-senado-controle-difuso-constitucionalidade-leis-brasil>. Acesso em: 22 jun. 2022.

COSENTINO FILHO, Carlo Benito. Neotaylorismo digital e a economia do (des)compartilhamento. *In Futuro do trabalho:* os efeitos da revolução digital na sociedade. Rodrigo de Lacerda Carelli, Tiago Muniz Cavalcanti e Vanessa Patriota da Fonseca (Orgs.). Brasília: ESMPU, 2020. p. 417-429.

CRETELLA JÚNIOR, José. *Curso de Direito Romano*. 12. ed. Rio de Janeiro: Forense, 1989.

D'AMBROSO, Marcelo José Ferlim. Competência criminal da Justiça do Trabalho e legitimidade do Ministério Público do Trabalho em matéria penal. *Revista LTr*, 70, n. 2, fev. 2006, p. 180-195.

DANTAS, F. C. de San Tiago. Igualdade perante a lei e *due process of law*. *Revista Jurídica Virtual* – Brasília, vol. 3, n. 32, jan. 2002.

DANTAS, Francisco Wildo Lacerda. *Jurisdição, ação (defesa) e processo*. São Paulo: Editora Dialética, 1997.

DAVID, René. *Os grandes sistemas do direito contemporâneo* (direito comparado). 2. ed. Lisboa: Ed. Meridiano, 1978.

DEL CLARO, Roberto. A Suprema Corte Americana e o devido processo legal em sentido material. Âmbito Jurídico, 1 de junho de 2018. Disponível em: <https://ambitojuridico.com.br/cadernos/direito-constitucional/a-suprema-corte-americana-e-o-devido-processo-legal-em-sentido-material/>. Acesso em: 22 jun. 2022.

DELGADO, Mauricio Godinho; DELGADO, Gabriela Neves. A proteção e a inclusão da pessoa humana trabalhador e do trabalho no Brasil República: fluxos e refluxos. *Revista Jurídica Unicuritiba*, v. 4, n. 57 (2019), ISSN: 2316-753X. Disponível em: <http://revista.unicuritiba.edu.br/index.php/RevJur/article/view/3792>. Acesso em: 22 jun. 2022.

______; ______. *A Reforma Trabalhista no Brasil*: com os comentários à Lei n. 13.467/2017. São Paulo: LTr, 2017.

______. *Curso de Direito do Trabalho*. 10. ed. São Paulo: LTr, 2011.

DE STEFANO, Valerio. Automação, inteligência artificial e proteção laboral: patrões algorítmicos e o que fazer com eles. Trad. Rodrigo Carelli. In *Futuro do trabalho:* os efeitos da revolução digital na sociedade. Rodrigo de Lacerda Carelli, Tiago Muniz Cavalcanti e Vanessa Patriota da Fonseca (Organizadores). Brasília: ESMPU, 2020, p. 21-61.

DE STEFANO, Valerio. Regulation is not an À la Carte menu: insights from the Uber judgment. Trad. Roberta Vancep Harop. *UK Labor Law*, March 2, 2021. Disponível em: <https://uklabourlawblog.com/2021/03/02/regulation-is-not-an-a-la-carte-menu-insights-from-the-uber-judgment-by-valerio-de-stefano/>. Acesso em: 22 jun. 2022.

DIAS, Norton Maldonado. Da solução da crise das dimensões de direitos fundamentais e do pensamento de Karel Vasak pela teoria dos princípios. *Revista Acadêmica da Faculdade de Direito do Recife*. Vol. 88, número 2, jul./dez. 2016, p. 102-119.

______. Crítica ao pensamento de Karel Vasak e Norberto BOBBIO sobre o desenvolvimento dos direitos humanos em relação a tratados e convenções internacionais. *Scielo. Revista Colombiana de Derecho Internacional*. n. 31. – Bogotá. July/Dec. 2017. Disponível em: <http://www.scielo.org.co/scielo.php?script=sci_arttext&pid=S1692-81562017000200059>. Acesso em: 22 jun. 2022.

DIAS, Ronaldo Brêtas de Carvalho. *Processo constitucional e estado democrático de Direito*. 4. ed. Belo Horizonte: Editora Del Rey, 2018.

______; FIORATTO, Débora de Carvalho. A conexão entre os princípios do contraditório e da fundamentação das decisões judiciais na construção do Estado Democrático de Direito. *Revista Eletrônica do Curso de Direito – Pontifícia Universidade Católica de Minas Gerais – PUC Minas Serro*, n. 1, 2010, p.112-138. Disponível em: <http://periodicos.pucminas.br/index.php/DireitoSerro/article/view/1110>. Acesso em: 22 jun. 2022.

DIDIER JR., Fredie. *Curso de Direito Processual Civil*: introdução ao direito processual civil, parte geral e processo de conhecimento. v.1, 21 ed. Salvador: Ed. Jus Podivm, 2019.

______. Sistema Brasileiro de Precedentes Judiciais Obrigatórios e os Deveres Institucionais dos Tribunais: Uniformidade, Estabilidade, Integridade e Coerência da Jurisprudência. *Revista do Ministério Público do Rio de Janeiro* n. 64, abr./jun. 2017, p. 135-147. Disponível em: <https://www.mprj.mp.br/documents/20184/1255811/Fredie_Didier_Jr.pdf>. Acesso em: 22 jun. 2022.

DINAMARCO, Cândido Rangel. *Instituições de Direito Processual Civil*. 10. ed. v. 1. Salvador: Editora Juspodivm, 2020.

______. *Nova era do processo civil*. 3. ed. São Paulo: Malheiros, 2009.

______. Prefácio. In: BEDAQUE, José Roberto dos Santos. *Direito e processo*: influência do direito material sobre o processo. 2. ed. São Paulo: Malheiros Editores, 2001.

______. *A Instrumentalidade do Processo*. 2. ed. São Paulo: Revista dos Tribunais, 1990.

DINIZ, Maria Helena. *Compêndio de introdução à ciência do direito*. 2. ed. São Paulo: Saraiva, 1989.

______. *As lacunas no direito*. 3. ed. São Paulo: Saraiva, 1995.

DÓRIA, Antônio Roberto Sampaio. *Direito Constitucional Tributário e "Due process of law"*: ensaio sobre o controle judicial da razoabilidade das leis. 2. ed. Rio de Janeiro: Forense, 1986.

DUARTE, Anita; AIRES, Mateus Brandão. Testemunha e 'litigância' de má-fé x crime de falso testemunho: há dupla punição? *Empório do Direito*. 28/1/2020. Disponível em: <https://emporiododireito.com.br/leitura/testemunha-e-litigancia-de-ma-fe-x-crime-de-falso-testemunho-ha-dupla-punicao>. Acesso em: 22 jun. 2022.

DUARTE, Écio Oto Ramos; POZZOLO, Susanna. *Neoconstitucionalismo e positivismo jurídico*. As faces da Teoria do Direito em tempos de interpretação moral da Constituição. 2. ed. com posfácio de Lenio Luiz Streck. São Paulo: Landy Editora, 2010.

DWORKIN, Ronald. *Levando os Direitos a sério*. Tradução: Nelson Boeira. 3. ed. São Paulo: Martins Fontes, 2017.

______. *O Império do Direito*. Tradução: Jefferson Luiz Camargo. 2. ed. São Paulo: Martins Fontes, 2007.

ECONOMIDES, Kim. Lendo as ondas do "Movimento de Acesso à Justiça": epistemologia *versus* metodologia? In *Cidadania, justiça e violência*. Dulce Chaves Pandolfi, José Murilo de Carvalho, Leandro Piquet Carneiro e Mario Grynszpan (Orgs.). Rio de Janeiro: Ed. Fundação Getúlio Vargas, 1999. p. 61-76.

______. On liberating law from the tyranny of the city. In *Repensando o acesso à Justiça no Brasil*: estudos internacionais. / Volume 2 – Institutos inovadores / Coordenação [de] Leslie Shérida Ferraz. Aracaju: Evocati e Ipea – Instituto de Pesquisa Econômica Aplicada, 2016, p. 151-170.

EHRHARDT JÚNIOR, Marcos; SILVA, Gabriela Buarque Pereira. Pessoa e sujeito de direito: reflexões sobre a proposta europeia de personalidade jurídica eletrônica. *Revista Brasileira de Direito Civil*, RBDCivil, Belo Horizonte, v. 23, N. 01, p. 57-79, jan./mar. 2020. Disponível em: <https://rbdcivil.ibdcivil.org.br/rbdc/issue/view/27>. Acesso em: 22 jun. 2022.

ELY, John Hart. *Democracia e desconfiança*. Trad. Juliana Lemos. São Paulo: WMF Martins Fontes, 2010.

EMPOLI, Giuliano Da. *Os engenheiros do caos*. Tradução Arnaldo Bloch. 1. ed.; 3. reimp. São Paulo: Vestígio, 2020.

ENGELS, Friedrich. *A origem da família, da propriedade privada e do Estado*. Trad. Leandro Konder. 9. ed. Rio de Janeiro: Editora Civilização Brasileira, 1984.

ENGISCH, Karl. *Introdução ao pensamento jurídico*. 10. ed. Lisboa: Fundação Calouste Gulbenkian, 2008.

ESTEBAN, Ricardo Buendia; GARCIA, Jorge Leyton. El caso Uber en el Reino Unido y el rol protector del derecho del trabajo. *Diario Constitucional*. 10.3.2021. Disponível em: <https://www.diarioconstitucional.cl/articulos/el-caso-uber-en-el-reino-unido-y-el-rol-protector-del-derecho-del-trabajo/>. Acesso em: 22 jun. 2022.

FARIA, José Eduardo (Org.). *Direito e globalização econômica*: implicações e perspectivas. 1. ed. Malheiros, 2015.

______. O sistema brasileiro de justiça: experiência recente e futuros desafios. São Paulo: *Scielo Brasil. Estudos avançados*, vol. 18, n. 51. May/Aug. 2004. Disponível em: <https://www.scielo.br/j/ea/a/7SxL3ZVmwbGPNsgbRRM3FmQ/?lang=pt>. Acesso em: 22 jun. 2022.

______. *Poder e legitimidade*: uma introdução à política do direito. São Paulo: EDUSP, 1976.

FAZZALARI, Elio. *Instituições de Direito Processual*. Tradução: Elaine Nassif. 8. ed. Campinas: Bookseller Editora, 2006.

FEITOSA, Raymundo Juliano Rego; MELO, José Guilherme Amorim de. Dr. Bonham *case* e o controle de constitucionalidade. *Publica direito*, 2016. Disponível em: <http://publicadireito.com.br/artigos/?cod=6475c86edecfca8f>. Acesso em: 22 jun. 2022.

FELICIANO, Guilherme Guimarães. *Por um processo realmente efetivo*: tutela processual de direitos humanos fundamentais e inflexões do "*Due process of law*". São Paulo: LTr, 2016.

______; MARANHÃO, Ney. Os juízes do trabalho e a reforma trabalhista: primeiros horizontes de consenso. *Revista de Direito do Trabalho*, vol. 193/2018, p. 159-176, set/2018.

______; MISKULIN, Ana Paula Silva Campos. *Infoproletários e a Uberização do trabalho*: direito e justiça em um novo horizonte de possibilidades. São Paulo: LTr, 2019.

FERNANDES, Dandara Cordeiro de Oliveira. Os direitos de ação e acesso à justiça como meios de efetivação dos direitos sociais. *In Acesso à justiça*: aspectos constitucionais e sociais. (Org.) ROSÁRIO, José Orlando Ribeiro *et al*. 1. ed. Salvador – BA: Editora Motres, 2018, p. 79-109.

FERNANDEZ, Leandro; PAMPLONA FILHO, Rodolfo. *Trabalho intermitente*. Coleção Direito do Trabalho. Ed. Juruá, 2020.

FERNÁNDEZ, Martín Ermida. *El proceso laboral autónomo*. 1. ed. Fundación de Cultura Universitária, Montevideo – Uruguay, 2013.

FERREIRA FILHO, Manoel Gonçalves. *Direitos humanos fundamentais*. 3. ed. São Paulo: Saraiva, 1999.

FILGUEIRAS, Vitor; ANTUNES, Ricardo. Plataformas digitais, uberização do trabalho e regulação no capitalismo contemporâneo. In *Uberização, trabalho digital e indústria 4.0*. Ricardo Antunes (organizador). 1. ed. São Paulo: Boitempo, 2020.

FORRESTER, Viviane. *O horror econômico*. Tradução: Álvaro Lorencini. São Paulo: Editora da Universidade Estadual Paulista, 1997.

FREITAS JÚNIOR, Antonio Rodrigues de. *On demand*: trabalho sob demanda em plataformas digitais. Belo Horizonte: Arraes Editores, 2020.

FREYRE, Gilberto. *Casa Grande e Senzala* – formação da família brasileira sob o regime da economia patriarcal. 48. ed. Disponível em: <https://cdn.culturagenial.com/arquivos/casa-grande-e-senzala.pdf>. Acesso em: 22 jun. 2022.

FUCHS, Christian. Teoria e análise do trabalho digital: das cadeias globais de valor aos modos de produção. *Revista Trabalho & Educação*, v. 27, n. 3 (2018). Disponível em: <https://periodicos.ufmg.br/index.php/trabedu/article/view/9856>. Acesso em: 22 jun. 2022.

FUKUYAMA, Francis. *O fim da história e o último homem*. Rio de Janeiro: Rocco, 1992.

GALUPPO, Marcelo Campos. Os princípios jurídicos no Estado Democrático de Direito: ensaio sobre o modo de sua aplicação. *Revista de Informação Legislativa*, Brasília a. 36 n. 143 jul./set. 1999, p. 191-210. Disponível em: <https://www2.senado.leg.br/bdsf/bitstream/handle/id/514/r143-16.PDF?sequence=4>. Acesso em: 22 jun. 2022.

GARAPON, Antoine. *O guardador de promessas*: justiça e democracia. Tradução: Francisco Aragão. Éditions Odile Jacob. Lisboa: Instituto Piaget, 1996.

GARGARELLA, Roberto. *Teoria y critica del derecho constitucional*. 2. reimp. vol. 1. Buenos Aires: Abeledo Perrot, 2010.

______. O novo constitucionalismo dialógico, frente ao sistema de freios e contrapesos. Tradução do espanhol: Ilana Aló J. *In:* VIEIRA, José Ribas; LACOMBE, Margarida; LEGALE, Siddharta. (Coords.). *Jurisdição constitucional e direito constitucional internacional*. Belo Horizonte: Fórum, 2016.

GÊNOVA, Leonardo de. *O Princípio da proteção no Século XXI*: os novos desafios do trabalhador brasileiro. São Paulo: LTr, 2009.

GIGLIO, Wagner D.; CORRÊA, Claudia Giglio Veltri Corrêa. *Direito Processual do Trabalho*. 16. ed. Saraiva, 2007.

GOMES NETO, José Mário Wanderley. *O acesso à Justiça em Mauro Cappelletti*. Análise teórica desta concepção como "movimento" de transformação das estruturas do processo civil brasileiro. Porto Alegre: Sergio Antonio Fabris Editor, 2005.

GRAU, Eros Roberto. *Por que tenho medo dos Juízes* (a interpretação /aplicação do direito e os princípios. 6. ed. São Paulo: Malheiros, 2014.

GRECO, Leonardo. Garantias fundamentais do processo: o processo justo. Novos Estudos Jurídicos – Ano VII – N. 14 – p. 9-68, abril / 2002.

GRINOVER, Ada Pellegrini; DINAMARCO, Cândido Rangel; WATANABE, Kazuo. (Coord.). Participação e processo. São Paulo: Revista dos Tribunais, 1988.

GUASTINI, Ricardo. *Das fontes às normas*. Tradução: Edson Bini. São Paulo: Quartier Latin, 2005.

GUIMARÃES, Magali Costa. Controle no trabalho: uma reflexão sobre antigas e novas formas de controle e suas consequências sobre os trabalhadores. *Revista de Gestão USP*. – São Paulo, v. 13, n. 1, p. 1-10, janeiro/março 2006.

HALL, Stuart. *A identidade cultural na pós-modernidade*. Tradução: Tomaz Tadeu da Silva & Guacira Lopes Louro. 12. ed. Rio de Janeiro, 2020.

HAMILTON, Alexander; MADISON, James; JAY, John. *O federalista.* Os pensadores. Vol. XXIX, 1. ed. nov. 1973. São Paulo: Abril S.A. Cultural e Industrial.

HARARI, Yuval Noah. *21 lições para o século 21.* Tradução: Paulo Geiger. São Paulo: Cia. das Letras, 2020.

HART, Herbert L. A. *O conceito de direito.* Tradução: A. Ribeiro Mendes. 4. ed. Lisboa: Fundação Calouste Gulbenkian, 2005.

HARVEY, David. *A condição pós-moderna*: uma pesquisa sobre as origens da mudança cultural. Tradução: Adail Ubirajara Sobral e Maria Stela Gonçalves. 26. ed. São Paulo: Edições Loyola, 2016.

HESSE, Konrad. *A força normativa da Constituição.* Tradução: Gilmar Ferreira Mendes. Porto Alegre: Sergio Antonio Fabris Editor, 1991.

HIRSCHL, Ran. *Rumo à Juristocracia* – as origens e consequências do novo constitucionalismo. Tradução: Amauri Feres Saad. 1. ed. Editora EAD, 2020.

HIRSCHL, Ran. O novo constitucionalismo e a judicialização da política pura no mundo. Publicado originalmente como "The new constitutionalism and the judicialization of pure politics worldwide", Fordham Law Review, v. 75, n. 2, 2006. Tradução: Diego Werneck Arguelhes e Pedro Jimenez Cantisano. *Revista de Direito Administrativo.* Fundação Getúlio Vargas. Rio de Janeiro, v. 251, p. 139-178, maio/ago. 2009. Disponível em: <https://bibliotecadigital.fgv.br/ojs/index.php/rda/article/view/7533/6027>. Acesso em: 22 jun. 2022.

HOYO, Arturos. La garantia constitucional del debido proceso legal (art. 32 de la Constitución política). *Revista de Processo*, vol. 47, ano 1987, p. 43-91, Jul-Set / 1987.

HUWS, Ursula. *A formação do cibertariado.* Trabalho virtual em um mundo real. Tradução: Murillo van der Laan. Campinas: Editora Unicamp, 2017.

HUXLEY, Aldous. *Admirável mundo novo.* Tradução: Felisberto Albuquerque. São Paulo: Abril Cultural, 1981.

IHERING, Rudolf von. *A luta pelo Direito.* Tradução: Pietro Nassetti. São Paulo, Martin Claret, 2003.

IVO, Gabriel. A linguagem do Direito e a decisão jurídica voluntarista (anotações ao Direito e à sua linguagem). *Antígona* 13. Maceió, AL: Edufal; 2020.

______. O direito e sua linguagem. In *Direito tributário e os novos horizontes do processo. Instituto Brasileiro de Estudos Tributários – IBET.* XII Congresso 10.11.2015. Disponível em: <https://www.ibet.com.br/o-direito-e-a-sua-linguagem-por-gabriel-ivo/>. Acesso em: 22 jun. 2022.

______. *Norma Jurídica:* produção e controle. São Paulo: Noeses, 2006.

______. A relação entre a lei complementar e a lei ordinária. Sistema Tributário Brasileiro e as Relações Internacionais. *X Congresso Nacional de Estudos Tributários.* Presidente: Paulo de Barros Carvalho. Coord. Priscila de Souza. São Paulo: Ed Noeses IBET, 2013.

______. O princípio da tipologia tributária e o dever fundamental de pagar tributos. *In Direitos Fundamentais na Constituição de 1988.* Org. Rosmar Antonni Rodrigues Cavalcanti de Alencar. Porto Alegre: Nuria Fabris Editora. 2008.

IVO, Jasiel. Relações de Trabalho com o Estado e Princípios Constitucionais. 1. ed. (2001), 3. tir. Curitiba: Juruá, 2003.

______. O Genoma Humano e o Direito ao Trabalho. *Revista LTr*. Ano 65, Julho de 2001. São Paulo: Ed. LTr, p 782-786.

______. A Autonomia do Direito Processual do Trabalho Frente ao Direito Processual Civil. *Revista Direitos & Deveres*. Universidade Federal de Alagoas – UFAL, Maceió, ano I, n. 2, jan/jun. 1998, p. 8-28.

______. A Reforma Trabalhista e a Violação Constitucional do Acesso à Justiça. *Revista do Tribunal Regional do Trabalho 3ª Região*, Belo Horizonte, v. 63, n 96, jul./dez. 2017, p. 135-147. Disponível em: <https://juslaboris.tst.jus.br/handle/20.500.12178/142140>. Acesso em: 3 jul. 2021.

______; TEIXEIRA, Sergio Torres. Sujeito de Direito e Subjetividade. *Revista Jurídica Luso Brasileira*. Ano 8 (2022), N. 3. Disponível em: <https://www.cidp.pt/revistas/rjlb/2022/3/2022_03_1611_1631.pdf>. Acesso em: 3 jul. 2021.

______; ______. Acesso à justiça e cidadania: de como os meios consensuais de solução e prevenção de conflitos podem fortalecer a cidadania e restaurar os laços comunitários. *Revista da Faculdade de Direito de Universidade Federal de Goiás*. v. 45 n. 2 (2021). Disponível em: <https://www.revistas.ufg.br/revfd/article/view/68261/38065>. Acesso em: 3 jul. 2021.

______; ______. A Covid-19 e os impactos nas relações de trabalho. *Revista LTr*, Vol. 85, n. 3, Março de 2021, p. 352-359.

______; FEITOSA, Raymundo Juliano. Judicialização, ativismo judicial e o flerte com o arbítrio. *Revista Jurídica Unicuritiba*, ISNN 2316-753X. *No prelo*.

JORGE NETO, Francisco Ferreira; CAVALCANTE, Jouberto de Quadros Pessoa. *Direito Processual do Trabalho*. 5. ed. São Paulo: 2012.

JUCÁ, Francisco Pedro; ISHIKAWA, Lauro. *A constitucionalização dos direitos, seus reflexos e o acesso à justiça*. (Organizadores) Francisco Pedro Jucá e Lauro Ishikawa. 1. ed. Birigui: Boreal Editora, 2015.

JUNGES, Ionathan; PORTO, Rosane Teresinha Carvalho. O paradigma moderno e a re(configuração) do sistema de justiça a partir dos mecanismos alternativos de justiça. *Revista Scientia Iuris*, v. 25, n. 2 (2021). Disponível em: <https://www.uel.br/revistas/uel/index.php/iuris/article/view/42676/30017>. Acesso em: 3 set. 2021.

JUNQUEIRA, Eliane Botelho. Acesso à justiça: um olhar retrospectivo. *Revista Estudos Históricos*, v. 9, n. 18. Justiça e cidadania, 1996, p. 389-402. Disponível em: <http://bibliotecadigital.fgv.br/ojs/index.php/reh/article/view/2025>. Acesso em: 3 jul. 2021.

KELSEN, Hans. *Teoria pura do direito*. Tradução: João Baptista Machado. 8. ed. São Paulo: Editora WMF Martins Fontes, 2009.

KELSEN, Hans. La Función de la Constitución. *Revista Electrónica del Instituto del Investigaciones "Ambrosio L. Gioja"* – Año IV, Número 5, Buenos Aires, 2010, p. 150-157. Disponível em: <http://www.derecho.uba.ar/revistas-digitales/index.php/revista-electronica-gioja/article/view/351>. Acesso em: 3 jul. 2021.

LACERDA, Galeno. O código e o formalismo processual. *Revista da Faculdade de Direito da UFPR*, v. 21, 1983. Disponível em: <https://revistas.ufpr.br/direito/article/view/8874/6183>. Acesso em: 3 jul. 2021.

LARA, Caio Augusto Souza. *O acesso tecnológico à justiça*: por um uso contra-hegemônico do *big data* e dos algoritmos. Tese de doutorado. Universidade Federal de Minas Gerais – UFMG, 2019. Disponível em: <https://repositorio.ufmg.br/bitstream/1843/DIRS-BC6UDB/1/tese___caio_augusto_souza_lara___2015655391____vers_o_final.pdf>. Acesso em: 3 jul. 2022.

LARENZ, Karl. *Metodologia da Ciência do Direito*. 5. ed. Lisboa: Fundação Calouste Gulbenkian, 2009.

LASSALLE, Ferdinand. *O que é uma Constituição?* Leme/SP: EDIJUR, 2016.

LEE, Kai-Fu. *Inteligência artificial*: como os robôs estão mudando o mundo, a forma como amamos, nos relacionamos, trabalhamos e vivemos. Tradução: Marcelo Barbão. Rio de Janeiro: Globo Livros, 2019.

LEITE, Glauco Salomão. *Juristocracia e Constitucionalismo Democrático*: do ativismo judicial ao diálogo constitucional. 2. ed. Rio de Janeiro: Lumen juris, 2021.

______; BARBOZA, Estefânia Maria de Queiroz. Entre o entusiasmo e o mal-estar constitucional: diferentes papéis da jurisdição constitucional na proteção de direitos sociais em três décadas de constitucionalismo instável. *Revista Brasileira de Direitos Fundamentais & Justiça* | Belo Horizonte, ano 15, n. 45, p. 533-561, jul./dez. 2021. Disponível em: <https://dfj.emnuvens.com.br/dfj/article/view/1042>. Acesso em: 29 mar. 2022.

______; SANTOS, Gustavo Ferreira; Teixeira, João Paulo Allain; LABANCA, Marcelo. Os 'pecadilhos' da vanguarda iluminista. *Revista Consultor Jurídico*, 29.04.2021. Disponível em: *<https://www.conjur.com.br/2021-abr-29/opiniao-pecadilhos-vanguarda-iluminista>. Acesso em: 29 mar. 2022.*

______; CONTINENTINO, Marcelo Casseb. Dilemas do STF: entre judicialismo ingênmuo e efetivação constitucional. *Justificando*, 12 de junho de 2017.Disponível em: <https://www.justificando.com/2017/07/12/dilemas-do-stf-entre-judicialismo-ingenuo-e-efetivacao-constitucional/>. Acesso em: 29 mar. 2022.

______; TEIXEIRA, João Paulo Allain. O pensamento jurídico brasileiro e a reconstrução da dogmática constitucional pós-1988: o neoconstitucionalismo e a armadilha do protagonismo judicial. In *Neoconstitucionalismo*: avanços e retrocessos. George Salomão Leite, Glauco Salomão Leite e Lenio Luiz Streck (Coord.). Belo Horizonte: Fórum, 2017, p. 47-61.

LESSA, Regina Andrade Sales Farias; IVO, Jasiel. Uberização em tempos de pandemia: a intensificação da precarização do trabalho dos entregadores de plataformas digitais. *Anais do V Seminário internacional de pesquisa (re)pensando o trabalho contemporâneo*: novos trabalhos e sindicalismo. Organizadores: Jair Aparecido Cardoso, Maria Hemília Fonseca, Victor Hugo de Almeida e Eliana dos Santos Alves Nogueira. Universidade de São Paulo. Faculdade de Direito de Ribeirão Preto. 21-23 de outubro de 2020. Ribeirão Preto – São Paulo: FDRP-USP, p. 1.548-1.563.

LIMA, Alcides de Mendonça. *Processo Civil no Processo Trabalhista*. São Paulo: LTr, 1984.

LIMA, George Marmelstein. *Curso de Direitos Fundamentais*. 2. ed. São Paulo: Ed. Atlas, 2009.

LIMA, George Marmelstein. *Críticas à teoria das gerações (ou mesmo dimensões) dos direitos fundamentais. Revista Jus Navigandi*, ISSN 1518-4862, Teresina, *ano 8, n. 173, 26 dez. 2003*. Disponível em: <https://jus.com.br/artigos/4666>. Acesso em: 29 mar. 2022.

LIMA, Maria Rosynete Oliveira. *Devido processo legal*. Porto Alegre: Sergio Antonio Fabris Editor, 1999.

LIRA, Fernando José. *Formação da riqueza e da pobreza de Alagoas*. Maceió: Editora da Universidade Federal de Alagoas – EDUFAL, 2007.

LOURENÇO, Haroldo. O Neoprocessualismo, o Formalismo Valorativo e suas Influências no Novo CPC. *Revista EMERJ*, Rio de Janeiro, v. 14, n. 56, p.74-107, out.-dez.2011. Disponível em: <https://www.emerj.tjrj.jus.br/revistaemerj_online/edicoes/revista56/revista56_74.pdf>. Acesso em: 29 mar. 2022.

LUCON, Paulo Henrique dos Santos. Devido processo legal substancial. *Revista de Doutrina TRF 4*. Edição 15, 22.11.2006. Disponível em: <https://revistadoutrina.trf4.jus.br/index.htm?https://revistadoutrina.trf4.jus.br/artigos/edicao015/paulo_lucon.htm>. Acesso em: 29 mar. 2022.

______. Devido processo legal substancial e efetividade do processo. *In:* DIDIER JR., Fredie (Org.). *Leituras complementares de processo civil*. 7. ed. Salvador: JusPodium, 2009.

LUZ, Lara Emanuele da. *O diagnóstico arendtiano da modernidade e a dissolução do **homo faber** no **animal laborans***. Dissertação de Mestrado em Filosofia. Universidade Federal de Santa Catarina – Centro de Filosofia e Ciências Humanas, Programa de Pós-Graduação em Filosofia, Florianópolis, 2018. Repositório UFSC.

MACIEL, Adhemar Ferreira. *Due process of law*. Informativo Jurídico da Biblioteca Min. Oscar Saraiva. *Revista do Superior Tribunal de Justiça*, v.6, n.2, p.71-133, jul/dez. 1994.

MACHADO, Hugo de Brito. *Lei Complementar Tributária*. São Paulo: Malheiros Editores Ltda., 2010.

MADUREIRA, Claudio. *Fundamentos do Novo Processo Civil Brasileiro*: o processo civil do formalismo-valorativo. Belo Horizonte: Fórum, 2017.

MADUREIRA, Claudio Penedo. Formalismo, instrumentalismo e formalismo-valorativo. *Cadernos do Programa de Pós-Graduação Direito/UFRGS*. Edição digital – Porto Alegre, v. 10, n. 3. 2015, p. 253-283. Disponível em: <https://seer.ufrgs.br/ppgdir/article/view/58879>. Acesso em: 29 mar. 2022.

MAIA, Gretha Leite. O Judiciário como superego da sociedade. Resenha – MAUS, Ingeborg. Rio de Janeiro. *Revista Jurídica Cesumar* – Mestrado, v. 15, n. 1, p. 287-290, jan./jun. 2015 – I.

MANUS, Pedro Paulo Teixeira. Princípio do devido processo legal e preclusão no processo do trabalho. *Revista Consultor Jurídico*, 18.9.2020. Disponível em: <https://www.conjur.com.br/2020-set-18/reflexoes-trabalhistas-devido-processo-legal-preclusao-processo-trabalho>. Acesso em: 29 mar. 2022.

______. A execução no processo do trabalho, o devido processo legal, a efetividade do processo e as novas alterações do código de processo civil. *Revista do Tribunal Superior do Trabalho*: Vol. 73, n. 1 (jan./mar. 2007). Disponível em: <https://juslaboris.tst.jus.br/bitstream/handle/20.500.12178/2279/2007_manus_pedro_execucao_processo_trabalho.pdf?-sequence=1&isAllowed=y>. Acesso em: 29 mar. 2022.

MARANHÃO, Ney. Eficácia horizontal do devido processo laboral. Reflexões sobre o direito fundamental a um procedimento trabalhista justo como fator de controle do poder privado empregatício. *Revista Jus Navigandi*, ISSN 1518-4862, Teresina, ano 19, n. 3965, 10 maio 2014. Disponível em: <https://jus.com.br/artigos/28301>. Acesso em: 29 mar. 2022.

MARANHÃO, Ney Stany Morais; SAVINO, Thiago Amaral Costa: O futuro do trabalho sob o olhar da OIT: análise do relatório "Trabalhar para um futuro melhor" (março/2019). *Revista de Direito do Trabalho*, São Paulo, SP, v. 45, n. 205. 143-162, set. 2019.

MARINONI, Luiz Guilherme; ARENHART, Sérgio Cruz; MITIDIERO, Daniel. *Curso de Processo Civil.* Teoria Geral do Processo Civil. v. 1, 4. ed. São Paulo: Thomson Reuters Brasil e Revista dos Tribunais, 2019.

MARTINELLI, André Silva. *A impugnação das decisões interlocutórias em contrarrazões ao recurso ordinário no processo do trabalho*: um estudo a partir do § 1º do art. 1.009 do CPC/2015. Dissertação de mestrado. Programa de Pós-Graduação em Direito da Universidade Federal do Espírito Santo – UFES, 2020.

MARTINES, Fernando. Deputado apresenta PEC para acabar com a Justiça do Trabalho. *Consultor Jurídico.* Disponível em: *<https://www.conjur.com.br/2019-out-09/deputado-apresenta-pec--acabar-justica-trabalho>. Acesso em: 29 mar. 2022.*

______. Ações trabalhistas caem em todos os TRTs, mas advogados apontam represamento. *Consultor Jurídico*, 07.2.2018. Disponível em: <https://www.conjur.com.br/2018-fev-07/acoes--caem-todos-trts-advogados-apontam-represamento>. Acesso em: 29 mar. 2022.

MARTINS, Sergio Pinto. *Direito Processual do Trabalho*. 36. ed. São Paulo: Atlas, 2015.

MARX, Karl. *O 18 de Brumário de Luís Bonaparte*. Edição Ridendo Castigat Mores. Versão e-Book, 2002, p. 6. Disponível em: <https://files.cercomp.ufg.br/weby/up/4/o/brumario.pdf>. Acesso em: 29 mar. 2022.

______; ENGELS, Friedrich. *Manifesto do Partido Comunista*. Impresso na URSS: Edições Progresso, 1987.

MASI, Domenico de. *O ócio criativo*: entrevista a Maria Serena Palieri. Tradução: Lea Manzi. Rio de Janeiro: Sextante, 2000.

MATTOS, Sérgio Luís Wetzel de. *Devido processo legal e proteção de direitos*. Porto Alegre: Livraria do Advogado Editora, 2009.

MAUS, Ingeborg. Judiciário como superego da sociedade. O papel da atividade jurisprudencial na "sociedade orfã". Tradução do alemão de Martonio Lima e Paulo Albuquerque. *Universidade de Fortaleza*, outubro de 2016. Disponível em: <http://www.direitocontemporaneo.com/wp-content/uploads/2014/02/JUDICI%C3%81RIO-COMO-SUPEREGO-DA-SOCIEDADE.pdf>. Acesso em: 29 mar. 2022.

MEDEIROS, Frederico Batista dos Santos. Conceito de tributos e as espécies tributárias. Âmbito Jurídico. Disponível em: <https://ambitojuridico.com.br/cadernos/direito-tributario/conceito-de-tributo-e-as-especies-tributarias/>. Acesso em: 29 mar. 2022.

MELO, Geraldo Magela. O teletrabalho na nova CLT. Associação Nacional dos Magistrados da Justiça do Trabalho – *Anamatra*, 28 de julho de 2017. Disponível em: <https://www.anamatra.org.br/artigos/25552-o-teletrabalho-na-nova-clt>. Acesso em: 29 mar. 2022.

MELO, João Ozorio de. Pivô da mudança: EUA celebram escravo que buscou liberdade na Justiça. *Revista Consultor Jurídico*, 23.5.2013. Disponível em: <https://www.conjur.com.br/2013-mai-23/americanos-celebram-escravo-buscou-liberdade-justica>. Acesso em: 29 mar. 2022.

MELO, Raimundo Simão de. O princípio do devido processo legal no processo do trabalho. *Revista Consultor Jurídico*, 25.1.2019. Disponível em: <https://www.conjur.com.br/2019-jan-25/reflexoes-trabalhistas-principio-devido-processo-legal-processo-trabalho>. Acesso em: 29 mar. 2022.

MENDES, Gilmar Ferreira. *Direitos fundamentais e controle de constitucionalidade*: estudos de Direito Constitucional. São Paulo: Método Editoração Ltda., 1998.

MENEZES, Brenno Augusto Freire; ALENCAR, Mariése Garcia Costa Rodrigues de. *A condenação em honorários sucumbenciais na justiça do trabalho sob a ótica da lei n. 13.467/17.* Revista Direito em Debate, do Departamento de Ciências Jurídicas e Sociais da Unijuí. Editora Unijuí – Ano XXX – n. 55 – jan./jun. 2021, p. 34-40.

MESSITTE, Peter. Assistência judiciária no Brasil: uma pequena história. *Revista da Faculdade de Direito da Universidade Federal de Minas Gerais.* N 7 (1967).

MIESSA, Élisson. *Nova realidade*: teoria dos precedentes judiciais e sua incidência no processo do Trabalho. *Juslaboris 2016.* Disponível em: <https://juslaboris.tst.jus.br/bitstream/handle/20.500.12178/87597/2016_miessa_elisson_realidade_teoria.pdf?sequence=1&isAllowed=y>. Acesso em: 29 mar. 2022.

MISKULIN, Ana Paula Silva Campos. *Aplicativos e Direito do Trabalho*: a era dos dados controlados por algoritmos. 1. ed. Salvador: JusPodivm, 2021.

MONTEIRO, Wilson de Freitas. O acesso à justiça pela via dos direitos e a aplicação de mecanismos incorporados por dados e algoritmos computacionais no Poder Judiciário. In: LARA, Caio Augusto Souza; FLORES FILHO, Edgar Gastón Jacobs; SILVA, Lucas Jerônimo Ribeiro da. *Acesso à justiça e tecnologias do processo judicial.* XI Congresso RECAJ-UFMG: desafios, travessias e potencialidades para o direito e o acesso a justiça face aos algoritmos, ao *big data* e à inteligência artificial, p. 91-97. Disponível em: <https://www.conpedi.org.br/wp-content/uploads/2020/12/Livro-1-Acesso.pdf>. Acesso em: 18 mar. 2022.

MORAIS, José Luis Bolzan de; SPENGLER, Fabiana Marion. *Mediação e arbitragem.* Alternativas à jurisdição. Porto Alegre: Livraria do Advogado, 2019.

MOREIRA, José Carlos Barbosa. O futuro da Justiça: alguns mitos. *RDC*, n. 6, jul-ago/2000, p. 30-44. *In* Temas de Direito Processual: oitava série. Rio de janeiro: Forense, 2004, p. 1-14.

______. O direito à assistência jurídica: evolução no ordenamento brasileiro de nosso tempo. *Revista de processo* – Repro, v. 67, Jul – Set. 1992, p. 124-134.

MOTA, Maurício. O paradigma contemporâneo do Estado Democrático de Direito: pós positivismo e judicialização da política. *Empório do Direito*, 12.4.2017. Disponível em: <https://emporiododireito.com.br/leitura/o-paradigma-contemporaneo-do-estado-democratico-de-direito-pos-positivismo-e-judicializacao-da-politica-por-mauricio-mota>. Acesso em: 20 mar. 2022.

MUÑOZ ARANGUREN, Arturo. Abuso del derecho y poderación de derechos. *DOXA*, Cuadernos de Filosofia del Derecho, 41 (2018) ISSN: 0214-8676, pp. 35-48.

NAHAS, Thereza Christina. Acesso à Justiça e reforma trabalhista. *Revista de Direito do Trabalho*, vol. 194/2018, out/2018, DRT\2018\19717, p. 29-59.

NASCIMENTO, Amauri Mascaro; FERRARI, Irany; SILVA FILHO, Ives Gandra Martins. Organizadores. *História do Direito do Trabalho e da Justiça do Trabalho*. Homenagem a Armando Cassimiro Costas. 3. ed. São Paulo: LTr, 2011.

______. *Curso de Direito Processual do Trabalho*. 24. ed. São Paulo: Saraiva, 2009.

______. *Curso de Direito do Trabalho*. 21. ed. São Paulo: Saraiva, 2006.

______. *Iniciação ao Direito do Trabalho*. 30. ed. São Paulo: LTr, 2004.

______. Parassubordinação: o meio termo entre o empregado e o autônomo. *Consulto Jurídico* – Conjur, 18 nov. 2015. Disponível em: <https://www.conjur.com.br/2015-nov-18/parassubordinacao-meio-termo-entre-empregado-autonomo>. Acesso em: 18 nov. 2019.

NERY JUNIOR, Nelson. *Princípios do Processo Civil na Constituição Federal.* 10. ed. São Paulo: Editora Revista dos Tribunais, 2010.

NOGUEIRA, Octaciano. *Constituições Brasileiras*. Vol. I, 1824. 3. ed. Brasília: 2012.

NOVAIS, Maysa Carvalhal dos Reis. Do chão de fábrica à fábrica carcerária. *Revista de criminologias e políticas criminais*. Curitiba, v. 2, n. 2, p. 117-130, jul/dez 2016.

NOVOA, César García. *El concepto de tributo*. Madrid: Marcial Pons, 2012.

NUNES, Dierle José Coelho. Teoria do processo contemporâneo: por um processualismo constitucional democrático. *Revista da Faculdade de Direito do Sul de Minas*. Edição Especial, 2008.

NUNES, Dierle; TEIXEIRA, Ludmila. *Acesso à Justiça democrático*. 1. ed. Brasília: 2013.

OLIVEIRA, Ana Carolina. Diferenças e semelhanças entre os sistemas da *Civil Law* e da *Common Law*. *Revista de Direito Público*. v. 12, n. 64 (2015). Disponível em: <https://portal.idp.emnuvens.com.br/direitopublico/article/view/2737>. Acesso em: 13 mar. 2021.

OLIVEIRA, Jelson Roberto de. O *homo faber*, de usuário de ferramentas a objeto tecnológico. *Revista Educação e Filosofia*, v. 30, n. 59, p. 331-351, jan./jun. 2016. Disponível em: <http://www.seer.ufu.br/index.php/EducacaoFilosofia/article/view/26952/19911>. Acesso em: 13 mar. 2021.

OLIVEIRA, Luciano. Não fale do Código de Hamurábi! A pesquisa sócio-jurídica na pós-graduação em Direito. *Academia.edu*. Disponível em: <https://edisciplinas.usp.br/pluginfile.php/4213608/mod_resource/content/1/OLIVEIRA%2C%20Hamurabi.pdf>. Acesso em: 24 jul. 2021.

O'NEIL, Cathy. *Algoritmos de destruição em massa*: como o *Big Data* aumenta a desigualdade e ameaça a democracia. Trad. Rafael Abraham. São Paulo: Editora Rua do Sabão, 2020.

ORSINI, Adriana Goulart de Sena; COSTA, Anelice Teixeira. Educação para o acesso à justiça: a transformação dos paradigmas de solução de conflitos. *Revista da Faculdade de Direito da Universidade Federal de Minas Gerais – UFMG*, Belo Horizonte, n. 69, pp. 23 – 43, jul./dez. 2016. Disponível em: <https://revista.direito.ufmg.br/index.php/revista/article/view/1779>. Acesso em: 20 mar. 2022.

ORSINI, Adriana Goulart de Sena; SILVA, Nathane Fernandes da. A pluriparcialidade como novo elemento da mediação: repensando a atuação do mediador a partir das noções de neutralidade, imparcialidade e equidistância. *Revista Opinião Jurídica*, Fortaleza, v. 14, n. 19, p. 13-32, jul/dez. 2016. Disponível em: <https://periodicos.unichristus.edu.br/opiniaojuridica/article/view/909/384>. Acesso em: 20 mar. 2022.

______; ______. Mediação para a democracia: Cidadania, Participação e Empoderamento no Âmbito da Resolução de Conflitos. Direitos fundamentais e democracia. Coordenadores: Riva Sobrado de Freitas, Mariana Ribeiro Santiago, Julia Maurmann Ximenes. Florianópolis: *CONPEDI/UFSC* 2014. *Publica Direito*. Disponível em: <http://www.publicadireito.com.br/artigos/?cod=3006a068501fbf78>. Acesso em: 13 mar. 2021.

______; ______. A mediação como instrumento de efetivação dos direitos humanos e de promoção da cidadania. *Revista do Tribunal Regional do Trabalho 3ª Região*, 2013. Disponível em: <http://as1.trt3.jus.br/bd-trt3/handle/11103/2493>. Acesso em: 13 mar. 2021.

ORTH, John V. *Due Process of Law*: A Brief History. Lawrence: University Press of Kansas, 2003.

PAIVA, Letícia. TRT1 não admite acordo e Uber terá de registrar e pagar direitos a motorista. *Jota*, 3.8.2021. Disponível em: <https://www.jota.info/tributos-e-empresas/trabalho/uber-trt-1-acordo-negado-registrar-carteira-03082021>. Acesso em: 3 ago. 2021.

PAIXÃO, Cristiano. (Cristiano Otávio Paixão Araújo Pinto), "O acesso à justiça como garantia institucional: inconstitucionalidade da reforma trabalhista. p. 163-177. *In Em defesa da Constituição*: primeiras impressões do MPT sobre a "reforma trabalhista". Cláudia Honório e Paulo Joarês Vieira. – Brasília: Gráfica Movimento, 2018.

PARINI, Pedro. (Organizador). *Filosofia e retórica na Faculdade de Direito do Recife*: debates em torno da obra de João Maurício Adeodato. – Recife: Cepe, 2021.

PASQUALE, Frank. Desdobramentos do caso Facebook-Cambridge Analytica: é preciso acabar com o tráfico de dados. *Le Monde* diplomatique Brasil, – Edição 130, 2 de maio de 2018. Disponível em: <https://diplomatique.org.br/e-preciso-acabar-com-o-trafico-de-dados/>. Acesso em: 3 ago. 2021.

PASSOS, José Joaquim Calmon de. Instrumentalidade do processo e devido processo legal. *Revista Diálogo Jurídico*. Ano I, vol. I, n. 1 – abril de 2001, Salvador – Bahia: 2001. Disponível em: <https://edisciplinas.usp.br/pluginfile.php/5186657/mod_resource/content/1/J.%20J.%20Calmon%20de%20Passos%20-%20Instrumentalidade%20do%20processo%20e%20devido%20processo%20legal.pdf>. Acesso em: 3 ago. 2021.

PATERSON, Alan; GARTH, Bryant; ALVES, Cleber Francisco; ESTEVES, Diogo; JOHNSON JR, Earl. *Descortinando o **Global Access to Justice Project***. Disponível em: <https://sistemas.rj.def.br/publico/sarova.ashx/Portal/sarova/imagem-dpge/public/arquivos/artigojota.pdf>. Acesso em: 3 ago. 2021.

PEDRON, Flávio Quinaud. Reflexões sobre o "acesso à Justiça" qualitativo no Estado Democrático de Direito. *In Normas fundamentais*. Coleção grandes temas do novo CPC. v. 8. Coordenadores, Fredie Didier Jr., Dierle Nunes e Alexandre Freire. – Salvador: Bahia: Editora Juspodivm, 2016, p. 17-36.

PEREIRA, Heitor José. *Novos modelos de gestão*: análise e algumas práticas em empresas brasileiras. Tese de Doutorado em Administração de Empresas da Escola de São Paulo. Fundação Getúlio Vargas. 1995, p. 53-81.

PEREIRA, Marina Polli; A aproximação dos sistemas: *civil law* e *common law*. *Revista Jus Navigandi*. Pub. 07.2015. Disponível em: <https://jus.com.br/artigos/41085/a-aproximacao-dos-sistemas-civil-law-e-common-law>. Acesso em: 3 ago. 2021.

PEREIRA, Mateus Costa. Processualidade, jurisdicionalidade e procedimentalidade (I): algumas reflexões sobre as origens da ciência processual e do paradigma instrumentalista. *In Empório do Direito*. Coluna Garantismo Processual / Coordenadores Eduardo José da Fonseca Costa e Antonio Carvalho. 11/03/2019. Disponível em: <https://emporiododireito.com.br/leitura/3-processualidade-jurisdicionalidade-e-procedimentalidade-i-algumas-reflexoes-sobre-as-origens-da-ciencia-processual-e-do-paradigma-instrumentalista>. Acesso em: 3 ago. 2021.

PEREIRA, Ruitembert Nunes. *O Princípio do Devido Processo Legal Substantivo*. Rio de Janeiro: Renovar, 2005.

PEREIRA, Sebastião Tavares. *Devido processo substantivo (Substantive Due Process)*. Florianópolis. Conceito Editorial, 2008.

______. Devido processo substantivo. *Revista Eletrônica Direito e Política*, Itajaí, v.2, n.3, 3º quadrimestre de 2007.

PESSOA, Amaro Clementino (Coord.). *Processo do Trabalho & evolução do direito*: estudos em homenagem ao professor José Soares Filho. Coordenação Amaro Clementino Pessoa, Sergio Torres Teixeira, Juliana Teixeira Esteves. Curitiba: Juruá, 2013.

PIMENTEL, Alexandre Freire; MORAIS, Jose Luis Bolzan de; SALDANHA, Paloma Mendes Saldanha. Estado de Direito e Tecnopoder. *Justiça do Direito*. v. 35, n. 3, p. 06 – 43, Set / Dez. 2021. Disponível em: <http://seer.upf.br/index.php/rjd/article/view/13241/114116289>. Acesso em: 19 abr. 2022.

______; VASCONCELOS, Dimitri de Lima. Direitos coletivos em perspectiva histórica: análise dos critérios taxonômicos a partir dos planos processual e material. *Revista dos Tribunais* – RTNE, v. 4, n. 1, 2014.

PODETTI, J. Ramiro. *Derecho Procesal Civil, Comercial y Laboral*: doctrina, legislación y jurisprudencia. T. 1 – Buenos Aires: Ediar, 1949.

POSSATO, Fábio Antunes; MAILLART, Adriana Silva. Os meios autocompositivos de solução de conflitos e as comunidades de baixa renda: um enfoque sobre a efetividade na busca pela pacificação social e a prevenção da violência. *Prisma Jurídico*, São Paulo, v. 12, n. 2, p. 447-478, jul./dez. 2013.

POZZOLO, Susanna. "Neoconstitucionalismo y especificidad de la interpretación constitucional". *Doxa*. N. 21, vol. 2 (1998). ISSN 0214-8876, pp. 339-353. Disponível em: <http://hdl.handle.net/10045/10369>. Acesso em: 19 abr. 2022.

______. Neoconstitucionalismo: um modelo constitucional ou uma concepção da constituição? *Revista Brasileira de Direito Constitucional* – RBDC, v. 7, n. 1, 2006. Disponível em: <http://www.esdc.com.br/seer/index.php/rbdc/article/view/322>. Acesso em: 19 abr. 2022.

PRADE, Péricles. *Conceito de interesses difusos*. 2. ed. São Paulo: Editora Revista dos Tribunais, 1987.

PRAUN, Luci; ANTUNES, Ricardo. A demolição dos direitos do trabalho na era do capitalismo informacional-digital. In *Uberização, trabalho e indústria 4.0*. Organizador: Ricardo Antunes. 1. ed. São Paulo: Boitempo, 2020.

PRITSCH, Cesar Zucatti. *STF e o salto hermenêutico entre a atualização monetária e juros trabalhistas:* uma análise retórica. Faculdade de Direito, Universidade Federal do Rio Grande do Sul – UFRGS e Academia.Edu. 2021. Disponível em: <https://www.academia.edu/45773307/STF_E_O_SALTO_HERMEN%C3%8AUTICO_ENTRE_A_ATUALIZA%C3%87%C3%83O_MONET%C3%81RIA_E_JUROS_TRABALHISTAS_UMA_AN%C3%81LISE_RET%C3%93RICA>. Acesso em: 19 abr. 2022.

PRITSCH, Cesar Zucatti. Os embargos declaratórios da ADC n. 58. *Revista Consultor Jurídico*, 09 de novembro de 2021. Disponível em: <https://www.conjur.com.br/2021-nov-09/pritsch-embargos-declaratorios-adc-58-consequencias-praticas>. Acesso em: 19 abr. 2022.

QUEIROZ, Clayton dos Santos; RIBEIRO, Maria de Fátima. A tributação extrafiscal aplicada para as taxas por meio da utilização do princípio da capacidade contributiva. *Cadernos de Dereito Actual*, n 13. Núm. Ordinário (2020), p. 313-327. Disponível em: <http://www.cadernosdedereitoactual.es/ojs/index.php/cadernos/article/viewFile/512/279>. Acesso em: 19 abr. 2022.

QUIRINO, Célia Galvão; MONTES, Maria Lúcia. *Constituições brasileiras e cidadania*. São Paulo: Editora Ática, 1987.

RAMOS, João Gualberto Garcez. Evolução histórica do princípio do devido processo legal. *Revista da Universidade Federal do Paraná*, 2007. Disponível em: <https://revistas.ufpr.br/direito/article/download/14975/10027>. Acesso em: 19 abr. 2022.

RANIERI, Nina Beatriz. *Teoria do Estado*: do Estado de Direito ao Estado Democrático de Direito. 2. ed. Barueri (SP): Manole, 2019.

RANIERI, Nina Beatriz. Do Estado Liberal ao Estado Contemporâneo: Notas sobre os processos de exaustão dos modelos políticos e da ordem jurídica. *Revista de Direito Constitucional e Internacional*. n 36, ano 9, julho-setembro de 2001, p. 135-161.

REALE, Miguel. *Lições preliminares de direito*. 15. ed. São Paulo: Saraiva, 1987.

RECONDO, Felipe; WEBER, Luiz. *Os onze*: o STF, seus bastidores e suas crises. São Paulo: Cia. das Letras, 2019.

RIFKIN, Jeremy. *O fim dos empregos*: o contínuo crescimento do desemprego em todo o mundo. São Paulo: M. Books do Brasil Editora Ltda., 2004.

RODRIGUES, Américo Plá. *Princípios de Direito do trabalho*. Tradução: Wagner D. Giglio. São Paulo: LTR; Editora da Universidade de São Paulo, 1978.

RODRIGUES, Gustavo Alarcon; MARCHETTO, Patrícia Borba. Controle e vigilância na Internet: técnica computacional como mecanismo de engendramento de poder. *Revista Eletrônica Direito e Sociedade – REDES*, Canoas, v. 9, n. 1, 2021, p. 117-129.

RODRIGUES, Lêda Boechat. *A Corte Suprema e o Direito Constitucional americano*. Rio de Janeiro: Forense, 1958.

RODRIGUES, Maurício Pallota. *Contratação na multidão e a subordinação algorítmica*. Leme – SP: Editora Mizuno, 2021.

ROESLER, Átila Da Rold. O punitivismo chegou aos juízes do trabalho. *Revista Estado de Direito*. 09 de julho de 2018. Disponível em: <http://estadodedireito.com.br/o-punitivismo-chegou-aos-juizes-trabalho-ou-o-direito-trabalho-ameacando-de-cadeia2/>. Acesso em: 19 abr. 2022.

ROSÁRIO, José Orlando Ribeiro *et al. Acesso à justiça*: aspectos constitucionais e sociais. (Org.). José Orlando Ribeiro Rosário; Cristina Foroni Consani; Yanko Marcius de Alencar Xavier; Celso Luiz Braga de Castro. 1. ed. Salvador – BA: Editora Motres, 2018.

ROSAS, Roberto. *Devido processo legal*: proporcionalidade e razoabilidade. Disponível em: *<http://www.ablj.org.br/revistas/revista18/revista18%20%20ROBERTO%20ROSAS%20-%20Devido%20Processo%20Legal;%20Proporcionalidade%20e%20Razoabilidade.pdf>*. Acesso em: 19 abr. 2022.

ROUSSEAU, Jean-Jacques. *Discurso sobre a origem das desigualdades entre os homens*. Tradução: Lourdes Santos Machado. Porto Alegre: Victor Civita, 1973.

RUPRECHT, Alfredo J. *Os Princípios do Direito do Trabalho*. Tradução: Edílson Alcmin Cunha. São Paulo: LTr, 1995.

SADEK, Maria Tereza Aina. Acesso à justiça: um direito e seus obstáculos. *Revista da Universidade de São Paulo* – USP, n. 101 (2014). Dossiê Justiça Brasileira. Disponível em: *<https://www.revistas.usp.br/revusp/article/view/87814>. Acesso em: 19 abr. 2022.*

SADEK, Maria Tereza Aina. Acesso à Justiça: porta de entrada para a inclusão social. *In* Livianu, R., coord. *Justiça, cidadania e democracia* [online]. Rio de Janeiro: Centro Edelstein de Pesquisa Social, 2009, P. 170-180. Disponível em: <http://books.scielo.org/id/ff2x7/pdf/livianu-9788579820137-15.pdf>. Acesso em: 19 abr. 2022.

______; ARANTES, Rogério Bastos. A crise do Judiciário e a visão dos juízes. *Revista USP*. N. 21, 1994. Disponível em: <https://www.revistas.usp.br/revusp/article/view/26934>. Acesso em: 19 abr. 2022.

SADIN, Éric. *La silicolonización del mundo.* La irresistible expansión del liberalismo digital. Tradução para o espanhol Margaita Martínez. Ciudad Autónoma de Buenos Aires: Caja Negra, 2021.

SALGADO, J. A. Cesar. José Antônio Pimenta Bueno – Bandeirante do Direito Brasileiro. Discurso proferido na sessão solene de instalação da Academia Paulista de Direito, na Faculdade de Direito da Universidade de São Paulo, no dia 11 de agosto de 1972. *Revista Justitia.* Disponível em: <http://www.revistajustitia.com.br/revistas/7bzzd2.pdf>. Acesso em: 19 abr. 2022.

SANTI, Eurico Marcos Diniz. *Tributo e classificação das espécies no sistema tributário brasileiro.* Disponível em: <http://www.fiscosoft.com.br/main_artigos_index.php?PID=267444&printpage=>. Acesso em: 19 abr. 2022.

SANTOS, Boaventura de Sousa. *Para uma revolução democrática da justiça.* 3. ed. São Paulo: Cortez, 2011.

______. *Pela mão de Alice.* O social e o político na pós-modernidade. 14. ed. São Paulo: Cortez, 2013.

SANTOS, Carlos Victor Nascimento dos. Mutação à brasileira: uma análise empírica do art. 52, X, da Constituição. *Revista Direito GV* – 20. São Paulo: 10(2) p. 597-614. Jul – Dez. 2014. Disponível em: <https://bibliotecadigital.fgv.br/ojs/index.php/revdireitogv/article/view/48709/47089>. Acesso em: 19 abr. 2022.

SANTOS, Eduardo Rodrigues dos. Do devido processo legal ao acesso à justiça: uma análise à luz do modelo constitucional do processo. *Publica direito.* Disponível em: <http://www.publicadireito.com.br/artigos/?cod=3f4bd1f117b18afa>. Acesso em: 19 abr. 2022.

SANTOS, Gustavo Ferreira. Acesso à justiça como direito fundamental e a igualdade em face dos direitos sociais. *Dimensões de acesso à justiça.* Coord. José Mário Wanderley Gomes Neto. – Salvador: Editora Juspodivm, 2008, p. 75-85.

SANTOS, Rafa. TRT-11 rejeita homologação de acordo e reconhece vínculo entre Uber e motorista. *Consultor Jurídico*, 28 de junho de 2021. Disponível em: <https://www.conjur.com.br/2021-jun-28/trt-11-rejeita-acordo-reconhece-vinculo-entre-uber-motorista>. Acesso em: 19 abr. 2022.

SARAIVA, Renato; MANFREDINI, Aryanna. *Curso de Direito Processual do Trabalho.* 11. ed. Rio de Janeiro: Forense; São Paulo: Método, 2014.

SARLET, Ingo Wolfgang. Conceito de direitos e garantias fundamentais. *Enciclopédia Jurídica da PUCSP* – PUC – Pontifícia Universidade Católica. Edição 1, abril de 2017. Disponível em: *<https://enciclopediajuridica.pucsp.br/verbete/67/edicao-1/conceito-de-direitos-e-garantias-fundamentais>. Acesso em: 19 abr. 2022.*

______. Uma Constituição aberta a outros Direitos Fundamentais? *Revista Consultor Jurídico*, 13 de março de 2015. Disponível em: <https://www.conjur.com.br/2015-mar-13/direitos-fundamentais-constituicao-aberta-outros-direitos-fundamentais>. Acesso em: 19 abr. 2022.

SARMENTO, Daniel. O neoconstitucionalismo no Brasil: riscos e possibilidades. *Revista Brasileira de Estudos Constitucionais.* Belo Horizonte, v. 3, n. 9, p. 95-133, jan./mar. 2009. Disponível em: <https://dspace.almg.gov.br/handle/11037/5869>. Acesso em: 19 abr. 2022.

SCHIAVI, Mauro. *A Reforma Trabalhista e o Processo do Trabalho*: aspectos processuais da Lei n. 13.467/17. 1. ed. *São Paulo: LTr, 2017.*

______. Novo código de processo civil: A aplicação supletiva e subsidiária ao Processo do Trabalho. *Revista do Tribunal Regional do Trabalho — TRT da 7ª Região*, 2015. Disponível em: https://www.trt7.jus.br/escolajudicial/arquivos/files/busca/2015/NOVO_CODIGO_DE_PROCESSO_CIVIL-_APLICACAO_SUPLETIVA_E_SUBSIDIARIA.pdf>. Acesso em: 19 abr. 2022.

SCHOUERI, Luís Eduardo. *Direito Tributário*. 8. ed. São Paulo: Saraiva, 2018.

SCHWAB, Klaus. *A quarta revolução industrial*. Tradução: Daniel Moreira. São Paulo: Edipro, 2016.

SIGNES, Adrían Todolí. O mercado de trabalho no século XXI: *on-demand economy, crowdsurcing* e outras formas de descentralização produtiva que atomizam o mercado de trabalho. Tradução: Ana Carolina Reis Paes Leme e Carolina Rodrigues Carsalade. *In Tecnologias disruptivas e a exploração do trabalho humano*: a intermediação de mão de obra a partir das plataformas eletrônicas e seu s efeitos jurídicos e sociais. Ana Carolina Reis Paes Leme, Bruno Alves Rodrigues e José Eduardo de Resende Chaves Júnior (Coordenadores). – São Paulo: LTr, 2017, p. 28-43.

SILVA, André Vaz Porto. Sobre outorgas e penas: Capitalismo, trabalho e punitivismo à brasileira. *DILEMAS: Revista de Estudos de Conflito e Controle Social* – Vol.11 – no 1 – JAN-ABR 2018 – pp. 75-96. Disponível em: <https://revistas.ufrj.br/index.php/dilemas/article/view/17611/10793>. Acesso em: 19 abr. 2022.

SILVA, Beclaute Oliveira. *A garantia fundamental à motivação da decisão judicial*. Salvador: Jus Podivm, 2007.

______. Contornos da fundamentação no novo CPC. In *Doutrina Selecionada* – Processo de conhecimento e Disposições Finais e Transitórias. Coleção Novo CPC, v. 2. Coordenador Geral: DIDIER JR., Fredie. Salvador: JusPodivm, 2015, p. 357-371.

______; ROBERTO, Welton. O contraditório e suas feições no Novo CPC. In *Normas Fundamentais*. Coordenador Geral: DIDIER JR., Fredie. Salvador: JusPodivm, 2016, p. 241-260.

SILVA, Eduardo Bello Leal Lopes da. Devido processo legal processual e material. *Revista Jus Navigandi*, ISSN 1518-4862, Teresina, ano 22, n. 5045, 24 abr. 2017. Disponível em: <https://jus.com.br/artigos/55698>. Acesso em: 17 ago. 2021.

SILVA. Fabiano Fernando da. *Do proletariado ao cibertariado*. A concepção de um Estado Democrático de Direito de dimensão dromológica para o enfrentamento do desemprego tecnológico no Brasil. São Paulo: Editora Dialética, 2022.

SILVA, Franklyn Roger Alves. Ondas renovatórias do acesso à Justiça e as "tábuas de maré" do sistema jurídico. *Revista Consultor Jurídico* – CONJUR, 25 de junho de 2019. Disponível em: *<https://www.conjur.com.br/2019-jun-25/tribuna-defensoria-ondas-renovatorias-acesso-justica-tabuas-mare>*. Acesso em: 19 abr. 2022.

SILVA, Franklyn Roger Alves; ESTEVES, Diogo. A nova disciplina da gratuidade de Justiça na reforma trabalhista. *Revista Consultor Jurídico*, 13.3.2018. Disponível em: <https://www.conjur.com.br/2018-mar-13/disciplina-gratuidade-justica-reforma-trabalhista>. Acesso em: 19 abr. 2022.

SILVA, Homero Batista Mateus da. *CLT comentada*. 3. ed. São Paulo: Thomson Reuters/Revista dos Tribunais, 2021.

SILVA, José Afonso da. *Curso de Direito Constitucional*. 6. ed. São Paulo: Editora Revista dos Tribunais – RT, 1990.

SILVA, Otavio Pinto e. O trabalho parassubordinado. *Revista da Faculdade de Direito da Universidade de São Paulo – USP*, v 97, 2002. Disponível em: <https://www.revistas.usp.br/rfdusp/article/view/67540>. Acesso em: 19 abr. 2022.

SILVA, Virgílio Afonso da. Princípios e regras: mitos e equívocos acerca de uma distinção. *Revista Latino-Americana de Estudos Constitucionais*. n 1 (2003), p. 607-630. Disponível em: <https://constituicao.direito.usp.br/wp-content/uploads/2003-RLAEC01-Principios_e_regras.pdf>. Acesso em: 19 abr. 2022.

SILVEIRA, Paulo Fernando. *Devido processo legal* (*Due process of law*). 3. ed. Belo Horizonte: Del Rey, 2001.

SIQUEIRA, Francisca Pereira. Abolicionismo inglês e francês (1787-1833) em perspectiva. *Revista de História Comparada* – UFRJ. – Rio de Janeiro, v. 12, n. 2, 2018, p. 35-64. Disponível em: <https://revistas.ufrj.br/index.php/RevistaHistoriaComparada/article/view/17689>. Acesso em: 19 abr. 2022.

SLEE, Tom. *Uberização: a nova onda do trabalho precarizado*. Tradução: João Peres. São Paulo: Editora Elefante, 2017.

SOUTO MAIOR, Jorge Luiz; SEVERO, Valdete Souto. O acesso à justiça sob a mira da reforma trabalhista. *Revista do TRT da 3ª Região*, Belo Horizonte, edição especial, p. 289-332, nov. 2017.

SOUZA, Vinícius Silva de. *O **homo faber** segundo Hannah Arendt*. Dissertação de Mestrado em Filosofia. Universidade de Brasília, 2013. Repositório Institucional da UnB – Instituto de Ciências Humanas. Programa de Pós-Graduação em Filosofia. Disponível em: <https://repositorio.unb.br/bitstream/10482/14051/1/2013_ViniciusSilvaSouza.pdf>. Acesso em: 19 abr. 2022.

SPENGLER, Fabiana Marion; BEDIN, Gabriel de Lima. O direito de acesso à justiça e as constituições brasileiras: aspectos históricos. *Revista de Direitos Fundamentais e Democracia*, Curitiba, v. 14, n. 14, p. 135-146, julho/dezembro de 2013.

______; ______. O direito de acesso à justiça como concretização dos direitos humanos: garantias no âmbito nacional e internacional. *Acesso à justiça, direitos humanos & mediação*, p. 91-109. [recurso eletrônico] / organização de Fabiana Marion Spengler e Gilmar Antonio Bedin – Curitiba: Multideia, 2013. Disponível em: <https://bibliodigital.unijui.edu.br:8443/xmlui/bitstream/handle/123456789/1771/Acesso%20a%20Justi%C3%A7a%20Direitos%20Humanos%20%20Media%C3%A7%C3%A3o.pdf?sequence=1>. Acesso em: 19 abr. 2022.

______. A crise do Estado e a crise da jurisdição: (in)eficiência face à conflituosidade social. *Revista Brasileira de Direito,* IMED, v. 7, n. 1, jan-jun 2011, p. 7-38. Disponível em: <https://seer.imed.edu.br/index.php/revistadedireito/article/view/255>. Acesso em: 19 abr. 2022.

______; LIMA, Lizana Leal. Meios alternativos à jurisdição: uma resposta à crise do judiciário? *Revista Eletrônica Direito & Política*, v. 4, n. 3 2009. Disponível em: <https://siaiap32.univali.br/seer/index.php/rdp/article/view/6153>. Acesso em: 19 abr. 2022.

______; MORAIS, José Luis Bolzan de. O conflito, o monopólio estatal de seu tratamento e a construção de uma resposta consensuada: a "jurisconstrução". *Sequência* – Estudos Jurídicos e Políticos. Publicação do Curso de Pós-Graduação em Direito da UFSC. v. 28, n. 55, ano 2007, p. 303-326, 2007. Disponível em: <https://periodicos.ufsc.br/index.php/sequencia/article/view/15059>. Acesso em: 19 abr. 2022.

STRECK, Lenio Luiz. *Verdade e consenso*: constituição, hermenêutica e teorias discursivas. 6. ed. São Paulo: Saraiva, 2017.

______. *O que é isto – decido conforme minha consciência?* 6. ed. Porto Alegre: Livraria do Advogado Editora, 2017.

______. STRECK, Lenio. *O pan-principiologismo e o sorriso do lagarto. Revista Consulto Jurídico*, 22.3.2012. Disponível em: <https://www.conjur.com.br/2012-mar-22/senso-incomum-pan-principiologismo-sorriso-lagarto>. Acesso em: 19 abr. 2022.

______. Contra o neoconstitucionalismo. *Revista da Academia Brasileira de Direito Constitucional*. Curitiba, 2011, vol. 3, n. 4, Jan – Jun, 2011, p. 9-27. Disponível em: <http://www.abdconstojs.com.br/index.php/revista/article/view/27/24>. Acesso em: 19 abr. 2022.

SÜSSEKIND, Arnaldo; MARANHÃO, Délio; VIANNA, Segadas. *Instituições de Direito do Trabalho*, v. 1, 12. ed. São Paulo: 1992.

TARUFFO, Michele. *A motivação da sentença civil*. Tradução: Daniel Mitidiero, Rafael Abreu, Vitor de Paula Ramos. 1. ed. São Paulo: Marcial Pons, 2015.

______. *Uma simples verdade*. O juiz e a construção dos fatos. Tradução: Vitor de Paula Ramos. 1. ed. São Paulo: Marcial Pons, 2016.

TAYLOR, Frederick Winslow. *Princípios de Administração Científica*. Tradução: Arlindo Vieira Ramos. 8. ed. São Paulo: Atlas, 1989.

TEIXEIRA, João Paulo Allain; BARBOSA, Daniella Dutra de Almeida. O Supremo Tribunal Federal e o novo desenho jurisdicional brasileiro. *Revista de Informação Legislativa*. Brasília, a. 47, n. 186 abr./jun. 2010, p. 129-140. Disponível em: <https://www2.senado.leg.br/bdsf/bitstream/handle/id/198678/000888823.pdf?sequence=1&isAllowed=y>. Acesso em: 20 abr. 2019.

______. Acesso à Justiça, proporcionalidade e a "pílula vermelha": entre a racionalidade e a hermenêutica. *In*: GOMES NETO, José Mário Wanderley. *Dimensões de acesso à justiça*. Salvador: JusPodivm, 2008.

TEIXEIRA, Sálvio de Figueiredo. *Compromisso com o direito e a justiça*. Belo Horizonte: Editora Del Rey. 2008.

TEIXEIRA, Sergio Torres; ALENCAR, Amanda Montenegro; IVO, Jasiel. Dignidad humana y derechos sociales en la pandemia: obligaciones prestacionales del Estado y prohibición de la protección insuficiente. *Opinión Jurídica* – Revista Científica – Universidade de Medellin, vol. 20, num, 43. Edición especial 2021, p. 95-112.

______. Evolução do modelo processual trabalhista e a busca pelo pleno acesso do jurisdicionado à justiça. *In Processo do trabalho & evolução do* direito. Estudos em homenagem ao Professor José Soares Filho. Coordenação: Amaro Clementino Pessoa, Sergio Torres Teixeira, Juliana Teixeira Esteves. Curitiba: Juruá, 2013, p. 145-161.

______. Mito, utopia e realidade: Superando os empecilhos à efetividade do modelo processual trabalhista contemporâneo. *Revista Magister de Direito Trabalhista e Previdenciário*, v. 31, jul./ago. 2009. Disponível em: <https://www.lexml.gov.br/urn/urn:lex:br:rede.virtual.bibliotecas:artigo.revista:2009;1000861447>. Acesso em: 11 jul. 2019.

______. Acesso à Justiça e crise do modelo processual brasileiro contemporâneo: superando os obstáculos à efetividade do processo trabalhista. *In* Dimensões do acesso à Justiça. Coord. GOMES NETO, José Mário Wanderley. Salvador: JusPodivm, 2008, p. 235-252.

TEODORO, Maria Cecilia Máximo; OLIVEIRA, Murilo Carvalho Sampaio. A gratuidade na justiça do trabalho e a ADI n. 5766: o efeito *blacklash* e a transmutação das custas em punição ao trabalhador". *In O Supremo e a reforma trabalhista*: a construção jurisprudencial da reforma trabalhista de 2017 pelo Supremo Tribunal Federal. Organizadores: Renata Dutra e Sidnei Machado. Porto Alegre, RS: Editora Fi, 2021, p. 459-491.

TOFLLER, Alvin. *A terceira onda*. Tradução: João Távora. Rio de Janeiro: Editora Record, 1999.

TUCCI, José Rogério Cruz e. A questão do aborto e a expectativa da decisão da Suprema Corte dos EUA. *Revista Consultor Jurídico*, 25 de janeiro de 2022. Disponível em: <https://www.conjur.com.br/2022-jan-25/paradoxo-corte-questao-aborto-expectativa-decisao-suprema-corte-eua>. Acesso em: 20 mar. 2022.

UKSC THE SUPREME COURT. *Judgment Uber and others (Appellants) v Aslam and others (respondents)*. Judgment given on 19 February 2021 Heard on 21 and 22 July 2020. Disponível em: <https://www.supremecourt.uk/cases/docs/uksc-2019-0029-judgment.pdf>. Acesso em: 30 jul. 2020.

UK. The Court of Appeal (Civil Division) – Royal Courts of Justice. *Judgment Case No: C1/2018/3104*. The Independent Workers Union of Great Britain, the Central Arbitration Committee and the Roofoods Ltd t/a Deliveroo.

UKHC THE HIGH COURT. *Judgement The Queen on the Application of Unison (Appellant) v The Lord Chancellor (Respondent) and EHRC (Intervener)*. Judgement given on 26 August 2015 Heard on 16 and 17 June 2015. Disponível em: <*https://www.bailii.org/ew/cases/EWCA/Civ/2015/935.html* >. Acesso em: 30 jul. 2020.

VEIGA, Maurício de Figueiredo Corrêa da; PINHEIRO, Luciano Andrade. STF diz: Justiça do Trabalho é incompetente para reconhecer vínculo de emprego. *Revista Consultor Jurídico*, 18.04.2021. Disponível em: *<https://www.conjur.com.br/2021-abr-18/veiga-pinheiro-stf-competencia-justica-trabalho>. Acesso em: 18 abr. 2021.*

VELOSO, Zeno. *Controle Jurisdicional de Constitucionalidade*. 2. ed. Belo Horizonte: Del Rey, 2000.

VERONESE, Alexandre. Pesquisa em direito. *Enciclopédia Jurídica da PUCSP.* Verbete 141. Tomo Teoria Geral e Filosofia do Direito, Edição 1, maio de 2017. Disponível em: <https://enciclopediajuridica.pucsp.br/verbete/141/edicao-1/pesquisa-em-direito>. Acesso em: 13 jul. 2021.

VIANA, Emilio de Medeiros; VIANA, Iasna Chaves. Conciliação, mediação e a fazenda pública: mudança de paradigma e entraves por superar. *Revista de formas consensuais de solução conflitos*. v. 2, n. 2 (2016). Disponível em: <https://www.indexlaw.org/index.php/revistasolucoesconflitos/article/view/1568/2029>. Acesso em: 27 jul. 2021.

VIANNA, Luiz Werneck; CARVALHO, Maria Alice Rezende de; MELO, Manuel Palacios Cunha; BURGOS, Marcelo Baumann. *A Judicialização da Política e das Relações Sociais no Brasil*. 2. ed. Rio de Janeiro: Editora Revan, 2014.

VIEIRA, Oscar Vilhena. *A batalha dos poderes*: da transição democrática ao mal-estar constitucional. São Paulo: Cia. das Letras, 2018.

______. Supremocracia. *Revista Direito GV*. Fundação Getúlio Vargas. São Paulo: v. 4(2), jul-dez 2008, p. 441-464. Disponível em: <https://www.scielo.br/j/rdgv/a/6vXvWwkg7XG9njd6XmBzYzQ/?lang-pt&format-pdf>. Acesso em: 7 abr. 2022.

VILANOVA, Lourival. Fundamento do Estado de Direito. *in Escritos Jurídicos e Filosóficos*, volume 1, editora XIS MVNDI IBET. 1. ed. São Paulo, 2003.

______. Níveis de Linguagem em Kelsen (norma jurídica/proposição jurídica), in *Escritos Jurídicos e Filosóficos*, volume 2, editora XIS MVNDI IBET, 1. ed. São Paulo, 2003.

______. *Causalidade e relação no direito*. 2. ed. São Paulo: Saraiva, 1989.

VITAL, Danilo. Basear taxa judiciária pelo valor da causa é constitucional, diz STF. *Revista Consultor Jurídico*, 30.6.2020. Disponível em: <https://www.conjur.com.br/2020-jun-30/basear--taxa-judiciaria-valor-causa-constitucional2>. Acesso em: 7 abr. 2022.

WALDRON, Jeremy. *A dignidade da legislação*. Tradução: Luís Carlos Borges. Revisão Marina Appenzeller. São Paulo: Martins Fontes, 2003.

WATANABE, Kazuo. *Acesso à ordem jurídica justa* (conceito atualizado de acesso à justiça) – processos coletivos e outros estudos. Belo Horizonte: Editora Del Rey, 2019.

______. Tutela Antecipada e Tutela Específica. In: TEIXEIRA, Sálvio de Figueiredo (coordenador). *A reforma do CPC*. São Paulo: Saraiva, 1996.

______. Acesso à justiça e sociedade moderna. In; *Participação e processo*. Coordenação: Ada Pellegrini Grinover, Cândido Rangel Dinamarco e Kazuo Watanabe. São Paulo: Editora Revista do Tribunais, 1988, p. 128-135.

WOODCOCK, Jamie. O panóptico algorítmico da Deliveroo: mensuração, precariedade e a ilusão do controle. In *Uberização, trabalho digital e indústria 4.0*. Ricardo Antunes (Organizador). São Paulo: Boitempo, 2020, p. 23-45.

WOLKMER, Carlos Antônio. *Pluralismo Jurídico*. Fundamentos de uma nova cultura no Direito. São Paulo: Alfa Ômega, 2001.

YOSHIKAWA, Eduardo Henrique de Oliveira. *Origem e evolução do devido processo legal substantivo*: o controle da razoabilidade das leis do Século XVII ao XXI. São Paulo: Editora Letras Jurídicas, 2007.

ZIPPERER, André Gonçalves. *A intermediação de trabalho via plataformas digitais:* repensando o Direito do Trabalho a partir das novas realidades do século XXI. São Paulo: LTr, 2019.

ZANETI JR, Hermes; MADUREIRA, Cláudio. Formalismo-valorativo e o novo processo civil. Doutrinas Essenciais – Novo Processo Civil. vol. 1/2018, *Revista de Processo*, vol. 272/2017, p. 85 – 125, Out / 2017 DTR\2017\5931.

ZOLA, Emile. *Germinal.* Tradução: Francisco Bittencourt. Coleção os imortais da literatura universal. v. 36. 1. ed. Rio de Janeiro: Abril Cultural, 1972.

ZUBOFF, Shoshana. *A era do capitalismo de vigilância*: a luta por um futuro humano na nova fronteira do poder. Tradução: George Schlesinger. Rio de Janeiro: Intrínseca, 2020.

Anexo

Presidência da República

Casa Cuivil

Subchefia para Assuntos Jurídicos

Lei n. 13.467, de 13 de julho de 2017.

Altera a Consolidação das Leis do Trabalho (CLT), aprovada pelo Decreto-lei n. 5.452, de 1º de maio de 1943, e as Leis n º 6.019, de 3 de janeiro de 1974, 8.036, de 11 de maio de 1990, e 8.212, de 24 de julho de 1991, a fim de adequar a legislação às novas relações de trabalho.

O PRESIDENTE DA REPÚBLICA Faço saber que o Congresso Nacional decreta e eu sanciono a seguinte Lei:

Art. 1º A Consolidação das Leis do Trabalho (CLT), aprovada pelo Decreto-lei n. 5.452, de 1º de maio de 1943 , passa a vigorar com as seguintes alterações:

"Art. 2º (...)

§ 2º Sempre que uma ou mais empresas, tendo, embora, cada uma delas, personalidade jurídica própria, estiverem sob a direção, controle ou administração de outra, ou ainda quando, mesmo guardando cada uma sua autonomia, integrem grupo econômico, serão responsáveis solidariamente pelas obrigações decorrentes da relação de emprego.

§ 3º Não caracteriza grupo econômico a mera identidade de sócios, sendo necessárias, para a configuração do grupo, a demonstração do interesse integrado, a efetiva comunhão de interesses e a atuação conjunta das empresas dele integrantes." (NR)

"Art. 4º (...)

§ 1º Computar-se-ão, na contagem de tempo de serviço, para efeito de indenização e estabilidade, os períodos em que o empregado estiver afastado do trabalho prestando serviço militar e por motivo de acidente do trabalho.

§ 2º Por não se considerar tempo à disposição do empregador, não será computado como período extraordinário o que exceder a jornada normal, ainda que ultrapasse o limite de cinco minutos previsto no § 1º do art. 58 desta Consolidação, quando o empregado, por escolha própria, buscar proteção pessoal, em caso de insegurança nas vias públicas ou más condições climáticas, bem como adentrar ou permanecer nas dependências da empresa para exercer atividades particulares, entre outras:

I – práticas religiosas;

II – descanso;

III – lazer;

IV – estudo;

V – alimentação;

VI – atividades de relacionamento social;

VII – higiene pessoal;

VIII – troca de roupa ou uniforme, quando não houver obrigatoriedade de realizar a troca na empresa." (NR)

"Art. 8º (...)

§ 1º O direito comum será fonte subsidiária do direito do trabalho.

§ 2º Súmulas e outros enunciados de jurisprudência editados pelo Tribunal Superior do Trabalho e pelos Tribunais Regionais do Trabalho não poderão restringir direitos legalmente previstos nem criar obrigações que não estejam previstas em lei.

§ 3º No exame de convenção coletiva ou acordo coletivo de trabalho, a Justiça do Trabalho analisará exclusivamente a conformidade dos elementos essenciais do negócio jurídico, respeitado o disposto no art. 104 da Lei n. 10.406, de 10 de janeiro de 2002 (Código Civil) , e balizará sua atuação pelo princípio da intervenção mínima na autonomia da vontade coletiva." (NR)

"Art. 10-A. O sócio retirante responde subsidiariamente pelas obrigações trabalhistas da sociedade relativas ao período em que figurou como sócio, somente em ações ajuizadas até dois anos depois de averbada a modificação do contrato, observada a seguinte ordem de preferência:

I – a empresa devedora;

II – os sócios atuais; e

III – os sócios retirantes.

Parágrafo único. O sócio retirante responderá solidariamente com os demais quando ficar comprovada fraude na alteração societária decorrente da modificação do contrato."

"Art. 11. A pretensão quanto a créditos resultantes das relações de trabalho prescreve em cinco anos para os trabalhadores urbanos e rurais, até o limite de dois anos após a extinção do contrato de trabalho.

I – (revogado);

II – (revogado).

(...)

§ 2º Tratando-se de pretensão que envolva pedido de prestações sucessivas decorrente de alteração ou descumprimento do pactuado, a prescrição é total, exceto quando o direito à parcela esteja também assegurado por preceito de lei.

§ 3º A interrupção da prescrição somente ocorrerá pelo ajuizamento de reclamação trabalhista, mesmo que em juízo incompetente, ainda que venha a ser extinta sem resolução do mérito, produzindo efeitos apenas em relação aos pedidos idênticos." (NR)

" Art. 11-A. Ocorre a prescrição intercorrente no processo do trabalho no prazo de dois anos.

§ 1º A fluência do prazo prescricional intercorrente inicia-se quando o exequente deixa de cumprir determinação judicial no curso da execução.

§ 2º A declaração da prescrição intercorrente pode ser requerida ou declarada de ofício em qualquer grau de jurisdição."

"Art. 47. O empregador que mantiver empregado não registrado nos termos do art. 41 desta Consolidação ficará sujeito a multa no valor de R$ 3.000,00 (três mil reais) por empregado não registrado, acrescido de igual valor em cada reincidência.

§ 1º Especificamente quanto à infração a que se refere o *caput* deste artigo, o valor final da multa aplicada será de R$ 800,00 (oitocentos reais) por empregado não registrado, quando se tratar de microempresa ou empresa de pequeno porte.

§ 2º A infração de que trata o *caput* deste artigo constitui exceção ao critério da dupla visita." (NR)

"Art. 47-A. Na hipótese de não serem informados os dados a que se refere o parágrafo único do art. 41 desta Consolidação, o empregador ficará sujeito à multa de R$ 600,00 (seiscentos reais) por empregado prejudicado."

"Art. 58. (...)

§ 2º O tempo despendido pelo empregado desde a sua residência até a efetiva ocupação do posto de trabalho e para o seu retorno, caminhando ou por qualquer meio de transporte, inclusive o fornecido pelo empregador, não será computado na jornada de trabalho, por não ser tempo à disposição do empregador.

§ 3º (Revogado)." (NR)

"Art. 58-A. Considera-se trabalho em regime de tempo parcial aquele cuja duração não exceda a trinta horas semanais, sem a possibilidade de horas suplementares semanais, ou, ainda, aquele cuja duração não exceda a vinte e seis horas semanais, com a possibilidade de acréscimo de até seis horas suplementares semanais.

(...)

§ 3º As horas suplementares à duração do trabalho semanal normal serão pagas com o acréscimo de 50% (cinquenta por cento) sobre o salário-hora normal.

§ 4º Na hipótese de o contrato de trabalho em regime de tempo parcial ser estabelecido em número inferior a vinte e seis horas semanais, as horas suplementares a este quantitativo serão consideradas horas extras para fins do pagamento estipulado no § 3º, estando também limitadas a seis horas suplementares semanais.

§ 5º As horas suplementares da jornada de trabalho normal poderão ser compensadas diretamente até a semana imediatamente posterior à da sua execução, devendo ser feita a sua quitação na folha de pagamento do mês subsequente, caso não sejam compensadas.

§ 6º É facultado ao empregado contratado sob regime de tempo parcial converter um terço do período de férias a que tiver direito em abono pecuniário.

§ 7º As férias do regime de tempo parcial são regidas pelo disposto no art. 130 desta Consolidação." (NR)

"Art. 59. A duração diária do trabalho poderá ser acrescida de horas extras, em número não excedente de duas, por acordo individual, convenção coletiva ou acordo coletivo de trabalho.

§ 1º A remuneração da hora extra será, pelo menos, 50% (cinquenta por cento) superior à da hora normal.

(...)

§ 3º Na hipótese de rescisão do contrato de trabalho sem que tenha havido a compensação integral da jornada extraordinária, na forma dos §§ 2º e 5º deste artigo, o trabalhador terá direito ao pagamento das horas extras não compensadas, calculadas sobre o valor da remuneração na data da rescisão.

§ 4º (Revogado).

§ 5º O banco de horas de que trata o § 2º deste artigo poderá ser pactuado por acordo individual escrito, desde que a compensação ocorra no período máximo de seis meses.

§ 6º É lícito o regime de compensação de jornada estabelecido por acordo individual, tácito ou escrito, para a compensação no mesmo mês." (NR)

"Art. 59-A. Em exceção ao disposto no art. 59 desta Consolidação, é facultado às partes, mediante acordo individual escrito, convenção coletiva ou acordo coletivo de trabalho, estabelecer horário de trabalho de doze horas seguidas por trinta e seis horas ininterruptas de descanso, observados ou indenizados os intervalos para repouso e alimentação.

Parágrafo único. A remuneração mensal pactuada pelo horário previsto no *caput* deste artigo abrange os pagamentos devidos pelo descanso semanal remunerado e pelo descanso em feriados, e serão considerados compensados os feriados e as prorrogações de trabalho noturno, quando houver, de que tratam o art. 70 e o § 5º do art. 73 desta Consolidação."

"Art. 59-B. O não atendimento das exigências legais para compensação de jornada, inclusive quando estabelecida mediante acordo tácito, não implica a repetição do pagamento das horas excedentes à jornada normal diária se não ultrapassada a duração máxima semanal, sendo devido apenas o respectivo adicional.

Parágrafo único. A prestação de horas extras habituais não descaracteriza o acordo de compensação de jornada e o banco de horas."

"Art. 60. (...)

Parágrafo único. Excetuam-se da exigência de licença prévia as jornadas de doze horas de trabalho por trinta e seis horas ininterruptas de descanso." (NR)

"Art. 61. (...)

§ 1º O excesso, nos casos deste artigo, pode ser exigido independentemente de convenção coletiva ou acordo coletivo de trabalho.

(...)" (NR)

"Art. 62. (...)

III – os empregados em regime de teletrabalho.

(...)" (NR)

"Art. 71. (...)

§ 4º A não concessão ou a concessão parcial do intervalo intrajornada mínimo, para repouso e alimentação, a empregados urbanos e rurais, implica o pagamento, de natureza indenizatória, apenas do período suprimido, com acréscimo de 50% (cinquenta por cento) sobre o valor da remuneração da hora normal de trabalho.

(...)" (NR)

"TÍTULO II

(...)

CAPÍTULO II-A

DO TELETRABALHO

'Art. 75-A. A prestação de serviços pelo empregado em regime de teletrabalho observará o disposto neste Capítulo.'

'Art. 75-B. Considera-se teletrabalho a prestação de serviços preponderantemente fora das dependências do empregador, com a utilização de tecnologias de informação e de comunicação que, por sua natureza, não se constituam como trabalho externo.

Parágrafo único. O comparecimento às dependências do empregador para a realização de atividades específicas que exijam a presença do empregado no estabelecimento não descaracteriza o regime de teletrabalho.'

'Art. 75-C. A prestação de serviços na modalidade de teletrabalho deverá constar expressamente do contrato individual de trabalho, que especificará as atividades que serão realizadas pelo empregado.

§ 1º Poderá ser realizada a alteração entre regime presencial e de teletrabalho desde que haja mútuo acordo entre as partes, registrado em aditivo contratual.

§ 2º Poderá ser realizada a alteração do regime de teletrabalho para o presencial por determinação do empregador, garantido prazo de transição mínimo de quinze dias, com correspondente registro em aditivo contratual.'

'Art. 75-D. As disposições relativas à responsabilidade pela aquisição, manutenção ou fornecimento dos equipamentos tecnológicos e da infraestrutura necessária e adequada à prestação do trabalho remoto, bem como ao reembolso de despesas arcadas pelo empregado, serão previstas em contrato escrito.

Parágrafo único. As utilidades mencionadas no *caput* deste artigo não integram a remuneração do empregado.'

'Art. 75-E. O empregador deverá instruir os empregados, de maneira expressa e ostensiva, quanto às precauções a tomar a fim de evitar doenças e acidentes de trabalho.

Parágrafo único. O empregado deverá assinar termo de responsabilidade comprometendo-se a seguir as instruções fornecidas pelo empregador.'"

"Art. 134. (...)

§ 1º Desde que haja concordância do empregado, as férias poderão ser usufruídas em até três períodos, sendo que um deles não poderá ser inferior a quatorze dias corridos e os demais não poderão ser inferiores a cinco dias corridos, cada um.

§ 2º (Revogado).

§ 3º É vedado o início das férias no período de dois dias que antecede feriado ou dia de repouso semanal remunerado." (NR)

"TÍTULO II-A

DO DANO EXTRAPATRIMONIAL

'Art. 223-A. Aplicam-se à reparação de danos de natureza extrapatrimonial decorrentes da relação de trabalho apenas os dispositivos deste Título.'

'Art. 223-B. Causa dano de natureza extrapatrimonial a ação ou omissão que ofenda a esfera moral ou existencial da pessoa física ou jurídica, as quais são as titulares exclusivas do direito à reparação.'

'Art. 223-C. A honra, a imagem, a intimidade, a liberdade de ação, a autoestima, a sexualidade, a saúde, o lazer e a integridade física são os bens juridicamente tutelados inerentes à pessoa física.'

'Art. 223-D. A imagem, a marca, o nome, o segredo empresarial e o sigilo da correspondência são bens juridicamente tutelados inerentes à pessoa jurídica.'

'Art. 223-E. São responsáveis pelo dano extrapatrimonial todos os que tenham colaborado para a ofensa ao bem jurídico tutelado, na proporção da ação ou da omissão.'

'Art. 223-F. A reparação por danos extrapatrimoniais pode ser pedida cumulativamente com a indenização por danos materiais decorrentes do mesmo ato lesivo.

§ 1º Se houver cumulação de pedidos, o juízo, ao proferir a decisão, discriminará os valores das indenizações a título de danos patrimoniais e das reparações por danos de natureza extrapatrimonial.

§ 2º A composição das perdas e danos, assim compreendidos os lucros cessantes e os danos emergentes, não interfere na avaliação dos danos extrapatrimoniais.'

'Art. 223-G. Ao apreciar o pedido, o juízo considerará:

I – a natureza do bem jurídico tutelado;

II – a intensidade do sofrimento ou da humilhação;

III – a possibilidade de superação física ou psicológica;

IV – os reflexos pessoais e sociais da ação ou da omissão;

V – a extensão e a duração dos efeitos da ofensa;

VI – as condições em que ocorreu a ofensa ou o prejuízo moral;

VII – o grau de dolo ou culpa;

VIII – a ocorrência de retratação espontânea;

IX – o esforço efetivo para minimizar a ofensa;

X – o perdão, tácito ou expresso;

XI – a situação social e econômica das partes envolvidas;

XII – o grau de publicidade da ofensa.

§ 1º Se julgar procedente o pedido, o juízo fixará a indenização a ser paga, a cada um dos ofendidos, em um dos seguintes parâmetros, vedada a acumulação:

I – ofensa de natureza leve, até três vezes o último salário contratual do ofendido;

II – ofensa de natureza média, até cinco vezes o último salário contratual do ofendido;

III – ofensa de natureza grave, até vinte vezes o último salário contratual do ofendido;

IV – ofensa de natureza gravíssima, até cinquenta vezes o último salário contratual do ofendido.

§ 2º Se o ofendido for pessoa jurídica, a indenização será fixada com observância dos mesmos parâmetros estabelecidos no § 1º deste artigo, mas em relação ao salário contratual do ofensor.

§ 3º Na reincidência entre partes idênticas, o juízo poderá elevar ao dobro o valor da indenização.'"

"Art. 394-A . Sem prejuízo de sua remuneração, nesta incluído o valor do adicional de insalubridade, a empregada deverá ser afastada de:

I – atividades consideradas insalubres em grau máximo, enquanto durar a gestação;

II – atividades consideradas insalubres em grau médio ou mínimo, quando apresentar atestado de saúde, emitido por médico de confiança da mulher, que recomende o afastamento durante a gestação; (*Vide* ADIN n. 5.938)

III – atividades consideradas insalubres em qualquer grau, quando apresentar atestado de saúde, emitido por médico de confiança da mulher, que recomende o afastamento durante a lactação. (Vide ADIN 5938)

§ 1º (...)

§ 2º Cabe à empresa pagar o adicional de insalubridade à gestante ou à lactante, efetivando-se a compensação, observado o disposto no art. 248 da Constituição Federal, por ocasião do recolhimento das contribuições incidentes sobre a folha de salários e demais rendimentos pagos ou creditados, a qualquer título, à pessoa física que lhe preste serviço.

§ 3º Quando não for possível que a gestante ou a lactante afastada nos termos do *caput* deste artigo exerça suas atividades em local salubre na empresa, a hipótese será considerada como gravidez de risco e ensejará a percepção de salário-maternidade, nos termos da Lei n. 8.213, de 24 de julho de 1991, durante todo o período de afastamento." (NR)

"Art. 396. (...)

§ 1º (...)

§ 2º Os horários dos descansos previstos no *caput* deste artigo deverão ser definidos em acordo individual entre a mulher e o empregador." (NR)

"Art. 442-B. A contratação do autônomo, cumpridas por este todas as formalidades legais, com ou sem exclusividade, de forma contínua ou não, afasta a qualidade de empregado prevista no art. 3º desta Consolidação."

"Art. 443. O contrato individual de trabalho poderá ser acordado tácita ou expressamente, verbalmente ou por escrito, por prazo determinado ou indeterminado, ou para prestação de trabalho intermitente.

(...)

§ 3º Considera-se como intermitente o contrato de trabalho no qual a prestação de serviços, com subordinação, não é contínua, ocorrendo com alternância de períodos de prestação de serviços e de inatividade, determinados em horas, dias ou meses, independentemente do tipo de atividade do empregado e do empregador, exceto para os aeronautas, regidos por legislação própria." (NR)

"Art. 444. (...)

Parágrafo único. A livre estipulação a que se refere o *caput* deste artigo aplica-se às hipóteses previstas no art. 611-A desta Consolidação, com a mesma eficácia legal e preponderância sobre os instrumentos coletivos, no caso de empregado portador de diploma de nível superior e que perceba salário mensal igual ou superior a duas vezes o limite máximo dos benefícios do Regime Geral de Previdência Social." (NR)

"Art. 448-A. Caracterizada a sucessão empresarial ou de empregadores prevista nos arts. 10 e 448 desta Consolidação, as obrigações trabalhistas, inclusive as contraídas à época em que os empregados trabalhavam para a empresa sucedida, são de responsabilidade do sucessor.

Parágrafo único. A empresa sucedida responderá solidariamente com a sucessora quando ficar comprovada fraude na transferência."

"Art. 452-A. O contrato de trabalho intermitente deve ser celebrado por escrito e deve conter especificamente o valor da hora de trabalho, que não pode ser inferior ao valor horário do salário mínimo ou àquele devido aos demais empregados do estabelecimento que exerçam a mesma função em contrato intermitente ou não.

§ 1º O empregador convocará, por qualquer meio de comunicação eficaz, para a prestação de serviços, informando qual será a jornada, com, pelo menos, três dias corridos de antecedência.

§ 2º Recebida a convocação, o empregado terá o prazo de um dia útil para responder ao chamado, presumindo-se, no silêncio, a recusa.

§ 3º A recusa da oferta não descaracteriza a subordinação para fins do contrato de trabalho intermitente.

§ 4º Aceita a oferta para o comparecimento ao trabalho, a parte que descumprir, sem justo motivo, pagará à outra parte, no prazo de trinta dias, multa de 50% (cinquenta por cento) da remuneração que seria devida, permitida a compensação em igual prazo.

§ 5º O período de inatividade não será considerado tempo à disposição do empregador, podendo o trabalhador prestar serviços a outros contratantes.

§ 6º Ao final de cada período de prestação de serviço, o empregado receberá o pagamento imediato das seguintes parcelas:

I – remuneração;

II – férias proporcionais com acréscimo de um terço;

III – décimo terceiro salário proporcional;

IV – repouso semanal remunerado; e

V – adicionais legais.

§ 7º O recibo de pagamento deverá conter a discriminação dos valores pagos relativos a cada uma das parcelas referidas no § 6º deste artigo.

§ 8º O empregador efetuará o recolhimento da contribuição previdenciária e o depósito do Fundo de Garantia do Tempo de Serviço, na forma da lei, com base nos valores pagos no período mensal e fornecerá ao empregado comprovante do cumprimento dessas obrigações.

§ 9º A cada doze meses, o empregado adquire direito a usufruir, nos doze meses subsequentes, um mês de férias, período no qual não poderá ser convocado para prestar serviços pelo mesmo empregador."

"Art. 456-A. Cabe ao empregador definir o padrão de vestimenta no meio ambiente laboral, sendo lícita a inclusão no uniforme de logomarcas da própria empresa ou de empresas parceiras e de outros itens de identificação relacionados à atividade desempenhada.

Parágrafo único. A higienização do uniforme é de responsabilidade do trabalhador, salvo nas hipóteses em que forem necessários procedimentos ou produtos diferentes dos utilizados para a higienização das vestimentas de uso comum."

"Art. 457. (...)

§ 1º Integram o salário a importância fixa estipulada, as gratificações legais e as comissões pagas pelo empregador.

§ 2º As importâncias, ainda que habituais, pagas a título de ajuda de custo, auxílio-alimentação, vedado seu pagamento em dinheiro, diárias para viagem, prêmios e abonos não integram a remuneração do empregado, não se incorporam ao contrato de trabalho e não constituem base de incidência de qualquer encargo trabalhista e previdenciário.

(...)

§ 4º Consideram-se prêmios as liberalidades concedidas pelo empregador em forma de bens, serviços ou valor em dinheiro a empregado ou a grupo de empregados, em razão de desempenho superior ao ordinariamente esperado no exercício de suas atividades." (NR)

"Art. 458. (...)

§ 5º O valor relativo à assistência prestada por serviço médico ou odontológico, próprio ou não, inclusive o reembolso de despesas com medicamentos, óculos, aparelhos ortopédicos, próteses, órteses, despesas médico-hospitalares e outras similares, mesmo quando concedido em diferentes modalidades de planos e coberturas, não integram o salário do empregado para qualquer efeito nem o salário de contribuição, para efeitos do previsto na alínea *q* do § 9º do art. 28 da Lei n. 8.212, de 24 de julho de 1991."(NR)

"Art. 461 . Sendo idêntica a função, a todo trabalho de igual valor, prestado ao mesmo empregador, no mesmo estabelecimento empresarial, corresponderá igual salário, sem distinção de sexo, etnia, nacionalidade ou idade.

§ 1º Trabalho de igual valor, para os fins deste Capítulo, será o que for feito com igual produtividade e com a mesma perfeição técnica, entre pessoas cuja diferença de tempo de serviço para o mesmo empregador não seja superior a quatro anos e a diferença de tempo na função não seja superior a dois anos.

§ 2º Os dispositivos deste artigo não prevalecerão quando o empregador tiver pessoal organizado em quadro de carreira ou adotar, por meio de norma interna da empresa ou de negociação coletiva, plano de cargos e salários, dispensada qualquer forma de homologação ou registro em órgão público.

§ 3º No caso do § 2º deste artigo, as promoções poderão ser feitas por merecimento e por antiguidade, ou por apenas um destes critérios, dentro de cada categoria profissional.

(...)

§ 5º A equiparação salarial só será possível entre empregados contemporâneos no cargo ou na função, ficando vedada a indicação de paradigmas remotos, ainda que o paradigma contemporâneo tenha obtido a vantagem em ação judicial própria.

§ 6º No caso de comprovada discriminação por motivo de sexo ou etnia, o juízo determinará, além do pagamento das diferenças salariais devidas, multa, em favor do empregado discriminado, no valor de 50% (cinquenta por cento) do limite máximo dos benefícios do Regime Geral de Previdência Social." (NR)

"Art. 468. (...)

§ 1º (...)

§ 2º A alteração de que trata o § 1º deste artigo, com ou sem justo motivo, não assegura ao empregado o direito à manutenção do pagamento da gratificação correspondente, que não será incorporada, independentemente do tempo de exercício da respectiva função." (NR)

"Art. 477. Na extinção do contrato de trabalho, o empregador deverá proceder à anotação na Carteira de Trabalho e Previdência Social, comunicar a dispensa aos órgãos competentes e realizar o pagamento das verbas rescisórias no prazo e na forma estabelecidos neste artigo.

§ 1º (Revogado).

(...)

§ 3º (Revogado).

§ 4º O pagamento a que fizer jus o empregado será efetuado:

I – em dinheiro, depósito bancário ou cheque visado, conforme acordem as partes; ou

II – em dinheiro ou depósito bancário quando o empregado for analfabeto.

(...)

§ 6º A entrega ao empregado de documentos que comprovem a comunicação da extinção contratual aos órgãos competentes bem como o pagamento dos valores constantes do instrumento de rescisão ou recibo de quitação deverão ser efetuados até dez dias contados a partir do término do contrato.

a) (revogada);

b) (revogada).

§ 7º (Revogado).

(...)

§ 10. A anotação da extinção do contrato na Carteira de Trabalho e Previdência Social é documento hábil para requerer o benefício do seguro-desemprego e a movimentação da conta vinculada no Fundo de Garantia do Tempo de Serviço, nas hipóteses legais, desde que a comunicação prevista no *caput* deste artigo tenha sido realizada." (NR)

"Art. 477-A. As dispensas imotivadas individuais, plúrimas ou coletivas equiparam-se para todos os fins, não havendo necessidade de autorização prévia de entidade sindical ou de celebração de convenção coletiva ou acordo coletivo de trabalho para sua efetivação."

"Art. 477-B. Plano de Demissão Voluntária ou Incentivada, para dispensa individual, plúrima ou coletiva, previsto em convenção coletiva ou acordo coletivo de trabalho, enseja quitação plena e irrevogável dos direitos decorrentes da relação empregatícia, salvo disposição em contrário estipulada entre as partes."

"Art. 482. (...)

m) perda da habilitação ou dos requisitos estabelecidos em lei para o exercício da profissão, em decorrência de conduta dolosa do empregado.

(...)" (NR)

"Art. 484-A. O contrato de trabalho poderá ser extinto por acordo entre empregado e empregador, caso em que serão devidas as seguintes verbas trabalhistas:

I – por metade:

a) o aviso prévio, se indenizado; e

b) a indenização sobre o saldo do Fundo de Garantia do Tempo de Serviço, prevista no § 1º do art. 18 da Lei n. 8.036, de 11 de maio de 1990;

II – na integralidade, as demais verbas trabalhistas.

§ 1º A extinção do contrato prevista no *caput* deste artigo permite a movimentação da conta vinculada do trabalhador no Fundo de Garantia do Tempo de Serviço na forma do inciso I-A do art. 20 da Lei n. 8.036, de 11 de maio de 1990, limitada até 80% (oitenta por cento) do valor dos depósitos.

§ 2º A extinção do contrato por acordo prevista no **BI** deste artigo não autoriza o ingresso no Programa de Seguro-Desemprego."

"Art. 507-A. Nos contratos individuais de trabalho cuja remuneração seja superior a duas vezes o limite máximo estabelecido para os benefícios do Regime Geral de Previdência Social, poderá ser pactuada cláusula compromissória de arbitragem, desde que por iniciativa do empregado ou mediante a sua concordância expressa, nos termos previstos na Lei n. 9.307, de 23 de setembro de 1996."

"Art. 507-B. É facultado a empregados e empregadores, na vigência ou não do contrato de emprego, firmar o termo de quitação anual de obrigações trabalhistas, perante o sindicato dos empregados da categoria.

Parágrafo único. O termo discriminará as obrigações de dar e fazer cumpridas mensalmente e dele constará a quitação anual dada pelo empregado, com eficácia liberatória das parcelas nele especificadas."

"TÍTULO IV-A

DA REPRESENTAÇÃO DOS EMPREGADOS

'Art. 510-A. Nas empresas com mais de duzentos empregados, é assegurada a eleição de uma comissão para representá-los, com a finalidade de promover-lhes o entendimento direto com os empregadores.

§ 1º A comissão será composta:

I – nas empresas com mais de duzentos e até três mil empregados, por três membros;

II – nas empresas com mais de três mil e até cinco mil empregados, por cinco membros;

III – nas empresas com mais de cinco mil empregados, por sete membros.

§ 2º No caso de a empresa possuir empregados em vários Estados da Federação e no Distrito Federal, será assegurada a eleição de uma comissão de representantes dos empregados por Estado ou no Distrito Federal, na mesma forma estabelecida no § 1º deste artigo.'

'Art. 510-B. A comissão de representantes dos empregados terá as seguintes atribuições:

I – representar os empregados perante a administração da empresa;

II – aprimorar o relacionamento entre a empresa e seus empregados com base nos princípios da boa-fé e do respeito mútuo;

III – promover o diálogo e o entendimento no ambiente de trabalho com o fim de prevenir conflitos;

IV – buscar soluções para os conflitos decorrentes da relação de trabalho, de forma rápida e eficaz, visando à efetiva aplicação das normas legais e contratuais;

V – assegurar tratamento justo e imparcial aos empregados, impedindo qualquer forma de discriminação por motivo de sexo, idade, religião, opinião política ou atuação sindical;

VI – encaminhar reivindicações específicas dos empregados de seu âmbito de representação;

VII – acompanhar o cumprimento das leis trabalhistas, previdenciárias e das convenções coletivas e acordos coletivos de trabalho.

§ 1º As decisões da comissão de representantes dos empregados serão sempre colegiadas, observada a maioria simples.

§ 2º A comissão organizará sua atuação de forma independente.'

'Art. 510-C . A eleição será convocada, com antecedência mínima de trinta dias, contados do término do mandato anterior, por meio de edital que deverá ser fixado na empresa, com ampla publicidade, para inscrição de candidatura.

§ 1º Será formada comissão eleitoral, integrada por cinco empregados, não candidatos, para a organização e o acompanhamento do processo eleitoral, vedada a interferência da empresa e do sindicato da categoria.

§ 2º Os empregados da empresa poderão candidatar-se, exceto aqueles com contrato de trabalho por prazo determinado, com contrato suspenso ou que estejam em período de aviso prévio, ainda que indenizado.

§ 3º Serão eleitos membros da comissão de representantes dos empregados os candidatos mais votados, em votação secreta, vedado o voto por representação.

§ 4º A comissão tomará posse no primeiro dia útil seguinte à eleição ou ao término do mandato anterior.

§ 5º Se não houver candidatos suficientes, a comissão de representantes dos empregados poderá ser formada com número de membros inferior ao previsto no art. 510-A desta Consolidação.

§ 6º Se não houver registro de candidatura, será lavrada ata e convocada nova eleição no prazo de um ano.'

'Art. 510-D. O mandato dos membros da comissão de representantes dos empregados será de um ano.

§ 1º O membro que houver exercido a função de representante dos empregados na comissão não poderá ser candidato nos dois períodos subsequentes.

§ 2º O mandato de membro de comissão de representantes dos empregados não implica suspensão ou interrupção do contrato de trabalho, devendo o empregado permanecer no exercício de suas funções.

§ 3º Desde o registro da candidatura até um ano após o fim do mandato, o membro da comissão de representantes dos empregados não poderá sofrer despedida arbitrária, entendendo-se como tal a que não se fundar em motivo disciplinar, técnico, econômico ou financeiro.

§ 4º Os documentos referentes ao processo eleitoral devem ser emitidos em duas vias, as quais permanecerão sob a guarda dos empregados e da empresa pelo prazo de cinco anos, à disposição para consulta de qualquer trabalhador interessado, do Ministério Público do Trabalho e do Ministério do Trabalho.'"

"Art. 545. Os empregadores ficam obrigados a descontar da folha de pagamento dos seus empregados, desde que por eles devidamente autorizados, as contribuições devidas ao sindicato, quando por este notificados.

(...)." (NR)

"Art. 578. As contribuições devidas aos sindicatos pelos participantes das categorias econômicas ou profissionais ou das profissões liberais representadas pelas referidas entidades serão, sob a denominação de contribuição sindical, pagas, recolhidas e aplicadas na forma estabelecida neste Capítulo, desde que prévia e expressamente autorizadas." (NR)

"Art. 579. O desconto da contribuição sindical está condicionado à autorização prévia e expressa dos que participarem de uma determinada categoria econômica ou profissional, ou de uma profissão liberal, em favor do sindicato representativo da mesma categoria ou profissão ou, inexistindo este, na conformidade do disposto no art. 591 desta Consolidação." (NR)

"Art. 582. Os empregadores são obrigados a descontar da folha de pagamento de seus empregados relativa ao mês de março de cada ano a contribuição sindical dos empregados que autorizaram prévia e expressamente o seu recolhimento aos respectivos sindicatos.

(...)." (NR)

"Art. 583. O recolhimento da contribuição sindical referente aos empregados e trabalhadores avulsos será efetuado no mês de abril de cada ano, e o relativo aos agentes ou trabalhadores autônomos e profissionais liberais realizar-se-á no mês de fevereiro, observada a exigência de autorização prévia e expressa prevista no art. 579 desta Consolidação.

(...)." (NR)

"Art. 587. Os empregadores que optarem pelo recolhimento da contribuição sindical deverão fazê-lo no mês de janeiro de cada ano, ou, para os que venham a se estabelecer após o referido mês, na ocasião em que requererem às repartições o registro ou a licença para o exercício da respectiva atividade." (NR)

"Art. 602. Os empregados que não estiverem trabalhando no mês destinado ao desconto da contribuição sindical e que venham a autorizar prévia e expressamente o recolhimento serão descontados no primeiro mês subsequente ao do reinício do trabalho.

(...)." (NR)

"Art. 611-A. A convenção coletiva e o acordo coletivo de trabalho têm prevalência sobre a lei quando, entre outros, dispuserem sobre:

I – pacto quanto à jornada de trabalho, observados os limites constitucionais;

II – banco de horas anual;

III – intervalo intrajornada, respeitado o limite mínimo de trinta minutos para jornadas superiores a seis horas;

IV – adesão ao Programa Seguro-Emprego (PSE), de que trata a Lei n. 13.189, de 19 de novembro de 2015;

V – plano de cargos, salários e funções compatíveis com a condição pessoal do empregado, bem como identificação dos cargos que se enquadram como funções de confiança;

VI – regulamento empresarial;

VII – representante dos trabalhadores no local de trabalho;

VIII – teletrabalho, regime de sobreaviso, e trabalho intermitente;

IX – remuneração por produtividade, incluídas as gorjetas percebidas pelo empregado, e remuneração por desempenho individual;

X – modalidade de registro de jornada de trabalho;

XI – troca do dia de feriado;

XII – enquadramento do grau de insalubridade;

XIII – prorrogação de jornada em ambientes insalubres, sem licença prévia das autoridades competentes do Ministério do Trabalho;

XIV – prêmios de incentivo em bens ou serviços, eventualmente concedidos em programas de incentivo;

XV – participação nos lucros ou resultados da empresa.

§ 1º No exame da convenção coletiva ou do acordo coletivo de trabalho, a Justiça do Trabalho observará o disposto no § 3º do art. 8º desta Consolidação.

§ 2º A inexistência de expressa indicação de contrapartidas recíprocas em convenção coletiva ou acordo coletivo de trabalho não ensejará sua nulidade por não caracterizar um vício do negócio jurídico.

§ 3º Se for pactuada cláusula que reduza o salário ou a jornada, a convenção coletiva ou o acordo coletivo de trabalho deverão prever a proteção dos empregados contra dispensa imotivada durante o prazo de vigência do instrumento coletivo.

§ 4º Na hipótese de procedência de ação anulatória de cláusula de convenção coletiva ou de acordo coletivo de trabalho, quando houver a cláusula compensatória, esta deverá ser igualmente anulada, sem repetição do indébito.

§ 5º Os sindicatos subscritores de convenção coletiva ou de acordo coletivo de trabalho deverão participar, como litisconsortes necessários, em ação individual ou coletiva, que tenha como objeto a anulação de cláusulas desses instrumentos."

"Art. 611-B. Constituem objeto ilícito de convenção coletiva ou de acordo coletivo de trabalho, exclusivamente, a supressão ou a redução dos seguintes direitos:

I – normas de identificação profissional, inclusive as anotações na Carteira de Trabalho e Previdência Social;

II – seguro-desemprego, em caso de desemprego involuntário;

III – valor dos depósitos mensais e da indenização rescisória do Fundo de Garantia do Tempo de Serviço (FGTS);

IV – salário mínimo;

V – valor nominal do décimo terceiro salário;

VI – remuneração do trabalho noturno superior à do diurno;

VII – proteção do salário na forma da lei, constituindo crime sua retenção dolosa;

VIII – salário-família;

IX – repouso semanal remunerado;

X – remuneração do serviço extraordinário superior, no mínimo, em 50% (cinquenta por cento) à do normal;

XI – número de dias de férias devidas ao empregado;

XII – gozo de férias anuais remuneradas com, pelo menos, um terço a mais do que o salário normal;

XIII – licença-maternidade com a duração mínima de cento e vinte dias;

XIV – licença-paternidade nos termos fixados em lei;

XV – proteção do mercado de trabalho da mulher, mediante incentivos específicos, nos termos da lei;

XVI – aviso prévio proporcional ao tempo de serviço, sendo no mínimo de trinta dias, nos termos da lei;

XVII – normas de saúde, higiene e segurança do trabalho previstas em lei ou em normas regulamentadoras do Ministério do Trabalho;

XVIII – adicional de remuneração para as atividades penosas, insalubres ou perigosas;

XIX – aposentadoria;

XX – seguro contra acidentes de trabalho, a cargo do empregador;

XXI – ação, quanto aos créditos resultantes das relações de trabalho, com prazo prescricional de cinco anos para os trabalhadores urbanos e rurais, até o limite de dois anos após a extinção do contrato de trabalho;

XXII – proibição de qualquer discriminação no tocante a salário e critérios de admissão do trabalhador com deficiência;

XXIII – proibição de trabalho noturno, perigoso ou insalubre a menores de dezoito anos e de qualquer trabalho a menores de dezesseis anos, salvo na condição de aprendiz, a partir de quatorze anos;

XXIV – medidas de proteção legal de crianças e adolescentes;

XXV – igualdade de direitos entre o trabalhador com vínculo empregatício permanente e o trabalhador avulso;

XXVI – liberdade de associação profissional ou sindical do trabalhador, inclusive o direito de não sofrer, sem sua expressa e prévia anuência, qualquer cobrança ou desconto salarial estabelecidos em convenção coletiva ou acordo coletivo de trabalho;

XXVII – direito de greve, competindo aos trabalhadores decidir sobre a oportunidade de exercê-lo e sobre os interesses que devam por meio dele defender;

XXVIII – definição legal sobre os serviços ou atividades essenciais e disposições legais sobre o atendimento das necessidades inadiáveis da comunidade em caso de greve;

XXIX – tributos e outros créditos de terceiros;

XXX – as disposições previstas nos arts. 373-A, 390, 392, 392-A, 394, 394-A, 395, 396 e 400 desta Consolidação.

Parágrafo único. Regras sobre duração do trabalho e intervalos não são consideradas como normas de saúde, higiene e segurança do trabalho para os fins do disposto neste artigo."

"Art. 614. (...)

§ 3º Não será permitido estipular duração de convenção coletiva ou acordo coletivo de trabalho superior a dois anos, sendo vedada a ultratividade." (NR)

"Art. 620. As condições estabelecidas em acordo coletivo de trabalho sempre prevalecerão sobre as estipuladas em convenção coletiva de trabalho." (NR)

"Art. 634. (...)

§ 1º (...)

§ 2º Os valores das multas administrativas expressos em moeda corrente serão reajustados anualmente pela Taxa Referencial (TR), divulgada pelo Banco Central do Brasil, ou pelo índice que vier a substituí-lo." (NR)

"Art. 652 . Compete às Varas do Trabalho:

(...)

f) decidir quanto à homologação de acordo extrajudicial em matéria de competência da Justiça do Trabalho.

(...)." (NR)

"Art. 702. (...)

I – (...)

f) estabelecer ou alterar súmulas e outros enunciados de jurisprudência uniforme, pelo voto de pelo menos dois terços de seus membros, caso a mesma matéria já tenha sido decidida de forma idêntica por unanimidade em, no mínimo, dois terços das turmas em pelo menos dez sessões diferentes em cada uma delas, podendo, ainda, por maioria de dois terços de seus membros, restringir os efeitos daquela declaração ou decidir que ela só tenha eficácia a partir de sua publicação no Diário Oficial;

(...)

§ 3º As sessões de julgamento sobre estabelecimento ou alteração de súmulas e outros enunciados de jurisprudência deverão ser públicas, divulgadas com, no mínimo, trinta dias de antecedência, e deverão possibilitar a sustentação oral pelo Procurador-Geral do Trabalho, pelo Conselho Federal da Ordem dos Advogados do Brasil, pelo Advogado-Geral da União e por confederações sindicais ou entidades de classe de âmbito nacional.

§ 4º O estabelecimento ou a alteração de súmulas e outros enunciados de jurisprudência pelos Tribunais Regionais do Trabalho deverão observar o disposto na alínea *f* do inciso I e no § 3º deste artigo, com rol equivalente de legitimados para sustentação oral, observada a abrangência de sua circunscrição judiciária." (NR)

"Art. 775. Os prazos estabelecidos neste Título serão contados em dias úteis, com exclusão do dia do começo e inclusão do dia do vencimento.

§ 1º Os prazos podem ser prorrogados, pelo tempo estritamente necessário, nas seguintes hipóteses:

I – quando o juízo entender necessário;

II – em virtude de força maior, devidamente comprovada.

§ 2º Ao juízo incumbe dilatar os prazos processuais e alterar a ordem de produção dos meios de prova, adequando-os às necessidades do conflito de modo a conferir maior efetividade à tutela do direito." (NR)

"Art. 789. Nos dissídios individuais e nos dissídios coletivos do trabalho, nas ações e procedimentos de competência da Justiça do Trabalho, bem como nas demandas propostas perante a Justiça Estadual, no exercício da jurisdição trabalhista, as custas relativas ao processo de conhecimento incidirão à base de 2% (dois por cento), observado o mínimo de R$ 10,64 (dez reais e sessenta e quatro centavos) e o máximo de quatro vezes o limite máximo dos benefícios do Regime Geral de Previdência Social, e serão calculadas:

(...)." (NR)

"Art. 790. (...)

§ 3º É facultado aos juízes, órgãos julgadores e presidentes dos tribunais do trabalho de qualquer instância conceder, a requerimento ou de ofício, o benefício da justiça gratuita, inclusive quanto a traslados e instrumentos, àqueles que perceberem salário igual ou inferior a 40% (quarenta por cento) do limite máximo dos benefícios do Regime Geral de Previdência Social.

§ 4º O benefício da justiça gratuita será concedido à parte que comprovar insuficiência de recursos para o pagamento das custas do processo." (NR)

"Art. 790-B. A responsabilidade pelo pagamento dos honorários periciais é da parte sucumbente na pretensão objeto da perícia, ainda que beneficiária da justiça gratuita.

§ 1º Ao fixar o valor dos honorários periciais, o juízo deverá respeitar o limite máximo estabelecido pelo Conselho Superior da Justiça do Trabalho.

§ 2º O juízo poderá deferir parcelamento dos honorários periciais.

§ 3º O juízo não poderá exigir adiantamento de valores para realização de perícias.

§ 4º Somente no caso em que o beneficiário da justiça gratuita não tenha obtido em juízo créditos capazes de suportar a despesa referida no *caput* , ainda que em outro processo, a União responderá pelo encargo." (NR)

"Art. 791-A. Ao advogado, ainda que atue em causa própria, serão devidos honorários de sucumbência, fixados entre o mínimo de 5% (cinco por cento) e o máximo de 15% (quinze por cento) sobre o valor que resultar da liquidação da sentença, do proveito econômico obtido ou, não sendo possível mensurá-lo, sobre o valor atualizado da causa.

§ 1º Os honorários são devidos também nas ações contra a Fazenda Pública e nas ações em que a parte estiver assistida ou substituída pelo sindicato de sua categoria.

§ 2º Ao fixar os honorários, o juízo observará:

I – o grau de zelo do profissional;

II – o lugar de prestação do serviço;

III – a natureza e a importância da causa;

IV – o trabalho realizado pelo advogado e o tempo exigido para o seu serviço.

§ 3º Na hipótese de procedência parcial, o juízo arbitrará honorários de sucumbência recíproca, vedada a compensação entre os honorários.

§ 4º Vencido o beneficiário da justiça gratuita, desde que não tenha obtido em juízo, ainda que em outro processo, créditos capazes de suportar a despesa, as obrigações decorrentes de sua sucumbência ficarão sob condição suspensiva de exigibilidade e somente poderão ser executadas se, nos dois anos subsequentes ao trânsito em julgado da decisão que as certificou, o credor demonstrar que deixou de existir a situação de insuficiência de recursos que justificou a concessão de gratuidade, extinguindo-se, passado esse prazo, tais obrigações do beneficiário.

§ 5º São devidos honorários de sucumbência na reconvenção."

"TÍTULO X

(...)

CAPÍTULO II

(...)

Seção IV-A

Da Responsabilidade por Dano Processual

'Art. 793-A. Responde por perdas e danos aquele que litigar de má-fé como reclamante, reclamado ou interveniente.'

'Art. 793-B . Considera-se litigante de má-fé aquele que:

I – deduzir pretensão ou defesa contra texto expresso de lei ou fato incontroverso;

II – alterar a verdade dos fatos;

III – usar do processo para conseguir objetivo ilegal;

IV – opuser resistência injustificada ao andamento do processo;

V – proceder de modo temerário em qualquer incidente ou ato do processo;

VI – provocar incidente manifestamente infundado;

VII – interpuser recurso com intuito manifestamente protelatório.'

'Art. 793-C. De ofício ou a requerimento, o juízo condenará o litigante de má-fé a pagar multa, que deverá ser superior a 1% (um por cento) e inferior a 10% (dez por cento) do valor corrigido da causa, a indenizar a parte contrária pelos prejuízos que esta sofreu e a arcar com os honorários advocatícios e com todas as despesas que efetuou.

§ 1º Quando forem dois ou mais os litigantes de má-fé, o juízo condenará cada um na proporção de seu respectivo interesse na causa ou solidariamente aqueles que se coligaram para lesar a parte contrária.

§ 2º Quando o valor da causa for irrisório ou inestimável, a multa poderá ser fixada em até duas vezes o limite máximo dos benefícios do Regime Geral de Previdência Social.

§ 3º O valor da indenização será fixado pelo juízo ou, caso não seja possível mensurá-lo, liquidado por arbitramento ou pelo procedimento comum, nos próprios autos.'

'Art. 793-D. Aplica-se a multa prevista no art. 793-C desta Consolidação à testemunha que intencionalmente alterar a verdade dos fatos ou omitir fatos essenciais ao julgamento da causa.

Parágrafo único. A execução da multa prevista neste artigo dar-se-á nos mesmos autos.'"

"Art. 800. Apresentada exceção de incompetência territorial no prazo de cinco dias a contar da notificação, antes da audiência e em peça que sinalize a existência desta exceção, seguir-se-á o procedimento estabelecido neste artigo.

§ 1º Protocolada a petição, será suspenso o processo e não se realizará a audiência a que se refere o art. 843 desta Consolidação até que se decida a exceção.

§ 2º Os autos serão imediatamente conclusos ao juiz, que intimará o reclamante e, se existentes, os litisconsortes, para manifestação no prazo comum de cinco dias.

§ 3º Se entender necessária a produção de prova oral, o juízo designará audiência, garantindo o direito de o excipiente e de suas testemunhas serem ouvidos, por carta precatória, no juízo que este houver indicado como competente.

§ 4º Decidida a exceção de incompetência territorial, o processo retomará seu curso, com a designação de audiência, a apresentação de defesa e a instrução processual perante o juízo competente." (NR)

"Art. 818. O ônus da prova incumbe:

I – ao reclamante, quanto ao fato constitutivo de seu direito;

II – ao reclamado, quanto à existência de fato impeditivo, modificativo ou extintivo do direito do reclamante.

§ 1º Nos casos previstos em lei ou diante de peculiaridades da causa relacionadas à impossibilidade ou à excessiva dificuldade de cumprir o encargo nos termos deste artigo ou à maior facilidade de obtenção da prova do fato contrário, poderá o juízo atribuir o ônus da prova de modo diverso, desde que o faça por decisão fundamentada, caso em que deverá dar à parte a oportunidade de se desincumbir do ônus que lhe foi atribuído.

§ 2º A decisão referida no § 1º deste artigo deverá ser proferida antes da abertura da instrução e, a requerimento da parte, implicará o adiamento da audiência e possibilitará provar os fatos por qualquer meio em direito admitido.

§ 3º A decisão referida no § 1º deste artigo não pode gerar situação em que a desincumbência do encargo pela parte seja impossível ou excessivamente difícil." (NR)

"Art. 840. (...)

§ 1º Sendo escrita, a reclamação deverá conter a designação do juízo, a qualificação das partes, a breve exposição dos fatos de que resulte o dissídio, o pedido, que deverá ser certo, determinado e com indicação de seu valor, a data e a assinatura do reclamante ou de seu representante.

§ 2º Se verbal, a reclamação será reduzida a termo, em duas vias datadas e assinadas pelo escrivão ou secretário, observado, no que couber, o disposto no § 1º deste artigo.

§ 3º Os pedidos que não atendam ao disposto no § 1º deste artigo serão julgados extintos sem resolução do mérito." (NR)

"Art. 841. (...)

§ 3º Oferecida a contestação, ainda que eletronicamente, o reclamante não poderá, sem o consentimento do reclamado, desistir da ação." (NR)

"Art. 843. (...)

§ 3º O preposto a que se refere o § 1º deste artigo não precisa ser empregado da parte reclamada." (NR)

"Art. 844. (...)

§ 1º Ocorrendo motivo relevante, poderá o juiz suspender o julgamento, designando nova audiência.

§ 2º Na hipótese de ausência do reclamante, este será condenado ao pagamento das custas calculadas na forma do art. 789 desta Consolidação, ainda que beneficiário da justiça gratuita, salvo se comprovar, no prazo de quinze dias, que a ausência ocorreu por motivo legalmente justificável.

§ 3º O pagamento das custas a que se refere o § 2º é condição para a propositura de nova demanda.

§ 4º A revelia não produz o efeito mencionado no **caput** deste artigo se:

I – havendo pluralidade de reclamados, algum deles contestar a ação;

II – o litígio versar sobre direitos indisponíveis;

III – a petição inicial não estiver acompanhada de instrumento que a lei considere indispensável à prova do ato;

IV – as alegações de fato formuladas pelo reclamante forem inverossímeis ou estiverem em contradição com prova constante dos autos.

§ 5º Ainda que ausente o reclamado, presente o advogado na audiência, serão aceitos a contestação e os documentos eventualmente apresentados."(NR)

"Art. 847. (...)

Parágrafo único. A parte poderá apresentar defesa escrita pelo sistema de processo judicial eletrônico até a audiência." (NR)

"TÍTULO X

(...)

CAPÍTULO III

(...)

Seção IV

Do Incidente de Desconsideração da

Personalidade Jurídica

'Art. 855-A . Aplica-se ao processo do trabalho o incidente de desconsideração da personalidade jurídica previsto nos arts. 133 a 137 da Lei n. 13.105, de 16 de março de 2015 – Código de Processo Civil.

§ 1º Da decisão interlocutória que acolher ou rejeitar o incidente:

I – na fase de cognição, não cabe recurso de imediato, na forma do § 1º do art. 893 desta Consolidação;

II – na fase de execução, cabe agravo de petição, independentemente de garantia do juízo;

III – cabe agravo interno se proferida pelo relator em incidente instaurado originariamente no tribunal.

§ 2º A instauração do incidente suspenderá o processo, sem prejuízo de concessão da tutela de urgência de natureza cautelar de que trata o art. 301 da Lei n. 13.105, de 16 de março de 2015 (Código de Processo Civil) .'

CAPÍTULO III-A

DO PROCESSO DE JURISDIÇÃO VOLUNTÁRIA

PARA HOMOLOGAÇÃO DE ACORDO EXTRAJUDICIAL

'Art. 855-B. O processo de homologação de acordo extrajudicial terá início por petição conjunta, sendo obrigatória a representação das partes por advogado.

§ 1º As partes não poderão ser representadas por advogado comum.

§ 2º Faculta-se ao trabalhador ser assistido pelo advogado do sindicato de sua categoria.'

'Art. 855-C . O disposto neste Capítulo não prejudica o prazo estabelecido no § 6º do art. 477 desta Consolidação e não afasta a aplicação da multa prevista no § 8º art. 477 desta Consolidação.'

'Art. 855-D. No prazo de quinze dias a contar da distribuição da petição, o juiz analisará o acordo, designará audiência se entender necessário e proferirá sentença.'

'Art. 855-E. A petição de homologação de acordo extrajudicial suspende o prazo prescricional da ação quanto aos direitos nela especificados.

Parágrafo único. O prazo prescricional voltará a fluir no dia útil seguinte ao do trânsito em julgado da decisão que negar a homologação do acordo.'"

"Art. 876. (...)

Parágrafo único. A Justiça do Trabalho executará, de ofício, as contribuições sociais previstas na alínea *a* do inciso I e no inciso II do *caput* do art. 195 da Constituição Federal , e seus acréscimos legais, relativas ao objeto da condenação constante das sentenças que proferir e dos acordos que homologar." (NR)

"Art. 878. A execução será promovida pelas partes, permitida a execução de ofício pelo juiz ou pelo Presidente do Tribunal apenas nos casos em que as partes não estiverem representadas por advogado.

Parágrafo único. (Revogado)." (NR)

"Art. 879. (...)

§ 2º Elaborada a conta e tornada líquida, o juízo deverá abrir às partes prazo comum de oito dias para impugnação fundamentada com a indicação dos itens e valores objeto da discordância, sob pena de preclusão.

(...)

§ 7º A atualização dos créditos decorrentes de condenação judicial será feita pela Taxa Referencial (TR), divulgada pelo Banco Central do Brasil, conforme a Lei n. 8.177, de 1º de março de 1991 ." (NR)

"Art. 882. O executado que não pagar a importância reclamada poderá garantir a execução mediante depósito da quantia correspondente, atualizada e acrescida das despesas processuais, apresentação de seguro-garantia judicial ou nomeação de bens à penhora, observada a ordem preferencial estabelecida no art. 835 da Lei n. 13.105, de 16 de março de 2015 – Código de Processo Civil." (NR)

"Art. 883-A. A decisão judicial transitada em julgado somente poderá ser levada a protesto, gerar inscrição do nome do executado em órgãos de proteção ao crédito ou no Banco Nacional de Devedores Trabalhistas (BNDT), nos termos da lei, depois de transcorrido o prazo de quarenta e cinco dias a contar da citação do executado, se não houver garantia do juízo."

"Art. 884. (...)

§ 6º A exigência da garantia ou penhora não se aplica às entidades filantrópicas e/ou àqueles que compõem ou compuseram a diretoria dessas instituições." (NR)

"Art. 896. (...)

§ 1º -A. (...)

IV – transcrever na peça recursal, no caso de suscitar preliminar de nulidade de julgado por negativa de prestação jurisdicional, o trecho dos embargos declaratórios em que foi pedido o pronunciamento do tribunal sobre questão veiculada no recurso ordinário e o trecho da decisão regional que rejeitou os embargos quanto ao pedido, para cotejo e verificação, de plano, da ocorrência da omissão.

(...)

§ 3º (Revogado).

§ 4º (Revogado).

§ 5º (Revogado).

§ 6º (Revogado).

(...)

§ 14. O relator do recurso de revista poderá denegar-lhe seguimento, em decisão monocrática, nas hipóteses de intempestividade, deserção, irregularidade de representação ou de ausência de qualquer outro pressuposto extrínseco ou intrínseco de admissibilidade." (NR)

"Art. 896-A. (...)

§ 1º São indicadores de transcendência, entre outros:

I – econômica, o elevado valor da causa;

II – política, o desrespeito da instância recorrida à jurisprudência sumulada do Tribunal Superior do Trabalho ou do Supremo Tribunal Federal;

III – social, a postulação, por reclamante-recorrente, de direito social constitucionalmente assegurado;

IV – jurídica, a existência de questão nova em torno da interpretação da legislação trabalhista.

§ 2º Poderá o relator, monocraticamente, denegar seguimento ao recurso de revista que não demonstrar transcendência, cabendo agravo desta decisão para o colegiado.

§ 3º Em relação ao recurso que o relator considerou não ter transcendência, o recorrente poderá realizar sustentação oral sobre a questão da transcendência, durante cinco minutos em sessão.

§ 4º Mantido o voto do relator quanto à não transcendência do recurso, será lavrado acórdão com fundamentação sucinta, que constituirá decisão irrecorrível no âmbito do tribunal.

§ 5º É irrecorrível a decisão monocrática do relator que, em agravo de instrumento em recurso de revista, considerar ausente a transcendência da matéria.

§ 6º O juízo de admissibilidade do recurso de revista exercido pela Presidência dos Tribunais Regionais do Trabalho limita-se à análise dos pressupostos intrínsecos e extrínsecos do apelo, não abrangendo o critério da transcendência das questões nele veiculadas." (NR)

"Art. 899. (...)

§ 4º O depósito recursal será feito em conta vinculada ao juízo e corrigido com os mesmos índices da poupança.

§ 5º (Revogado).

(...)

§ 9º O valor do depósito recursal será reduzido pela metade para entidades sem fins lucrativos, empregadores domésticos, microempreendedores individuais, microempresas e empresas de pequeno porte.

§ 10. São isentos do depósito recursal os beneficiários da justiça gratuita, as entidades filantrópicas e as empresas em recuperação judicial.

§ 11. O depósito recursal poderá ser substituído por fiança bancária ou seguro garantia judicial." (NR)

Art. 2º A Lei n. 6.019, de 3 de janeiro de 1974 , passa a vigorar com as seguintes alterações:

"Art. 4º -A. Considera-se prestação de serviços a terceiros a transferência feita pela contratante da execução de quaisquer de suas atividades, inclusive sua atividade principal, à pessoa jurídica de direito privado prestadora de serviços que possua capacidade econômica compatível com a sua execução.

(...)." (NR)

"Art. 4º -C. São asseguradas aos empregados da empresa prestadora de serviços a que se refere o art. 4º -A desta Lei, quando e enquanto os serviços, que podem ser de qualquer uma das atividades da contratante, forem executados nas dependências da tomadora, as mesmas condições:

I – relativas a:

a) alimentação garantida aos empregados da contratante, quando oferecida em refeitórios;

b) direito de utilizar os serviços de transporte;

c) atendimento médico ou ambulatorial existente nas dependências da contratante ou local por ela designado;

d) treinamento adequado, fornecido pela contratada, quando a atividade o exigir.

II – sanitárias, de medidas de proteção à saúde e de segurança no trabalho e de instalações adequadas à prestação do serviço.

§ 1º Contratante e contratada poderão estabelecer, se assim entenderem, que os empregados da contratada farão jus a salário equivalente ao pago aos empregados da contratante, além de outros direitos não previstos neste artigo.

§ 2º Nos contratos que impliquem mobilização de empregados da contratada em número igual ou superior a 20% (vinte por cento) dos empregados da contratante, esta poderá disponibilizar aos empregados da contratada os serviços de alimentação e atendimento ambulatorial em outros locais apropriados e com igual padrão de atendimento, com vistas a manter o pleno funcionamento dos serviços existentes."

"Art. 5º -A. Contratante é a pessoa física ou jurídica que celebra contrato com empresa de prestação de serviços relacionados a quaisquer de suas atividades, inclusive sua atividade principal.

(...)." (NR)

"Art. 5º -C. Não pode figurar como contratada, nos termos do art. 4º -A desta Lei, a pessoa jurídica cujos titulares ou sócios tenham, nos últimos dezoito meses, prestado serviços à contratante na qualidade de empregado ou trabalhador sem vínculo empregatício, exceto se os referidos titulares ou sócios forem aposentados.

"Art. 5º -D. O empregado que for demitido não poderá prestar serviços para esta mesma empresa na qualidade de empregado de empresa prestadora de serviços antes do decurso de prazo de dezoito meses, contados a partir da demissão do empregado."

Art. 3º O art. 20 da Lei n. 8.036, de 11 de maio de 1990 , passa a vigorar acrescido do seguinte inciso I-A:

"Art. 20. (...)

I-A – extinção do contrato de trabalho prevista no art. 484-A da Consolidação das Leis do Trabalho (CLT), aprovada pelo Decreto- Lei n. 5.452, de 1º de maio de 1943;

(...)." (NR)

Art. 4º O art. 28 da Lei n. 8.212, de 24 de julho de 1991 , passa a vigorar com as seguintes alterações:

"Art. 28. (...)

§ 8º (Revogado).

a) (revogada);

(...)

§ 9º (...)

h) as diárias para viagens;

(...)

q) o valor relativo à assistência prestada por serviço médico ou odontológico, próprio da empresa ou por ela conveniado, inclusive o reembolso de despesas com medicamentos, óculos, aparelhos ortopédicos, próteses, órteses, despesas médico-hospitalares e outras similares;

(...)

z) os prêmios e os abonos.

(...)." (NR)

Art. 5º Revogam-se:

I – os seguintes dispositivos da Consolidação das Leis do Trabalho (CLT), aprovada pelo Decreto-lei n. 5.452, de 1º de maio de 1943:

a) § 3º do art. 58;

b) § 4º do art. 59;

c) art. 84;

d) art. 86;

e) art. 130-A;

f) § 2º do art. 134;

g) § 3º do art. 143;

h) parágrafo único do art. 372;

i) art. 384;

j) §§ 1º , 3º e 7º do art. 477;

k) art. 601;

l) art. 604;

m) art. 792;

n) parágrafo único do art. 878;

o) §§ 3º, 4º, 5º e 6º do art. 896;

p) § 5º do art. 899;

II – a alínea *a* do § 8º do art. 28 da Lei n. 8.212, de 24 de julho de 1991;

III – o art. 2º da Medida Provisória n. 2.226, de 4 de setembro de 2001 .

Art. 6º Esta Lei entra em vigor após decorridos cento e vinte dias de sua publicação oficial.

Brasília, 13 de julho de 2017; 196º da Independência e 129º da República.

MICHEL TEMER

Torquato Jardim Ronaldo Nogueira de Oliveira